Ludger Kenning

Damals bei der Steyrtalbahn

Band 2: Die Lebensgeschichte, die Fahrzeuge, die Flügelstrecke Pergern – Bad Hall und die Anfänge der Museumsbahn

Verlag Kenning

Inhalt

Verlag Kenning

Dipl.-Ing. Ludger Kenning – Buschkamp 6 – D-48527 Nordhorn – Tel. 05921 76996 – Fax 05921 77958
ludger.kenning@web.de – www.verlag-kenning.de

ISBN 978-3-944390-38-3

Die Bildtexte bzgl. Umschlag und Seite 1 befinden sich auf Seite 367

Überaus spannend – teils nachdenklich stimmend, teils traurig, teils amüsant – liest sich der sehr facettenreiche Werdegang der guten alten Steyrtalbahn. Neuland beschritten ihre Erbauer schon bei der Wahl der Spurweite, dann bei der Entwicklung der dazu passenden Fahrzeuge bis hin zu den bahnbrechenden Brückenkonstruktionen, mit denen der Stahlbetonbau in ganz neue Dimensionen vorstieß. Galt es vorrangig, der Land- und der Holzwirtschaft, den Eisenwerken sowie der Waffenindustrie neue Perspektiven zu öffnen, so nahm ebenso der Fremdenverkehr dank des Bahnanschlusses einen steten Aufschwung.

Erste Gedanken an eine „Steyrthal-Bahn" gab es schon 1880, dann kamen hochtrabende Projekte mit Fortsetzungen bis ins Salzkammergut auf. Realisiert wurde die Stammstrecke Garsten – Klaus mit ihrem Flügel Pergern – Bad Hall in den Jahren 1888 bis 1909 schließlich nach dem neuen Lokalbahngesetz durch eine Aktiengesellschaft. Das Beförderungsaufkommen entwickelte sich zufriedenstellend, die Aktionäre freuten sich regelmäßig über Dividenden, aber immer wieder brachten Überschwemmungen den Bahnbetrieb zum Erliegen und verursachten immense Schäden und Instandsetzungskosten. In den 20er Jahren geriet die Gesellschaft immer tiefer in die roten Zahlen, während der Weltwirtschaftskrise mußte sie sogar schon die Gesamteinstellung verkünden. Ein Rettungsanker war dann der Übergang der Betriebsführung an die BBÖ im Jahr 1931, wobei die Steyrtalbahn wie ein Spielball in eine Korruptionsaffäre verstrickt war. Eine Blütezeit folgte in den 30er Jahren, sowohl die Wirtschaft als auch der Fremdenverkehr boomten. Unter der Deutschen Reichsbahn wandelte sich der Fahrzeugpark grundlegend, ein Grundübel blieb allerdings das mühselige Umladen der Frachten in den Übergangsbahnhöfen. Als dann nach dem 2. Weltkrieg die Kraftfahrzeugkonkurrenz ständig anwuchs, konnte die vielgeliebte, jedoch überalterte Steyrtalbahn nicht mehr mithalten. Schritt für Schritt „erlösten" die Bundesbahnen sie von ihrem Dasein – sehr zum Verdruß der Anwohner, der Wirtschaftsbetriebe und der zahllosen Eisenbahnfreunde aus aller Welt. Immerhin gelang es, den Abschnitt Steyr – Grünburg mit viel Enthusiasmus museal für die Nachwelt zu erhalten.

Ganz genau schauen wir uns die Technik und Lebensläufe der einzelnen Fahrzeuge an, der Urahnen aus der Zeit der alten Steyrthalbahn AG, der zahlreichen Vertreter der klassischen Reihe U oder der hier nur kurze Zeit aktiven Reihen Uh und KDL 11. Wir ergründen die vielen ab 1945 im Steyrtal hinterstellten Heeresfeldbahnlokomotiven und werfen einen Blick auf das Diesellokprojekt „2094". Wagen für Wagen bis hin zu den Bahndienstwagen schauen wir uns den umfangreichen Fahrzeugpark für den Personen- und den Güterverkehr an. Ein altgedienter Lokführer – der mit der weißen Kappe – entführt uns in die Alltagswelt der Eisenbahner und Anwohner der Steyrtalbahn und wir lernen viele Menschen kennen, vom Streckengeher bis hin zum Betriebsdirektor, die bei der Steyrtalbahn nicht nur ihr täglich Brot verdient, sondern auch verantwortungsvoll ihre Geschicke mitgeprägt haben. Wir machen einen Abstecher nach Bad Hall, betrachten die Stationen der Flügelstrecke und schließlich schwelgen wir in Nostalgie und begeben uns zurück in die holprigen Anfangsjahre der Museumsbahn Steyr – Grünburg.

Alles einsteigen bitte!

Nur ein kurzes Dasein war der Strecke Sierning – Bad Hall beschieden, höchst selten sind also Betriebsaufnahmen von ihr. Die Lok 3 „Grünburg", die spätere 298.103 der ÖBB, hat mit einem Personenzug soeben den Bahnhof Bad Hall verlassen. Foto (um 1910): Sammlung Alfred Moser

Das Steyrtal

Bootstour auf dem neuen Stausee oberhalb vom Steyrdurchbruch, im Hintergrund die Wallfahrtskirche Frauenstein, rechts oben fährt ein Personenzug vorbei in Richtung Garsten. Skeptisch hatten die Talbewohner den Kraftwerksbau einst betrachtet, doch mit der Zeit lernten sie die Vorzüge daraus immer mehr zu schätzen.

Unten: Der Steyrdurchbruch, ein während der letzten Eiszeit gebildeter Canyon. Fotos (um 1910): Sammlung Friedrich Zellinger

Anläßlich der Eröffnung des ersten Abschnitts der Schmalspurbahn brachte die Sektion Steyr des „Deutschen und Österreichischen Alpenvereins" im August 1889 für das *„P. T. reisende Publikum"* einen *„Führer auf der Steyrthalbahn und im Ennstale"* heraus. Darin heißt es u.a.: *„Polsterlucke und Dietlhöhle, zwei der reizendsten, jedoch auch verborgensten Erdenwinkel, sind die Geburtsstätten der jungen Steyr, deren smaragdgrüne Fluten sich nach verhältnismäßig kurzem Laufe – ein gut zwölfstündiger Marsch genügt, um von der Mündung bis zum Ursprung zu gelangen – mit der mächtigen Enns vermischen. Der großartige Abschluß des Steyrthales, Hinterstoder mit dem benachbarten Thalbecken von Windischgarsten, wird oftmals auch das „oberösterreichische Engadin" genannt. Und diese beiden Thäler mit ihrer imposanten Höhenbegrenzung vereinen eine Fülle von Naturschönheiten, die eine ausgebreitete Würdigung verdienen (...)."*

Die Steyr hat im Südosten des Landes Oberösterreich in der Region Pyhrn-Eisenwurzen ihren Ursprung. Der 68 km lange Fluß, der mächtigste Nebenarm der Enns, mündet innerhalb jener Stadt, der sie einst ihren Namen gab. Anno 1100 wurde sie urkundlich als „fluvius Styra" bezeichnet, basierend auf dem urkeltischen „Stiria", die „Aufstauende" oder „Stehende", weil sie bei hohem Pegel der Enns einen Rückstau ermöglicht. Das Stodertal mit den steil aufragenden Gebirgswänden gilt als eine der schönsten Landschaften der nördlichen Kalkalpen. Eingebettet zwischen Priel- und Warscheneckgruppe entspringt die glasklare Steyr am Fuß des Hebenkas. Beim Steyrsberg verläßt sie über den schmalen Stromboding-Wasserfall das Stodertal, zur Ruhe kommt sie erst an der Einmündung der Teichel. Bei der Steyrbrücke, gleich beim Bahnhof Hinterstoder der Pyhrnbahn gelegen, beginnt eine tiefe, bis Klaus reichende Schlucht, die in den Jahren 1973-75 nach dem Bau einer mächtigen Staumauer geflutet wurde. Vielfältige Freizeitanlagen säumen heutzutage den Stausee, während nach Osten der Nationalpark Kalkalpen anschließt. Nahe Klaus, einst Endpunkt der Kremstal- wie auch der Steyrtalbahn, wendet sich die Steyr nach Nordosten, verläßt nun das Hochgebirge und tritt ins Alpenvorland ein, eingebettet in einen nur schwer zugänglichen „Canyon“, ein Dorado für Wildwasserkanuten. Bei Frauenstein durchbricht sie das Bergmassiv aus Dolomitgestein. Hier beim Steyrdurchbruch entstand in den Jahren 1907/08 ein Kraftwerk im Jugendstil mit großflächigem Stausee. Sodann weitet sich das Tal, im Mollner Becken hat sich die Steyr tief in die Schotterterrasse eingeschnitten, die Krumme Steyrling kommt bei der Rinnenden Mauer von rechts her hinzu. Hohe bizarre Wände aus Konglomerat säumen den Flußlauf, aber gleichfalls industriereicher ist das Steyrtal nun auch geworden. Bald hinter Leonstein verengt es sich wieder, die Fließgeschwindigkeit hat sich gemäßigt, mehrere Kraftwerke und Mühlbäche werden durch den Fluß versorgt. Die Aulandschaften zu Füßen mächtiger Felswände haben heute einen hohen Erholungswert. Schließlich erreicht die Steyr die altehrwürdige gleichnamige Eisenstadt mit dem dominanten Schloß Lamberg. Nach einem letzten Wehr vereinigt sie sich mit der Enns, ihr grünes Wasser ist auch weiterhin auszumachen.

Das Wegenetz des Steyrtals war vor dem Bahnbau völlig unzulänglich. Wichtigster Transportweg war die Steyr, die sich aber allenfalls nur für die Holztrift und Flößerei eignete. Verarbeitet wurden die getrifteten Stämme vorwiegend zu Brettern, Brennholz, Holzkohle, Holzmehl oder Papier. Erst die Eisenbahn ermöglichte einen schonenden Transport so z.B. zur Herstellung von Möbeln. Ein weiterer großer Wirtschaftsfaktor war jahrhundertelang die Eisenindustrie. Der Rohstoff kam vom steirischen Erzberg, dem Innerberg. Entlang der Steyr – gleichfalls wie im Enns-, Krems- oder Ybbstal – stand reichlich Wasser zum Antrieb der Hämmer sowie Holz zur Befeuerung der Öfen zur Verfügung. Als Zentrum der Eisenwurzen galt die wohlhabende Stadt Steyr, die schon früh das Privileg erlangt hatte, daß sämtliches vom Innerberg kommende Erz über Steyr zu leiten und von hier aus weiterzuvertreiben sei. Daneben entwickelte sich eine rege eisenverarbeitende Industrie. Allein am Wehrgraben gab es bis zu 50 Wasserräder zum Antrieb der Hammerwerke, Mühlen und Schleifsteine.

Wegbereiter des industriellen Aufschwungs von Steyr war Josef Werndl (1831-89), der von seinem Vater eine stattliche Fabrik für allerlei Waffenteile übernommen und in Amerika seine Kenntnisse als Büchsenmacher erweitert hatte. In einer am Wehrgraben gelegenen Fabrik, dem späteren „Alten Werk“, entwickelte er ab 1862 den Werndl-Holub'schen Hinterlader, mit dem 1867 das gesamte österreichische Heer ausgerüstet wurde. Bis zu 9.700 Arbeiter hatte er während seines Berufslebens beschäftigt. Nach seinem Tod expandierte das Werk weiter, 1894 begann die Produktion von Fahrrädern und 1912-14 entstand ein neues Werk auf den Plattnergründen an der Ennsleite. Während des Krieges, als der Kfz-Bau anlief, kletterte die Arbeiterzahl der nunmehrigen Österreichischen Waffenfabriks-Gesellschaft auf über 15.000. Ab 1926 firmierte die Fabrik als Steyrer Werke AG, um 1930 lief die Waffenproduktion wieder an und 1934 fusionierte es mit der Austro-Daimler-Puchwerke AG (Wr. Neustadt) zur bis 1989 bestehenden Steyr-Daimler-Puch AG. Die Fahrzeugsparte wurde weiter ausgebaut, aber auch die sehr innovative Waffenherstellung behielt man aufrecht.

Das Wirtschaftsleben hat sich nicht nur in Steyr, eine der schönsten Städte Österreichs, gravierend gewandelt, sondern auch flußaufwärts. Neben vielfältigen Gewerbebetrieben bestimmt zusehends der Tourismus das Leben an der smaragdgrünen Steyr. Immer wieder trifft man auf Spuren alter Traditionen und Gewerbebetriebe – und zwischen Steyr und Grünburg erinnert die Museumsbahn an die gute alte Steyrtalbahn, die diesen Aufschwung überhaupt erst ermöglicht hat.

Panorama der tausendjährigen Stadt Steyr: In Bildmitte mündet die Steyr in die von links kommende Enns, rechts liegt Steyrdorf mit der 1677 vollendeten zweitürmigen Michaelerkirche, links das erhabene Schloß Lamberg. Um 980 wurde es als Festung Stirapurhc erstmals erwähnt, im Jahr 1727 fiel diese einem Stadtbrand zum Opfer, Graf Lamberg ließ sie als barockes Schloß wieder aufbauen. Foto (15.9.2025): Ludger Kenning

Die Vorgeschichte

Nach der Revolution des Jahres 1848 bestieg der junge Franz Joseph I. den kaiserlichen Thron. Unter seiner uneingeschränkten Herrschaft und der damit verknüpften zentralisierten Wirtschaftspolitik wurde der Eisenbahnbau forciert, so auch zwischen den oberösterreichischen Wirtschaftszentren und der Steiermark, Kärnten und der Adria. Der Steyrer Gemeinderat bemühte sich um den Anschluß an die am 12. August 1860 eingeweihte k.k. priv. Kaiserin Elisabeth-Bahn (KEB) Wien – Linz – Salzburg, jedoch Terrainschwierigkeiten sowie auch politische Gründe sprachen anfangs dagegen. Drei Jahre später regte der Steyrer Vizebürgermeister Jakob Kompaß an, zwischen der KEB und der Südbahn Wien – Triest ein separates Eisenbahnnetz anzulegen, die k.k. priv. Kronprinz Rudolf-Bahn (KRB). Deren Konzession vom 11. November 1866 sah einen Verlauf von St. Valentin über Steyr, Hieflau, Rottenmann, St. Michael und St. Veit bis Villach sowie u.a. eine Verbindung Amstetten – Kleinreifling vor. Die Strecke St. Valentin – Steyr ging am 15. August 1868 in Betrieb, weiter bis Küpfern am 7. Oktober 1869, bis Rottenmann am 20. August 1872.

Vornehmlich auf Bestreben der Sensengewerke gab es schon 1848 auch im Kremstal erste, allerdings zunächst vergebliche Bestrebungen um einen Eisenbahnbau. Nach langem Hin und Her, hauptsächlich zwischen den Städten Wels und Linz, wurden die Pläne gegen Ende der 70er Jahre endlich konkret, wenn auch nur in Form einer regelspurigen Lokalbahn. Der Oberingenieur Josef Ritter von Wenusch projektierte 1878 den Trassenverlauf, und als dann mit staatlicher Hilfe die Finanzierung geklärt war, wurde im Januar 1880 die Kremsthalbahn-Gesellschaft ins Leben gerufen. Mit der Münchener Lokomotivfabrik Krauss & Co. schloß sie einen Vertrag über den Bau und Betrieb der gut 65,6 km langen Strecke von Linz bis Klaus-Steyrling mit einer Flügelbahn Unterrohr – Bad Hall. Etappenweise ging die Lokalbahn in den Jahren 1881-88 in Betrieb.

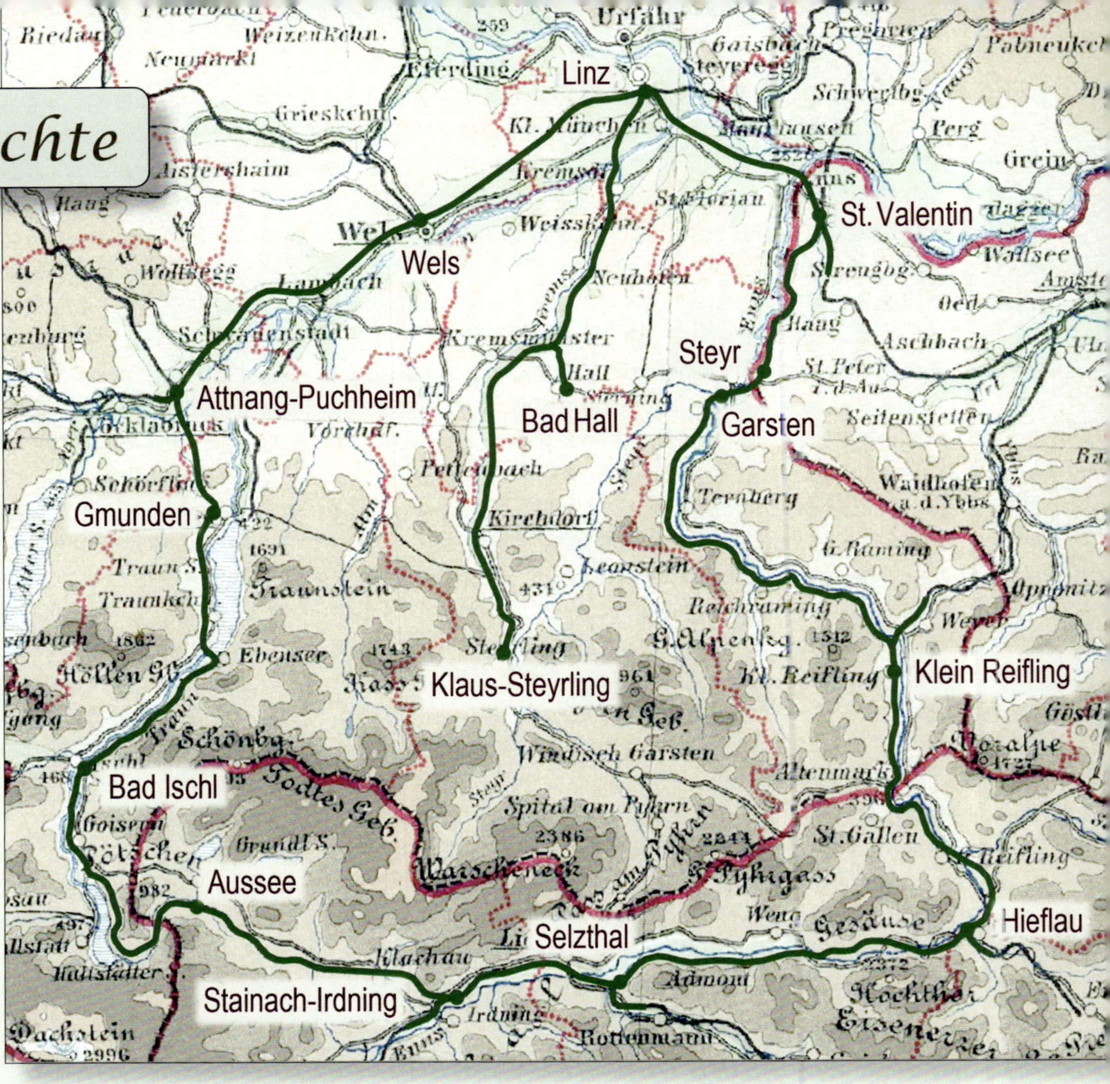

Eisenbahnen zwischen Donau, mittlerem Ennstal und Salzkammergut vor dem Bau der Steyrtalbahn (1888).

Unten: Der Bahnhof Kremsmünster um 1883, seinerzeit Endpunkt der von der k.k. priv. Kremsthalbahn-Gesellschaft nach dem Lokalbahngesetz von 1880 erbauten ersten Lokalbahn Österreichs. Zum Wagenpark der von Krauss & Co. betriebenen Bahn zählten auch neuartige Wagen mit Mittelgang, einige gar mit Oberdeck, auch „Etagenwagen" oder „Omnibuswagen" genannt. Die ersten vier 1Bn2t-Loks mit Kastenrahmen gingen später als 89.01-04 an die kkStB bzw. BBÖ über. Foto: Josef Merzeder (Slg. Friedrich Zellinger)

In den 1880er Jahren wurde im Steyrtal der Ruf nach einem Eisenbahnanschluß immer lauter. Gerade die Kleingewerbe, wie die Kleineisenbetriebe, die Hauswebereien, die Holzwarenwerke, die Sensengewerke, Messerer, Mühlen oder die Walz- und Sägewerke, waren durch den allgemeinen landesweiten industriellen Aufschwung in arge Bedrängnis geraten und dringend auf eine Eisenbahn angewiesen, um weiter konkurrenzfähig zu bleiben. Die OÖ Handelskammer bemerkte 1880 über die Maultrommelmacher von Molln: *„Diese Gewerbetreibenden und die Nagelschmiede sind wohl die gedrücktesten und am meisten ausgenützten, ihnen kommen lediglich noch die Steinbacher Taschenfeitelmacher in der Armut gleich."*

Der Steyrer Bürgermeister Georg Pointner erlangte am 22. März 1880 die Vorkonzession für eine Lokalbahn, *„von einem geeigneten Punkt der Kremsthalbahn zwischen Ke-*

1880: Erwägungen bzgl. einer „Steyrthalbahn" von Steyr nach Herndl

In der Steyrer Zeitung „Der Alpen-Bote" wurde im November 1880 in einem dreiteiligen Artikel das Projekt einer „Vicinalbahn Steyr – Wels" vorgestellt. Vergleichend ging man auch auf ein Projekt Steyr – Hörndl ein. Erstmals ist hierbei von einer „Steyrthalbahn" die Rede:

„In einer Volksversammlung, welche zur Berathung des Bahnprojectes einberufen worden war, wurde die Frage angeregt, ob eine Bahnlinie durchs Steyrthal mit dem Ausgangspunkte Hörndl zweckmäßiger und lohnender wäre. Wie wir erfuhren, hat die Kremsthalbahn-Gesellschaft schon technische Vorarbeiten für die Verlängerung ihrer Localbahn von Kremsmünster bis Hörndl begonnen, und es wird diese Linie eben trassiert. Bei der Rührigkeit, welche unsere Nachbarstadt Linz für das Zustandebringen der Kremsthalbahn an den Tag legte, ist kaum zu zweifeln, daß die Fortsetzung von Kremsmünster nach Hörndl zustande kommt. Wenn dies wirklich der Fall ist, so ist die Frage wohl einer Erörterung wert, ob nicht eine Verbindung durch das Steyrthal mit Hörndl den Interessen unserer Stadt dienlicher wäre. Wir halten es für unsere Pflicht, das Project einer genauen Prüfung zu unterziehen, um die Meinungen zu widerlegen, welche sich allenfalls für dieses Project begeistert hätten.

Eine Bahn Steyr – Hörndl würde bis Sierninghofen-Neuzeug mit der Trasse der Vicinalbahn Steyr – Wels zusammenfallen und im Steyrthale aufwärts über Grünburg, Leonstein nach Hörndl führen. Wenn wir das Project einer Bahn Steyr – Hörndl, die wir kurz „Steyrthal-Bahn" nennen wollen, mit unserem Projecte in Vergleich ziehen, können wir der Steyrthal-Bahn nur die Theilstrecke unseres Projectes von der Einmündung in die Kremsthalbahn bei Rohr bis Steyr als Vergleich entgegenstellen.

Das schwierigste und kostspieligste Stück unserer Bahn, die Strecke von Steyr bis zur Einmündung in die Kronprinz Rudolfbahn bei Garsten, kann auch beim Project der Steyrthal-Bahn nicht umgangen werden. Die Anschauung, das Steyrthal stelle dem Bahnbau weniger Schwierigkeiten entgegen als das Terrain, auf dem unsere Bahn geführt werden soll, ist eine ganz unrichtige. Die Steyrthal-Bahn müßte sich zumeist in den Ufergeländen und den Gehängen des Thales entwickeln, und es könnten nur auf kürzesten Strecken die niederen Plateaus für die Trasse benützt werden. Die Gehänge des Steyrthales weisen theilweise Conglomerat von fester Form, theilweise solches von minderer Consistenz auf, und sind durch zahlreiche zum Theil sehr tiefe und breite Seitenthäler, Schluchten und Erdrisse durchschnitten.

Während unsere Bahn durch die richtige Wahl des Alignements und des Niveaus fast durchwegs von Steyr bis Rohr dem Terrain angepaßt werden könnte, d.h. größere Aufdämmungen und Abgrabungen für den Unterbau der Bahn nirgends nothwendig werden, ist es auf dem durch das Steyrthal streng vorgezeichneten Wege für die Steyrthal-Bahn nicht möglich, an einzelnen Strecken bedeutende Erdbewegungen zu vermeiden, die zumeist sehr kostspieliger Natur sein werden, da das Conglomerat der Steyrthalgehänge in den Erzeugungskosten jener des felsigen Materials gleich kommt, wegen seiner leicht verwitterbaren, dem Froste nicht Widerstand leistenden Consistenz aber flach dosirt werden müßte, wodurch die Massen dem Felsenmaterial gegenüber deutlich vermehrt werden. Die die Gehänge des Steyrthales durchschneidenden Seitenthäler, Schluchten, Erdrisse etc. müßte die Bahn übersetzen, d.h. es wären viele, zum Theil bedeutende Kunstbauten als Brücken, Viaducte und dgl. herzustellen, die auf unserer Bahn nicht erforderlich sind.

Richtig ist es wohl, daß die Steigungsverhältnisse der Steyrthal-Bahn günstiger werden als die unserer Bahn, da mit jener keine Wasserscheide zu übersetzen ist. Die durchschnittliche Steigung des Steyrthales von circa 5 ‰ könnte größtentheils eingehalten werden und die auf unserer Bahn mehrmals zur Anwendung kommenden Höchststeigungen und Gefälle von 25 ‰ würden fast ganz entfallen. Doch wir dürfen nicht vergessen, daß wir es ja auf beiden Seilen mit einer Localbahn zu thun haben, bei einer solchen sind die Nachtheile von stärkeren Steigungen nicht von jener Bedeutung wie bei einer Transitbahn im großen Style.

Wir wollen andere Ziffern sprechen lassen, die das Verschwindende des Vortheils der besseren Steigungsverhältnisse auf der Steyrthal-Bahn einleuchtend machen sollen. Die Steyrthal-Bahn, d.h. die Strecke Steyr – Hörndl, wird 36 Kilometer lang, nach einer generellen Kostenberechnung käme das Kilometer inclusive der Beschaffung des Fahrfundus und der Betriebseinrichtung auf circa 26.000 fl, wobei hervorgehoben werden muß, daß hiebei die günstigsten Verhältnisse in Rechnung gezogen wurden, daher dieser Kostenbetrag als ein Minimum angesehen werden muß. Für die Linie Steyr – Hörndl würden daher mindestens 940.000 fl erfordert und mit Hinzurechnung der Baukosten für die Anschlußstrecke Steyr – Garsten pr. 200.000 fl eine Summe von mindesten 1.140.000 fl für die Anlage einer Steyrthal-Bahn investiert werden.

Vom bauökonomischen Standpunkte ist die Beantwortung der Frage, welchem der beiden Projecte der Vorzug zu geben sei, keine schwierige. Was bietet uns die Steyrthal-Bahn gegenüber unserem Bahnproject für wirthschaftliche Vortheile, welche die Ausführung derselben so wünschenswerth machen sollten? Um eine Antwort zu erlangen, wollen wir in Betracht ziehen, ob denn eine Steyrthal-Bahn lebensfähig sei, ob nebst Deckung der Betriebskosten auch das Baucapital verzinst werden kann. Wir geben zu, daß vielleicht mit Rücksicht auf die günstigen Niveauverhältnisse der Steyrthal-Bahn an Betriebskosten mit circa 1.000 fl für das Kilometer, gegenüber 1.130 fl unseres Projectes, also für die 33 km lange Strecke mit jährlich 33.000 fl das Auslangen gefunden werden kann. Wenn man aber bedenkt, daß der größte Theil der Verkehrsobjecte aus dem Steyrthale auch von unserer Bahn aufgenommen werden kann, währenddem das reiche und gesegnete Absatzgebiet zwischen der Steyr und Krems für den Verkehr einer Steyrthal-Bahn verloren geht, wenn man weiters erwägt, daß das Absatzgebiet zwischen der Steyr und Krems ein derartiges ist, welches eine Localbahn productiv machen kann, während das Steyrthal unwirthlich ist, nur einige Industrie-Artikel in Grünburg, Steinbach und Molln sowie Schnittmateriale in den Sägewerken an der Steyr erzeugt, und die Waffenfabrikswerke in Letten die einzigen nennenswerthen Verkehrsmengen der Steyrthal-Bahn zuführen werden, wenn man ferner erwägt, daß der größte Reichthum des Steyrthales, die Holzproduction, durch den empfindlichsten Concurrenten, den Steyrfluß, der Bahn entzogen wird, so kann sich niemand der Überzeugung verschließen, daß die Roheinnahmen der Steyrthal-Bahn weit unter jenen der Strecke Rohr – Steyr unserer Bahn bleiben, also kaum die Höhe der Betriebsauslagen erreichen werden. Dann ist das Anlage-Capital ein verlorenes.

Die Anlage einer Steyrthal-Bahn wäre eine total verfehlte, so gegen unsere Interessen verstoßend, daß wir es kaum glauben können, es sei jemals dieses Bahnproject ernstlich angestrebt worden. Wir glauben, diesen Gegenstand nicht weiter berühren zu müssen, und verweisen auf die statistischen Daten, aus denen ein Vergleich beider Bahnprojecte in wirthschaftlicher Beziehung leicht zu ziehen sein wird."

maten und Kremsmünster abzweigend, über Bad Hall, Sierning und Sierninghofen bis nach Steyr.“ Die Kremsthalbahn-Gesellschaft protestierte dagegen, zumal sie eine Flügelbahn nach Bad Hall plante. Letztlich scheiterte das Vorhaben an den hohen Kosten der angedachten Trassierung im Bereich des Steyrtals.

„Wiederholt ward in Steyr der Gedanke angeregt, das durch seine bedeutende Holz- und Eisenindustrie und auch durch seine Naturschönheiten hervorragende Steyrthal durch eine Eisenbahn mit Steyr und hierdurch mit dem Weltverkehre zeitgemäß zu verbinden. Dieser Gedanke blieb eben lange nur Gedanke, bis die wachsende Concurrenz und vielfach andere Umstände die Industrie, die Gewerbe und den Handelsverkehr im Steyrthale immer mehr und mehr schädigten und sich endlich die Erkenntnis Bahn brach, daß besagte Eisenbahnverbindung für Steyr und das Steyrthal im vollsten Sinne des Wortes zur Lebensfrage geworden ist.“ Längst war klar, daß bei einer Normalspurbahn angesichts der vielfältigen Transportaufgaben selbst an eine nur bescheidene Verzinsung des Anlagekapitals nicht zu denken war.

Die Stadt Steyr verfügte angesichts des Aufschwungs der Werndlschen Waffenfabrik über ein gutes finanzielles Polster. So beauftragte der Gemeinderat im April 1886 den Oberingenieur Ritter von Wenusch mit der konkreten Planung. Am 25. August 1886 erlangte dieser die Vorkonzession zu Vorarbeiten für eine schmalspurige Lokalbahn Steyr – Hörndl (auch „Herndl“ geschrieben) – Windischgarsten mit einem Zweig nach Bad Hall. Das Projekt teilte man in vier Baulose auf: Zunächst Steyr – Grünburg, dann Neuzeug-Sierninghofen – Bad Hall, Grünburg – Herndl und schließlich Herndl – Windischgarsten. Im April 1887 präsentierte von Wenusch eine Rentabilitätsberechnung, auch um nachzuweisen, daß die Schmalspur angesichts der schwierigen Geländeverhältnisse die einzige aussichtsreiche Lösung sei. Die Finanzierung solle durch eine Aktiengesellschaft gesichert werden. Anhand des Vorprojekts ließ die Bezirkshauptmannschaft Steyr am 6. und 7. Juli 1887 eine Trassenrevision vornehmen, woraufhin das k.k. Eisenbahnministerium dem Bau einer Schmalspurbahn zustimmte, während die k.k. Statthalterei forderte, daß zur Sicherung des Unternehmens insgesamt 750.000 Gulden (fl) aufzubringen seien. Der *„Eisenbahnausschuß des Gemeinderathes“* propagierte vehement das Projekt. Mit dem Steyrer Landtagsabgeordneten Dr. Josef Hochhauser und dem Unternehmer Ritter v. Wenusch als Wortführern wurde am 16. November 1887 als Rechtsträger ein Interessentenausschuß gebildet, wonach unverzüglich die Subskriptionen begannen. Um die Notwendigkeit der Bahn zu belegen, richtete der Ausschuß eine Petition an den Landtag:

„Mittels einer Eisenbahnverbindung des Steyrthales mit Steyr werden für die Eisengewerke in Steyr die Holzkohle, für die Gewerke im Steyrthale die Fracht des Rohmateriales und die der fertigen Ware bedeutend billiger, wodurch die sämtlichen Gewerbe die Concurrenz leichter bestehen und minderwerthige Handelsproducte, wie z.B. das Mostobst, handelsfähiger gemacht werden. Wir erlauben uns dahier, auf die Kremsthalbahn zu verweisen, welche in den letzten drei Jahren über 750 Waggons Mostobst verführte und dafür über eine Viertelmillion ins Thal gebracht hat. Es besteht begründete Aussicht, daß die seit Jahrhunderten ansässige Industrie dieser Gegend nicht bloß erhalten, sondern auch einem neuen Aufschwung entgegengeführt werde. Die Waldbesitzer werden ihr Lang- und Scheitholz besser verwerthen können, weil heute der ganze Stockzins von den Kosten für das Straßenfuhrwerk verschlungen wird, denn nur Kohl- und Schnittholz, beides aber bis zu sechs Meter Länge, kann auf der Steyr getriftet werden. Die Sägewerksbesitzer werden mit ihrem Ladenzeug zu jeder Zeit den Markt aufsuchen können, wogegen sie dermalen in den Wintermonaten, wo die Ladenkahnfahrt auf der Steyr unmöglich ist, ihre Ware nicht absetzen können, da die Frachtkosten auf der Straße das Erträgnis aus dieser Ware verschlingen. Zweifellos wird sich zudem ein reger Touristenverkehr entwickeln und hierdurch der allgemeine Verkehr und der Verbrauch von Cerealien wesentlich gesteigert werden.“

Über die Spurweitenfrage wurde in der Bürgerschaft sehr kontrovers diskutiert. Zwar fiel bei der Schmalspur durch den Frachtumschlag in den Übergangsstationen ein hoher Aufwand an, auch bei der Fahrgeschwindigkeit und beim Fahrkomfort hatte sie Nachteile und schließlich war sie nicht so prestigeträchtig (*„die Schmalspur ist doch keine ordentliche Eisenbahn!“*), doch die Vorzüge gegenüber der Normalspur überwogen: Der Bau einer normalspurigen Lokalbahn war im Gebirge überaus teuer: Lag ihr Minimalradius bei 150 m, so genügte bei der Schmalspur einer von 50 m. Im Rentabilitätsbericht vom 3. April 1887 erläuterte von Wenusch, daß die Baukosten für die Schmalspurstrecke Steyr – Herndl (rund 41 km) etwa 1.229.260 fl betragen würden, während die Normalspur auf 60.000 fl pro Kilometer käme, zuzüglich vier Tunnel.

In Bosnien hatte sich die Spurweite von 760 mm (die „Bosnaspur“) schon während der Besetzung durch kaiserliche Truppen ab 1878 bewährt. Aus einem Netz von über 190 km Streckenlänge, das – vorerst lediglich feldbahnartig – innerhalb nur eines einzigen Jahres angelegt worden war, gingen später die Bosnisch-Herzegowinischen Landesbahnen mit einem Schmalspurnetz von über 1.000 km Länge hervor. Die Militärverwaltung verlangte nunmehr eine einheitliche Spurweite von 760 mm bei einem normierten Fahrzeugpark, um im Kriegsfall auch Material von Bahnen des Kernlandes beschlagnahmen zu können.

In Steyr regte sich aber ebenso Protest gegen das Projekt generell. Im März 1887 richteten 532 Bürger auf Betreiben des Hoteliers Mayer eine Petition an den Gemeinderat, vom Bau der Steyrtalbahn wie auch der Kaserne dringend Abstand zu nehmen. Ihrer Meinung nach würde sich die Stadt auf Jahre hinaus hoch verschulden, wenn sie für Bahn und Kaserne jeweils 200.000 fl bewilligen würde. Die Kommunalsteuern würden um 10-15 % steigen: *„Wir erinnern an die primitiven Zustände unserer meist ungepflasterten Straßen und durchwegs aus Holz construierten zahlreichen Brückenobjekte, die aus sanitären Rücksichten dringend nöthige Verbesserung unseres Canalisierungssystems sowie der Wasserversorgung, oder an den Ausbau von Schulräumen, an die Errichtung eines Epedemie-Spitals und des Communal-Schlachthauses. Was soll die Steyrtalbahn der Stadt bringen, wo sie doch nur auf einem kleinen Teil der Strecke durch Stadtgebiet führt, nur in Schmalspur projektiert ist und außerdem die Weiterführung von Grünburg bis zur Kremstalbahn keineswegs gesichert ist? Und die Kaserne mit nur 300 Mann Garnison, vom Ärar ausgerüstet und verpflegt, wäre keine so starke wirtschaftliche Belebung, daß dafür ein Aufwand in Höhe von 280.000 fl allein aus den Stadtfinanzen gerechtfertigt wäre.“*

Trotz aller Eingaben bewilligte der Gemeinderat am 16. November 1887 jene 200.000 fl für den Bahnbau. Mit Kleinaktien von 100 bis 500 fl kam bis zum 30. November eine Summe von 578.000 fl zusammen. Der Landtag, von dem sich der Interessentenausschuß ein erhebliches Darlehen erhoffte, hielt sich zurück. So mußte Dr. Hochhauser auf der Landtagssitzung vom 19. Dezember 1887 seine ganze Überzeugungskraft aufbieten, um immerhin 50.000 fl als Subvention zugesagt zu bekommen, nämlich 25.000 fl à fonds perdu und 25.000 fl durch Ankauf von 250 Actien à 100 fl. Er pries das Steyrtal als *„eines der schönsten Täler der Monarchie“* und hob hervor, daß die Bahnlinie für die notleidende Eisenindustrie dieser Region von existentieller Bedeutung sei. Außerdem ließen sich die Erhaltungskosten für die Straße wesentlich senken, wenn die schweren Frachten auf die Bahn verlagert werden.

Bau und Eröffnung Garsten - Grünburg

Der Bahnhof Garsten – 1889-93 als „Steyr-Garsten" bezeichnet – in der Frühzeit der Steyrtalbahn. Die Staatsbahnen besaßen hier zuvor nur eine einfache Haltestelle, die durch die Steyrthalbahn-Gesellschaft zur Halte- und Ladestelle ausgebaut wurde. Als „glückliches Resultat mehrjähriger Verhandlungen" übernahmen die kkStB zum 1.10.1898 den gesamten Stationsdienst des nunmehrigen Bahnhofs Garsten. Foto: Slg. Friedrich Zellinger

Als Ausgangspunkt wollte man gleich neben dem Aufnahmsgebäude des Steyrer Staatsbahnhofs einen Schmalspurbahnhof anlegen. Direkt anschließend sollte die Lokalbahn in die Ennstalstrecke einfädeln, auf einem Dreischienengleis die Enns überqueren und sodann nach 1,66 km im noch herzustellenden Bahnhof Garsten (hier befand sich bis dato nur eine simple Haltestelle) ihre eigene Trasse erreichen. Sieben Weichen, ein kleines Stationsgebäude, ein Wächterhaus, ein Frachtenmagazin und ein zweiständiges Heizhaus waren hier geplant.

Während die Kremsthalbahn-Gesellschaft weiter protestierte, weil sie durch den Bau der Steyrtalbahn hohe Frachteinbußen befürchtete, hegte man im Steyrtal keinerlei Bedenken, daß *„die Actien der Steyrthalbahn ihre entsprechende Verzinsung finden werden, wenn man sich vor Augen hält, daß bei etwa gleichen Anlagekosten im Steyrthal (je 4 km bahnseitwärts gerechnet) per Bahnkilometer 44 Gewerbe (gegen 25 im Kremsthale), 3.195 Steuergulden (gegen 2.966 im Kremsthale) und 691 Einwohner (gegen 457 im Kremsthale) entfallen."*

Derweil wurde die Trassenrevision recht zügig abgewickelt und zu einem positiven Abschluß gebracht. Der zweite Interessentenausschuß – er bestand nunmehr aus gewählten Vertretern der Subskribenten und hatte am 14. November 1887 seine erste Generalversammlung abgehalten – beantragte daraufhin die Konzession zum Bau und Betrieb der Bahn, und zwar nicht wie anfangs vorgesehen bis zum Bahnhof Herndl der Kremsthalbahn, sondern bis zu deren Endpunkt in Klaus.

Am 18. Februar 1888 wurde die *„Allerhöchste, vom Kaiser persönlich unterfertigte"* Konzession erteilt. Die Steyrer Zeitung berichtete: *„Dem Ingenieur Joseph Ritter von Wenusch ist unterm 18. Februar die Concession zum Bau und Betriebe einer schmalspurigen Localbahn von Steyr (Garsten) nach Unter-Grünburg mit dem Rechte ertheilt worden, die Bahnlinie eventuell bis Klaus fortzusetzen, sobald die Beschaffung des erforderlichen Baucapitals gesichert erscheinen sollte. Die mit einer Spurweite von 0,76 m projektierte Linie soll im Ganzen eine Länge von etwa 41,5 km erhalten, wovon auf die zunächst und unbedingt herzustellende Strecke bis Unter-Grünburg nur beiläufig 19,5 km entfallen. Nach dem generellen Projekte, welches bereits einer Tracenrevision unterzogen worden ist, soll die Steyrthalbahn mittelst einer südlich von der Stadt Steyr nächst Garsten anzulegenden Anschlußstation von der Linie St. Valentin – Kleinreifling der Kronprinz Rudolf-Bahn abzweigen."* Die Dauer der Konzession war auf 90 Jahre befristet, die Trasse war für eine Maximalgeschwindigkeit von 20 km pro Stunde auszulegen. Die Baukosten für das erste Baulos von Garsten bis Grünburg bezifferte man auf 750.000 fl, also etwa 38.460 fl pro Kilometer.

Der Interessentenausschuß leitete nun die detaillierten Vorarbeiten ein. Die Schienen nebst Befestigungsmaterial sowie die eisernen Brückentragwerke bestellte man am 12. März 1888 bei der Österreichisch-Alpinen Montan-Gesellschaft in Zeltweg, drei Lokomotiven der neuartigen Bauart Krauss-Helmholtz beim erst wenige Jahre alten Linzer Werk der Firma Krauss & Co. sowie die Personen-, Gepäck- und Güterwagen bei der Wagenfabrik von Johann Weitzer in Graz. Ehe der Bahnbau auch baurechtlich genehmigt werden konnte, galt es noch allerlei Grunderwerbsprobleme zu lösen. Zudem protestierte die Gemeinde Garsten gegen die doppelte Wegübersetzung in Halbgarsten (Sarning). Am 22. Mai 1888 fand für den Abschnitt Garsten – Unterhimmel die politische Begehung statt. Bis auf den Bereich von km 1,2 bis 1,4/5 konnte hierfür am 11. Juli 1888 die Baubewilligung erteilt werden.

Am 5. Juni 1888 erlangte Ritter von Wenusch die Genehmigung zur Gründung einer Aktiengesellschaft, am 2. Juli fand die „constituierende Generalversammlung" der Steyrthalbahn-Aktiengesellschaft mit Sitz in Steyr statt, am 5. Juli übernahm der Verwaltungsrat von Ritter von Wenusch die Konzessionsurkunde, die Originalakten und die Cassa-Gebahrung und mit der Eintragung ins Handelsregister am 19. Juli 1888 erlangte die Aktiengesellschaft ihre volle Rechtswirksamkeit. Der Verwaltungsrat setzte sich anfänglich zusammen aus:

- Präsident Graf Josef Lamberg (Gutsbesitzer auf Schloß Trautenfels)
- Vizepräsident Dr. Josef Hochhauser (Reichsraths- und Landtagsabgeordneter sowie Vizepräsident der Österr. Waffengesellschaft)
- und Johann Berger (Bürgermeister von Steyr und Verwaltungsrat der Waffenfabrik), Leopold Putz (Vizebürgermeister von Steyr und Maschinennägelfabrikant), Advocat Dr. Karl Harrant (Gemeinderat und Obmann des Interessentenausschusses, ihm oblag die Klärung der Grundeinlösungen), Stadtsecretär Fritz Hähnel, Direktor Karl Holub.

Das Aktienkapital in Höhe von insgesamt 1.923.000 fl verteilte sich zu 24,2 % auf die Waffenfabriks-Gesellschaft (466.000 fl), zu 15,6 % auf die Stadt Steyr (300.000 fl), zu 5,5 % auf das Land Oberösterreich (resp. Erzherzogtum ob der Enns) (106.000 fl), zu 3,8 % auf die Sparkasse Steyr (76.000 fl) und zu 50,7 % auf die zahlreichen Kleinaktionäre (975.000 fl). Der *„verdienstvolle Leiter der Waffenfabrik, Herr Generaldirektor Josef Werndl,"* erlebte die Vollendung der Bahn nicht mehr; er verstarb am 29. April 1889. Im Steyrer Geschäftskalender für das Jahr 1889 ist vermerkt: *„Die Vergebung des Baues der Strecke Steyr=Grünburg der Steyrthalbahn war mit dem Endtermin bis zum 27. Juli 1888 ausgeschrieben worden. Die eingelangten Offerte wurden in der Verwaltungsrathssitzung am 2. Juli eröffnet und das Offert der Steyrer Bauunternehmung Dunz & Mayer einstimmig angenommen. Dieselben verpflichteten sich, die sämtlichen Bauten dieser Strecke um den Preis von 305.000 fl kunstgerecht auszuführen und bis zum 31. Mai 1889 zu vollenden. Für jeden Tag Verspätung haben die Unternehmer 200 fl Pönale zu bezahlen und zur Sicherstellung der eingegangenen Verpflichtungen eine Caution von 40.000 fl zu leisten."*

Dr. Hochhauser wohnte seinerzeit im direkt neben dem Quenghof gelegenen, einst herrschaftlichen Neulusthof (heute befindet sich hier die OÖ Wirtschaftskammer). Praktisch vor seiner Haustür und direkt am Teufelsbach, der durch das Anwesen floß, vollzog Bürgermeister Berger am 22. August 1888 den ersten Spatenstich. Vom 10. bis 14. September 1888 fand die politische Begehung der Strecke Unterhimmel – Unter-Grünburg und am 10. November die neuerliche Begehung des beanstandeten Streckenteils von km 1,2 bis zum 1,4/5 statt, so daß am 22. November 1888 auch hierfür die Baugenehmigung erteilt werden konnte. Der Plan einer dreischienigen Weiterführung bis zum Staatsbahnhof Steyr war zu jenem Zeitpunkt längst vom Tisch.

Steyr-Garsten – Grünburg.

Giltig vom Tage der Eröffnung bis auf Weiteres.

Steyr-Garsten—Grünburg

Kilometer	Stationen und Haltestellen		Personen-Zug Nr. 1	Nr. 3	Nr. 5	Nr. 7	Nr. 9
			2. und 3. Classe				
			Früh	Nachm.	Abends		
0	Steyr=Garsten	ab	8·30	12·31	6·51		
2	Sarning (H.)	„	*8·35	*12·36	*6·59	Früh	Nachm.
3	Steyrdorf	„	8·45	12·30	7·09	7·08	12·58
4	Unterhimmel	„	8·51	12·42	7·15	7·14	*1·04
6	Schloß Rosenegg (H.)	„	*8·56	*12·47	*7·20	*7·19	*1·09
10	Neuzeug	„	9·11	1·02	7·35	7·34	1·24
11	Letten (H.)	„	*9·14	*1·05	*7·38	*7·37	*1·27
13	Aschach a. d. Steyr	„	9·23	1·14	7·47	7·40	1·36
15	Mitteregg (H.)	„	*9·31	*1·22	*7·55	*7·54	*1·44
18	Waldneukirchen (H.)	„	*9·42	*1·33	*8·06	*8·05	*1·55
20	Grünburg	an	9·47	1·38	8·11	8·10	2·00
			Vorm.	Nachm.	Abends	Vorm.	Nachm.

Grünburg—Steyr-Garsten

Kilometer	Stationen und Haltestellen		Personen-Zug Nr. 2	Nr. 4	Nr. 6	Nr. 8	Nr. 10
			2. und 3. Classe				
			Früh	Vorm.	Nachm.		
0	Grünburg	ab	6·00	10·30	5·04		
2	Waldneukirchen (H.)	„	*6·05	*10·34	*5·08	Früh	Nachm.
5	Mitteregg (H.)	„	*6·16	*10·46	*5·20	8·30	5·53
8	Aschach a. d. Steyr	„	6·25	10·55	5·29	*8·35	*5·58
10	Letten (H.)	„	*6·32	*11·03	*5·37	*8·46	*6·09
11	Neuzeug	„	6·38	11·08	5·42	8·55	6·18
14	Schloß Rosenegg (H.)	„	*6·51	*11·21	*5·55	*9·08	*6·26
16	Unterhimmel	„	6·57	11·27	6·01	9·10	6·31
17	Steyrdorf	„	7·07	11·37	6·11	*9·23	*6·44
19	Sarning (H.)	„	*7·12	*11·42	*6·16	9·29	6·50
20	Steyr=Garsten	an	7·17	11·47	6·21	9·34	6·55
			Früh	Vorm.	Abends	Vorm.	Abends

1. Auf der Steyrthalbahn, werden nur Billets II. und III. Classe ausgegeben.
2. Die Nachtzeit von 6 00 Abends bis 5·59 Früh ist durch Unterstreichung der Minutenziffer bezeichnet.
3. In den Haltestellen, welche mit * bezeichnet sind, wird nur angehalten, wenn Reisende aufzunehmen oder abzusetzen sind.
4. Die Züge 7, 8, 9 und 10 verkehren nur an Sonn- und Feiertagen bei günstiger Witterung.

Die Verkehrszeiten der Züge sind in Pragerzeit angesetzt.

Auch für heutige Begriffe überaus zügig schritten die Bauarbeiten voran. Als Schienenprofil verwendete man die Form XXX mit einem Gewicht von 17,90 kg/m, für die im Jahr 1890 fertiggestellte, animalisch betriebene Anschlußbahn zum Walzwerk Unterhimmel sogar nur 10,8 kg/m. Eine Spezialität bei der Steyrtalbahn waren die Weichen mit „Pedalverschluß“, nach ihrem Erfinder auch „Paravicini-Verschluß“ genannt (vgl. Band 1 auf Seite 154). Typisch für das Gleisbild der Stationen war über viele Jahre hinweg der sogenannte „Achssprung“, wobei das Hauptgleis nicht geradewegs durchlief, es war also stets ein Gleiswechsel notwendig. Erst am 28. Juni 1889 wurde das Projekt der neuen Anschlußstation Garsten seitens der kkStB genehmigt, der Ausbau war also am Einweihungstag des ersten Streckenabschnitts noch im Gange, so daß der Festzug erst in Steyrdorf starten konnte.

Am 19. Juli 1889 teilte die Steyrer Zeitung mit: *„Steyrthalbahn. Nach den Locomotiven, deren zweite den Namen „Sierning“ und die dritte den Namen „Grünburg“ trägt, sind in rascher Folge bereits zwölf Personenwagen auf dem Bahnhof Steyrdorf eingetroffen. Dieselben haben nach Art der Tramwaywaggons keine Quer-, sondern Längssitze mit einem freien mittleren Gange und äußeren Plattforms. Sie enthalten jeweils 20 Sitz- und 10 Stehplätze, sind recht elegant und geschmackvoll gearbeitet und finden allgemeines Lob.“* Die Lokomotiven sowie die neuartige Seilzugbremsausrüstung der Bauart Schmid wurden am 22. und

Oben: Auf dem Sarninger Berg kreuzte das Gleis gleich zweimal die Allee, ein erstes Mal an der Gemeindegrenze zwischen Garsten und Steyr beim Gasthaus „Zur Steyrthalbahn“ von Joh. Dornmayr. Es war ein äußerst unfallträchtiger Punkt.

Unten: Magazin und Passagierabort des Bahnhofs Aschach an der Steyr zur Zeit der Jahrhundertwende, drüben liegt Pichlern mit der hoch aufragenden Wochenaltmühle am Flußufer.
Fotos (um 1900): Sammlung Friedrich Zellinger

Eröffnung Garsten – Grünburg

„Nun ist Oberösterreich wieder um eine Localbahn reicher geworden, eine Bahn, welche deshalb das Interesse der maßgebenden Faktoren beansprucht, weil bei ihr zum ersten Male in Österreich das Schmalspursystem in Anwendung kam, und wenn es sich erproben sollte, vielleicht gerade in Oberösterreich noch mehrere solche Schmalspurbahnen, die hauptsächlich für einen guten Localverkehr zu sorgen hätten, entstehen dürften. Nach Äußerungen von Fachleuten dürfte das System nicht ohne Zukunft und insbesondere in Gebirgsgegenden von nicht zu unterschätzendem Werte sein. Es scheint auch die Regierung diesen Schmalspurbahnen reges Interesse entgegenzubringen, wie es aus den Worten des an der Eröffnungsfahrt theilnehmenden Sections-Chefs Mittel des Handelsministeriums zu entnehmen war.

Im übrigen freute sich die Bevölkerung des Steyrthales aus vollstem Herzen, daß endlich der Tag gekommen war, an welchem das schnaubende Dampfroß das herrliche Thal durchzieht. Es war ein seltener Jubel, der gestern allerorts erscholl, wo der Eröffnungszug in Sicht kam. Es war ein Freudentag für die Bewohner des Steyrthales. Steyr selbst prangte im vollsten Fahnenschmuck, Hunderte wanderten schon vormittags zur festlich geschmückten Station Steyrdorf, von wo die Abfahrt des Eröffnungszuges nach Grünburg erfolgte. Vom Staatsbahnhofe in Steyr aus mußten die von Wien respective aus Linz kommenden Theilnehmer bis Halbgarsten und von dort mit der neuen Bahn wieder zurück nach Steyrdorf fahren. Auf diese Art wurde eben die Verbindung mit der Anschlußstation hergestellt. Zu diesem Behufe mußte ein 6 Meter hoher Damm errichtet werden, welcher ebenfalls über den gefürchteten Teufelsgraben führt. Diese Anlage kostete annähernd 50.000 fl.

Als die Festtheilnehmer in Steyrdorf angelangt waren, wurden sie auf das Feierlichste begrüßt. Die Gesangvereine von Steyr, welche mit ihren Fahnen Aufstellung genommen hatten, intonierten das „Grüß Gott", reizende Mädchen- und Frauengestalten warfen Blumen, Böllerschüsse erdröhnten von den umliegenden Bergen. Nach kurzem Aufenthalt setzte sich sodann der aus sechs Wagen bestehende Eröffnungszug, welchen die mit den österreichischen Farben geschmückte und reich bekränzte Locomotive „Sierning" führte, unter den Hochrufen der nach hunderten zählenden Menschenmenge in Bewegung (...).

Schon auf dem kurzen Stück vom Bahnhof der Staatsbahnen in Steyr bis zum Bahnhof der Steyrthalbahn in Steyrdorf fanden freundliche Ovationen statt. So wurden in der Haltestelle Sarning, die wenigen Häuser waren festlich geschmückt, die Theilnehmer des Zuges von schönen Händen mit prachtvollen Blumen beworfen. Von der Station Steyrdorf bietet sich dem Reisenden ein prächtiges Bild. Die Waffenfabriks-Etablissements werden in der ganzen Ausdehnung sichtbar, im Hintergrund zeigt sich die alte pittoreske Eisenstadt Steyr mit ihren Bergen und anmuthigen Höhen, derweil die grüne, brausende Steyer unten heraufgrüßt.

Der Zug ging unter dem Jubel der Bevölkerung um 12 Uhr 20 Minuten von Steyrdorf ab. Vor der Haltestelle Unterhimmel prangte ein riesiger Triumphbogen mit einem weit sichtbaren „Glück auf!". Am Stationsplatze befanden sich die Feuerwehr, die Schuljugend mit ihren Fahnen, viele Bewohner. Unter Hochrufen und dem Signalgeschmetter der Feuerwehrhornisten fuhr der Zug in die Haltestelle ein. In Unterhimmel befinden sich die Walz- und Streckwerke des Franz Werndl. Oberhalb thront auf einer bewaldeten Höhe die kleine prächtige Rotundakirche Christkindl. Nach kurzem Aufenthalte ging's gegen Schloß Rosenegg (Haltestelle), einst im Besitze der Aebte von Garsten, jetzt Herrn Schlesinger aus Prag gehörig, der dem Unternehmen der Steyrthalbahn ziemlich Schwierigkeiten entgegensetzte. Ohne anzuhalten wurde die Fahrt nach Neuzeug-Sierninghofen fortgesetzt, welche Ortschaften, am linken Ufer gelegen, ebenso Flaggengala angelegt hatten. Die Steyrthalbahn zieht am rechten Ufer entlang an den bedeutenden industriereichen Ortschaften Neuzeug, Sierninghofen und Sierning vorüber; erst in einer von diesen Ortschaften ziemlich entfernt liegenden Stelle ist die Station.

Obwohl die Neuzeug-Sierninger allen Grund zum Schmollen gehabt hätten, bereiteten sie trotzdem dem Festzuge einen ebenso warmen als

23. Juli im Beisein einer Abordnung der Generalinspektion der Österr. Eisenbahnen erprobt: *„Trotz hoher Fahrgeschwindigkeit gingen die Probefahrten ohne geringsten Unfall auf den Schienen, die die Welt erobern, vonstatten. Sie zeitigten ein sehr befriedigendes Resultat."* Erste komplette Züge verkehrten probeweise am 9. August vor zahlreichen Schaulustigen, *„von herzlichen Freudensbekundungen begleitet"*. Zu aller Zufriedenheit verliefen schließlich auch die kommissionellen Belastungserprobungen der Brücken am 13. August, nämlich mit einem Zug aus fünf Zweiachsern, allen drei Lokomotiven und fünf weiteren Wagen.

Am 14. August 1889 fand sodann die technisch-polizeiliche Prüfung statt, wobei auf der amtlichen Probefahrt eine Geschwindigkeit von 36 km/h erzielt wurde. Die Distanz zwischen

Für die Steyrtalbahn typische Weichendetails mit Pedalschiene sowie Pedalverschluß (das Kästchen außen am Gleis). In Neben- und Anschlußgleisen sowie auf der Flügelstrecke gab es solche Weichen bis zuletzt. Fotos (6.3.1980): Peter Schmied

glänzenden Empfang. Die Sierninghofener Liedertafel, weißgekleidete Mädchen, Gemeindevertretung und eine große Menschenmenge harrten am Bahnhofe. Ein Mädchen überreichte unter einer Ansprache dem Statthalter, der dieselbe freundlich erwiderte, ein Bouquet, ferner solche dem Bischof und dem Sectionsrathe Mittel. Auch den übrigen Theilnehmern wurden von den Mädchen duftende Spenden überreicht.

Durch eine große Au, vorüber am Schießplatz, wo seinerzeit die für die deutsche Armee bestimmten Gewehre und Mitrailleusen erprobt wurden, eilte der Zug gegen Letten. Hier wurde den Festtheilnehmern ein seltener Empfang zutheil. Zwischen den großartigen Werndl'schen Waffenfabriks-Etablissements hindurch, die anläßlich der Aufträge von Deutschland und Österreich damals erbaut worden waren, zwängt sich die Bahn. Festlich geschmückt waren die Fabrikgebäude, während zu beiden Seiten des Geleises längs der ausgedehnten Anlagen circa 1.500 Arbeiter im Arbeitsrocke mit rußigen Händen und geschwärztem Gesicht standen, die Mützen schwangen und mit ihren Hochrufen die Lüfte erzittern machten. In demselben Augenblicke, als der Eröffnungszug beim ersten Werke einfuhr, erhob sich eine dichte Rauchwolke, aus mehr als 100 Gewehrläufen krachten Salven. Ein Dampfrohr, das über die Gebäude hinausragt, gab gleich dem Nebelhorne einen langgezogenen, andauernd schmetternden Ton von sich, und unter dieser imposanten Ovation hielt der Zug vor dem schön decorierten Herrenhaus Werndls, dem Lieblingsaufenthalt des verstorbenen Generaldirektors. In den Werken von Letten wird der Lauf aus dem rohen Stahle ausgearbeitet und fertiggestellt. Während der Einfahrt des Zuges wurden eben circa 100 oder noch mehr Gewehrläufe demontiert. Hundert solcher werden in eine Maschine gespannt, mit vierfacher Ladung versehen und losgeschossen. Gesprungene Läufe werden ausgeschieden, jene aber, welche die Feuerprobe bestanden haben, als tauglich von dem betreffenden Uebernahmsbeamten übernommen. Auch in Letten gab's Blumen über Blumen.

Das uralte Pfarrdorf Aschach an der Steyer war gleichermaßen geschmückt. Begrüßt wurde der Eröffnungszug durch die Gemeindevertretung, die Schuljugend, eine Musikkapelle, welche die Volkshymne intonierte. Auch die Mitteregger hatten es gut gemeint, errichteten eine Triumphpforte, worauf ein Spruch zu lesen war, welcher ein Hoch auf den Kaiser enthielt, hatten gar für Erfrischungen gesorgt, aber der Zug hielt nicht, trotz des Protestes eines in Frack und Zylinder erschienenen Mittereggers. In der Haltestelle Waldneukirchen grüßte ein Gesangverein und nach kurzem Aufenthalt ging's dem Endziele Grünburg zu. Auf Feldern und Wiesen, im Thale und auf der Höhe, allüberall waren die Leute postiert, um den Theilnehmern des Festzuges ihre Grüße zuzuwinken.

Auf dem sehr hübsch decorierten Bahnhofe von Grünburg-Steinbach hatte die Bürgergarde samt Musikkapelle Aufstellung genommen. Ferner waren anwesend (...) die Geistlichkeit, die Gemeindevertretung mit den Bürgermeistern von Steinbach und Grünburg an der Spitze, der Gesangverein mit Fahne, die Veteranen, Feuerwehr, weißgekleidete Jungfrauen, die Honoratioren und Sommergäste des Ortes und eine große Menschenmenge. Von den Höhen ertönten Böllersalven, die Musik intonierte die Volkshymne, die Bevölkerung begrüßte den Zug mit Hochrufen, und als derselbe stillgestanden und die Festgäste demselben entstiegen waren, hielt der Bezirksrichter und Abgeordnete Dr. Edlbacher eine Ansprache, worin er die Bedeutung der Steyrthalbahn hervorhob, des moralischen Schöpfers der Bahn, des Abgeordneten Dr. Hochhauser, des ausgezeichneten Technischen Leiters und Directors R. v. Wenusch, dem Vater der Schmalspur in Oesterreich, gedachte, und ebenso an das mannhafte Auftreten des Verwaltungsrathes der Steyrthalbahn erinnerte, welcher die größten Schwierigkeiten überwunden hatte. Die Erinnerung des Redners an den verstorbenen Generaldirektor Werndl, welcher eine große Theilnahme der Bahn entgegenbrachte, rief lebhafte Bewegung wach. Ebenso rühmend hob der Redner das Zusammenwirken der Bürger der Stadt Steyr und des Steyrthales hervor. Schließlich gab er dem Wunsche Ausdruck, daß die Bahn den Bewohnern des Steyrthales zum Heil und Segen gereichen möge, und hieß unter Dankesworten die Erschienenen herzlich willkommen. Darauf wurde der Marsch in Nußbaumers Gasthof angetreten, wo das Festmahl stattfand (...).“

(aus Linzer „Tages-Post“ vom Mittwoch, den 21. August 1889)

den äußersten Gleisenden in Garsten und Grünburg betrug 20,150 km, die Betriebslänge – zwischen den Mitten der Aufnahmsgebäude von Garsten und Grünburg gemessen – offiziell 19,168 km. Die Kommission gab zu Protokoll, daß etliche Bauleistungen noch nicht abgeschlossen seien, so reichte z.B. die Telegraphenleitung nur bis Letten, während viele Gebäude noch nicht bezugsfertig seien. Dies hinderte sie aber nicht daran, im Allgemeinen die Betriebstauglichkeit festzustellen und die Benützungsbewilligung „ex commissione“ per 20. August 1889 zu erteilen. Der Steyrer Geschäftskalender für das Jahr 1889 vermerkt:

„Während sich die erfreulichen als auch die traurigen Geschicke der Stadt abspielten, reifte die Unternehmung der Steyrthalbahn-Gesellschaft ihrer Vollendung entgegen, die von opferfreudigen, für das Wohl ihrer verehrten Mitbürger bedachten Männern in Angriff genommen, von den Bürgern der Stadt und der Orte des Steyrthales aus eigener Kraft und eigenen Mitteln ermöglicht, nun seine segensreichen Wirkungen entfalten sollte und tatsächlich auch entfaltete. Trotz der neuen Sorgen und Pflichten, welche der allverehrte Ehrenbürger der Stadt Steyr, Dr. Johann Hochhauser, nach dem Tod des Generaldirektors Werndl übernahm, widmete er doch der Steyrthalbahn seine volle Aufmerksamkeit und unbeirrt durch gegentheilige Meinungen und gleichsam ungebeugt durch allerlei Schwierigkeiten, welche ein so neuartiges Unternehmen wie eine schmalspurige Bahn in das Steyrthal mit sich brachte, strebte er eine ehemögliche Fertigstellung derselben an, und er hatte die Genugthuung, daß sie am 19. August eröffnet werden konnte.

Die Commissionen behufs Constatierung der Betriebsfähigkeit begannen am 23. Juli und wurden zuerst die Fahrbetriebsmittel geprüft. Die Locomotiven aus der Fabrik der Firma Krauss & Co. in Linz wurden als sehr zweckmäßig und solide befunden, während die Personenwagen von der Firma Johann Weitzer in Graz durch Eleganz ihres Baues und der Ausstattung sowie die praktische Einrichtung die vollste Anerkennung fanden. Allgemeine Befriedigung erregte die vom kgl. bayerischen Maschinenmeister Schmid erfundene Schraubenradbremse. Die Commission gab protokollarisch die Zustimmung zur glücklichen Wahl der Systeme für die Maschinen und Waggons, welche der Director der Steyrthalbahn Josef Ritter von Wenusch getroffen hatte, und gestattete anstandslos deren Verwendung. Die Tragfähigkeit der Brücken wurde am 13. August erprobt und ergab die Untersuchung ebenfalls ein glänzendes Resultat. Die letzte technisch-politische Begehungs-Commission, woran Inspector Ritter von Eisenbach und Inspector Werner von der k.k. Generalinspection der österreichischen Eisenbahnen, der k.k. Bezirkshauptmann Hugo Ritter v. Hebenstreit, der k.k. Ingenieur Rudolf Wiesmeyer, einige Herren der k.k. Österreichischen Staatsbahnen sowie die Bau- und Betriebsleitung theilnahmen, fand am 14. August statt und ergab ein so ausgezeichnetes Resultat, daß die Commission dem Director der Steyrthalbahn, Ritter v. Wenusch, vollste Anerkennung für die praktische Anlage und geniale Trassierung aussprach und der Bauunternehmung Dunz & Mayer die vollste Zufriedenheit mit der soliden und schönen Ausführung des Baues der Bahn konstatierte.“

Bau und Eröffnung Grünburg - Agonitz

Blick von Steinbacher Seite über die Steyr hinweg auf Untergrünburg, die Messerfabrik (links), das große Wehr und die von 1899 bis 1959 bestehende hölzerne Fährbrücke. Die Streckenpartie zwischen dem Steyrufer und der dicht an den Fluß heranreichenden Bebauung stellte eine große Herausforderung für die Bahnbauer dar. Mit den Jahren wurde sie unzählige Male durch Hochwasser beschädigt. Foto (1912): Topothek Grünburg

„(...) und eilte sodann am linken Ufer der Steyr entlang, vorüber an der jenseitigen Humplmühle, auf mächtigem Quaderdamm nach dem malerisch gelegenen Grünburg-Steinbach, dem vorläufigen Endpunkte der Steyrthalbahn. Innerhalb genau 1 Stunde Fahrzeit hatte der Festzug die Strecke zurückgelegt (...). Heimwärts gen Steyr ging es mit der Geschwindigkeit von bis zu 36 Kilometern pro Stunde (Anm.: die ursprüngliche höchstzulässige Geschwindigkeit von 20 km/h wurde erst am 30. Juli 1890 auf nun 25 km/h angehoben).“ – so schloß die Steyrer Zeitung ihren Bericht vom 22. August 1889 über die pompöse Einweihungsfahrt der ersten öffentlichen Lokalbahn mit 760 mm Spurweite des österreichischen Kernlandes.

Am nächsten Tag, den 20. August 1889, begann der fahrplanmäßige Betrieb. Erster Zug des Tages war der Personenzug Nr. 2 (Grünburg ab 6.00 Uhr – Garsten 7.17 Uhr), gezogen von der Lok 3 „Grünburg“, gebildet aus dem Dienstwagen 30 sowie den Personenwagen 5, 4, 14 und 1. Für die 19,5 km lange Strecke sah der Fahrplan eine Fahrzeit von 75 Minuten vor. Eine einfache Fahrt kostete 1,03 fl (2. Klasse) bzw. 0,62 fl (3. Klasse). Eine 1. Wagenklasse gab es nicht. Der anfängliche Fahrzeugpark umfaßte drei Lokomotiven, zwölf Personen- und 14 Güterwagen. Bis zum 31. Mai 1890 kamen eine Lok, sechs Personen- und 14 Güterwagen hinzu. In den ersten Wochen zählte man täglich an die 200 Fahrgäste, am ersten Betriebssonntag sogar über 2.400 in immerhin 14 Zügen. Sogar Güterwagen richtete man provisorisch für einen Personentransport her. In den ersten 14 Tagen wurden voller Stolz ungefähr 10.000 Fahrgäste registriert, so daß die Tarife sowohl für den Personen- als auch für den Güterverkehr gesenkt werden konnten.

Für den regen Ausflüglerandrang verkehrten an Wochenenden fünf „Separatzüge“, an Tagen des Steyrer Wochenmarktes vier sowie zu besonderen Veranstaltungen wie Zirkus, Theater oder Frühjahrsmarkt je nach Bedarf diverse Extrazüge.

Angespornt vom großen Erfolg wandte man sich rasch den nächsten Baulosen zu. Eigentlich war vorgesehen, zunächst in Richtung Bad Hall weiterzubauen, das entsprechende Projekt ging am 1. September 1889 beim Handelsministerium ein, wo es für ausführungsreif erachtet wurde. Nach der Trassenrevision am 18. Dezember 1889 stellte man sogleich den Konzessionsantrag für die Flügelstrecke, aber eine gewisse Begeisterung verlautete von Bad Haller Seite nur kaum. Also zog man als zweites Baulos die Fortsetzung von Grünburg südwärts Richtung Klaus vor und verschob den Bau des Flügels auf später. Die Steyrer Zeitung vermeldete: *„Da die Subscriptionen für das zweite Baulos der Steyrthalbahn einen so erfreulichen Fortgang nahmen, daß der dritte Theil des Baucapitales aufgebracht war, konnte der Landtagsabgeordnete der Stadt Steyr, Dr. Johann Hochhauser, im Hohen Landtag den Antrag einbringen, derselbe möge für den Weiterbau der Steyrthalbahn bis nach Leonstein-Molln einen weiteren Betrag in Höhe von 25.000 fl zeichnen. Dank der umsichtigen, eifrigen und geschickten Vertretung durch den allgemein verehrten Abgeordneten wurde der Antrag in der Sitzung des Hohen Landtages am 16. October angenommen, wodurch die Fortsetzung der Steyrthalbahn bedeutend gefördert wurde.“*

Unverzüglich begannen die Grunderwerbsverhandlungen. Dazu die Grünburger Pfarrchronik: *„Am 21. October 1889 wurde das Gasthaus „Unterhaus“ in der Nachbarschaft des Pfarrhofes von Franz Emerich*

Graf Lamberg in Steyr um 11.000 fl angekauft, um einen Holzplatz für Bloche und Scheiter zu gewinnen. Es beginnen nun die Grundablösungen zum Bahnbau von Grünburg bis Molln." Einen Teil der Liegenschaft samt Gasthaus veräußerte Graf Lamberg am 2. April 1890 weiter an die Steyrthalbahn AG, die Platz für den Bahnbau benötigte und außerdem eine größere Fläche für den Holzumschlag plante, zumal sie hoffte, daß die Station *„für den Langholzverkehr aus dem Gebiete des Sattels von großer Bedeutung werden"* würde. Am 26. Juli 1895 verkaufte die Steyrthalbahn AG das Gasthaus sowie die nicht mehr benötigten Parzellen an Leopold und Maria Gruber, die hier das Gasthaus „Zum Unterhaus" eröffneten und es jahrelang bewirtschafteten.

Obwohl bei der politischen Begehung vom 4. bis 9. November 1889 verlautete, daß stellenweise diverse Trassenkorrekturen vorzunehmen und einige Grunderwerbsfragen zu klären seien, traf am 1. März 1890 die Baubewilligung für den größten Teil der Strecke Untergrünburg – Leonstein – Molln ein. Die Pfarrchronik sagt: *„30. März 1890: Es wird an der Fortsetzung der Bahn bis Molln fleißig gearbeitet."* Diese Notiz kann sich allenfalls auf Vorarbeiten beziehen, denn erst am 19. April 1890 erteilte der Verwaltungsrat der Steyrthalbahn AG den Auftrag für dieses Baulos an den Bauunternehmer Ritter Isidor v. Bischoff für pauschal 195.000 fl zur Fertigstellung bis spätestens 15. November 1890. Mit 650 Mann wurden die Arbeiten sogleich in Angriff genommen. Angesichts der günstigen Subskriptionsergebnisse fiel am 31. Mai der Beschluß, das zweite Baulos bis in die Agonitz auszudehnen. Am 12. Juli 1890 konnte dann auch die politische Begehung für die letzten beiden, ungefähr 700 m langen Abschnitte vorgenommen werden und am 29. August 1890 wurde auch hierfür die Baugenehmigung erteilt.

Beantragt hatte man zudem die Konzession für eine Schleppbahn vom Ennsufer zum Bahnhof Garsten, um die per Bahn angelieferten Hölzer leichter zum Vertriften zur Enns schaffen zu können. Das Gleis wurde am 1. Oktober 1890 genehmigt, aber nicht mehr realisiert.

Derweil vermeldete die Zeitung ein tragisches Unglück: *„Am 6. Juli 1890 betrat in der Station Grünburg die 36-jährige Frau Schwarz aus Pichlern, Mutter eines Kindes, mit einer 3-Liter-Flasche Branntwein den auf die Abfahrt nach Garsten wartenden Zug. Im Gedränge kam die Flasche zu Bruch, die alkoholische Flüssigkeit ergoß sich über die Kleidung der Frau und auf den Boden. Der Branntwein entzündete sich aus ungeklärter Ursache, wahrscheinlich durch ein achtlos weggeworfenes Zündholz. Die Kleidung der Frau fing daraufhin Feuer, laut schreiend stürzte sie aus dem noch stehenden Zug, viel zu spät leistete sie den Zurufen des Bahnhofvorstandes Folge und wälzte sich am Boden, um die Flammen zu löschen, was schließlich auch gelang. Die Frau erlag am folgenden Tag ihren Brandverletzungen."*

Über die Bahnbauzeit geht aus der Grünburger Pfarrchronik hervor: *„Am 7. September am Nachmittag 4 Uhr fuhr der Hochwürdige Bischof durch, um morgen in Molln zu firmen. Beim Krämer Schwarz warteten der Clerus, Schüler, der Bezirksrichter Edelbacher und Controllor Lippert, um ihn zu begrüßen. Er war sehr freundlich, sprach auch leutselig mit den anwesenden Italienern, die beim Bahnbau beschäftigt sind."*

„Am 25. September ging zum ersten Mal die Aushilfslocomotive bis zur Haunoldmühle; die Liedertafel etc. fuhr herein und in der Haunoldmühle gab Bauunternehmer Alfred Ritter v. Bischoff den Anwesenden, darunter auch der Clerus war, eine solemne Festjause."

„Am 20. October spielten beim Bahnbaue der Strecke Grünburg – Molln zwei Knaben mit einem Rollwagen, der leer auf dem Gleis stand, und setzten ihn in Bewegung. Während der so inscenierten Gratisfahrt fiel der zwölfjährige Alois Grämmer von dem Rollwagen so unglücklich herab, daß ihm die Räder über den Kopf gingen und ihn so zerquetschten, daß der Knabe augenblicklich todt blieb."

Leicht verspätet fand am 17. November 1890 auf dem Streckenabschnitt Grünburg – Leonstein – Molln – Agonitz die technisch-polizeiliche Prüfung statt, wobei mit vollem Stolz notiert wurde, daß der Probezug problemlos mit bis zu 35 km/h unterwegs gewesen sei. Die Baulänge betrug 12,5817 km, die Betriebslänge 12,5506 km. Erneut beanstandete die Kommission einige noch unfertige Objekte, wie z.B. die Brückenwaage in Molln oder das Fehlen der Sperrbäume im Ladegleis der Haunoldmühle. Dennoch erachtete man den Betrieb uneingeschränkt für möglich und erteilte zum 19. November 1890 die Inbetriebnahme.

Am 18. November wurde die Strecke Grünburg – Agonitz feierlich eingeweiht. Wiederum startete der Festzug erst in Steyrdorf, weil der Ausbau des Bahnhofs Garsten noch lief. Aufgrund der großen Zahl der Festgäste verkehrten zwei Eröffnungszüge gleich nacheinander, durch ein Spalier jubelnder Menschen fuhren sie hinaus, mit Böllerschüssen wurden sie in Grünburg-Steinbach begrüßt und beim Festmahl in Leonstein spendeten die 180 Festgäste freigiebig für die Christbescherung armer Schulkinder aus Leonstein, Molln, Grünburg und Steinbach.

Am 19. November 1890 begann der reguläre Betrieb, nämlich mit dem Personenzug 1 (Garsten 6.45 Uhr – Grünburg 8.02/05 Uhr – Agonitz 9.05 Uhr), gezogen wieder von der Lok 3, gebildet aus den Wagen 11, 7, 13, 8 und 30. Besetzt war er von Garsten bis Grünburg mit 1-6 Personen, bis Agonitz mit 3-5. Für die jetzt 32 km lange Strecke war eine Fahrzeit von gut 2.20 Std. eingeplant. Werktags verkehrten drei Zugpaare, an Sonn- und Feiertagen vier.

Bahnbau bei Obergrünburg: Bis zu 650 Arbeiter, vorwiegend Italiener, waren hierfür bei der Firma Bischoff beschäftigt. Hauptsächlich war Handarbeit angesagt. Der Vertrag sah für die 12,5 km lange Strecke eine Bauzeit von nur sieben Monaten vor! Foto (1890): Topothek Grünburg

Eröffnung Grünburg – Agonitz

„Heute fand eine Festfahrt auf der Strecke Grünburg – Agonitz der Steyrthalbahn statt, welche morgen dem allgemeinen Verkehre übergeben wird. An derselben nahmen nebst dem Festcomité mit dem Obmann Franz Tomitz an der Spitze und nahezu dem gesamten Verwaltungsrath der Steyrthalbahn mit dem Präsidenten Graf Lemberg und dem Vicepräsidenten Dr. Hochhauser noch theil der Bürgermeister und Vicebürgermeister von Steyr, Berger und Putz, die Bürgermeister Mairinger (Grünburg), Pahrl (Steinbach), Bräuer (Sierning), Erblehner (Molln), Baumgartner (Bad Hall), sämtliche mit mehreren Gemeinderäthen, außerdem mehrere Verwaltungsräthe und der Director der Waffenfabrik Steyr, mehrere Herren der in Steyr weilenden militärischen Gewehrübernahms-Commissionen aus Ungarn, Preußen, Bulgarien und Chile, der Commandant des in Steyr stationierten 3. Feldjäger-Bataillons mit mehreren Officieren, die Sensengewerksbesitzer Zeitlinger (Schmiedleithner) von Leonstein und Christof Pießlinger von Molln sowie Weinmeister von Agonitz, seitens der Steyrthalbahn ferner der Baudirector Ritter von Wenusch, die Herren der Bauunternehmung mit A. Ritter von Bischof, der Betriebsdirektor Peyrer, zahlreiche Damen und andere Festgäste, im ganzen ungefähr 180.

Die Abfahrt der beiden Separatzüge, deren Maschinen festlich geschmückt waren, erfolgte um 9.00 und 9.10 Uhr in der Station Steyrdorf der Steyrthalbahn. Der erste Empfang wurde den Theilnehmern seitens der Waffenfabriksarbeiter von Letten bereitet, welche im Hofe, an den Fenstern und auf dem Dach Aufstellung genommen hatten und den Zug mit Hochrufen und Schwenken der Mützen begrüßten. Auch die weitere Fahrt gestaltete sich zu einem Triumphzug, indem die meisten Stationen sowohl der bereits am 18. August 1889 eröffneten Theilstrecke Steyr – Grünburg, sowie sämtliche Stationen der neu eröffneten Strecke Grünburg – Agonitz Festgewand angelegt hatten, fast überall die Vertretungen der an der letzteren gelegenen Gemeinden, die Schuljugend mit den Lehrern und zahlreiche Bewohner sich eingefunden hatten, um die Festzüge zu begrüßen. Ein besonders festlicher und herzlicher Willkomm ward den Theilnehmern an der Fahrt in den Stationen Grünburg-Steinbach, wo eine Musikkapelle dieselben mit einem Marsch begrüßte, Haunoldmühle, wo die Inhaberin des Walzwerkes, Realitätenbesitzerin Magdalena Putz, Erfrischungen credenzte, in Leonstein, wo die Frau des Ludwig Zeitlinger einen schönen Kranz spendete, in Molln und der Endstation der Bahn, Agonitz, wo der Sensengewerksbesitzer Weinmeister den Gästen aus einem von ihm beim Kaiser-Jubiläumsschießen in Wien im Jahre 1888 errungenen prachtvollen Pokale des niederösterreichischen Jagdschutzvereins einen Labetrunk bieten ließ.

Letztere Station ward nach zweistündiger Fahrt erreicht. Bot sie wegen der vorgeschrittenen Jahreszeit und des über der Gegend lagernden dichten Nebels, der jeden Ausblick auf das ferne Gebirge behinderte, auch nicht jenen Genuß, den eine Fahrt auf der Steyrthalbahn zu günstigerer Zeit gewähren wird, so konnte man sich immerhin an den reichen landschaftlichen Reizen der Gegend, welche uns der neidische Nebelschleier nicht verhüllte, genügen lassen. Aber nicht nur dem Naturfreunde wird eine Fahrt auf dieser Strecke volle Befriedigung gewähren, sondern sie wird auch den Absatz und die lohnendere Verwertung der mannigfachen Industrie- und Naturproducte, an welchen die von der Bahn durchzogene Gegend so reich ist, erleichtern und auch jenen, welche sich für die Zeit- und Streitfrage, ob Normal- oder Schmalspur, interessieren, sowie dem Eisenbahnbau-Techniker das Interesse abgewinnen.

Direkt hinter der Station Grünburg zieht sich die Bahn dem Steyerflusse entlang, passiert ein schwieriges Defilé bei der nach Steinbach führenden Straßenbrücke, welche Strecke zu den schwierigsten Lösungen des Eisenbahnbaues gehört, führt immer entlang dem durch solide, etwa vier Kilometer lange Uferschutzbauten gesicherten Steyerufer und schlängelt sich in vielen Krümmungen an steilen Felslehnen, welche den Fluß begrenzen, bis zur Station Unterhaus, die für den Langholzverkehr aus dem Gebiete des „Sattels" von großer Bedeutung werden wird.

Die Bahn überschreitet das kleine Plateau, worauf sich das Walz- und Sägewerk Haunoldmühle befindet, zu dem ein Verladegeleise angelegt wird. Hier sei eingeschaltet, daß die Besitzer des Werkes ihr Interesse für die Bahn dadurch zum Ausdrucke brachten, daß sie nicht nur einen höheren Betrag in Actien zeichneten, sondern auch eine ziemlich bedeutende Grundfläche zum Bahnbau unentgeltlich abgetreten haben.

Nach Passierung der Haltestelle zieht sich die Bahn weiter knapp am Uferrande an einer schwierigen Felslehne entlang, und mußte dort der Bahngrund theils durch Stütz-, theils durch Futtermauern dem Steyerflusse abgerungen werden, verläßt dann mit einer Steigung von 1:45 bis 1:50 den Steyerfluß und erreicht, nachdem sie den Steyrleithner Graben mittels einer 30 Meter langen Brücke übersetzt und sich an einer steilen

„Partie von der Steyrthalbahn, Station Steyrdorf" auf einer am 25.8.1898 versandten Ansichtskarte. Links einige Objekte der Waffenfabrik, in Bildmitte das Elektrizitätswerk. Das Aufnahmsgebäude hat 1892 zwei Seitenflügel und eine Veranda erhalten. Foto: Sammlung Friedrich Zellinger

Lehne in einer Curve von 60 bis 80 Meter Radius entlang hingezogen hat, nach Passierung eines Rutschterrains, dessen Bewältigung große Kosten verursachte, das Plateau von Leonstein. Beim dem Grafen Salburg gehörigen Schloß Prielthal übersetzt die Bahn die Bezirksstraße und mit einer 40 Meter langen kühnen Brücke (Eisenconstruction) den Rinnerberger Graben. Bald hierauf erreicht sie die Station Leonstein und passiert mit geringen Einschnitten und Dämmen das Plateau von Leonstein und Molln. Die Station Molln, am linken Steyerufer inmitten eines von waldigen Bergen eingeschlossenen Kessels gelegen, dürfte auf Ausflügler und Freunde landschaftlicher Reize große Anziehungskraft ausüben und bietet ein schönes Gebirgspanorama. Der Inhaber des Mollner Brauhauses, Herr Anböck, beabsichtigt, dort eine größere Restauration zu errichten. 1 bis 2 Kilometer weiter endet die Bahn in Agonitz an einer ziemlich engen Thalstelle, welche schon jetzt die Schwierigkeiten der seinerzeitigen Fortsetzung des Bahnbaues nach Herndl ermessen läßt.

Nach längerem Aufenthalt in Agonitz wurde in Begleitung der Mollner Musikkapelle die Rückfahrt nach Leonstein angetreten, wo nach 12 Uhr in J. Wecht's Gasthof das Festmahl stattfand, über das nur eine Stimme des Lobes herrschte. Nachdem der in Überfülle gespendete Champagner aufgetragen worden war, brachte der Obmann des Festcomités, das seine Aufgabe in glänzender Weise gelöst habe, Herr Franz Tomitz, ein herzliches „Glück auf" zur morgigen Eröffnung der neuen Strecke und ein dreimaliges, begeistert aufgenommenes Hoch auf den Kaiser aus. Der Bauunternehmer Ritter von Bischof toastete, nachdem er der Vortheile, welche schmalspurige Bahnen gewähren, und der Art der Financierung der Steyrthalbahn gedacht hatte, auf die Actionäre und den Verwaltungrath. Herr Kraker junior, Mitglied des Festcomités, er brachte den Wortlaut des an die Cabinetskanzlei des Kaisers gerichteten Telegrammes zur Verlesung. Pfarrer Alois Lintl aus Molln überbrachte Grüße und den Dank der Bewohner Mollns sowie deren Bitte, ihrer auch in Zukunft nicht zu vergessen, und trank auf das Zusammenwirken der Steyrer und Mollner, Stadtsecretär Hähnel aus Steyr auf Ritter von Wenusch und die Bauunternehmer, der Baudirector Ritter von Wenusch in humoristischer Weise auf das Finanzgenie der Steyrthalbahn, Dr. Hochhauser, dieser gedachte dankend des Vertrauens, das die gesamte Bevölkerung des Bezirkes dem Verwaltungsrathe entgegenbrachte, gab seiner Hoffnung Ausdruck, daß man bei weiterer Fortdauer dieses Vertrauens, bevor zwei Jahre ins Land gezogen sind, am südlichen Ausgangspunkte der Bahn, wie im folgenden Sommer am westlichen derselben stehen werde, und brachte auf die Vollendung der Bahn ein Hoch aus. Stadtsecretär Hähnel gedachte der vorzüglichen Bewirthung der Gäste seitens des Herrn Wecht, Bürgermeister Berger von Steyr dankte dem Festcomité für das glückliche Arrangement der Feier, gab der Hoffnung Ausdruck, daß dasselbe recht bald wieder Gelegenheit haben werde, eine ähnliche Festfahrt zu veranstalten, und Ritter von Wenusch gedachte der Förderung, welche das Unternehmen seitens des Bezirkshauptmannes Hacker von Kirchdorf gefunden hat, und brachte diesem ein dreifaches Hoch."

(aus Linzer „Tages-Post" vom Donnerstag, den 20. November 1890)

(Anm.: die abweichenden Schreibweisen „Steyr" und „Steyer" sind in den Originaltexten tatsächlich so enthalten)

Die 40 m lange eiserne Brücke über den Rinnerberger Graben bei Leonstein (links) sowie Bahnhof und Schloß Leonstein auf einer am 6.8.1899 versandten Ansichtskarte (unten). Fotos: Sammlung Ralf Kirion

Bau und Eröffnung Pergern - Bad Hall

Sierning, der wirtschaftliche Mittelpunkt des Haller Flügels, zur Zeit der Jahrhundertwende. In der Mitte das Aufnahmsgebäude, weiter rechts das Wächterhaus, dann die altehrwürdige Pfarrkirche Hl. Stephan.
Foto: Sammlung Ralf Kirion
Unten: Auszug aus der Steyrer Zeitung vom 6.10.1889

Das Projekt für den Haller Flügel war am 1. September 1889 im k.k. Handelsministerium eingegangen und sodann für realistisch befunden worden. Sogleich liefen die Bestrebungen an, das Geld für den Bahnbau aufzutreiben. Die Steyrer Zeitung teilte am 6. Oktober 1889 mit: *„Nachstehend bringen wir das Verzeichnis der in den letzten drei Tagen von Bewohnern der Gesamtgemeinde Sierning für den Ausbau der Steyrthalbahn über Sierninghofen und Sierning nach Bad Hall gezeichneten Beträge. Insgesamt wurde im Laufe der Woche der ansehnliche Betrag von 56.100 fl (30.000 fl von der Gemeinde als solcher, 25.100 fl von 67 Privaten) gezeichnet. Weil die Gesamtbaukosten einschließlich der Fahrbetriebsmittel bis Bad Hall sich auf 390.000 fl belaufen werden, erscheint obiger Betrag für die große Gemeinde Sierning lange nicht hinreichend, aber wir geben uns der sicheren Hoffnung hin, daß das so schöne Beispiel der Bewohner Siernings und Sierninghofens seine guten Folgen haben und noch recht viele Mitbürger derselben veranlassen werde, nach Kräften das Zustandekommen des für Sierning so nothwendigen und in volkswirthschaftlicher Hinsicht gewiß höchst werthvollen und nutzbringenden Unternehmens beizutragen. Hoffentlich können wir in einer nächsten Nummer recht Erfreuliches über das Zustandekommen auch dieses Flügels mittheilen.“*

Die Linzer Zeitung brachte am 12. Dezember 1889 einen Auszug aus dem Amtsblatt: *„Das Hohe Handelsministerium hat mit Erlaß vom 26. Nov. angeordnet, bezgl. des von Director v. Wenusch vorgelegten generellen Projectes einer schmalspurigen Localbahn von Pergern nächst Steyr nach Bad Hall, das vom technischen Standpunkt als zur Durchführung der Tracenrevision für geeignet befunden wurde, die Tracenrevision einzuleiten. – Als Leiter der commissionellen Verhandlung bringe ich zur Kenntnis, daß dieselbe am Mittwoch den 18. Dezember 1889 um 10 Uhr in der Forsthub zu Sierning beginnen wird. Jedem steht es frei, in Ansehung der Bahnrichtung und der Stationsanlagen sowie in Ansehung der Interessen und erworbenen Rechte bestehender Transportanstalten Einwendungen oder Erinnerungen mündlich oder schriftlich vorzubringen.“*

An jenem 18. Dezember wurde das Projekt genehmigt. Als Abzweigbahnhof war in km 6,682 der Stammstrecke eine neue Station namens Pergern vorgesehen. Die Baukosten wurden mit 496.000 fl (inkl. Reservefonds von 16.000 fl) veranschlagt, hiervon 33.000 fl allein für die Steyrbrücke. Die Steyrer Zeitung berichtete: *„In Herrn Wimmer's Gasthof zu Sierning fand gestern unter Hofrath Heyß die Tracenrevision der Strecke Pergern – Hall statt. Anwesend waren von der Generalinspection der Österr. Bahnen Commissär Gottsleben (Wien), Bezirkscommissär Dr. Pittner (Steyr), Bezirkshauptmann Hacker (Kirchdorf), Bezirksing. Wiesmacher (Steyr), als technischer Baurath der politischen Behörden, Landes-Obering. Ueberlackner (Linz), die Verwaltungsräthe der Steyrthalbahn Holub und Hähnel, und Concessionär Ritter v. Wenusch. Es wurden wesentliche Einwendungen nicht erhoben und wird die vorgelegte Trace mit der bisherigen Variante im Orte Sierning (welcher nun auf der Südseite nahe der Bahn flankiert wird) als Basis für die zu verleihende allerhöchste Concession angenommen.“*

Subscriptionsliste zum Baue der Bahn von Steyr über Sierninghofen und Sierning nach Bad Hall.

Aus Sierning:

Herr	Carl Wiesner, Gasthausbesitzer	1500 fl.
„	August Wimmer, Forsthofbesitzer	1000 „
„	Johann Mühlberger, Hausbesitzer	200 „
„	Ernst Heubusch, jun., Schlosser	200 „
„	Josef Fisch, Gastwirth	200 „
„	Alois Ramer, Gastwirth	100 „
„	Josef Haidinger, jun.. Gastwirth	100 „
„	Max Klinger, Lederhändler	100 „
„	Josef Gärtner, Meßner	100 „
„	Karl Platzer, Müllermeister	100 „
„	Alois Holzbaur, Bäckermeister	100 „
„	Josef Gruber, Bäckermeister	100 „
Frl.	Marie Holzbaur, Private	100 „
„	Anna Holzbaur, „	100 „
„	Rosalia Zachhuber, Hausbesitzerin	100 „

Aus Sierninghofen:

Herr	Dr. Friedr. Kränzl, pract. Arzt	300 fl.
„	Michael Haller, Hausbesitzer	200 „
„	Ig. Weichselbaumer, Hausbesitzer	200 „
„	Friedr. Bauernnebl, „	200 „
„	Josef Peterfeil, „	900 „
„	Eduard Molterer,	200 „
Frau	Theresia Hölzlhuber, Hausbesitzerin	200 „
Herr	Andrreas Wimböck, Hausbesitzer	100 „
„	Carl Haidinger, „	100 „
„	Alois Weichselbaumer „	100 „
„	Johann Tayzik, „	100 „
Frau	Katharina Pichlmüller, Hausbesitzerin	100 „
Herr	Carl Kerbler, Hausbesitzer	100 „
„	Josef Moser, „	100 „
„	Florian Huber, „	100 „
„	Georg Ackerl, „	100 „
„	Ferdinand Wegscheider, Bräumeister	100 „
Frau	Barbara Zachhuber, Hausbesitzerin	100 „
Herr	Alois Helm, Hausbesitzer	100 „
„	Franz Peßl, „	100 „

Aus Neuzeug:

Herr	Alois Kaindl, Eisenwaarenhändler	**100 fl.**
	zusammen	**7.000 fl.**
	Hiezu laut **I. Subscriptions-Liste**	**49.100 „**
	Somit **Gesammt-Subscription** in der **Gemeinde Sierning bis heute**	**56.100 fl.**

Gemeindeamt Sierning, am 5. October 1889.

Bahnprojekt Mondsee – Steyr

Ein neues Eisenbahnproject. Durch den Wiener Ingenieur Wilhelm Michel war vor mehreren Jahren eine Petition um die Übernahme von Stammactien für eine normalspurige Localbahn von Ischl über Strobl, St. Gilgen, Schörfling und Mondsee nach Salzburg mit einer Abzweigung von Mondsee nach Steindorf (zum Anschluß nach Braunau) im oberösterreichischen Landtage eingereicht worden. Schon 1887 zeigte sich der Landtag im Prinzip geneigt, dem Gesuch zu entsprechen, und in der Sitzung vom 18. November 1889 beschloß er, sich an diesem Bahnbaue, auch wenn derselbe schmalspurig zur Ausführung käme, mit einer Summe von 35.000 fl unter den Bedingungen zu betheiligen, daß zugleich von St. Wolfgang aus eine Bahn auf den Schafberg erbaut werde, daß diese Bahnen längstens innerhalb 4 Jahren (nämlich bis Spätjahr 1893) vollendet und dem Betrieb übergeben werden und daß der Bahnhof Mondsee in möglich nächster Nähe daselbst als Kopfstation herzustellen sei. Da inzwischen auch vom Land Salzburg die Realisierung dieser directen Bahn nach Ischl wesentlich unterstützt und gefördert wird, wurde im verflossenen Winter bereits eifrig zu bauen begonnen, und es steht schon im August d. J. die Inbetriebsetzung der ersten Theilstrecke von Ischl bis Strobl bevor, und zwar wurde dieselbe, das Beispiel der Steyrthalbahn befolgend, schmalspurig erbaut. Thatsächlich scheint unsere Steyrthalbahn auch nach anderer Richtung hin von großem Einflusse auf die Entwicklung der Localbahnen in Oberösterreich zu sein.

Vor einigen Tagen wurde nämlich vom genannten Herrn Ingenieur Michel brieflich der Stadtgemeinde Steyr mitgetheilt, daß er bei der Hohen Regierung um die Vorconcession für eine schmalspurige Localbahn von Mondsee über Unterach längs des Attersees nach Schörfling (Kammer), Aurach, Neudorf, Pinsdorf, Gmunden, Vorchdorf, Ried, Kremsmünster, Bad Hall, Sierning und Neuzeug nach Steyr eingeschritten sei. Durch das Zustandekommen einer solchen Bahn würde unsere Stadt Steyr nebst der industriereichen Gemeinde Sierning und dem berühmten Badeort Hall in directe Verbindung mit dem herrlichen Salzkammergut und Salzburg kommen, und u.a. gleichzeitig eine gewiß nutzbringende Verbindung mit dem sehr industriellen Almthal erhalten. Gewiß wird deshalb unsere Stadtvertretung für das Zustandekommen dieses Bahnprojectes bestens eintreten und dasselbe nach Kräften fördern helfen. Eben dasselbe wird gewiß auch seitens der Steyrthalbahn der Fall sein, welcher durch das nun projectirte Unternehmen ganz bedeutende Vortheile erwachsen müßten. Umso mehr wäre es nunmehr zu wünschen, daß endlich die so lange ersehnte definitive Concession zum Bau der Steyrthalbahn-Strecke über Sierninghofen und Sierning nach Bad Hall herablangen und der noch fehlende Capitals-Rest bald zustande kommen möchte, um mit dem Bau dieser für einen Großtheil des Landes Oberösterreich nun umso wichtigeren Bahnstrecke beginnen zu können.

(Steyrer Zeitung vom Sonntag, den 27. Juli 1890)

Der Hohe Landesausschuß hat nunmehr beschlossen, den von dem Ingenieur Wilhelm Michel in Wien vorgelegten Tracenentwurf einer Localbahnverbindung von Mondsee ausgehend über Schörfling, Kremsmünster nach Steyr zur Kenntnis zu nehmen und dem Landtage vorzulegen.

(Steyrer Zeitung vom Donnerstag, den 25. September 1890)

Sogleich stellte man den Konzessionsantrag, jedoch legte die Steyrthalbahn AG nun ihr volles Augenmerk auf das Baulos Grünburg – Molln (– Agonitz). Um den Haller Flügel wurde es still. Erst am 4. Juni 1890 war in der Steyrer Zeitung zu lesen: *„Auf der heutigen Tagesordnung stand das Projekt einer Bahnverbindung mit Bad Hall, das sich der vielseitigen Sympathie der Bevölkerung der Stadt Steyr und der an dieser Bahntrace liegenden Gemeinden erfreut. Nun konnten wir mit dem Hohen Handelsministerium in Concessionsverhandlungen gehen, die auf gleicher Basis wie jene der ersten Strecke der Steyrthalbahn aufgestellt wurden. Die in gewissen Kreisen eingeleitete Subscription ergab einen Betrag von 270.000 fl, wozu das Land Oberösterreich einen Betrag von 30.000 fl, die Waffenfabriks-Gesellschaft 50.000 fl, die Stadtgemeinde Steyr 50.000 fl und die Gemeinde Sierning 30.000 fl zeichneten. Der übrige Betrag wurde von einzelnen Interessenten subscribiert. Würde das restliche Capital im Subscriptionswege rasch aufgebracht, so könnte der Bahnbau noch im Herbst dieses Jahres begonnen und im kommenden Frühjahr vollendet werden.“*

Concessions-Urkunde für die Localbahn von Steyr, beziehungsweise Pergern nach Bad Hall.

Wir

Franz Josef der Erste,

von Gottes Gnaden Kaiser von Oesterreich, apostolischer König von Ungarn, König von Böhmen, von Dalmatien, Croatien, Slavonien, Galizien, Lodomerien und Illyrien, Erzherzog von Oesterreich, Großherzog von Krakau, Herzog von Lothringen, Salzburg, Steyer, Kärnthen, Krain, Bukowina, Ober- und Nieder-Schlesien; Großfürst von Siebenbürgen; Markgraf von Mähren, gefürsteter Graf von Habsburg und Tirol, ꝛc. ꝛc. ꝛc.

Nachdem die **Steyrthalbahn-Gesellschaft** die Bitte um Ertheilung der Concession zum Baue und Betriebe einer Localbahn von Steyr, beziehungsweise Pergern, nach Bad Hall gestellt hat, so finden **Wir Uns** bewogen, in Erwägung der Gemeinnützigkeit des Unternehmens der genannten Gesellschaft diese Concession auf Grund des Eisenbahnconcessionsgesetzes vom 14. September 1854, R. G. Bl. Nr. 237, sowie des Gesetzes vom 17. Juni 1887, R. G. Bl. Nr. 81, wie folgt, zu ertheilen:

§ 1. **Wir** verleihen der **Steyrthalbahn-Gesellschaft** das Recht zum Baue und Betriebe einer als schmalspurige Localbahn auszuführenden Locomotiv-Eisenbahn von Steyr, beziehungsweise von Pergern, nach Bad Hall.

Gleich nachdem Kaiser Franz Joseph I. am 21. September 1890 die Konzessionsurkunde für die Flügelstrecke unterzeichnet hatte, wurde die Subskription eingeleitet, woran sich neben vielen Steyrern besonders die Bad Haller, Sierninger und Sierninghofner beteiligten. Die Steyrer Zeitung teilte am 2. Oktober 1890 mit: *„Unterm 21. September ist der Steyrthalbahn-Gesellschaft die Concession zum Baue und Betriebe einer Localbahn von Steyr bzw. Pergern nach Bad Hall ertheilt worden. Die projectierte, circa 15,7 km lange, gleichsam mit einer Spurweite von 0,76 m auszuführende Localbahn soll von der Hauptlinie nächst Pergern abzweigen, woselbst eine Station errichtet werden soll. Sodann wendet sich die Linie nach Westen, um die Orte Sierninghofen und Sierning zu erreichen, führt dann über Hausleithen und Ober-Wallern, endlich vornehmlich in nordöstlicher Richtung über Steinersdorf nach Bad Hall, woselbst der Anschluß an die Kremsthalbahn stattfinden soll. Die effectiven Anlagekosten sind, einschl. eines Effectivbetrages von 87.000 fl für den beizustellenden Fahrpark, von 9.100 fl für Intercalarzinsen sowie eines effectiven Reservefonds von 16.000 fl, mit dem Maximalbetrage von 495.000 fl veranschlagt und sollen gemäß Generalversammlungs-*

beschlusses vom 31. Mai durch Ausgabe von Actien zum vollen Nennwert mit gleichen Rechten wie Actien der ersten Emission beschafft werden. Durch das Zustandekommen der Schmalspurbahn wird eine kürzere Verbindung über St. Valentin und Steyr nach Bad Hall geschaffen, welche eine kräftige, andauernde Hebung des stark besuchten Curortes Hall und der wirtschaftlichen Zustände des an der Linie gelegenen, schon jetzt einer regen industriellen Thätigkeit sich erfreuenden Gebietes herbeizuführen geeignet erscheint. Nicht minder wird ein landschaftlich anziehendes, von Touristen viel besuchtes Gebiet dem öffentlichen Verkehr in erhöhtem Maß zugänglich gemacht. Für die Vollendung der Bahnstrecke ist zwar in der Concessionsurkunde eine Frist von anderthalb Jahren vom Tage der Concessions-Ertheilung festgesetzt. Nach Intentionen der Gesellschaft dürfte die projectierte Bahn schon im Frühjahr 1891 dem öffentlichen Verkehr übergeben werden."

Die Schmid'schen Bremsen sind nun bei der Steyrthalbahn durch fast zehn Monate in Betrieb und es hat daher die General-Inspection als oberste Aufsichtsbehörde der österreichischen Eisenbahnen eine commissionelle Prüfung angeordnet, um die seither gemachten Erfahrungen zu sammeln und den Zustand der Bremse und ihre Wirkung neuerdings zu untersuchen. Zu der Prüfung, welche am Dienstag den 17. d. M. stattfand, waren von Seiten der General-Inspection außer ihren Organen, dem Inspector J. Glück und den Commissären Gottsleben und Kapitän, noch erschienen: Vom Reichskriegsministerium der Chef der Eisenbahn-Abtheilung Oberst Ritter von Guttenberg, von der General-Direction der Österreichischen Staatsbahnen kaiserlicher Rath Oberinspector Victor Schützenhofer, von der Kaiser Ferdinands-Nordbahn Oberingenieur Merlitsch, dann der Erfinder der Bremse, Kgl. Bayrischer Maschinenmeister W. Schmid aus München, der Director der Locomotivfabrik Krauss & Comp., D.I. Fassbender, der Verwaltungsrath der Steyrthalbahn, Stadtsecretär Fritz Hähnel, der Director der Steyrthalbahn, Josef Ritter von Wenusch, und der Betriebsleiter der Steyrthalbahn, F. Peyrer. Die Bremsversuche wurden vormittags als auch nachmittags in verschiedensten Combinationen als Einzel-, Gruppen- und Nothbremse vorgenommen. Es äußerten sich sämtliche Commissions-Mitglieder einstimmig günstig über das gute, in einzelnen Fällen geradezu frappierende Resultat, so daß deren weiterer Verbreitung in Österreich ein günstiges Prognostition gestellt werden kann, zumal in Norddeutschland schon mehrere hundert solcher Apparate bei Localbahnen in Verwendung stehen.

(Linzer „Tages-Post" vom Samstag, den 21. Juni 1890)

Unter dem Titel *„Zum Ausbau der Steyrthalbahn"* veröffentlichte der Verwaltungsrat der Steyrthalbahn-Gesellschaft am 16. Oktober 1890 in der Steyrer Zeitung eine ausführliche Darstellung des Projekts:

„Für den Bau der Bahn von Steyr bis Bad Hall, welche in der neuen Station Pergern abzweigt und bei einer Länge von 15,6 km je eine Station in Sierninghofen, Sierning, Adlwang (Waldneukirchen-Eggmayr) und Bad Hall und ferner in Steinersdorf, Mangstmühle (St. Blasien) und Kammerhub je eine Haltestelle haben wird – hat der Verwaltungsrath, dessen Präsident Herr Graf Josef von Lamberg ist, dieser Tage mittels Plakaten folgenden Aufruf als Einladung zur Subscription erlassen: Die Bauten von Grünburg bis Agonitz schreiten rasch ihrer Vollendung entgegen, schon erblickt man den Rauch der kleinen Locomotive, welche die Beschotterung der Strecke zu besorgen hat. Treten keine schlechten Witterungsverhältnisse ein, wird die Bahn bis längstens Mitte November d. J. dem Verkehr übergeben werden und neues Leben in das bisher von der Welt abgeschiedene Thal bringen. Mit der Eröffnung wird die Industrie des Steyrthals bis Agonitz in den Bahnverkehr einbezogen und der Steyr-Grünburger Linie eine bedeutende Vermehrung der Frequenz an Personen und größeren Frachtgütern zugeführt. Schon aus dem bisherigen Verkehr Steyr – Grünburg zeigt sich, daß die Männer, welche die Bahn ins Leben riefen, weit voraus schauten und mit den Verhältnissen richtig gerechnet haben. Die monatlichen Ausweise über das Erträgnis lassen die Calculation zu, daß die Bahn schon im ersten Geschäftsjahr für die kurze und deshalb kostspielig zu betreibende Strecke an 4 percent verdient, die Reserven dotieren und 3 percent an die Actionäre zahlen kann. Das Erträgnis muß wesentlich steigen, wenn die Linie verlängert wird, weil im gleichen Verhältnis nicht die Betriebsauslagen steigen werden, indem z.B. die Central-Regie vollkommen gleich bleibt, ob die Strecke kürzer oder länger ist, wogegen die Einnahmen für die längere Linie ungleich höher steigen. Es wird in Erfüllung gehen, was wir damals gesagt haben, daß sich die Actionäre ein sicheres, gut verzinsliches Papier in der Steyrthalbahn-Actie hinterlegen. Die Subscribenten für die Aufbringung des Capitals haben nicht nur die Befriedigung, ein großes öffentliches Unternehmen unterstützt, sondern auch ihr Geld sicher und gut angelegt zu haben.

Die Steyrthalbahn wird ihren Zweck für die Stadt und Umgebung aber erst dann erfüllen und reichere Erträgnisse abwerfen, wenn sie gänzlich ausgebaut und mit dem einen Ende in Bad Hall, mit dem andern in Hörndl an die Kremsthalbahn anschließt. Die weitaus wichtigste Verbindung ist die mit dem Badeort Hall, weshalb alles aufgeboten werden muß, diese Verbindung sobald als möglich zu erreichen. Es ist jedermann erinnerlich, daß die Gegenden von Schlierbach, Nußbach, Wartberg, Kremsmünster, Neuhofen etc. seit altersher nach Steyr gravitieren, ihre Producte hierher verführen, ihre Bedürfnisse von hier aus deckten, unsere Wochenmärkte besuchten und den Verkehr hierher durch vielerlei Botenfahrten vermittelten. Die Gegenden sind seit der bequemen Verbindung durch die Kremsthalbahn nach Linz völlig abgeschnitten von Steyr, die Botenfahrten und die Zufuhr der Producte haben nahezu aufgehört und unsere Wochenmärkte sind seither minder besucht. Eine Bahnverbindung nach Bad Hall mag ihren Anwohnern wieder das Mittel an die Hand geben, wenigstens theilweise ihre alten Beziehungen zu Steyr wieder aufzunehmen.

Die Linie der Steyrthalbahn nach Bad Hall ist um 20 km kürzer als die der Kremsthalbahn und führt durch eine reizende Gegend, es darf daher angenommen werden, daß ein Großteil der Badegäste seinen Weg über die Steyrthalbahn nimmt, da doch jeder Reisende die kürzere Route vorzieht. Dasselbe wird auch bei den Frachten eintreten. Da die Haller Linie überhaupt durch eine bevölkerte Gegend fährt, kann mit Bestimmtheit angenommen werden, daß sie in ihren Erträgnissen der ersten Strecke nicht nachsteht. Die Geschäftsleute unserer Stadt sind hieran in erster Linie interessiert, denn die Badegäste, welche Steyr besuchen, werden selten die Stadt verlassen, ohne einige Einkäufe gemacht zu haben.

Zum Bau der Linie ist die Concession ertheilt, die Pläne für die Begehungs-Commission sind vorgelegt, daher selbige noch in der ersten Hälfte November erwartet werden kann. Aber das Baucapital ist nicht aufgebracht, ehe mit dem Bau begonnen werden darf, muß die Bausumme gezeichnet sein. Mit derselben Aufopferung wie früher werden einige Mitbürger die Einsammlung der Subscriptionsbögen besorgen, und an unsere Mitbürger ergeht der Aufruf, sich mit jenem Localpatriotismus an der Subscription zu betheiligen, wie bei den früheren Strecken der Steyrthalbahn. Durch Gemeinsinn und allseitige Betheiligung kann ein so großes Werk geschaffen werden und unsere Bürgerschaft hat es bei früheren Anlässen bewiesen, daß es ihr nicht an Gemeinsinn

Ansichtskarte von Waldneukirchen aus der Zeit kurz vor der Jahrhundertwende, links unten der Bahnhof Adlwang bereits mit großem Wartesaal mit Veranda. Foto: Slg. Friedrich Zellinger

fehlt und sie vor keinem Opfer zurückschreckt, wenn es gilt, die allgemeinen Interessen der Stadt zu fördern. Niemand schenkt sein Geld her, jedermann bezieht für dasselbe die entsprechende Anzahl Actien und dieses Papier ist sicher angelegt im Werthe des Eisenbahnkörpers und aller Gebäude, im rollenden Material und concessionsmäßigen Recht des Fahrbetriebes. Die Verwaltung der Bahn liegt in den Händen Eurer Mitbürger, welche sich bemühen, die Bahn gut und sparsam zu verwalten, und bei dem regen Güter- und Personenverkehr, welcher bereits jetzt ersichtlich ist, werden diese auch gute Zinsen tragen und jeder Subscribent wird sich seine Ersparnisse mit einem sicheren, gut verzinslichen Papier anlegen. Wenn die Subscription die nöthige Summe ergibt, wird mit dem Bau in diesem Winter noch begonnen und kann die neue Bahnlinie am 1. Juni nächsten Jahres dem Verkehr übergeben werden, somit schon für die nun folgende Saison des Badeortes Hall in Benützung sein.

Möge jeder nach Kräften beitragen, daß die lang angestrebte Verbindung mit Bad Hall endlich Thatsache wird. Wir zweifeln nicht, daß die Bahn in Bad Hall nicht stehenbleiben wird, es haben auch andere Orte Interesse, den Schienenstrang zu verlängern, wodurch unserer Stadt eine neue, ausgiebige Verkehrsader eröffnet würde. Also, Mitbürger, helft dieses schöne und große Werk zu schaffen, es wird zum bleibenden Vortheil für diese Stadt sein, und unsere Nachkommen werden ein Geschlecht segnen, welches weitsichtig und groß genug angelegt war, ihnen ein solches Vermächtnis zu hinterlassen."

Die Baufirma Dunz & Mayer, die das erste Baulos errichtet hatte, zeigte schon kein Interesse, als die Arbeiten für den Abschnitt Grünburg – Agonitz ausgeschrieben wurden. Seinerzeit erging der Auftrag an den Bauunternehmer Alfred Ritter v. Bischof, der den Bahnbau fristgerecht und zur vollsten Zufriedenheit ausführte. Für Dr. Hochhauser, der es mit dem Haller Flügel eilig hatte, lag es nahe, die Bauarbeiten freihändig wiederum an von Bischof zu vergeben, diesmal ohne Ausschreibung. Die Steyrer Zeitung berichtete am 13. November 1890:

„Gestern fand eine Verwaltungsrathssitzung der Steyrthalbahn AG statt. Der Bau der Linie Pergern – Sierninghofen – Sierning – Bad Hall wurde an die renommierte Baufirma von Bischof vergeben. Seit acht Tagen hatten Dr. Hochhauser und Ritter v. Wenusch intensiv mit dem Bauunternehmer verhandelt. Der vorläufige Vertragsentwurf wurde von Dr. Hochhauser vorbehaltlich der Genehmigung des Verwaltungsrathes unterzeichnet. Bei der gestrigen Sitzung referierte Dr. Hochhauser eingehend über die Verhandlungen und jenen Vertragsentwurf und beantragte dessen Annahme. Das Offert des Herrn v. Bischof mit dem Vertragsentwurf wurde vom Verwaltungsrathe einstimmig gutgeheißen, somit ist der Bau definitiv vergeben. Die Bausumme für Unterbau, Legung des Oberbaues und Hochbauten beträgt 180.000 fl und ist der Bauunternehmer verpflichtet, die Strecke bis 1. Juli 1891 dem allgemeinen Verkehr zu übergeben und außerdem eine Caution von 20.000 fl bei der Casse der Steyrthalbahn zu hinterlegen.

Dr. Hochhauser theilte mit, daß er sofort nach Erlangung der Allerhöchsten Concession die Schienen und eisernen Brücken habe bestellen lassen, damit dieselben rechtzeitig einlangen und der Bau nicht aufgehalten werde, und ersuchte den Verwaltungsrath um Gutheißung dieser Verfügung. Der Verwaltungsrath fand die Vorkehrungen für richtig und genehmigte diese. Weil die Edictalfrist für die Begehung der Linie nach Bad Hall mit dem 28. d. M. endet und die Begehungs-Commission gleich darauf stattfinden wird, so ist bereits alles geschehen, um mit den Arbeiten in diesem Jahr noch zu beginnen und bei halbwegs günstiger Witterung den Bau bis Juni nächsten Jahres zu vollenden.

Wie aus den bisherigen Ausweisen ersichtlich, nehmen die Zeichnungen für die Haller Linie einen schönen Verlauf. Die Betheiligung ist eine allgemeine. Wir zweifeln nicht, daß die concessionsmäßigen Geldmittel per 495.000 fl im Verlaufe der Zeit voll und ganz aufgebracht werden können. Zum vorläufig nothwendigen Baucapital per 400.000 fl (ohne Betriebsmittel und Reserve) fehlen noch rund 20.000 fl."

Mit dem Bau konnte dann doch nicht so rasch begonnen werden, wie Dr. Hochhauser gedacht hatte, zu viele Grunderwerbs- und Finanzierungsprobleme galt es zu klären, so daß der Bauvertrag mit Bischof ausgesetzt werden mußte. Am 6. Februar 1891 hieß es in der Zeitung: *„Nach neuesten Mittheilungen ist die Grundeinlösung von der Abzweigung in Pergern bis Waldneukirchen so ziemlich durchgeführt; außer den Grundstücken einiger Besitzer in Bad Hall sind nur noch jene in der Gemeinde Waldneukirchen einzulösen. Der Bau der Strecke Pergern – Hall gilt nun als gesichert, nöthigen Falles kann die Steyrthalbahn-Gesellschaft zur Grundeinschätzung und Expropriation schreiten."* Vom 9. bis 12. März 1891 konnte die politische Begehung endgültig vonstatten gehen, der Bauvertrag wurde erneuert und noch vor Eingang der Baubewilligung (am 25. Mai) begann im April der Bahnbau. Endgültig ausgeräumt wurden die letzten Grundeinlösungsschwierigkeiten im Juli. Zu einem traurigen Zwischenfall kam es am 10. August: *„Beim Bau der Strecke Pergern – Hall fiel einem italienischen Arbeiter in der Nähe der neuen Brücke über die Steyr ein schwerer Stein auf die Brust, wodurch er so schwere Verletzungen erlitt, daß er bald darauf verstarb."*

Im Herbst kam es zu einem chronischen Stein- und Schottermangel, insbesondere die Beschotterung des Bahnhofs Bad Hall war lange ausständig. Am 10. Oktober teilte die Zeitung mit: *„Die Strecke von Pergern nach Bad Hall geht endlich ihrer Vollendung entgegen; besonders durch großen Mangel an Stein- und Schottermaterial verzögert*

Eröffnung Pergern – Bad Hall

„Den einmüthigen, rastlosen Bestrebungen der Steyrer Bürgerschaft, wie nicht minder der Opferwilligkeit der Gemeinden Sierning, Sierninghofen und Bad Hall, ist es nun gelungen, das dritte Baulos der Steyrthalbahn, die Strecke Pergern – Bad Hall, zur Vollendung zu bringen. Die Eröffnungsfahrt, welche gestern stattfand, gestaltete sich zu einem Bürgerfeste im wahrsten Sinne des Wortes und kann man sagen, es nahm die ganze Bevölkerung des Steyrthals daran freudigen Antheil, was bei den Empfängen auf den Stationen am besten ersichtlich war.

Der Festzug A, der von Steyrdorf um 10.10 Uhr abging, führte eine ansehnliche Schar von Festgästen mit, worunter sich außer den im Telegramm genannten Persönlichkeiten noch befanden: Eduard Werndl, der Generaldirector Ecker der Wolfsegg-Traunthaler Kohlen-Gewerkschaft, der bekannte Mundartdichter Norbert Purschka von Waldneukirchen und andere geistliche Herren, Betriebscontrollor der Kremsthalbahn, Gampl, und ein Kranz lieblicher Frauen und Mädchen. Dieser Zug, bestehend aus dem Gepäckwagen und sieben Waggons, wurde von der festlich geschmückten Maschine „Grünburg" geführt, während Zug B, welcher von Agonitz/Grünburg kam und gleichfalls eine große Anzahl von Theilnehmern brachte, worunter sich ebenfalls geistliche Herren und die Bürgermeister von Grünburg, Molln und Klaus befanden, in Pergern mit dem erstgenannten Zuge zusammentraf. In der Station Pergern befindet sich außer dem Aufnahmsgebäude ein Maschinenhaus, sie war sehr schön decoriert. In Sierning, Sierninghofen, Waldneukirchen und besonders in Bad Hall, welche Stationen prächtig geschmückt waren, gab es großartige Empfänge und hatte sich die Bevölkerung in hervorragender Weise betheiligt. Wenn auch der kleine Unfall von Steinersdorf die Festesstimmung vorübergehend trübte, so stellte sich, da, bis auf die Verspätungen, die Entgleisungen keine weiteren Folgen nach sich zogen, dieselbe bald wieder ein. Im Haller Bahnhof war bei der Einfahrt des Zuges A der Jubel ein großer, nicht minder bei der Einfahrt des Zuges B, welcher ziemlich verspätet eintraf. Zwei Musikkapellen, die Haller Bürgermusik und die Sierninger Musikkapelle, geleiteten die Schar durch den Ort ins Hotel Budapest, wo ein kurzer Frühschoppen stattfand. Am Bahnhof hielt Bürgermeister Baumgartner eine zündende Rede, worin er besonders das freundschaftliche Verhältnis der Bürger von Steyr und Hall hervorhob und mit einem Hoch auf die Steyrer und alle Festgäste, die er ebenso wärmstens begrüßt hatte, schloß. Der Obmannstellvertreter des Steyrer Festcomités, Tomitz, erwiderte und brachte den Hallern ein „Hoch". Die Festgäste des zweiten Zuges wurden in Hall vom Gemeinderathe Rom auf das Freundlichste gleichfalls mit einem „Hoch" begrüßt.

Im „Hotel Erzherzog Karl", dem Hotelier Neubauer aus Linz gehörig, fand das Festmahl statt, welches in der fröhlichsten und angenehmsten Weise verlief. Während des Mahles concertierte die Sierninger Musikkapelle sehr gut und fand großen Beifall. Auch die Haller Bürgermusik gab einige Nummern zum Besten und erntete Applaus. Als der Champagner credenzt wurde, sprach Obmannstellvertreter Tomitz den ersten Toast auf den Kaiser, dessen Wahlspruch „Viribus unitis" auch die Bürgerschaft Steyrs und des Steyrthales sich zum Vorbilde genommen hatten, wodurch es möglich wurde, das heutige Freudenfest zu feiern. Das Hoch auf den Kaiser fand jubelnden Widerhall. In schöner, gehaltvoller Rede sprach dann Bürgermeister Baumgartner, welcher des Präsidenten und des Gründers der Kremsthalbahn, Herrn R. v. Dierzer, gedachte und demselben für die Schöpfung der Bahn den Dank unter großem Beifall aussprach. Im weiteren Verlauf gedachte der Redner des unermüdlichen, hochverdienten Präsidenten der Steyrthalbahn, Herrn Dr. Hochhauser, und leerte auf dessen Wohl und auf das des Verwaltungsrathes sein Glas (stürmischer Beifall). Präsident Dr. Hochhauser gedachte der Entstehung der Steyrthalbahn, wünschte dem Curort Hall, daß er blühe, wachse und gedeihe, und brachte den Bürgern von Hall und der ausgezeichneten Vertretung ein dreimaliges Hoch. In sehr launigen Worten sprach der Präsident der Kremsthalbahn, R. v. Dierzer, der den heutigen Tag voller Freude begrüßte, weil die alte Freundschaft zwischen Steyr und Linz doppelt gefestigt werde. Derselbe brachte ein Hoch auf Steyr aus, auf jene Stadt, auf welche ganz Oberösterreich stolz ist (stürmische Hochrufe). Es toastierten ferner Tomitz auf die Damen, Bauunternehmer Bischoff auf das Festcomité, Dr. Lindau auf das freundschaftliche Verhältnis mit der Kremsthalbahn, Bürgermeister Berger der Stadt Steyr auf den Bürgermeister von Hall und den Präsidenten der Kremsthalbahn, R. v. Dierzer, auf den Förderer des Localbahnwesens in Oberösterreich, Betriebsdirector Kubik der Staatsbahnen in Linz, und dieser auf die Presse. Dr. Lindau sprach der Gemeindevertretung den Dank für ihre Theilnahme aus und gedachte mit herzlichen Worten der anwesenden Vertreter der Armee und ließ diese hochleben. Turek aus Steyr brachte sein Hoch der anwesenden Geistlichkeit und gedachte des Dichters Purschka aus Waldneukirchen. Stadtsecretär Hähnel von Steyr ließ die Bauunternehmung leben, und endlich sprach noch Tomitz der Bevölkerung von Hall für den großartigen Empfang den herzlichsten Dank aus.

An dem Mahl, das, was Küche, Keller und Bedienung anbelangt, Vorzügliches bot und den Ruf des Neubauer'schen Hotels in Hall wieder aufs Glänzendste bestärkte, nahmen an die 300 Personen theil. Um ½6 Uhr erfolgte der Abmarsch zum Bahnhofe; die Bahnhofstraße war glänzend mit Lampions beleuchtet, desgleichen der Bahnhof, wo unter Jubelrufen der Bevölkerung, Musikklängen und Böllerschüssen der Zug der Steyrthalbahn gegen 6.05 Uhr abfuhr. Ein großer Theil der Festgäste fuhr bis Unterrohr und weiter nach Linz respective Kirchdorf.

Bezüglich der Entgleisung bemerken wir noch: Bei km 8,7, kurz vor der Haltestelle Steinersdorf, sprangen wahrscheinlich infolge des Oscillierens der Maschine bei der verhältnismäßig recht bedeutenden Fahrgeschwindigkeit und der Länge des Zuges in einer Curve auf einem kleinen Damm der Gepäck- und zwei Personenwagen aus. Der Zug wurde sofort zum Stehen gebracht, es ereignete sich auch nicht der mindeste Unfall. Mit Hebebäumen und den Locomotivwinden wurden die Wagen ins Geleis gehoben und der erste Theil des Festzuges verließ nach einstündigem Aufenthalt die Stelle, die auch für den zweiten Festzug verhängnisvoll werden sollte, indem auch bei diesem wohl infolge des durch den ersten Zug schadhaft gewordenen Geleises, ein Wagen entgleiste. Seit Wochen verkehren täglich Schotterzüge über die Strecke ohne den mindesten Anstand, der gesamte Bau der Bahn ist äußerst solid und gediegen ausgeführt und der Oberbau in tadellosem Zustande. Nur ein unglücklicher Zufall veranlaßte gerade bei der Eröffnungsfahrt den ganz unbedeutenden Unfall, eine jener Kinderkrankheiten, die jedes neue Verkehrsinstitut, insbesondere jede Localbahn, durchmachen muß."

(Linzer „Tages-Post" vom Donnerstag, den 3. Dezember 1891)

„Vom schönsten Wetter begünstigt, fand heute die Eröffnungsfahrt auf der Strecke Pergern – Bad Hall der Steyrthalbahn statt, an welcher Festgäste aus Steyr, Grünburg, Molln, Linz, Klaus und den Stationen der neuen Bahn theilnahmen. Selbe trug keinen officiellen Charakter, daher keine Staats- und Landesvertreter anwesend waren. Seitens der Kremsthalbahn betheiligten sich an der Fahrt der Präsident Ritter von Dierzer und Directionsmitglied Julius Wimmer, seitens der Staatsbahnen Director Kubik, ferner der Präsident der Steyrthalbahn mit den Verwaltungsräthen, Bauunternehmer v. Bischof, Director Ritter v. Wenusch, Bürgermeister Berger, Kaiserl. Rath Pointner, Honved-Major Pittern der Uebernahms-Commission, Major Hennevogel mit Jäger-Officieren, Gemeinderäthe von Steyr, Bahnverwaltungsräthe und an die 200 andere Gäste.

Der Festzug fuhr zweitheilig; in Pergern war es festlich geschmückt. Dort biegt die Bahn nach Hall ab, von dort ab fand auf allen Stationen ein festlicher Empfang mit Musik und Böllerschüssen statt. Insbesondere *festlich war der Empfang in Sierninghofen, wo Fräulein Emma Moser, die Besitzerin des Landerlgutes, den Festgästen ein Frühstück servierte, ferner in Sierning, wo Schuljugend, Gemeindevertretung und die Geistlichkeit die Züge freudig erwarteten. Dort begrüßten Landtagsabgeordneter Doppler und Secretär Herbricht die Festtheilnehmer.*

Dann erfuhr die Festesfreude eine Trübung, weil vor der Haltestelle Steinersdorf um ½12 Uhr beim Petsteigergute der Gepäckswaggon des ersten Theiles des Festzuges entgleiste und mit ihm noch zwei Wagen. Erst nach einer Stunde konnte weitergefahren werden. Der zweite Zug mit den Grünburgern und Mollnern entgleiste ebenfalls, doch nur mit einem Waggon. Beide Züge kamen, ersterer mit 1 Std., der zweite mit einer hundertminütigen Verspätung, in Hall an, wo ein großartiger Empfang seitens der Gemeinde und Bürgerschaft stattfand. Bürgermeister Baumgartner gab der Freude über den heutigen Tag Ausdruck und begrüßte die Festgäste, worauf Herr Tomitz als Obmannstellvertreter des Steyrer Festcomités erwiderte. Hierauf fand nach 2 Uhr der Einzug in den festlich beflaggten Badeort mit zwei Musikkapellen statt, woselbst sich ein Blumenregen ergoß. Um ½3 Uhr begann das animierte Festmahl.

Die Bahnstrecke ist 16 km lang und wurde am 21. September 1890 concessioniert, hat 760 mm Spurweite, wie die übrigen bisher in Österreich erbauten Schmalspurbahnen, zweigt bei Pergern ab und übersetzt bei Steinersdorf die 125 m hohe Wasserscheide. Stationen sind außer in Pergern noch Sierninghofen, Sierning, Waldneukirchen-Adlwang und Bad Hall. Die Bahn hat mit ihren großen Steigungen und scharfen Krümmungen den Charakter einer Gebirgsbahn und wurde trotz der bedeutenden Grundeinlösungsschwierigkeiten in acht Monaten vollendet. An hervorragenden Baulichkeiten sind zu nennen: Die Steyrbrücke mit 50 m Spannweite, die Übersetzung des Fernbaches mit einer 20 m langen und 10 m weiten, auf hohen Pfeilern liegenden Eisenconstruction. Die Endstation Bad Hall ist in ähnlicher Weise wie die Station Steyr-Garsten mit Umladegeleisen versehen und durch ein regel- und ein schmalspuriges Verbindungsgeleise mit der Station der Kremsthalbahn verbunden, wo auch die gemeinschaftliche Personenbeförderung stattfindet. Die Endstation der Steyrthalbahn bildet eigentlich nur einen Rangier- und Frachtenbahnhof, der sehr reichlich mit Geleisen ausgestattet ist.

Da gestern bei der technisch-polizeilichen Prüfung von Inspector Werner, Commissär Reichsritter von Leon sowie dem Delegierten der oberösterreichischen Statthalterei, Ing. Allmann, ein vollkommen befriedigendes Ergebnis constatiert worden ist, hat die Commission im Namen des Handelsministeriums die Eröffnungsbewilligung zum 2. December, als dem Jahrestage der Thronbesteigung des Kaisers, genehmigt."

(Linzer „Tages-Post" vom Mittwoch, den 2. Dezember 1891)

sich leider der Ausbau auf der gegen Bad Hall zu gelegenen Hälfte der prachtvolle Aussichtspunkte bietenden Strecke. Da die großen Schotterzüge fleißig verkehren, ist zu hoffen, daß Ende dieses Monats noch die Eröffnung der die Steyrthal- mit der Kremsthalbahn verbindenden Bahnstrecke erfolgen werde. Dann wird auch die neue Winter-Fahrordnung für die ganze Steyrthalbahn in Kraft treten." Und am 21. Oktober folgte diese Meldung: *„Jetzt ist wieder einmal ein fixer Termin für die Eröffnung des Flügels Pergern – Bad Hall genannt worden, und zwar der 19. November, das hohe Namensfest ihrer Majestät der Kaiserin. Voriges Jahr wurde zu derselben Zeit die Strecke Grünburg – Molln eröffnet. Der Grund der Verzögerung liegt darin, daß in der nach Hall zu gelegenen Strecke großer Mangel an Schotter ist; es mußte derselbe mit zwei Maschinen von Sierning aus gebracht werden."*

Am 16. November konnten die Brücken letztlich probebelastet werden und am 30. November fand die technisch-polizeiliche Prüfung der Strecke statt, wobei der Abnahmezug mit 25 km/h unterwegs war. Die Baulänge betrug 15,559 km, die Betriebslänge offiziell 15,391 km. Anläßlich der Kommissionierung war die Strecke samt Hochbauten und sonstigen Anlagen diesmal vollständig fertiggestellt.

Steyrthal-Bahn.

Kundmachung.

Eröffnung der Strecke Pergern – Bad Hall.

Am 2. Dezember 1891 wird die Strecke **Pergern-Bad Hall** mit den Stationen **Pergern, Sierninghofen, Sierning, Waldneukirchen-Adlwang** und **Bad Hall** und den Haltestellen **Oberwallern, Steinersdorf, St. Blasien** und **Kammerhub** dem öffentlichen **Verkehre** übergeben.

Die Station **Pergern** ist lediglich für **den** Personen- und Gepäcksverkehr, die **übrigen** Stationen sind für den Gesammtverkehr eingerichtet; die Haltestellen dienen für den Personen- und Gepäcksverkehr.

Steyr, am 30. November 1891.

Die Betriebsleitung.

Die Benützungsbewilligung wurde per 2. Dezember 1891 erteilt. An diesem strahlenden Tag konnte die feierliche Einweihung endlich stattfinden. Am folgenden Tag begann der planmäßige Verkehr, und zwar mit dem Zug 102 (Bad Hall ab 7.48 Uhr – Pergern an 8.40 Uhr), bespannt auch diesmal mit der Lok 3 „Grünburg", gebildet aus den Wagen 10, 5, 17, 18, 13 und 33, besetzt mit 5 bis 20 Reisenden.

Rechtzeitig erfüllt wurde auch diese Konzessionsauflage: *„An Fahrbetriebsmitteln sind mindestens anzuschaffen: 2 Locomotiven mit jeweils 3 Achsen, sämtlich gekuppelt; 6 Personenwagen, 1 Dienstwagen (Post-, Gepäcks- und Conducteurwagen) und 16 Lastwagen verschiedener Gattung. Mindestens die Hälfte der Wagen ist mit Bremsen zu versehen."* Das Baubüro hatte seine Pflicht erfüllt. Nur einen Monat später, am 7. Januar 1892, erschien diese Meldung: *„Die Bauthätigkeit der Steyrthalbahn hatte mit der Eröffnung der Haller Linie vorläufig aufgehört, da das Geld zum Weiterbau von Agonitz nach Klaus bislang noch nicht aufgebracht werden konnte, und es ist deshalb nicht unmöglich, daß nunmehr ein längerer Stillstand in der Bauthätigkeit eintreten wird. Mit Rücksicht auf diesen Umstand hat der Verwaltungsrath der Steyrthalbahn-Gesellschaft in seiner anfangs Jänner stattgehabten Sitzung die Baudirection aufgelöst und das hiebei beschäftigte Personal entlassen. Nur Herr Ritter von Wenusch hatte noch die Schlußabrechnungen über die Bauauslagen dem Verwaltungsrathe vorzulegen, worauf auch dessen Thätigkeit für die Steyrthalbahn ihr Ende erreicht hatte."*

Im Jahr 1895 kam auf dem Haller Flügel eine weitere Brücke hinzu. Dazu zwei Zeitungsnotizen: *„Am 16. November 1894 fand bei St. Blasien eine Dammrutschung der Steyrthalbahn statt. Der kurze Zeit darauf anlangende Personenzug wurde rechtzeitig angehalten. An Stelle des abgerutschten Dammes wurde eine Eisenconstruction von 12,9 m Lichtweite eingelegt."* Und dann: *„Dieselbe wurde vorerst auf dem Plateau der Haltestelle montiert und sodann am 29. Mai 1895 auf ihre Auflager eingeschoben. Nachmittags fand eine Belastungsprobe statt, welche ein vollkommen zufriedenstellendes Resultat ergab."*

Aus den frühen Jahren der Steyrtalbahn

Im ersten Betriebsjahr fielen im Güterumschlag 19.153,7 t Kohle, 8.815 t Metallwaren, 7.142 t Erze, Metalle und Chemikalien, 3.192,5 t Hölzer und Holzwaren, 3.259,5 t Baumaterialien, 1.434 t Getreide und Mühlenprodukte sowie 743 t sonstige Frachten an. Von den insgesamt 173.894 Fahrgästen nutzten 4.521 die 2. Klasse und 169.373 die dritte. Unter der Überschrift „Normal- oder Schmalspur?“ analysierte die Linzer Tagespost die Zahlen am 8. August 1891 kritisch:

„Es liegt uns der Geschäftsbericht der Steyrthalbahn für die erste Betriebsperiode vom 20. August 1889 bis 31. December 1890 vor. Er liefert den besten Beweis dafür, daß diese schmalspurige Bahn nicht bloß ein interessantes, sondern auch ein sehr theures Experiment ist. Die Linie Steyr – Grünburg mit einer Länge von 20 km beanspruchte ein Actiencapital von 750.000 fl, was den Baukosten von 37.500 fl per km gleichkommt, während die 12 km lange Linie Grünburg – Agonitz ein Baucapital von 470.000 fl erforderte, das sind rund 10.000 fl per km. Die gesamte Bahn Steyr – Agonitz mit 32 km Länge kostete also 1.220.000 fl, das sind per Kilometer 38.125 fl. Die Gesamtkosten der Strecke Steyr – Agonitz erhöhen sich aber infolge Beschlusses der dritten Generalversammlung um weitere 78.000 fl, welche für Anschaffung von Fahrbetriebsmitteln und Reservetheilen, dann für Ergänzungsbauten und Herstellung einer Reparaturwerkstätte ausgelegt und theilweise sogar vorläufig aus dem Baufonds der Strecke Agonitz – Klaus entnommen werden, also auf circa 1.298.000 fl bezw. auf 40.562 fl per Kilometer.

Normalspurige Localbahnen mit ungleich größerer Leistungsfähigkeit kosteten dagegen 28.000 bis 35.000 fl per km. Das „interessante Experiment“ der Schmalspur hatte aber, wie der Geschäftsbericht dartut, außer den unverhältnismäßig hohen Baukosten noch eine andere bedenkliche Consequenz, die umso bedauerlicher ist, als sie mit den Versprechungen bei der Gründung in unlösbarem Widerspruche steht, nämlich die hohen Betriebskosten von 66,1 % der Einnahmen, welche Ziffer geradezu ungewöhnlich hoch genannt werden muß, zumal die Steyrthalbahn in Eigenregie betrieben wird. Der Pächter der Mühlkreisbahn muß unter weitaus ungünstigeren Betriebsverhältnissen mit 66 %, und der Pächter der Kremsthalbahn mit 55 % der Brutto-Einnahmen sein Auslangen finden, und diese beiden werden voraussichtlich noch dabei einen Geschäftsgewinn erzielen.

Diese exorbitante Höhe der Betriebsspesen wird im Geschäftsbericht durch die Steigungsverhältnisse der Bahn, welche denen einer „Gebirgsbahn“ gleichkommen sollen, durch die Umladungskosten der Güter in Garsten, durch die besonders zahlreichen Stationen, durch die außergewöhnlich hohen Arbeitslöhne in der Stadt Steyr, durch die geringe mittlere Transportdistanz der Frachten und durch die hohen Kohlenpreise zu rechtfertigen versucht – wir sagen allerdings „versucht“, denn diese Motive sind nicht zur Gänze vollkommen richtig. Die Steigungsverhältnisse der Steyrthalbahn sind nicht so ungünstig als sie dargestellt werden, die höchste Steigung ist an einigen Stellen 40‰, während die Mühlkreisbahn auf mehreren Kilometern eine solche von 47‰ zu überwinden hat. Selbst auf der Kremsthalbahn kommen einzelne Strecken mit Steigungen von 40 ‰ vor, und sie wird doch keine Gebirgsbahn genannt.

Giltig vom Tage der Betriebs-Eröffnung der Linie Pergern—Bad Hall.

Steyr-Garsten – Agonitz und Pergern – Bad Hall

I. Agonitz—Steyr-Garsten.

Kilometer	Fahrpreise in Kreuzern: Tour, II. Classe	Tour, III. Classe	Tour und retour, II. Classe	Tour und retour, III. Classe	Stationen und Haltestellen		Personen-Zug 2	4	6	8
0	—	—	—	—	Agonitz	ab	7.18	11.10	4.20	6.00
1	21	18	34	22	Molln	an	7.23	11.15	4.25	6.05
						ab	7.24	11.20	4.26	6.06
3	21	18	34	22	Leonstein H.	"	7.30	11.26	4.32	6.12
3	21	18	34	22	Leonstein	"	7.33	11.29	4.35	6.15
9	46	28	74	46	Haunoldmühle H.	"	7.50	11.56	4.52	6.31
9	46	28	74	46	Unterhaus	"	7.54	12.00	4.56	6.36
12	62	37	98	60	Grünburg	"	8.09	12.15	5.11	6.51
14	72	43	116	70	Waldneukirchen H.	"	8.14	12.20	5.16	6.56
17	87	58	140	84	Mitteregg H.	"	8.25	12.31	5.27	7.07
19	97	59	156	94	Aschach a. d. Steyr	"	8.34	12.40	5.36	7.16
21	108	65	172	105	Letten H.	"	8.40	12.46	5.42	7.21
22	113	68	180	110	Neuzeug	"	8.45	12.52	5.47	7.27
25	128	77	204	124	Pergern	an	8.54	1.01	5.56	7.36
					Bad Hall	an	10.03	2.10	7.05	—
					Bad Hall	ab	7.48	11.55	4.50	—
—	—	—	—	—	Pergern	ab	8.59	1.06	6.01	7.37
26	133	80	214	129	Schloß Rosenegg H.	"	9.04	1.11	6.06	7.42
28	143	86	230	139	Unterhimmel H.	"	9.09	1.16	6.11	7.47
29	148	89	238	144	Steyrdorf	an	9.14	1.21	6.16	7.52
						ab	9.19	1.26	6.21	
30	153	92	246	148	Garning H.	"	9.24	1.31	6.26	
32	164	98	262	158	Steyr-Garsten	an	9.29	1.36	6.31	

II. Bad Hall—Pergern.

Kilometer	Fahrpreise in Kreuzern: Tour, II. Classe	Tour, III. Classe	Tour und retour, II. Classe	Tour und retour, III. Classe	Stationen und Haltestellen		Personen-Zug 102	104	106
0	—	—	—	—	Bad Hall	ab	7.48	11.55	4.50
2	21	13	34	22	Kammerhub H.	"	7.54	12.01	4.56
3	21	13	34	22	St. Blasien H.	"	7.59	12.06	5.01
5	26	16	42	26	Waldneukirchen-Adlwang	"	8.06	12.13	5.08
6	31	19	50	31	Steinersdorf H.	"	8.12	12.19	5.14
9	46	28	74	46	Oberwallern H.	"	8.21	12.28	5.23
11	57	34	90	55	Sierning	"	8.30	12.37	5.32
14	72	43	116	70	Sierninghofen	"	8.41	12.48	5.43
16	82	49	132	79	Pergern	an	8.48	12.55	5.50
					Steyr-Garsten	an	9.29	1.36	6.31
					Agonitz	"	10.34	2.41	7.36

Die Steyrthalbahn hat relativ zur Länge nicht mehr Stationen als andere Localbahnen. Bleiben wir behufs Herstellung einer Parallele in Oberösterreich, so hat z.B. die Mühlkreisbahn auf 58 km Länge elf Stationen, die Kremsthalbahn auf 70 km vierzehn; es fallen somit auf diesen Bahnen auf je 5 km eine Station, während bei der Steyrthalbahn auf 4 km eine Station kommt. Allerdings sind die meisten Stationen der Steyrthalbahn äußerst primitiv und auf das Minimum des Zulässigen beschränkt. Die Arbeitslöhne von Linz und Urfahr werden hinter denen von Steyr wenig oder gar nicht zurückstehen und die Kohlen kommen der Steyrthalbahn gewiß nicht theurer zu stehen als den anderen zwei Bahnen. Die Mühlkreisbahn z.B. hat infolge der Zufuhr per Achse jedenfalls eine kostspieligere Kohle als die Steyrthalbahn. Der im Geschäftsberichte weiter zur Rechtfertigung der hohen Ausgabe angeführte Posten in Höhe von 5.522 fl für Umladungskosten in Steyr-Garsten ist es aber gerade der, welcher über das System der Schmalspur den Stab bricht.

Vom Gesamtgüterverkehre der Steyrthalbahn in der Zeit vom 20. August 1889 bis 31. December 1890 per 441.906 Meter-Centner (Anm.: das sind 44.190,6 t) *mit einer Einnahme von 48.892 fl entfallen 68 %, somit 30.096 Metercentner mit einer Einnahme von 33.247 fl auf die Güter, welche in Steyr-Garsten auf die Steyrthalbahn übergingen, und darauf hatten die Löhne für Umladung mit 5.522 fl, d.i. mit ein Sechstel oder 16½ % der durch diesen Güterverkehr erzielten Einnahmen. Zu den Löhnen per 5.522 fl sind übrigens noch die Verzinsung des für die Verladerampen etc. aufgewendeten Anlagecapitals sowie deren Erhaltungskosten zu rechnen. Damit sind aber die von vielen competenten Seiten gegen die Anwendung der Schmalspur dort, wo sie zu vermeiden ist, ausgesprochenen Bedenken glänzend gerechtfertigt."*

Unter dem Titel *„Steyrtalbahn und Posttransporte"* war am 28. November 1891 in der Steyrer Zeitung zu lesen: *„Mit der voraussichtlich am 2. December 1891 erfolgenden Eröffnung der Flügelbahn Pergern – Bad Hall und der Ausnützung der Steyrthalbahn zum Gesamtposttransport werden die täglich zweimaligen Postbotenfahrten Bad Hall – Steyr (Bahnhof), die täglich einmalige Postbotenfahrt Bad Hall – Waldneukirchen – Grünburg und die Postbotenfahrt zwischen Grünburg und Leonstein, sowie die Fußbotenposten zwischen Molln und Leonstein aufgelassen, die Postämter in Bad Hall, Waldneukirchen, Sierning und Neuzeug mit den Zügen der Linie Pergern – Bad Hall und die Postämter in Aschach bei Steyr, Grünburg, Leonstein und Molln mit den Zügen der Linie Steyr – Garsten – Agonitz in Verbindung gesetzt. Fahrpost gelangt rücksichtlich der Anschlüsse in der Station Pergern an die Züge nach Steyr-Garsten und nach Agonitz auf der Linie Pergern – Sierning – Bad Hall in jeder Richtung täglich zweimal und auf der Linie Steyr-Garsten – Grünburg – Agonitz täglich einmal zur Beförderung. Die Postbotenfahrt zwischen Leonstein, Micheldorf und Kirchdorf geht vom Bahnhofe Leonstein aus (Anschluß vom Frühzug aus Steyr-Garsten) und verkehrt auf der Retourfahrt bis zu diesem Bahnhofe (Anschluß an den Abendzug 6 nach Steyr-Garsten). Die Coursordnung derselben ist folgende: Tourfahrt: ab Leonstein (Bahnhof) 10.25 vorm., an Kirchdorf 1.00 nachm. – Retourfahrt: ab Kirchdorf 2.00 nachm., an Leonstein (Bahnhof) 4.30 nachm. – Das Postamt Thanstetten behält die Postverbindung mit Sierning und jenes in Adlwang mit Bad Hall auch weiterhin bei."*

Bahnpostdienste gab es in Österreich von 1850 bis 2004. Auf der Steyrtalbahn wurde er im Dezember 1891 eingeführt, wofür der Schaffner (der „Postconducteur") vereidigt wurde. Mit dem Bahnpoststempel – solche gab es ab 1892 – entwertete er im fahrenden Zug die in den Stationen oder direkt beim Bahnpostwagen aufgelieferten Sendungen, danach sortierte er sie in Postsäcke je nach Abgabeziel. Für den Postdienst hatte die Steyrthalbahn AG im Jahr 1892 drei kombinierte Wagen der Gattung CF mit 3.-Klasse-Sitzabteil und nur für Postbeamte zugänglichem Postabteil beschafft. Spätestens in den 20er Jahren wurden die Wagen in reine Postwagen umgebaut, womit sie ins Eigentum der Postverwaltung übergingen, aber weiterhin durch die Steyrtalbahn im Auftrag der Post unterhalten wurden. Die Postwagen besaßen einen Briefeinwurf, aber bei der Steyrtalbahn gab es keine Bahnhofspostkästen. Die Sendungen wurden durch Postboten an die Postkondukteure übergeben bzw. die im Zug abgefertigte Post abgeholt, wofür von den ört-

Bedarfspost der Bahnpost-Nebenstrecke Pergern – Bad Hall (um 1896-98). Sammlung Hans-Georg Pucalka

Unten: Zweizeiliger Postconducteur-Langstempel 64,5 x 11,4 mm mit der Zug-Nr. 1 sowie der Streckenangabe Steyr-Garsten – Agonitz, einer der seltensten Stempel der Bahnpostgeschichte, nur einmal (vom 7.8.1897) nachgewiesen. Darunter der Gegenstempel mit der Zug-Nr. 6 Agonitz – Steyr-Garsten (64 x 10,6 mm), nachgewiesen für die Zeit vom 1.10.1892 bis 5.2.1898. Sammlung Hans-Georg Pucalka

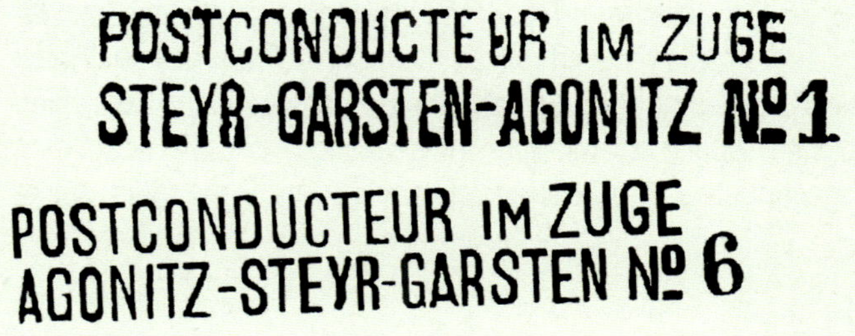

Postumschlag in Aschach in den 60er Jahren, links Emil Kellauer, rechts Karl Möslinger. Foto: Archiv der Topothek Waldneukirchen

Rechts: So spartanisch eingerichtet waren die letzten beiden, um 1955 in Graz neu aufgebauten Postwagen in den 60er Jahren. Der heutige Museumswagen F 8460 der ÖGEG wurde originalgetreu restauriert. Foto (8.9.2024): Thomas Haberl

Unten: Rundstempel mit 29 mm Durchmesser, mit der Angabe „Molln – Garsten" in schwarzer Farbe vom 4.8.1893 bis 16.4.1905 nachgewiesen, in Violette noch seltener, weil nur von Ende 1899 bis Mitte 1900 in Gebrauch. Der Gegenstempel „Garsten – Molln" wurde zwar dem Schaffner ausgehändigt, blieb aber meist in der Schublade, dafür wurde der Stempel „Molln – Garsten" einfach umgekehrt auf den Poststücken abgeschlagen. Die Nr. 269 in der Mitte ist die neue Linienbenennung. Slg. Hans-Georg Pucalka

lichen Postämtern eigene Postfahrer beauftragt wurden. Die Stempel wurden durch die wackelige Bahnfahrt meist sehr unleserlich, klare Abschläge sind auf den Poststücken daher eher selten. Die anfänglichen Postkondukteurstempel wurden erst 1894 von der Post an die Bahn abgegeben und nicht durch Rundstempel ersetzt. Für die Postkondukteure gab es für den Mehraufwand eine Extravergütung, da diese Zweizeiler kein Datum besaßen, es mußte händisch auf den Poststücken angebracht werden, ebenso der Aufgabeort. Diese Stempel waren den Schaffnern zugeordnet, die von der Post für den Postdienst vereidigt worden waren. So kamen diese Stempel abwechselnd je nach Diensteinteilung der Schaffner zum Einsatz (Früh- bzw. Spätdienst).

Zwei Postwagen erhielten 1955 bei SGP in Graz einen Neuaufbau. Nach der Einstellung der Bahnpost im Mai 1968 wurde einer von ihnen an die Zillertalbahn verkauft, später kehrte er ins Steyrtal zurück. Das Schwesterfahrzeug wurde nach 1968 in Garsten zerlegt. Der dritte Wagen war bereits 1960 an die ÖBB übergegangen und in St. Pölten zum Werkstättenwagen für die Mariazellerbahn umgebaut worden. Die ÖGEG kaufte ihn 1987 und nutzte ihn als Ersatzteilspender.

Zwei Wochen nach ihrer Eröffnung entgleiste auf der Flügelstrecke abermals ein Zug, wiederum lief der Unfall glimpflich ab. Insgesamt verlief das Jahr 1892 nicht wie erhofft, das Verkehrsaufkommen des Haller Flügels ließ zu wünschen übrig und seine Betriebsrechnung wies einen bedenklichen Abgang auf. Mit einer Tarifsenkung zum 1. Mai wollte man dem entgegentreten, eine weitere folgte am 20. Juni. Dann ließen starke Regenfälle die Steyr über ihre Ufer treten, die Bahntrasse wurde überflutet und teils stark beschädigt, so daß der gesamte Betrieb am 8. Juni 1892 zum Erliegen kam. Die größten Schäden gab es bei Haunoldmühle und nahe der Steyrbrücke bei Pergern. Am 11. Juni lief der Verkehr Garsten – Grünburg und auf dem Flügel wieder an. Hinter der Haunoldmühle bei km 23,6 diente ein Schüttgerüst zum Reparieren des schadhaften Dammes. Ab 23. Juni fuhren die Züge wieder bis Agonitz. In jenem Jahr wurde der Bahnbau mit der staatlichen Kollaudierung endgültig abgeschlossen (Garsten – Agonitz am 20.10.1892 sowie Pergern – Bad Hall am 25.10.1892). Die vollständige Fertigstellung aller geplanten und genehmigten Anlagen und ihre vorschriftsmäßige Ausführung wurden überprüft und für gut befunden. Am 2. Dezember 1892 wurde ebenfalls zwischen Pergern und Bad Hall die Höchstgeschwindigkeit von 20 auf 25 km/h angehoben.

Auf der Generalversammlung am 21. Mai 1893 im Steyrer Rathaus resümierte man: *„Dem Geschäftsbericht für das Jahr 1892 ist zu entnehmen, daß in diesem Zeitraum 180.636 Personen, 72,2 t Reisegepäck, 299,0 t Eil- und 35.110 t Frachtgüter befördert wurden. Den Einnahmen pro 111.745 fl standen 9.971 fl Ausgaben gegenüber, so daß ein Überschuß von 21.675 fl resultiert. Dieser wurde jedoch durch die Kosten von 23.143 fl, welche die Behebung der vom am 8. Juni stattgehabten außergewöhnlichen Hochwasser angerichteten Schäden verursachte, vollständig aufgebraucht, so daß für dieses Jahr keine Dividende zur Vertheilung kommen konnte. Dem Verwaltungsrathe wurde einstimmig das Vertrauen votiert."*

1893 unternahm man einen erneuten Anlauf, die Stammstrecke bis Herndl oder gar Klaus zu verlängern, aber finanzielle Gründe wie auch die abweisende Haltung der Kremsthalbahn sprachen dagegen. Derweil wurde der drei Jahre zuvor genehmigte Bau der Schleppbahn vom Bahnhof Garsten bis an die Enns endgültig ad acta gelegt, da die Rentabilitätserhebungen keine hinreichenden Gewinne verhießen.

Das Verkehrsaufkommen entwickelte sich fortan recht positiv, wenn doch nur die Wetterunbilden nicht immer wieder herbe Rückschläge verursacht hätten. Besonders anfällig war der Blasien-Damm, der bereits 1894/95 nach einer Rutschung eine aufwendige Sanierung (sogar mit neuer Brücke) bedingt hatte (vgl. Seite 23). Am 10. März 1896 war er schon wieder – wie auch die Lettener Au – von einem Hochwasser betroffen. Unterbrochen war der Verkehr jedoch nur für wenige Stunden. Dennoch war die Direktion mit der Jahresbilanz zufrieden, so *„wurden im December für die Beförderung von 10.320 Personen rd. 3.100 fl und für die Verfrachtung von 5.108,9 t Gütern rund 5.200 fl, insgesamt 8.300 fl (gegen 6.990 fl im December 1895, rund 6.910 fl pro December 1894 und 8.010 fl pro December 1893) vereinnahmt. Hiernach betragen im Jahre 1896 für die Beförderung von 150.352 Personen (47.330 fl) und 52.661,2 t Gütern (59.550 fl) die Gesamtbetriebseinnahmen 106.880 fl, mithin um 10.400 fl mehr als noch 1895 (96.480 fl). Im Jahre 1894 waren 99.570 fl und im Jahre 1893 rd. 105.220 fl vereinnahmt worden."*

1897 überstiegen sowohl der Pegel der Steyr als auch die Hochwasserschäden jene des Jahres 1892 um ein Vielfaches. Heftige Regenfälle gingen Ende Juli über Oberösterreich nieder: *„Am meisten zu leiden hatte die Steyrthalbahn, deren Strecke an vielen Stellen inundirt war und der Bahnkörper durch Unterwaschungen vielfache Beschädigungen erlitt."* Am 30. Juli kam der gesamte Betrieb zum Erliegen. Schon am 2. August konnte der Zugverkehr Garsten – Pergern – Bad Hall (wie gehabt mit vier Zugpaaren) und am 7. August zwischen Pergern und Grünburg wieder aufgenommen werden: *„Der Schaden hier ist nicht bedeutend, die Dämme sind alle fest geblieben, nur Auswaschungen des Schotterbettes fanden statt."* Per „Extrapost" kam am 1. August die Nachricht: *„Nachdem der Gesamtverkehr auf der Kremsthalbahn und somit auch jener auf der Flügelbahn Unter-Rohr – Bad Hall eingestellt worden ist, wird der Verkehr nach Bad Hall mittelst der Franz Josefsbahn via Budweis – St. Valentin – Garsten – Steyrthalbahn aufrechterhalten."*

Dramatischer sah es oberhalb von Grünburg aus, wo *„zwischen Unterhaus und Haunoldmühle eine bedeutende Beschädigung des Bahnkörpers auf 600 bis 700 m Länge stattgefunden"* hatte. Das wahre Ausmaß wurde in einem Zeitungsbericht vom 15. August deutlich: *„Die Verwüstungen, welche das jüngste Hochwasser im Thale der Steyr verursacht hat, sind überaus große. Eine richtige Vorstellung von der furchtbaren Gewalt der Wassermassen, die in reißendem Lauf das Flußbett der Steyr durcheilten, kann man erst gewinnen, wenn man die Zerstörungen selbst gesehen hat. Zahllos sind die durch Unterwaschungen entstandenen Ufereinbrüche, die an einigen Stellen von bedeutender Ausdehnung sind. Am schwersten wurde von Grünburg aufwärts die Bahnstrecke bis Agonitz mitgenommen. Die Trasse wurde vom Hochwasser fast gänzlich zerstört und muß nahezu auf der ganzen Strecke neu gebaut werden, da sie nur an wenigen, höher gelegenen Stellen unversehrt blieb. Hie und da sieht man die Schienen in der Luft hängen, dann trifft man wieder Stellen, wo man gar nicht merkt, daß daselbst eine Bahn bestanden hat. Schon sind italienische Arbeiter mit der Umlegung der Strecke beschäftigt. Die Bahn muß viel höher gelegt werden, denn nur dadurch ist es möglich, ähnlichen Katastrophen, wie die letzte es war, auszuweichen. Als seinerzeit die Steyrthalbahn von Grünburg aufwärts gebaut wurde, haben Leute, die aus eigener Anschauung und jahrelanger Erfahrung die Gefahren des Flusses und das leicht abbröckelnde Terrain daselbst kennen, auf die höchst bedenkliche Anlage der Bahn, die ziemlich tief gelegt und sehr nahe am Ufer geführt wurde, aufmerksam gemacht. Die bei der Bahnanlage maßgebenden Persönlichkeiten scheinen die Warnungen unterschätzt oder nicht angehört zu haben. Viele hiesige Bewohner befürchteten schon bei viel kleinerem Hochwasser eine Katastrophe. Jedermann sieht, daß die ursprüngliche Bahnanlage eine verfehlte, ja höchst leichtsinnige war. Wäre die Bahntrace*

Panorama von Steyr mit dem Stadtteil Steyrdorf, den zahlreichen Fabriken im Eysenfeld, dem abzweigenden Wehrgraben, dem Elektrizitätswerk (rechts) sowie dem Lokalbahnhof im Vordergrund mit einigen Personenwagen auf dem Gleis zur Wagenhalle. Foto (um 1895): Sammlung Alfred Moser

„Am 15. Juli 1900 entgleiste der um 1 Uhr 8 Minuten von Bad Hall nach Steyrdorf abgehende Personenzug bei der Einfahrt in die Station Sierning in der Folge schlechter Wechselstellung. Hiebei stürzten zwei Wagen um, in denen sich neun Passagiere befanden, von welchen drei Personen Verletzungen erlitten. Der Seilermeister Peter Berotka aus Sierning und Dr. Stephan Fischer aus Königgrätz wurden glücklicher Weise nur leicht beschädigt, während der sechsjährige Knabe August Decani, Apothekerssohn von Bad Hall, eine Gehirnerschütterung erlitt, von welcher er aber wieder hergestellt wurde. Die Fahrbetriebsmittel hatten nur geringfügige Beschädigungen erlitten. In drei Stunden war das Geleis wieder freigemacht."
Fotografisches Atelier von F.M. Holl, Sierning

von Anbeginn an höher gelegt worden, so hätte sich die Steyrthalbahn-Gesellschaft die Kosten für die nunmehr nothwendig gewordene Umlegung der Trace erspart. Man wollte aber möglichst billig bauen und muß jetzt für die damals begangenen Fehler büßen."

Nach teils umfangreichen Neutrassierungen vor allem bei Unterhaus, wo das Gleis um 1 m angehoben wurde, und bei Haunoldmühle konnte der Zugverkehr bis Agonitz am 10. Oktober 1897 wieder aufgenommen werden. Die Bauverhandlung zur Genehmigung der Neutrassierungen „ex commissione" fand nachträglich am 3. November statt, jene für die Niveauanhebung erst am 4. Mai 1899. Im Geschäftsbericht für 1897 sprach man von einem „Jahrhunderthochwasser", das sich in diesem Ausmaß nicht so schnell wiederholen werde. Auch sei die Bahn durch die Trassenänderungen nun weitaus besser dagegen gewappnet.

Die Prognosen erwiesen sich als zu optimistisch: Zwei Jahre später folgte das nächste Katastrophenjahr, und die Hochwasserschäden waren noch verheerender als 1897. Nach außergewöhnlichen Regengüssen wurde der Zugverkehr am Abend des 12. September 1899 weitgehend eingestellt, lediglich zwischen Sierninghofen und Bad Hall gab es einen Rumpfbetrieb. Besonders stark betroffen waren der Bereich Waldneukirchen – Unterhaus sowie die Flügelstrecke gleich bei der Steyrbrücke, während sich die Neubautrasse nahe Haunoldmühle bewährte und nur leicht beschädigt wurde. Ab 23. September lief ein eingeschränkter Betrieb mit zwei Zugpaaren zwischen Garsten und Grünburg und am 10. Oktober waren die Schäden so weit behoben, daß der Gesamtverkehr bis Molln und Sierning wieder eingerichtet werden konnte. Ab 26. November 1899 erreichten die Züge auch wieder Agonitz. Vorsorglich wurde die Trasse nun auch bei Waldneukirchen und Unterhaus um 1 m angehoben sowie im Bereich Unterhaus verschwenkt. Kommissioniert und genehmigt wurden die Arbeiten nachträglich am 7. Mai 1901.

Auf der Sitzung am 29. Mai 1900 erläuterte Dr. Hochhauser dem Verwaltungsrat, *„(...) daß die Kosten zur Behebung der Hochwasserschäden des Jahres 1899 und die Herstellung der Sicherungsbauten nach Abzug des Landesbeitrages per 18.000 K einen Betrag von 162.000 K erfordern, wozu bereits 132.372 K verausgabt wurden. Zur Deckung dieses Erfordernisses wurde ein Darlehen bei der Sparcasse in Steyr von 60.000 K aufgenommen und in Gewährung eines unverzinslichen Staatsdarlehens von 53.000 fl der Rest per 50 000 K aus dem Reingewinn entnommen. Es wurde hienach keine Dividende ausgezahlt. Zur Amortisierung der Actien wurden 2.400 K verwendet, 325 K auf neue Rechnung vorgetragen. Der Reingewinn betrug 52.725 K. Die Betriebsergebnisse des Jahres 1899 waren deutlich ungünstiger in Folge geringer Beschäftigung der Waffenfabrik und der durch die Hochwasserschäden eingetretenen Betriebsstörungen. Durch die in Aussicht stehende Erbauung der Pyhrnbahn von Klaus nach Selzthal gewinnt der Ausbau der Steyrthalbahn bis Herndl an besonderer Bedeutung, weshalb die Ausarbeitung des Projectes in Angriff genommen wurde und die Schritte eingeleitet werden sollen, sobald der Bau der Pyhrnbahn gesichert ist."*

Großes Aufsehen erregte eine Zugentgleisung am 15. Juli 1900. Die Direktion protokollierte: *„Die bahnseitigen Erhebungen über den Unfall des Zuges 110, der sich in Sierning ereignete, haben ergeben: Knapp vor Einfahrt in die Station bemerkte der Locomotivführer, daß der Einfahrtswechsel auf „Halb" stand. Er rief dem Heizer zu: „Wir entgleisen, fest bremsen!", aber es war unmöglich, den Zug noch vor dem Wechsel anzuhalten. Die Maschine passierte diesen, die nachfolgenden Wagen entgleisten, gerieten in zwei verschiedene Geleise und als der Maschinenführer behufs raschen Anhaltens Contradampf gab, senkte sich der 3. Wagen langsam seitlich zur Erde, der vierte blieb halbgeneigt stehen. In den beiden Wagen saßen neun Passagiere, von denen zwei, nämlich Seilermeister Peter Berotka aus Sierning und der Sohn des Apothekers Decani aus Bad Hall, Verletzungen erlitten. Jene des Herrn Berotka waren glücklicherweise geringfügig, und kann derselbe bereits wieder seinem Berufe nachgehen; der Knabe, welcher eine Gehirnerschütterung erlitt, befindet sich gleichfalls auf dem Wege der Besserung.*

Der Unfall wurde dadurch ermöglicht, daß die vorgeschriebene Überwachung des Wechsels vor Einfahrt des Zuges seitens der Direktion in Sierning unterlassen wurde. Die gerichtlichen Erhebungen sind im Zuge. Die Schäden der Fahrbetriebsmittel sind geringfügiger Natur; selbst beim Wagen, der umgelegt wurde, ist die betreffende Seitenwand unbeschädigt, es war nur eine Fensterscheibe gebrochen. Das Geleis war um 5 Uhr 30 Min. wieder frei; die Passagiere wurden mittelst Hilfszuges durch Umsteigen weiterbefördert. Beim Freimachen des Geleises hat der Spediteur Anton Lumplecker mit Arbeitskräften und Werkzeugen die Bahnorgane in dankenswerter Weise tatkräftig unterstützt."

Vom 8. März 1904 stammt diese Meldung aus der Steyrer Zeitung: *„Sein Monatslohn in Höhe von 116 K verbrannt ist dem Locomotivheizer der Steyrthalbahn Pius Vorderwinkler aus Steyr, als er in der Station Molln mit dem Heizen der Maschine beschäftigt war. Beim Niederbücken fiel ihm sein Monatsgehalt aus seiner Tasche und geriet unter die Kohlen, wo das wohlverdiente Geld verbrannte. Der arme Mann bemerkte erst mehrere Stunden später das Fehlen des Betrages."*

Bau und Eröffnung Agonitz - Klaus

Am 1. Juli 1901 kam der Direktor Franz Peyrer, als er bei Hieflau den Lugauer besteigen wollte, ums Leben. Seit der Eröffnung der Steyrtalbahn hatte er die *„ihm übertragene Stelle mit Gewissenhaftigkeit ausgefüllt und stets seine reiche Erfahrung und Sachkenntnis in den Dienst der Gesellschaft gestellt."* Die Nachfolge trat Ladislaus Benke an. Er amtierte bis 1929 und starb am 31. März 1937. Im Steyrer Geschäftskalender erschien ein Nachruf: *„Oberbaurat Dr. techn. Ingenieur Ladislaus Benke, Direktor i.R. der Steyrtalbahn und Vizepräsident des Verwaltungsrates der Steyrtalbahn-Gesellschaft, starb im 67. Lebensjahr. Geboren am 30. April 1874 in Wien, trat er 1898 in den Dienst der k.k. priv. Österreichischen Nordwestbahn. In der Direktion für Bau- und Bahnerhaltung leistete er Ausgezeichnetes in der Ausarbeitung von Entwürfen und Ermittlungen der Festigkeitswerte der Brücken und in der Leitung der Brückenerprobungen. Am 1. November 1901 erfolgte seine Betrauung mit dem Posten des Direktors der Steyrtalbahn. 1904 wurde ihm das Doktorat der technischen Wissenschaften an der Deutschen Technischen Hochschule in Prag verliehen. Während seiner Direktorschaft wurde 1908/09 die Strecke Agonitz – Klaus gebaut. Dr. Benke war ein umsichtiger Leiter, der insbesondere in der Kriegs- und Nachkriegszeit eine dornenvolle Aufgabe hatte. Als die Bahn den Betrieb fast hätte einstellen müssen, gelang es ihm, die Regierung für den Weiterbetrieb zu interessieren und den Betrieb somit aufrecht zu erhalten. Am 1. Oktober 1929 trat er in den Ruhestand* (Anm.: sein Nachfolger wurde Ing. Richard Ferge als dritter Direktor der StB). *Der Verewigte hat sich im Bahnversicherungswesen, in der Einkaufsgenossenschaft der österreichischen Lokal- und Kleinbahnen und im Arbeitgeberverband der österr. Privatbahnen große Verdienste erworben. Sein hervorragendes sachtechnisches Wissen hat er oft den Fachzeitschriften des In- und Auslandes zur Verfügung gestellt. Er wurde darum auch 1928 zur Abhaltung von Vorträgen über „Eisenbahn und Kraftwagen" nach Dänemark berufen. Mit ihm schied eine markante, hochgeachtete und beliebte Persönlichkeit aus dem Leben unserer Stadt."*

So sehr sich die Steyrthalbahn AG auch bemühte, die Stammstrecke bis Herndl oder Klaus zu verlängern (auch ein Anschluß in Windischgarsten war mal im Gespräch), so scheiterte das Vorhaben doch immer wieder an den eingeschränkten finanziellen Möglichkeiten. Am 6. Juni 1901 verabschiedete das österreichische Abgeordnetenhaus ein Gesetz u.a. zum Bau dreier Alpentransversalen, nämlich neben der Tauern- und der Wechselbahn auch der 47 km langen Pyhrnbahn Klaus – Selzthal als eingleisige Hauptbahn. Die Kremstalbahn sollte dementsprechend ausgebaut und hierin integriert werden. Für die Umsetzung des Investitionsprogramms wurde im Eisenbahnministerium eine eigene Geschäftsstelle unter Sektionschef und Baudirektor Ing. Karl Wurmb gegründet, die k.k. Eisenbahnbaudirektion. Am 1. November 1902 ging die Betriebsführung der Kremstalbahn an die kkStB bzw. deren k.k. Betriebsleitung Linz über (verstaatlicht wurde die Kremsthalbahn AG erst zum 1. Januar 1906). Beim Ausbau in den Jahren 1904/05 wurde die Kremstalbahn auf gut 50 % ihrer Länge neu trassiert, so auch zwischen Obermicheldorf und Klaus, woraufhin die alte Trasse stillgelegt wurde. Eigentlich sollte die Pyhrnbahn bereits 1904 fertiggestellt sein, letztlich ging sie erst am 21. August 1906 durchgehend in Betrieb.

Ein Jahr vor der Strecke Agonitz – Klaus der Steyrtalbahn wurde im Herbst 1908 das jugendstilartige Laufkraftwerk Steyrdurchbruch fertiggestellt. Im Hintergrund der Tiefengrabenviadukt. Foto: Sammlung Ralf Kirion

Zum Ausbau der Kremstalbahn hatte die OÖ Landesregierung mit 150.000 K bar und 100.000 K in Steyrtalbahn-Aktien beigetragen und daran die Bedingung geknüpft, daß ein Anschluß an die Steyrtalbahn in Agonitz geschaffen werde. Die Staatsregierung bezeichnete den reellen Wert des Beitrags *„in Anbetracht der äußerst ungünstigen Rentabilität dieser Localbahn"* nur als ganz minimal, doch die Landesregierung blieb bei ihrem Beschluß. Noch lange zogen sich die diesbezüglichen Diskussionen zwischen Wien und Linz hin. Am 25. Juni 1903 teilte die Linzer Tagespost mit, daß die Landtagsabgeordneten nach langen Lokalbahndebatten diverse Resolutionen verabschiedet hatten, so u.a.: *„Die Regierung wird aufgefordert, dem Abgeordnetenhause baldigst einen Gesetzentwurf vorzulegen, durch welchen der Ausbau der Steyrtalbahn von Agonitz zum Anschluß bis an eine Station der Kremstalbahn (Klaus oder Herndl) zur Ausführung gebracht wird, dieses Project kräftigst zu fördern sowie es zu ermöglichen, daß der Anschluß der Steyrtal- an die Kremstalbahn mit Zuhilfenahme von Staatsmitteln erfolge und gleichzeitig mit dem Bau der Pyhrnbahn zur Vollendung gelange."*

Vom 10. bis 12. Juli 1903 ruhte der Gesamtbetrieb wieder mal wegen Hochwasser. An mehreren Stellen war der Bahndamm unterwaschen worden, insgesamt hielten sich die Schäden aber in Grenzen.

Ein Zwischenstand war der Linzer Tagespost vom 4. Juni 1904 zu entnehmen: *„Was den Ausbau der Steyrtalbahn zum Anschluß an die im Bau begriffene Pyhrnbahn betrifft, so ist der Verwaltungsrat auch diesmal trotz fortgesetzter Bemühungen nicht in der Lage, einen Zeitpunkt des Beginns der Verwirklichung des Projectes nur annähernd benennen zu können. Der Verwaltungsrat war auch im abgelaufenen Jahre bemüht, die Angelegenheit, so weit es in seinen Kräften liegt, zu fördern. Wenn aber trotz der jahrelangen Bemühungen nicht mehr erreicht werden konnte, als Zusagen der allerdings maßgebenden Faktoren und die Umarbeitung des Projectes mit dem directen Anschluß der Steyrtal- an die Pyhrnbahn in der neuen Station Klaus seitens der Staatseisenbahnverwaltung, so sei dies eben auf Umstände zurückzuführen, welche sich der Einflußnahme des Verwaltungsrates völlig entziehen. Es sei jedoch die Hoffnung berechtigt, daß es denn doch endlich gelingen werde, eine befriedigende Lösung dieser Frage zu erwirken."*

Im Januar 1905 folgte in der Tagespost eine Notiz: *„Der Ausbau der Steyrtalbahn, resp. deren Anschluß an die Pyhrnbahn, ist noch immer eine unerledigte, brennende Frage. Alle in Betracht kommenden Faktoren haben sich in dieser Angelegenheit in der abgelaufenen Berichtsperiode redlich und wärmstens in den Vertretungskörpern und bei den Ministerien bemüht, die Sache in Fluß zu bringen. So besteht die Hoffnung, daß doch bald das gewünschte Ziel erreicht wird. Selbst Eisenbahnminister v. Mittel äußerte anläßlich der Inspektion des Pyhrnbahnbaues, daß er wohl einsehe, daß die Steyrtalbahn jetzt ausgebaut werden müsse, und zwar müsse dies mit Rücksicht auf die wirtschaftlich bedrängte Lage der Bevölkerung wohl auf Staatskosten geschehen."*

Im Linzer Volksblatt vom 28. Januar 1905 wurden die Vorzüge einer „Lokalbahn Agonitz – Klaus" anhand der im Abgeordnetenhaus eingebrachten Regierungsverlage eingehend erläutert: *„Infolge der Sicherstellung der Pyhrnbahn haben die schon vordem bestandenen Bestrebungen in Absicht auf den Ausbau der Steyrtalbahn bis zum Anschluß an die Kremstalbahn eine höhere Bedeutung gewonnen. Durch die geplante Verlängerung der Steyrtalbahn soll nämlich dermalen nicht nur eine Verbindung der Stadt Steyr und des Steyrtales mit dem Gebiet von Windischgarsten, sondern zugleich eine Verbindung der gegenwärtig eine Sackbahn darstellenden Steyrtalbahn mit der Pyhrnbahn und den an letztere anschließenden Staatsbahnlinien geschaffen werden. Die vielfachen, schon von altersher datierenden Verkehrsbeziehungen der in Betracht kommenden Gebiete zueinander, welche insbesondere in einem regen Handels- und Industrieverkehr zum Ausdruck gelangen, lassen die Herstellung einer Verbindung zwischen der Steyrtal- und der Pyhrnbahn umsomehr als geboten erscheinen, als es sich hiebei lediglich um den Ausbau einer ganz kurzen Strecke handelt, welche überdies keine außergewöhnlichen technischen Schwierigkeiten bietet* (Anm.: die großen Viaduktbauten werden tunlichst verschwiegen). *Ohne eine solche Anschlußlinie würde die Erhaltung und Fortentwicklung der vorwiegendsten Erwerbszweige der beteiligten Gegenden ernstlich gefährdet erscheinen. Der Bezirk Windischgarsten bildet nämlich ein hervorragendes Absatzgebiet für die Mühlenindustrie des Steyrtales, andererseits beziehen wieder die Sägewerke des genannten Tales und die in Grünburg bestehende Pappefabrik von dort das für ihren Betrieb notwendige Holz. Dadurch, daß in nächster Nähe der Holzgewinnungsplätze eine fortlaufende Bahnverbindung hergestellt würde, könnte das bisher auf dem Wege der Trift beförderte Holz den Sägen im Steyrtal mittelst Bahn zugeführt werden, woraus den letzteren nicht unerhebliche Vorteile erwachsen würden. Insbesondere würde aber der Sensen- und Messerindustrie des Steyrtales durch die Erschließung eines neuen Verkehrsweges nach Süden, durch welchen einerseits der Bezug des zu verarbeitenden Rohmateriales erleichtert und andererseits der Absatz der fertigen Produkte gefördert werden würde, die Möglichkeit geboten werden, den dermalen ihre Existenz bedrohenden Konkurrenzkampf gegenüber anderen, günstiger gelegenen Produktionsgebieten mit Erfolg zu bestehen. Auch der Personenverkehr des in Betracht kommenden Gebietes, und zwar sowohl der lokale als auch der Fremdenverkehr, würde durch die projektierte Verbindungslinie voraussichtlich eine wesentliche Förderung erfahren."*

Bewegung kam in die Angelegenheit durch ein Gesetz vom 18. Juli 1905, *„betreffend die Betheiligung des Staates an der Kapitalbeschaffung für mehrere Localbahnen"*. Darauf kam im Steyrer Geschäftskalender die Meldung: *„Ein erfreulicher Fortschritt ist in der Frage des Ausbaues der Steyrtalbahn resp. deren Anschluß an die Pyhrnbahn zu verzeichnen, indem das bezügliche Gesetz in der Sitzung des Abgeordnetenhauses am 19. Juni 1905 endgültig angenommen wurde und dasselbe auch bald darauf die kaiserliche Sanktion erhielt. Der Staat wird zur Deckung des Baukostenerfordernisses per 780.000 K in dem Vertrag Stammaktien der Steyrtalbahn-Gesellschaft übernehmen, welche von der letzteren in diesem Betrag neu auszugeben sind. Die Bahnstrecke wird rund acht Kilometer lang, wobei 18 Kilometer der früheren Trasse der Kremstalbahn zu benützen sind. Sie wird eingleisig mit einer Spurweite von 0,76 Meter. Die Maximalsteigung beträgt 13 ‰, die Horizontalstrecken umfassen nur 135 m, von der Gesamtlänge liegen 60 % in der Geraden, 40 % im Bogen. Der Verwaltungsrat der Steyrtalbahn hat ein durch die k.k. Eisenbahn-Bauleitung in Windischgarsten ausgearbeitetes Vorprojekt für die Fortsetzung der Steyrtalbahn von Agonitz bis Klaus dem Eisenbahnministerium bereits vorgelegt, und letzteres hat die Statthalterei in Linz bereits beauftragt, die Trassenrevision und Stationskommission durchzuführen. Damit sind die ersten Vorarbeiten zum Ausbau der Steyrtalbahn eingeleitet."*

Am 20. Dezember 1905 erlangte die Steyrthalbahn-Gesellschaft schließlich die (erneuerte) Konzession *„für die Lokalbahn von Agonitz bis Klaus. Diese ist als schmalspurige Lokalbahn von der Station Agonitz der Steyrtalbahn bis zur Station Klaus der k.k. Staatsbahnen durchzuführen und innerhalb von zwei Jahren zu vollenden. Die Konzessionsdauer läuft bis zum 17. Februar 1978. Die Bahn ist als integrierender Bestandteil der Steyrtalbahn anzusehen, wobei jedoch das selbständige Einlösungsrecht für die Staatsverwaltung vorbehalten ist."*

Bauausschreibung

für die

Lokalbahn Agonitz—Klaus (zirka 8 km lang).

Der Bauausführung ist die Annahme zugrunde gelegt, daß die im nachstehenden bezeichneten Herstellungen, Leistungen und Lieferungen gegen Vergütung einer Pauschalgesamtsumme, welche der Anbotsteller in das zugehörige Angebotformulare einzusetzen hat, zur Vergebung gelangen. 287

Die Vergebung umfaßt alle zur vollständigen Betriebsfähigkeit und Sicherheit des Bestandes der Lokalbahn Agonitz—Klaus samt Nebenanlagen erforderlichen Herstellungen, Leistungen und Lieferungen mit Ausnahme der Erweiterungsbauten in den bestehenden Anschlußstationen Agonitz und Klaus, insoweit dieselben nicht Schmalspurgeleise betreffen, der Beistellung des eisernen Oberbaumateriales und der Fahrparkbeistellung, wozu bemerkt wird, daß der Gegenstand des Angebotes in dem zugehörigen Angebotformulare näher umschrieben ist.

Die Bauarbeiten sind so zu betreiben, daß die Lokalbahn Agonitz—Klaus spätestens bis **15. Oktober 1909** dem öffentlichen Verkehre übergeben werden kann.

Die Behelfe des Vergebungsoperates und das Angebotformulare sind bei der k. k. Eisenbahnbaudirektion in Wien, VI., Gumpendorferstraße 10, einzusehen. Das Angebotformulare, sowie der Übersichtslängenschnitt und die Lageplanskizze können daselbst auch käuflich erworben werden.

Die Angebote sind unter versiegeltem Umschlage mit der Aufschrift **»Pauschal-Angebot in Betreff des Baues der Lokalbahn Agonitz—Klaus«** bis spätestens **28. April 1908, 12 Uhr Mittags**, im Einreichungsprotokolle der k. k. Eisenbahnbaudirektion in Wien, VI., Gumpendorferstraße 10, zu überreichen.

Die Eröffnung der Pauschalangebote findet daselbst am gleichen Tage um **3 Uhr nachmittags** statt.

Der Anbotsteller hat bis **19. Mai 1908** im Worte zu bleiben. Das Vadium beträgt 5 Prozent der angebotenen Pauschalsumme und ist vor Einbringung des Angebotes bei der k. k. Hauptkassa der österreichischen Staatsbahnen in Wien, I., Elisabethstraße 9, zu erlegen.

Angebote, welche nicht bis spätestens 28. April 1908, 12 Uhr mittags, bei der gefertigten Direktion eingereicht werden, ferner solche, deren Aussteller die im Artikel 2 des Angebotes verzeichneten Behelfe nicht unterschrieben haben, weiter jene Angebote, für welche das vorgeschriebene Vadium nicht rechtzeitig erlegt wurde, endlich solche, in welchen eine gänzliche oder teilweise Änderung der Unterlagen des Angebotes angestrebt wird, werden als nicht eingebracht angesehen.

Die k. k. Staatseisenbahnverwaltung als Bevollmächtigte der Konzessionärin der Lokalbahn Agonitz—Klaus behält sich ausdrücklich das Recht vor, über die Annahme oder Nichtannahme der eingebrachten Angebote nach freiem Ermessen zu entscheiden, allenfalls auch sämtliche eingelangten Angebote zurückzuweisen.

Wien, im März 1908.

Im Vollmachtsnamen der Steyrtalbahn-Gesellschaft als Konzessionärin der Lokalbahn Agonitz—Klaus:

Die k. k. Eisenbahnbaudirektion.

(Nachdruck wird nicht honoriert.)

Die Steyrthalbahn AG hatte den Bau der Strecken Garsten – Grünburg und Grünburg – Molln – Agonitz noch anhand beschränkter Ausschreibungen sowie den Flügel Pergern – Bad Hall freihändig vergeben dürfen, doch bei der k.k. Eisenbahnbaudirektion war es anders, hier war eine öffentliche Ausschreibung erforderlich. So wurden in diversen Tageszeitungen und Bauzeitschriften jeweils halbseitige Annoncen geschaltet, wie hier im „Bautechniker“ vom 1.3.1908. Demnach sollten die Anbieter nun Pauschalpreise kalkulieren, und das trotz äußerst schwer einschätzbaren Schwierigkeiten aufgrund des anspruchsvollen Geländes sowie trotz des Fehlens jeglicher Erfahrungswerte bezüglich der neuartigen Brückenkonstruktionen.

Nach der Konzessionserteilung wurde es ruhig, so ruhig, daß der Landtagsabgeordnete Erb (*„nebst Genossen“*) am 24. März 1906 an den Leiter des Eisenbahnministeriums interpellierte: *„Mit Gesetz vom 18. Juli 1905 wurden seitens des Staates die zum Ausbau der Steyrtalbahn und zum Anschlusse an die Kremstalbahn nötigen Geldmittel bewilligt, von einer Inangriffnahme des Baues der verhältnismäßig kurzen Strecke ist aber nichts wahrzunehmen. Unter den Anwohnern hat sich infolge der durch nichts zu rechtfertigenden Untätigkeit sowie Geheimniskrämerei eine gewisse Unruhe bemächtigt. Da das Eisenbahn-Ministerium auch über die Lokalbahnen das staatliche Aufsichtsrecht hat und verpflichtet ist, die Interessen der Bevölkerung wahrzunehmen und das Aufsichtsrecht auch auszuüben, fragen wir beim Ministerium nach: Weiß dieses von der Verzögerung und der Verschleppung des Ausbaus der Steyrtalbahn? Was gedenkt das Ministerium zu veranlassen, daß der Ausbau in kürzester Zeit erfolge und keine weitere Verzögerung erleide? Ist es wahr, daß noch keine Einzelpläne ausgearbeitet sind und daher der Baubeginn hinausgeschoben werden muß? Wen trifft die Verantwortung an der vollkommen unnötigen Verzögerung, welche die beteiligte Bewohnerschaft schwer schädigt?“*

Aus Leonstein verlautete am 4. April 1906: *„Herr Bauingenieur Ignaz Schinko macht mit vier Arbeitern für den Ausbau der Steyrtalbahn von Agonitz nach Klaus einige Vorarbeiten. Derselbe wohnt im Gasthause Schnitzlhueb des H. Derflinger.“* Und am 24. April: *„Zum Ausbau der Steyrtalbahn wird von Agonitz an emsig ausgemessen und sind hiezu neuerdings Herr Geometer Hansy und Herr Oberingenieur Subert eingetroffen. Die Bauunternehmung des beim Steyrdurchbruch projektierten elektrischen Werkes markiert sämtliche Richtungen, nach welchen das Werk künftig seine Kraft abgeben wird.“*

Eisenbahnminister Dr. Julius Derschatta Edler von Standhalt antwortete am 23. Juni 1906 auf die Interpellation des Abgeordneten Erb und informierte über den Planungsstand: *„Die Steyrtalbahn-Gesellschaft hat dem Eisenbahn-Ministerium anfangs Juli v. J. ein Projekt für eine schmalspurige Lokalbahn zur Verbindung der bisherigen Endstation der Steyrtalbahn Agonitz mit der Station Klaus der österreichischen Staatsbahnen vorgelegt und zugleich um Anordnung der Trassenrevision und Stationskommission angesucht. Das Operat wurde nach Überprüfung und Ergänzung Mitte Oktober desselben Jahres an die Statthalterei in Linz zur Vornahme jener Amtshandlung geleitet, welche nach Ablauf der Auflagefrist der Projektsbehelfe in der ersten Hälfte des November 1905 stattgefunden hat. Der Bericht der genannten Statthalterei über das Ergebnis der Amtshandlung langte im Dezember 1905 beim Eisenbahn-Ministerium ein und wurde nach Klärung und Erledigung einiger mit dem Projekt im Zusammenhang stehender Fragen im März d. J. die Entscheidung gefällt. Inzwischen hatte die Steyrtalbahn-Gesellschaft, und zwar Anfang Dezember d. J., um Ausarbeitung des Detailprojekts für die Strecke Agonitz – Klaus durch Organe der Staatseisenbahnver-*

waltung angesucht. Dementsprechend wurde die Eisenbahnbauleitung Windischgarsten nach der am 20. Dezember 1905 erfolgten Veröffentlichung der Konzessionsurkunde mit der Detailprojektierung betraut. Die Gestaltung des von der Projektslinie durchzogenen Geländes wird den Bau dieser Bahn ziemlich schwierig machen. Die Trasse entwickelt sich nämlich von Agonitz bis in die Nähe der aufgelassenen Strecke der Kremsthalbahn am linksseitigen, steilen Gehänge des Steyrtals, an dem auch die Steyr-Leonsteiner Landesstraße liegt. Diese Lehne mit den tief eingerissenen Seitentälern macht eine Anzahl schwieriger Kunstbauten sowie die Anordnung eines Tunnels durch einen stark vorspringenden Bergrücken nötig. Die Aufstellung verläßlicher Projekte für die kostspieligen und schwierigen Bauten erfordert umfangreiche und eingehende Aufnahmen und Studien im Gelände, die infolge der hohen Schneelage, welche der vergangene Winter in der von der Bahn durchzogenen Gegend brachte, erst Ende März 1906 in Angriff genommen werden konnten. Der beträchtliche Zeitaufwand, welchen diese Studien selbst sowie auch ihre Verwertung bei den Projektierungen erfordern, kann ohne eine Beeinträchtigung der Genauigkeit und Verläßlichkeit der Pläne und Voranschläge nicht weiter vermindert werden, als dies durch die ohnehin mit größtem Eifer betriebenen Projektierungen bisher geschehen ist. Nach der für anfangs August 1906 zu gewärtigenden Fertigstellung des Detailprojektes mitsamt allen für die politische Begehung und Enteignungsverhandlung erforderlichen Behelfen wird diese Amtshandlung unverzüglich veranlaßt. Inzwischen werden die Vorbereitungen für die Verfassung des Vergebungsoperates getroffen, so daß die Bau-Ausschreibung noch im Laufe des Herbstes dieses Jahres möglich sein dürfte."

Oben: In solchen „Lafthütten", wie es sie im Steyrtal schon vorher für die Waldarbeiter gegeben hatte, waren auch die Arbeiter für den Bau des Kraftwerks und der großen Viadukte untergebracht.

Oben an der Bezirksstraße war direkt südlich vom Steyrdurchbruch eine schlichte Restauration errichtet worden, die sich dank der Arbeiter der beiden Großbaustellen (Schmalspurbahn sowie Elektrizitätswerk mit Staudamm und -see) eines regen Zuspruchs erfreute. Direkt daneben befand sich der Materiallagerplatz. Fotos (um 1908/09): Topothek Grünburg

Vom 9. bis 11. Oktober 1906 fanden die politischen Begehungen und erste Enteignungsverhandlungen statt, wobei einige Trassenänderungen gefordert wurden. Ein Anwohner, dessen Haus knapp außerhalb der Feuerschutzzone stand, wollte sein Strohdach erneuert haben, jedoch unter Hinweis auf die Zonenbegrenzung wurde seine Forderung abgelehnt. Der Ramsbauer in Klaus wollte dem Projekt nur dann zustimmen, wenn die Bahnverwaltung keinen Schadensersatz verlangt, falls er beim „gesetzmäßigen" Holztransport das Bahngleis beschädigt. Die Firma Schratz versuchte, ihren Steinbruch in Steinwänd (vor dem Herndlgraben) wegen des Betriebserschwernisses durch den Bahnbau um 10.000 Kronen zu veräußern, war schließlich dann doch bereit, ihn sofort zurückzupachten. Nach einer Umplanung wurde der Trassenverlauf vom 15. bis 17. Oktober 1907 neuerlich kommissioniert.

Bereits nach der ersten Begehung schien es, als würde es bald losgehen. Dazu eine mit *„Tunnelbau in der Strecke Agonitz – Klaus"* betitelte Meldung aus der Linzer Tagespost vom 16. November 1906: *„Am Steyrdurchbruch wird eine Baracke errichtet und dieser Tage fertiggestellt. Hier nämlich wird demnächst mit dem Tunnelbau der Klaus-Agonitzer Steyrtalbahnstrecke begonnen werden. Der Ausbau der Steyrtalbahn erstreckt sich nur auf einer kurzen Strecke, doch sind auf dieser nach fachmännischem Urteil alle Schwierigkeiten und Hindernisse ent-*

In schwindelerregender Höhe – ohne jeglichen Schutz – verdienten die Brückenbauarbeiter ihren Lohn, hier beim Steyrdurchbruch. Nach heutigen Arbeitsschutzrichtlinien (ohne Warnweste!) undenkbar. Foto (1908): Topothek Grünburg

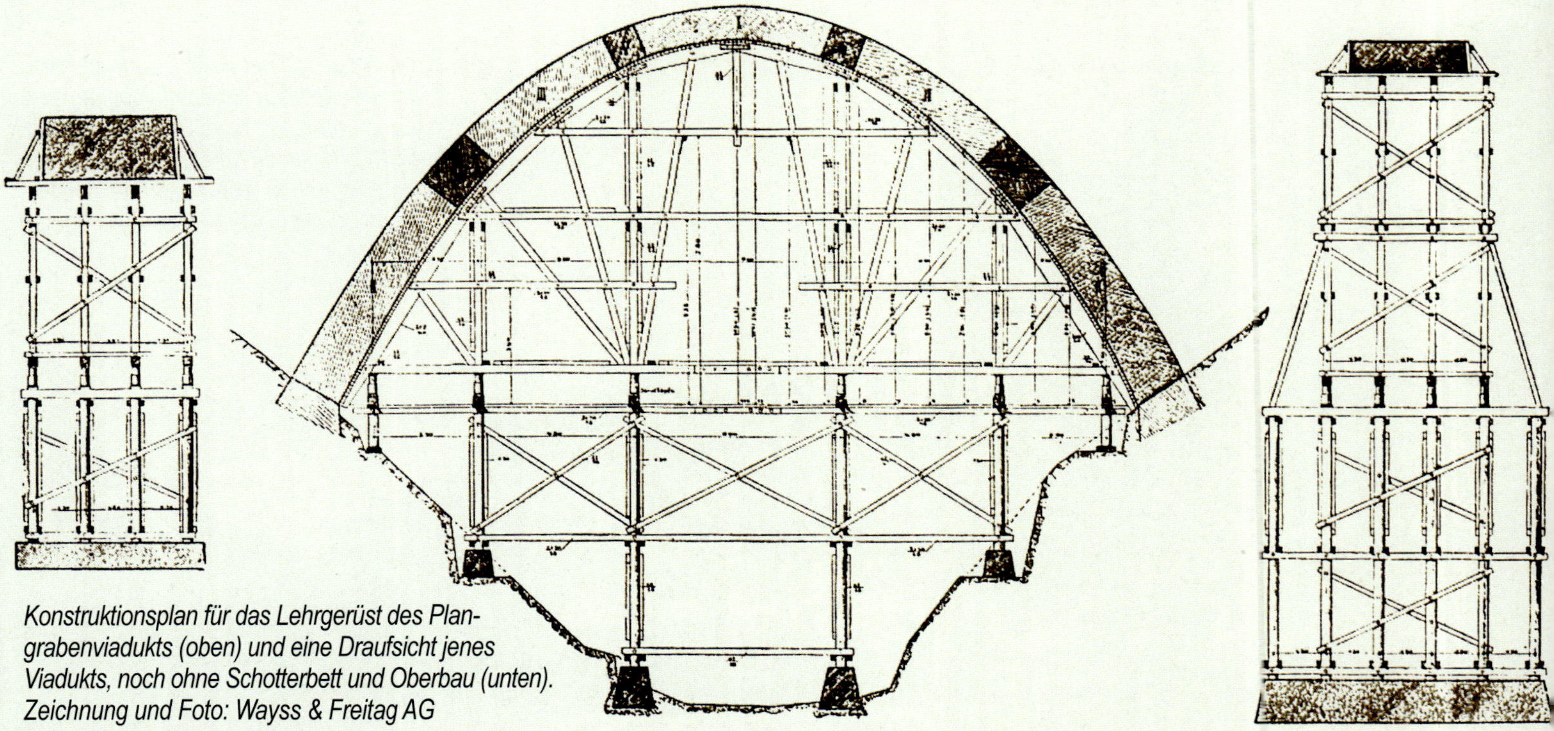

Konstruktionsplan für das Lehrgerüst des Plangrabenviadukts (oben) und eine Draufsicht jenes Viadukts, noch ohne Schotterbett und Oberbau (unten). Zeichnung und Foto: Wayss & Freitag AG

deckt worden, die bei einem großen und schwierigen Bahnbau überhaupt auftreten können. Die Übersetzung des Tiefengrabens wird jedenfalls ein stets Interesse erregendes Bild geben. Hufeisenförmig passiert die Bezirksstraße den Tiefengraben; am linken Ufer führt sie im langsamen Gefälle am Graben aufwärts, lenkt dann in Bogenform auf die steinerne Brücke ein und leitet schließlich in Bogenform am rechten Ufer über in die allmählich ansteigende Straße. Sobald die Hufeisenform abgegangen ist, führt die Straße parallel der Steyr weiter. Hoch über der kurzen Verkehrsbrücke führt die lange Bahnbrücke hinweg und mündet die Brücke am rechten Ufer des Tiefengrabens in den Tunnel ein. Bei dem kürzlich errichteten Ziegelofen des Herrn Urtz in Frauenstein tritt die Bahnstrecke aus dem Tunnel heraus. Die Haltestelle Steyrdurchbruch wird im Felde des Tiefengrabengutes zwischen der Bezirksstraße sowie dem Tiefengrabenhäusl errichtet. Die Bahnstrecke fährt dann zwischen Tiefengrabenhause und dem Häusl hindurch."

Durch Verzögerungen beim Grunderwerb zog sich das Baugenehmigungsverfahren noch lange hin, erst zum Jahresende 1907 wurde die Baubewilligung erteilt. Umgehend wurden die Bauarbeiten öffentlich ausgeschrieben, persönlich mußten die Bieter ihr Pauschalangebot bis zum 28. April 1908 um 12 Uhr bei der k.k. Eisenbahnbaudirektion in Wien einreichen, wo sodann eine öffentliche Submission stattfand. Vergeben wurde der Auftrag am 31. Mai an die bereits 1882 gegründete Klagenfurter Bauunternehmung Franz Madile & Comp., die daraufhin mit den Brückenbauarbeiten die Firma G. A. Wayss & Freitag und Meinong mit Sitz in Innsbruck beauftragte. Die Zeit drängte, denn bis zum 15. Oktober 1909 sollte die Strecke fertig sein, und so begannen unverzüglich die Bauarbeiten.

Einen Einblick in den Bautenstand und das Leben der Arbeiter gibt ein Bericht der Linzer Tagespost vom 22. November 1908: *„Allem Anschein nach will die Bauunternehmung die Arbeiten noch vor Wintersanbruch derart fördern, daß gewisse Teile als beendet angesehen werden können, so besonders die Bahnhofsanlage in Klaus und die drei Brücken, von denen eine – die bei Herndl – fertig ist. Außerordentlich rasch sind die Arbeiten an der hohen Tiefenbachbrücke gediehen. Der lange, weite Bogen ist betoniert, desgleichen die hohen Pfeiler an den beiden Uferrändern. Letztere hat man mit Stroh umkleidet, zum Schutze gegen die frostigen Winde, die das im Beton enthaltene Wasser zum Gefrieren bringen und dadurch die Festigkeit des Ganzen sehr schädigen könnten. In die Betonmasse des imposanten Brückenbogens ist eine bedeutende Anzahl runder Eisenstangen von 15 bis 50 Millimeter Dicke und bis 21 Meter Länge eingelagert. Weiter vorn und oben, wo die Straße parallel zum Steyrdurchbruch dahinzieht, erblickt man nebenan den großen Lagerplatz, woselbst die Eisenstangen und Träger für die Brücke bereitet wurden* *und für die oberhalb des Plangrabens im Bau befindliche Brücke bereitet werden.*

Ein Stück weiter sieht man an der Berglehne, hart neben der Bahntrasse zehn seltsame Hütten, die für ihre Bewohner – meist Ungarn – immerhin einen ihren Bedürfnissen entsprechenden angenehmen Winteraufenthalt bilden mögen. Man denke sich hölzerne Hütten, ein wenig in die Erde gegraben, gut 2 Meter breit und kaum 4 Meter lang, nur mannshoch, mit Teerpappe meist in runder Form überdacht, einer deshalb praktischen Tür, da sie das einzige Fenster hat, einer daneben austretenden, ziemlich langen Ofenröhre, aus der der Rauch entweichen kann, und man hat dann ungefähr ein Bild einer echten Magyarenhütte. Die Leute sind recht eifrig; es fehlt ihnen nur eines zum Wohlbehagen: das nötige Brennholz, das sie im hiesigen Lande leider nicht ohne Erlaubnis aus dem Walde holen dürfen."

Die Brücke über den Herndlgraben wurde bereits Ende Oktober 1908 fertiggestellt. Die Sparöffnungen und Konsolen am Träger mit 17 m lichter Weite haben lediglich eine optische Bewandtnis.

Unten: Im Mai 1909 war auch die Tiefengrabenbrücke (der Steyrdurchbruchviadukt) fertig, der Oberbau, das Gleis und die Geländer fehlen noch. An den 40 m weiten Hauptbogen schließt nach Norden ein Träger mit 15 m und nach Süden einer mit 6 m lichter Weite an. Fotos: Wayss & Freitag AG

Großes Aufsehen in der Fachwelt erregten die vier imposanten Viadukte. Der Bauingenieur Gustav Adolf Wayss, ein Pionier des Stahlbetonbaues bzw. *„Zementbalkenträgers"* oder *„Eisengerippes mit Zementumhüllung"*, hatte um 1900 bei den Waldviertelbahnen die ersten Eisenbahnbrücken der neuartigen Monierbauweise errichtet. Er war auch Teilhaber der Wayss & Freitag AG, die zwischen Agonitz und Klaus als Subunternehmer der Firma Madile tätig war. Als nun der Bau der Strecke Agonitz – Klaus anstand, waren Wayss' Referenzen ziemlich überschaubar, auch wenn der k.k. Oberingenieur der Eisenbahnbaudirektion Dr.-Ing. August Nowak im Vorfeld erklärte: *„Der Eisenbetonbau hat bei der Ausführung der neuen Alpenbahnen bereits eine mannigfache Anwendung gefunden, so insbesondere bei der Isonzobrücke nächst Salcano, der Idriabrücke in St. Lucia-Tolmein, bei den Stützmauern des Murgrabentunnels, bei der Steinschlagschutzgalerie nahe Auzza, beim Lüftungsring des Systems „Saccardo" am Tauerntunnel und endlich bei einer großen Zahl von Brückentragwerken von 0,6 bis 10,0 m Lichtweite."* Mit Stahlbetonviadukten in den Dimensionen wie jene der Steyrtalbahn beschritt Wayss also Neuland.

In der Januarausgabe 1911 der *„Zeitschrift des österreichischen Ingenieur- und Architekten-Vereines"* erschien unter der Überschrift *„Die Eisenbetonbogenbrücken der Eisenbahnlinie Klaus – Agonitz"* ein umfangreicher dreiteiliger Artikel von Dr. Nowak, hier ein Auszug:

„Bei dem Bau der schmalspurigen Eisenbahnlinie Klaus – Agonitz wurde mit Rücksicht auf den Umstand, daß in der Nähe der Strecke kein brauchbarer Baustein, dagegen ein geeignetes Kiesmaterial zur Verfügung stand, und daß Tragwerke aus Beton oder Eisenbeton gegenüber solchen aus Eisen hinsichtlich der Anlage des Oberbaues sowie bezüglich Erhaltungskosten vorteilhafter erscheinen, die Überbrückung von vier Schluchten mittels Eisenbetonobjekten bewirkt. Jene über den Finsterer- und Herndlgraben wurden als Eisenbetonbalkenbrücken, jene über den Plan- und Tiefengraben als Bogenbrücken mit anschliessenden Balkenöffnungen ausgeführt. Der Berechnung der Konstruktionen wurde die Belastung schmalspuriger Lokalbahnen mit Rollschemelbetrieb (Norm III[b]) zugrunde gelegt. Die Bogenbrücken wurden als eingespannte elastische Bögen berechnet. Den Einflüssen der Wärmeschwankungen wurde durch eine beidseitige Armierung mit Rundeisen Rechnung getragen. Die Balkentragwerke wurden als frei aufliegende Konstruktionen berechnet. An allen Berührungsflächen der Tragwerke mit den Auf- und Widerlagern wurde Teerpappe eingelegt. Die beiden Balken wurden in 1,5 m Achsentfernung angeordnet und die im Druckgurt liegende Eisenbetonplatte konsolartig nach außen verlängert.

Belastungsprobe des Plangrabenviadukts im September 1909. Zum Teil (nach Klaus hin) liegt das Bauwerk in der Geraden, zum Teil im Bogen von 70 m Radius bis Gleisachse gemessen. Diese Kombination stellte an die Statiker eine besondere Herausforderung dar, galt es doch, die aufgrund der Gleisbogenüberhöhung unterschiedlichen Kräfte an der Innen- und der Außenseite zu berücksichtigen. Hatte man bis dahin die Bewehrungen durch Holzleisten oder gar nicht auf Abstand gehalten, so wurden am Plangraben erstmals (und mit Erfolg) die neuartigen Abstandhalter nach dem Patent Setz erprobt. Aus dieser Perspektive wird ersichtlich, daß es sich beim Foto im 1. Band auf S. 269 (oben) nicht um den Steyrdurchbruch-, sondern den Plangrabenviadukt (fotografiert aus einer Baumkrone heraus) handelt, und zwar nicht mit der 298.25, sondern 298.52. Foto: Wayss & Freitag AG

Als Mischungsverhältnisse des Betons waren vorgegeben: Für Balken, Platten, Konsolen und Säulen 1:3, für die Bögen 1:6, für Zwischenpfeiler und Widerlager 1:8 und für Fundamente 1:10. Um die Tragwerke wasserdicht zu halten, wurden sie mit einem dünnflüssigen Asphaltbelag mit doppelter Juteeinlage versehen, welcher zum Schutz vor Beschädigungen beim Unterkrampen des Oberbaues mit einem 2 cm starken Mörtelestrich in Mischung 1:2 überdeckt wurde. Die Entwässerung wurde bei kleinen Lichtweiten in Brückenmitte, bei größeren in den Viertelpunkten angeordnet. Zur Herstellung der vier Brücken wurden rund 450 t Portlandzement aus Kirchdorf und 70 t Rundeisen (Martinflußeisen) aus Kladno verwendet. Das Kies- und Sandmaterial wurde aus Gruben gewonnen und zum Teil im natürlichen Zustand, zum Teil nach erfolgter Reuterung und Waschung in Verwendung genommen.

Das Objekt über den Herndlgraben ist eine Eisenbetonbalkenbrücke von 17 m Lichtweite. Aus architektonischer Rücksicht wurden an den 50 cm breiten und 2,5 m hohen Tragbalken Sparöffnungen und an den hierdurch gebildeten Ständern jeweils Konsolen angeordnet. Die durch die Öffnungen erzielte geringe Ersparnis an Beton bzw. Eigengewicht wird jedoch durch die Mehrarbeit an Schalung, den Mehrverbrauch an Armierungseisen und die schwierigere Betonierung reichlich aufgewogen. Infolge der Aussparungen wird die Konstruktion mehrfach statisch unbestimmt. Sowohl die Ständer als auch die Gurtglieder werden auf exzentrische Biegung beansprucht. Das Betonieren des Tragwerks erfolgte vom 14. bis 16. September, das Abrüsten am 22. Oktober 1908. Von der Sprengung der Balkenunterkante pro 35 mm ging beim Abrüsten nur 1 mm zurück. Die Gesamtkosten des Objektes einschließlich Erdaushub und Gründung betrugen 23.000 K.

Die Balkenbrücke über den Finsterergraben hat eine Mittelöffnung von 10,0 m und zwei Seitenöffnungen von je 4,0 m Lichtweite. Die Balken der Mittelöffnung sind 1,8 m, jene der Seitenöffnungen 1,0 m hoch. Die Betonierung der Tragwerke wurde vom 18. bis 20. Oktober 1908 durchgeführt. Die Sprengung der Balkenunterkante betrug nur 20 mm. Die Gesamtkosten des Objektes stellten sich auf 19.000 K.

Die Tiefengrabenbrücke ist das größte der vier Objekte. Sie besteht aus einem Hauptbogen von 40 m Lichtweite, einer Balkenöffnung von 15 m Lichtweite gegen Agonitz und einer solchen von 6 m Lichtweite gegen Klaus. Die Fahrbahnkonstruktion oberhalb des Bogens ist aus acht Balkentragwerken von 2,5 bis 4,0 m Lichtweite gebildet, die auf Eisenbetonständern frei ruhen. Die Stärke der Ständer verjüngt sich gegen den Scheitel und beträgt 60 bis 80 cm. Auf den beiden Standpfeilern sind mittels Konsolen jeweils Rettungsnischen angebracht. Die Breite der Bogenkonstruktion beträgt am Scheitel 3,25 m, am Widerlager 5,2 m. In Entfernung von 5,5 m vom Scheitel teilt sich der Bogen in zwei Rippen, die unter den Zwischenpfeilern durch Querträger verbunden sind. Die Stärke des beiderseits armierten Bogens beträgt am Scheitel 1,2 m, am Widerlager 2,1 m. Am Scheitel des Bogens ist eine Überschüttung von 1 m Höhe angeordnet und mit Brüstungsmauern aus Eisenbeton abgeschlossen. Die Balken der beiden Seitenöffnungen von 2,3 bzw. 1,2 m Höhe sind wieder mit Sparöffnungen ausgebildet. Das sorgfältig konstruierte Bogengerüst bestand aus einem unteren Teil aus Rund- und einem oberen aus Kantholz. Zwischen beiden wurden die zum Abrüsten dienenden Sandtöpfe angebracht. Das nahe der Kiesgrube vorgefertigte und am 19. Oktober 1908 errichtete Lehrgerüst erhielt am Scheitel eine Überhöhung von 125 mm, die sich gegen die Widerlager parabolisch verjüngte. Um die Formänderung des Gerüstes auf das Kleinstmaß zu beschränken, erfolgte die Betonierung in neun Hauptlamellen zwischen künstlichen Widerlagern oberhalb der Stoßfugen der Kranzhölzer. Das Betonieren des Bogens und der Standpfeiler wurde vom 20. Oktober bis 14. November 1908, jene der Seitenöffnungen witterungsbedingt erst im Frühjahr 1909 ausgeführt. Der Beton wurde in einer Kunz'schen Betonmischmaschine hergestellt, die in Höhe der sich unter dem Objekt durchziehenden Leonsteiner Straße am Klauser Auflager stand. Der Beton wurde unterhalb der Mischmaschine in Kübel gekippt und auf einem Aufzugsgerüst bis in Höhe des Scheitels, also rund 18 m hoch, gehoben und dort auf kippbare Rollwagen geladen. Vom Aufzugs- zum Hauptgerüst bestand eine Flugbrücke, die auf Rollen beweglich lagerte, um das durch die Lokomobile, Mischmaschine, Kreissäge sowie den Aufzug bedingte Erschüttern des Aufzugsgerüstes nicht auf das Hauptgerüst zu übertragen. Die Rollwagen liefen auf Gleisen über eine Drehscheibe zur jeweiligen Verwendungsstelle. Abgerüstet wurde der Bogen am 24. April 1909, wobei sich eine Scheitelsenkung von 2 mm ergab. Das Betonieren der Ständer und der Fahrbahnkonstruktion dauerte bis 12. Mai 1909. Die Gesamtkosten des Objektes einschließlich Gründung und Gerüst beliefen sich auf 130.000 K.

Das letzte der vier Objekte führt über den Plangraben. Es besteht aus einem Hauptbogen von 23 m Lichtweite und drei Seitenöffnungen mit Balkentragwerken, und zwar gegen Klaus eine Öffnung von 10 m und gegen Agonitz zwei Öffnungen von 10 und 8 m. Die Anordnung erscheint bei dem Umstand, als das Objekt im Bogen von 70 m Halbmesser liegt, als die billigste. Die Fahrbahnkonstruktion oberhalb des Bogens besteht aus sechs Balkentragwerken von 1,8 bis 3,0 m Lichtweite. Die Stärke des Bogens ist am Scheitel mit 0,9 m, am Widerlager mit 1,6 m bemessen. Im übrigen zeigt die Bogenkonstruktion ähnliche Verhältnisse wie jene beim Tiefengraben. Die Balkentragwerke der Seitenöffnungen sind 1,8 bzw. 1,2 m hoch. Auf dem Standpfeiler gegen Klaus befindet sich ein Gefällsbruch von der Waagrechten auf 22,4 ‰ Steigung. Die Exzentrizität zwischen Bogen und Gleisachse, die Flieh- und Bremskräfte wurden bei der Untersuchung des Bogens in der Weise berücksichtigt, daß die Nutzlast um 20 % erhöht wurde. Das Lehrgerüst erhielt eine Scheitelüberhöhung von 80 mm. Das Betonieren wurde in fünf Haupt- und vier Schlußlamellen durchgeführt. Die Gesamtkosten des Plangrabenobjektes betrugen 65.000 K.

Bei den Belastungsproben der vier Objekte konnte keine mit geodätischen Instrumenten meßbare Formänderung der Bögen wahrgenommen werden. Die Durchbiegung der Balken wurde mit Griotschen Biegungsmessern beobachtet; das Resultat war vollkommen befriedigend. Im September wurden die vier Tragwerke mit Juteasphaltabdeckung und Mörtelestrich versehen, sodann wurden das Schotterbett und der Oberbau über die Objekte verlegt. Am 5. Oktober 1909 wurden die Viadukte der erstmaligen Hauptprüfung durch die k.k. Generalinspektion der österreichischen Eisenbahnen unter Leitung des k.k. Oberinspektors Ing. Karl Wurmb unterworfen und hiebei die voll ausgerüsteten Fahrbetriebsmittel der Steyrtalbahn verwendet. Die Bauleitung der ganzen Strecke lag in den Händen von Inspektor Ing. Max Buxbaum, dem zur Überwachung der Eisenbetonarbeiten Dr.-Ing. Nowak zugeteilt war."

Eröffnung Agonitz – Klaus

Die Lokalbahn Agonitz – Klaus mit den Stationen bezw. Halte- und Ladestellen Agonitz (Anschlußstation der Steyrtalbahn), Steyr-Durchbruch, Frauenstein und Klaus (Anschlußstation der k.k. österr. Staatsbahnen) wurde gestern mit Zug Nr. 1 dem öffentlichen Verkehr übergeben. Hiebei gelangten die Stationen Agonitz und Klaus für den Gesamtverkehr, die Haltestelle Steyrdurchbruch für den Personen- und beschränkten Gepäcksverkehr sowie die Halte- und Ladestelle Frauenstein für den Personen- und beschränkten Gepäcks- und Güterverkehr zur Eröffnung. Die Beförderung explosiver Güter ist ausgeschlossen. Am 23. d. M. wurde die technisch-polizeiliche Prüfung der neuen, acht Kilometer langen Strecke abgehalten, an welcher sich Vertreter des Eisenbahn-Ministeriums, der Staatsbahndirektion in Linz, der Bezirkshauptmannschaft Kirchdorf, der Steyrtalbahn und der Bauunternehmungen beteiligten. Die Prüfung ist anstandslos verlaufen. An der Eröffnungsfahrt beteiligten sich der Vize-Präsident der Lokalbahngesellschaft, Herr Hans Müllner, die Verwaltungsräte Eduard Werndl, Otto Schönhuber und Josef Huber, von der Stadtgemeindevertretung in Steyr Herr Gemeinderat Michael Meditz und von der technischen Leitung des Bahnbaus nahm Dr. Ladislaus Benke teil. Ferner waren Sensenwerksbesitzer Friedrich Gelter aus Agonitz und viele Interessenten vertreten. Leider war die Eröffnungsfeier durch das schlechte Wetter stark beeinträchtigt. Von Grünburg ab fing es zu schneien an. Als der Zug in Klaus einfuhr, herrschte heftiger Schneesturm und die umliegenden Berge waren in Schnee gehüllt. Die neue Strecke ist sehr romantisch und abwechslungsreich. Als besondere Sehenswürdigkeit können das Elektrizitätswerk beim Steyrdurchbruch und das liebliche Frauenstein bezeichnet werden, wo alle Bewohner den daherbrausenden Zug mit freudigem Tücherschwenken grüßten. In Agonitz waren sogar einzelne Häuser beflaggt. Von besonderen Festlichkeiten wurde abgesehen.

(aus Welser Zeitung vom Mittwoch, den 27. Oktober 1909)

Am 20. September 1909 wurde die Aufnahme eines provisorischen Lokomotivbetriebs genehmigt und am 11. Oktober fand die technisch-polizeiliche Prüfung der 8,107 km langen Strecke statt. Wiederum waren die Arbeiten noch nicht vollendet, aber diesmal notierte die Kommission so viele Mängel, daß sie die Benützungsbewilligung versagte. Der Zustand des Oberbaus sei so mangelhaft, daß nicht einmal eine Nachfrist genannt werden könne, sondern eine erneute Überprüfung anberaumt werden müsse. Eiligst wurden die Mängel behoben und bereits am 23. Oktober kam es erneut zu einer Prüfung, diesmal erfolgreich.

Der Eröffnungszug am 26. Oktober 1909 war auch der erste reguläre Zug (Garsten ab 7.23 – Agonitz 9.35 – Klaus an 9.57 Uhr). Bespannt war er mit den Lokomotiven 4 und 3, gebildet aus den Wagen CF 201, C 15 und 20, BC 101, D 30 sowie G 41, 53 und 48, besetzt zwischen Agonitz und Klaus mit 10-14 Fahrgästen.

Agonitz im Herbst 1909: Ab 20. September durfte die neue Strecke mit Bauzügen befahren werden. Hier steht die Lok 5 „Letten" mit einem solchen Zug abfahrbereit. Foto: F. M. Holl (Sammlung Friedrich Zellinger)

1910-30: Noch zwei Jahrzehnte unter Eigenregie

Obwohl der Bahnbau Agonitz – Klaus bereits weit gediehen war, wurde eifrig über eine Petition der OÖ Handels- und Gewerbekammer diskutiert, die Steyrtalbahn zu verstaatlichen, umzuspuren, zu elektrifizieren, zu erweitern und in ein überregionales Eisenbahnnetz einzubinden. In Steyr versprach man sich hiervon, zu einem bedeutenden Bahnknoten zu avancieren und eine für die Wirtschaft wichtige Verbindung mit Böhmen zu erlangen. Umfangreiche Protokolle der vielen Debatten im Landtag und Steyrer Stadtrat zeugen davon.

Auf der Landtagssitzung vom 5. Oktober 1908 kamen die Argumente ausgiebig zur Sprache und man beschloß einstimmig, die Eingabe mit der *„wärmsten Empfehlung“* an das k.k. Eisenbahnministerium weiterzuleiten. Zur *„Verbilligung und des Erträgnisses der Steyrtalbahn“* befürwortete man ihre *„Elektrisierung“* und überhaupt eine *„bessere Ausnützung der im Lande vorhandenen Wasserkräfte ähnlich in Tirol zu Eisenbahn-, Fabriks- und Landeszwecken“*. Einstmals seien die Gründer nicht in der Lage gewesen, die zwei- bis dreimal so hohen Baukosten für eine Normalspurbahn aufzubringen, und so waren sie gezwungen, auf die schmale Spurweite auszuweichen, u.a. vor dem Hintergrund, daß gleichfalls die Welser Seite beabsichtigte, ihre Lokalbahnen schmalspurig auszuführen. Nunmehr sei allerdings der Staat gefordert, die Steyrtalbahn einzulösen und ihre Linien Garsten – Klaus und Pergern – Bad Hall in Regelspur umzuwandeln. Beifall fand ebenso der Vorschlag, sie bis St. Peter in der Au (bei Seitenstetten) zum Anschluß an die Westbahn fortzuführen.

Der Kirchdorfer Abgeordnete Erb – stets darauf bedacht, der Stadt Steyr *„ein wenig am Zeuge zu flicken“* – warf den Steyrer Vertretern vor, es dereinst verhindert zu haben, daß die Westbahn über Steyr – Wels gebaut werde. Später schlugen die Welser den Vertretern der damals 20.000 Einwohner zählenden Stadt Steyr vor: *„Wir brauchen 400.000 fl, dann bauen wir Euch eine normalspurige Bahn von Wels nach Steyr“*. Leider wurde auch dieses Geld nicht bewilligt, stattdessen agitierte man außerordentlich lebhaft, *„um das Hinterland nicht zu verletzen“*, für eine schmalspurige Bahn für annähernd zwei Millionen Gulden. Derweil wurden die Wasserkräfte einfach verkauft, so daß weder die Steyrtalbahn noch das Land oder der Staat hierauf Zugriff hatten. Nunmehr jedoch sei es dringend geboten, daß der Landesausschuß bei einer Neuanlage oder Umlegung von Elektrizitätswerken nach dem Landesheimfallrecht mehr Einfluß, ja sogar Priorität eingeräumt bekäme, ohne hierbei gleich eine Monopolisierung des Staates zu bewirken.

Bald wurde es immer stiller um diese großartigen Projekte, nach Kriegsbeginn verstummten die Rufe endgültig.

Aus Frauenstein hören wir

„Die Steyrtalbahn hat für unseren Ort eine bedeutende Hebung des Fremdenbesuches bewirkt. In diesem Jahre sind schon viele Vereine gekommen, jeder Sonntag bringt Scharen von Ausflüglern – zumeist aus Richtung von Steyr. Aber auch an Wochentagen erscheinen täglich viele Besucher. Das schön gelegene Federlehner'sche Gasthaus bietet eine herrliche Rundsicht: Falkenmauer mit der Gradenalm, der Große Priel, das Sengsengebirge, die Mollner Berge und andere umschließen den weiten Talkessel. Auf dem 2½ Kilometer langen Stausee ziehen kleine Boote ruhig dahin und mancher, dem die sommerliche Hitze zu viel Schweiß entlockt, sucht und findet in dem vollkommen reinen Wasser des Stausees ein kühlendes Bad. Diejenigen, die sich beim Besitzer des Gasthofes „Zur Steinwänd“ (Josef Lattner) eine Fischerkarte für 30 K gekauft haben, kommen glänzend auf ihre Rechnung, denn der See birgt eine Menge Forellen im Gewichte bis zu zwei Kilogramm: Die Hitze und Trockenheit haben hier wenig geschadet; die Bauern haben das Getreide in vorzüglichem Zustande eingeerntet und ein öfter stark einsetzender Gewitterregen hat für das Herbstheu (Grummet) für Befeuchtung gesorgt. Nur das Obst hat enttäuscht. Der Himmel muß eben nicht voller Geigen hängen, darüber tröstet sich der Landmann schon.“

(Linzer Tagespost vom Samstag, 12.8.1911)

Die Betriebsführung oblag einer von der Steyrtalbahn AG berufenen Betriebsdirektion, anfangs unter Franz Peyrer, ab 1901 unter Ladislaus Benke, ab 1929 Ing. Richard Ferge (s. S. 29). Das Beförderungsaufkommen entwickelte sich in der ersten Zeit durchaus günstig, so daß der Reingewinn weitgehend die Betriebsausgaben deckte. Auch der 1899 zur Behebung der Hochwasserschäden aufgenommene Kredit von 375.000 K konnte noch vor 1914 getilgt werden. Hinter den Erwartungen der Aktionäre zurück blieben aber die Dividenden. So konnte in den Jahren 1893-94, 1898, 1905-09 und 1913-14 jeweils eine solche von 1 %, in den Jahren 1891 und 1915 jeweils 2 % und in den übrigen 15 Jahren bis 1915 überhaupt keine Dividende ausgezahlt werden. Während des Krieges waren es derweil 4 % – jedenfalls weit entfernt von jenen 12 %, die Ritter v. Wenusch nach englischem Vorbild einst avisiert hatte. Exemplarisch ein Auszug aus dem Bericht über das Jahr 1910:

„Eine geringere Beschäftigung einzelner Industriewerke hat auf die Entwicklung des Verkehrs der Steyrtalbahn nachteilig rückgewirkt. Wohl weisen die Betriebseinnahmen im Jahre 1910 eine Steigerung gegenüber dem Vorjahr auf, doch entspricht sie keineswegs der durch den Zuwachs der Strecke Agonitz – Klaus eingetretenen Erhöhung der Bahnlänge und deren Baukosten. Zum Teil dürfte diese Erscheinung in dem Umstand ihre Erklärung finden, daß der Einfluß des neuen Anschlusses an die Pyhrnbahn auf die Entwick-

Leonstein um 1910: Gruppenaufnahme des Zug-, Lok- und Bahnhofspersonals um Stationsaufseher Josef Zimmel.
Foto: Sammlung Hans-Georg Pucalka

Steyrtalbahn als Verkehrshindernis

„Gestern war ich in Molln, da haben sich mehrere Mollner bitter beklagt, daß sie eine so schlechte Zugsverbindung haben. Wenn sie nach Kirchdorf zur ihnen zugehörigen Bezirkshauptmannschaft wollen, dann brauchen sie – welchen Weg man in 3 Std. zu Fuß zurücklegen kann – weil jetzt die Steyrtalbahn bis Klaus ausgebaut ist, 5 Std. mit der Bahn und kommen zu einer Zeit an, wann die Amtsstunden vorüber sind, und dann müssen sie schon abfahren, bevor die Amtsstunden wieder beginnen. Es ist ihnen unmöglich, per Bahn zur Bezirkshauptmannschaft nach Kirchdorf zu kommen und an demselben Tag zurückzukehren."

(Leserbrief in den Mühlviertler Nachrichten vom 12. Februar 1910)

„Die seit Anschluß der Steyrtalbahn zur ständigen Folge gewordenen Verspätungen der Pyhrnbahnzüge bedeuten für das reisende Publikum eine höchst unangenehme Kalamität, da infolge täglicher Verspätungen der Steyrtalbahn sowohl in Unterrohr als auch insbesondere Klaus Wartezeiten von bis zu 30 und 40 Min. verpaßt werden müssen. Was nützen da die lobenswerten Bestrebungen der k.k. Staatsbahndirektion, die Fahrzeiten auf der Hauptstrecke möglichst zu beschleunigen, wenn die unzureichenden Betriebsmittel gepaart mit Mangel an Verkehrsrücksichten einem schmalspurigen Lokalbahnbetrieb die Möglichkeit bieten, den noch so schönen Fahrplan der Hauptstrecke tagtäglich aus den Angeln zu heben? Dem Vernehmen nach soll der diesjährige Sommerfahrplan auf der Pyhrnbahn in Bezug auf die Fahrgeschwindigkeit neuerliche Verbesserungen bringen, die sich aber nur dann bewähren können, wenn die Staatsbahndirektion in energischer Weise Schritte einleitet, um die verkehrsschädliche Schlamperei der Steyrtalbahn gründlich auszumerzen. Eine neue Anschlußeröffnung soll doch der Verkehrs-Förderung, nicht aber der Verkehrs-Behinderung dienen, und dieses selbstverständliche Prinzip muß auch der Steyrtalbahn gegenüber aufrecht erhalten bleiben."

(Leserbrief in der Linzer Tagespost vom Dienstag, den 15. März 1910)

„In Ihrem sehr geschätzten Blatt (...) wird darüber Klage geführt, daß seit Anschluß der Steyrtalbahn in Klaus infolge täglicher Verspätungen der Steyrtalbahn die Pyhrnbahnzüge Verzögerungen von 1 bis 10 Min. erfahren. Die vom Einsender obiger Notiz mit wenig Wohlwollen beurteilten Verhältnisse auf der Steyrtalbahn beziehen sich offenbar auf die Züge Nr. 3 und 103. Für erstgenannten Zug ist von der Staatseisenbahn-Verwaltung in der Station Klaus eine Zuwartezeit von 30 Min., für letzteren in der Station Bad Hall eine von 15 Min. zugestanden. Diese Zeiten wurden im Februar d. J. von Zug 3 achtmal mit durchschnittlich 11 Min., von Zug Nr. 103 vierzehnmal mit durchschnittlich 10 Min. in Anspruch genommen. Es ist mithin unrichtig, daß infolge „täglicher" Verspätungen der Steyrtalbahn sowohl in Unterrohr als auch in Klaus Wartezeiten bis zu „30 und 40 Minuten" verpaßt werden müssen, wie auch unrichtig ist, daß der Steyrtalbahn durch die Einräumung der Zuwartezeiten die Möglichkeit geboten ist, den Fahrplan der Hauptstrecke tagtäglich aus den Angeln zu heben. Die der Steyrtalbahn zur Last gelegten Verspätungen sind lediglich eine Folge des gemischten Betriebs, zu dessen Beibehaltung sie wie so manche andere notleidende Lokalbahn aus ökonomischen Gründen leider genötigt ist. Kenner der Steyrtalbahn-Verhältnisse werden aber zugeben, daß der Vorwurf des Mangels an Verkehrsrücksichten oder aber einer verkehrsschädlichen Schlamperei völlig ungerechtfertigt ist. Hochachtungsvoll; Steyrtalbahn-Gesellschaft: Jos. Huber, Hans Millner"

(Linzer Tagespost vom Sonntag, den 20. März 1910)

„Als vor einiger Zeit die Tages-Post eine Notiz unter der Überschrift „Die Steyrtalbahn als Verkehrshindernis" brachte, war die Leitung der genannten Bahn darüber sehr ungehalten und suchte in einer langen Erwiderung, das Gegenteil zu beweisen. Im Anschluß an die Polemik mögen nun folgende Zeilen der geschätzten breiten Oeffentlichkeit zeigen, daß die Steyrtalbahn derzeit doch ein gewiß unzulängliches Verkehrsmittel ist und auf die Bedürfnisse des Publikums zu wenig Rücksicht nimmt. Seit die Bad Haller Strecke besteht, hatten die Abendzüge der Staatsbahn wenigstens im Sommer in Garsten direkt an diese Anschluß, man mußte nur in Garsten umsteigen. Seit Beginn der jetzigen Sommerfahrordnung besteht der direkte Anschluß auf einmal nicht mehr. Die Leute, welche die Steyrtalbahn nützen wollen, müssen vom Steyrer oder Garstener Bahnhofe den halbstündigen Gehweg im Laufschritt nach Steyrdorf zurücklegen – einen Wagen oder eine Tramway gibt's ja nicht zur Benützung – denn sonst versäumen sie den Anschluß.

Ist dies schon bei günstiger Witterung und normaler Ankunftszeit der Staatsbahnzüge, besonders mit Gepäck oder Kindern, ein zweifelhaftes Vergnügen, so wird es bei den jetzt fast regelmäßig vorkommenden Verspätungen auf der Staatsbahn und bei schlechter Witterung geradezu zur Kalamität, wie der Einsender es nebst mehreren Leidensgefährten aus Sierning und Neuzeug vor einigen Tagen erfahren mußte.

Wir fuhren abends mit dem 6-Uhr-Zuge von Linz weg, hatten in Valentin 25 Minuten Verspätung und kamen bei Sturm und strömendem Regen in Steyr an. In der Hoffnung, vielleicht doch noch den Zug der Steyrtalbahn zu erwischen, rannten wir was das Zeug hielt auf kürzestem Wege nach Steyrdorf; und als wir dort keuchend und pudelnaß ankamen, wurde uns die tröstliche Auskunft erteilt: „Ja, der Zug ist schon lang fort". – Natürlich, was kümmert sich denn die Steyrtalbahn darum, daß auch von auswärts her Leute kommen können, die gern mit und nach Hause fahren möchten. Es wäre zu wünschen, daß einmal ein Verwaltungsrat in eine solche Situation käme, vielleicht würde dann für die geradezu unleidlichen Verhältnisse Abhilfe geschaffen. Steht man als blamierter Mitteleuropäer in Steyrdorf und hat den Anschluß trotz Laufschritt versäumt, so bleiben einem, will man nicht in Steyr übernachten, nur zwei Auswege: Entweder muß man – auch wenn man glücklicher Besitzer einer Retourkarte ist – bei Nacht und Regen per pedes apostolorum (Anm.: „zu Fuß wie die Apostel") *seiner zwei Stunden entfernten Heimat zustreben oder man muß – grollend und schimpfend – seine Schritte wieder stadteinwärts wenden und trachten, daß man für gutes Geld und sehr gute Worte einen Wagen bekommt. Ist einem dies gelungen, dann kann man hoffen, bis Mitternacht in seinem Heim und bei den besorgten Angehörigen wieder einzutreffen. Ungefähr in der gleichen Zeit, die wir für die Strecke von Linz nach Sierning benötigten, hätte ein anderer von Linz aus München erreichen können. So sind unsere ländlichen Verkehrsverhältnisse und so „rücksichtsvoll" behandelt die Steyrtalbahn das liebe Publikum. Die maßgebenden Faktoren scheinen eben wirklich der Ansicht zu sein, daß die Leute wegen der Bahn da sind, und nicht umgekehrt."*

(Leserbrief in der Linzer Tagespost vom Mittwoch, den 13. Juli 1910)

Sierning: *„Am hiesigen Bahnhofe ereignete sich am Samstag, 17. d. M., gegen halb 8 Uhr morgens ein bedauerlicher Unglücksfall. Der Bahnarbeiter Franz Aichinger fuhr mit einem Lowri von der Haltestelle Oberwallern in die Station ein, wo er im raschen Tempo auf einen daselbst stehenden Waggon anfuhr. Bei dem Zusammenstoße geriet er mit dem rechten Fuß zwischen die Puffer des Waggons und des Lowris, wodurch er einen Beinbruch erlitt. Herr Gemeindearzt Dr. Petzl leistete dem Verunglückten erste ärztliche Hilfe, woraufhin er durch die Sanitätsabteilung vom „Roten Kreuze" in das hiesige Krankenhaus übertragen wurde."*

(aus Linzer Volksblatt vom 20. September 1910)

Plötzlich gestorben: *„Mit dem Mittagzuge sollte heute der Bäckergehilfe Franz Voit über Auftrag seines Arbeitgebers Karl Utzlinger in die Richtung Pergern fahren, um für seinen Herrn Geschäfte zu besorgen. Als Voit in der Haltestelle Unterhimmel einsteigen wollte, wurde er plötzlich vom Schlage getroffen und war sofort eine Leiche."*

(Linzer Tagespost vom Donnerstag, den 5. November 1908)

Der mit einem Geschäftsführer besetzte, in den 50er Jahren zur Halte- und Ladestelle degradierte Bahnhof Sierninghofen vor dem 1. Weltkrieg. Der anfängliche Wartepavillon wurde mittlerweile durch einen Fachwerkbau mit Dienst- und Warteraum ersetzt. Foto: Slg. Friedrich Zellinger

lung in der kurzen Zeit seit Eröffnung der Linie Agonitz – Klaus naturgemäß noch nicht voll zur Geltung kommen konnte. Die im Güterverkehr auffallende Erscheinung, daß bei einer Minderverfrachtung eine bedeutende Mehreinnahme erzielt wurde, findet vornehmlich darin ihre Erklärung, daß es durch tarifarische Maßnahmen gelang, die südlich von Selzthal nach Stationen der Steyrtalbahn aufgegebenen Massengüter, insbesondere Eisen und Stahl, durch Ausnutzung des neuen Anschlusses Klaus über jene Route zu leiten, woran die Steyrtalbahn mit der längeren Transportstrecke beteiligt ist. Die bedeutende Steigerung bei den Ausgaben findet ihre Begründung vorwiegend in den durch den Streckenzuwachs bedingten Mehrleistungen, in der Behebung des Dammrutsches (km 34,7), der Erneuerung einer Feuerbox und der Adaptierung eines Postwagens. Auch haben die Kosten der Oberbauerhaltung der alten Strecken eine namhafte Erhöhung erfahren.

Eine Ausschüttung von Dividenden kann nicht befürwortet werden, weil: Schon im laufenden Jahre werden durch die Nachbeschaffung von drei Kohlenwagen für die Bedienung des Industriegleises der Firma J. Reithoffer sowie durch die Verstärkung mehrerer eiserner Brückentragwerke und sonstige von der Aufsichtsbehörde aufgetragene außergewöhnliche Herstellungen hohe Kosten erwachsen, für deren Deckung die verfügbaren Barmittel des Betriebsreservefonds nicht hinreichen. In absehbarer Zeit wird die durch die Abnützung bedingte Auswechslung der Schienen ganz namhafte Geldmittel erfordern, für deren Beschaffung durch rechtzeitige Dotierung des Reservefonds vorgesorgt werden muß."

Die verschnürte Lokomotive

„In der Station Bad Hall der Steyrtalbahn stand an einem der letzten Tage der letzten Woche ein Zug zur Abfahrt bereit. Erst muß sich stets das Zugpersonal in der Stationskanzlei versammeln, wo die Uhren kontrolliert und reguliert werden. Da der Zug derweil ohne Aufsicht war, nutzte ein Schelm die Zeit für Schabanak. Der Zug sollte nämlich abdampfen, die Abfahrsignale waren gegeben, die Maschine begann zu pusten – doch sie rührte sich nicht von der Stelle. Als man eiligst nach dem Hindernis suchte, fand man, daß die Maschine so sehr mit Stricken verbunden war, daß sie sich nicht vorwärts bewegen konnte. Das Hindernis ward unter dem Gelächter der Zeugen rasch beseitigt, Anzeige über diesen Vorfall wurde erstattet, aber von den Tätern hat man keine Spur."

(Nordböhmisches Volksblatt, 25.11.1910)

Schmutzerei bei Privatbahnen

„Auf den oberösterreichischen Privatbahnen wird eine Fahrpreisermäßigung nicht gewährt, mit Ausnahme der Steyrtalbahn und der elektr. Bahn Linz – Eferding. Um die Ermäßigung zu genießen, ist es notwendig, die ganze Fahrt direkt nach Wien zu machen. Es ist gestattet, nach Wien das Schiff und von Wien zurück die Eisenbahn zu benützen. Unterbrechung der Fahrt auf der Eisenbahn ist nur gestattet, insoweit auch sonst bei jeder Fahrt eine normalmäßige Unterbrechung erlaubt ist."

(Mühlviertler Nachrichten vom 31.8.1912)

Einlieferung zweier serbischer Offiziere

„Mit dem Abendzug der Steyrtalbahn um 8 Uhr 58 Min. trafen gestern zwei serbische Offiziere aus Bad Hall in Begleitung von zwei österreichischen Offizieren in Steyr ein. Sie fuhren im geschlossenen Wagen zur Artillerie-Kaserne, woselbst die serbischen Offiziere interniert wurden. Eine zahlreiche Volksmenge hatte sich am Bahnhofe eingefunden und erwartete die Ankunft der Serben, wobei es zu aufgeregten antiserbischen Demonstrationen kam. Die Leute riefen „Pfui Serbien!", „Nieder mit Serbien!" usw., einige Burschen liefen unter lauten Schmährufen bis zur Kaserne nach."

(aus Linzer Tagespost vom 14. Juli 1914)

Trotz der durchaus guten Auslastung der Steyrtalbahn sank der Aktienwert unentwegt. Im Jahr 1914 notierten die Aktien zu nominell 200 Kronen laut Kursblatt an der Wiener Börse lediglich noch 55 Kronen. Nach der Kriegserklärung Österreich-Ungarns am 28. Juli 1914 an Serbien brach ebenfalls für die Steyrtalbahn eine neue, leidvolle und entbehrungsreiche Zeit an. Zu einem großen Teil übernahmen nun Frauen die Dienste der einberufenen Männer. Zwischen den Berichten über die „glorreichen Siege" an den vielen Kriegsschauplätzen und über die weltpolitischen Turbulenzen fand die Linzer Tagespost am 19. August 1914 die Muße, ans 25-jährige Bestehen der Steyrtalbahn zu erinnern. Eine Jubiläumsfeier blieb aus.

Vor allem aufgrund des Arbeiterverkehrs für die Österreichische Waffenindustrie stiegen die Fahrgastzahlen rasant, nämlich von 225.000 im Jahr 1914 auf über 540.000 im Jahr 1917. Über den *„gegenwärtigen Zugsverkehr"* informierte die Linzer Tagespost am 6. Oktober 1914: *„Die Steyrtalbahn hat nahezu ihren normalen Winterverkehr. Drei Züge in jeder Richtung ab Steyrdorf um 7.32, 12.31 und 6.40 Uhr nachts, ab Klaus um 5.48, 10.35 und 6.50 Uhr nachts. Außerdem einen von Steyr nach Hall verkehrenden Zug ab 8.15 Uhr von Steyrdorf, an 9.38 Uhr in Bad Hall, dort ab um 6.08 Uhr, Steyrdorf an 7.17 Uhr. Die Züge haben über Garsten Anschluß nach Linz und Wien."*

Mit der Überschrift *„Unglücksfall auf der Steyrtalbahn"* meldete das Salzburger Volksblatt am 23. Dezember 1916: *„Am 23. ds. nachmittags war der bei der Steyrtalbahn angestellte 56-jährige Schlosser Karl Lackner am Bahnhofe in Garsten mit einer Reparaturarbeit unter einem Wagen eines zum Verschieben bereitstehenden Zuges der Steyrtalbahn beschäftigt, als der Lokomotivführer, ohne auf den unter dem Zug befindlichen Schlosser zu achten, den Zug in Bewegung setzte. Karl Lackner wurde hierdurch zwischen den Rädern des Wagens eine Strecke weit fortgeschleift und furchtbar zugerichtet. Er ist im städtischen Krankenhaus seinen Verletzungen erlegen."*

gültig ab 1. Mai 1915

91. Garsten – Steyrdorf – Grünburg – Molln – Klaus

Fahrpreis 2 (Tour)	Fahrpreis 3 (Tour)	Fahrpreis 2 (Tour u. Ret.)	Fahrpreis 3 (Tour u. Ret.)	1 / 1a	3 / 3a	5	7		Station		2	4	8 / 6
—	—	—	—	10 20 | 10 30	6 20 | 7 10	10 00	—	ab	Wien Wbf. 85	an	12 40	11 10	6 05 | 6 10
—	—	—	—	5 46	10 00	1 40	6 10	ab	Linz 85	an	11 25 | 10 49	7 08	10 47
—	—	—	—	6 35	10 56	2 42	7 14	ab	St. Valentin 92	an	9 15	6 05	9 51
—	—	—	—	10 10	—	*6 35	—	ab	Prag F. J. Bf. 93	an	10 26 | 11 57	—	5 10
—	—	—	—	2 57	—	11 02	—	ab	Budweis 92	an	4 57	—	1 33

Fahrpreis. Heller 2 Tour	3 Tour	2 Tour u. Ret. (Drei Tage gültig)	3 Tour u. Ret.	P2,3 1 W	P2,3 1a SF	P2,3 3 W	P2,3 3a SF	P2,3 5	P2,3 7	Km	Steyrtalbahn		Km.	P2,3 2	P2,3 4	P2,3 8	P2,3 6
Von Garsten				7 23	7 23	12 22	12 22	6 31	8 06	—	ab Garsten 92	an	40	8 33	1 42	7 36	9 11
30	20	50	30	x7 27	x7 27	x12 26	x12 26	x6 35	x8 10	2	ab Sarning H.	ab	38	x8 29	x1 38	x7 32	x9 07
40	20	60	30	7 32	7 32	12 31	12 31	6 40	8 15	3	an Steyrdorf (Station für Stadt Steyr)	ab	37	8 24	1 33	7 27	9 02
—	—	—	—	7 36	7 36	12 41	12 41	6 47	8 25	3	ab Steyrdorf (Station für Stadt Steyr)	an	37	8 14	1 23	7 17	8 58
50	30	80	50	7 40	7 40	12 45	12 45	6 51	8 29	4	ab Unterhimmel H.	ab	36	8 10	1 19	7 13	8 54
70	50	120	80	x7 45	x7 45	x12 50	x12 50	x6 56	x8 34	6	ab Schloß Rosenegg H.	ab	34	x8 05	x1 13	x7 09	x8 49
80	50	140	80	7 50	7 50	12 55	12 55	7 01	8 39	7	an Pergern 91a	ab	33	8 00	1 08	7 03	8 44
80	50	140	80	7 58	7 58	1 05	1 05	7 04	—	7	ab Pergern 91a	an	33	7 51	12 57	—	8 40
110	70	190	120	8 08	8 06	1 16	1 13	7 15	—	10	Neuzeug		30	7 43	12 49	—	8 32
120	70	200	120	x8 12	x8 09	x1 23	x1 16	x7 19	—	11	Letten H.		29	x7 37	12 42	—	x8 26
140	80	240	140	8 19	8 15	1 32	1 22	7 27	—	13	Aschach a. d. Steyr [2]		27	7 31	12 35	—	8 21
160	100	270	160	x8 26	x8 21	x1 39	x1 28	x7 34	—	15	Mitteregg H.		25	x7 21	12 26	—	x8 11
190	120	300	190	x8 37	x8 30	x1 50	x1 38	x7 45	—	18	Waldneukirchen H. [2]		22	x7 10	12 19	—	x8 01
210	130	340	210	8 47	8 37	2 04	1 45	7 59	—	20	Grünburg		20	7 06	12 08	—	7 57
250	150	400	240	8 58	8 46	2 16	1 54	8 11	—	23	Unterhaus		17	6 54	11 49	—	7 45
250	150	400	240	x9 01	x8 49	x2 19	x1 57	x8 14	—	23	Haunoldmühle H.		17	x6 51	11 43	—	x7 42
310	190	500	300	9 19	9 04	2 38	2 12	8 33	—	29	Leonstein		11	6 36	11 26	—	7 27
310	190	500	300	x9 21	x9 06	x2 40	x2 14	x8 35	—	29	Leonstein H.		11	x6 33	x11 21	—	x7 24
330	200	530	320	9 32	9 13	2 55	2 22	8 50	—	31	Molln [2]		9	6 26	11 16	—	7 20
340	210	540	340	9 38	9 19	3 01	2 28	8 56	—	32	Agonitz		8	6 21	11 01	—	7 13
370	220	590	350	x9 46	x9 27	x3 09	x2 34	x9 04	—	35	Steyrdurchbruch H.		5	x6 13	x10 52	—	x7 05
390	240	620	380	x9 53	x9 34	x3 16	x2 40	x9 11	—	37	Frauenstein H.		3	x6 06	10 45	—	x6 58
430	260	690	420	10 02	9 43	3 25	2 48	9 20	—	40	an Klaus 93		—	5 58	10 35	—	6 50

91a. Pergern – Sierning – Bad Hall

Fahrpreis. Heller 2 Tour	3 Tour	2. Tour u. Ret. (Drei Tage gültig)	3 Tour u. Ret.	P2,3 101	P2,3 103		P2,3 107	Km	Steyrtalbahn		Km.	P2,3 102	P2,3 104	P2,3 108	
Von Pergern				7 58	1 10	—	8 45	—	ab Pergern 91	an	16	7 49	12 59	7 00	—
30	20	50	30	8 08	1 19	—	8 54	2	Sierninghofen		14	7 42	12 52	6 53	—
40	20	60	30	x8 11	x1 22	—	x8 57	3	Wahlmühle H.		13	x7 37	x12 44	x6 45	—
60	40	100	60	8 18	1 29	—	9 04	5	Sierning		11	7 32	12 39	6 40	—
80	50	140	80	x8 24	x1 35	—	x9 10	7	Oberwallern H.		9	x7 24	x12 28	x6 29	—
110	70	190	120	x8 31	x1 43	—	x9 18	10	Steinersdorf H.		6	x7 16	x12 20	x6 21	—
120	70	200	120	8 37	1 49	—	9 24	11	Waldneukirchen-[2]Adlwang [4]		5	7 11	12 15	6 16	—
140	80	240	140	x8 42	x1 54	—	x9 29	13	St. Blasien H.		3	x7 05	x12 09	x6 10	—
150	90	260	150	x8 46	x1 50	—	x9 34	14	Kammerhub H.		2	x7 01	x12 05	x6 06	—
170	100	270	160	8 50	2 03	—	9 32	16	an Bad Hall 86 f	ab	—	6 56	12 00	6 01	—

Lediglich eine kurze Episode blieb auf der Steyrtalbahn der Rollschemelverkehr. Heutzutage bezeichnet man auch Rollwagen als „Rollschemel", doch in der Frühzeit der Rollfahrzeuge, mit denen Normalspurwagen auf schmaler Spur befördert werden können, wurden die paarweise eingesetzten „Trakteure" offiziell als „Rollschemel" bezeichnet. Schon bei der Planung der Viadukte der Strecke Agonitz – Klaus im Jahr 1908 hatte man einen eventuellen Rollschemelverkehr in Betracht gezogen, realisiert wurde er allerdings erst während des 1. Weltkriegs zwischen Garsten und Letten.

In den Waffenfabriken in Steyr und Letten herrschte seinerzeit kriegsbedingt Hochbetrieb, ein rationeller Transport des Rohmaterials und der Gewehre war dringend geboten. Bei einem Lokaltermin wurden am 7. und 8. Januar 1916 die Möglichkeiten des Rollschemelbetriebs eingehend erörtert. Vorab waren diverse Vorkehrungen vonnöten:

- Erweiterung der Normalspurgleise in Garsten, Bau einer Rollbockgrube im Dreieck von Ennstal- und Steyrtalbahn.
- Vergrößerung des Lichtraumprofils unter der Redtenbachergasse beim Bahnhof Steyrdorf um 96 cm, teils durch Gleisabsenkung, teils durch Anhebung der Brücke.
- Umgestaltung des Bahnhofs Steyrdorf.
- Trassenverschwenkung bei km 3,2 bis 3,6 und Bau einer Brücke mit 27 m lichter Weite über den Werkskanal.
- Umbau der Schleppbahn der Fabrik in Letten einschließlich Bau einer 24 m langen Brücke.

Beförderungsaufkommen der ersten 25 Jahre

Jahr	Personen	Güter
1890	127.760	43.738 t
1891	141.940	45.598 t
1892	180.655	38.512 t
1893	174.083	43.445 t
1894	162.639	42.439 t
1895	151.195	41.433 t
1896	158.362	54.435 t
1897	152.265	95.429 t
1898	161.290	82.325 t
1899	131.999	69.383 t
1900	142.290	56.577 t
1901	134.240	41.925 t
1902	133.139	38.837 t
1903	121.249	47.713 t
1904	129.467	54.820 t
1905	131.087	49.862 t
1906	131.698	56.443 t
1907	140.454	60.953 t
1908	149.699	63.168 t
1909	156.598	58.821 t
1910	172.707	58.097 t
1911	160.883	77.386 t
1912	176.816	95.379 t
1913	200.883	100.237 t
1914	224.950	105.096 t

Wegen des geringen Gleisabstands sollte in den Bahnhöfen jeweils nur ein einziges Gleis mit aufgeschemelten Wagen befahren werden dürfen. Die Gesamtkosten bezifferte man auf 120.000 K. Am 5. Februar 1916 beantragte die ungeduldige Waffenfabrik beim k.k. Kriegsministerium schließlich die Einführung des Rollschemelverkehrs und am 25. Februar erklärte sich das Ministerium bereit, die Kosten zu tragen und für die zwei zu ersetzenden Brücken jeweils Träger aus Kriegsbeständen bereitzustellen. Von der Lokalbahn Neuhaus – Neubistritz wurden die 16 Rollböcke T 303-304, 309, 311-312, 314-316, 324, 326-327, 331, 356-357, 361 und 376 leihweise nach Garsten umstationiert. Am 3. März erging der Bauauftrag, doch fünf Tage später äußerte die Betriebsdirektion der Steyrtalbahn bei einem erneuten Lokaltermin ihre Bedenken gegen die Rollschemel. Im Kommissionsbeschluß nach der behördlichen Bauverhandlung vom 16. und 17. März 1916 ist dagegen nur lapidar vermerkt, daß die Einwände der Steyrtalbahn zu ignorieren seien.

Am 3. April war Baubeginn, nachdem 50 italienische Internierte hierher beordert worden waren, und am 14. April drängte die Waffenfabrik auf eine Forcierung der Arbeiten.

Zur Abfuhr der Rollböcke erwog man die Beschaffung eines Feldbahn-Motorwagens, doch die Steigungen sprachen dagegen. Am 6. Juli 1916 bot die Linzer Lokfabrik Krauss & Co. eine Shay-Lokomotive an, und zwar zur Tagesmiete von 25 Kronen oder zum Kauf für 6.000 K. Schließlich verzichtete man auf die Beschaffung einer zusätzlichen Lok.

Am 21. Juni war die Strecke Garsten – Steyr für den Rollbockbetrieb so weit vorgerichtet, daß die technisch-polizeiliche Prüfung stattfinden konnte. Der erste Probezug bestand aus einem aufgeschemelten Plattformwagen mit aufgesetztem Ladeprofil sowie einem Personenwagen, der zweite Probezug führte – wie später im Planbetrieb – zwei aufgeschemelte Wagen und einen Schmalspurgüterwagen bei einem Zuggewicht von max. 60,0 t. Beide Fahrten (jeweils mit 15 km/h) verliefen anstandslos.

Das k.k. Kommando der Eisenbahnsicherungsabteilung Klaus war für die Pyhrnbahn und die Steyrtalbahn zuständig, hier auf einer am 18.9.1914 abgestempelten Postkarte. Foto: Slg. Hans-Georg Pucalka

Wurde das Lichtraumprofil unter der oberen Teufelsbachbrücke tatsächlich wie geplant und im vollen Maße erweitert? Oder war nur der Transport von niedrigen Wagen möglich? Als die ÖBB nämlich 1962 beschlossen, den Rollbockverkehr wieder einzurichten, sollte das marode und statt für 12 t nur noch für eine Belastung von 1,0 t zugelassene Tragwerk ersetzt werden. Diesmal war lediglich noch von einer Anhebung um 60 cm die Rede, und zwar durch eine Gleisabsenkung um 33 cm und eine Hebung der Konstruktionsunterkante um 27 cm.

Am 22. Juni 1916 begann der Rollschemelverkehr bis Steyrdorf. Im weiteren Verlauf bis Letten wurden am 25. August die zwei Kohn'schen Behelfsbrücken erprobt, am 29. August wurden sie technisch-polizeilich überprüft. Für die Rollschemelzüge waren in der Geraden maximal 25 km/h, in Bögen bis zu 15 km/h erlaubt. Am 4. September lief schließlich auch zwischen Steyrdorf und Letten der Rollschemelbetrieb an.

Wagenaufkommen im Rollschemelverkehr

	Garsten – Steyrdorf	Garsten – Letten	insgesamt
1916	313	116	429
1917	511	392	896
1918	501	16	517
Gesamt	1.325	524	1.849

Im Februar 1918 verkehrten die letzten Rollschemelzüge bis Letten, im November 1918 gleichfalls bis Steyrdorf. Am 7. Mai 1919 wurden die Rollböcke nach Neuhaus zurücküberführt und am 16. Juli 1919 fragte die Liquidierungsstelle des Kriegsministeriums bei der Staatsbahnverwaltung hinsichtlich der Weiternutzung der für den Rollschemelbetrieb ausgeführten baulichen Anlagen an. Die Steyrtalbahn wollte den kostspieligen Betrieb jedenfalls nicht weiterführen. Im Jahr 1920 konnten die Normalspurgleise im Bahnhof Garsten sowie die Kohn'schen Brücken an die ÖStB veräußert werden, während die Anlagen in Steyrdorf kostenfrei an die Steyrtalbahn übergingen.

Auch wenn sich die Steyrthalbahn AG über mangelndes Verkehrsaufkommen und gravierende Kriegsschäden nicht beklagen konnte, auch Hochwasserkatastrophen blieben aus, so wurde es dennoch immer schwieriger, den Betrieb aufrecht zu halten. Aus Mangel an Personal und Material mußte die Instandhaltung der Anlagen und Fahrzeuge auf ein Minimum reduziert werden, vor allem aber machte der Kohlenmangel zu schaffen. Ab Mittwoch, den 19. Dezember 1917, ruhte der Zugverkehr erstmals aus diesem Grund bis auf weiteres. Drei Tage später wurde er mit einem Notfahrplan wieder aufgenommen: Steyrdorf werktags ab 7.40 und 15.05 Uhr nach Klaus, 8.20 Uhr nach Sierning (sonn- und feiertags bis Bad Hall) und 17.30 Uhr nach Bad Hall. So wiederholte es sich nicht nur bis Kriegsende, sondern auch in der ersten Nachkriegszeit noch etliche Male. Der Name Garsten taucht in den Notfahrplänen übrigens nicht auf.

Die Aktionäre waren zufrieden und freuten sich wieder über eine Dividende von 4 %, wie man auf der Generalversammlung am 19. Juni 1918 erfuhr: *„Die günstige Beschäftigung der vielen an der Bahn gelegenen Industrien hat im abgelaufenen Geschäftsjahr abermals einen Anstieg der Betriebseinnahmen mit sich gebracht. Wieder war es besonders der Personenverkehr, welcher durch seinen namhaften Aufschwung* (nämlich um 27,3 % gegenüber 1916) *wesentlich zur Erhöhung der Transporteinnahmen geführt hat. Der seit einer Reihe von Jahren nahezu stationär gebliebene Güterverkehr erfuhr ebenso im Jahre 1917 nur eine geringe Steigerung (0,2 %) und ist die in diesem Verkehr erzielte Mehreinnahme fast ausschließlich auf Tarifmaßnahmen zurückzuführen."*

† Ingenieur Josef Ritter von Wenusch gestorben †

„In Wien ist am Mittwoch Herr Josef Ritter v. Wenusch, Ingenieur- und Eisenbahndirektor a.D., gestorben. Auch in Oberösterreich war er eine bekannte Persönlichkeit. Für die Firma Krauss & Co. in München / Linz hatte er die Kremstalbahn und später die Steyrtalbahn, die ja bekanntlich schmalspurig angelegt wurde, erbaut. Als Vorkämpfer für die Schmalspurbahnen war er der Erbauer der ersten Schmalspurbahn Österreichs. Bis zum Jahre 1883 lebte er in Oberösterreich und zog sich dann nach Wien zurück, wo er nationalökonomische und statistische Studien betrieb. V. Wenusch hat ein reiches Material über die Anlage von Kanälen gesammelt. Nach einer Studienreise durch Bosnien veröffentlichte er eine Broschüre über bosnische Schmalspurbahnen, die in technischen Kreisen große Beachtung fand. Er wurde heute in Wien bestattet."

(Linzer Tagespost vom Freitag, den 23. November 1917)

Steyrtalbahn-Idylle *„Kalter, rauher Wind, mit Regen vermischt, macht das Verweilen auf der Plattform der Steyrtalbahn recht unangenehm, aber es ist alles überfüllt, nur in der 2. Klasse ist Platz und flugs standen schon einige 3.-Klasse-Reisende drinnen. Nicht lange sollte die Annehmlichkeit dauern, denn der Kondukteur verlangt entweder Nachzahlen oder aber Aussteigen und vom 2.-Klasse-Heiligtum in einen Waggon 3. Klasse gehen, auch wenn man dort vielleicht keinen Sitzplatz erhält, sondern nur einen Plattformstehplatz. Höchstwahrscheinlich kommt der Auftrag von der Direktion. Was sagt diese denn dazu, wenn man, wie es bei der Steyrtalbahn so oft der Fall ist, im Viehwagen stehen muß? Wenn schon so strenge Bestimmungen für die 2. Klasse gelten, sollte für das im Viehwagen reisende Publikum nicht etwa eine Fahrpreisermäßigung gegeben werden? Die Bahn macht ihr Geschäft fast ausschließlich mit der Arbeiterschaft, obwohl die Direktion allen anderen eher Rechnung trägt als der Arbeiterschaft. Auf den Staatsbahnen wird in dieser verkehrsschwierigen Zeit der Beförderung der Arbeiter durch die Arbeiterzüge begegnet. Die Zugsverbindungen entsprechen ebenfalls keineswegs. Einige hundert Arbeiter aus der Umgebung von Steyr, z.B. Sierning, Sierninghofen, Neuzeug, Letten oder Pichlern, müssen um 5 Uhr früh schon in finstrer Nacht auf den Füßen sein und kommen ermüdet zu ihrem Arbeitsplatz, natürlich weil es die Direktion der Steyrtalbahn praktischer findet, für die Bad Haller Sommergäste einen bequemen späten Zug zu haben. Es wäre gut, wenn sich in dieser Angelegenheit die Betriebsräte der Steyrtalbahn umsehen möchten, jedenfalls stehen diese in besserer Fühlung mit der Arbeiterschaft als ein paar verschlossene Bureaukraten."* (Linzer Tagblatt vom Donnerstag, den 23. Okt. 1919)

Noch vor Kriegsende begann die Planung zum Umbau des Steyrer Bahnhofs. Sowohl die Steyrthalbahn AG als auch der Stadtrat von Steyr drängten darauf, die Lokalbahn jetzt endlich bis dorthin zu verlängern. Das Eisenbahnministerium wies die Direktion Linz an, eine solche Möglichkeit in die Projektierungen einzubeziehen, aber es blieb dabei.

Der Rückgang in der Waffenindustrie und die Not der Bevölkerung, die sich kaum noch eine Bahnfahrt leisten konnte, führten dazu, daß die Beförderungszahlen des Jahres 1919 stark einbrachen. Zwei Jahre danach erzielte die Steyrtalbahn dann aber die Marke von 550.000 Fahrgästen – ein Rekordwert, den sie später nie mehr erreichen konnte. Zunehmend wurde die Direktion mit allerlei Delikten konfrontiert – Einbrüche in Diensträume und Magazine, der Kohlenklau und das Schwarzfahren standen beinahe auf der Tagesordnung. Über das Jahr 1920 hieß es: *„Die Betriebsrechnung des abgelaufenen Geschäftsjahres schließt abermals mit einem namhaften Fehlbetrag ab. Die Ursache des ungünstigen Ergebnisses ist zum Teil in der empfindlichen Verkehrseinschränkung zu suchen, die in Folge völlig unzureichender Kohlenzuweisung auch im Vorjahr noch eintrat, zum Teil ist sie in der ständigen Steigerung der Betriebsausgaben gelegen, die insbesondere gegen Schluß des Jahres in vehementer Weise in Erscheinung trat. Außerdem wurde das Unternehmen durch die Hochwasserkatastrophe anfangs September 1920 in arger Weise in Mitleidenschaft gezogen. Trotz alledem läßt das abgelaufene Betriebsjahr bereits eine Besserung des Unternehmens erkennen."*

Am 10. September 1921 verkündete der Verwaltungsrat den Beschluß der außerordentlichen Generalversammlung vom 3. Mai, das Aktienkapital von 4,796 Mio. K durch Ausgabe von 12.500 neuen, voll und bar auszuzahlenden Inhaberaktien auf 7,296 Mio. K zu erhöhen.

Doch die Lage besserte sich nicht. Die Inflation und ihre Nachwehen, die Währungsreform mit der Einführung des Schillings sowie die nach wie vor unzulänglichen Kohlenkontingente machten der Steyrtalbahn arg zu schaffen. Derweil nahm der Individualverkehr ständig zu. Der Hauptkonkurrent wurde 1925 aus der Taufe gehoben: Mit Landeshauptmann Johann Nepomuk Hauser († 8.2.1927) an der Spitze fand am 7. April 1925 die konstituierende Versammlung der Oberösterreichischen Kraftwagenverkehrs-AG statt, kurz „Oberkraft". Im Vorfeld waren umfangreiche Vorkehrungen für ein landesweites Autobusliniennetz getroffen worden, man hatte Staatszuschüsse erlangt, Linienkonzessionen erworben und vorerst 17 Wagen der Österreichischen Autofabriks-AG (ehem. „Austro-FIAT") beschafft. Eine zentrale Position im Netz nahm Bad Hall ein. Am 16. April 1925 (Korrektur zu Band 1, Seite 214) wurden die Linien Bad Hall – Grünburg – Leonstein und Bad Hall – Kremsmünster – Voitsdorf eröffnet. Eigentlich hätte gleichzeitig eine Linie Wels – Steyr in Betrieb gehen sollen, aber noch im Mai 1928 bemühte sich die „Oberkraft" vergeblich um die Konzession für einen Pendelverkehr Steyr – Bad Hall. Schon durch die Linie Leonstein – Bad Hall erlitt die Steyrtalbahn empfindliche Einbußen, streckenweise von bis zu 90 %. Ihr Vorteil war aber: Der Busverkehr ruhte im Winter.

Mit Beteiligung von Steyrtalbahndirektor Benke wurde am 24. Oktober 1925 in Steyr die Zentralstelle zur Förderung des Fremdenverkehrs gegründet. Regelmäßig bot sie Autobusfahrten Steyr – Leonstein (– Molln) mit Jause in Leonstein an. Mit viel Elan engagierte sich die Zentralstelle auch für den Erhalt der Steyrtalbahn, dazu eine Zeitungsmeldung vom 23. März 1929, als über dem Bahnbetrieb mittlerweile

Bahnhof Sierning mit der gleichnamigen Lok 2 in den 20er Jahren. Schon damals gingen die Fahrgastzahlen des Haller Flügels rapide zurück, auch aufgrund der neuen Kraftomnibuslinien. Foto: Slg. Friedrich Zellinger

Reise und Verkehr: Von der schönen Steyrtalbahn

„Das schöne Steyrtal entlang führt die Steyrtalbahn, allen Lesern wohl zur Genüge bekannt. Hier ist es, wo man die kürzeste Strecke in der längsten Fahrzeit zurücklegen kann, hier ist es auch, wo unser Holz liegt. In fast jeder Station oder Haltestelle türmen sich Berge von Holz, welches zum Teil schon seit Jahresfrist, zum Teil erst seit Beginn des heurigen Winters auf den Abtransport wartet. Aber es finden sich keine Waggons zur Verladung ein, und da die Lagerplätze bereits überfüllt sind, kann auch kein weiteres Holz zugeschoben werden. Alle Urgenzen sind da vergeblich. Linz leidet unter der Kälte, Schulen müssen geschlossen werden, während das Holz im Steyrtal lagert, so nah und doch so fern von uns. Warum werden keine Waggons beigestellt? Die Steyrtalbahn hat während der Kriegszeit wohl kaum etwas vom Fahrpark abgeben müssen. Vor dem Krieg ging es immer klaglos, obwohl doch der Zuschub und die Belastungen der Bahn annähernd die gleichen sein müßten als jetzt. Es kann also nur, gelinde gesagt, an einer mangelhaften Dirigierung, an einem schlechten Erhaltungszustand des Materials gelegen sein. Wahrscheinlich treffen diese beiden Momente zusammen. Wie verlautet, können keinerlei Nachbeschaffungen gemacht werden, da die Bahn schon seit langem passiv ist, dies trotz der enormen Frachtsätze und hohen Fahrpreise, die wesentlich höher sind als bei den Staatsbahnen. Warum ist die Steyrtalbahn denn passiv?

Kaum eine zweite Strecke in Deutschösterreich dürfte ein Gebiet durchziehen, das so industriereich ist, das so viele Holzvorkommen liefert. Man müßte also meinen, daß sich der Betrieb rentabel gestaltet und stets auf der Höhe gehalten werden kann. Die Bahn ist rentabel – aber nicht für die Bevölkerung, auch nicht für die Aktionäre, sondern für gewisse Herren, die ungestört sein wollen durch lästige Holztransporte, durch Nachforschungen nach den Ursachen der ständigen Verspätungen usw.

Es gibt noch andere mißliche Uebelstände, die einer näheren Beleuchtung bedürften. Zum Beispiel in der Station Grünburg, wo die Reisenden oft eine Stunde und noch länger aufgehalten werden. Dort muß die Maschine Wasser und Kohle nehmen. Aber es ist keine Wasseranlage vorhanden, und bei günstigem Wasserstand muß sich die Maschine selbst das Wasser heraufpumpen. Ist aber der Wasserstand, wie im Winter meistens, nicht hoch genug, so muß das Wasser in Eimern und anderen Gefäßen zugetragen werden. Warum steht dort nicht längst eine Pumpenanlage ähnlich wie in Molln? Aber es kommt wohl viel billiger, daß Tag für Tag das Wasser für die Maschine zugetragen wird. Und es kostet ja nichts, daß die Maschinen täglich einige Stunden länger unter Dampf stehen, es kostet wohl auch keine Überstunden, die dem Personal ausgezahlt werden müssen. Den Zeitverlust des Publikums braucht ja die Bahn nicht zu tragen.

Am 13. dieses Monats war ein ganz besonderer Unglückstag. Da gab es dem Vernehmen nach schon im Bahnhof Pergern bei dem Zuge, der dort um 9.25 Uhr vormittags gegen Klaus abgehen soll, eine gewisse Störung, und ein Teil der Fahrgäste betätigte sich wieder durch Wassertragen. Für die Beteiligten hatte es den Vorteil, daß sie sich lieber etwas aufwärmten, denn die Personenwagen sind ja meistens ungeheizt. Der genannte Zug stand danach ungefähr 1¼ Stunde in Grünburg und eine halbe Stunde in Molln, er hätte den Anschluß an den Linzer Schnellzug fast versäumt, obwohl man auf diesen Zug bei planmäßiger Ankunft beinahe zwei Stunden warten muß, wenn nicht der Schnellzug im Bahnhof Klaus gewartet hätte. So kam auch dieser Zug zu einer Verspätung, die aber bis Linz so ziemlich eingeholt wurde. Es wäre durchaus angezeigt, wenn die berufenen Faktoren den Übelständen bei der Steyrtalbahn, die nach Abhilfe schreien, nachgehen und nach dem Grundübel forschen würden. Die Bevölkerung wäre sicher dankbar, wenn auch nur eine kleine Besserung erzielt würde. Die Staatsbahnen, über die ja so viel gesprochen und geschrieben wird, konnten sich trotz der enormen Schwierigkeiten in einen annehmbaren Zustand versetzen und funktionieren halbwegs. Daß dasselbe der Steyrtalbahn nicht möglich sein sollte, kann man kaum annehmen."

(Linzer Tagespost vom Samstag, den 25. Februar 1922)

die Stillegung wie ein Damoklesschwert schwebte: *„Die Direktion der Steyrtalbahn informiert uns über die Einstellung des Betriebes auf allen Strecken mit 30. April 1929 und teilt mit, daß sie ihren sämtlichen Angestellten gekündigt hat. Bereits im November 1927 haben wir die Einstellung in Bälde vorausgesehen und alle Gemeindevertretungen ersucht, eine Resolution zu beschließen, worin eheste Hilfe für die Steyrtalbahn oder deren Übernahme von den Bundesbahnen gefordert wird. Leider haben wir trotz all dieser, von uns kumulativ überreichten Eingaben keine Antwort, die Steyrtalbahn keine Hilfe erhalten. Jetzt ist die vor zwei Jahren vorausgesehene Katastrophe da und wir ersuchen daher die an der Steyrtalbahn gelegenen Gemeinden, noch in letzter Stunde alles zu unternehmen, um die drohende Einstellung hintanzuhalten."* Sowohl die Gemeinden als auch die anliegenden Industriebetriebe wurden aufgefordert, sich mit Eingaben ans Bundesministerium für Handel und Verkehr für den Erhalt der Steyrtalbahn einzusetzen.

Die Zentralstelle kümmerte sich auch um manches Detail, dazu die Linzer Tages-Post vom 4. Oktober 1927: *„Die von der Zentralstelle für Fremdenverkehr angeregte Umbenennung des Bahnhofs Steyrdorf in*

Im April 1925 richtete die „Oberkraft" eine Autobuslinie mit zwei Fahrtenpaaren pro Tag von Leonstein über Grünburg, Waldneukirchen und Sierning nach Bad Hall ein, also zu einem großen Teil dem Verlauf der Steyrtalbahn folgend. Hier startet einer ihrer Austro-FIAT-Busse beim gegenüber vom Bahnhof Leonstein gelegenen Gemischtwarenhandel Friedrich. Foto (1925): Slg. Regina Teichmann

Oben: Der Bahnhof Grünburg, als hier als Bahnhofsvorstand Karl Egger residierte. Ihm folgte etwa Anfang der 30er Jahre der Adjunkt Franz Antolkovich.
Foto (um 1930): Sammlung Ralf Kirion

Rechts: Die neuen eleganten Autobusse der „Oberkraft“ wurden auch gern für Gesellschaftsfahrten verwendet. Hier unternimmt der Sierninger Schützenverein einen Ausflug nach Scharlinz (1926).

Rechts unten: Streckenbereisung durch Handels- und Verkehrsminister Michael Hainisch im Hinblick auf die Betriebsübernahme durch den Bund, hier mit der Lok 5 „Letten“ in Neuzeug (2.3.1930).
Fotos: Sammlung Friedrich Zellinger

„Steyr Lokalbahn“ wurde vom Bundesministerium für Handel und Verkehr nach Anhörung der interessierten Stellen genehmigt. Die längst veraltete Bezeichnung der Station Steyr der Steyrtalbahn wird somit, nämlich mit sofortiger Wirkung, in „Steyr Lokalbahn“ abgeändert.“ Am 3. Oktober 1927 bekam der Bahnhof Steyr Lokalbahn also seinen heutigen Namen (Korrektur zu Band 1, Seite 61), im österreichischen Bahnhofsverzeichnis wurde die Änderung erst am 15. Mai 1928 vorgenommen.

Entgegen den Protesten der Steyrtalbahn, die ja durch ihre Konzession ein gesetzlich geschütztes öffentliches Verkehrsunternehmen war, eröffnete die Stadt Steyr bzw. ihr städtisches Unternehmen „Geste“ am 13. August 1927 mit fünf Bussen der Steyr-Werke ein Autobusliniennetz, das neben dem Stadtverkehr mehrere Überlandlinien umfaßte, so auch bis Grünburg. Mit 35 Min. Fahrzeit gab es täglich zwei Fahrtenpaare mit zahlreichen Haltestellen: Steyr Rathaus ab 7.00 und 17.00 Uhr, Grünburg ab 7.45 und 17.45 Uhr. Sie bemühte sich noch um die Konzession einer Linie Steyr – Aschach a. d. Steyr,

jedoch am 31. Juli 1930 mußte die „Geste" den Konkurs anmelden. Die Überlandlinien gingen an die „Oberkraft" über, und hierbei blieb es auch nach der Gründung der „Neuen Geste" im Jahr 1932.

Der Verwaltungsrat berichtete über 1927: *„Die Betriebsergebnisse haben sich im abgelaufenen Jahr recht unerfreulich gestaltet. Wohl haben die Einnahmen gegenüber dem Vorjahr, hauptsächlich infolge Erhöhung der Umladegebühr, eine leichte Besserung erfahren, jedoch stehen diesen Mehreinnahmen größere Mehrausgaben gegenüber, so daß die Betriebsrechnung trotz aller nur zulässigen Sparmaßnahmen neuerlich mit einem Abgang abschließt, womit die schwierige finanzielle Lage unseres Unternehmens eine weitere Verschärfung erfahren hat. Die Ursachen liegen darin, daß die Steyrtalbahn als Schmalspurbahn mit einem großen Durchzugsverkehr nicht rechnen kann, sondern ihr Betrieb mit dem lokalen Güter- und Personenverkehr alimentieren muß. Der Personenverkehr alleine kann aber die Bahn nicht aktiv gestalten und der Frachtenverkehr ist infolge der schwachen Beschäftigung der Eisen- und Holzindustrie des Steyrtals gering. Dabei muß die Bahn für die Erhaltung des Oberbaues und des Fahrparks, der durch die ungewöhnliche Beanspruchung der Kriegszeit stark hergenommen ist und bis jetzt nicht grundlegend erneuert werden konnte, doch größere Summen aufwenden."*

Die Tages-Post fügte hinzu: *„Übrigens ist die Lage der Pensionisten dieser Bahngesellschaft sehr ungünstig. Sie beschweren sich nicht nur über die Kleinheit ihrer Bezüge, sondern auch über die ungleiche Behandlung, die ihnen je nach ihrer politischen Gesinnung trotz gleicher Dienstzeit zuteil wird."*

Der Winter 1928/29 brachte weitere Rückschläge. Durch Schneeverwehungen und strengen Frost kam der Verkehr am 11. Februar auf der Flügelstrecke zum Erliegen, auf der Stammstrecke fuhren die Züge vorerst weiter. Am Mittag des 27. Februar konnte der Betrieb vollumfänglich wieder anlaufen.

Am 15. März 1929 fand in Bad Hall eine von der Landesregierung anberaumte Besprechung u.a. im Beisein von Vertretern der Steyrtalbahn statt, um *„die Meinung der Lokalinteressenten zur beabsichtigten Einstellung des Zugverkehrs Sierning – Bad Hall kennenzulernen"*. StB-Direktor Benke gab an, daß der Betrieb passiv sei und eine Einstellung die Gemeinden keinesfalls schädigen würde. Der Personenverkehr ließe sich klaglos mit Autobussen abwickeln und der Güterverkehr über Bad Hall nach Stationen der Steyrtalbahn könne auch über Garsten oder Klaus geleitet werden, nach Waldneukirchen-Adlwang derweil auf der Straße. Nur die im Vorjahr stark gestiegenen Schotter- und Sandtransporte wären mit Straßenfahrzeugen nicht so gut möglich, doch für die Bahn brächten sie wegen des niedrigen Tarifes und der Steigungsverhältnisse keinen Gewinn (1928 hatte der Sierninger Grubenbesitzer Franz Moser allein 869 Wagen Schotter mit der Bahn versandt). Für die Kunden sei es günstiger, dieses Material aus Traun zu beziehen. Es kam der Einwand, daß die Autobusse keine so hohe Kapazität haben und dem Stoßverkehr nicht gewachsen wären. Zum anderen trage die Steyrtalbahn selbst die Schuld an der Misere, da sie nicht immer genug Güterwagen bereitstellen könne, so daß man auf den Lkw ausweichen müsse. Für die großen Getreidelieferungen aus Triest und Deutschland nach Sierning würde ein deutlich höherer Frachtsatz anfallen, wenn keine Einfuhr über Bad Hall mehr möglich wäre (1928 hatte allein die Sierninger Kunstmühle von Johann Platzer gut 140 Wagen Getreide bezogen). Einhellig sprachen sich die Gemeindevertreter letztlich schon zur Hebung des Fremdenverkehrs gegen die Einstellung aus. Nach kurzer Erwiderung seitens der Steyrtalbahn nahm der Vertreter der Landesregierung das Ergebnis der Aussprache zur Kenntnis und überließ es der Bahnverwaltung, bzgl. einer eventuellen Einstellung der Strecke Bad Hall – Sierning die weiteren Schritte im eisenbahnrechtlichen Verfahren zu unternehmen. Im Zuge des Verfahrens würde die Landesregierung dann ihren Standpunkt präzisieren.

Ihrem Bericht fügte die Tagespost in fetter Schrift hinzu: *„Wie uns aus Steyr gemeldet wird, hat der Verwaltungsrat beschlossen, am 1. Mai den Gesamtbetrieb der Steyrtalbahn einzustellen und den 104 Mitarbeitern zu kündigen. Das Jahr 1928 schloß mit einem Gebarungsabgang von 60.000 S."*

Molln in den 20er Jahren: Gemäß seiner Bedeutung für die Holzwirtschaft wie auch für den Personen-, besonders den Ausflugsverkehr, hatte der Bahnhof sogleich ein zweigeschossiges Aufnahmsgebäude erhalten. Die Veranda kam erst viel später hinzu. Foto: Sammlung Ralf Kirion

Zur „Hebung des Fremdenverkehres" im Steyrtale

„Auf der Fremdenverkehrstagung in Leonstein wurde der Verwaltung dieser durch jenes schöne Tal führenden Bahn vorgeworfen, sie habe in ihrem 38-jährigen Bestehen nichts für die Fahrgäste bzw. zur Hebung des Fremdenverkehrs getan. Ich wollte den Worten erst nicht beipflichten, wurde aber heuer, als ich meinen gewohnten Sommeraufenthalt im so herrlich gelegenen Orte Leonstein nahm, eines anderen belehrt. Man tut dort nicht nur nichts zur Hebung des Fremdenverkehrs, sondern läßt noch über Jahrzehnte bestandene Bequemlichkeiten für die auf das Zügele wartenden Fahrgäste, Ausflügler usw. entfernen. In der Station Leonstein konnte man in der heißen Jahreszeit die Ankunft des Zuges unter schattenspendenden Kastanienbäumen neben dem Warteraum in angenehmer Luft abwarten, für Reisende usw. eine als sehr angenehm empfundene Wohltat. Heuer fand ich aber zu meinem Erstaunen die beiden schönen Kastanienbäume nicht mehr vor. Wieso diese beim reisenden Publikum so geschätzten Bäume entfernt wurden, weiß man nicht. Gewiß ist jedoch, daß man den Verkehr nicht beleben und auch das Defizit pro 1927 nicht beheben will."

(Linzer Tagespost vom 15. August 1928)

„Die Reinlichkeit in den meisten Bahnhöfen und besonders in den Waggons läßt bedauerlicherweise arg viel zu wünschen übrig. Dem Publikum scheint zu einem Teile jeder Sinn für Sauberkeit zu fehlen und die Bahn selbst kümmert sich nur wenig um die Verhältnisse, die durch mangelnde Reinlichkeit der Gäste geschaffen werden. Namentlich die Aborte sind nicht nur in manchen Stationen, sondern vor allem in den Wagen in einem Zustande, der jeder Beschreibung spottet. Daß all die Zustände auf den Fremden den schlechtesten Eindruck üben und den allseits propagierten und angestrebten Fremdenverkehr schädigen, liegt ja auf der Hand. Zu begrüßen wäre es, wenn jene berufenen Organe der Bahn der Sauberzeit ein lebhafteres Augenmerk zuwenden und dafür sorgen würden, daß Bahnhofsräume und Wagen so hergehalten werden, daß an Reinlichkeit gewöhnte Leute an ihnen nicht Anstoß nehmen müssen."

(Linzer Tagespost vom 28. August 1928)

Aus dem Bahnpostdienst in Molln

(von Hans-Georg Pucalka)

Vertrag

Wegen der Unterhaltung der werktags einmaligen Postbotenfahrten zwischen dem Bahnhofe und dem Postamte in Molln wird zufolge Dienstanweisung des Bundesministeriums für Handel und Verkehr (Generaldirektion für die Post- und Telegraphen-Verwaltung) vom 10. November 1927 zwischen der Post- und Telegraphen-Direktion in Linz und dem Herrn Leopold Grillmayr in Molln folgender Vertrag abgeschlossen.

§ 1 – Herr Leopold Grillmayr in Molln verpflichtet sich, die werktags einmalige Postbotenfahrt zwischen dem Bahnhofe und dem Postamte in Molln und zurück vom 3. Mai 1927 an zu besorgen. Die Vergebung dieser Postfahrten an einen Nachunternehmer ist verboten.

§ 2 – Da mit den Postfahrten Brief-, Geld- und Paketsendungen, letztere mit und ohne Wert, zu befördern sind, so verpflichtet er sich bei Übernahme und Übergabe sowie bei der Beförderung der Sendungen die für die Postbotenfahrten geltenden Vorschriften genau zu beachten.

§ 3 – Herr Leopold Grillmayr verpflichtet sich, bei Besorgung der Postfahrten die Kursordnung, welche die Post- und Telegraphen-Direktion nach eigenem Ermessen festsetzen und abändern kann, einzuhalten und die vorgeschriebene Beförderungszeit nicht zu überschreiten.

§ 4 – Zu diesen Postfahrten sind geeignete Wagen und Schlitten in Verwendung zu nehmen. Diese Verkehrsmittel müssen mit einem gut verschließbaren, eisernen oder innen und außen mit Eisenblech ausgefütterten bezw. beschlagenen Behältnis zur sicheren Hinterlegung der Brief- und Geldpost so wie der Wertsendungen versehen sein. Die Schlüssel hiezu sind dem Postamte in Molln zu übergeben; der Botenpostführer (Kutscher) darf bei strengster Verantwortung niemals einen Schlüssel zu diesem Behältnisse mit sich führen. Zum Führen der Postbotenfahrten ist ein vollkommen vertrauter, des Lesens und Schreibens kundiger Bediensteter zu wählen und bleibend zu verwenden.

§ 5 – Dem Postfahrtunternehmer Herrn Leopold Grillmayr in Molln wird als Entgelt für die Besorgung der genannten Postbotenfahrten eine Monatsvergütung von 70 (siebzig) Schilling bewilligt. Die Fahrtbezüge werden monatlich nachhinein durch das Postamt Molln ausbezahlt.

Der von 1911 bis 1944 gebräuchliche Rundstempel mit 27,5 mm Durchmesser wurde häufig in beiden Richtungen verwendet, mit violetter Farbe nur 1920-21. Die Linienangabe im Rechteckfeld befindet sich jetzt unten. Anfang 1928 kam ein zweiter, um 1 mm kleinerer Stempel zur Bahn, links mit einem „a", rechts mit einem Sternchen, das aber 1939 auf Anordnung der neuen Machthaber entfernt werden mußte. Noch bis 1947 wurden diese Stempel verwendet. Den ovalen bahnamtlichen Normstempel, wie er nach dem Anschluß Österreichs ans Deutsche Reich ab 1938 auf den Hauptbahnen üblich war, gab es auf der Steyrtalbahn dagegen nie.

Abschläge von Einschreibpost der Steyrtalbahn sind äußerst rar, hier die Version bis 1938. Danach gab es bis 1947 eine weiße Marke mit einem dicken roten Rahmen und rotem „R".

Überdies wird die Mautfreiheit für ein Pferd zugesichert. Es bleibt dem Postfahrtunternehmer unbenommen, unter Zuspannung eines zweiten Pferdes mit den Postbotenfahrten Reisende für eigene Rechnung zu befördern; jedoch wird die nach eigenem Ermessen festgesetzte Personenbeförderungsgebühr der Post- und Telegraphen-Direktion zur Kenntnis zu bringen sein und er wegen Erhalt der Bewilligung zur regelmäßigen Personenbeförderung bei der zuständigen politischen Behörde die erforderlichen Schritte rechtzeitig zu machen haben.

§ 6 – Herr Leopold Grillmayr haftet mit seinem ganzen beweglichen und unbeweglichen Vermögen für die klaglose Beförderung der von ihm oder seinen Bediensteten (Kutscher) vorschriftsmäßig übernommenen Brief-, Geld- und Paketsendungen und für alle durch Außerachtlassung der Vorschriften entstandenen Schäden und Verluste.

§ 7 – Es wird eine wechselseitige einvierteljährige Aufkündigung dieses Vertrages bedungen, der Post- und Telegraphen-Verwaltung aber das Recht vorbehalten, bei ordnungswidrigen Vorgängen in Bezug auf die Besorgung der Postfahrten und die Beförderung der Postsendungen das Vertragsverhältnis allsogleich aufzuheben und nach ihrem Ermessen für die Besorgung der Postfahrten und die Beförderung der Postsendungen in beliebiger Weise, allenfalls auch durch Aufnahme eines anderen Unternehmers unter neuen Bedingungen vorzusorgen. Der bisherige Unternehmer aber haftet für den Ersatz der der Post- und Telegraphen-Verwaltung für die Besorgung der Postfahrten und die Beförderung der Postsendungen erwachsenden höheren Kosten noch für so lange Zeit, als er im Zeitpunkte des Rücktrittes der Post- und Telegraphen-Verwaltung sonst, das ist bei vertragsmäßiger Ausübung das Kündigungsrechtes, zum mindesten noch die Postfahrten hätte besorgen müssen.

Desgleichen ist die Post- und Telegraphen-Verwaltung berechtigt, wenn der Unternehmer wegen eines Verbrechens, Vergehens oder einer Übertretung aus Gewinnsucht in Untersuchung kommt, oder er in Konkurs verfällt, das Vertragsverhältnis sogleich ohne vorhergegangene Kündigung, unbeschadet der für die Post- und Telegraphenverwaltung etwa begründete Entschädigungsansprüche als gelöst zu betrachten und für die Weiterbesorgung bezw. Weitervergebung der Postbotenfahrten nach eigenem Gutdünken vorzusorgen.

§ 8 – Im Falle des Ablebens des Postfahrtunternehmers Herrn Leopold Grillmayr haben die Erben für die klaglose Fortführung der Postbotenfahrten so lange zu sorgen, bis diesfalls von der Post- und Telegraphen-Direktion das Entsprechende verfügt wird. Von dieser Verpflichtung können die Erben erst nach Ablauf der Kündigungsfrist von drei Monaten und vor deren nur dann enthoben werden, wenn bis dahin die Verleihung der Postbotenfahrten an einen neuen Unternehmer erfolgt oder von der Post- und Telegraphen-Direktion eine anderweitige Vorkehrung getroffen sein wird. So lange die Erben die Postbotenfahrten besorgen, haben sie auch Anspruch auf die vertragsmäßig festgesetzte Fahrtvergütung.

Linz, am 20. November 1927

Post- und Telegraphen-Direktion
für Oberösterreich und Salzburg

Der Präsident:

Nach dieser Hiobsbotschaft war Eile geboten. Kurzfristig konnte ein Termin in Wien vereinbart werden. Die Einstellungspläne des Verwaltungsrates wurden gemäß Konzessionsgesetz als unzulässig erachtet und folglich abgelehnt. Das Gesetz sah für solche Fälle die Sequestration und die Betriebsübernahme durch den Staat vor, aber so weit kam es noch nicht. Unter der Überschrift *„Die Steyrtalbahn bleibt in Betrieb“* teilte das Linzer Volksblatt am 31. März mit: *„Die vor kurzem angekündigten Verhandlungen im Bundesministerium für Handel und Verkehr über die Regelung der finanziellen Verhältnisse der Steyrtalbahn haben zu Vereinbarungen mit der Gesellschaft geführt, die es ihr ermöglichen, ihren Zahlungsverpflichtungen weiter nachzukommen. Damit ist naturgemäß auch der ungestörte Fortbetrieb der Steyrtalbahn gesichert.“*

Nun galt es, ein zukunftsweisendes Konzept zu entwerfen. Der Steyrer Stadtrat wies nachdrücklich darauf hin, daß *„die vor zehn Jahren als dringende Verkehrsnotwendigkeit erbaute Steyrtalbahn unbedingt erhalten bleiben muß. Das Ministerium hat zwar den Beschluß des Verwaltungsrates bezüglich Einstellung des Betriebes und der Kündigung des Personals als gesetzwidrig aufgehoben, aber wer kann verlangen, daß die Gesellschaft ihren Betrieb aufrecht erhält, wenn ihr einfach die Mittel hierzu fehlen? (...) Bei gänzlicher Einstellung würde höchstens noch Sierning für den Geschäftsverkehr mit der Stadt Steyr in Betracht kommen, alle Orte darüber hinaus wären für Steyr verloren.“*

Das Jubiläum „40 Jahre Steyrtalbahn“ fiel aus, wie die Linzer Tagespost schrieb: *„Am 20. August waren 40 Jahre voll, daß der erste Zug auf der Steyrtalbahn abgelassen wurde. Die vielfach erörterte, schwierige und traurige Lage und die noch heute vollkommen ungeklärte und nicht rosige Zukunft veranlaßte die Direktion, von jeder besonderen Festlichkeit abzusehen. Wir wollen nur hoffen, daß es gelingen möge, Mittel und Wege zur dauernden Aufrechterhaltung des Betriebes zu finden.“*

Am 1. Oktober 1929 ging Direktor Ladislaus Benke in den Ruhestand. Vorläufig befristet auf sechs Monate trat Ing. Richard Ferge die Nachfolge an. Seine vordringliche Aufgabe war es, ein Konzept zur Rettung der Steyrtalbahn zu entwickeln. Am 18. November 1929 präsentierte er dem Verkehrsministerium seine Ideen. Neben einer Anhebung der Fahrgeschwindigkeit hob er hervor: *„Die Bahn, die durch eines der schönsten Gebirgstäler Oberösterreichs führt, die dem Fremdenverkehr voll erschlossen werden muß, auch für die Industrie unentbehrlich ist, insbesondere aber ein Verbindungsweg mit dem großen, immer mehr an Bedeutung gewinnenden Kurort Bad Hall ist, muß von der Verwaltung der Österreichischen Bundesbahnen übernommen werden. Die Umgestaltung der Bahn kann auf verschiedene Weise erfolgen; durch den Ausbau der Kraftwerke am Steyrdurchbruch wäre die Elektrifizierung die ideale Lösung, selbe würde vielen Erwerbslosen Arbeit geben und diese Leistungen könnten im Wege der produktiven Arbeitslosenfürsorge bedeutend verbilligt werden. Es müßte aber auch der Oberbau gründlich verbessert werden. Eine weitere Lösung wäre es, Benzinlokomotoren einzuführen und durch einen rascheren und billigeren Betrieb die Bahn als Verkehrsmittel beliebter als bisher zu machen. Aber all diese Anregungen auszuführen sind der jetzigen Gesellschaft unmöglich, dies kann nur der Bund im Rahmen der großen Investitionsarbeiten leisten.“*

Aktie III. Emission № 25839 Coupon Nr. 42
Gegen diesen Coupon zahlt die Steyrtalbahn-Gesellschaft dem Überbringer die auf obige Aktie entfallende Gesamtdividende für das Jahr 1931.
Dividenden und Superdividenden, welche nicht innerhalb drei Jahren vom Tage der Fälligkeit behoben werden, verfallen zugunsten des Betriebs-Reservefonds (Art. 44 der Statuten).

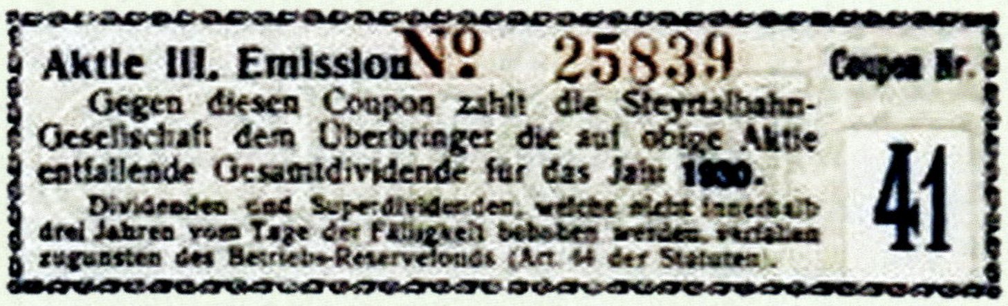
Aktie III. Emission № 25839 Coupon Nr. 41
Gegen diesen Coupon zahlt die Steyrtalbahn-Gesellschaft dem Überbringer die auf obige Aktie entfallende Gesamtdividende für das Jahr 1930.
Dividenden und Superdividenden, welche nicht innerhalb drei Jahren vom Tage der Fälligkeit behoben werden, verfallen zugunsten des Betriebs-Reservefonds (Art. 44 der Statuten).

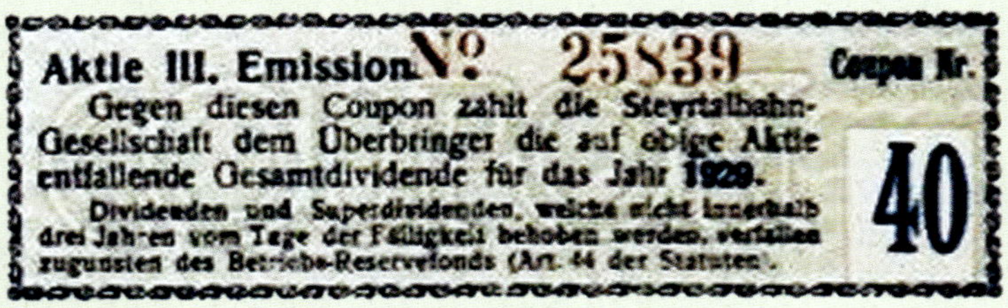
Aktie III. Emission № 25839 Coupon Nr. 40
Gegen diesen Coupon zahlt die Steyrtalbahn-Gesellschaft dem Überbringer die auf obige Aktie entfallende Gesamtdividende für das Jahr 1929.
Dividenden und Superdividenden, welche nicht innerhalb drei Jahren vom Tage der Fälligkeit behoben werden, verfallen zugunsten des Betriebs-Reservefonds (Art. 44 der Statuten).

Die Zentralstelle zur Fremdenverkehrsförderung, die schon 1926 erneut eine Verlängerung der Steyrtalbahn dreischienig bis in den Bahnhof Steyr vorgeschlagen hatte, brachte die Idee einer Verbindung Sierning – St. Florian bei gleichzeitiger Fusion mit der Lokalbahn Ebelsberg-St. Florian ins Spiel. Immerhin gelang es der Direktion, eine Anhebung der Höchstgeschwindigkeit auf der Stammstrecke von 25 auf 35 km/h sowie auf der Flügelstrecke von 25 auf 30 km/h genehmigt zu bekommen. Die ab 5. Oktober 1930 gültigen höheren Geschwindigkeiten blieben bis zur Einstellung im Februar 1982 unverändert.

Der Verwaltungsrat verlängerte den Vertrag mit Direktor Ferge nicht mehr. Dessen Posten übernahm am 27. Mai 1930 der Ministerialrat Ing. Emmerich Pascher-Osserburg. Aufgrund des eskalierenden Betriebsabgangs fiel es immer schwerer, die Gehälter pünktlich zum Monatswechsel zu zahlen. In einer Petition vom 21. Juli 1930 an die Landes-

Darf die Steyrtalbahn schneller werden?

„Die Verhältnisse in Ägypten und Steyr stehen insofern im Zusammenhang, als man dort und da am Vorabend einer Revolution steht. In Ägypten will man den König stürzen, in Steyr den Langsamkeitsrekord der Steyrtalbahn. Dieses „umstürzlerische“ Vorhaben gegen die Bahn geht gewiß nicht von den Kommunisten aus, sondern von braven österreichischen Bürgern. Angeblich soll den Österreichern das Motto „Nur alleweil schön langsam“ sehr gut gefallen. In punkto Steyrtalbahn ist ihnen jedenfalls die Langsamkeit zu dumm geworden, und so haben sie jetzt ihren Anspruch, auch Mitmenschen im Jahrhundert der Schnelligkeit zu sein, allgemein kund und zu wissen getan: Die Steyrtalbahn muß schneller fahren! Ja, das ist leichter gesagt als getan. Da müssen erst umfangreiche Vorarbeiten geleistet, verschiedene Ausschüsse, Unterausschüsse und Kommissionen eingesetzt und Vor- und Spezialreferenten bestellt werden. So eine Kommission traf am Dienstagabend in Steyr ein, die sich am Mittwoch zeitlich früh zum Garstner Hauptbahnhof der Steyrtalbahn auf die Socken machte, um so bald als möglich mit einem echten, wirklichen Sonderzug zu starten. Vor Einbruch der Dunkelheit wollte man zurück sein. Die Kommissionierung sollte den Zweck haben, festzustellen, ob die Steyrtalbahn auf dem derzeitigen Oberbau anstatt mit der bisher gefahrenen „Geschwindigkeit“ von 25 Stundenkilometern durchaus auch 35 Kilometer in der Stunde sich zu fahren erlauben darf. Was bei der zehnstündigen Arbeit der Fachleute, die in einem echten und wirklichen Salonwagen die Fahrt von Garsten nach Klaus mitmachten, herauskam, ist noch nicht bekannt. Die Steyrer hoffen – das ist übrigens schon eine Macht der Gewohnheit – daß in dem amtlich zu verlautbarenden Kommuniqué der Satz enthalten sein wird: Die Kommission hat die berechtigten Wünsche Steyrs auf Erhöhung der Stundengeschwindigkeit bei der Steyrtalbahn einer wohlwollenden Prüfung unterzogen und gibt der zuversichtlichen Hoffnung Ausdruck, alsbald von den zuständigen Stellen die Tat folgen zu sehen.“

(„Steyrer Brief“ aus Linzer Volksblatt vom 29. Juli 1930)

regierung und an das Verkehrsministerium kamen die unseriösen Praktiken der Kraftfahrbetriebe zur Sprache. So habe die „Geste", die eine Konzession für zwei tägliche Buskurse Steyr – Grünburg besaß, die Route gleich dreimal täglich bedient und sie 1929 unerlaubt bis Molln verlängert. Nun bat die Steyrtalbahn darum, ihr die Geste-Konzession zu übertragen und auf die gesamte Steyrtalbahnstrecke auszuweiten, die Kurse der „Oberkraft" einzuschränken und außerdem den Arbeiterverkehr Pergern – Bad Hall finanziell zu unterstützen.

In einem Lagebericht zeichnete Direktor Pascher am 23. August 1930 ein düsteres Bild. Er gab an, zum 1. September seien 28 Hilfsbedienstete entlassen worden. Der Schritt habe sich aus dem derzeit schlechten Geschäftsgang ergeben. Das Werkstättenpersonal, das nur zum Hilfsdienst aufgenommen worden sei, mußte deshalb abgebaut werden. An seine Stelle werde ein Teil des derzeit infolge des großen Rückgangs des Güterverkehrs beschäftigungslos gewordenen Stations- und Fahrdienstpersonals treten, dessen Abbau nur hierdurch verhindert werden könne. In der Personenbeförderung sei ein solcher Ausfall zu verzeichnen, daß er einem katastrophalen Niedergang gleich kommt. Gründe dafür sind die schlechte Wirtschaftslage und vor allem die Konkurrenz der Autolinien. Der Autoverkehr sei auf der Strecke Steyr – Bad Hall bereits so dicht, daß der Bahnverkehr immer mehr eine glatte Unmöglichkeit werde. Die Direktion sei bemüht, wenigstens auf der Strecke nach Klaus mittels Sicherung der Fahrkonzession und Ausgestaltung des Fahrplans den Verkehr rentabel zu gestalten. Die Fahrzeit Steyr – Klaus wurde auf 1¾ Stunden herabgesetzt, auch es werde nun eine 25%ige Ermäßigung für Rückfahrkarten gewährt.

Zwei Wochen später, am 8. November, nahm auch Direktor Pascher seinen Hut, er trat den Posten als Bauleiter-Stellvertreter beim Bau der Glockner-Straße an. Als tüchtiger Fachmann mit vorzüglichen technischen Kenntnissen und praktischen Erfahrungen hinterließ er beim Personal wie auch bei der Bevölkerung einen positiven Eindruck. Kommissarisch kehrte Ladislaus Benke auf den Direktorenposten zurück.

Großes Interesse an der Übertragung der Steyrtalbahn in staatliche Regie hatte Dr. Franz Georg Strafella (1891-1968), seinerzeit Grazer Vizebürgermeister sowie Direktor der Grazer Tramway. Carl Vaugoin, Vizekanzler der christlich-sozialen Bundesregierung Schober, forderte am 25. Februar 1930 die Ernennung des für seine harte Hand bekannten Strafellas zum Generaldirektor der sozialdemokratisch stark beeinflußten BBÖ, doch dann deckte die sozialdemokratische „Arbeiter-Zeitung" in ihrer Ausgabe vom 15. Mai 1930 die Machenschaften Strafellas auf. Die Korruptionsaffäre weitete sich aus, es kam sogar zum Rücktritt der Regierung, – und die Steyrtalbahn war darin ein Spielball.

Strafella verklagte den Redakteur wegen Beleidigung. Vor Gericht kam heraus, daß Strafella schon in der Inflationszeit durch dubiose Immobilienspekulationen, noch dazu an der Steuer vorbei, ein großes Vermögen angehäuft hatte. Über Mittelsmänner und „Schwarze Fonds" hatte er nunmehr im großen Stil Lokalbahnaktien erworben. Wie bei der Mühlkreisbahn und der Linzer Lokalbahn war er auch bei der Steyrtalbahn, wo er schon ab 1927 im Verwaltungsrat saß (zeitweise sogar als Präsident), zum Großaktionär aufgestiegen, was sich natürlich mit dem designierten Status eines BBÖ-Generaldirektors nicht in Einklang bringen ließ. In einer solchen Funktion hatte er nämlich die Möglichkeit, die Aktienkurse in die Höhe zu treiben. Untermauert wurden die Vorwürfe der Zeitung durch einen vor Gericht präsentierten Bericht einer vom Ministerrat einberufenen Untersuchungskommission. Am 19. September wurde die Arbeiter-Zeitung in mehreren Punkten verurteilt, allerdings erachtete das Gericht die Vorwürfe der „Unkorrektheit" als erwiesen. Der „moralisch verurteilte" Strafella ging in die 2. Instanz, während Vaugoin weiter auf Strafellas Ernennung zum BBÖ-Generaldirektor beharrte. Bundeskanzler Johann Schober akzeptierte dies nicht, so daß Vaugoin als Vizekanzler zurücktrat und das Bundeskabinett sich letztlich am 25. September auflöste. Von Bundespräsident Wilhelm Miklas wurde Vaugoin mit der Regierungsbildung beauftragt. Bis zu den Neuwahlen am 9. November 1930 amtierte Vaugoin nunmehr als Bundeskanzler und am 2. Oktober ernannte er Engelbert Dollfuß, den späteren Gründer und Diktator des Ständestaates, zum Präsidenten der BBÖ-Verwaltungskommission sowie Strafella zum BBÖ-Generaldirektor.

Diesen Posten trat Strafella aber praktisch nie an, sondern ließ sich für die Zeit bis zum Abschluß des Berufungsverfahrens beurlauben. Weitere Delikte kamen ans Tageslicht, am 20. Mai 1931 bestätigte das Gericht das Urteil aus 1. Instanz und am 5. Juni beschloß der Ministerrat die sofortige Amtsenthebung Strafellas. Als die Phönix-Versicherung fünf Jahre später in Konkurs ging, flog auf, daß Strafella an diese zahlreiche Lokalbahnaktien zum Fünffachen des Kurswertes verkauft hatte. Damit verlor er sein Bundestagsmandat. In etlichen Gremien war er noch vertreten, so auch im Verwaltungsrat der Steyrtalbahn bis Juli 1938, jedoch ab 1936 nicht mehr als Präsident. Nach dem Anschluß Österreichs ans Deutsche Reich wurde er von den politischen Posten enthoben und am 13. Juli 1939 wegen Veruntreuung und Betrug beim Verkauf der Lokalbahnaktien an die „Phönix" zu fünf schweren Kerker-Jahren verurteilt. Später war er noch bis zu seinem Tod im Jahr 1968 in vielen Aufsichtsräten vertreten, wie z.B. bei der ÖAMG oder der Austria Tabak AG.

Am 28. Februar 1931 übernahm das Bundesministerium für Handel und Verkehr – wie in der Konzession verankert – den Betrieb der Steyrtalbahn und beauftragte die BBÖ mit der Betriebsführung auf Rechnung der Eigentümer (gegen Selbstkostenvergütung). Eine eigens dafür eingerichtete Betriebsleitung mit eigenständigen Aufsichts- und Verrechnungsbefugnissen und mit Sitz in Steyr, Stadtplatz 20/22, war direkt der BBÖ-Generaldirektion unterstellt. Die bisherigen StB-Mitarbeiter verblieben damit weiterhin im Dienst der Steyrtalbahn-Gesellschaft.

An die Stelle des Betriebsdirektors trat ein von den BBÖ bestellter Betriebsleiter. Dazu die Tagespost am 27. April 1931: „*Die Generaldirektion der Österreichischen Bundesbahnen hat den Oberbaurat Ing. Josef Inführ zum Betriebsleiter der Steyrtalbahn ernannt. Mit dem Übergang der Betriebsführung an die BBÖ war nun die Bestellung eines Betriebsleiters an Stelle des in den Ruhestand getretenen Direktors Ing. Ladislaus Benke des bis dorthin als Privatbahn geführten Unternehmens notwendig. Mit Oberbaurat Ing. Josef Inführ gelangt ein anerkannter Eisenbahnfachmann jüngerer Schule an leitende Stelle. Im Jahr 1885 zu Waidhofen an der Ybbs geboren, absolvierte er seine Studien in Waidhofen, Steyr und an der Technischen Hochschule in Wien. Schon im Jahr 1907 war er als Ferialtechniker beim Bau der Tauernbahn beschäftigt. Nach Abschluß seines Einjährig-Freiwilligenjahres beim Eisenbahn- und Telegraphen-Regiment trat er in den Dienst der Staatsbahndirektion Wien Nordwest. Als Verkehrsbeamter (Fahrdienstleiter) eignete er sich die im ausübenden Eisenbahndienst notwendigen Kenntnisse an, worauf er als zugeteilter Ingenieur zur Streckenleitung Freistadt (Oberösterreich) kam. Während des Krieges stand er als Reserveoffizier im Felde, wo er unter anderem ab 1917 als Seilbahnreferent der 3. türkischen Kaukasusarmee und dann als bauleitender Offizier einer Schwerseilbahn am Schwarzen Meer tätig war. Ab 1921 war Ing. Inführ bautechnischer Beamter und Vorstandstellvertreter der Streckenleitung Hartberg (Steiermark). Er genießt den Ruf eines zielbewußten, korrekten Vorgesetzten mit umfassendem Wissen, dem auch Personalfreundlichkeit nicht abgesprochen werden kann.*" Die gesamten 30er Jahre über bekleidete Josef Inführ den Betriebsleiterposten bei der Steyrtalbahn.

Die Tarife änderten sich unter der neuen Obrigkeit nicht. Der Fremdenverkehr nahm einen erfreulichen Aufschwung, von 1926 bis 1931 hatte sich die Zahl der Übernachtungen im Umfeld der Steyrtal- und der Pyhrnbahn mehr als verdoppelt, nämlich von 160.000 auf 360.000, wie der in Hinterstoder ansässige Verband der Sommerfrischen und Wintersportplätze ermittelte. Der Geschäftsbericht für das Jahr 1931 zeichnete dennoch kein erfreuliches Bild: *„Die Verschärfung der Wirtschaftskrise, die im Steyrtale geradezu katastrophale Formen annahm, hatte eine weitere Verschlechterung der Betriebsergebnisse der Steyrtalbahn zur Folge."* Gegenüber dem Jahr 1930 waren das Fahrgastaufkommen um 13.741 auf lediglich noch 163.683 Personen sowie der Güterverkehr um 6.305 t auf nunmehr 42.831 t Eil- und Frachtgut zurückgegangen.

Für den Abschnitt Sierning – Bad Hall gab es keine Hoffnung mehr. Die Autobusse hatten ihm den Rang abgelaufen, eine Zählung ergab ein Aufkommen von 19 Fahrgästen in zwei Zügen, und auch durch die Verlagerung des Frachtgutverkehrs auf Lkw waren die Einnahmen minimal. Am 2. Dezember 1932 besprachen Vertreter der BBÖ-Generaldirektion mit dem Ministerium eine etwaige Einstellung. Für Zuckerrübentransporte über Garsten zur 1928/29 erbauten SUGANA-Zuckerfabrik in Enns sollte zwischen Pergern und Sierning ein schleppbahnartiger Güterverkehr eingerichtet werden. Mit Bescheid vom 8. Juli 1933 genehmigte das Ministerium die Einstellung des Gesamtverkehrs Sierning – Bad Hall, jedoch sollten die Anlagen in einem solchen Zustand erhalten werden, daß eine Wiederinbetriebnahme gegebenenfalls möglich sei.

Unter der Überschrift *„Teilweise Verkehrseinstellung auf der Steyrtalbahn"* teilte die Wiener „Kleine Volkszeitung" am 16. Juli 1933 mit: *„Das Ministerium für Handel und Verkehr hat die Einstellung des Gesamtverkehrs auf der Teilstrecke Sierning – Bad Hall mit 1. August verfügt. Auf den Strecken Garsten – Klaus und (Garsten –) Pergern – Sierning bleibt der Verkehr im bisherigen Umfang aufrecht. Die derzeit zwischen Garsten, Pergern und Bad Hall verkehrenden Züge Nr. 1951 und 1952 (an Sonntagen Zug 1914) werden ab 1. August nur mehr zwischen Garsten und Sierning, und zwar nach folgendem Fahrplan täglich verkehren. Zug Nr. 1951: ab Garsten 14.05 Uhr – an Sierning 14.52 Uhr; und Zug Nr. 1952: ab Sierning 15.02 Uhr – an Garsten 15.50 Uhr."*

Sang- und klanglos endete der Zugverkehr am 1. August 1933 zwischen Sierning und Bad Hall, ohne Abschiedsfahrt, ohne größere Nachrufe in der Presse. Der Presse war das Ereignis allenfalls ein Zwei- oder Dreizeiler wert. Bei einer Streckenbegehung vom 26. bis 28. Februar 1934 stellten die BBÖ-Vertreter fest, daß der schlecht erhaltene Oberbau bis spätestens Ende 1935 abzutragen sei, sonst wäre keine Abfuhr des Materials auf der Bahn mehr möglich. Von 14.100 Schwellen seien nur noch 2.000 brauchbar. Das Salzburger Volksblatt teilte am 26. Juni 1934 mit: *„Das Bundesministerium für Handel und Verlehr hatte verfügt, daß der Bauzustand der Strecke in einer solchen Weise erhalten werden müsse, daß die Wiederaufnahme des Betriebes in angemessener Frist jederzeit erfolgen könne. Nun hat die Generaldirektion der BBÖ ihre Meinung dahin geäußert, daß eine Wiederaufnahme kaum mehr in Frage kommen dürfte und es sich daher empfiehlt, den Oberbau schon jetzt gänzlich abzutragen, um das Material zur Erhaltung und Ausbesserung der übrigen Linien der Steyrtalbahn verwerten zu können. Gegen diese Absicht haben sich die Interessenten, vor allem der Leiter des städtischen Verkehrsbüros Steyr, ausgesprochen. In nächster Zeit wird eine Versammlung aller Interessenten stattfinden."*

Der Verwaltungsrat – noch immer mit Präsident Dr. Strafella an der Spitze – war da anderer Meinung, wie das Salzburger Volksblatt am 27. Juni 1934 schrieb: *„Auf der Generalversammlung der Steyrtalbahn AG wurde u.a. die Frage der Entfernung der Gleisanlagen der Strecke Sierning – Bad Hall besprochen. Der Verwaltungsrat gab seiner Meinung dahin Ausdruck, daß der materielle Wert des durch den Abbau gewonnenen Materials in keinerlei Verhältnis stehe zu der dann entstehenden Beunruhigung der Bevölkerung, und daß es auch vom Standpunkt des Betriebes aus keineswegs als vorteilhaft bezeichnet werden kann, aus der jetzigen Krisenzeit heraus besseren Zukunfts-Entwicklungsmöglichkeiten den Weg zu verbauen, weil durch Schienen-Autobusse die Möglichkeit wirtschaftlicher Betriebsführung gegeben erscheint."*

Es kursierte schon das Gerücht, daß die Steyrtalbahn solche Schienen-Autobusse erworben habe, jedoch am 28. Februar 1935 klärte die „Salzburger Chronik für Stadt und Land" auf: *„Die Triebwagen der Salzkammergut-Lokalbahn sollen, wie ein Linzer Blatt zu melden weiß, aus*

Das einstige Bahnhofsgelände von Waldneukirchen-Adlwang in den 60er Jahren. Nach dem Krieg hatte sich im früheren Frachtenmagazin eine Schmiede niedergelassen, später entstand daraus eine Kfz-Werkstätte für Chevrolet, um 1981 ging daraus das Toyota-Autohaus Reitner hervor. Von den Bahngebäuden ist auf diesem Luftbild nur noch das ehemalige Bahnwächterhaus (rechts) mit angebautem Warteraum vorhanden. Bis ungefähr 2003 wurde es noch bewohnt und dann abgerissen. Große Bedeutung hatte die Station für die 1893 direkt gegenüber eröffnete Kneipp-Kuranstalt, die allerdings bereits 1933 – wie auch die Flügelstrecke – stillgelegt wurde. Foto: Sammlung Christian Reitner

dem Verkehr genommen worden sein. Es wird auch gemeldet, daß die Triebwagen, die bekanntlich vor zwei Jahren zur Einführung gelangten, schon verladen und der Steyrtalbahn übergeben werden sollen, so daß also die SKGLB voll zum Dampfbetrieb zurückkehren würde. Die Meldung entspricht nicht den Tatsachen. Wohl wurden die Triebwagen derzeit aus dem Verkehr gezogen und aus Salzburg abtransportiert, aber sie kamen nur nach Steyr in die Austro-Daimler-Werke, wo die von der Hoheitsverwaltung verlangten Änderungen an der Konstruktion vorgenommen werden. Nach Vollendung der Arbeiten werden die Triebwagen wieder auf der Salzkammergut-Lokalbahn in Betrieb gesetzt."

Alternativ zu den „Schienen-Autobussen" zog man den Kauf von drei Dieselloks ähnlich der neuen Reihe 2040 der Lokalbahn Ruprechtshofen – Gresten (später ÖBB 2190) in Betracht, doch die Aussichten auf Rendite eines Dampf-Diesel-Mischbetriebs waren letztlich zu gering.

Am 5. Dezember 1936 stand der Oberbau der Flügelstrecke wieder zur Diskussion, dazu das Salzburger Volksblatt: *„Bei der Fremdenverkehrstagung für den politischen Bezirk Steyr-Land kam auch die Abtragung der Bahntrasse Sierning – Bad Hall zur Sprache. Der als Vertreter der oberösterreichischen Landesregierung anwesende Hofrat Dr. Wallentin verwies auf den Umstand, daß ein Eisenbahnverkehr in diesem Gebietsteil niemals mehr aufgerichtet werden könne, wenn die an der Strecke Sierning bis Bad Hall gelegenen Ortsgemeinden der Abtragung zustimmen. Wenn vielleicht auch der Personenverkehr nicht mehr in Frage komme, so würde doch ein Frachtenverkehr zu entsprechenden Tarifen möglicherweise den Betrieb rentabel gestalten. Im Schlußwort verwies Oberbaurat Ing. Inführ der Steyrtalbahn darauf, daß die Bundesbahnen der Treuhandverwalter der Steyrtalbahn-Gesellschaft seien. Die Betriebsleitung sei jedenfalls nur durch das hohe Passivum von 27.000 öS auf der Strecke Sierning – Bad Hall gezwungen gewesen, diesen Teil des Betriebes einzustellen. Seiner Ansicht nach werde es wahrscheinlich im Frühjahr 1937 zur Abtragung der Trasse Sierning – Bad Hall schon deshalb kommen, weil sich die zuständigen Stellen im Laufe der letzten Jahre eingehend mit der Frage der Wiederaufrichtung beschäftigt haben; hierbei dürften sie zu dem Schluß gekommen sein, die Betriebseinstellung zwischen Sierning und Bad Hall als definitiv zu erklären. Damit sei die Frage der Abtragung der Trasse akut geworden. Die Kurkommission Bad Hall würde für den Fall der Abtragung den Streckenteil von Kammerhub bis Bad Hall zum Bau einer Ablenkungsstraße käuflich zu erwerben suchen."*

Bahnhof Steyr Lokalbahn (bis 1927 Steyrdorf) um 1930: Während der gesamten 30er Jahre amtierten hier der Vorsteher Ferdinand Haratzmüller und der Fahrdienstleiter Robert Raab. Präsident der Steyrthalbahn AG war Dr. Strafella (gleichzeitig BBÖ-Generaldirektor), einen Vizepräsidenten gab es damals nicht.

Unten: Der mit einem Aufseher (damals Emil Rotter) besetzte Bahnhof Aschach war stets eine wichtige Kreuzungsstation. In den 30er Jahren waren die Wagen aus der Frühzeit der Steyrthalbahn AG noch allgegenwärtig, während des 2. Weltkriegs wurden sie großteils von Pinzgauer Flachdachwagen verdrängt.
Fotos: Archiv der ÖGEG

Zauber der Kleinbahnromantik im Steyrtal

Werden und Entwicklung der Steyrtalbahn – 50jähriges Jubiläum

„In Steyrdorf werden die mit der Steyrthalbahn aus Garsten kommenden h.v. Festgäste von den beiden hiesigen Männergesangvereinen mit einem „Grüß Gott" und von der Bürgercorps-Capelle in patriotischen Weisen willkommen. In Grünburg werden die Festgäste dieses Eröffnungszuges durch die Gemeindevertretungen, den Bezirksrichter und Reichsrathsabgeordneten Edlbacher, den Gesangverein Grünburg-Steinbach und die Steinbacher Bürgergarde festlich erwartet. Im Nußbaumer's Gasthof findet darauf ein Dejeuner dinatoire statt." So etwa lautete der Vorbericht vom August des Jahres 1889, als vor 50 Jahren die feierliche Eröffnung der ersten Schmalspurbahn zwischen Garsten und Grünburg vorgenommen wurde.

Die Eröffnung der Steyrtalbahn war natürlich für die Stadt Steyr und das Steyrtal ein bedeutungsvolles Ereignis. Schon ein halbes Jahrzehnt hatten Kräfte aus diesen Gebieten für die Errichtung der Bahnstrecke gekämpft, voran der Landtagsabgeordnete Dr. Hochhauser, der als moralischer Begründer der Steyrtalbahn-Gesellschaft gilt und auch später dem Präsidenten des Verwaltungsrates der Unternehmung, Josef Graf Lamberg, als Stellvertreter zur Seite stand. 1888 wurde der Bau der Bahntrasse begonnen und unter der Leitung des Bauingenieurs von Wenusch in weniger als einem Jahr vollendet. An der denkwürdigen Fahrt von Garsten nach Grünburg nahmen neben den Festgästen von Steyr auch der Statthalter, der Landeshauptmann, Vertreter des Handelsministeriums und der Staatsbahnen und mehrere Reichsrats- und Landtagsabgeordnete teil. Als der Zug, in dem auch die Fabrikanten Franz und Eduard Werndl mit ihrem Direktor Spitalsky saßen, die vollbeschäftigten Werndl-Objekte in Letten passierte, bildeten 1.500 Gefolgschaftsleute im Arbeitsgewand längs der Schienen Spalier und unter die Hochrufe knallten die Salven von 100 Werndl-Gewehren. Die Schüsse hallten von den Ufern der Steyr wider und gaben Kunde, daß nunmehr die eisenverarbeitenden, fleißigen Menschen des Tales mit der Industriestadt Steyr durch einen modernen Verkehrsweg innig verbunden wurden. Mehr als 40.000 Menschen – nach dem damaligen Bevölkerungsstand dieses Raums – sandten dem schnaufenden Bähnle ihre Glückwünsche nach und wie rasch sich die neue Eisenbahn die Herzen der Bewohnerschaft von Steyr und des Steyrtales erobert hatte, zeigte schon der folgende Sonntag, an dem die Gesellschaft nicht weniger als 2.500 Personen in 14 Zügen zwischen Steyr und Grünburg befördern mußte. Die Züge verkehrten 4x täglich in beiden Richtungen und benötigten für die 20 km lange Strecke vom Anschlußbahnhof Garsten bis zur Endstation fünfviertel Stunden.

Schritt für Schritt wurde die Steyrtalbahn ausgebaut. Schon nach Jahresfrist wurden die Gleise nach Agonitz verlängert und 1891 der Zweig von Pergern bis Bad Hall. Krönung dieses Bahnbaues war im Jahre 1909, als in Klaus der Anschluß an die neue Pyhrnbahn gesucht wurde, somit die Steyrtalbahn direkte Verbindungen nach dem Süden ermöglichte und außerdem die Bevölkerung des Windischgarstner Beckens in den Wirtschaftsraum Steyr einbezog.

Die Steyrtalbahn-Gesellschaft spiegelte in späteren Jahren deutlich das veränderliche Wirtschaftsbild des Nachkriegsösterreich und des Systemstaates; nicht zuletzt minderte die stets steigende Konkurrenz des motorisierten Straßenverkehrs die Lebensfähigkeit dieser Schmalspurbahn, die mangels Investitionen mit dem Tempo der Zeit nicht Schritt zu halten vermochte. 1933 wurde aus wirtschaftlichen Gründen die Nebenlinie von Sierning bis Bad Hall eingestellt und schließlich mußte sich das Unternehmen unter die Fittiche der Bundesbahnen begeben.

Die Frequenz der Steyrtalbahn stieg seit jenem denkwürdigen März 1938 wieder sprunghaft an, besonders als die Steyr-Daimler-Puch AG, welche das seit langen Jahren stillgelegte und bereits vom vollständigen Abbruch bedrohte Werk in Letten wieder in Betrieb setzte und ein weiterer Ausbau der Fabrikanlagen gedacht ist. Heute können die Autobusse den Verkehr nicht mehr fassen, der aus allen Richtungen nach der gewaltig aufblühenden Industriestadt Steyr fließt, und so fahren auch die Züge der Steyrtalbahn vollbesetzt von früh bis spät.

Auch die Steyrtalbahn sieht nunmehr einer gesunden Zukunft entgegen, die vielleicht bedeutsame Projekte für eine zeitgemäße Ausgestaltung im Rahmen der steigenden Bedeutung des Industriebeckens Steyr enthüllen wird. Doch ist deswegen nicht zu befürchten, daß hiedurch der Zauber jener Kleinbahnromantik verloren geht, mit dem uns dieses Bähnle in das für den Gastverkehr so reizvolle Steyrtal trägt."

Ludwig Moser, aus „Volksstimme – parteiamtliches Blatt des Gaues Oberdonau der NSDAP" (Linz) vom 27. August 1939
Foto: Lok 4 „Molln" umgeben von Gästen der Bahnhofsgaststätte Derntl und von Eisenbahnern um 1936 (aus dem Archiv der ÖGEG)

Die Spekulationen um die Trasse Sierning – Bad Hall gingen weiter. Am 4. Februar 1936 war der „Salzburger Chronik für Stadt und Land" zu entnehmen, daß *„das Erträgnis der oberösterreichischen Fahrradabgabe, die am 1. Oktober v. J. in Kraft trat, zur Hälfte für den Bau von Güterwegen und zur Hälfte für die Anlage von Radwegen gewidmet wird. Die Landesregierung beabsichtigt, noch im heurigen Jahre in jedem Verwaltungsbezirk einen Radweg auszuführen oder wenigstens zu beginnen, um jedem Bezirk einen Anteil aus dieser Abgabe für Arbeitsbeschaffungen zugute kommen zu lassen. U.a. wird auf dem Bahnkörper der eingestellten Steyrtalbahn von Bad Hall nach Sierning ein kombinierter Radfahr- und Fußgeherweg hergestellt, der seine Fortsetzung bis an die Stadtgrenze von Steyr finden soll, womit der überaus rege Radfahrerverkehr zur Waffenfabrik deutlich erleichtert wird."* Der Schotter für den Wegebau sollte je nach Baufortschritt auf der stetig kürzer werdenden Bahnstrecke herangeschafft werden.

Nach dem Einmarsch der Wehrmacht am 12. März 1938 wurde Österreich zur „Ostmark" und am 18. März wurden die Österreichischen Bundesbahnen (BBÖ) als Sondervermögen des Deutschen Reiches der Verwaltung der Deutschen Reichsbahn (DRB) unterstellt. Auch für die Steyrtalbahn begann eine neue Epoche und schon im ersten Jahr verdoppelten sich die Fahrgastzahlen. Am 20. März 1938 teilte die Zeitung „Arbeitersturm" mit: *„Die Lamberg'sche Herrschaft in Steyr samt ihrem*

455 h Garsten–Sierning und Klaus (Steyr) — Sommerfahrplan 1941

...	4.50	10.20	10.20	12.13	14.25	...	18.20		ab Linz (Donau) Hbf 457, 455c an	...	...	9.48	...	w 15.59	19.00	...	21.38	...
	1816 3.	1814 3.	Sa 1824 3.	9232 3.	1812 3.	w 1820 3.	S 1822 3.	km	Zug Nr Klasse — RBD Linz — Zug Nr Klasse		1819 3.	1811 3.		1813 3.	9231 3.		1815 3.	S 1817 3.
...	7.23	12.06	Sa 12.20	14.30	17.20	w 18.10	S 20.08	0,0	ab **Garsten** an	...	6.37	8.10	...	13.32	16.55	...	19.05	S 22.17
...	X7.27	X12.10	{ 12.25	X14.36	X17.24	} X18.14	} X20.12	1,2	ab Sarning ↑	...	X6.33	X8.05	...	X13.28	X16.50	...	X19.01	{ X22.13
...	7.31	12.14	{ 12.29	14.41	17.28	} 18.18	} 20.16	2,5	an **Steyr** LB ab	...	6.29	8.01	...	13.23	16.46	...	18.56	{ 22.09
...	7.33	12.17	{ 12.44	14.46	17.43	} 18.48	} 20.20		ab **Steyr** LB an	...	6.23	7.57	...	13.17	16.36	...	18.46	} 22.04
...	7.38	12.21	{ 12.49	X14.50	17.47	} 18.53	} 20.24	3,7	Unterhimmel ↑	...	6.19	7.54	...	13.13	16.31	...	18.43	} 22.00
...	X7.41	X12.24	{ 12.55	X14.54	X17.50	} 18.59	} X20.27	5,2	↓ Schloß Rosenegg	...	X6.14	X7.50	...	X13.09	X16.25	...	X18.39	} X21.55
...	7.45	12.28	Sa 13.00	14.58	17.54	w 19.04	S 20.31	6,7	an **Pergern** ab	...	6.10	7.46	...	13.05	16.21	...	18.35	S 21.51
...	↓	↓	↓	14.59	↓	↓	↓	6,7	ab **Pergern** an	...	↑	↑	...	↑	16.20	...	↑	...
...				15.10				8,8	Sierninghofen ↑	...			...		16.13	...		...
...				X15.14				9,8	↓ Waldmühle	...			...		X16.05	...		...
...	↓	↓	↓	15.20	↓	↓	↓	11,5	an **Sierning** ab	...	↑	↑	...	↑	16.00	...	↑	...
...	7.47	12.29	Sa 13.06	...	17.55	w 19.05	S 20.32	6,7	ab **Pergern** an	...	6.09	7.42	...	13.04	...	...	18.34	S 21.50
...	7.55	12.36	{ 13.14	...	18.03	} 19.13	} 20.40	9,3	Neuzeug ↑	...	6.02	7.35	...	12.57	...	...	18.27	} 21.43
...	8.00	12.40	{ 13.19	...	18.08	} 19.18	} 20.45	10,5	Letten	...	5.57	7.31	...	12.52	...	...	18.23	} 21.38
...	8.07	12.45	{ 13.24	...	18.18	} 19.23	} 20.51	12,1	Aschach (Steyr)	...	5.52	7.26	...	12.47	...	...	18.18	} 21.33
...	8.14	12.50	{ 13.31	...	18.24	} 19.30	} 20.58	14,4	Sommerhubermühle		5.43	7.20	...	12.36	...	...	18.11	} 21.26
...	8.22	12.59	{ 13.40	...	18.32	} 19.39	} 21.07	17,9	↓ Waldneukirchen	nS 1819	5.35	7.11	...	12.27	...	...	18.02	} 21.17
...	8.25	13.02	{ 13.44	...	18.37	} 19.43	} 21.11	19,2	an **Grünburg** ab	3.	5.31	7.08	...	12.23	...	...	17.59	S 21.13
...	8.31	13.07	{ 13.48	...	18.42	} 19.47	{ 21.16		ab **Grünburg** an	an	} w5.26	7.05	...	12.19	...	...	17.56	S 21.08
...	8.40	13.16	{ 13.57	...	18.51	w 19.55	{ 21.25	22,2	Unterhaus ↑	nS 5.17	} w5.18	6.58	...	12.12	...	...	17.49	{ 21.01
	8.43	13.19	{ 14.01		18.54	an	{ 21.29	22,9	Haunoldmühle	{ 5.15	...	6.54	...	12.09	...		17.45	{ 20.58
1826	8.56	13.31	{ 14.14	vS 1830	19.06	...	{ 21.42	28,1	↓ Leonstein	{ 5.02	...	6.42	...	11.57	...	vS 1829	17.33	{ 20.46
3.	9.02	13.36	Sa 14.22	3.	19.12	...	S 21.50	30,2	an **Molln** ab	nS 4.55	...	6.36	...	11.51	...	3.	17.26	S 20.38
4.43	9.07	13.40	...	vS 15.34	19.16	...	...		ab **Molln** an	...	...	6.35	...	11.46	...	vS 15.22	17.23	20.37
X4.48	X9.12	X13.45	...	} 15.39	X19.21	...	...	31,7	Agonitz ↑	...	...	X6.31	...	X11.42	...	} 15.17	X17.19	20.33
X4.55	X9.19	X13.51	...	} X15.45	X19.27	...	...	34,3	Steyrdurchbruch	...	...	X6.25	...	X11.36	...	} 15.10	X17.13	X20.26
5.03	9.27	13.58	...	} 15.52	19.34	...	...	36,7	↓ Frauenstein (Steyr)	...	...	6.19	...	11.30	...	} 15.03	17.07	20.20
5.10	9.33	14.04	...	vS 15.59	19.40	...	...	39,8	an **Klaus** (Steyr) ab	...	...	6.12	...	11.22	...	vS 14.55	17.00	20.12

ausgedehnten Waldbesitz im Steyrtal wurde an den Großindustriellen Oskar Hentschel in Kassel verkauft, der die Herrschaft zum Musterbetrieb ausgestalten wird. Für das laufende Jahr wurde ein Sofortprogramm ausgearbeitet, das den Ausbau des Straßennetzes im Bereich der Herrschaft mit einem Kostenaufwand von 300.000 RM vorsieht. Mit dem großzügigen Arbeitsvorhaben, das hauptsächlich der wirkungsvollen Erschließung der ausgedehnten Waldgebiete dient, werden viele Straßen- und Forstarbeiter Beschäftigung finden. Dem gleichen Zweck dient der Ausbau der Steyrtalbahn Steyr – Klaus auf Normalspur, den Statthalter Ing. Karl Breitenthaler in der kürzlich in Molln stattgefundenen NSDAP-Kundgebung sagte. Dazu soll der während der Schuschnigg-Aera stillgelegte Bahnbetrieb Steyr – Bad Hall wieder aufgenommen werden. Für eine Übergangszeit plant die Betriebsleitung einen Rollschemelverkehr, bei dem die Regelspurachsen auf niedere zweiachsige Schmalspur-Fahrvorrichtungen gesetzt werden. Im holzreichen Mollner Becken ist jetzt mit der Errichtung einer Zellwollefabrik zu rechnen."

Am 21. April 1938 besprach Ing. Inführ mit örtlichen Interessenten die Einführung des Rollbockbetriebs zwischen Klaus und Molln und am 14. Mai ergänzte der „Arbeitersturm": *„Die Hauptbedeutung der bevorstehenden Verstaatlichung liegt auf dem Gebiet der Entwicklung und Ausnützung des Besitzes im Rahmen des Vierjahresplans. Eine vermehrte Holzschlägerung ist in kürzester Zeit zu erwarten und damit Arbeiteraufnahmen für den Bau von Zubringerwegen und -straßen. Die Holzfäller werden wieder Arbeit und Brot finden. Die schwer um ihren Bestand ringende Sägeindustrie wird eine wirksame Belebung erfahren. Und vor allem: Kein Stamm des wertvollen Waldes der deutschen Ostmark wird mehr verfaulen und vermodern, weil ein selbst morsches System nicht imstande war, ihn für das Wohl des Volles zu nützen. Im engsten Zusammenhang mit diesen Fragen steht der Umbau der Steyrtalbahn auf Normalspur, das Durchrechnen der Frachten und die Ersparnis der Umladung in Klaus und Garsten, Maßnahmen, die jetzt nicht mehr allzu lange auf sich warten lassen werden. Der Holzreichtum des Steyrtals wird einen wirksamen Beitrag zur allgemeinen Befruchtung der Wirtschaft im Heimatgau des Führers leisten."*

Am 20. Mai ruderte die Tagespost zurück und teilte mit, daß die Meldungen über den Verkauf der *„Verlassenschaft nach Heinrich Graf Lamberg"* an Hentschel bzw. an die Reichsforsten, der Bau des Zellstoffwerks im Raum Molln sowie der Umbau der Stammstrecke der Steyrtalbahn auf Normalspur noch längst nicht gesichert seien.

Aus der Betriebsleitung (Direktion) ging Ende des Jahres 1938 das Bahnbetriebsamt Steyr unter der Leitung von Reichsbahnrat Ing. Knara hervor. Zuständig war es nicht nur für die Steyrtalbahn, sondern ebenso für die Strecken von St. Valentin nach Kastenreith und Kaplitz und für die Mühlviertler Lokalbahn Zartlesdorf – Hohenfurth – Lippnerschwebe. Reichsbahnrat Josef Inführ wurde am 10. August 1939 vom Reichsverkehrsminister nach Ansbach (Bayern) versetzt. Hinsichtlich des *„einen Dornröschenschlaf träumenden, grasüberwachsenen Schienenstranges"* Sierning – Bad Hall bezeichnete Ing. Knara am 18. Januar 1939 die einstige, überaus einseitige Kurzsichtigkeit zugunsten des Kraftfahrwesens als schweren Fehler: *„Die Wohnungsknappheit in Steyr bedingt eine Unterbringung von Gefolgschaftsangehörigen der Steyrer Betriebe (hauptsächlich der Steyrwerke) außerhalb der Stadt, so auch in Bad Hall. Mit regulären und Sonderkraftposten müssen die Arbeiter täglich befördert werden. Eng zusammengepfercht in den Wagen, ist die Fahrt ein nervenzerstörender und zeitraubender Transport. Würde beispielsweise ein Triebwagen von Steyr bis Bad Hall die an der Strecke liegenden Orte berühren, so wäre dem auf Dauer unhaltbaren Zustand ein Ende gesetzt, vielmehr die Beförderung der Arbeitsmenschen auf ein erträgliches Maß gemindert. Die Aktivierung der Steyrtalbahn in irgendeiner Form, sei es durch einen Rollschemelverkehr oder durch eine Erweiterung auf Normalspur oder Modernisierung auf der bestehenden Grundlage, ist durch die wirtschaftlichen Entwicklungen ohne weiteres gegeben. Wie wir erfahren, befaßt sich die in Steyr amtierende Trassierungsleitung der Reichsbahn intensiv mit den Möglichkeiten, in welcher Art die alte Lokalbahn zu neuem Leben erweckt werden soll. Die Steyrtalbahn bedeutet schließlich die einzige Verkehrsader des Steyrtales."*

Doch der Optimismus war verfrüht. Am 3. Juli 1939 beantragte die DRB, den mittlerweile unbefahrbaren Oberbau zwischen Sierning und Bad Hall abtragen zu dürfen, und am 18. November genehmigte das Reichsverkehrsministerium die endgültige Stillegung und die Beseitigung der Bahnanlagen. Letztlich abgebaut wurden die Gleise erst im Herbst 1942, um für eine Heeresfeldbahn im Raum Kiew weiterverwendet zu werden.

Das Ende der privaten Steyrtalbahn war damit besiegelt, nun ging es an die

Deutsche Reichsbahn

Auflösung des Haltepunktes Leonstein

Mit Einführung des Sommerfahrplanes, d. i. mit 5. Mai 1941, wird der Haltepunkt Leonstein der Strecke Garsten—Klaus (Steyrtalbahn) aufgelassen.

Reichsbahndirektion Linz.

Anzeige aus „Volksstimme" vom 27. April 1941

Steyrtalbahn mit 1. Jänner staatlich

Der letzte Betriebsappell der Gefolgschaft

„Am 10. Dezember fand sich die Gefolgschaft der Steyrtalbahn zum letzten Appell in der Schwechater Bierhalle zusammen. Fast alle Gefolgsmänner des Dienst- und Ruhestands waren erschienen, um die feierliche Erklärung vom Stellvertreter des Betriebsführers, Inspektor Gasteiner, von der Verstaatlichung der Steyrtalbahn mit 1. Jänner 1940 entgegenzunehmen. Nach genau 50-jährigem Bestand schließt die Steyrtalbahn-Gesellschaft für immer ihre Pforten. Obzwar der Betrieb seit März 1931 von den damaligen Österreichischen Bundesbahnen bezw. der Deutschen Reichsbahn ausgeführt wurde, verblieben Gefolgschaft und Realbesitz bei der Gesellschaft, ein Zustand der wegen des Verwaltungsdualismus kein gedeihliches Arbeiten ermöglichte. Die Frage einer Trennung, ob staatlich oder ausschließlich privat, bedurfte einer Lösung. Und sie wurde durch den Beschluß des Verwaltungsrates im Sinne einer totalen Verstaatlichung entschieden.“

(„Volksstimme“ vom Mittwoch, den 20. Dezember 1939)

Einlösung der Steyrtalbahn AG, nämlich im Verhältnis von 1,50 öS zu 1,00 RM. Die Aktionäre sahen vom Verkaufserlös von 682.900 RM nichts, er wurde auf das Defizit aufgerechnet (bis 1938 hatten sich die gestundeten Betriebskosten auf 578.000 S summiert). Das Personal ging zum 1. Januar 1940 in den Stand der Deutschen Reichsbahn über, wobei die Reichsbahndirektion Linz am 27. Dezember 1939 bekanntgab, daß die Beamten nun als DRB-Beamte übernommen werden, wenn sie für sich und ihre Ehefrauen einen Ariernachweis erbringen. Auch die Arbeiter mußten arischer Abstammung sein (ihre Frauen blieben unerwähnt), eine politisch einwandfreie Führung aufweisen, einen guten Leumund und eine körperliche Tauglichkeit besitzen. Führungszeugnisse wurden nur bei „berechtigten Zweifeln“ verlangt. Als nunmehrige DRB-Bedienstete erhielt das Personal auch entsprechende Uniformen.

Oben: In voller Fahrt bei Sierning, kurz nach Verlassen des Bahnhofs. Foto (um 1943): Topothek Sierning

Die großteils aus der Eröffnungszeit stammenden Gleisanlagen bedurften dringend einer Erneuerung, zu der bis dato das Geld gefehlt hatte. Die Reichsbahn begann damit, die alten Schienen der Form XXX (mit 17,9 kg/m) gegen solche der Form XXIV^a (preuß. 6^d mit 26,15 kg/m) zu ersetzen und die zulässige Achslast auf 6,5 t anzuheben. Auf einigen Abschnitten verlegte man sogar Stahlschwellen. Vorrang hatte die Stammstrecke von Garsten bis Agonitz, denn im weiteren Verlauf bis Klaus lagen von Beginn an Schienen des Profils XX mit 23,45 kg/m. Zugleich wurde in vielen Stationen der Achssprung beseitigt und ein durchgehendes Hauptgleis angelegt. Viele ausgebaute Gleismaterialien wurden an die Reichraminger Waldbahn veräußert. Die Flügelstrecke behielt ihren alten Oberbau derweil bis zuletzt. Auf den Bahnsteigen der größeren Stationen standen nun gut 12 m hohe Gleisfeldleuchten mit Aufzugsmechanik und auf halber Höhe aufgehängten Stromversorgungsleitungen, während der Streckenverlauf von einer vieldrähtigen Telegrafenleitungsanlage und von Warnschildern in Tannenbergschrift gesäumt war. In Garsten mußten die Fahrzeuge bis dahin stets vor einer Überführung höchst umständlich umgesetzt werden (vgl. 1. Band, Seite 25), nun entstand im Dreieck zwischen Ennstal- und Steyrtalbahn, wo sich einst die Rollbockgrube befunden hatte, eine massive Betriebsmittelüberladerampe.

Mit der Steyrtalbahn übernahm die DRB im Januar 1940 auch fünf Lokomotiven, 24 Personen- und 130 Güterwagen (die Lok 1 „Steyr“ war bereits 1937 nach einem Unfall ausgeschieden). Die Lokomotiven erhielten 99er-Nummern, den Reichsadler mit Hakenkreuz sowie das Gattungszeichen K 34.7. Noch mit Kobelschornstein und dem Schild U.52 kam 1942 nach Garsten erstmals eine Lok der Reihe U, die zuvor im Ybbstal eingesetzte 99 7818, die als 298.52 noch die Einstellung der Steyrtalbahn erlebte und heute auf der Museumsbahn ihren Dienst versieht. Sogleich wurde sie mit der Friktionsbremse („Schnürlbremse“) ausgerüstet, die sie aber nicht mehr lange benötigte. 1944 kamen zwei weitere Lokomotiven ihrer Reihe ins Steyrtal. Die alten, schmalen, aus der Frühzeit der Steyrtalbahn stammenden Wagen mit ihrer geringen Kapazität wurden weitgehend ersetzt. So stationierte die DRB in den Jahren 1940/42 fast alle Pinzgauer Flachdach-Personenwagen sowie 1943 sechs gedeckte und 16 offene Güterwagen von Zell am See nach Garsten um. Eine beträchtliche Erleichterung waren die geräumigen vierachsigen Güterwagen, die 1941-43 in Bautzen für die Ostmark gebaut worden waren. Hiervon kamen mit der Zeit (vorwiegend direkt ab Werk) bis zu 33 offene und 16 gedeckte zur Steyrtalbahn. Die auf österreichischen Schmalspurbahnen einmalige Seilzugbremse war den Belastungen längst nicht mehr gewachsen und ebenso zu anfällig. 1943/44 rüstete die DRB die Fahrzeuge daher auf die automatische Saugluft- bzw. Vakuumbremse der Bauart Hardy um. Ein Novum bei der Steyrtalbahn war es, daß auch farbenblinde Lokführer zugelassen waren, denn Lichtsignale gab es ja nicht.

Wie schon im 1. Weltkrieg übernahmen zu einem großen Teil wieder Frauen die Dienste der einberufenen Männer. Aufgrund des Treibstoffmangels war die Steyrtalbahn wichtigstes Verkehrsmittel, um die mit ihrer Waffenindustrie kriegswichtige Stadt Steyr mit Waren aus den Tälern zu versorgen. Anfang 1945 lagerte die Wehrmacht umfangreiches Heeresfeldbahnmaterial in die Ostmark aus, vor allem zur Pinzgauer Lokalbahn, aber auch zur Steyrtalbahn. So waren bei Kriegsende in Garsten, Steyr Lb und Klaus zahlreiche Dampf- und Diesellokomotiven hinterstellt (vgl. Seite 212ff). Die Steyrtalbahn lag weder in einem Kampfgebiet noch wurde sie das Ziel von Luftangriffen, so überstand sie den Krieg weitgehend unbeschadet.

Beförderungsaufkommen von 1915 bis 1938

Jahr	Personen	Güter
1915	297.031	121.479 t
1916	424.610	119.230 t
1917	540.561	120.262 t
1918	460.687	86.847 t
1919	314.823	55.683 t
1920	350.952	66.257 t
1921	549.678	77.863 t
1922	415.378	64.993 t
1923	229.120	44.883 t
1924	300.186	58.768 t
1925	290.185	59.335 t
1926	286.009	63.110 t
1927	260.353	62.573 t
1928	280.237	64.268 t
1929	249.204	64.743 t
1930	177.424	49.136 t
1931	163.683	42.831 t
1932	132.292	35.318 t
1933	119.130	27.509 t
1934	108.046	31.836 t
1935	112.740	32.023 t
1936	110.147	33.002 t
1937	133.148	39.416 t
1938	295.564	40.485 t

1945-66: Die Steyrtalbahn ist weiter unverzichtbar

Bereits am 27. April 1945 konstituierte sich die „erneuerte Republik Österreich" und am 4. Juli wurde Österreich in vier Besatzungszonen aufgeteilt. Die Steyrtalbahn lag komplett in der amerikanischen, die neben einigen Wiener Bezirken und dem Land Salzburg auch den südlich der Donau gelegenen Teil Oberösterreichs umfaßte. Von Demontagen für Reparationsleistungen, wie sie in der Sowjet-Zone vorkamen, blieb die Steyrtalbahn also verschont, denn die US-Besatzer tasteten Bahnanlagen und Fahrzeugbestände nicht an. Fuhr die Steyrtalbahn ab 27. Juli 1945 unter dem Dach der neuen Generaldirektion der Österreichischen Staatseisenbahnen, so gilt seit August 1947 wieder die Bezeichnung „Österreichische Bundesbahnen". Oberste Instanz war ab Juni 1950 das Bundesministerium für Verkehr und verstaatlichte Betriebe. Aus der RBD Linz ging zunächst die Direktion Linz und im August 1947 schließlich die Bundesbahndirektion Linz hervor. Zum Jahresende 1945 waren ebenfalls die Reichsbahnbetriebs- und Reichsbahnverkehrsämter aufgelöst worden, auch in Steyr, eine Streckenleitung kümmerte sich nun um den Bahnerhaltungs- und Bahnaufsichtsdienst. Zuständig für die Fahrzeugunterhaltung war nicht mehr das Bahnbetriebswerk, sondern die Zugförderungsstelle Garsten. Die Lokomotiven behielten vorerst ihre 99er Nummer (pro forma mit Punkt, praktisch aber ohne), während die großen Aufschriften „ÖSTERREICH" bzw. „B.B. Österreich" auf den Fahrzeugen ein neues Selbstbewußtsein unterstrichen.

Die gut 35.000 Einwohner zählende Eisenstadt Steyr hatte ein schwerwiegendes Problem, nämlich keinen Bahnanschluß mit Linz. Die Post hatte die Angebote auf ihren Autobuslinien von Steyr nach Linz, Bad Hall und Wels auf die Hälfte gekürzt (zudem war der Busverkehr im Winter sehr unzuverlässig), während die Staatsbahn ihre Zusage, eine *„Ersatzpersonenbeförderung"* per Lkw einzurichten, noch immer nicht eingehalten hatte. Steyr war vom Verkehr abgeschnitten und meinte, zu einer *„geruhsamen Pensionistenstadt verurteilt"* worden zu sein. Unter der Überschrift *„Steyrs größte Sorge will nicht weichen – wann gibt es wieder eine Eisenbahnverbindung mit der Landeshauptstadt?"* teilte das Linzer Volksblatt am 21. September 1946 mit:

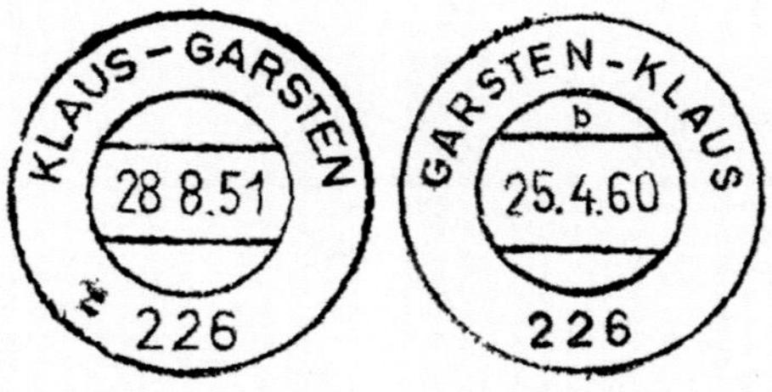

Nach Einführung der 2-Kreis-Brückenstempel im Jahr 1947 wurden die Bahnpoststempel geändert und für beide Richtungen umgestaltet. Bis 1965 wurden die Stempel mit 28,5 mm Durchmesser und der neuen Bahnlinien-Nr. 226 verwendet. Sammlung Hans-Georg Pucalka

Unten: Unfall bei der südlichen Mollner Bahnhofsausfahrt am 1.6.1948. Foto: Slg. R. Kirion

„Die Ennstalbahn, die Steyr über Valentin an die Westbahn Wien – Linz anschließt und seit jeher die Hauptverkehrsader für die Eisenstadt bildet, liegt derzeit lahm. Wohl ist auf der Strecke der Verkehr nach Süden seit langem aufgenommen, aber nordwärts endet die Fahrt bei der Haltestelle Steyr-Münichholz, hier türmt sich unüberwindlich die Demarkationslinie und bereits eineinhalb Jahre rosten die Geleise zwischen Münichholz und Haidershofen dahin. Es klingt wie Hohn, wenn man hört, daß der Gütertransport von Steyr bis Linz beispielsweise bei einer Entfernung von nicht mehr als rund 15 km, die umständliche, ungefähr 300(!) Kilometer lange Reise über Selzthal nehmen muß!

Eine zweite Eisenbahnverbindung besitzt Steyr mit der Steyrtalbahn. Diese hat aber ausschließlich lokalen Charakter und führt ebenfalls nur nach Süden, ohne befriedigenden Anschluß nach irgendeiner Hauptverkehrslinie. Eine dritte Möglichkeit, Steyr einigermaßen aus der Verkehrsnot herauszubringen, wäre der Ausbau der Strecke Sierning – Bad Hall. Dadurch würde sich mitunter ein notdürftiger Anschluß zur Landeshauptstadt ergeben, aber hier handelt es sich wieder bloß um Zukunftsmusik. Wie wir hören, soll man sich an zuständiger Stelle bereits mit diesem Vorhaben beschäftigen, allerdings gedieh es bisher nur bis zum Plan einer Versammlung der interessierten Gemeinden."

Ein wenig aufatmen konnte man am 7. Oktober 1946, als das Linzer Volksblatt mitteilte: *„Ab heute ist eine tägliche Zugsverbindung Garsten – Steyr – Linz über die Steyrtalbahn hergestellt. Es verkehrt täglich ein Zug ab Garsten um 3.23 Uhr, ab Steyr Lbf. 3.33 Uhr, an Linz 7.28 Uhr. Mittags ist Montag, Mittwoch und Freitag eine Rückverbindung gegeben: Linz ab 13.21 Uhr Schnellzug, Steyr an 18.35 Uhr. Abends täglich ab Linz 17.15, Steyr an 21.59 Uhr. Die infolge der Kohlennot verfügte Einstellung des Mittagzuges ab Steyr 12.34 Uhr nach Klaus wird von der Bevölkerung äußerst hart empfunden. Es leiden insbesonders die in die Stadt fahrenden Schüler, die ganze zur Stadt kommende Landbevölkerung, die statt eines halben Tages einen ganzen verliert, und schließlich ist die Montag, Mittwoch und am Freitag mögliche Verbindung Steyr – Graz zum Schnellzug unterbunden."*

Tragischer Unfall bei Sierning

„Am vergangenen Sonntag ereignete sich in den späten Nachmittagsstunden bei Sierning ein gräßlicher Unfall, der zwei Tote und sieben Schwerverletzte als Opfer forderte. Der 35-jährige Steyrer Kraftwagenlenker Rudolf Mauti führte eine Theatergruppe von 19 Personen – es handelt sich um das „Kabarett Wien" aus Steyr – von Steyr nach Kremsmünster. Am Ledermannsberg, an der Kreuzung der Steyrtalbahn, übersah der Kraftwagenlenker den herannahenden Personenzug. Der Lastkraftwagen wurde von der Lokomotive erfaßt, die Böschung hinabgeschleudert und vollkommen zertrümmert. Die Insassen wurden unter den Trümmern begraben, so daß der Unfallort ein schauerliches Bild bot. Zwei Personen, die 21jährige Sängerin Klara Wiltsch und der 15jährige Willi Macurkovits, wurden auf der Stelle getötet, sieben Personen schwer und fünf weitere leicht verletzt. Unter den Leichtverletzten befindet sich auch der Kraftwagenlenker. Erste Hilfe leisteten das Sierninger und Steyrer Rote Kreuz. Am Aufkommen der schwer verletzten Günter Dworschak, der noch besinnungslos ist, und Grete Kaspar wird gezweifelt. Der Wagenlenker wurde verhaftet und dem Kreisgericht Steyr eingeliefert." (Linzer Volksblatt vom 12. März 1946)

Vor Gericht war von drei Toten und elf Verletzten die Rede. Mauti wurde *„seiner Schuld überführt"* und zu sieben Monaten strengen Arrest und Ersatz der Gerichtskosten verurteilt.

Klar und deutlich bitte!

„Auf der Linie der Steyrtalbahn liegt die Station Pergern, unweit davon die Eisenbahnbrücke über die Steyr und vor ihr eine Tafel: „Betreten des Bahnkörpers verboten." Strafe zahlt man aber auch, wenn man neben dem Bahnkörper über die reichlich breite Brücke geht. Warum schreibt man dann nicht klar und deutlich: „Betreten der Bahnbrücke verboten"? Übrigens ein Trost: Man zahlt nur, wenn einen der Gendarm erwischt, und es gibt mehr Brücken als Gendarmen."

(„Neue Zeit" (Linz) vom 22. Juli 1947)

Aus dem Dunkel der Steyrtalbahn

„Im Dunkeln ist's gut munkeln, so sagt ein altes Sprichwort. Liebespaare mögen ja durchaus für die Dunkelheit schwärmen. Alle jene Leute allerdings, die gezwungen sind, die Steyrtalbahn Tag für Tag zu benutzen, um zu ihren Arbeitsplätzen zu kommen, sind derweil der Meinung, daß die Betriebsleitung unserer Steyrtalbahn absolut nicht nach diesem Motto prompt handeln sollte. Während der dunklen Kriegszeit und jetzt bereits vier Jahre nach dem Krieg sind die Fahrgäste der Steyrtalbahn verurteilt, bei hereinbrechender Dunkelheit sich allein auf ihren Tastsinn verlassen zu müssen. Es wirkt sehr komisch, wenn im tiefen Dunkel des Waggons der Schaffner jemanden darauf aufmerksam macht, daß hier nicht geraucht werden darf, weil es ein Nichtraucherabteil ist. Gelegentlich sind die Waggons derart überfüllt, daß die Leute wie Heringe zusammengepfercht die Fahrt verbringen. Es wäre an der Zeit, daß die Leitung der so guten alten Steyrtalbahn sich von etwas mehr volksfreundlicheren Gedanken leiten ließe. Mancher Ärger bliebe dann jedoch auch den Zugpersonalen erspart, welche den Unmut der Fahrgäste in allererster Linie zu spüren bekommen. Letzten Endes sei noch darauf hingewiesen, daß man immer wieder zu hören bekommt, daß der Fremdenverkehr ja gehoben werden müsse, sofern es mit der Wirtschaft wieder aufwärts gehen soll. Glaubt jemand, daß die Zustände auf der Steyrtalbahn geeignet sind, wirklich den Fremdenverkehr zu heben?"

(„Neue Zeit" (Linz) vom 9.9.1949)

Winterfahrplan 1954/55

28 b Garsten–Sierning und Klaus *Schmalspurbahn*

km	ÖBBDion Linz		Zeile	GK 15 3.	PS 51 3.	GK 11 3.	GK 17 3.	GK 18 3.	GK 23 3.	PS 53 3.	GK 31 3.	GK 25 3.	PS 55 3.	GK 27 3.	GK 29 3.
					m		⚒			⚒	m		m	m	⊙
0,1	Garsten 28a	ab	1	3.02	4.55	5.43	6.22	9.15	13.52	14.03	16.47	17.56	18.30	19.00	20.05
1,1	Sarning Hu		2	x3.06	x4.59	5.48	6.26	x 9.19	x13.56	14.09	16.51	18.00	18.36	19.04	20.09
2	Steyr Lokalb.	an	3	3.10	5.04	5.52	6.30	9.23	14.00	14.13	16.55	18.04	18.42	19.08	20.13
		ab	4	3.11	5.05	5.56	6.31	9.24	14.01	14.14	16.57	18.05	18.48	19.13	20.14
3	Unterhimmel Hu		5	x3.14	x5.09	6.00	6.35	x 9.27	x14.04	14.20	x17.01	18.09	x18.51	19.17	20.18
5	Schloß Rosenegg Hu		6	x3.18	x5.13	6.05	6.39	x 9.31	x14.08	14.25	x17.05	x18.13	x18.55	19.21	20.23
7	Pergern Hu	an	7	3.22	5.18	6.09	6.43	9.35	14.12	14.30	17.09	18.17	18.59	19.25	20.27
0	Pergern Hu	ab	8	↓	5.19	↓	↓	↓	↓	14.31	↓	↓	19.00	↓	↓
2	Sierninghofen		9		x5.27					14.43			19.07		
3,1	Wahlmühle Hu		10		x5.31					14.48			x19.11		
5,1	Sierning	an	11		5.38					14.55			19.17		
7	Pergern Hu	ab	12	3.23	...	6.14	6.44	9.36	14.13	...	17.10	18.18	...	19.26	20.27
10	Neuzeug		13	3.30	...	6.21	6.52	9.43	14.20	...	17.17	18.28	...	19.34	20.35
11	Letten Hu		14	3.34	...	6.25	6.56	x 9.46	14.24	...	17.21	18.32	...	19.38	20.39
13,1	Aschach a d Steyr [2]		15	3.39	...	6.30	7.00	9.50	14.29	...	17.26	18.37	...	19.43	20.44
15	Sommerhubermühle Hu		16	x3.44	...	6.36	an	x 9.56	14.34	...	17.32	18.42	...	19.49	20.50
19	Waldneukirchen Hu [2]		17	x3.53	...	6.45	...	x10.04	x14.43	...	17.41	18.51	...	19.58	21.00
20,1	Grünburg	an	18	3.57	...	6.49	...	10.08	14.47	...	17.45	18.55	...	20.02	21.04
		ab	19	4.02	...	6.54	...	10.13	14.52	...	...	19.00	...	20.03	21.06
23,1	Unterhaus		20	4.11	...	7.03	...	10.22	15.01	...	...	19.09	...	20.12	21.20
24,1	Haunoldmühle Hu		21	4.14	...	7.06	...	10.25	x15.03	...	...	19.12	...	20.15	21.23
29,1	Leonstein		22	4.27	...	7.18	...	10.37	15.16	...	...	19.24	...	20.27	21.35
31	Molln [2]	an	23	4.33	...	7.24	...	10.43	15.21	...	...	19.30	...	20.33	21.41
		ab	24	4.36	...	7.26	...	10.44	15.23	...	...	19.31	...	...	...
33	Agonitz Hu		25	x 4.40	...	x 7.30	...	x10.48	x15.27	...	...	x19.35	...	...	...
36	Steyrdurchbruch Hu		26	x 4.46	...	x 7.36	...	x10.55	x15.34	...	...	x19.42	...	...	...
38,1	Frauenstein Hu		27	x 4.52	...	x 7.42	...	x11.01	x15.40	...	...	x19.48	...	...	...
41	Klaus 29	an	28	5.00	...	7.50	...	11.08	15.47	...	...	19.55	...	...	...

⧫ an Sonn- u Feiertagen und nach Sonn- u Feiertagen

⊗ vom 24. XII. bis 6. I. und vom 8. bis 12. IV. unbesetzt ⊙ an Sa, Sonn- u Feiertagen

28 b Klaus und Sierning–Garsten *Schmalspurbahn*

km	ÖBBDion Linz		Zeile	GK 12 3.	PS 50 3.	GK 14 3.		GK 18 3.	PS 52 3.	GK 28 3.	PS 62 3.	GK 32 3.	GK 20 3.	PS 54 3.	GK 22 3.
	Linz Hbf 29	ab	1	...	...	3.38	...	9.34	...	12.27	...	...	14.40	...	17.39
	Selzthal 29	ab	2	...	...	4.05	...	⊗10.30	...	12.56	...	...	15.58	...	18.45
0,1	Klaus 29	ab	3	...	...	6.00	...	11.32	...	14.15	...	...	17.20	...	20.31
3	Frauenstein Hu		4	...	...	x6.06	...	11.39	...	x 14.21	...	...	17.27	...	x20.38
5,1	Steyrdurchbruch Hu		5	...	...	x6.12	...	11.45	...	x 14.27	...	...	17.33	...	x20.45
8,1	Agonitz Hu		6	...	...	6.19	...	x11.51	...	x 14.33	...	...	17.40	...	x20.52
10,1	Molln [2]	an	7	...	...	6.23	...	11.55	...	14.37	...	...	17.43	...	20.56
		ab	8	4.35	...	6.25	...	11.56	...	14.38	...	...	17.46	...	20.58
12	Leonstein		9	4.40	...	6.30	...	12.01	...	14.43	...	...	17.52	...	21.04
17	Haunoldmühle Hu		10	4.52	...	6.42	...	12.13	...	14.55	...	...	18.03	...	21.15
18	Unterhaus		11	4.56	...	6.45	...	12.16	...	15.02	...	...	18.07	...	5) 21.19
21	Grünburg	an	12	5.03	...	6.52	...	12.23	...	15.09	...	m	18.14	...	21.26
		ab	13	5.05	...	6.56	...	12.24	...	15.12	...	17.57	18.16	...	⊡ 21.27
22,1	Waldneukirchen Hu [2]		14	5.09	...	7.00	...	x12.27	...	x 15.15	...	x18.00	x18.19	...	21.31
26,1	Sommerhubermühle Hu		15	5.18	...	7.08	...	x12.35	...	x 15.23	...	18.08	18.27	...	21.39
28	Aschach a d Steyr [2]		16	5.24	...	7.17	...	12.41	...	15.29	...	18.16	18.38	...	21.45
30,1	Letten Hu		17	5.29	...	7.21	...	12.45	...	15.34	...	18.23	18.43	...	21.50
31	Neuzeug		18	5.34	...	7.26	...	12.50	...	15.39	...	18.28	18.48	...	21.55
34,1	Pergern Hu	an	19	5.40	...	7.32	...	x12.55	...	15.45	...	18.34	18.54	...	22.01
					m				⚒					m	
0	Sierning	ab	20	↓	5.54	↓	...	↓	15.20	↓	...	↓	↓	19.24	↓
2	Wahlmühle Hu		21		6.01		...		15.26		...			x19.29	
3,1	Sierninghofen		22		6.05		...		15.34		...			19.33	
5,1	Pergern Hu	an	23		6.12		...		15.40		...			19.40	
											⚒				
34,1	Pergern Hu	ab	24	5.41	6.13	7.33	...	x12.55	↳	15.45	15.59	18.34	19.00	19.40	22.01
36,1	Schloß Rosenegg Hu		25	5.46	6.17	7.37	...	x12.59	...	x 15.49	16.04	18.39	x19.04	x19.44	x22.05
38,1	Unterhimmel Hu		26	5.51	6.22	7.42	...	x13.03	...	x 15.53	16.08	x18.43	x19.08	x19.48	22.10
39,1	Steyr Lokalb	an	27	5.55	6.26	7.46	...	13.07	...	15.57	16.13	18.47	19.12	19.52	22.14
		ab	28	5.56	6.32	7.49	...	13.08	...	15.58	16.14	18.48	19.13	19.54	22.15
40	Sarning Hu		29	6.01	x6.37	7.53	...		...	x 16.02	16.20	18.53	19.17	x19.59	22.19
41	Garsten 28a	an	30	6.05	6.42	7.57	...	13.15	...	16.06	16.24	18.56	19.21	20.04	⊡ 22.23

⊡ vor Sonn- u Feiertagen und an Sonn- u Feiertagen unbesetzt 5) unbesetzt an Werktagen außer Sa

⊗ vom 24. XII. bis 6. I. und vom 8. bis 12. IV.

Die Steyrtalbahn und das Christkindl

„Wer mit dem fauchenden, zischenden Züglein der Steyrtalbahn durch die Winterlandschaft fährt, sieht das Zeichen des Christkindls hoch oben auf dem Berg neben den weiß überzuckerten Türmen der Kirche. Ein grosser Tannenbaum mit vielen hellen Lichtern strahlt weithin über das Land. Er leuchtet hinunter ins Tal, nach Unterhimmel und sogar in die Fenster des Spitals von Steyr, wo die Kranken den glitzernden Gruß des Christkindls sehen können. Von Unterhimmel führen ein steiler Weg und eine Stiege mit vielen Stufen zu dem Felsen hinauf, wo die Kirche und rund um sie nur ein paar Häuser stehen. Kirche und Häuser sind wie mittelalterliche Burgen an den Felsen angeklebt. Der Pfarrhof mit der Schule, das Gasthaus, ein Greißler und ein Bauer – das ist alles. Mehr Häuser gibt es in Christkindl nicht. Das ist schon seit Jahrhunderten so und wird wohl auch ewig so bleiben, denn wer würde heute schon die Mühe auf sich nehmen, sein Haus an den Felsen zu kleben?

Im Extrazimmer des Gasthauses hat das „Christkindl" in Gestalt der Postbeamtin Elli Werl aus Steyr sein Büro aufgeschlagen. Silberne Sterne weisen den Weg an der Krippe vorbei zum Postschalter. Auch hier ein Tannenbäumchen mit hellen Lichtern und funkelndem Schmuck. Markensammler aus Steyr und Umgebung kommen persönlich und lassen ihre Marken mit jenem hübschen Sonderstempel schmücken, die anderen schicken ihre Grüße mit der Post. Es gibt fast kein Land auf der ganzen Welt, aus dem nicht hier schon Briefe angekommen sind. Aus der Gluthitze Südamerikas treffen Weihnachtskarten ein, aus dem ewigen Eis des hohen Nordens sowie aus sämtlichen Staaten Europas.

Wer seinen Verwandten und Freunden Grüße vom Christkindl schicken will, steckt seine Karte in ein Kuvert oder läßt sich am Schalter den Vermerk „Über das Christkindl" daraufkleben. Elli Werl im Sonderpostamt neben der Wallfahrtskirche schlägt dann mit geübter Hand den traditionellen Stempel auf die Marke. Aber nicht nur Weihnachtsgrüße kommen hieher nach Christkindl. Auf dem Schaltertisch landet auch so mancher Brief, worin irgendwo in Österreich ein Kind seine Wünsche an das Christkind niedergeschrieben hat.

Niemand hat eine Verordnung herausgegeben, die Briefe nach Christkindl zu schicken. Die Postler senden die Wunschzettel an die richtige Adresse, ohne daß man sie besonders darauf aufmerksam gemacht hätte. So kommt es, daß manches Kind heuer wie in den letzten vier Jahren vom Christkindl eine Antwortkarte erhält. Früher hat man die Briefe drei Monate aufgehoben und dann verbrannt. Ein Brief aus Südafrika, übersät mit fremdartigen, bunten Marken, adressiert an „Father Christmas, Christkindl near Steyr, Upper-Austria". Eine Frau bittet darin, daß der Weihnachtsmann einigen Kindern Grüße schicken soll. Der „Weihnachtsmann" kramt seine Schulkenntnisse in Englisch zusammen, setzt sich hin und schreibt Ansichtskarten. Dreimal am Tag kämpft sich in der Vorweihnachtszeit das Postauto durch den Schnee und lädt seine Säcke ab. Die Post kommt tonnenweise nach Steyr, manchmal müssen sogar eigene Waggons in die Züge eingeschoben werden. Achttausend dicke Vormerkkalender kamen eines Tages daher, jeder wog ein halbes Kilo. Die Postler von Steyr mußten Schwerstarbeit leisten, um sie zum Christkindl zu bringen.

Als das Sonderpostamt Christkindl im Dezember 1950 zum ersten Mal seine Grüße verschickte, wurden ungefähr 30.000 Marken abgestempelt. Im Vorjahr waren es schon 270.000 Karten und Briefe, darunter fast die Hälfte aus dem Ausland. Heuer, so glaubt man, wird die halbe Million erreicht werden. Die Beamtin am Schalter kann diesen Ansturm natürlich nicht allein bewältigen. In aller Heimlichkeit wird daher in der Schule von Christkindl ein zweites Büro eingerichtet, wo acht Postbeamte unermüdlich arbeiten werden. Das Christkind, das 1950 nur stundenweise von Unterhimmel ins Postamt hinaufstieg, hat Verstärkung bekommen.

Die Idee dieses himmlischen Sonderpostamtes hatte – ein heimwehkranker Amerikaner. Der junge Mann, ein Verbindungsoffizier, fuhr eines Tages durch die Gegend von Unterhimmel und entdeckte auf einem Wegweiser die Ortsbezeichnung „Christkindl". Voll Heimweh dachte er, daß es in Amerika ein „Santa Claus" gibt, und daß aus diesem Ort die Post alle Jahre tausende Grüße und Weihnachtspakete in alle Welt schickt. Und so gab der Amerikaner der Post die Anregung, man möge doch auch mit dem Postamt Christkindl so verfahren. Und so kommt es, daß aus dem kleinen Christkindl bei Unterhimmel eine Weltberühmtheit geworden ist."

(„WELTPRESSE – das österreichische Informationsblatt", Wien, vom Montag, den 13. Dezember 1954)

Die Halte- und Ladestelle Unterhimmel-Christkindl – bis 1960 hieß sie einfach „Unterhimmel" – in der Nachweihnachtszeit. Nur schemenhaft ist auf der Anhöhe die barocke Wallfahrtskirche Christkindl auszumachen. Foto (31.12.1966): Herbert Fritz (Sammlung Gunter Mackinger)

Bereits während des Krieges war die Steyrtalbahn sowohl im Güter- als auch im Personenverkehr reichlich überlastet. Nach Kriegsende setzte sich dieser Trend fort, wobei die Fahrgastzahlen durch den Hamsterverkehr in die Höhe schnellten.

Nach der Währungsreform vom Dezember 1947 brach der Boom ein. Nach und nach entspannte sich gleichfalls die Kohlensituation. Im Wolfsegg-Trauntaler und Voitsberg-Köflacher Revier wurde der Abbau stark forciert, um den Kohlenbedarf der Haushalte, Industrie- und Gewerbebetriebe und eben auch der Eisenbahn decken zu können.

Die während der Kriegsjahre durch die Reichsbahn begonnenen Gleiserneuerungen waren ins Stocken geraten. Auch wenn die Steyrtalbahn nur kaum nennenswerte Schäden erlitten hatte, so benötigte man das Gleismaterial für den Wiederaufbau des Eisenbahnnetzes in anderen Landesteilen. Erst Anfang der 50er Jahre konnte die Oberbauerneuerung sukzessive fortgesetzt werden.

In den Personenwagen hingen noch immer die alten Öllampen von der Decke, allerdings gaben sie – sofern Öl (meist Rüböl oder Petroleum) überhaupt verfügbar war – nur ein dämmeriges Licht ab. Gerieten

Arbeiten an den Schmalspurfahrzeugen allerdings ins Hintertreffen gerieten.

Neue Gesichter erschienen kurzzeitig beim Heizhaus Garsten, zumindest auf dem Papier. So war am 8. Februar 1945 die 99 7802, die ehemalige T 2 der Gurktalbahn bzw. der BBÖ (Krauss Linz 3820/1898, später ÖBB 198.02), in das RAW Linz überstellt worden. Nach dem Bombenschaden vom 25. April wurde sie instandgesetzt und pro forma der Zfst Garsten zugeteilt. Ob sie dort jemals ankam bzw. zum Einsatz kam, ist unklar, jedenfalls kehrte sie am 30. April 1946 nach Treibach-Althofen zurück.

Die C2'n2t-Verbundlok Yv.1 der BBÖ (Krauss Linz 3356/1896, urspr. Ybbstalbahn, spätere DRB 99 901 bzw. ÖBB 598.01) war 1934 für eine Kesseluntersuchung schon einmal nach Garsten gekommen. Von August 1945 bis zum 31. Oktober 1945 war sie nunmehr der Zfst Garsten zugeteilt (nur pro forma?) und nach zwischenzeitlichem Dienst auf der Pinzgauer Lokalbahn kam sie am 1. Mai 1946 wieder nach Garsten, wo sie bis zum 16. April 1949 als Reserve vorgehalten wurde. Dann kehrte sie auf ihre heimatliche Ybbstalbahn zurück.

Oben: Mit „US-Zone Österreich" beschriftet ist die HF 11816 als Reserve hinterstellt. Später lief sie im Vellachtal.

Mitte: Die Ybbstal-Lok 99 901 (später ÖBB 598.01) wurde in Garsten ungefähr drei Jahre als Reserve vorgehalten. Fotos (1948): Slg. Hans-Reinh. Ehlers

Unten: Die 99 7802 (später ÖBB 198.02) kam im Februar 1945 ins RAW Linz und wurde dem Bw Garsten zugeteilt. Foto (Treibach, 1942): Carl Bellingrodt

sie ins Schwanken oder kippten sie um, konnte es den Fahrgästen passieren, daß sie auf unliebsame Weise eingeölt wurden. In den Früh- und Spätzügen saßen die Reisenden meistens aber im Dunkeln. Zur Fahrkartenkontrolle führten die Schaffner eine Karbidlampe mit. Etwa 1950 begann schließlich die Ausrüstung der Lokomotiven mit Dampf-Turbogeneratoren sowie der Fahrzeuge mit elektrischen Lampen.

Unterstellt war die Zugförderungsstelle Garsten seinerzeit der Lokomotivstelle Steyr, deren Heizhaus während der Streckensperre Ramingdorf-Haidershofen – St. Valentin von 1945 bis 1949 eine Notwerkstätte hatte. Auch Garstner Schlosser mußten dort aushelfen, so daß sie mit den

Während der Personenverkehr auf der Flügelstrecke aufgrund der Busverbindungen und gut ausgebauten Straßen zuletzt äußerst gering war, boomte in Sierning nach dem Krieg der Landhandel. Im Sommer 1949 hatte die Landwirtschaftliche Lagerhausgenossenschaft Steyr hier ein großes Lagerhaus mit Anschlußgleis errichtet. Im Jahr 1952 verlängerte sie es und um 1960 entstanden die 40 m hohen Hochsilos, die bis 2011 das Ortsbild prägten. Hier steht die 298.51 beim Verschub direkt am Streckenende (vgl. Seite 338ff). Foto (2.8.1965): Peter Tschulik

Von den bei Kriegsende in Garsten vorgefundenen Halbtenderlokomotiven der Type HF 110 C wurden zwei Stück für die Steyrtalbahn instandgesetzt. So war die HF 11815 (Jung 10116/1944) ab August 1945 bei der Zfst Garsten stationiert und erhielt im Juli 1953 noch die ÖBB-Nr. 798.02. Nach der Übereignung an die Österreichische Kontrollbank am 20. Januar 1956 wurde sie am 10. November 1956 ausgemustert und anschließend an einen Schrotthändler veräußert.

Die Lok HF 11816 (Jung 10126/1944) war bereits im Mai 1945 dem Heizhaus Garsten zugeteilt worden. Vom 21. August 1948 bis zum 11. August 1949 lief sie probeweise auf der Feistritztalbahn, anschließend wurde sie zur Vellachtalbahn umstationiert, wo sie ab 1953 die ÖBB-Nr. 798.03 trug und am 15. November 1956 ausgemustert wurde. Ohne Tender wurde sie an einen Wiener Schrotthändler verkauft, jedoch erst im Jahr 1965 in Graz verschrottet.

Ihre Nummer aus der Reichsbahnzeit (mal mit, mal ohne Punkt) behielten die Lokomotiven bis 1953, dann wurden sie dem neuen ÖBB-Bezeichnungsschema gemäß umbenannt. Die alten Steyrtalbahn-Maschinen erhielten die Nummern 298.102-106, während die „U" nunmehr als Reihe 298 aufgenommen wurden. Aus der U.52 wurde z.B. die 298.52. Angeschrieben wurde die Nummer allerdings unterschiedlich, so gab es noch lange Zeit eine „298 104" (ohne Punkt) oder eine „29852" (ohne Punkt oder Lücke).

Die Ausrüstung mit elektrischem Licht blieb nicht die einzige Verbesserung beim Wagenpark. Zunächst baute man die meisten der verbliebenen 8-Fenster- auf 4-Fenster-Wagen um, ersetzte das Flach- durch ein Haubendach und verkleidete sie außen mit Blech. 1954 erschienen im Steyrtal erstmals zweiachsige Personenwagen mit neuem Aufbau. Angelehnt an die normalspurigen Spantenwagen hatten sie in der HW St. Pölten auf ihrem alten Fahrgestell einen Neuaufbau aus einem Stahlgerippe mit äußerer Blech- und innerer Hartfaserplattenverkleidung und mit einem Tonnendach erhalten. Auch die 1946 nach Garsten gelangten vierachsigen Heeresfeldbahn-Personenwagen wurden entsprechend modernisiert, zuerst 1956/57 die beiden kurzen, 1963 auch die drei langen. Die nächsten Jahre sollten noch von zahlreichen Zu- und Abgängen auf dem Wagensektor geprägt sein.

Von Sierning kommend ist die 298.53 am Fuß der Christkindlleite mit dem Zug PS 52 gegen 16 Uhr im Teufelsbachgraben auf dem Weg nach Garsten (6.8.1954). Auf der Flügelstrecke verkehren nur noch drei tägliche Zugpaare. Noch nach dem DRB-Zugnummernplan waren die zuvor drei Zugpaare Pergern – Sierning u.z. per 25.3.1946 um das Paar P 1921/1922 (Pergern ab 7.41 Uhr – Sierning 7.55/8.00 Uhr – Pergern 8.14/8.17 Uhr – Garsten an 8.45 Uhr) ergänzt worden. Das bis Anfang der 70er Jahre gültige Zugnummernschema wurde zum Sommerfahrplan 1948 eingeführt.

Unten: Die 298.14 mit dem Zug GK 23 Garsten – Klaus gegen 15 Uhr „im" Unterhaus, wie die Eisenbahner den Bahnhof in Anspielung auf das britische Parlament auch nannten (9.8.1953). Die Kohlennot hat sich entspannt und der Fahrplan konnte entsprechend aufgebessert werden. Beide Heeresfeldbahn-Vierachser der kurzen Bauart laufen im Zug mit. Einem Redakteur der Zeitung „Wiener Montag" fiel im Oktober 1953 auf, „daß auf der Steyrtalbahn vornehmlich die jungen Schaffner den älteren Reisegästen auffallend höflich entgegenkommen." Fotos: Alfred Luft

Zugkreuzung gegen 7.25 Uhr im damals (bis 1960) noch dreigleisigen Bahnhof Neuzeug, links der doppelt bespannte GK 14. Zum Sommerfahrplan 1948 war man dazu übergegangen, die Garnitur des Frühzuges GK 17 (Garsten ab 6.22 Uhr – Aschach) für die Rücktour mit dem GK 14 aus Klaus zu vereinen, bis zuletzt wurde es so gehandhabt. Die 298.106 mit dem GK 18 nach Klaus führt an erster Stelle wie üblich den verschlossenen und mit einem Postbeamten besetzten Postwagen mit. Noch trägt er die BBÖ-Nr. F 970, ein Jahr später wird er bei der SGP in Graz einen neuen Aufbau und die Nr. F 8460 erhalten. Die Postbediensteten und Zugpersonale pflegten ein gutes kollegiales Verhältnis, man half einander, wenn einmal „Not am Mann" war, z.B. in der Vorweihnachtszeit, wenn Unmengen Pakete oder vor allem Briefe vom „Christkindl" anfielen.

Unten: In Klaus hat die 298.106 gut 24 Min. Aufenthalt, jetzt steht sie mit dem GK 16 bereit. Die Zweiachser gehören zu den 18 Flachdachwagen, die 1940-42 direkt oder vor 1953 auf Umwegen vom Pinzgau ins Steyrtal kamen. Dahinter läuft einer der langen Heeresfeldbahnwagen, die durch ihre niedrige Bauart auffielen. Noch kürzlich erinnerte sich der groß gewachsene Fotograf Alfred Luft daran, wie er im Sommer 1953 erstmals zur Steyrtalbahn kam, unbekümmert in einen solchen Wagen stieg und schmerzlich erfahren mußte, daß die Kopfhöhe im Bereich der Plattform nur 1,80 m betrug. Einen neuen Aufbau erhielten diese Wagen erst 1963.   Fotos (Juli 1954): Wilfried Biedenkopf (Slg. Andreas Christopher)

Unter Ausflüglern und Wanderern war die Haltestelle Frauenstein sehr beliebt, und die Wartezeit vertrieb man sich gern direkt gegenüber im Gasthaus „Zur Steinwänd“ vom Schlattner Josef. Bis in die 60er Jahre verkehrten sogar mitunter noch Pilgersonderzüge oder man verstärkte die Personenzüge entsprechend (hier die 298.53 mit dem Zug GK 58). Der Postwagen F 8461 hat zwei Jahre zuvor einen neuen Aufbau erhalten.

Unten: Mit dem u.a. aus zwei langen Heeresfeldbahn-Vierachsern gebildeten Zug GK 23 trifft die 298.104 gegen 15.21 Uhr in Molln ein, für das Wasserfassen sieht der Fahrplan nur 2 Minuten vor. Das Wirtschaftsgebäude – noch ohne Bassena – war in den 50er Jahren beträchtlich erweitert worden, die Aufstockung des rückwärtigen Teils des Heizhauses, um Übernachtungsräume zu schaffen, steht nun bevor. Fotos (5.8.1957): Alfred Luft

Nach einer Kreuzung mit dem Motorbahnwagen verläßt die 298.53 mit einem teilweise mit Kohle beladenen Güterzug den Bahnhof Pergern talaufwärts. Damals lief der Güterumschlag noch zum großen Teil über Garsten, erst Anfang der 70er Jahre wurde er vollständig nach Klaus verlegt. Noch ist im Übergangsgleis zwischen Stamm- und Flügelstrecke im Vordergrund eine Pedalweiche zu erkennen. Foto (1.6.1962): Gerhard Luft

Unten: Relativ kurz ist der Bezirksgüterzug GK 81 an diesem Tag, als die 298.102 mit ihm gegen 11 Uhr bald nach dem Groißenbach die Bezirksstraße überquert. Dieser sehr tief über der Steyr liegende Streckenteil war besonders anfällig gegen Hochwasser. Gut 100 m hinter dem Zug kam es im März 1980 zu jenem Hangrutsch, der letztlich der Steyrtalbahn zum Verhängnis wurde. Foto (5.7.1963): Alfred Luft

Neben dem Dienstwagen besteht der Zug GK 19 nach Klaus immerhin aus acht gut besetzten Personenwagen. Um 17.30 Uhr überquert die 298.102 mit ihm gleich nach Verlassen der Haltestelle Sarning die von prächtigen Kastanien gesäumte Leopold-Werndl-Straße und biegt in den Reichenschwall ein. Ein Jahr zuvor waren die Andreaskreuze noch quer angeordnet, ergänzt um die typischen „Pfeifaugen".

Unten: Hochsommer beim Herndlreith, wo die 298.52 mit dem Zug GK 15 auf der alten Kremstalbahntrasse entlang der Pyhrnpeß-Bundesstraße gegen 13.40 Uhr vor dem Anstieg zum Bahnhof Klaus noch etwas Schwung holen kann. Im Hintergrund geht der Blick auf die Wallfahrtskirche Frauenstein und eine von zahlreichen, damals typischen Heumandln bestandene Wiese. Fotos (5.7.1963): Alfred Luft (oben) und Harald Navé

Blick von der 1949 eingeweihten Grünburg-Steinbacher Steyrbrücke auf die 298.105, die sich in ihrem letzten Dienstjahr mit dem Zug GK 14 aus Klaus dem Bahnhof Grünburg nähert. Der Vierachser B4i 3243 war 1954 aus einem Mariazellerbahn-Wagen umgebaut worden. Die Brücke links markiert die Grenze zwischen Waldneukirchen und Untergrünburg, hier endet heute die Museumsbahnstrecke. Foto (5.7.1963): Harald Navé

Unten: Zugkreuzung um 15 Uhr in Molln, links die 298.56 (noch mit Rauchkammertür alter Bauform) mit dem GK 17 nach Klaus, rechts die 298.05 mit dem Zug GK 18 nach Garsten. Letzterer hat 4 Min. Aufenthalt, die 298.56 nur eine Minute. Foto (25.9.1964): Theodor Horn (Eisenbahnstiftung)

Zwischen den Haltestellen Unterhimmel-Christkindl und Schloß Rosenegg strebt die 298.52 um die Mittagszeit mit dem Zug GK 15 in Richtung Klaus. An einem so herrlichen Wintertag ist ein Spaziergang durch die von Fotografen arg vernachlässigte Unterhimmler Au eine wahre Wonne. Foto (1965): Gottfried Turnwald (Sammlung Andreas Knipping)

Nach Kriegsende prägte wiederum das Fuhrwerk den Güterverkehr auf der Straße, nicht allein für die Landwirtschaft, selbst die schweren Lasten wie Blochhölzer, Schotter oder Metallwaren wurden den 1 PS starken „Triebfahrzeugen" anvertraut. Um den der schutzbedürftigen Eisenbahn zustehenden Verkehr zu decken, hatte es in den 30er Jahren zur *„Regelung des immer stärker werdenden Konkurrenzkampfes von Lastauto und Eisenbahn"* eine Notverordnung gegeben, die am 1. Juli 1933 von der Bundesregierung erlassene, weltweit einmalige Lastkraftwagenverkehrsordnung. Sie legte fest, welche Wagenladungs-, Stück- und Sammelgüter auf welchen Entfernungen auf der Straße oder auf der Bahn und zu welchen Mindestfrachtsätzen zu befördern seien. Ebenfalls der Lkw-Werksverkehr wurde erheblich eingeschränkt. Es entwickelte sich eine ausnehmend gute Kooperation zwischen den Bahnen und Speditionen, allerdings wurde die Wirtschaft durch die hohen Frachtsätze außerordentlich belastet, bis die Verordnung am 31. Juli 1937 gelockert wurde. Sowohl im Lkw-Verkehr als auch auf den privaten Lokalbahnen durften die Tarife nun um bis zu 50 % gesenkt werden.

Jene Zeiten waren nach dem Krieg lange vorbei, nun wehte ein anderer Wind. Die Zahl der Lastkraftwagen, zum großen Teil aus heimischer Produktion, stieg unaufhörlich. Im nördlichen Teil der Steyrtalbahn war der Lkw gegenüber der Bahn im Vorteil, jedoch im südlichen sah es anders aus. Vor allem in den engen Ortsdurchfahrten Sierninghofen und Untergrünburg oder auf der schmalen, windungsreichen Bezirksstraße am Steyrdurchbruch gab es für den Schwerlastverkehr per Lkw oft kaum ein Durchkommen. Hier nahm der Wert der Schmalspurbahn vor allem im Holzverkehr stetig zu. So mancher Güterzug mußte doppelt bespannt oder geteilt werden, um ihn die

Die Steyrtalbahn, der Schrecken der Pferde

„Am Freitag um 8 Uhr fuhr der 45 Jahre alte, verheiratete Pferdeknecht Franz Michelmayr aus Sierning mit dem Pferdefuhrwerk seines Dienstgebers auf der Voralpenstraße bei Sierning, als die Pferde vor dem Zug der Steyrtalbahn scheuten und mit dem Fuhrwerk durchgingen. Michelmayr, der neben dem Wagen ging und die Pferde lenkte, geriet unter die Räder des schwer mit Schotter beladenen Fuhrwerks. Er erlitt Brüche beider Beine und dazu einen Genickbruch, der seinen sofortigen Tod herbeiführte."

(„Oberösterreichische Nachrichten" vom 31.1.1948)

starken Steigungen hinaufzuschleppen. Um die höheren Tonnagen bewältigen zu können, planten die ÖBB die Beschaffung von Drehgestell-Diesellokomotiven mit Mittelführerstand sowie 340 PS starkem Motor (angedacht war die Reihenbezeichnung 2094) oder sogar 400 PS. Dazu erwogen sie Ende der 50er Jahre abermals eine Wiederaufnahme des Rollschemelverkehrs, diesmal sogar über die Gesamtstrecke. 1962 ließen sie im Hinblick darauf zwischen Klaus und Leonstein bereits die Telegrafenmasten versetzen, um das Lichtraumprofil entsprechend zu erweitern. Als der Steyrer Stadtrat im Herbst 1965 die Erneuerung der Teufelsbachgrabenbrücke im Verlauf der Redtenbachergasse beschloß, wies er darauf hin, daß unbedingt berücksichtigt werden müsse, daß die ÖBB ganz konkret die Einführung eines Rollschemelverkehrs beabsichtigten. Das Bahngleis sollte demnach um 33 cm abgesenkt und die Brücke um 27 cm angehoben werden. Als die neue Brücke im Frühjahr 1966 eingebaut wurde, war davon allerdings keine Rede mehr.

Wie erging es nach dem Krieg nun den Frachtkunden entlang der Steyrtalbahn? Die Anschlüsse zum Gummiwerk Reithoffer in Sarning (bis 1932/33) und zum Dampfsägewerk Huber im Reichenschwall gab es längst nicht mehr. Von der 1950 vom Tabor nach Steyr Lokalbahn umgezogenen Werkzeugfabrik Strasek profitierte die Steyrtalbahn nur kaum, ebenso nicht vom 1966 am Bahnhof Aschach erbauten Zweigwerk. Das Schleppgleis zum Walzwerk mit Draht- und Nagelfabrik in Unterhimmel wurde dagegen noch bis spätestens 1957 bedient, zehn Jahre später ging die Firma in Liquidation, bis dato hatte sie die Rohstoffe und Produkte über die Halte- und Ladestelle Unterhimmel umgeschlagen.

In Sierninghofen an der Flügelstrecke war der Getreidehandel Peterseil (mit eigenem Gleisanschluß) ein guter Kunde, und auch für die umliegenden Landwirte war der Bahnhof bzw. die spätere Halte- und Ladestelle von Bedeutung, so daß Anfang der 50er Jahre ein zusätzliches Ladegleis angelegt wurde. Bis zur Einstellung des Flügels wurde das Gleis der Brauerei Wahlmühle bedient. Noch 1964 hatte es eine schwere Weiche der Form Xa erhalten. Lausbuben machten sich mitunter den Spaß, das abfallende Gleis mit Schmierseife zu „behandeln" – sehr zum Mißfallen der Lokpersonale. Im Endbahnhof Sierning dominierte die Landwirtschaft. Stets im Herbst waren Unmengen Zuckerrüben, Stroh und Zichorien abzufahren. 1949 eröffnete die Genossenschaft ein Lagerhaus mit Anschlußgleis, drei Jahre später wurden Schuppen und Gleis erheblich erweitert und um 1960 wuchsen hier – wie seinerzeit vielerorts in Österreich – mächtige Getreidesilos empor. Weitere Kunden waren in Sierning der Bulla-Landmaschinenhandel sowie ab 1950 die direkt am Bahnhof ansässige ADEG-Einkaufsgenossenschaft.

In Neuzeug hatte Georg König, letzter Klingenschmied Österreichs, noch lange die Besteckrohlinge mit dem „Schmiedtenwagerl" zur Bahn geschafft, damit sie in Steinbach weiterverarbeitet werden. Nachdem der Rosenthal-Konzern um 1963 in den Neuzeughammer eingestiegen war, verlagerte er die Transporte auf die Straße. Für den Güterumschlag aus dem Raum Sierning nach 1966 kam die Haltestelle wegen der äußerst engen Zufahrtsstraßen Sierninghofens nie in Betracht. In der früheren Waffenfabrik in Letten produzierte die Steyr-Daimler-Puch AG nach dem 2. Weltkrieg diverse Bauteile für die Kraftfahrzeugindustrie, bis sie sich 1989 aus Letten zurückzog. Bis Mai 1966 diente der Bahnhof Aschach noch sporadisch dem Güterumschlag, vor allem für die gegenüber in Pichlern gelegene „Pichlmühle", die Kunstmühle mit Vollgattersägewerk Wochenalt, einst eines der größten Unternehmen

Zu Beginn der 60er Jahre wurden die Ladegleise des Bahnhofs Molln erheblich umgebaut, dazu entstand eine hohe Laderampe, von der die Lkw des Kalk- und Schotterwerks Bernegger das Gestein direkt in die Güterwagen kippten (vgl. Band 1, Seite 241). In Klaus war beim Umladen dagegen Handarbeit angesagt (unten). Um sich die Kosten für Spezialfahrzeuge und bessere Umschlaganlagen zu ersparen, verzichteten die ÖBB auf 100.000 t Fracht pro Jahr und verpflichteten Bernegger als Spediteur.
Fotos: Gerhard Luft (15.9.1966 am Steyrdurchbruch), Herbert Fritz (5.10.1966; unten)

des Steyrtals. Die benachbarte Werkzeugfabrik Stern hatte für die Steyrtalbahn derweil kaum Bedeutung, allenfalls für den Arbeiterverkehr, und auch die Firma Mayer, die 1964 weiter südlich einen Steinbruch aufgefahren hatte, bevorzugte den Abtransport des Gesteins per Lkw.

Bei der Haltestelle Sommerhubermühle war das Säge- und Hobelwerk Brandstetter bis Anfang der 70er Jahre ein wichtiger Kunde, dann wurde die Schleppbahn abgebaut und man verlagerte den Umschlag auf das werkseigene Ladegleis an der Haltestelle. Wagenladungen fielen aber nur noch vereinzelt an, zuletzt gab es für den Güterzug keinen Bedarf mehr für einen Halt. Umso größer war das Güteraufkommen der Hörmühle an der Haltestelle Waldneukirchen, wo noch 1950 die Gleisanschlußanlage erweitert wurde. In großen Mengen wurden Baumstämme und Sägespäne angeliefert sowie Schnittholz und vor allem Holzmehl versandt. Das Werk, einst die einzige Holzmehlfabrik Österreichs, exportierte die Erzeugnisse in elf europäische Länder.

In Grünburg war es wieder die Landwirtschaft, die sich der Bahn bediente. Die Lagerhausgenossenschaft Kirchdorf hatte 1962 am Bahnhof ein Lagerhaus eröffnet, das bald aus allen Nähten platzte. Weiter oben an der Bezirksstraße entstand ein weiteres Lagerhaus, aber ein Bahnanschluß war dort unmöglich. Ansonsten fielen im von Hermine Neubauer (Korrektur zu Band 1, Seite 156 unten) und Auguste Hattinger (vgl. Band 1, Seite 164) sorgsam gepflegten Grünburger Bahnhof stets umfangreiche Stückgutsendungen an, u.a. von den Steinbacher Messerern. Umfangreiches Material hatte die Steyrtalbahn für den Bau der 1949 eingeweihten Steyrbrücke angefahren, seinerzeit die größte nach dem 2. Weltkrieg errichtete Brücke Oberösterreichs.

Beim Bahnhof Unterhaus erreichte der Holzumschlag nie jenen Umfang, wie ihn sich die Steyrthalbahn AG erhofft hatte, dafür wurde das 1906/07 errichtete Magazin der Landhandelsgenossenschaft noch bis Mitte der 70er Jahre bedient und danach abgerissen. Dagegen war die knapp 1 km weiter gelegene Haunoldmühle der letzte Güterkunde der Steyrtalbahn. Die Spezial- und Holzstoffpappenfabrik Fuchs-Robetin zählte einst zu den führenden Handpappenfabriken Österreichs. Bis zu den Hochwasserkatastrophen 1948/49 bezog sie ihr Holz teilweise sogar noch per Trift. In den 50er Jahren expandierte das Werk mächtig. Nach der Einstellung des planmäßigen Güterverkehrs wurde die Haunoldmühle sogar ab Oktober 1980 zeitweise wieder bedient.

Auch im Bahnhof Leonstein konnte sich das Güteraufkommen sehen lassen. Neben Holz wurden vorwiegend landwirtschaftliche Güter umgeschlagen. Noch 1963 wurde das Magazin beträchtlich erweitert, aber dann gingen die Sendungen rapide zurück. In den 70er Jahren fielen hier bereits keine Frachten mehr an. Derweil nahm der Bahnhof Molln eine zentrale Position im Güterverkehr ein, vorwiegend im Holzumschlag. In den 20er Jahren hatte die Gräflich Lamberg'sche Holzindustrie nördlich vom Bahnhof einen großen Holzlagerplatz (mit Gleisanschluß) angelegt, der später an die Bundesforste überging und mehrmals erweitert wurde. Im südlichen Bahnhofsbereich hatte sich vor dem 1. Weltkrieg das Mollner Holzwarenwerk Rothmair & Hutja niedergelassen, gleichfalls mit Anschlußgleis. Bis zu 8.000 Festmeter Holz wurden jährlich verarbeitet. Im südlichen Teil des Werksgeländes wurden 1950-57 die „Motormulis" produziert, kleine, sehr geländegängige Kettenschlepper für die Land- und Forstwirtschaft. Westlich vom Bahnhof erhielt die Lagerhausgenossenschaft Kirchdorf im Jahr 1963 für ihre Mollner Niederlassung ein Schleppgleis. Für den Schotterverkehr der Firma Bernegger wurden Anfang der 60er Jahre die Gleisanlagen an der Ladestraße erheblich umgebaut und anders angeschlossen, außerdem entstand eine große Umladerampe. Aber schon 1966 verpflichteten die ÖBB den Steinbrucheigner als Spediteur, damit er im Auftrag der ÖBB

Die 498.07 mit dem Postzug GK 21 gegen 9.40 Uhr in Leonstein. Sie bringt ihn bis Molln, wo sie sodann den Steinverkehr übernehmen wird. Ab 1963 hatte die Bahnmeisterei hier eine Niederlassung, die Ladestraße wurde zum großen Teil zum Schwellenlagerplatz. Foto (19.6.1966): Peter Schmied

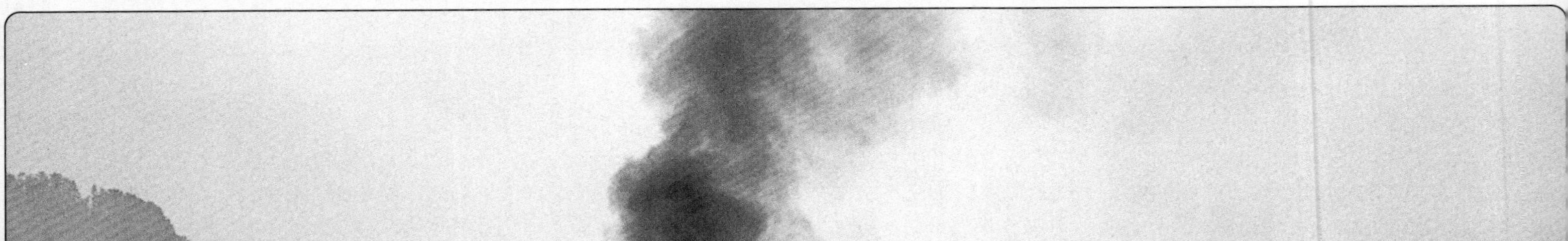

seinen Schotter – bis zu 100.000 t jährlich – mit Werks-Lkw abtransportiert. Im weiteren Verlauf bis Klaus fielen keine Frachten mehr an, auch nicht bei der in den 30er Jahren aufgefahrenen Schottergrube nahe der Haltestelle Frauenstein. Das Magazin wurde mangels Bedarf Anfang der 60er Jahre beseitigt.

Dunkle Wolken

„Die Bundesbahnen haben bei der oö. Landesregierung um die Stillegung der Nebenstrecke Pergern – Sierning angesucht. Für den Betrieb der Linie, die von Personen kaum befahren wird, müssen die ÖBB jährlich 1,5 Mio. S zuschießen. Die Bahn hat nur noch Bedeutung für den Güterverkehr. Ungünstig wirkt sich die Einstellung für viele Sierninger Gewerbebetriebe aus, die ihre Frachtgüter nun zu den Bahnhöfen Garsten, Steyr oder Bad Hall bringen müssen. In Sierning wird der Vorschlag diskutiert, den Bahnhof Aschach wieder für den Güterverkehr einzurichten, damit die Gewerbetreibenden wenigstens einen für sie einigermaßen günstig gelegenen Bahnhof im Gemeindegebiet haben. Gleichfalls könnte der Bahnhof Neuzeug für den Güterverkehr aktiviert werden.“

(„Steyrer Geschäfts- und Unterhaltungskalender 1968“, Meldung vom 15.9.1966)

Oben: Mit zwei der im Steyrtal nur kurzzeitig eingesetzten Pinzgauer „Blunzenwagen“ steht die 298.56 in Klaus vor dem Zug GK 17 zur Rückfahrt bereit. Sechsmal am Tag fuhr damals ein Personenzug bis Klaus durch, wer aber schon mit dem nächsten Zug zurückfahren wollte, mußte 1-3 Std. Wartezeit aufbringen. Foto (1967): Roger J. Townsend (Sammlung Ralf Kirion)

Mitte: Zwischen den Haltestellen Steyrdurchbruch und Agonitz rollt die 298.25 eines Nachmittags mit dem Zug GK 18 dahin. An erster Stelle läuft ein sogenannter „Spantenwagen“ mit Ganzfenstern, dann folgen zwei Haubendachwagen. Vierachsige Personenwagen gab es damals bei der Zfst Garsten nur wenige. Foto (15.9.1966): Gerhard Luft

Rechts: Mit dem Zug GK 17 nach Klaus (u.a. mit dem Vierachser B4i 3243) hat die 298.27 gegen 14 Uhr den Bahnhof Aschach verlassen. Rechts die 1966 bezogene Werkzeugfabrik Stern. Foto (31.3.1968): Heinz Albrecht

31. Dezember 1966: Abschied vom Flügel Pergern - Sierning

Am Silvestertag 1966 erlöste die ÖBB-Direktion die Flügelbahn Pergern – Sierning von ihrem Aschenbrödeldasein. Die letzte Fahrt glich einem Volksfest. In Sierninghofen (oben) war man froh, noch den letzten Zug zur Heimreise erwischt zu haben. In Sierning (unten) erwartete dann gegen 14 Uhr eine schier unübersehbare Menschenmenge den letzten regulären Zug. Der Steyrer Zeitung meinte, „daß man nie und nimmer an eine Einstellung gedacht hätte, wäre die Steyrtalbahn-Nebenstrecke Pergern – Sierning in den letzten Jahren auch nur halb so gut besetzt gewesen“ (vgl. Seite 234).

Bei der Wahlmühl-Brauerei gab es für den Zug zunächst kein Durchkommen, mit Freibier konnten viele „Mitreisewillige" ihren Abschiedsschmerz ertränken oder betäuben. Entsprechend verspätet traf der Zug dann in Sierninghofen ein, auch hier wurde er von unzähligen Schaulustigen erwartet (oben). Unten eine Szene beim Umsetzen in Sierning.
Fotos (4): Herbert Fritz (Sammlung Gunter Mackinger)

„Heute fuhr nun der letzte Zug auf der Strecke Sierning – Pergern. Nach monatelangen Verhandlungen zwischen Gemeinden und Bundesbahnen war es nun doch zur Einstellung der 5 km langen Nebenstrecke gekommen. Die ÖBB ersparen sich dadurch jährlich 1,5 Millionen Schilling an Zuschüssen. Die Bahnlinie hatte bis 1933 sogar nach Bad Hall geführt. Die letzte Fahrt von Sierning nach Pergern wurde von der Bevölkerung als Abschiedszeremonie begangen. Viele Sierninger, welche mitfahren wollten, bekamen keine Fahrkarte mehr. Die Lokomotive war geschmückt mit Kränzen, an der Vorderseite hing ein Transparent mit traurigem Gesicht, und als der Zug um 14.22 Uhr abfuhr, winkten alle Fahrgäste aus den Waggonfenstern. „Muß i denn, muß i denn zum Städtele hinaus", sangen die Menschen im Chor, – sie hatten sich spontan zu dieser Abschiedsfahrt entschlossen."
(aus „Steyrer Kalender" vom 31. Dezember 1966)

1966-68: Der Beginn der Abschaffung der Bahn

Mit dem Zug GK 18 aus Klaus hat die 298.25 eines Nachmittags soeben die Ortslage von Untergrünburg hinter sich gelassen (die kleine Brücke am Zugschluß markiert die Ortsgrenze) und nähert sich jetzt – bereits auf dem Gemeindegebiet von Waldneukirchen – dem Bahnhof Grünburg. Im Sommer 1963 war sie von der Gurktalbahn zur Zfst Garsten gekommen und im August 1966 wurden die beiden bereits 1956/57 modernisierten kurzen Heeresfeldbahn-Vierachser, die sie hier mit sich führt, an die Gurktalbahn abgegeben. Foto (1965): Margarete Mayr (Slg. Johann Leutgeb)

Hatte man die Beendigung des Zugverkehrs Sierning – Bad Hall im Jahr 1933 noch als „vorübergehend" bezeichnet, wobei sich die Stillegung und der Gleisabbau noch auf Jahre hinauszogen, so handelte es sich bei der Einstellung des Restes der Flügelstrecke zum Jahresende 1966 nunmehr um einen endgültigen Schritt. Anfang Januar 1967 wurde die Strecke geräumt und im Frühjahr 1968 beseitigte man die Gleisanlagen. In Höhe Gründberg entfielen dadurch zwei Kreuzungen mit der Voralpenstraße, eine weitere mit der Pichlernstraße in Sierninghofen. Nun konnte auch hier der Ausbau der Bundesstraße anlaufen.

Ein vom Verkehrsministerium beauftragtes Wirtschaftsgutachten resümierte, daß eine für den Fortbestand der Bahn unerläßliche Modernisierung an die 50 Mio. S verschlingen würde. Die Beschaffung von Diesellokomotiven und Rollfahrzeugen wäre mit enormen Anpassungen der Infrastruktur verbunden gewesen, zudem war der nicht mehr zeitgemäße Güterwagenpark dringend erneuerungsbedürftig. Nun wollten die ÖBB die gleichsam romantische wie defizitäre Steyrtalbahn baldigst abstoßen. Hierzu die Steyrer Zeitung am 15. Januar 1968:

„In Steyr und im ganzen Steyrtal hat die Ankündigung der Österreichischen Bundesbahnen, daß die Steyrtalbahn eingestellt werden soll, größte Bestürzung hervorgerufen. Das Defizit wird auf rund 15 Millionen Schilling jährlich beziffert. Die Frequenz im Personenverkehr ist in den letzten zehn Jahren um 43 % gesunken; die Jahresfrequenz 1966 beläuft sich auf ungefähr 350.000 Fahrgäste. Das ist zu wenig, denn die Einnahmen aus dem Personenverkehr und der Frachtbeförderung beliefen sich auf nur 3,5 Millionen Schilling, während die Kosten auf über 18 Millionen gestiegen sind. Die Motorisierung hat nun auch das Todesurteil über unsere idyllische Steyrtalbahn gesprochen. Ein Problem bedeutet es, für die 114 Bediensteten neue Arbeitsplätze zu suchen."

Die 298.14 bespannte die letzten regulären Personenzüge zwischen Molln und Klaus. Noch im selben Jahr endete ihre aktive ÖBB-Zeit. Foto (25.5.1968): Margarete Mayr (Slg. J. Leutgeb)

Am 5. Februar fügte die Zeitung hinzu: *„Die Bürgermeister des Steyrtales und die Abgeordneten des Bezirkes trafen sich heute in Grünburg mit Vertretern der Österreichischen Bundesbahnen, um Wünsche vorzubringen, nachdem die ÖBB die Stillegung der Steyrtalbahn angekündigt hatten. Von der Bundesbahndirektion Linz wurde erklärt, es sei noch keine endgültige Entscheidung gefallen, sollten aber die Bundesbahnen die Stillegung aufgrund des 15-Millionen-Defizites verfügen, würde die Einstellung in Etappen ablaufen. Zunächst würde das Stück Klaus – Grünburg stillgelegt werden. Der Leiter der verkehrspolitischen Abteilung der oö. Handelskammer, Dr. Franz Pisecky, teilte mit, die Kammer habe mit dem Bautenminister Dr. Kotzina diesbezügl. Kontakt aufgenommen. Dieser habe zugesichert, daß einvernehmlich mit Verkehrsminister Dr. Weiß nur dort Bahnen stillgelegt werden, wo gleichzeitig die Straße ausweichen könnte. Seit 1948 wurden schon 26 Mio. S in die Steyrtalbundesstraße investiert. Die geplanten Regulierungen kosten weitere 50 Millionen. Der Talübergang am Steyrdurchbruch, der 16 Millionen kostet, wurde bereits in Angriff genommen. Gebaut werden auch die Umfahrung Sierninghofen und mehrere Brücken. Sollte die Steyrtalbahn tatsächlich eingestellt werden, so müßte – das ist die Forderung der Bürgermeister des Steyrtales – der Ausbau der Steyrtal-Bundesstraße entschieden forciert werden."*

Und am 15. Feburar: *„Die Bürgermeister des Steyrtales waren von der Bundesbahndirektion für Oberösterreich zu einer Besprechung nach Molln eingeladen worden. Dem Bezirkshauptmann von Kirchdorf, Dr. Müller, und den Bürgermeistern wurde mitgeteilt, daß das Stück Klaus – Grünburg der Steyrtalbahn mit 27. Mai 1968 eingestellt werde. Die Einstellung betrifft nur den Personenverkehr, der Güterverkehr bleibt im vollen Umfang aufrecht. Um massiven Protesten vorzubeugen, wurde mitgeteilt, daß die auf den Linienautobussen, die nunmehr den Bahnverkehr ersetzen werden, die bisherigen Bahntarife angewandt werden, also Schüler- und Arbeiterwochenkarten nicht teurer werden."*

Am 25. Mai 1968 fuhren letztmals planmässige Personenzüge zwischen Molln und Klaus sowie an Vormittagen zwischen Grünburg und Molln. Für die ÖBB war es ein Teil eines *„Dreistufenplans zur langsamen Umgewöhnung auf die Einstellung"*, jedoch in der Presse hieß es: *„Die restliche Strecke bleibt noch einige Zeit in Betrieb."* Die ÖBB richteten einen Schienenersatzverkehr mit Bahnbussen ein. Zwischen Garsten und Grünburg fuhren pro Tag nunmehr sieben Zugpaare, davon zwei nur werktags und vier weiter bis Molln, ferner ein Schülerzug Garsten – Aschach. Hatte das Frachtaufkommen noch 1960 im nördlichen Teil einen Umfang von 100 t pro km und im südlichen von immerhin 1.300 t/km ausgemacht (auf der Flügelstrecke gar 2.000 t/km), so zeigte er im Laufe der 60er Jahre wieder ansteigende Tendenz.

Wie sah es seinerzeit auf dem Fahrzeugsektor aus? Von den fünf Lokomotiven aus der Frühzeit der Steyrthalbahn AG schieden in den Jahren 1962-66 vier Stück aus, nur die 298.104 blieb noch bis 1972 aktiv und stand danach lange Zeit als Denkmal bei der Taborschule in Steyr. Die ersten drei Lokomotiven der Reihe U waren während des 2. Weltkriegs ins Steyrtal gekommen, von 1956 bis 1965 folgten fünf weitere. Manche fuhren lediglich ihre Fristen ab, andere blieben hier länger aktiv. Für den „Stoanaverkehr" Molln – Klaus waren in den Jahren 1962-67 drei Heißdampfloks der Reihe 498 in Garsten stationiert, es waren die letzten Einsätze einer Uh bei den ÖBB überhaupt.

Angesichts des Fahrgastschwundes wurde der Personenwagenbestand stark ausgedünnt. Von den zum Jahresende 1965 noch vorhandenen 36 Zweiachsern wurden bis 1969 immerhin 25 Stück zu Dienstwagen umgebaut, an andere Strecken abgegeben oder an Privatleute verkauft. Als Selbstabholer konnte man für nur 300,- S einen Wagenkasten erstehen und z.B. als Gartenlaube weiternutzen. Vierachsige Personenwagen gab es in den 50er und 60er Jahren im Steyrtal nur wenige. Die beiden 1957 modernisierten kurzen ehemaligen Heeresfeldbahnwagen wurden 1966 nach Treibach-Althofen abgegeben, während jene der langen Bauart erst 1963 einen neuen Aufbau erhielten und anschliessend nicht mehr nach Garsten zurückkehrten. Der um 1961 von St. Pölten nach Garsten gekommene B4i 3243 blieb lange ein Einzelgänger. 1973/74 kamen drei weitere „Spantenwagen" hinzu. Die Einsätze der aerodynamischen Pinzgauer Vierachser im Steyrtal waren derweil nur eine kurze Episode.

Im Vergleich dazu gab es bei den zweiachsigen Güterwagen in den 60er Jahren nur wenige Veränderungen. Hervorzuheben sind fünf offene Dreiachser, die 1967 vom Pinzgau ins Steyrtal kamen, sowie zahlreiche Zu- und Abgänge bei den Bautzener Vierachsern.

Mißgeschick nach falscher Weichenstellung in Neuzeug zu Beginn der 60er Jahre. Der Bi 3725 geriet in Schieflage, er erhielt 1968 einen Neuaufbau als Dienstwagen für die Ybbstalbahn. Foto: Sammlung Ralf Kirion

Sonntagnachmittag in der Pernzell: Mit dem Zug GK 17 nach Klaus überquert die 298.14 den Steyrleithenbach (21.4.1968). Von 1944 bis 1968 war sie auf der Steyrtalbahn aktiv, später fuhr sie einige Jahre in der Schweiz, heute liegen ihre Einzelteile bei der Bregenzerwald-Museumsbahn.

Unten: Immer wieder beeindruckend war es, vor einem prächtigen Hochgebirgspanorama mit der Schmalspurbahn am Stausee des Steyrdurchbruch-Kraftwerks entlang zu fahren. Bis Mai 1968 war das regelmäßig möglich, hier mit der 298.25 vor dem GK 17 am 8.9.1966. Fotos: Peter Schmied

Der spätere Chefredakteur der Zeitschrift „Schienenverkehr aktuell“ verbrachte ab 1967 den Jahreswechsel in der Regel in Steyr, teils mit Hobbyfreunden, die heute leider längst verstorben sind. Zahlreiche prächtige Winteraufnahmen haben wir ihm zu verdanken. Am Neujahrstag 1968 erlebte er die 298.52 in Garsten mit einem Personenzug beim „Viadukt“ der Kreuzleitenstraße im Anstieg zur Wichtlleite (oben) und am letzten Tag des Jahres 1969 beobachtete er die 298.56 beim Verschub in Klaus, wo selbst am Silvestertag noch viel Holz anfiel.   Fotos: Ernst Kabelka

25. Mai 1968: Letzter Tag des Personenverkehrs Molln - Klaus, der Vormittagspersonenzüge Grünburg - Molln sowie der Bahnpost auf der Steyrtalbahn

Oben: Ein letztes Mal werden an diesem Tag in Garsten die Postsendungen umgeschlagen und vom Postfahrer zum Postamt Steyr gebracht. Zumindest einer der beiden Postwagen, die 1955 einen Neuaufbau erhalten hatten, konnte noch 1968 an die Zillertalbahn veräußert werden. Später kehrte er ins Steyrtal zurück und steht nach grundlegender Restaurierung heute für Sonderzugeinsätze zur Verfügung.
Foto: Herbert Fritz
(Slg. Gunter Mackinger)

Die „Vereinigte Blaskapelle Steinbach-Grünburg seit 1849" unter Kapellmeister Johann Schuster spielte im Bahnhof Grünburg einige zünftige Weisen, ehe der letzte reguläre Personenzug seine Fahrt nach Klaus fortsetzte.
Foto: Margarete Mayr
(Slg. Johann Leutgeb)

Das letzte Zugpaar Garsten – Klaus – Grünburg (GK 19/20) führte an diesem Samstagabend gleich neun Wagen und selbst die reichten kaum. Vertreter der ÖBB-Direktion erschienen nicht, es war eine spontane Aktion der Bevölkerung. Ein Blumenstrauß vorn an der Lok, Schilder mit Abschiedsgrüßen an einigen Wagen, mehrere Trauerflaggen – so war die Zuggarnitur geschmückt. Hunderte stürmten den Zug, aber viele Mitfahrwillige mußten zurückbleiben. Unzählige Menschen winkten dem Zug entlang der Strecke hinterher – ein emotionaler Abschied! In Grünburg spielte eine Musikkapelle für ein Ständchen auf und stieg dem Zug zu. In Molln spielte die Leonsteiner Kapelle einen Trauermarsch (vgl. Band 1, Seite 242-243), auch sie stieg zu. In Klaus wurde der „Trauerzug" von über 800 Schaulustigen begrüßt. Fotos (25.5.1968): Margarete Mayr (Sammlung Johann Leutgeb)

1969-79: Publikumsliebling Steyrtalbahn

Unter Eisenbahnfreunden wurde die Steyrtalbahn wegen des ausschließlichen Dampfbetriebs, der Betriebsabwicklung einzig mit Schmalspurwagen und der landschaftlichen Reize immer beliebter. Bereits Anfang der 60er Jahre organisierten englische Gruppen einzelne Sonderfahrten, dann waren es vor allem der in Wien ansässige Verband der Eisenbahnfreunde (VEF) und die Deutsche Gesellschaft für Eisenbahngeschichte (DGEG), die gelegentlich die Strecke Garsten – Klaus bereisten, natürlich verbunden mit zahlreichen Fotohalten und Scheinanfahrten. Hier rollt die 298.104 auf einer Sonderfahrt des VEF von Klaus kommend zur Haltestelle Agonitz hinab. Foto (23.3.1969): Herbert Fritz (Slg. Gunter Mackinger)

Unten: Sommerfahrplan 1969. Zwischen Grünburg und Molln fuhren ab Mai 1968 vormittags Busse, allerdings gab es den Frühzug GK 30 Molln (ab 4.30 Uhr) – Garsten. Die Lok kam gegen 19.58 Uhr mit dem GK 37 in Molln an und übernachtete dort.

Alle Züge 2. Klasse

28 b Garsten—Klaus

Schmalspurbahn

GK 13 ◊	GK 41 ◊	GK 21 ◊	GK 15 ◊	GK 17 ◊	GK 31 ◊	GK 19 ◊	GK 37 ◊	km	ÖBBDion Linz	GK 30 ◊	GK 12		GK 14 ◊	GK 16 ◊	GK 18 ◊	GK 32 ◊	GK 24 ◊
⚒ 5.34	⊖ 6.20	7.52	10.58	13.10	⚒ 14.29	17.25	18.26	0	ab **Garsten** 28a … an	5.55	⚒ 7.42	…	9.53	12.58	16.24	⚒ 17.43	20.24
5.38	6.24	7.56	11.02	13.14	14.33	17.29	18.30	1	Sarning Hu	5.51	7.38	…	9.49	12.54	16.20	17.39	20.20
5.47	6.29	8.01	11.07	13.19	14.38	17.34	18.35	2	Steyr Lokalb ✕	5.46	7.34	…	9.45	12.50	16.15	17.35	20.16
5.50	6.33	8.05	11.11	13.22	14.42	17.38	18.39	3	Unterhimmel-Christkindl Hu	5.41	7.29	…	9.40	12.45	16.10	17.26	20.11
5.55	6.37	8.09	11.15	13.27	14.46	17.42	18.43	5	Schloß Rosenegg Hu	5.36	7.25	…	9.36	12.40	16.06	17.21	20.06
5.59	6.42	8.14	11.20	13.31	14.51	17.47	18.48	7	Pergern Hu	5.31	7.21	…	9.31	12.36	16.01	17.16	20.02
6.06	6.48	8.21	11.27	13.39	14.58	17.54	18.55	10	Neuzeug Hu 🚌	5.25	7.14	…	9.25	12.29	15.55	17.09	19.55
6.10	6.52	8.24	11.30	13.43	15.01	17.57	18.58	11	Letten Hu 🚌	5.21	7.10	…	9.20	12.25	15.51	17.05	19.51
6.14	⊖ 6.56	8.28	11.35	13.48	15.06	18.02	19.04	13	Aschach a d Steyr Hu [2]	5.16	7.06	…	9.16	12.21	15.46	17.00	19.46
6.20	an	8.34	11.40	13.53	15.11	18.07	19.09	15	Sommerhubermühle Hu	5.10	6.54	…	9.09	12.15	15.40	16.54	19.40
6.29	…	8.43	11.49	14.02	15.20	18.16	19.18	19	Waldneukirchen Hu [2] 🚌	5.02	6.46	…	9.00	12.07	15.32	16.46	19.32
⚒ 6.33	…	8.47	11.53	14.05	15.24	18.20	19.23	20	an Grünburg 🚌 … ab	4.58	⚒ 6.42	…	8.56	12.03	15.28	16.41	19.28
GK 13 🚌		GK 21 🚌	GK 15 🚌								GK 12 🚌	GK 12 a 🚌	GK 14 🚌	GK 16 🚌			
▲ 6.40	…	8.55	12.05	14.06	15.29	18.21	19.29	20	ab Grünburg … an	4.57	⚒ 6.35	▲ 7.20	† 8.50	12.00	15.27	16.40	19.27
6.45	…	9.00	12.10	14.15	15.38	18.29	19.37	23	Unterhaus Hu 🚌	4.50	6.30	7.15	8.45	11.55	15.20	16.33	19.20
6.47	…	9.02	12.12	14.18	15.42	18.32	19.40	24	Haunoldmühle Hu 🚌	4.47	6.28	7.13	8.43	11.53	15.17	16.30	19.17
6.53	…	9.10	12.20	14.30	15.54	18.44	19.53	29	Leonstein Hu 🚌	4.35	6.18	7.05	8.35	11.45	15.05	16.18	19.05
▲ 6.57	…	9.14	12.24	14.36	⚒ 16.00	18.50	19.58	31	an Molln [2] 🚌 … ab	4.30	6.12	▲ 7.00	8.31	11.41	15.00	⚒ 16.12	19.00
				GK 17 🚌	GK 31 🚌	GK 19 🚌									GK 18 🚌	GK 32 🚌	GK 24 🚌
…	…	9.22	12.32	14.58	⚒ 16.10	18.57	…	31	ab Molln … an	…	6.03	…	8.23	11.33	14.53	⚒ 16.03	18.50
…	…	9.26	12.36	15.02	16.14	19.01	…	33	Agonitz Hu	…	5.59	…	8.19	11.29	14.49	15.59	18.46
…	…	9.30	12.40	15.06	16.18	19.05	…	36	Steyrdurchbruch Hu	…	5.55	…	8.15	11.25	14.45	15.55	18.42
…	…	9.34	12.44	15.10	16.22	19.09	…	38	Frauenstein Hu	…	5.51	…	8.11	11.21	14.41	15.51	18.38
…	…	9.40	12.50	15.16	⚒ 16.28	19.15	…	41	an **Klaus** … ab	…	⚒ 5.45	…	† 8.05	11.15	14.35	⚒ 15.45	18.32

⊖ an ⚒ außer ⑥ ▲ an Schultagen • Autobusanschluß

I = 🚌 Autobus hält in Obergrünburg PA, Leonstein Gh Pfaffeneder, Molln Gh Latschenberger, Agonitz B Kammerhuber, Abzw nach Frauenstein,

Die 🚌 Kurse GK 21, GK 15, GK 12, GK 14 und GK 16 halten auch in Molln Postamt

Weitere Haltestellen: Grünburg Gh Plursch, Leonstein Gh Schlader

78

Die 298.104 mit dem Mittagszug GK 15 in Neuzeug. Bis zu ihrem Ausscheiden im Herbst 1972 bespannte „Liesi“, wie sie beim Personal auch hieß, jegliche Zuggattungen, vom leichten Güterzug über den Personenzug bis hin zum schweren Sonderzug. 1971 hatte sie die Ausrüstungen für Amateurlokfahrten erhalten, aber nach lediglich fünf solcher Einsätze wurde das Angebot sang- und klanglos gestrichen. Foto (23.7.1971): Hans Faust

Unten: Pulsierendes Leben in der Haltestelle Sommerhubermühle, deren ursprünglicher hölzerner Unterstand erst zu Beginn der 60er Jahre durch einen verputzten, noch heute existierten Massivbau mit Pultdach ersetzt worden war. Foto (29.6.1972): Gerd Wolff (Bildarchiv der Eisenbahnstiftung)

Zweimal am Tag, nämlich um 5.47/5.48 (Züge GK 13 und 30) und 17.29/17.30 Uhr (GK 19 und 32), gab es Anfang der 70er Jahre in Steyr Lokalbahn eine Zugkreuzung, hier die nachmittägliche. Foto (27.4.1973): Werner Fritthum

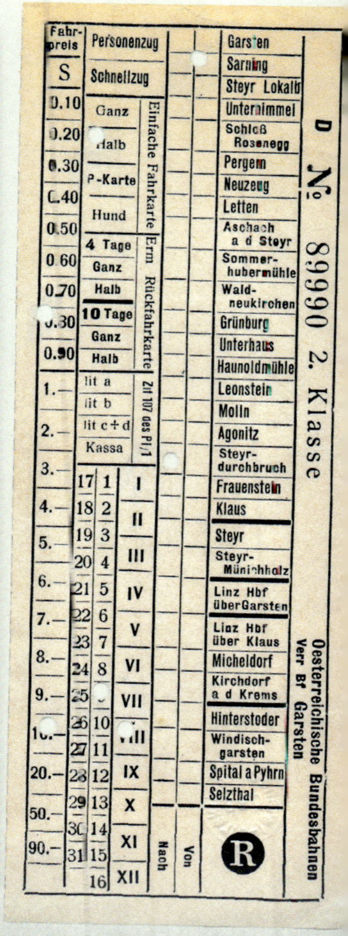

Fahrkarte vom 9.8.1971.
Slg. Günther Nimpsch

Unten: In Unterleonstein wendet sich die 298.56 mit dem Güterzug von der Bezirksstraße ab, am Mairberg entlang geht es auf den Bahnhof Leonstein zu. Foto (20.7.1970): Ernst Kabelka

In der Agonitz beginnt der steilste Streckenteil der Steyrtalbahn. Im scharfen Bogen geht es oberhalb vom Gasthof Schoißengeier um einen Bergsporn herum, und obendrein machen viele Kontrabögen dem Lokpersonal zu schaffen. Der Widerhall an den schroffen Felswänden verstärkt im weiteren Verlauf die Auspuffschläge. Hier erleben wir an einem klaren Herbsttag die 298.52 vor dem Bezirksgüterzug in Aktion.

Unten: Der Zug GK 32 nach Molln kurz nach der Ankunft gegen 16.32 Uhr in Grünburg. Lokführer Heinz Moschner war ein Jahr zuvor zu seiner geliebten Steyrtalbahn zurückgekehrt. Auf der Suche nach einer geeigneten Kopfbedeckung war er nicht fündig geworden, die dunklen Kappen waren „aus", es gab nur noch weiße. So behalf er sich „erst einmal" damit. Die weiße Kappe wurde mit den Jahren sein Markenzeichen, zahllose in- und ausländische Eisenbahnfreunde erinnern sich noch heute an den sympathischen Lokführer mit dem „Weißkappl". Fotos (16.10.1970): Harald Navé

Die 298.104 im Mollner Becken unterwegs mit einem Personenzug nach Garsten (16.2.1969, oben) und am nächsten Tag mit dem Bezirksgüterzug beim Herndlreith vor dem Anstieg zum Bahnhof Klaus (unten). Fotos: Ernst Kabelka

Rechts: Die 298.52 nunmehr mit vierachsigen „Spantenwagen“ unterhalb von Obergrünburg (Januar 1975). Foto: Margarete Mayr (Slg. Johann Leutgeb)

80 Jahre Steyrtalbahn

Schon volle achtzig Jahre lang
fährst Du dieses schöne Tal entlang,
so vieles traute man Dir an,
Du liebe kleine Steyrtalbahn.

Menschen und der Trachten viel,
gar alles bringst Du rasch ans Ziel.
Deine große starke Schwester
macht es ganz bestimmt nicht besser!

Vielen hast Du Brot gegeben
und so vielen Freud' gemacht,
denn eine Fahrt mit Dir ins Steyrtal
ist für jeden die wahre Pracht.

Aber weil doch das gute Alte
der Gewalt meist weichen muß,
will man statt der lieben Kleinbahn
den ach so bequemen Autobus!

Ist's auch nicht gut, viel eher schlecht
und dem Volke auch nicht recht,
mögen sie doch darüber weine,
weg soll sie, unsere liebe Kleine!

Doch jetzt haben wir Dich noch,
zum Achtziger ein Vivat hoch,
wir brauchen Dich und hab'n Dich lieb,
bleib noch recht lange in Betrieb!

Gewidmet der lieben kleinen Steyrtalbahn

Agnes Wagner

Agnes Wagner, die damals in der Wichtlleite lebende Mutter des Zugschaffners Eduard „Edi" Wagner („Sir Pepi"), hatte 1969 zum 80-Jährigen ein Gedicht verfaßt. Für spätere Jubiläen modelte sie es entsprechend um.

Oben: Beim Großen Wehr schlängelt sich die 298.104 mit dem Bezirksgüterzug nach Klaus durch Untergrünburg.

Die Zugförderungsstelle Garsten in ihrem langjährigen Zustand, noch mit Kohlenbansen, den Magazinen, dem Anheizschuppen, dem Torso der 298.27 sowie einer Gleisfeldleuchte mit Aufzugsmechanik. Fünf Jahre später begann ein grundlegender Umbau. Foto (23.7.1969): Ralf Schmidt (Slg. Ludger Kenning)

Nach dem Abgang der 298.104 bekam die Zfst Garsten vor allem für den Güterzugdienst einen ursprünglich für die Heeresfeldbahnen gebauten, aber dort nicht mehr eingesetzten D-Kuppler zugewiesen. Viele Jahre war die 699.103 zuvor in Völkermarkt-Kühnsdorf zu Hause, aber ihre letzte Zeit hatte sie dort mehr in der Werkstätte verbracht als auf der Strecke. Nach dem Abbau der Vellachtalbahn wurde die Lok nach Gmünd umstationiert, aber dort wollte man sie nicht, also kam sie im Dezember 1972 zur Steyrtalbahn. Am Groißenbach (oben; am 27.4.1973) bekamen die Anwohner nun andere Klänge zu hören. Der Bahnhof Garsten (unten; hier am 5.7.1972) befand sich damals im Umbruch. Den Güterübergang verlagerte man sukzessive nach Klaus, der Bockkran existierte schon nicht mehr und der Abriß des Aufnahmsgebäudes stand bevor. Fotos: Werner Fritthum

In Grünburg wurde das Publikum der Steyrtalfahrten des Fremdenverkehrsverbandes Steyr von der „Vereinigten Blaskapelle Steinbach-Grünburg" zünftig empfangen. Hier hat sich Kapellmeister Johann Schuster allerdings das Zepter aus der Hand nehmen lassen.

Unten: Ein besonderes Highlight war immer wieder die Fahrt über die imposante Steyrbrücke bei Waldneukirchen. Fotos (1974): Margarete Mayr (Slg. Johann Leutgeb)

Der am 16. Oktober 1968 unter Bürgermeister Josef Fellinger gegründete Fremdenverkehrsverband Steyr zog bald auch die Steyrtalbahn in sein Tourismusförderprojekt ein. Im Sommer 1971 organisierte er seine ersten „Steyrtalfahrten", die sich von Jahr zu Jahr einer steigenden Beliebtheit erfreuten. Die Fahrten führten über die Gesamtstrecke bis Klaus, inbegriffen waren eine ausgiebige Mittagspause in Grünburg und ein „Erfrischungshalt" inkl. Scheinfahrt beim Steyrdurchbruch. Von Beginn an, ab Juli 1971, stand hierfür auch ein Buffetwagen bereit, der auf Initiative des Bahnhofswirtes von Steyr Lb (er bewirtschaftete den Wagen auch) entsprechend umgebaute Flachdachwagen Bi 3614, der heute unzugänglich beim Automuseum Kaprun hinterstellt ist.

Ebenfalls auf der Idee jenes Bahnhofswirtes beruhte 1975/76 der Umbau eines offenen Güterwagens zum „Faßlwagen", bestehend aus einer Hütte mit Veranda und Bar sowie einem Holzfaß mit großem Tisch und umlaufender Sitzbank. Unterstützt wurde der Verband ab 1977 vom ÖGEG-Arbeitskreis „Freunde der Steyrtalbahn". Die Ergebnisse konnten sich sehen lassen:

Jahr	Sonderzüge	Personen	Einnahmen
1971	6	rund 600	30.680 S
1972	10	1.190	55.100 S
1973	27	4.120	171.440 S
1974	37	4.230	170.364 S
1975	39	7.110	232.560 S
1976	47	7.555	264.311 S
1977	46	7.630	310.000 S
1978	46	?	?
1979	45	rund 9.000	

Mit dem Personenverkehr ging es unaufhörlich abwärts. Ein großes Manko waren die langen Wartezeiten beim Umsteigen in Steyr (zum Anschluß nach Garsten) sowie im Bahnhof Garsten. Das seit jeher zu beklagende Problem wurde auch zu ÖBB-Zeiten nie beseitigt. Erhebliche Einbußen bescherten der Schmalspurbahn zudem die parallel, und nicht ergänzend geführten Buskurse sowohl der ÖBB als auch der „Oberkraft". Die Busfahrkarten waren zwar auch im Zug gültig, aber keine Bahnfahrkarten im Bus. Hatte also ein Pendler auch nur einmal pro Woche mit dem Bus eine günstigere Verbindung, so kaufte er natürlich die Wochen- oder Monatskarte für den Bus, nicht für die Bahn. Immer mehr Schüler und Berufstätige blieben der Bahn fern. Der Zustrom der Eisenbahnfreunde aus ganz Europa, teils auch aus Japan und den USA, nahm derweil ständig zu, wovon auch die Tourismusbranche profitierte. Öfters kamen größere Reisegruppen und organisierten spezielle Fotosonderzüge. Die ausschließlich mit Dampflok betriebene Steyrtalbahn wurde zum wahren Publikumsmagneten.

Oben: Anfangs noch auf Initiative der Eisenbahner wurde es in den 60er Jahren zur Tradition, die Züge zum Mai-Feiertag auszuschmücken. Hier hat die 298.51 mit dem Zug GK 17 den Bahnhof Aschach soeben hinter sich gelassen. Foto (1.5.1967): Ernst Kabelka

1971 begann der Fremdenverkehrsverband Steyr mit dem Organisieren von „Steyrtalfahrten" über die Gesamtstrecke bis Klaus. Der Bahnhofswirt von Steyr Lokalbahn hatte einen alten Pinzgauer Flachdachwagen zum Buffetwagen ausgestaltet und bot „Getränke und kleine Imbisse zu Normalpreisen" an. Obligatorisch war ein längerer Halt nebst Scheinanfahrt beim Steyrdurchbruch. Hier ist die 298.56 am Fuß des Kleinen Landsberges bei km 26,7 unterwegs Richtung Klaus. Foto (1976): Hans Faust

In den 70er Jahren schrieb sich die SPÖ die „Maifahrten" auf ihre Fahnen, allerdings fanden die Fahrten nicht mehr am 1. Mai, sondern schon 1-2 Tage früher statt. An diesem Tag ist er mit der 298.56 bespannt, hier beim Wasserfassen im Bahnhof Grünburg. Foto (30.4.1976): Heinz Moschner

Unten: „Die Ortsgruppe Steyr der Eisenbahnergewerkschaft ehrt ihre Jubilare" ist auf der 298.56 zu lesen, wiederum am Kleinen Landsberg bei Leonstein. Damals wurde es immer schwieriger, für einen solchen Sonderzug genügend Zweiachser bereitzustellen, denn vom einst zahlreichen Bestand waren per 1.1.1977 lediglich noch 13 zweiachsige Personenwagen und fünf Dienstwagen vorhanden. Foto: Ralf Schmidt (Slg. Ludger Kenning)

12. Oktober 1975: Zum Jubiläum „85 Jahre Steyrtalbahn“

Vor dem Festzug aus 14 Wagen mit etwa 600 Gästen sind die 298.51 und 298.25 in Grünburg eingetroffen. Umringt von zahllosen Schaulustigen wird jetzt erst einmal Wasser gefaßt.

Ing. Karl Zwirchmayr, seinerzeit Zentralinspektor bei der Eisenbahnunternehmung Stern & Hafferl, war nebst Gattin und seinen beiden ältesten Kindern würdevoll kostümiert erschienen und ließ sich unzählige Male ablichten, wie hier im Bahnhof Klaus im Gespräch mit dem Lokführer Heinz Moschner (links). Siehe auch Band 1, Seite 45, 160 und 244-245. Fotos: Margarete Mayr (Slg. Johann Leutgeb)

Ein rauschendes Jubiläumsfest!

„Sechshundert Personen beteiligten sich am vergangenen Sonntag an der Jubiläumsfahrt von Garsten nach Klaus anläßlich des 85-jährigen Bestehens der Steyrtalbahn. Das Personal hatte die alte kaiserlich-königliche Uniform angelegt, die Lokführer amtierten in Zylinder und Gehrock. In den Bahnhöfen bereitete die Bevölkerung dem reich mit Blumen geschmückten Sonderzug einen festlichen Empfang. In Garsten und Molln konzertierten Musikkapellen. An der Festfahrt nahm auch der Präsident der Bundesbahndirektion in Linz, Hofrat Dipl.-Ing. Wilhelm Haager, teil. Die Jubiläumsfahrt der letzten mit Dampf betriebenen Schmalspurbahn Europas war die 100. Sonderfahrt. Daß die alte Steyrtalbahn zahlreiche Freunde hat, zeigte sich sehr eindrucksvoll bei der Festfahrt. Der Sonderzug war zum Bersten voll. Zwei Lokomotiven schafften mit vereinten Kräften gerade noch die vierzehn Waggons. Strahlend wie jener sonnige Herbsttag war die Stimmung unter dem Publikum. Die Schönheit des Steyrtales offenbart sich ja erst in ihrer ganzen Fülle während einer Fahrt mit der Steyrtalbahn: Bei gut dreißig Stundenkilometern kann das Auge die Details der Landschaft noch aufnehmen. Entlang der Strecke standen immer wieder winkende Menschen. Viele Autolenker drosselten das Tempo ihrer Wagen, um für einige Sekunden im Gleichlauf mit der alten Bahn zu fahren.

Wie wird es mit der Bahn weitergehen? Diese Frage stellten sich viele Teilnehmer der Jubiläumsfahrt. Im Zuge der Raumplanung werden derzeit Untersuchungen über die Verkehrsträger angestellt. Von den Ergebnissen wird es abhängen, welche Rolle der Steyrtalbahn zukommt. Fest steht, daß sie modernisiert werden muß, soll sie auch künftig Bestand haben. In zwei Jahren wird die Elektrisierung der Kremstalbahn realisiert werden. Zwischen Klaus und Garsten könnte dann auch eine elektrisch betriebene Steyrtalbahn verkehren oder ein Verkehr mit Dieseltriebwagen eingerichtet werden.“

(Steyrer Geschäfts- und Unterhaltungskalender, 12.10.1975)

Oben: Auf Bestreben des Fremdenverkehrsverbandes Steyr hatte die 298.51 im Frühjahr 1975 den Namen „Garsten“ und teilweise einen grünen Anstrich erhalten. Üppig geschmückt steht sie am Morgen des Jubelfestes bereit.

Mitte: Mit elegantem Frack und Zylinder, genüßlich seine Zigarre rauchend, läßt sich Lokführer Bernhard Putzer neben seinem Heizer Alois Mitterschiffthaler auf der Zuglok 298.25 einmal mehr von der Haus- und Hoffotografin (ihr Fotogeschäft in Untergrünburg war von ihrem im April 1958 verstorbenen Vater Franz Mayr gegründet worden) ablichten.

Rechts: Beim Steyrdurchbruch gab es wieder einen Erfrischungshalt mit Scheinanfahrt, dazu Ansprachen der „hohen Gäste“.
Fotos: Margarete Mayr (Sammlung Johann Leutgeb)

Bald nach dem Verlassen des Aschacher Bahnhofs geht es an der Brunnenstraße und am Anwesen eines betagten Steyrtalbahn-Pensionisten vorbei, für den es an diesem Wintertag auf dem Feld nichts zu tun gibt (vgl. auch Seite 240). Foto (8.2.1975): Werner Fritthum (Archiv TAÖ)

Auf seiner Planlok 298.56 trifft Heizer Johann Manzeneder in Grünburg ein. Gleich vier „Spanten-Vierachser" führt der Zug mit – eine Seltenheit. Foto (1975): Margarete Mayr (Slg. J. Leutgeb)

Mit einem langen, gut besetzten Sonderzug erreicht die für den stetig zunehmenden Ausflugsverkehr frisch herausgeputzte 298.51 „Garsten" den Bahnhof Klaus. Der Anschlußzug, ein mit der 52.3555 bespannter Sonderzug einer deutschen Reisegruppe, wartet bereits. Foto (14.9.1975): Alfred Luft

Unten: Das Nässen der Kohle ist im Sommer sehr wichtig. So platzt die mit Wasser benetzte Kohle in der Feuerbox auf, die Oberfläche vergrößert sich und die Kohle verbrennt besser. Auch kann sie sich somit bei trockener Witterung nicht selbst entzünden. Gegen Jahresende 1975 war der Lok an einer Eisenbahnkreuzung ein Malheur passiert, bis Frühjahr 1978 trug sie diese Beule im Wasserkasten. Foto (Juli 1976): Wolfgang Löckel

Frühling in der Wichtlleite oberhalb Garsten: Mit dem Frühzug erklimmt die 298.53 die Steigung hinauf nach Sarning. Foto (1978): Heinz Moschner

Unten: Aus dem werktäglichen Bezirksgüterzug (BzG) GK 81 ist mittlerweile der werktags außer Samstag verkehrende Verschubgüterzug (VG) 76859 geworden. Die 699.103 hat mit ihm die Fürnkranzsteigung hinter sich gelassen und wendet sich jetzt im S-Bogen mit 60-80 m Radius dem Kleinen Landsberg zu. Bis zum nächsten Halt, dem Bahnhof Leonstein, sind es noch gut 2 km. Foto (1975): Ralf Schmidt (Sammlung Ludger Kenning)

„Fröhliche Musikanten auf der Steyrtalbahn“: Mit Buffet- und Faßlwagen im Reichenschwall (oben), am Teufelsbachgraben hinein in den Bahnhof Steyr Lokalbahn (unten links) und schließlich gibt es von netter Hand ein fröhliches Ständchen.
Fotos (Mai 1978): Margarete Mayr (Sammlung Johann Leutgeb)

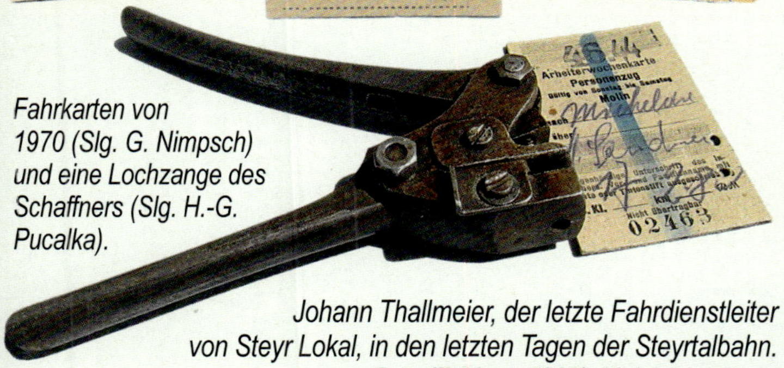

Fahrkarten von 1970 (Slg. G. Nimpsch) und eine Lochzange des Schaffners (Slg. H.-G. Pucalka).

Johann Thallmeier, der letzte Fahrdienstleiter von Steyr Lokal, in den letzten Tagen der Steyrtalbahn.
Foto (Februar 1982): Heinz Moschner

Bei der Zugförderungsstelle Garsten war Heinz Moschner ein „Springer“, also ohne Stammlok. Foto (Mai 1980): Margarete Mayr (Slg. Johann Leutgeb)

Lokführer rettete 20 Menschen!

Meterhohe Mure ging vor einem Personenzug auf die Steyrtalbahn nieder.

Der Lokführer Heinrich Moschner (36) aus Garsten bewahrte einen Personenzug vor Entgleisung und Absturz in den Steyrfluß. Der Bundesbahnbeamte schaute nämlich trotz eines Wolkenbruches, durchnäßt und durchfroren, durchs offene Führerhausfenster und erkannte in letzter Sekunde ein Hindernis auf den Schienen: Eine meterhohe Mure war niedergegangen!

„Wenn man eine Strecke so oft fährt, weiß man schon, wo man aufpassen muß“, erzählt Heinrich Moschner bescheiden der „Oberösterreich-Kronen-Zeitung“: Beim langgezogenen Linksbogen unterhalb Grünburg zum Beispiel, wo schon einmal eine Mure niedergegangen war und wo eine Steilböschung zur hochwasserführenden Steyr abfällt. Und weil der Gewitterregen die Sicht nahm, öffnete Moschner das Frontfenster seiner Dampflok, um die Schienen zu kontrollieren. Der Regen peitschte ihm ins Gesicht, innerhalb von Sekunden war er völlig durchnäßt und durchfroren. Der pflichtbewußte Beamte harrte dennoch aus – und verhinderte dadurch eine Bahnkatastrophe: „Ich habe einen dunklen Fleck gesehen und gleich bremst“, erinnert sich der Lokführer daran, wie er die mit 20 Fahrgästen besetzte Garnitur innerhalb von 50 m direkt vor den Erdmassen zum Stehen brachte. Auf 20 m Länge waren die Gleise vermurt, hunderte Tonnen Schlamm und Geröll waren von der 6 m höher liegenden Straßentrasse heruntergekommen. Moschner trug die Kinder und Frauen auf Händen über die Mure.

(OÖ Kronen-Zeitung“ vom Donnerstag, den 11. August 1977, vgl. auch Seite 243)

Anläßlich der Präsentation des 1. Bandes dieser Buchreihe ging es zurück an den Ort des Geschehens unterhalb von Grünburg (links). Gut 43 Jahre nach Stillegung der Steyrtalbahn nahm Heinz Moschner wieder den Regler in die Hand – und das mit Bravour. Fotos (13.9.2025): Ludger Kenning

Das Mollner Becken ist berühmt für seine Narzissen. Zur Blütezeit im Mai waren die Züge oft zum Bersten voll, in den 30er Jahren verkehrten hierfür sogar Sonderzüge. An diese Tradition anknüpfend veranstalteten ÖGEG und VEF einen Sonderzug nach dem Motto „Pfingstausflug mit der Steyrtalbahn" aus den ältesten verfügbaren Personenwagen und der frisch untersuchten 699.103 bei strahlendem Sonnenschein von Garsten nach Klaus und zurück. Oben geht es in den Steyrleithen bergauf, unten sind wir noch immer in der Pernzell unterwegs. Fotos (28.5.1977): Alfred Moser

Der Verschubgüterzug aus Garsten hat sein Ziel erreicht, jetzt wird das Stückgut ausgeladen. Im Juni zuvor waren im Bahnhof Klaus die ersten Fahrleitungsmasten errichtet worden, hier sind sie schon verdrahtet. Der durchgehende elektrische Betrieb Linz – Selzthal begann im September 1977.

Unten: Die klassische Zuggarnitur der letzten acht Jahre, unterwegs im Mollner Becken. Über die „Spanten"-Vierachser mit den geschlossenen Plattformen, den Halbfenstern und der Webastoheizung mit ihrem markanten „Duft" war das Publikum geteilter Meinung. Fotos (24.8.1976): Alfred Moser

Ein trister Wintertag im schon seit 1964 nicht mehr besetzten Bahnhof Pergern, dessen Aufnahmsgebäude mit Restaurationstrakt nunmehr als Wohnhaus dient. Ebenso ist das Heizhaus der Flügelstrecke noch immer bewohnt. Die 298.52 fährt weiter Richtung Molln (19.2.1977).

Unten: Ein prächtiger Wintertag im Bahnhof Molln, wo selbst kurz nach dem Jahreswechsel sehr viel Holz anfällt (Januar 1976). Fotos: Hans Faust

Revisionsdaten der Lokomotiven

	letzte HU	nächste HU
298.25	4.6.1975	4.7.1981
298.51	22.12.1977	22.12.1983
298.52	29.10.1976	29.10.1982
298.53	12.2.1976	12.2.1982
298.56	2.4.1974	2.4.1974
699.103	4.11.1976	4.11.1982

zusammengestellt von Lokführer Hans Hehenberger am 25.11.1978

Oben: Der Hilfszug ist zur Brückenkontrolle ausgerückt (1976/77). Die Ahbachbrücke zwischen Sommerhubermühle und Waldneukirchen war im Juli 1974 bei starkem Regen abgesackt. Ein Unglück konnte gerade noch verhindert werden. Bei der Instandsetzung wurde der rechte Pfeiler erneuert (vgl. auch Seite 241).

„Winterfreuden" im Bahnhof Klaus (1976). Fotos: Heinz Moschner

23. September 1979: Ein feucht-fröhliches Jubiläum „90 Jahre Steyrtalbahn“

Von strömendem Regen begleitet war das von den ÖBB und der ÖGEG organisierte Jubiläumsfest „90 Jahre Steyrtalbahn“ am 23.9.1979, der Stimmung im Zug tat das allerdings keinerlei Abbruch. Der mit den bunt dekorierten Lokomotiven 298.51 und 298.53 bespannte Sonderzug aus immerhin 17 Wagen war schon Wochen zuvor „bis auf's letzte Platzerl“ ausgebucht. Eine Rückfahrkarte Garsten – Klaus mit Imbiß und Getränk kostete lediglich 30,- S. Die ÖGEG sah es als Werbeaktion für den Erhalt der Steyrtalbahn. Die Eisenbahner hatten sich besonders stilvoll „in Schale geschmissen“ und standen den Fachfragen der zahlreichen Wissensdurstigen stets Rede und Antwort (hier in Klaus, links). Nicht nur beim Mittagshalt im Bahnhof Grünburg (oben) war der Regenschirm ein wichtiges Utensil.
Fotos: Margarete Mayr (Slg. Johann Leutgeb)

In Molln werden die Loks für die Bergfahrt aufgerüstet, mit Volldampf geht es über den Plangrabenviadukt und beim Steyrdurchbruch folgt der übliche Erfrischungshalt mit diversen Fotoshootings (unten). Dazu die Steyrer Zeitung: „Über 600 Fahrgäste feierten mit einer Sonderfahrt das 90-jährige Jubiläum der Steyrtalbahn, der ältesten Schmalspurbahn Europas. Eisenbahner in historischen Uniformen, die Musikgruppe „Die lustigen Behamberger" und charmante Hostessen betreuten das Publikum. Wegen des Regens fiel für viele ein Aufenthalt am Stausee Klaus ins Wasser. Trotzdem ließen sich die Fahrgäste bei Freibier und einem Gratisimbiß die gute Laune nicht verderben."   Fotos: Margarete Mayr (Slg. Johann Leutgeb)

Mit dem Güterzug nach Klaus eilt die 298.53 beim Großenbach talaufwärts. Genau hier ereignete sich ein halbes Jahr später, im März 1980, der schicksalsträchtige Felssturz. Hoch oben über den Stützpfeilern verläuft die Steyrtalbundesstraße.   Foto (Sept. 1979): Harald Navé

Unten: In der Pernzell hat ein Wagen die Last nicht mehr ertragen und wurde geleichtert. Aus Molln ist der Motorbahnwagen X 614.915 zu Hilfe gekommen. Der veraltete Wagenpark entsprach längst nicht mehr den neuzeitlichen Technologien. Eine Beschaffung von modernen Wagen nach Vorbild der Steiermärkischen Landesbahnen oder der Zillertalbahn lehnten die ÖBB allerdings ab.   Foto (1978): Margarete Mayr (Slg. Johann Leutgeb)

Die Belegschaft der Zugförderungsstelle Garsten im letzten Betriebsjahr der Steyrtalbahn. Foto (1981): Sammlung Heinz Moschner
Unten: Sommerfahrplan 1979, der letzte Sommer mit Personenverkehr bis Molln

Alle Züge 2. Klasse — **13 a Garsten–Klaus** und zurück — ***Dampfbetriebene Schmalspurbahn***

3661 ◊	3663 ◊	3665 ◊	3667 ◊	3669 ◊	3671 ◊	3673 ◊	3675 ◊	km	ÖBB Dion Linz	3660 ◊	3662 ◊		3664 ◊	3666 ◊	3668 ◊	3670 ◊	3672 ◊
⚒5.37	⊖6.10	7.52	11.07	13.21	⚒14.57	16.45	18.28	0	ab **Garsten 13** .... an	5.56	⚒7.42	...	9.51	13.05	16.14	⚒17.56	20.15
x5.41	6.14	7.56	11.11	13.25	15.01	16.49	18.32	1	Sarning Hu	5.52	7.38	...	9.47	13.01	16.11	17.52	20.12
5.47	6.19	8.01	11.16	13.30	15.06	16.54	18.37	2	Steyr Lokalb Hu ✕	5.48	7.34	...	9.43	12.57	16.06	17.48	20.08
x5.50	6.23	8.05	11.20	13.33	15.10	16.57	18.40	3	Unterhimmel-Christkindl Hu	5.39	7.29	...	9.39	12.53	16.02	17.44	20.04
x5.55	6.27	8.09	11.24	13.37	15.14	17.01	18.44	5	Schloß Rosenegg Hu	5.34	7.25	...	9.35	12.48	15.57	17.39	20.00
5.59	6.32	8.14	11.29	13.41	15.19	17.05	18.48	7	Pergern Hu	5.29	7.21	...	9.31	12.44	15.53	17.35	19.56
x6.06	6.38	8.21	11.36	13.48	15.26	17.12	18.55	10	Neuzeug Hu	5.23	7.14	...	9.25	12.37	15.46	17.28	19.49
x6.10	6.42	8.24	11.39	13.51	15.29	17.15	18.58	11	Letten Hu	5.19	7.10	...	9.20	12.33	15.42	17.24	19.45
6.14	⊖6.46	8.28	11.44	13.56	15.39	17.20	19.04	13	Aschach a d Steyr Hu [2]...	5.14	7.06	...	9.16	12.29	15.38	17.20	19.41
x6.20	an	8.34	11.49	14.01	15.44	17.25	19.09	15	Sommerhubermühle Hu ...	5.08	6.54	...	9.09	12.23	15.31	17.11	19.35
x6.29	...	8.43	11.58	14.10	15.53	17.34	19.18	19	Waldneukirchen Hu [2] ...	5.00	6.46	...	9.00	12.15	15.23	17.03	19.27
⚒6.33	...	8.47	12.02	14.13	15.56	17.38	19.22	20	an Grünburg .... ab	4.56	⚒6.42	...	8.56	12.11	15.19	16.59	19.24
3661 ◊ Bus		3665 ◊ Bus	3667 ◊ Bus								3662 ◊ Bus	3680 ◊ Bus	3664 ◊ Bus	3666 ◊ Bus			
⚒6.40	...	8.55	12.06	14.14	15.57	17.39	19.24	20	ab Grünburg .... an	4.55	⚒6.35	▲7.20	b 8.47	11.58	15.19	16.59	19.18
6.45	...	9.00	12.11	14.21	16.04	17.46	19.32	23	Unterhaus Hu	4.48	6.30	7.15	8.42	11.53	15.12	16.52	19.11
6.47	...	9.02	12.13	14.24	16.07	17.49	19.35	24	Haunoldmühle Hu	4.45	6.28	7.13	8.40	11.51	15.09	16.49	19.08
6.53	...	9.10	12.21	14.35	16.18	18.01	19.48	29	Leonstein Hu	4.33	6.18	7.05	8.32	11.43	14.57	16.38	18.57
⚒6.57	...	9.14	12.25	14.40	⚒16.23	18.06	19.53	31	an Molln [2] .... ab	4.28	6.12	▲7.00	8.28	11.39	14.52	⚒16.33	18.52
				3669 ◊ Bus	3671 ◊ Bus	3673 ◊ Bus									3668 ◊ Bus	3670 ◊ Bus	3672 ◊ Bus
a 7.05	...	9.22	12.33	14.53	⚒16.30	18.40	...	31	ab Molln .... an	...	6.03	...	8.18	11.30	14.48	⚒16.03	18.35
7.09	...	9.26	12.37	14.57	16.34	18.44	...	33	Agonitz Hu	...	5.59	...	8.14	11.26	14.44	15.59	18.31
7.13	...	9.30	12.41	15.01	16.38	18.48	...	36	Steyrdurchbruch Hu........	...	5.55	...	8.10	11.22	14.40	15.55	18.27
7.17	...	9.34	12.45	15.05	16.42	18.52	...	38	Frauenstein Hu	...	5.51	...	8.06	11.18	14.36	15.51	18.23
a 7.23	...	9.40	12.51	15.11	⚒16.48	18.58	...	41	an **Klaus** 🍷 🚲 14 .... ab	...	⚒5.45	...	b 8.00	11.12	14.30	⚒15.45	18.17

a an ⚒ außer an Schultagen — b täglich außer an Schultagen

Bus: Autobus hält in Obergrünburg PA, Hannoldmühle Konsum, Leonstein Gh Pfaffeneder, Agonitz Gh Schoißengeier, Steyrdurchbruch Gh Waghubinger Abzw nach Frauenstein

Alle Bus-Kurse halten auch in Molln Postamt

Weitere Haltestellen: Grünburg Gh Plursch, Leonstein Gh Schlader, Agonitz B Engelstorfer

101

Frühling in Letten: Mit dem P 3667 kommt die 298.52 gegen 11.40 Uhr herein (16.4.1979). Im Gasthaus Jäger sind die besten Zeiten längst vorbei und im früheren Waffenfabriksareal läuft nur ein Rumpfbetrieb. Von den Bewohnern der umliegenden Siedlungen wird die Haltestelle noch gern genutzt.
Unten: Sommerabend in Garsten. Der letzte Zug des Tages, der mit der 298.52 bespannte P 3675 nach Molln, steht bereit, um 18.28 Uhr geht es los (28.6.1977). Erst drei Jahre alt ist das neue Aufnahmsgebäude, vorbei ist es mit der Enge auf dem Bahnsteig. Fotos: Hans-Karl Kunhäuser

Einer der tonnagestärksten Frachtkunden waren bis zuletzt die Bundesforste. Deren Schleppgleis zum Holzlagerplatz nördlich vom Bahnhof Molln fiel stark ab und war schon arg marode. Mit den gleich acht hochbeladenen Bautzener Vierachsern wird es für die 298.53 ein Kraftakt, die schwere Last hinauf zum Bahnhof zu schaffen. Der Heizer bereitet sie besonders gut darauf vor. Häufig mußten die Züge sogar geteilt werden (21.2.1980).

Unten: Auf der schmalen Trasse entlang der Steyr geht es zwischen der Haunoldmühle und dem Groißenbach auf das Hochgebirge zu. Vorn der Stückgutwagen, hinten der Dienstwagen D 6485, dazwischen einige Vierachser mit Ladegut der Hörmühle (22.2.1980). Fotos: Hans-Karl Kunhäuser

1980-82: Schicksalsjahre der Steyrtalbahn

In der „Wichtlleite" entlang der Dr.-Wichtl-Straße geht es gegen 7.55 Uhr hinauf nach Sarning. Foto (26.7.1980): Ludger Kenning

Die gefürchtete Fürnkranzsteigung ist gemeistert, durchwegs mit Zweiachsern geht es jetzt entlang der Steyrtalstraße gemächlich auf Leonstein zu (1975).
Unten: Erinnerungen an den Güterzug nach Klaus, hoch oben thront die Wallfahrtskirche Frauenstein (Sommer 1973). Seit 1980 nunmehr Geschichte!
Fotos: Ralf Schmidt (Sammlung Ludger Kenning)

Mit dem Güterzug kommt die 298.25 in den Bahnhof Molln hereingerollt. Der Heizer hat sich dem heißen Wetter entsprechend leger gekleidet (Juli 1976).
Unten: Der Zug 3669 nach Molln gegen 14.10 Uhr vor der Haltestelle Waldneukirchen (Januar 1977). Von den ÖBB beauftragte Gutachter hielten damals sämtliche eisernen Brücken der Steyrtalbahn für dringend erneuerungsbedürftig und hegten große Bedenken, den Zugbetrieb aufrecht zu halten. Die große Steyrbrücke bei Waldneukirchen hält allerdings noch heute – nach einer Generalsanierung – den Belastungen stand. Fotos: Hans Faust

Nur ungern lassen sich die Eisenbahner in Grünburg bei ihrem Dienstgespräch stören. Die 298.25 hatte per 4.7.1975 ihre letzte Hauptuntersuchung und per 24.10.1978 in der Hauptwerkstätte Knittelfeld eine T-Ausbesserung erhalten. Foto (Mai 1979): Burkhard Wollny (Eisenbahnstiftung)

Unten: Der Bestand zweiachsiger Personenwagen war Ende der 60er Jahre auf ein Drittel reduziert worden. Die wenigen verbliebenen – per 1.7.1980 waren es noch 12 Stück – dienten nunmehr als Verstärker, für Sonderzüge oder für den morgendlichen Doppelzug, hier in Letten. Der in Aschach aus zwei Zuggarnituren und zwei Lokomotiven gebildete Zug 3662 verkehrte so bis zur Einstellung der Steyrtalbahn. Foto (1976): Wolfgang Löckel

Am 14. März 1980 nahm das Schicksal seinen Lauf. Zwischen Haunoldmühle und Leonstein, genau gesagt im Bereich zwischen der Groissenbachpassage und der Bezirksstraßenkreuzung vor den Steyrleithen, war in der Nacht zuvor nahe km 23,3 von einem etwa 25 m hohen Steilhang aus Konglomerat wegen der starken Regenfälle und der Schneeschmelze eine ungefähr 60 m^3 mächtige Mure abgegangen, welche die dicht am Steyrufer verlaufende Bahntrasse auf etwa 15 m Länge annähernd zwei Meter hoch verschüttete. Gegen 4.40 Uhr näherte sich die 298.25 aus Molln kommend mit dem Zug 3660, der an diesem frühen Morgen keine Fahrgäste mitführte. Im dichten Nebel mit lediglich 20 m Sichtweite erkannte Lokführer Franz Wiesinger die gewaltigen Felsbrocken erst spät, mit einer Vollbremsung konnte er noch von 25 auf 5 km/h verlangsamen, aber den Aufprall nicht mehr verhindern. Die Lok entgleiste und neigte sich zur Seite, stürzte jedoch zum Glück nicht in die Steyr. Die Wagen blieben im Gleis stehen. Sowohl das Lokpersonal als auch der Zugbegleiter erlitten keine Verletzungen, aber einen gehörigen Schock.

Der Zugschaffner kletterte den Steilhang hinauf zur direkt oberhalb vom Hang verlaufenden Bundesstraße, er hielt einen Pkw an und fuhr bis zum Bahnhof Grünburg mit. Während zwischen Molln und Grünburg ein Schienenersatzverkehr eingerichtet wurde, kam aus Garsten die 298.52 mit dem Hilfszug und auf dem Bahnkörper von der Eisenbahnkreuzung her erreichten mehrere Helfer mit Räumgeräten zweier Tiefbaufirmen die Unfallstelle. Zuerst galt es nun, die Lok mit Hölzern so zu sichern, daß sie nicht ins Flußbett kippen konnte. Anschließend begann die Freilegung des Gleises, wobei man die größeren Felsstücke vor Ort zerkleinerte und dann abfuhr. Am Spätnachmittag wurde die Lok aufgegleist und am Nachmittag des folgenden Tages war die Strecke wieder durchgehend befahrbar. Der Zugverkehr lief wie gewohnt weiter. Nach eingehender Begutachtung wurde die Lok für voll betriebstauglich befunden, so daß auch sie den Dienst sogleich wieder aufnehmen konnte.

Den ÖBB, die seit langem danach trachteten, die Steyrtalbahn möglichst ohne langwierigen Genehmigungsprozeß loszuwerden, spielte dieses Vorkommnis geradezu in die Karten. Zwei Wochen später, am 28. März, einem Freitag, erschien nachmittags eine Kommission aus hohen Beamten der Bundesbahndirektion in Linz sowie der ÖBB-Generaldirektion, um gemeinsam mit Geologiegutachtern die Standfestigkeit der Bundesstraße(!) zu beurteilen. Man kam zu dem Fazit, daß die Sicherheit sowohl des Straßen- als auch des Bahnverkehrs an dieser Stelle nicht mehr gewährleistet sei, man also zwei Wochen lang *„Menschenleben in Gefahr gebracht"* habe. Noch am Abend jenes Tages meldete man den Befund dem

> Die Firma **Schütt & Spül**
> empfiehlt ihre Dienste zur eleganten Entfernung unerwünschter Nebenbahnen.
> Wir inszenieren prompt: Erdrutsche, Lawinenabgänge, Vermurungen, Unterwaschungen, Steinschläge und vieles mehr.
> Interessenten fordern bitte die Referenzprospekte **„Eisenkappel"** und **„Gurktal"** an.

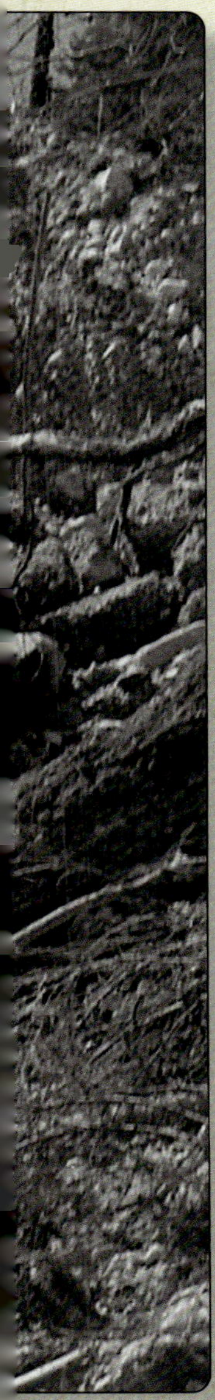

Vormittags wurde mit schwerem Gerät zweier Tiefbauunternehmen das Geröll geräumt und fortgeschafft. Fotos: Slg. Walter Rathmayr
Links: Besorgt um ihre Bahn packten die Eisenbahner vom Zug- und Lokdienst fleißig mit an. Foto: Margarete Mayr (Slg. Joh. Leutgeb)
Unten: Mit einem Seil von der Straße herab wurde die 298.25 am Spätnachmittag aufgerichtet. Fotos: Sammlung Hans-Karl Kunhäuser

Verkehrsministerium, und dem blieb nichts anderes übrig, als unverzüglich einen Weiterbetrieb zu versagen. Noch am selben Abend, just zum Wochenende vor den Osterferien, sperrte die ÖBB-Direktion Linz nicht nur diesen kurzen Bereich, sondern gleich den gesamten Streckenverlauf von Grünburg bis Klaus, denn an mehreren weiteren Stellen dieses Abschnitts war man auf ähnliche Gefahrenherde gestoßen. Dadurch konnte kein findiger Kopf auf die Idee kommen, eine Lok vor Inkrafttreten der Sperre nach Molln zu bringen, im oberen Streckenteil einzusperren (ein Heizhaus mit jeglichen Versorgungsmöglichkeiten war dort ja vorhanden) und damit den bedeutenden Güterverkehr weiterführen zu können.

Über die Dauer der Sperre herrschte Ungewißheit, man sprach von 6-8 Wochen, aber Instandsetzungen blieben aus. Während man das Urteil der Geologen abwartete, wurden nach Ostern im Bahnhof Klaus bereits einige Schmalspurgleise beseitigt, um den Umschlag zwischen Lkw und Bahn zu erleichtern. Letztlich wollten die ÖBB die Öffentlichkeit nur vor „vollendete Tatsachen" stellen, worauf folgende Aspekte hindeuteten.

- Es war unüblich, daß bei Steinschlag oder Erdrutsch gleich Gesandte der Generaldirektion samt Baudirektor und Geologen anreisen. Auf Hauptstrecken im Gebirge kommen solche Zwischenfälle häufig vor, die Streckenleitungen behoben sie dort stets eigenständig.
- Gefährdet war im Steyrtal die Bundesstraße, und hierfür war letztlich die Straßenbauverwaltung und nicht die Bahn verantwortlich. Seitens der Straßenmeisterei hatte man keine Bedenken, sie beschränkte zwar für Schwerfahrzeuge die Geschwindigkeit auf 30 km/h, allerdings nicht für den übrigen Verkehr. Auch verzichtete sie auf eine zumindest halbseitige Straßensperre oder auf eine Umleitung.
- Im Steyrtal machten die ÖBB auch keine Anstalten, die neuralgische Stelle provisorisch beispielsweise mit einem Fangzaun oder aber wenigstens mit einem Vorsichtsbefehl für sämtliche Züge zu sichern.

In der Steyrer Zeitung war am 3. April 1980 zu lesen: *„Nach verschiedenen Meldungen ist nunmehr die Befürchtung laut geworden, die Österreichischen Bundesbahnen könnten den Erdrutsch zum Anlaß nehmen, der Steyrtalbahn, deren Existenz ohnedies seit Jahren lediglich noch an einem seidenen Faden hängt, den endgültigen Todesstoß zu versetzen. Der Generaldirektor der ÖBB, Dr. Wolfgang Pycha, hat am 31. März in einem Rundfunkinterview ausdrücklich betont, daß die aus Sicherheitsgründen notwendige Einstellung des Zugverkehrs im Bereich der Haunoldmühle lediglich als vorübergehend gedacht sei und daraus keinerlei Aussage über das endgültige Schicksal dieser Nebenstrecke abzuleiten sei. Allerdings schwebt das Damoklesschwert wieder einmal über der Schmalspurbahn, denn aufgrund einer Weisung des Verkehrsministeriums wird gegenwärtig ein Gutachten durch die Österreichische Raumordnungskonferenz ausgearbeitet, und dessen Ergebnis wird schließlich für die Zukunft der Steyrtalbahn entscheidend sein."*

Solche Naturereignisse, wie sie schon so mancher Nebenbahn zum Verhängnis wurden, machen Gesetze und Konzessionen zur Farce. Hier herrscht die obere Betriebsaufsicht. Das ironische Inserat einer fiktiven Firma „Schütt & Spül" war bereits 1970 von Erwin Frühbauer (SPÖ), dem damaligen Abgeordneten zum Nationalrat und späteren Verkehrsminister, in einer parlamentarischen Anfrage zitiert worden. Viele Jahre kam es daraufhin zu keiner weiteren Streckenstillegung, erst der Felssturz beim Groißenbach erinnerte wieder an diese Methode.

Die Steyrtalbahn in ihrem letzten Winter. In der Wichtlleite oberhalb von Garsten zieht die 298.53 kraftvoll aufwärts. Foto (16.1.1982): Thomas Anton

Unten: Noch 1980/81 erhielten die Lokomotiven das Dreilichtspitzensignal. Das Führerhaus der 298.56 war im Frühjahr 1979 auf Kosten des rückwärtigen Kohlenkastens vergrößert worden. Im Hagen, zwischen der Sommerhubermühle und dem Unteren Pieslwang, schlängelt sie sich mit dem Zug 3669 aufwärts Richtung Grünburg. Man erkennt gut die tiefe Lage der Bahntrasse gegenüber der Wasseroberfläche – ein Umstand, der dem Bahnbetrieb bei Hochwasser immer wieder Probleme und der Steyrthalbahn AG beträchtliche Kosten bereitete. Foto (4.9.1980): Peter Schmied

Die geräumte Unfallstelle beim Groißenbach wurde auch nach dem März 1980 noch vereinzelt im Güterverkehr passiert. Foto (26.7.1980): Ludger Kenning

Obschon die BB-Dion Linz gegenüber der Handelskammer beteuerte, daß seitens der ÖBB an eine Einstellung der Steyrtalbahn überhaupt nicht gedacht sei, so entwickelte sich die Diskussion um die Zukunft der Bahn immer mehr zum Kräftemessen, nämlich auf der einen Seite der Rechnungshof im Verbund mit der ÖBB-Generaldirektion in Wien, welche eine möglichst rasche Stillegung anstrebte und mit allen Mitteln versuchte, dem Verkehrsministerium die Unrentabilität der Bahn nachzuweisen, auf der Gegenseite viele örtliche Gewerbetreibende, die den Verlust der Verfrachtungsmöglichkeit als geradezu „tödlich" bezeichneten (sie bildeten ein Aktionskomitee „Pro Steyrtalbahn"), außerdem die Anrainergemeinden, der Fremdenverkehrsverband, die junge ÖGEG, die OÖ Handelskammer und schließlich Landeshauptmann Dr. Josef Ratzenböck. Die ÖGEG mit ihrem Arbeitskreis „Freunde der Steyrtalbahn" forderte die sofortige Sanierung des rutschgefährdeten Hanges und proklamierte den 15. Mai des Jahres zum „Steyrtalbahn-Tag". In einer Unterschriftenaktion sprachen sich 30.000 Befürworter aus vielen Ländern für den Weiterbestand der Steyrtalbahn aus. Wie kam es nun zu dieser prekären Situation? Die Ursachen reichten weit zurück.

Einige schmalspurige Privatbahnen (SKGLB, StLB oder ZB) hatten schon frühzeitig versucht, den Personenverkehr durch den Einsatz von – allerdings technisch noch unausgereiften – Verbrennungstriebwagen zu rationalisieren. Die Bundesbahnen hielten sich diesbezüglich zurück und beließen es beim Kauf von ein paar wenigen kleinen dieselelektrischen Lokomotiven und Gepäcktriebwagen. Nachdem sie das speziell für die Steyrtalbahn konzipierte Projekt „Diesellokreihe 2094" aufgegeben hatten, beschafften die ÖBB in den Jahren 1958-61 von SGP einige 600-PS-Dieselloks der Reihe 2095, die sich auf vielen Strecken nachdrücklich bewährten, mit ihrem Achsdruck von 8 t aber auf der lediglich für 7 t zugelassenen Steyrtalbahn keineswegs in Betracht kamen.

Schon in den 50er Jahren war die Steyrtalbahn weitgehend mit Stahlschwellen und schweren Schienen ausgestattet worden, so daß die Stammstrecke relativ pflegeleicht war. So gab es hier zu ÖBB-Zeiten nie den Einsatz einer Gleisstopfmaschine. Zuletzt war er zwar noch beauftragt, aber nach dem Felssturz vom Groißenbach storniert worden. Insgesamt gesehen war der Oberbauzustand weitgehend in Ordnung, wenn auch etliche „Ecken" in den Bögen einer händischen Ausrichtung bedurften.

Von Mitte der 50er Jahre bis etwa 1965 gab es Gutachten und Erwägungen im Hinblick auf einen Rollfahrzeugbetrieb. Der Preis eines Rollwagens lag bei 700.000 S. Auch zur Beschaffung von Spezialgüterwagen, wie es andere Privatbahnen vorexerzierten, kam es für die Steyrtalbahn nie. So mußten alle Güter in Garsten und Klaus umgeladen werden, und das lange Zeit noch händisch, im Bahnhof Klaus später von einer Fachfirma per Bockkran.

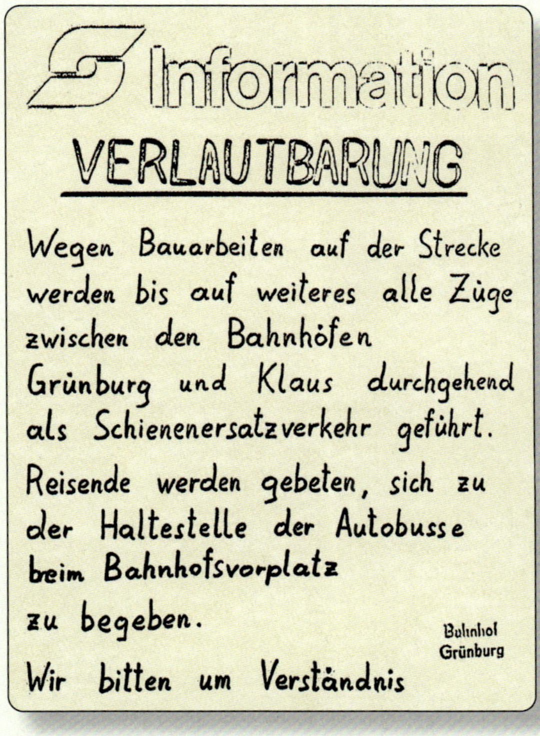

Information

VERLAUTBARUNG

Wegen Bauarbeiten auf der Strecke werden bis auf weiteres alle Züge zwischen den Bahnhöfen Grünburg und Klaus durchgehend als Schienenersatzverkehr geführt.

Reisende werden gebeten, sich zu der Haltestelle der Autobusse beim Bahnhofsvorplatz zu begeben.

Wir bitten um Verständnis

Bahnhof Grünburg

Aushang im Grünburger Bahnhof vom April 1980. Die angeblichen „Bauarbeiten" gab es in der Realität allerdings nicht. (aus Topothek Grünburg)

Sehr lukrativ – mit einer Jahrestonnage von bis zu 100.000 t – hätten die zu Beginn der 60er Jahre eingeführten Schottertransporte von Molln über Klaus zur Chemie Linz werden können. Dagegen bezuschußten die ÖBB dem Schotterwerk Bernegger den Kauf neuer Lkw und engagierten Bernegger praktisch als Spediteur, damit er seine Transporte unabhängig durchführt. Bernegger hatte mehrmals den ÖBB seine Idee dargelegt, eine Seilbahn vom Mollner Steinbruch bis zum Bahnhof Leonstein zu bauen, damit die ÖBB die Frachten im „Rollerverkehr" übernehmen, aber vergebens. Stattdessen wurde die unzulänglich ausgebaute Steyrtalstraße nun mit bis zu 22 t schweren Lkw-Gespannen befahren.

Lange Zeit bestand der Güterverkehr vor allem aus Holzlieferungen von und zur Hörmühle in Waldneukirchen, von den Bundesforsten in Molln und zur Mollner Holzwarenfabrik, aus landwirtschaftlichen Waren und aus Stückgut. Die Werkzeugfabrik beim Bahnhof Aschach hätte gern ihre Güter per Bahn transportiert, aber leider war die Abfertigung zu umständlich, denn im selben Jahr (1966), als die Firma hierher zog, wurde der Bahnhof Aschach zur unbesetzten Station degradiert.

Das Frachtaufkommen sank stetig, im Jahr 1970 waren es lediglich noch 50.000 t. Bis Mitte der 70er Jahre fielen zwischen Molln und Klaus werktäglich bis zu drei Güterzugpaare an, um das Aufkommen bewältigen zu können, dann sank die Tonnage auf unter 20.000 t. Die ÖBB führten im Jahr 1979 ein neues Tarifsystem für Holz ein, fortan ging es nicht mehr um Gewicht, sondern um Festmeter. In Österreich stiegen die Holztransporte auf der Bahn rapide an, auf der Steyrtalbahn verdoppelten sie sich, aber der veraltete Wagenpark setzte Grenzen. Zunehmend verhandelten die ÖBB mit den Verfrachtern, ihre Transporte auf die Straße zu verlagern, und die Anwohner bekamen den Schwerlastverkehr auf der Steyrtalstraße mehr und mehr zu spüren.

Im Personenverkehr wurden die Fahrscheine der parallel verkehrenden Autobusse zwar auf der Steyrtalbahn akzeptiert, nicht jedoch umgekehrt. Wer an einzelnen Tagen eine günstigere Fahrgelegenheit mit dem Bus hatte, kaufte also eine Monatskarte des Kraftwagendienstes. Die Bahn verlor einen Großteil des Schülerverkehrs. Fahrkarten der Bahnhöfe Garsten und Klaus galten für drei Richtungen und ließen sich somit nicht klar der Steyrtalbahn zuordnen, wodurch die ÖBB das Jahresaufkommen optisch in den Keller drückten (Anm.: 1976 erhielt ich für eine Fahrt mit der Steyrtalbahn eine Fahrkarte nach Windischgarsten).

Nach der Beinahekatastrophe nahe der Ahbachbrücke bei Sommerhubermühle vom Juli 1974 (siehe Seite 241) entflammte die Stillegungsdiskussion erneut. Die Handelskammer hielt dagegen, daß durch weitere Industrieansiedlungen im Steyrtal jährlich bald 150.000 t Fracht zu befördern seien. In Anbetracht der heiklen Situation auf dem Straßenbausektor glaubte kaum jemand, daß die Steyrtalstraße jemals voll ausgebaut werden würde. Sollte die Straße tatsächlich aber einmal voll ertüchtigt und uneingeschränkt befahrbar sein, würden auf das zur Zeit noch ruhige Wohn- und Erholungsgebiet (mit der in Österreich seltenen Gewässergüteklasse 1) enorme Verkehrsströme zwischen West- und Pyhrnautobahn zukommen. *„Muß die Steyrtalbahn nun sterben?“* fragte das Linzer Volksblatt:

„Als 1966 der Flügel Pergern – Sierning stillgelegt wurde, schien das Schicksal dieser „unrentablen“ Nebenbahn besiegelt und die gänzliche Einstellung nurmehr eine Frage kurzer Zeit zu sein. Massive Proteste der Bevölkerung und besonders der Handelskammer konnten das Ärgste verhindern und führten dazu, daß im Mai 1968 zwar der letzte durchgehende Personenzug Garsten – Klaus fuhr, aber der Güterverkehr durchgehend beibehalten werden konnte. Noch immer schwebt über der historischen Bahnstrecke das Damoklesschwert. Obwohl noch 1972 mehr als 243.000 Personen und etwa 36.700 t Güter befördert wurden, droht der Nebenbahn mit ca. 40 km Gesamtlänge das Schicksal des „feurigen Elias, der lieben kleinen Salzkammergutbahn“, die übereilt eingestellt wurde und der man nach so vielen Jahren noch immer nachtrauert. Die Handelskammer steht auf dem öffentlich nicht widersprochenen Standpunkt, daß das zu einem Entwicklungsgebiet erklärte Steyrtal den Schienenweg braucht, und zwar nicht nur für den Transport der beachtlichen Gütermengen, sondern auch als Touristenattraktion. Es wurde ein Proponenten-Komitee, dem u.a. prominente Wirtschaftsmandatare der Bezirke Steyr und Kirchdorf angehören, ins Leben gerufen, um die Plattform für eine Untersuchung durch Experten zu bilden, ob und unter welchen Bedingungen die Steyrtalbahn für Industrie und Tourismus erhalten werden kann. Die Handelskammer unternahm außerdem einen Vorstoß, die Amateurfahrten erneut aufleben zu lassen. Besonders für Auslandsgäste bildet die Bahn eine echte Attraktion, die als eines der beliebtesten Film- und Fotomotive gilt, handelt es sich doch um eines der letzten Dampfrösser Europas.“

Der Güterzug beim Zwischenhalt in Grünburg. Frau Hattinger ist unverdrossen mit dem Fegen des Bahnsteigs beschäftigt. Foto (1979): Ralf Schmidt (Slg. L. Kenning)

Links: Rückkehr aus dem Leonsteiner Ferienlager, weiter nach Steyr und Garsten geht es jetzt mit „unserer Schnackerlbahn“.

Links unten: Der ÖBB-Bus, ein Gräf & Stift vom Überland-Typ U7-OSU 155/46 aus den 60er Jahren, steht in Grünburg bereit. Fotos (Juni 1980): Burkhard Wollny

Die hier angesprochenen Amateurlokfahrten unter Aufsicht eines erfahrenen Lokführers waren 1971 vom Fremdenverkehrsverband Steyr für 560,- S pro Stunde propagiert worden, damit *„sich jedermann im romantischen Steyrtal seine Jugendträume erfüllen“* kann. Die 298.104 war eigens dafür ausgerüstet worden. Tatsächlich gab es 1971 fünf dieser Fahrten, auf Weisung des Verkehrsministeriums (der „Hinweis“ kam von einem ÖBB-Rentner aus Steyr) mußten sie wegen rechtlicher Probleme und Sicherheitsaspekten eingestellt werden. Der Journalist Curt A. Moser bezeichnete es in einem „Reise-Stenogramm“ als „Blamage“.

Die Haltestelle Unterhimmel-Christkindl an einem Sonntagnachmittag, der Zug 3669 dampft weiter in Richtung Grünburg, verabschiedet von einer großen Schar Jugendlicher und beschirmt von drei Nonnen. Die heutige Haltestelle liegt einige Meter weiter in Richtung Steyr Lokalbahn.

Unten: Bald nach der Sommerhubermühle dampft wiederum die 298.56 an einem Gehöft vorbei. Fotos (Juni 1981): Burkhard Wollny (Eisenbahnstiftung)

Bei der Sommerhubermühle, wo die 298.56 auf dem Weg nach Grünburg einen Halt eingelegt hat, war zuletzt auch im Personenverkehr nicht mehr viel los, jedoch als Bedarfshalt galt die Haltestelle lediglich für den ersten Zug des Tages. Foto (Juni 1981): Burkhard Wollny (Eisenbahnstiftung)

In seinem Prüfbericht über die BB-Dion Linz machte der Rechnungshof sogar den ÖBB zum Vorwurf, nicht schon früher das Prinzip „Schütt & Spül" angewandt und die Steyrtalbahn *„auf elegante Weise abgewürgt"* zu haben. Es kam heraus, daß die BB-Dion schon 1972 eine allgemeine Annahmesperre im Güterverkehr beantragt hatte, zumal 90 % der Tonnage kommerziell uninteressant seien. Und es kam heraus, daß die ÖBB bereits seit 1964 dem Kalk- und Schotterwerk Bernegger eine Vergütung von 10,- S pro Tonne zahlten, damit es das Gestein mit eigenen Lkw nach Klaus bringt. Derweil waren die Großkunden, wie Bernegger, die Bundesforste, die Haunold- und die Hörmühle, äußerst ungehalten über die gravierenden Probleme im Schienenersatz-Güterverkehr.

An die 100 Firmen gründeten im Sommer 1980 ein von Hofrat Hermann Goldbacher, dem Leiter des Bezirksbauamtes, angeführtes Aktionskomitee „Pro Steyrtalbahn". Goldbacher erklärte, das Steyrtal weise keine ausgefallene Geologie auf, sondern sei eines der vielen Täler zwischen den nördlichen Kalkalpen und der Donau, in denen eiszeitliche Konglomerate (Nagelfluh) vorherrschen. Dies sei kein homogenes Gestein, sondern sehr verwitterungsanfällig, so daß die Hänge oberhalb von Bahntrassen und Straßen ständig zu pflegen seien. Bei der Steyrtalbahn sei die Pflicht zur ständigen Hangpflege leider nicht hinreichend beachtet worden, jedenfalls sei auch im Steyrtal die Sicherung des Bahnverkehrs ohne viel Aufwand möglich. Eindringlich warnte das Komitee vor einer übereilten Auflösung der Steyrtalbahn und verwies auf die großen Schäden, die das Salzkammergut mit der Stillegung der SKGLB Bad Ischl – Salzburg erleiden mußte: *„Eine Wiederholung dieses Fehlers muß unbedingt vermieden werden!"*, hieß es. Das Komitee forderte:

- Die Steyrtalbahn muß in ihrer ganzen Ausdehnung erhalten bleiben.
- Umstellung des Alltagsbetriebs auf Diesellokomotiven bzw. auf Einmanntriebwagen für einen zu verdichtenden Personenverkehr.
- Rückverlagern des Güterverkehrs von der Straße auf die Schiene, Aufnahme des Rollwagenbetriebes und Bau einer Materialseilbahn vom Schotterwerk Molln zum Bahnhof Leonstein.
- Fahrplanmäßiges Abstimmen des Personenverkehrs zwischen Bus und Bahn, Einrichtung eines Taktfahrplanes.
- Dampfbetrieb nur noch im Wochenendausflugsverkehr.

Eine Einstellung der Bahn hätte die auch so bereits sehr hohe Arbeitslosigkeit im Steyrtal und seiner Umgebung ganz rasch ansteigen lassen. Zahlreiche Klein- und Mittelbetriebe wären andernfalls weitaus nicht mehr so konkurrenzfähig, zumal die Transportkosten um 100 bis 120 % steigen würden. Oberhalb von Grünburg gehörte das Tal ohnehin zum Krisengebiet Kirchdorf, wo bereits eine Arbeitslosigkeit von mehr als 8 % herrschte. Das Aktionskomitee betrieb intensiv Werbung und veranstaltete öffentlichkeitswirksame Sonderfahrten, so z.B. am 25. September 1981, als die 298.25 (allein!) einen 19-Wagen-Zug mit über 500 Fahrgästen von Garsten nach Grünburg beförderte (bei Sonderfahrten waren sonst zehn Wagen üblich, im Planbetrieb stets drei Wagen).

Im Frühjahr 1980 kehrte nach außen (eine trügerische) Ruhe ein. Die Straßenbauverwaltung hob die Geschwindigkeits- und Gewichtsbegrenzungen oberhalb der Schadstelle beim Groißenbach auf, da sie keine Gefahr eines weiteren Hangrutsches mehr sah, und im Oktober 1980 ließen die ÖBB zwischen Grünburg und der Haunoldmühle sogar einen Güterverkehr jeweils als Sperrfahrten zu. Am Schluß von Personenzügen (als „GmP") gelangten die Güterwagen nach Garsten.

Werbeplakat der ÖGEG für eine ihrer letzten Steyrtalfahrten zu ÖBB-Zeiten. Ein solcher Sonderzug mit neun Wagen (für 300 Personen) nebst Buffetwagen, in dem „Getränke und kleine Imbisse zu Normalpreisen verkauft werden", kostete lediglich 11.600 S bei einer Ausbleibedauer von vier Stunden, und für 400,- S gab es den Faßlwagen dazu. Der Fremdenverkehrsverband Steyr sorgte für eine ansprechende Ausschmückung des Dampfbummelzuges.

Unten: War der Stückgutdienst auch nach März 1980 weitergelaufen, so gab es ab 27.10.1980 auch wieder echten Güterverkehr, jetzt mit Umladung in Garsten. Und was es seit den 60er Jahren auf der Steyrtalbahn nicht mehr gegeben hatte: Es verkehrten wieder gemischte Züge. Abgewickelt wurden die Leistungen mit dem Zugpaar 3673/3672 (Garsten 16.45–Grünburg 17.38 / 19.24–Garsten 20.15 Uhr), wobei man die Wendezeit für eine Sperrfahrt zur Haunoldmühle nutzte. In der Regel oblag die Aufgabe der im Sommer 1980 aus Knittelfeld heimgekehrten 699.103, die zudem die Züge 3669/3668 bespannte. Hier ist es jedoch die 298.53, die sich im letzten Licht des Tages am Brunnenweg dem Bahnhof Aschach nähert – und der „Singer Vater“ darf sich wieder in Positur stellen. Vereinzelt gingen Sperrfahrten auch weiter talaufwärts. Hierfür wurden die Brücken über den Steyrleithner Graben und den Rinnerberger Bach am 1.7.1981 mit den 298.52 und 298.53 probebelastet. Foto (Juni 1981): Burkhard Wollny

Winterzauber mit der Dampfeisenbahn! Damals im Januar 1982 – hier vor der Einfahrt nach Neuzeug – fürchtete man, es würde das allerletzte Mal sein. Daß das eines Tages wieder möglich sein wird, nämlich als Museumsbahn der ÖGEG, war Zukunftsmusik aus weiter Ferne. Foto: Thomas Anton

Unten: Zur Winterromantik auf der Steyrtalbahn gehörte untrennbar die Wallfahrtskirche Christkindl. Vor dem Bau des Romantikhotels Christkindlwirt versteckte sie sich im Sommer hinter Bäumen, nur in der laublosen Jahreszeit kam sie motivlich gut zur Geltung. Foto (Januar 1976): Hans Faust

Dann und wann erschienen in den Tageszeitungen auch wieder Leserbriefe von besorgten Bürgern, wie z.B.: *„Das Steyrtal darf nicht zum Aussterben verurteilt werden, auch hier leben gleichberechtigte Staatsbürger, denen dieser Lebensraum ihre Heimat ist. Und jeder Interessenvertreter, der sich der Probleme des Steyrtals annimmt, beweist nicht nur seine soziale Aufgeschlossenheit, sondern auch seinen wirtschaftlichen Weitblick für eines unserer schönsten Alpentäler, welches leider inzwischen zum Notstandsgebiet geworden ist."*

Gegen Jahresende 1981 konkretisierte sich zusehends eine baldige Einstellung, während das Personal bereits für andere Dienste umgeschult wurde. Öffentlichkeitswirksame Sonderfahrten, auch für Fernseh- oder Werbeaufnahmen, wurden mittlerweile nicht mehr genehmigt. Als im Januar an einer Konglomeratwand bei Neuzeug ein geringfügiger Steinschlag auftrat, befürchtete man das Schlimmste, und das wurde dann viel früher zur bitteren Realität als erwartet. Am 12. Februar ließen die ÖBB in einer Presseaussendung verlauten: *„Nunmehr haben drei unabhängig voneinander eingeholte Gutachten von geologischen Sachverständigen aufgezeigt, daß die noch in Betrieb befindliche Strecke Garsten – Grünburg im Bereich der „Neuzeughammer-Lehne" durch Hangrutschungen und Gesteinsabspaltungen ernsthaft bedroht ist. Die Gefahr wird sich mit Eintritt der Tauwetterperiode zusätzlich verschärfen, und die ÖBB sehen ab 1. März die Sicherheit des Eisenbahnbetriebs als nicht mehr gegeben an. Auf Antrag der ÖBB hat die Oberste Eisenbahnbehörde mit Bescheid vom 12. Februar 1982 aus Sicherheitsgründen die gänzliche Einstellung der Eisenbahnstrecke Garsten – Klaus zwischen den Bahnhöfen Garsten und Grünburg mit Wirkung vom 1. März 1982 verfügt. Bis zu diesem Zeitpunkt wird der Betrieb unter verschärften Kontrollen fortgeführt. Die ÖBB werden selbstverständlich alle Vorkehrungen treffen, um den naht- und reibungslosen Übergang des Personen- und des Güterverkehrs von der Schiene auf den Schienenersatzverkehr, also eine zufriedenstellende Verkehrsbedienung im Bereich der Steyrtalbahn zu gewährleisten."*

Ernst Kabelka fügte im SVA 2/1982 hinzu: *„Letzter Betriebstag wird der 28. Februar 1982 sein, zumindest für längere Zeit, wenn nicht für immer. Helfen wir mit, den Tag zur machtvollen Demonstration für die Bahn, gegen die Willkür* *einer nebenbahnfeindlichen Verwaltung und einer verkehrspolitisch falsch orientierten Regierung zu gestalten. Das letzte Wort ist nicht gesprochen. Noch heißt es in der Pressemitteilung „Schienenersatzverkehr", noch hat die Landesregierung einer Einstellung nicht zugestimmt."* Nach Betriebsschluß wurde die gesamte Strecke letztlich am 28. Februar 1982 gesperrt.

Am 12. März 1982 hielt der mittlerweile 700-köpfige Verein „Pro Steyrtalbahn" in Molln seine erste, immerhin von 170 Mitgliedern besuchte Vollversammlung ab und beschloß folgende Schritte:

- *Wir bitten die ÖBB um Einsichtnahme in die Gutachten und um Erlaubnis, auf der Strecke eingehende Messungen durchführen zu lassen.*
- *Vorschläge für die Sanierung der Steinschlaghänge vor Neuzeug werden erarbeitet.*
- *Wir sind bereit, aktiv an einer Hangsanierung mitzuwirken. Durch eine Sammlung sollen Mittel aufgebracht werden, um sie den ÖBB als Beitrag der Bevölkerung für die Sanierung anzubieten.*
- *Modernisierungsvorschläge für den Betrieb werden erarbeitet (Triebwagen, Diesellok, Rollböcke).*

In seinem Vortrag *„Umweltverträgliche Ortsumfahrungen"* forderte der Obmann der OÖ Landesgruppe des Naturschutzbundes, Friedrich Witzany, die unbedingte Erhaltung der Bahntrasse, da die Eisenbahn in Zukunft verstärkt als umweltfreundliches Verkehrsmittel eingesetzt werden müsse, um Lebensqualität und ökologisches Gleichgewicht zu gewährleisten. Sein Aufruf *„Hände weg von der Bahn!"* galt vor allem denjenigen, die die Bahntrasse für die Ortsumfahrung Grünburg nutzen wollen. *„Die Lage tief unten an der Steyr und die höheren Fahrgeschwindigkeiten würden den Lärmpegel in die Höhe schnellen lassen. Lärmschutzwände sind kein Allheilmittel. Der Durchflußquerschnitt der Steyr müßte bei dieser Umfahrung verengt werden. Von einer umweltfreundlichen Ortsumfahrung könnte keine Rede sein. Der sauberste Fluß Oberösterreichs würde verschmutzt werden."*

Am 25. März beantragten die ÖBB beim Verkehrsministerium die Genehmigung zur dauernden Einstellung der Strecke Garsten – Klaus. Der Bescheid gab grünes Licht, die Steyrtalbahn per 1. Dezember 1982 stillzulegen. *„Wirtschaftlich war die Steyrtalbahn für uns ohnehin nicht von Bedeutung"*, so der Steyrer Bürgermeister Franz Weiß (SPÖ) ganz lapidar.

Bei traumhafter Schneelage erlebt die Steyrtalbahn ihren letzten Winter: Oben im Anstieg zum Sarninger Berg, rechts geht es in voller Fahrt aus Neuzeug hinaus. Fotos (16.1.1982): Thomas Anton

STEYRTALBAHN WIRD VORLÄUFIG STILLGELEGT

„Schnauferl" liegt in den letzten Zügen – dem Schock folgt eine Protestflut

Mittels Bescheid hat die oberste Eisenbahnbehörde die Einstellung des gesamten Betriebes der Steyrtalbahn ab 1. März verfügt. Nachdem die Generaldirektion der ÖBB am Freitagnachmittag die Hiobsbotschaft bekanntgegeben hatte, reagierten die Eisenbahnfreunde am Sonntag erwartungsgemäß mit scharfem Protest. Die Aktion „Pro Steyrtalbahn", die sich in Kürze als Verein konstituieren will, spricht von „verheerenden Folgen" im Falle einer totalen Auflösung des Bahnverkehrs. Die ÖBB sehen aufgrund von geologischen Gutachten, welche die Befürworter der Bahn allerdings niemals zu Gesicht bekamen, vorausahnend ab 1. März die Sicherheit des Bahnbetriebs auf der Steyrtalbahn nicht mehr als gewährleistet an, weshalb ab März der Bahnverkehr auch auf der Reststrecke Garsten – Grünburg gänzlich eingestellt werden soll (...).

Im Steyrtal gibt es viele Klein- und Mittelbetriebe, die in ihrer Konkurrenzfähigkeit von der Bahn abhängig sind. „Im Krisengebiet Kirchdorf, wo bereits jetzt eine Rekordarbeitslosenquote von über 8 % zu verzeichnen ist, würde es zwangsläufig zu vielen weiteren umfangreichen Entlassungen kommen", befürchtet die Aktionsgemeinschaft, und sie betont, daß die Konkurrenzfähigkeit jener Betriebe dadurch geschmälert werde, weil die Transportkosten um 100 %, wenn nicht gar 120 % steigen würden.

Auch im Fremdenverkehr würde es zu Entlassungen kommen, da laut einer Erhebung rund 50 % der Nächtigungen dem „Schnauferl" zu verdanken seien, worauf die meisten Fremdenverkehrsinitiativen basieren. „Eine Menge Investitionen, die in den letzten Jahren aufgebracht wurden, wären umsonst gewesen", hebt die Aktionsgemeinschaft hervor, und sie weist darauf hin, daß es im Fall einer endgültigen Stillegung zur Auflösung des heute funktionierenden Schienenersatzverkehrs komme. Derzeit werden nämlich Sendungen mittels Schienenersatzverkehr von den Bahnhöfen zu den Anschlußstellen gebracht, ohne daß für den Absender irgendwelche Mehrkosten entstehen. Ist die Bahn aber offiziell stillgelegt, fällt dieser Service weg. Es bliebe dann nur noch die Möglichkeit der Verlegung des Güterverkehrs auf die Straße – und die Spediteure wären dann natürlich nicht mehr an den Bahntarif gebunden.

(Steyrer Zeitung vom 18. Februar 1982)

Landeshauptmann Dr. Josef Ratzenböck:

EINSTELLUNG NICHT AUF KOSTEN DER BEVÖLKERUNG UND WIRTSCHAFT

Nicht als unabänderlichen Schicksalsschlag will Landeshauptmann Dr. Josef Ratzenböck die wegen „Rutschgefahr" von den Bundesbahnen verfügte Einstellung hinnehmen. Daß für einen derart einschneidenden Schritt eine Reihe von handfesten Begründungen vorgebracht wird, läßt er durchaus gelten. Er macht im Interesse der gesamten Region darauf aufmerksam, daß man nicht einfach einen Verkehrsweg, der durch Jahrzehnte für die Arbeitsplätze und die Wirtschaft der Bevölkerung einen sehr wichtigen Anschluß zum Zentralraum, aber auch zu zwei Hauptbahnen bedeutete, ohne entsprechenden Ersatz stillegen könne.

Als erste Überbrückung konnte der Landeshauptmann im Gespräch mit ÖBB-Generaldirektor Dr. Pycha erwirken, daß vorerst wenigstens für die Personenbeförderung ein Schienenersatzverkehr eingerichtet und für die Betriebe ebenfalls eine provisorische Abhilfe geschaffen wird. Weiters strebt Dr. Ratzenböck gemeinsam mit allen Beteiligten und Interessenten, also den ÖBB, dem Land, der Handelskammer, den Bürgermeistern der Anrainergemeinden, den Abgeordneten zum Nationalrat, zum Bundesrat und zum OÖ Landtag sowie den betroffenen Betrieben, ein gemeinsames Gespräch über die Zukunft des Steyrtals, besonders hinsichtlich der Verbesserung der verkehrsmäßigen und wirtschaftlichen Entwicklung an. Die Aussprache wird aller Voraussicht nach am 25. Februar in Molln stattfinden. Man erhofft sich davon eine einheitliche Vorgangsweise für die kommenden Verhandlungen mit dem Bund, der als Eigentümer der ÖBB für den Bahnbetrieb bzw. für die Steyrtal-Bundesstraße, die trotz ihres mangelhaften Zustandes die gesamte Verkehrslast in diesem Gebiet übernehmen soll, verantwortlich ist.

Die Handelskammer vertritt weiter die Meinung, daß die Steyrtalbahn nur bei einer umfassenden Modernisierung reaktiviert und in ihrem Bestand gesichert werden kann. Darüber müsse seitens des Bundes rasch eine Entscheidung fallen. Sollte diese negativ sein, sei unverzüglich mit dem längst fälligen Ausbau der Bundesstraße zu beginnen. Ob und inwieweit in diesem Fall im Bereich Steyr ein Teil der Steyrtalbahn als nostalgische Fremdenverkehrsattraktion für den Wochenend- und Saisonfahrbetrieb erhalten werden kann, sei ein organisatorisches und betriebswirtschaftliches Problem, das in keinem Zusammenhang mit der gesamtwirtschaftlich notwendigen Verkehrserschließung des Steyrtals steht.

(Steyrer Zeitung vom 18. Februar 1982)

APPELL AN DIE PARTEIEN UND DIE MINISTER

Erhalt der Steyrtalbahn soll den Politikern ein Anliegen sein!

Nicht untätig zusehen will der neu formierte Verein „Pro Steyrtalbahn", wie die ÖBB nun Europas einzige noch mit Dampf betriebene Schmalspurbahn auf das Abstellgleis schieben. „Nach der Stillegung der Strecke Grünburg – Klaus wurde leider versäumt, genügend Druck auszuüben. Für sechs bis acht Wochen war vor zwei Jahren die Sperre angekündigt worden, sie dauerte aber bis jetzt", sagt Vorstandsmitglied Hofrat Goldbacher, „jetzt darf dieser Fehler nicht wieder passieren." Als erste Aktion hat der Verein „Pro Steyrtalbahn" mittlerweile eine Resolution an alle Parteien des OÖ Landtags und an den Verkehrsminister verfaßt. Hierin wird die dringend notwendige Inbetriebnahme der Strecke Steyr – Grünburg gefordert. Die Beibehaltung des Fahrbetriebs der von der obersten Eisenbahnbehörde mittels Bescheid ab 1. März stillzulegenden Steyrtalbahn könne nämlich von den Politikern beschlossen werden.

Wie eine Schmalspurbahn – so wie das beliebte „Schnauferl" – wirtschaftlich vertretbar betrieben werden kann, zeigt das Beispiel Murtalbahn. Diese Schmalspurbahn gehört dem Land Steiermark und ist mit neuartigen, sich ausgezeichnet bewährenden dieselelektrischen Triebwagen ausgestattet. Der Fahrplan ist auf die Bedürfnisse der Benutzer abgestimmt. Mit den alten Lokomotiven werden Sonderfahrten durchgeführt. Ein ähnliches Beispiel ist die Bregenzer Wald-Bahn, für deren Erhaltung das Land Vorarlberg gut 20 % der Kosten trägt. Landesmittel für die Erhaltung von Nebenbahnen werden auch in Salzburg verwendet. „Das Land Oberösterreich könnte für die Steyrtalbahn ebenso Mittel flüssig machen", erklärte Hofrat Goldbacher. „Wenn das Land bereits nicht die ÖBB unterstützen will, so soll zumindest dem Krisenbezirk Kirchdorf geholfen werden." Auf einer Besprechung der Handelskammer im Gasthof Huber in Molln am 25. Februar um 10 Uhr werden Wirtschaftstreibende, Bürgermeister und Abgeordnete der betroffenen Region sowie Vertreter der Bundesbahndirektion Linz das Schicksal der Steyrtalbahn erörtern.

Die vorerst letzte Abfahrt von Garsten nach Grünburg ist am Sonntag, 28. Februar, um 18.28 Uhr, von Grünburg zurück n. Garsten 19.24 Uhr. Wer noch einmal, vielleicht das letzte Mal mit dem „Schnauferl" fahren möchte, tut allerdings gut daran, nicht den letzten Zug zu nehmen.

(Steyrer Zeitung vom 25. Februar 1982)

Die 298.25 – hier mit einem Personenzug in Aschach – war bis zuletzt an der flachen Rauchkammertür mit Querstreben und gleich vier Vorreibern zu erkennen. Das Dreilichtspitzensignal erhielt sie als letzte Steyrtal-„U“. Foto (1980): Margarete Mayr (Slg. Johann Leutgeb)

Unten: Ersetzt wurde die veraltete Pedalweichen-Mechanik zum Teil durch Weichenstellhebel mit hoher Signalscheibe und Schwinghebel, wie hier in Neuzeug, zum Teil (wie z.B. in Garsten, Molln und Klaus) durch Weichen mit üblichem Stellgewicht, das über eine Gabel die Stellstange bewegt. Foto (1981): Burkhard Wollny (Bildarchiv der Eisenbahnstiftung)

ENDSTATION FÜR DIE STEYRTALBAHN?

Eine Protestwelle verlangt die Wiederaufnahme des Betriebes – Große Touristik-Attraktion

Seitdem die Generaldirektion der ÖBB jüngst die „vorläufige“ Stillegung der Steyrtalbahn verfügt hat, hagelt es Proteste. Nach dem Erdrutsch vom 14.3.1980 zwischen Grünburg und Molln war die Strecke schon teilweise stillgelegt worden. Die Hoffnung der Steyrtalbahnfans, daß die „Schnauferlbahn“ zukünftig wieder bis zur Endstation Klaus durchfahren werde, erfüllte sich nicht. Nach fast zwei Jahren des Hinhaltens, in denen keinerlei Absicherungen der Bahnstrecke ergriffen wurden, kam am 12. Februar 1982 aus Wien die kalte Dusche: Die Steyrtalbahn wird mit 1. März 1982 „vorläufig“ zur Gänze stillgelegt. Zur Begründung gaben die ÖBB an, daß aufgrund geologischer Gutachten die Sicherheit des Bahnverkehrs nicht mehr gewährleistet sei. Es müsse also ab 1. März der Bahnverkehr auch auf der Reststrecke zwischen Garsten und Grünburg gänzlich eingestellt werden. Es soll ein Schienenersatzverkehr mit Autobussen eingerichtet werden.

Eine regionale Arbeitsgemeinschaft unter dem Titel „Pro Steyrtalbahn“ trat nur wenige Tage nach dieser Bekanntgabe der Österreichischen Bundesbahnen auf den Plan. Sie fordert anstatt der Einstellung vielmehr eine Modernisierung des Wagenparks und einen verbesserten Fahrplan, um die Attraktivität der schmalspurigen Dampfbahn zu verbessern. Die OÖ Handelskammer verlangt als Bedingung für die Einstellung hingegen den Ausbau der Steyrtal-Bundesstraße.

Die Bundesbahnen verweisen derweil auf drei Gutachten, in denen der Streckenabschnitt von Garsten bis Grünburg als besonders durch Hangrutschungen bedroht bezeichnet wird (eigenartigerweise war diese „Gefährlichkeit“ in den bisherigen Jahrzehnten des Bestehens der Steyrtalbahn nie aufgefallen). Wegen der Gefahr durch das kommende Tauwetter haben sich die ÖBB zur Einstellung des Betriebes auch auf den letzten 20 Kilometern entschlossen.

Massive Kritik am überraschenden Schritt der ÖBB hält an. Für den Verein „Pro Steyrtalbahn“ hat Hofrat Dipl.-Ing. Goldbacher erklärt, daß die ÖBB der Verpflichtung der ständigen Hangpflege im Steyrtalbereich offenbar nicht nachgekommen seien. Schon gibt es auch Fotos von der Steyrtalbahn mit dem dazugeschnittenen ÖBB-Werbeslogan „Braucht kein Benzin und fährt doch super: Die Bahn!“

Unterdessen hat sich eine Reihe von Interessenten gemeldet. So hört man von rund 100 Gästefahrten, die der Fremdenverkehrsverband Pyhrn-Eisenwurzen vorgehabt hatte. Drei Sonderfahrten plante die Österreichische Gesellschaft für Eisenbahngeschichte, fünf das jubilierende Reisebüro Nemetschek in Steyr und eine Sonderfahrt am 13. März die Spielbanken AG. Sie wollte 100 Journalisten aus halb Europa anläßlich der Spielcasino-Eröffnung in Linz mit der Schnauferlbahn durch das Steyrtal fahren lassen. Dazu wären angeblich noch Aktivitäten verschiedener Vereine gekommen. Tief betroffen äußerte sich der Geschäftsführer der Verbände-Gemeinschaft Pyhrn-Priel in Kirchdorf, Franz Limberger: „Nur wegen der Schmalspurbahn haben wir Anfragen aus ganz Europa. Ich bin überzeugt, daß wir während der Sommersaison mit Gästefahrten an den Wochenenden die Bahn ausgebucht hätten. Bis 1980 wurden allein über 1.000 Gästefahrten durchgeführt.“ Fremdenverkehrsleute befürchten, daß unter der Einstellung der Steyrtalbahn der Tourismus im ganzen Land leiden wird. Übrigens hat das Zweite Deutsche Fernsehen unter dem Titel „Hier ist die Welt noch in Ordnung“ einen Film über das Steyrtal vor Millionen Zuschauern ausgestrahlt. Absoluter Star war die Schmalspurbahn.

Ein Sprecher der ÖBB stellte am 18. d. M. fest, die derzeitige Sperre der Steyrtalbahn dürfe nicht mit einer Stillegung verwechselt werden. Über letztere werde auf politischer Ebene derzeit verhandelt.

(Welser Zeitung vom 25. Februar 1982)

Die letzten Tage der Steyrtalbahn (Ernst Kabelka)

Nachdem die ÖBB-Presseaussendung vom 12. Februar schon in den Frühnachrichten des nächsten Tages von Radio Linz verlesen worden war und die Lokalzeitungen umgehend die bevorstehende Einstellung angekündigt hatten, verbreitete sich die Nachricht unter der Bevölkerung und in Eisenbahnfreundeskreisen wie ein Lauffeuer. In den beiden letzten Februarwochen war ein noch nie dagewesenes, massenhaftes Auftreten von Fotografen zu erleben, die allerdings überwiegend eher die Straßen als die Züge frequentierten. Gerade aus dem Ausland, hauptsächlich aus Deutschland, reisten sie in großen Scharen an.

Am Vormittag des 27. Februar glich die Zugförderungsstelle Garsten geradezu einem Rummelplatz: Hunderte Fotografen versuchten unentwegt, noch im letzten Moment ein paar Bilder in den Kasten zu bekommen, während einige Aktive diverser Vereine ihr Informationsmaterial an den Mann brachten. Die Züge wurden jeweils nur mit einem Zweiachser verstärkt, was bereits beim P 3669 zu einer solchen Überfüllung führte, daß etliche Fahrgäste nurmehr im Dienstwagen einen Platz fanden.

Am Sonntag führte der P 3667 zwei Vier- und drei Zweiachser mit, die Lokomotiven waren mit großen Blumenbuketts samt Kranzschleifen stilvoll geschmückt. Höhepunkt des letzten Betriebstages war der doppelt bespannte Mittagszug 3679(†) (Garsten ab 13.11 Uhr), bestehend aus zwei Dienstwagen, vier Vier- und sieben Zweiachsern. Fast bis auf den letzten Platz war er besetzt. An der Strecke bildeten zahllose Fotografen ein klickendes Spalier, der Straßenverkehr drohte zusammenzubrechen. Trotz des enormen Andrangs konnte der Zugverkehr annähernd pünktlich abgewickelt werden. Obwohl bis zuletzt der Normaltarif galt, fuhren die meisten Fahrgäste gratis, denn die Schaffner waren hoffnungslos überlastet. Wer sich dann jedoch in Grünburg zum Andenken eine Fahrkarte kaufen wollte, wurde enttäuscht: Selbst am letzten Betriebstag und trotz des Großandrangs war der Bahnhof – weil ja Sonntag – nicht besetzt.

Für die beiden letzten Züge nach Grünburg wurde die lange Garnitur nach Rückkehr des P 3678 in Garsten geteilt. Die Züge 3673 und 3675 fuhren mit jeweils einer Lok sowie 16 bzw. 18 Achsen nach Grünburg, wo die Garnituren für den allerletzten Zug (Nr. 3672, ab 19 24 Uhr) wieder vereint wurden. Mit einem gellenden Pfeifkonzert verabschiedeten sich die Lokomotiven von den Ortschaften. Zwischen Steyr Lokalbahn und Garsten verstummten die Pfeifen überhaupt nicht mehr. In Garsten dann die lakonische Lautsprecheransage: „Alles aussteigen, Zug endet!" Die Verspätung betrug bereits gut eine Dreiviertelstunde, der Anschlußzug war längst über alle Berge, jedoch zum Glück legte der Pyhrnbahn-Umleiter D 498 einen Sonderhalt ein und ermöglichte eine standesgemäße Rückfahrt der zahlreichen Wiener „Schlachtenbummler". Nur wenige Tage später wurden an den Eisenbahnkreuzungen die Schilder und Warnzeichen entfernt, die Autolobby hatte wieder einmal glorreich gesiegt.

(aus der Zeitschrift „Schienenverkehr aktuell" vom April 1982)

Auch in die sonst so verträumte Haltestelle Neuzeug kehrte für einen Moment wieder Leben ein, als die 298.25 und 298.52 mit dem Zug 3679 nach Grünburg gegen 13.35 Uhr einen Halt einlegten. „Begräbnis erster Klasse" nannte man die Ereignisse des Tages. Foto (28.2.1982): Ernst Kabelka

Der P 3665 (Garsten ab 7.52 Uhr), mit dem die 298.53 die Steigung zum Sarninger Berg in Angriff nimmt, war lediglich um einen Zweiachser verstärkt worden. Der nachfolgende P 3667 (ab 11.07 Uhr) bestand dann schon aus zwei Vier- und drei Zweiachsern, kein Vergleich zum mächtigen, doppelt bespannten P 3679 (ab 13.11 Uhr). Ein Akustikfreund im Dienstwagen zeichnet die Szene mit seinem Tonbandgerät auf. Foto: Kurt Gozdal

Mitte: Mit der Kreideaufschrift „Meine letzte Fahrt" an beiden Wasserkästen, einem üppigen Blumengesteck mit dem Spruch „Wir trauern um Dich" auf dem Trauerflor sowie einem als Friedhofskreuz stilisierten ÖBB-Flügelrad auf der Rückseite fährt die 298.51 mit ihrem P 3666 gegen 12.30 Uhr auf die Haltestelle Letten zu – für den jungen „Nachwuchsheizer" ein gewiß bis heute unvergessenes Erlebnis!

„Großer Bahnhof" in Grünburg beim Empfang des Zuges 3679 gegen 14.05 Uhr. Ein großes Transparent fordert „Statt UNO-Konferenzzentrum – Nebenbahn-Modernisierung!". Zur Verpflegung der zahlreichen Trauernden diente ein Würstelstand – er machte „einen ungeheuren Umsatz". Resümierend vermerkte der Fotograf: Es war ein „unheimlich starker Abgang!". Fotos (28.2.1982): Ernst Kabelka

Die ÖBB hatten verfügt, daß die Fahrzeuge vorläufig nicht abtransportiert oder gar weiterverkauft werden sollten. Von den Lokomotiven waren zuletzt die 298.25 und 51-53 sowie die 699.103 noch vorhanden, sie wurden im Heizhaus Garsten konserviert hinterstellt. Dennoch gelangte die 298.25 im Mai 1983 (weiterhin in ÖBB-Eigentum) nach Zell am See für den Dampfbummelzugbetrieb auf der Pinzgauer Lokalbahn, die 298.51 wurde mit einem geschickten Schachzug an die ÖGLB in Hirschwang verkauft und die 298.56, die sich zum Zeitpunkt der Einstellung der Steyrtalbahn gerade in der Hauptwerkstätte Knittelfeld befand und somit nicht zum für einen allfälligen Museumsbahnbetrieb reservierten Lokpool zählte, wechselte zum „Club 760", den Freunden der Murtalbahn. Die Wagen stellte man derweil in Garsten, Steyr Lokalbahn und Klaus ab.

Oben: Höchste Eile war für die zahllosen Fotoamateure geboten, um die alte Steyrtalbahn ein allerletztes Mal auf Zelluloid zu bannen. Auch beim Bahnhof Aschach gab es, wie hier die 298.51 vor dem Zug 3667, ein gellendes Pfeifkonzert.

Gegenüber der auf Steinbacher Seite gelegenen Humplmühle erreicht der Zug 3679(†) sein Ziel. Mit dem abendlichen Zugpaar 3675/3672 (Garsten ab 18.28 Uhr) endete sodann die aktive Zeit der alten Steyrtalbahn. Fotos: Margarete Mayr (Slg. Johann Leutgeb)

Das Schnauferl hat ausgeschnauft!

„Mit mehr als einer Stunde Verspätung beendete die Steyrtalbahn am vergangenen Sonntag ihre letzte Fahrt. Um Punkt 20.50 Uhr rollte Österreichs älteste mit Dampflok betriebene Schmalspurbahn aufs Abstellgleis im Bahnhof Garsten. Vorläufig stillgelegt, wartet auf sie eine ungewisse Zukunft. Tausende Eisenbahnfreunde gaben ihrem geliebten Schnauferl das letzte Geleit. Restlos ausverkauft wie wohl nie zuvor waren die Fahrten, aneinandergepfercht füllten jung und alt die Waggons. So manche nahmen mit Tränen in ihren Augen Abschied. Blumengeschmückt waren die Lokomotiven, „Wir trauern um Dich" stand auf den Schleifen der Gestecke, „Meine letzte Fahrt" in großer Schrift auf der Lok. Abschiednehmen hieß es ebenso für das Personal. Zum letzten Mal ging es vorbei an den Stationen, an vertrauter Landschaft. Melancholische Stimmung, als die Menschen ein letztes Mal winkten, als Grablichter in den Fenstern der Häuser entlang der Strecke standen. Ein letztes Pfeifkonzert kündete von der tiefen Trauer des Schnauferl-Personals. Das Pfeifen dauerte von Steyr Lokalbahn bis Garsten. Die letzte Gelegenheit für Fotografen, noch rasch ein paar Aufnahmen zu schießen. Tausende Fotos, tausende Meter Film wurden gemacht – als Erinnerung an die gute alte Zeit, als das Schnauferl noch schnaufen durfte. Aber nicht nur Nostalgie und Trauer gab es an jenem denkwürdigen 28. Februar. Auf Transparenten und Schautafeln machten die Freunde der Steyrtalbahn ihrem Ärger gehörig Luft. „Und in Steyr ewig die alte Leier: Olles, wo's scheen is, kimmt uns z'teier!", spiegelte das mangelnde Interesse der Stadt an der Steyrtalbahn wieder."

(Steyrer Zeitung vom Donnerstag, den 4. März 1982)

Oben: Wo sich fünf Jahre zuvor ein Murenabgang mit der Beinahe-Zugkatastrophe zugetragen hatte (vgl. Seite 93), müht sich der Zug 3667 hinauf in den Endbahnhof Grünburg.

Höhepunkt des letzten Tages war der Mittagszug 3679(†), der mit den Lokomotiven 298.25 und 298.52 bespannt war und aus zwei Dienstwagen, vier Vier- und sieben Zweiachsern bestand. Trotz seiner beachtlichen Länge war er fast bis auf den letzten Platz besetzt. Nach kurzem Halt geht es nun aus Letten hinaus. Fotos: Margarete Mayr (Slg. Johann Leutgeb)

Bis vor kurzem hatte es weiter südlich im Dreieck zwischen Ennstal- und Steyrtalbahn eine provisorische Bekohlungsanlage gegeben, weil die Anlage von 1975 für normalspurige Kohlenwagen wegen Brückenbauarbeiten bis Herbst 1981 nicht erreichbar war (vgl. Band 1, Seite 37 unten). Danach wurde die alte Anlage zwar wieder genutzt, ganz zum Schluß bekohlte man allerdings aus einem Schmalspurwagen heraus.

Unten: So viele Zuschauer hatten die Garstner Eisenbahner wohl noch nie erlebt, wie am Morgen des letzten Tages. Fotos (28.2 1982): Alexander Loidl

Unten: Auch beim noch jungen Alexander Loidl aus Schwertberg hinterließ der Tag nachhaltige Spuren, er stieg später in den Vorstand der ÖGEG auf.
Fotos (4): Alexander Loidl (bzw. Sammlung)

† Tränenreicher Nachruf †

Nun ist es doch so weit gekommen, daß die Steyrtalbahn in den letzten Zügen liegt. Gott in seiner unbegreiflichen Vorsehung und die Götter der ÖBB in ihrer handgreiflichen Abneigung haben es so gewollt, daß das Schnauferl bald den letzten Schnaufer tut und seine qualmende Seele mit einem letzten Pfeifton aushaucht. Trotzdem hat man ihr die Gnade zuteil werden lassen, den sanften Tod der Altersschwäche zu sterben. Die passive Sterbehilfe, die ihr die ÖBB angedeihen ließen, ist moralisch nicht hoch genug einzuschätzen, denn lebensverlängernde Medikamente in Form von Geldspritzen hätten doch ohnedies nur ein weiteres Hinsiechen ihres kümmerlichen Daseins bedeutet. Wiederbelebungsversuche, wie sie unverbesserliche Befürworter ihres unnötigen Daseins angestellt haben, sind gescheitert – vor allem am verantwortungsbewußten Einfluß der ÖBB-Gewaltigen, die jegliche Sanierungsversuche am kranken Bahnkörper und den senilen Lokomotiven als Geldverschwendung betrachtet hätten.

So leb denn wohl! Auch ich gehöre leider zu jenen, die Dich allzeit liebten, aber fast nie mit Dir fuhren. Mit seliger Erinnerung und leiser Wehmut denke ich zurück an jenen Kindertag, an dem wir mit Dir einen Ausflug machten, und auch wenn dies schon viele Jahre zurückliegt, werde ich doch, um Dir meine Treue und Anhänglichkeit zu beweisen, Deine letzte Fahrt mitmachen, das mit vollem Fahrgeld. Später, wenn Du längst nicht mehr fährst, werde ich manchmal mit zarten Fingern über die rostigen Schienen streichen, bis dann die Bagger kommen und den letzten Rest Deiner romantischen Existenz vernichten. Oh, wäre ich doch öfters mit Dir gefahren, um zu Deinem Fortbestand beizutragen! So bleibt nur die Reue, aber sie kommt leider zu spät. Leb wohl auf immerdar!

Ein Tieftrauernder, im Namen aller Steyrer
(Steyrer Zeitung vom 18. Februar 1982)

Von ungeahnter Kreativität gezeichnet waren die Protestplakate „Pro Steyrtalbahn", auf der oberen Aufnahme in der Haltestelle Waldneukirchen, ...
Foto (29.2.1982): Günther Nimpsch
... und unten am letzten Zug des letzten Betriebstages der „guten alten Steyrtalbahn".
Foto: Margarete Mayr (Slg. Johann Leutgeb)

Steyrtalbahn, Wirtschaft und Verkehrspolitik

(Ernst Kabelka, seinerzeit Redakteur der Zeitschrift »Schienenverkehr aktuell«)

Die Steyrtalbahn wurde keineswegs gebaut, um damit Gewinne zu erwirtschaften, sondern um ihr Einzugsgebiet zu erschließen und dadurch die Lage der Bevölkerung und hauptsächlich der Betriebe ganz entscheidend zu verbessern. Daran hat sich bis heute kaum etwas geändert. Gerade im Steyrtal sind zahlreiche Firmen abhängig von einer günstigen Transportmöglichkeit der Bahn und im Fall von deren Einstellung existentiell gefährdet. Das sind nicht bloß leere Worte! Wir waren an Ort und Stelle und haben die Inhaber der wichtigsten Firmen befragt:

Die Firma Bernegger in Molln ist seit langem bedeutendster Bahnkunde. Das Kalk- und Schotterwerk hat im Jahr 1981 immerhin 89.000 t Fracht auf die Bahn gebracht, vor allem Kalk und Kies für die Chemie Linz und die Zuckerfabrik in Enns. Obwohl als Aufgabeort „Molln" aufscheint (dort wurden im vergangenen Jahr über 4,8 Mio. S an Frachtkosten gezahlt), muß die Firma ihren Schotter seit Jahren in Eigenregie mit Lkw zum Verladen in Normalspurwagen nach Klaus fahren. Dafür bekommt sie jährlich 2,5 Mio. S als Kostenersatz von den Bundesbahnen – ein Betrag, der (auf mehrere Jahre betrachtet) zur Sanierung und zum Ausbau der Strecke auf Rollschemelbetrieb ausreichen würde, so allerdings selbstverständlich dem Defizit der Bahn angerechnet wird. Wie uns Herr Bernegger versicherte, wird sich die Frachtmenge im Jahr 1982 auf ungefähr 120.000 t erhöhen. Sollte die Bahn entsprechend ausgebaut werden, könnte die Produktion auf jährlich an die 200.000 t gesteigert werden, das entspricht 40 Normalspurwagen werktäglich. Unter derartigen Voraussetzungen eine durchaus leistungsfähige Bahn einzustellen, ist geradezu ein volkswirtschaftliches Verbrechen. An die Umweltschäden durch den intensiven Lkw-Verkehr, von der Luftverpestung bis hin zur Gefahr für Leib und Leben der Bürger darf man gar nicht erst denken. Verantwortungsbewußte Politiker und ÖBB-Manager müßten in diesem Fall den normalspurigen Ausbau bis Molln durchsetzen, und nicht eine Einstellung. Da der (nicht geförderte) Straßentransport etwa das Doppelte des Bahntarifs kosten würde, wäre die Firma im Fall der dauernden und endgültigen Einstellung der Bahn nicht mehr konkurrenzfähig, etwa 80 Arbeitsplätze müßten aufgelassen werden.

Die Bundesforste in Molln haben im Jahr 1979 an die 535 Schmalspurwagen beladen, das entspricht mehr als 3.000 t an Fracht, die jetzt ebenfalls auf der Straße transportiert werden muß.

Die Kartonagenfabrik Haunoldmühle bringt ein Frachtaufkommen in ähnlicher Größenordnung auf die Schiene, nämlich zuletzt jährlich zwischen 2.000 und 3.000 t. Wie uns nun Direktor Fuchs-Robetin versicherte, wäre eine Steigerung des Aufkommens auf über 10.000 t jährlich bei gesichertem Bahnanschluß durchaus möglich. Da die meisten Kunden der zu 70 % exportierenden Firma den Bahntransport verlangen, ist die Verladung in Normalspurwagen unbedingt erforderlich.

Die Hörmühle in Waldneukirchen beförderte zuletzt jährlich 8.000 bis 10.000 t Holz mit der Steyrtalbahn. Auch sie ist zu 90 % im Exportgeschäft tätig und folglich schienengebunden. Die Lkw-Transporte verursachen schon jetzt im Schienenersatzverkehr häufig Komplikationen.

Die Firma Brandstetter in Aschach (Sägewerk und Mühlenbetrieb „Sommerhubermühle") ist gleichfalls vom Bahntransport abhängig. Im vergangenen Jahr wurden rund 1.000 t mit der Steyrtalbahn (oder aber im Schienenersatzverkehr) befördert.

Daneben gibt es viele kleinere Betriebe, die vor allem auf den Stückgutverkehr angewiesen sind und nach Auflassen der Bahntarife beträchtliche Einbußen erleiden würden, die bis zur Existenzbedrohung reichen. Eine Addition ergibt ein gegenwärtiges Frachtaufkommen von weit über 100.000 t. Und diese müßten nun mit Lastkraftwagen über die schmale, kurvenreiche Steyrtal-Bundesstraße befördert werden. Ließe sich die Bevölkerung das etwa gefallen, wäre sie selbst daran schuld.

Ist das die Verkehrspolitik der Zukunft?

Welche politischen Folgen würde die Einstellung der Steyrtalbahn bewirken? Hier wäre die bahnfeindliche Haltung gewisser Politiker und Interessenvertreter zu hinterfragen – Parteiprogramme oder Regierungserklärungen sind nur hohle Phrasen! Statt weise Politik zu machen, wird immer nur der Bevölkerung nach dem Mund geredet, so wie man es gerade bei der momentanen Stimmung des Stimmviehs für richtig hält.

Kurz nach der Einstellung ging eine offenbar lancierte Meldung durch die Lokalblätter, *„wie klug doch die ÖBB gehandelt hätten, die Strecke einzustellen, da doch gerade erst wieder ein Felssturz die Strecke blockiert"* habe, und brachte eindrucksvolle Bilder dazu. Daß dieser Felsblock schon vor mehreren Wochen auf dem seit zwei Jahren gesperrten Stück bei Haunoldmühle abgegangen war, läßt Manipulationen vermuten. Welcher unbefangene Leser würde hier keine Sicherheitsbedenken teilen – ohne zu wissen, daß man fast zwei Jahre gewartet hat, bis diese Felsnase nun endlich abbricht? Die Geier warten schon!

Den Vogel schoß aber nach dem Einstellungstermin die OÖ Handelskammer mit der folgenden Presseaussendung ab (dabei hatten sich beide Kammern noch im Vorjahr mehrmals in Aussendungen für eine Wiederaufnahme des Vollbetriebs und eine Modernisierung stark gemacht):

„Sollte eine Sanierung bzw. Modernisierung der Steyrtalbahn in Form einer Verdieselung unmöglich sein und die offizielle Einstellung der letzten Teilstrecke, nämlich Garsten – Grünburg, beantragt werden, muß ehestens die Arbeit an einem „Nebenbahneinstellungs-Gesetz" begonnen werden. Diesen Vorschlag unterbreitete nun die Handelskammer Oberösterreich anhand der Resultate der Interessentenbesprechung in Molln der Bundeskammer, die den entsprechenden Antrag an die zuständigen Regierungsstellen richten möge. Im Einzelnen sollte das „Nebenbahneinstellungs-Gesetz" beinhalten, daß ein bestimmter Prozentsatz jener Defizitbeträge, die der Bund durch die Einstellung von volkswirtschaftlich nicht mehr vertretbaren Nebenbahnen einspart, befristet budget- oder fondsmäßig für Umstellungs- und Überbrückungsmaßnahmen bereitgestellt wird. Aus diesen Mitteln sollten jenen Betrieben Investitions- bzw. Umstellungshilfen gewährt werden, die gezwungen sind, sich nach einer Nebenbahneinstellung eigene Transportmittel anzuschaffen oder andere Investitionen vorzunehmen." Anstatt in die Bahn zu investieren, soll also der Bund den Straßengüterverkehr kräftig fördern!

„Außerdem sollte in dem Gesetzesvorschlag berücksichtigt werden, daß Güterbeförderungsunternehmen, welche nach einer formellen Einstellung einer Nebenbahn die Aufgaben des bisherigen Schienenersatzverkehrs im Personen- und Güterverkehr übernehmen, die Möglichkeit erhalten, für Betriebsmittelanschaffungen eine Förderung zu beantragen." Man denkt also nicht allein an die betroffenen Unternehmen, sondern sogleich an die von der Handelskammer vertretenen Frachter und Busunternehmen, die sich auch eine Scheibe abschneiden wollen.

„Diesem Maßnahmenpaket würde in Anbetracht des allgemeinen Nebenbahnkonzeptes sowie der zu erwartenden Einstellung von Bahnstrecken auch in anderen Bundesländern, nicht nur in Oberösterreich, sondern im gesamten Bundesgebiet eine vorrangige Bedeutung zukommen." Aha! Da ja nun alle Nebenbahnen eingestellt werden können, wird das „Füllhorn", das Nebenbahndefizit, über alle Betriebe an Nebenbahnen, deren Frachter und sogar Busunternehmen ausgeschüttet. Für diesen Gesetzesentwurf werden sich ganz gewiß zahlreiche Stimmen finden lassen. Ein unvorstellbarer Bumerang für die ÖBB, die sich auf diese Weise durch Einstellung von Nebenbahnen nur eine starke Konkurrenz schaffen würden. Oder glaubt man etwa ernsthaft, daß solcherart subventionierte Frachter und Werksverkehre ihre Tätigkeit auf den Bereich der eingestellten Nebenbahnen beschränken würden?

Es kommt noch dicker: Da Frachter für Fuhren in abgelegene Gebiete oft bis zum Doppelten des Bahntarifs verlangen, wird Schienenersatzverkehr (zum Bahntarif) auf Dauer gefordert (obwohl ihn das Eisenbahngesetz nur bei aufrechter Bahnkonzession vorsieht und als kurzzeitige Überbrückungsmaßnahme toleriert), und zwar: *„Der Schienenersatzverkehr für die mit 1. März stillgelegte Steyrtalbahn wäre nach Meinung der Handelskammer so lange zu führen, bis entweder die Bahn nach einer Sanierung den Betrieb wieder aufnimmt oder der dringliche Ausbau der Steyrtal-Bundesstraße in Richtung Klaus realisiert wird."* Genau das wird allerdings noch mindestens 20, wenn nicht sogar 30 Jahre dauern.

Alles für den Straßenbau! Seit fast zehn Jahren ist die Steyrtalbahn ein Spielball für den Straßenbau: Die Bahntrasse werde im Raum Grünburg für Straßenbau benötigt. In Wahrheit ist aber für eine so unbedeutende Straße kein Geld da, die Bahn war eine Ausrede. Die Bürgermeister von Grünburg, Steinbach und Molln, die vor einem Jahr laut der Lokalpresse recht positiv zur Steyrtalbahn als einziger Fremdenverkehrschance des Steyrtales eingestellt waren, hatten nach der Betriebseinstellung nichts Eiligeres zu tun, als beim OÖ Straßenbaureferenten vorzusprechen.

„Der Baureferent konnte auf zahlreiche Untersuchungen verweisen, die von der OÖ Bundesstraßenverwaltung bzgl. künftiger Trassenführung der Steyrtal-Bundesstraße B 140 bereits angestellt worden sind. Dabei habe sich gezeigt, daß die wirtschaftlichsten Lösungen eine zumindest teilweise Mitnutzung der Bahntrasse bedingen. Dies treffe besonders für die künftige Umfahrung von Grünburg zu, für die man drei Varianten untersucht hat: Erstens eine großräumige Umfahrung des Ortes entlang der Steyr unter Inanspruchnahme der Bahntrasse (sie hätte zur Voraussetzung, daß die Bahn eingestellt wird, wäre aber die kostengünstigere Lösung). Die Kosten der 6 km langen Umfahrung, die am Bahnhof Grünburg beginnen, auf der Bahntrasse an der Steyr verlaufen und 4 km vor Leonstein in die alte Trasse einmünden würde, lägen bei 200 Mio. S." Das wären 200 Mio. insgesamt oder 33 Mio. je Kilometer. Die *„kostengünstige"*, gut 6 km lange Umfahrung wird 2½-mal soviel kosten wie die Generalsanierung von 40 km Schmalspurbahn (angeblich) kosten würde.

„Die beiden anderen Varianten sehen jeweils eine kleinräumige Umfahrung des Ortskerns von Grünburg mit Hilfe eines 1.100 bzw. 700 m langen Tunnels vor, wobei im Fall der Variante II mit dem längeren Tunnel auf die Bahntrasse völlig verzichtet werden könnte, während beim kürzeren Tunnel (Variante III) ebenso ein kleines Stück auf die Bahntrasse entfiele. Geschätzte Kosten rd. 110 Mio. S für Variante II bzw. 122 Mio. S für Variante III, wobei in der Summe der Bau der Straßenanschlüsse enthalten ist. Wesentlicher Nachteil beider Varianten: Tunnel verursachen hohe Energie- und Betriebskosten. Da es sich nur um eine kleinräumige Umfahrung des Ortskerns handelt, müßte die B 140 im Anschluß daran erst recht wieder ausgebaut werden, was neuerlich erhebliche Kosten bedeutet. Die Entscheidung, welche Varianten in Frage kommen, liegt also zunächst einmal bei den ÖBB bzw. beim Verkehrsminister. Die Bürgermeister der Steyrtalgemeinden wollen deshalb in nächster Zeit bei Verkehrsminister Karl Lausecker (SPÖ) vorsprechen, um eine verbindliche Aussage über das Schicksal der Steyrtalbahn zu erhalten."

Es ist also (wie einst im Salzkammergut, im Vellach- und Gurktal) wieder einmal gelungen, die Bürgermeister gegen die Bahn aufzuhetzen, die Kammern mundtot zu machen und die Meinung der Bevölkerung, die sich ja gar keine Vorstellung von einer zeitgemäßen Bahn machen kann, zu beeinflussen. In Wahrheit geschieht dies zum Schaden aller:

- Das Defizit der Österreichischen Bundesbahnen wird nicht geringer.
- Das Nebenbahneinstellungs-Gesetz wird wegen der grundsätzlichen Nachwirkungen nicht im Parlament verabschiedet werden.
- Schon bald werden die Transporte für die Wirtschaft deutlich teurer.
- Die Straßen werden durch Lkw-Züge und Busse unnötig belastet.
- Die Chance für den Fremdenverkehr ist vertan.

Dennoch wird die Straße – wie der Straßenbaureferent zugibt – nicht so bald voll ausgebaut: *„Allerdings würde ein Vollausbau aller noch nicht ausgebauten Teile der B 140 einschließlich der Grünburger Umfahrung, das sind rund 20 km des insgesamt 26,8 km langen Straßenzuges, Kosten in Höhe von rd. einer halben Milliarde Schilling verschlingen, so daß damit in absehbarer Zeit kaum zu rechnen sein wird."* Also stehen 500 Millionen für 20 km Straße folglich 80 Millionen für 40 km Bahn gegenüber – der Straßenbau kommt 12½-mal so teuer und hätte (außer für die Frachter natürlich) in diesem Tal kaum mehr „Rentabilität" als die Bahn. Der stets so sparsame Finanzminister wird sich jedenfalls freuen und daran glauben, daß die ÖBB schön brav 25 Millionen im Jahr einsparen.

Offener Brief an Karl Lausecker (Bundesminister für Verkehr)
und Dr. Wolfgang Pycha (Generaldirektor der ÖBB)

Im Zusammenhang mit der Einstellung der Steyrtalbahn per 1.3.1982 erlauben wir uns, einige Fragen an Sie zu richten, und bitten Sie um eine Stellungnahme, die wir selbstverständlich gern veröffentlichen werden.

1) *Es ist ja bekannt, daß die Gefahren durch Steinschlag und Hangrutschung nur ein Vorwand für die lange geplante Einstellung des Bahnbetriebs waren. Die betreffenden Hänge wären mit relativ geringen Mitteln zu sanieren. Hier wird wegen einer minimalen, eher nur theoretischen Bedrohung der Sicherheit der Fahrgäste eine Bahn, auf der noch nie nennenswerte Unfälle passiert sind, stillgelegt, während auf der anderen Seite der umweltzerstörende und wirklich lebensgefährliche Straßenverkehr derweil weitere Förderung genießt (über die annähernd 2.000 Todesopfer, die zehntausenden Verletzten und die vielen Milliarden Unfallfolgekosten, die der Straßenverkehr jedes Jahr fordert, sind Sie wohl informiert). Mit welcher Begründung können Sie es unter diesen Aspekten verantworten, hunderten von Fahrgästen, vornehmlich Schüler und Pendler, eine durchaus sichere Verkehrsverbindung zu entziehen und dem lebensbedrohenden Straßenverkehr zu überantworten, anstatt die Bahn zeitgemäß zu modernisieren und zu attraktivieren (wie es in anderen Ländern sehrwohl mit bestem Erfolg der Fall ist) und damit der Straße hohe Verkehrsaufkommen zum Wohl von Menschen und Umwelt zu entziehen?*
2) *Die Steyrtalbahn war einst der Hauptanziehungspunkt des Fremdenverkehrs in jener wunderschönen Gegend. Allein mit den Sonderzügen wurden zuletzt jährlich bis zu 10.000 Personen befördert, die Tendenz war steigend. Finden Sie es etwa richtig, den Fremdenverkehr der wirtschaftlich ohnehin schwachen Region mit der Stillegung der weltbekannten und einmaligen Strecke einerseits sowie die daraus resultierende starke Zunahme vor allem der Straßengütertransporte andererseits schwerstens zu schädigen?*
3) *Es ist Ihnen sicher wohlbekannt, daß bereits Anfang der 60er Jahre beträchtliche Vorarbeiten zur Einführung des Rollwagenbetriebs zumindest zwischen Molln und Klaus getroffen wurden. Nach einer politischen Intervention wurde das Projekt, das mit verhältnismäßig geringen finanziellen Mitteln realisierbar wäre, nicht weiterverfolgt und der umfangreiche Frachtverkehr der Firma Bernegger auf die Straße verlegt, wofür dieser Betrieb einen jährlichen „Kostenausgleich" von derzeit 2,5 Millionen Schilling erhält. Dieser Betrag wäre volkswirtschaftlich wesentlich günstiger in den Ausbau der Bahn zu investieren (die Verhältnisse von Energieaufwand und Umweltbelastung zwischen Bahn- und Lkw-Transport sind Ihnen sicher bekannt?).*

Auch andere größere Betriebe des Steyrtals sind auf den Bahntransport angewiesen. Insgesamt fällt nach heutigem Stand jährlich eine Frachtmenge von weit mehr als 100.000 t an. Können Sie es verantworten, diese gewaltige Menge, die im Fall des Weiterbestandes und Ausbaus der Bahn auf etwa das Doppelte ansteigen dürfte, dem umweltzerstörenden und unfallträchtigen Straßenverkehr zu überlassen?

Die Urahnen der österreichischen Schmalspurlokomotiven

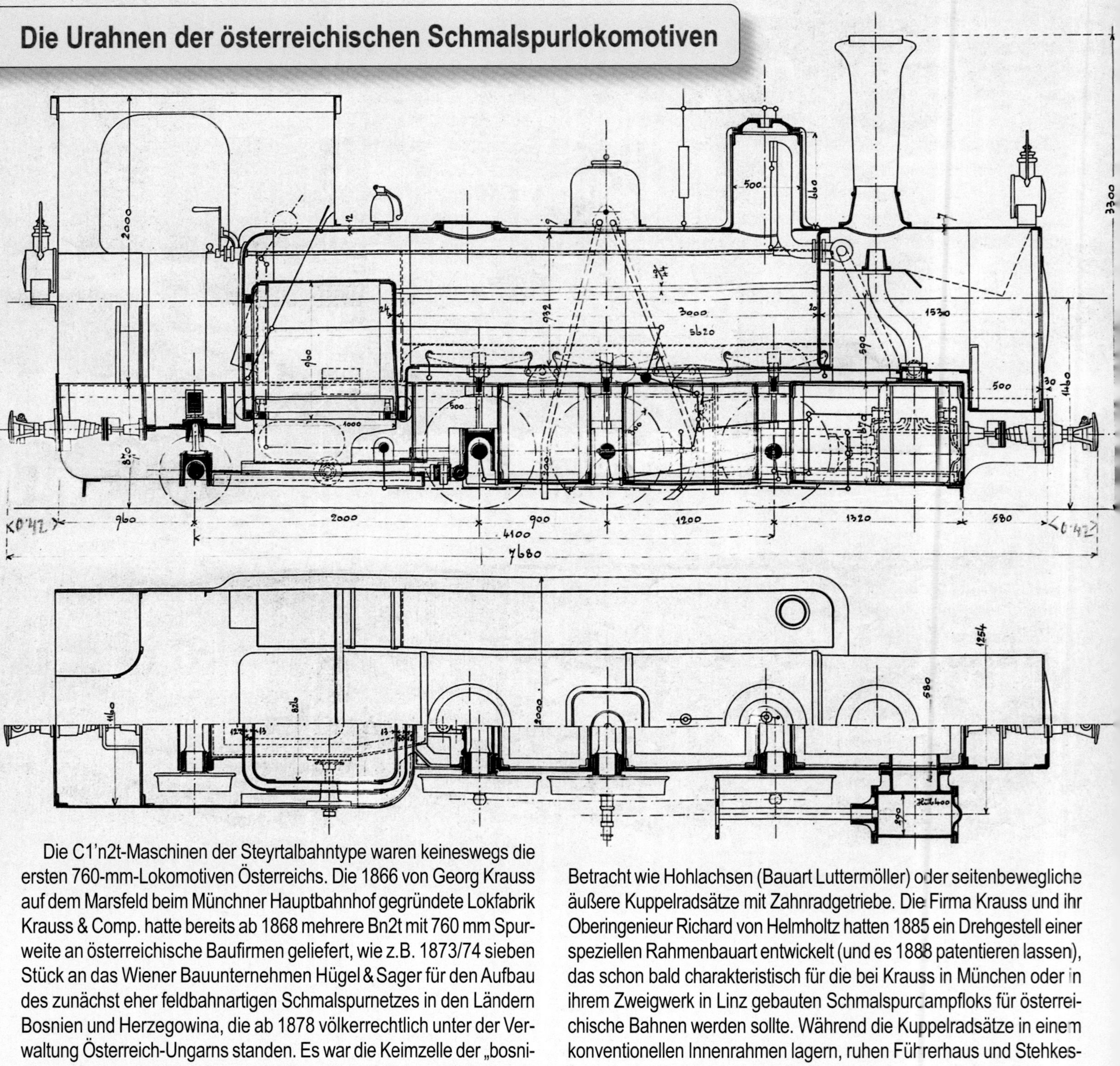

Die C1'n2t-Maschinen der Steyrtalbahntype waren keineswegs die ersten 760-mm-Lokomotiven Österreichs. Die 1866 von Georg Krauss auf dem Marsfeld beim Münchner Hauptbahnhof gegründete Lokfabrik Krauss & Comp. hatte bereits ab 1868 mehrere Bn2t mit 760 mm Spurweite an österreichische Baufirmen geliefert, wie z.B. 1873/74 sieben Stück an das Wiener Bauunternehmen Hügel & Sager für den Aufbau des zunächst eher feldbahnartigen Schmalspurnetzes in den Ländern Bosnien und Herzegowina, die ab 1878 völkerrechtlich unter der Verwaltung Österreich-Ungarns standen. Es war die Keimzelle der „bosnischen" Spurweite, die später nach dem neuen Lokaleisenbahngesetz auch im österreichischen Kernland weite Verbreitung fand, zuerst 1889 bei der Steyrtalbahn, dann 1890 bei der Salzkammergut-Lokalbahn.

Für die Steyrthalbahn AG galt es nun, eine einfache, zweckmäßige, robuste, zugstarke und für Gleisbögen von mind. 60 m Radius geeignete Bauart mit geringem Achsdruck und ruhigem Laufverhalten zu konstruieren. Auf der k.u.k. Bosnabahn liefen seinerzeit Zwillings- bzw. Duplex-Lokomotiven sowie Radiallokomotiven der Bauart Klose, doch sie erschienen für die Steyrtalbahn kaum geeignet. Auch Gelenklokomotiven oder teure geteilte Triebwerke, so z.B. der Bauarten Mallet, Compound (Meyer) oder Fairlie, kamen in Österreich gleichfalls (generell) nicht in Betracht wie Hohlachsen (Bauart Luttermöller) oder seitenbewegliche äußere Kuppelradsätze mit Zahnradgetriebe. Die Firma Krauss und ihr Oberingenieur Richard von Helmholtz hatten 1885 ein Drehgestell einer speziellen Rahmenbauart entwickelt (und es 1888 patentieren lassen), das schon bald charakteristisch für die bei Krauss in München oder in ihrem Zweigwerk in Linz gebauten Schmalspurdampfloks für österreichische Bahnen werden sollte. Während die Kuppelradsätze in einem konventionellen Innenrahmen lagern, ruhen Führerhaus und Stehkessel auf einer Deichsel mit Außenrahmen. So war es möglich, die Feuerbüchse sehr breit und tief sowie mit fast quadratischer Rostfläche auszuführen, damit war sie leichter zu beschicken, die Dampfentwicklung war besser und es ließ sich ebenso mit minderwertigem Brennmaterial eine passable Feuerwirkung erzielen. Die Zusammenfassung der dritten Kuppel- mit der Schleppachse zum Krauss-Helmholtz-Gestell ermöglichte einen geringen festen Radstand bei einer großen geführten Länge und dadurch optimale Laufbedingungen. Hans Steffan schreibt in der Juni-Ausgabe 1916 der Zeitschrift „Die Lokomotive" dazu:

„Die C1'-Tenderlokomotiven von 120 PS Leistung gehören der erfolgreichsten Loktype dieser Fabrik an, die sich auf dem Gebiet kurven-

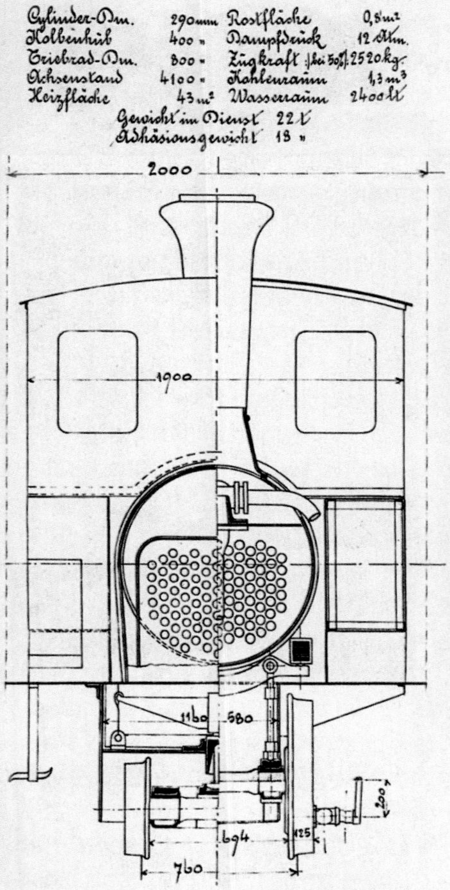

Die Lok 1 „Steyr" (Krauss Linz 1993/1888), hier in Steyr Lokalbahn, schied bereits 1937 nach einem Unfall aus. Im Gegensatz zu ihren Schwestern erhielt ihre Rauchkammertür keine Vorreiber mehr. Rechts die Rollen und das Seil der Friktionsbremse, links der Schlauch der Dampfheizung. Foto (um 1930): Sammlung Friedrich Zellinger

beweglicher, einfacher und doch ruhig laufender Nebenbahnlokomotiven so ausgezeichnet betätigt. Ihre Grundlage bildet das Krauss-Helmholtz'sche Drehgestell, das die bogenläufig um einen Drehzapfen einstellbare Schleppachse mit der anliegenden, geradlinig verschiebbaren Kuppelachse zu einem Drehgestell derart vereint, daß es um einen zwischen den Achsen am Hauptrahmen gelagerten Drehpunkt schwingt. Der ersten vollspurigen Ausführung an den C1'-Lokomotiven der bayr. Staatsbahnstrecke Reichenhall – Berchtesgaden folgte schon 1888/89 in Österreich die schmalspurige Steyrtalbahn, hierauf die SKGLB und sodann die Lokalbahn Mori – Arco – Riva (...).

Ein konstruktives Merkmal der wohldurchdachten Lokomotivbauart ist der Rahmen, vorne für die drei Kuppelachsen innenliegend in 580 mm Entfernung bei 15 mm starken Rahmenplatten. Hinter der letzten Kuppelachse beginnt durch kräftige Winkelflansche angesetzt ein breit nach außen ragender Rahmen von 12 mm Stärke in 1.160 mm Entfernung, der eine ungehinderte Breiten- und Tiefenentfaltung der Feuerbüchse erlaubt. Es war daher möglich, bei recht guter Kessellage genügend lange Siederohre von 40/44 mm Durchmesser und 3 m Länge zu verwenden. Der 1.510 mm über S.O. liegende Kessel besteht aus zwei Schüssen, von denen der rückwärtige kleiner ist. Bei den erstgelieferten Lokomotiven hatte der Kessel noch 941 mm Durchmesser und eine lange amerikanische Rauchkammer, wie sie vielfach in Gebrauch kam, z.B. in Ungarn bei der M.Á.V. und der S. B., bei letzterer sogar nachträglich noch bei einigen alten 1'B- und C-Lokomotiven. Der Radstand der Kuppelachsen 1.200 + 900 = 2.100 mm ist keineswegs fest, vielmehr nur der vordere bzw. der Radstand des Drehgestells mit 1.900 mm. Letzteres ist fest gelagert 1.000 mm hinter der Kuppelachse, der es jederseits quer 25 mm Spiel gestattet. Die Tragfedern der Kuppelachsen liegen frei zugänglich oberhalb vom Rahmen und sind durch Ausgleichshebel verbunden. Die Schleppachse im Drehgestell ist durch eine Querfeder mit Pendelstütze belastet. Die Kuppelzapfen beider Kuppelachsen sind kugelförmig und mit nachstellbaren Lagerschalen in den Kuppelstangen versehen. Die bequem zugängliche Heusinger-Steuerung hat die gerade Schwinge von v. Helmholtz und ist zwecks leichterer Handhabung mit dem Händel mit einem Gegengewicht versehen. Die Mittelkupplung ist die für alle Schmalspurbahnen der Monarchie vorgeschriebene mit gefedertem Stoßpuffer und Kuppeleisen sowie zweiarmiger Spannkuppel. Die Lokomotive ist ausgerüstet mit der Friktions- bzw. Seilbremse sowie mit einer Wurfhebelbremse, welche einklötzig von vorn die beiden vorderen Räderpaare abbremst. Überdies ist eine Dampfheizungsabgabe für den Wagenzug vorgesehen. 1907 erhielten sämtliche Lokomotiven jeweils Feuergewölbe und Marek-Heiztür."

Die außenliegende **Steuerung** ähnelte der Bauart „Heusinger von Waldegg", doch wurde bei der Krauss-Helmholtz-Steuerung die sonst gekrümmte Schwinge zur einfacheren Handhabung gerade ausgebildet. Das Fehlen der Krümmung glich man durch das Anlenken der Schieberschubstange am nach unten verlängerten Hängeeisen direkt im Kulissenstein aus. Zudem wurde die Kraft auf die Schieberstange nicht direkt übertragen, sondern über eine gebogene pendelnde Aufhängung. Die ersten Loks hatten eine lange „amerikanische" („ungarische") Rauchkammer, man erhoffte sich damit eine gute Feueranfachung auch bei mäßiger Geschwindigkeit sowie einen geringeren Funkenflug. Bei späteren Lieferungen (z.B. bei Lok 6) verkürzte man die Rauchkammer und vergrößerte dafür die Strahlungs- und Rohrheizfläche. Zur Dampfverteilung dienten wiederum die bewährten Flachschieber.

Die **Friktionsbremse** der Bauart Schmid, die „Schnürlbremse", war eine Spezialität der Steyrtalbahn und die erste automatische Zugbremse. Ein Hanfseil, das „Schnürl", verlief auf Rollen oberhalb der Lok sowie unterhalb der Wagen. Mit Karabinern wurden die Seile der einzelnen Wagen miteinander verbunden und mit einem vertikalen Handrad an einer der beiden Perronbrüstungen nachgespannt. Im Führerhaus der Lok wurde das Seil mit einer Haspel aufgewickelt und gespannt bzw. gelockert. Hiermit wurden Gewichte unterhalb eines jeden Wagens angehoben und so die Bremsen gelöst – der Zug konnte abfahren.

Nach dem Befehl „Bremsen“ des Lokführers ließ der Heizer über die senkrecht angebrachten Friktions- bzw. die Reibungsscheiben das Seil nach, die Gewichte senkten sich, so daß die Reibungsscheiben gegen die Wagenachse gedrückt und mitgedreht wurden. Dabei wurde eine Kette aufgewickelt, welche das mechanische Bremsgestänge bzw. die Bremsklötze auf die Räder drückte. Verloren die Seile witterungsbedingt oder aus anderen Gründen an Stabilität und rissen, so wurde der Zug automatisch gebremst. Löste sich ein Wagen vom Zug, dann riß das Hanfseil und der Zug wurde automatisch gebremst. Gelöst wurde die Klotzbremse durch Anheben der Scheibe über einen Seilzug. Eine solche durchgehende und selbsttätige Seilzugbremse gab es in Österreich einzig auf der Steyrtalbahn, weiter verbreitet war sie u.a. bei deutschen Neben- und Kleinbahnen in einer abgewandelten Form (jeweils mit einem durchlaufenden Seil oberhalb der Waggons) als Heberleinbremse oder Görlitzer Gewichtsbremse.

Als Verschub-, Gruppen- oder auch Notbremse verfügten die Lokomotiven und Wagen jeweils über eine handbetätigte achtklötzige Spindelbremse. Zum Zeitpunkt des Übergangs der Betriebsführung an die BBÖ waren aber nur noch bei wenigen Personenwagen diese Handbremsen vorhanden. Handgebremst waren zur Zeit der Steyrthalbahn AG schließlich die Güterzüge. Über den gesamten Zug verteilte Bremser betätigten in ihren Bremserhäuschen auf Pfeifsignale des Lokführers hin die Handbremsen. Filzstiefel und Schaffellmäntel schützten sie in den Wintermonaten vor dem Erfrieren.

Die **Saugluftbremse** ersetzte 1943/44 die anfällige und nicht so betriebssichere „Schnürlbremse“. In Anbetracht der kriegswichtigen Verkehre rüstete die DRB die Lokomotiven und Wagen mit der selbsttätigen „Clayton-Hardy-Vacuumbremse“ aus. Anstelle der Seilzugeinrichtungen erhielten die Lokomotiven dabei Sonderbehälter und Schalldämpfer bzw. Luftsauger, an den Unterseiten der Wagen wurden Rohre verlegt und Bremszylinder montiert, an den Stirnseiten hingen nun Kupplungsschläuche herab. Der Luftsauger (Ejektor) auf dem Kesselscheitel vor dem Führerhaus war mit dem Führerbremsventil verbunden und erzeugte einen Unterdruck, damit über ein Rückschlagventil aus dem Bremssystem die Luft abgesaugt (evakuiert) wurde. Durch Erzeugung der gleichen Luftverdünnung ober- und unterhalb des Zylinderkolbens senkte sich dieser durch sein Eigengewicht, die Bremsklötze fielen herab und die Bremse war gelöst. Der Unterdruck von 520 mm Quecksilbersäule wurde auf der Lok durch eine Dampfdüse erzielt. Bei Zugtrennung oder einer Notbremsung wurde das Vakuum in der Leitung zerstört, somit drückte die atmosphärische Luft den Kolben nach oben und die Zugteile wurden automatisch gebremst.

Aus dem Abnahmeprotokoll der behördlichen Probefahrt der Lok 4 „Molln“ im Beisein von Vertretern des Handelsministeriums geht hervor: *„Am 18. Juni 1890 hat die technisch-polizeiliche Prüfung einer im laufenden Jahre in der Locomotivfabrik Krauss & Comp. in Linz gebauten Tenderlocomotive mit der Fabrik-Nr. 2256 und der Bahninventars-Nr. 4 stattgefunden. Diese gleicht in ihrer Construction den auf der Steyrthalbahn bereits in Verwendung stehenden Maschinen. Sie hat drei vor der Feuerbüchse gelagerte, miteinander gekuppelte Achsen, von denen die zweite die Triebachse ist. Die dritte ist seitlich um je 25 mm verschiebbar und steht mit einer hinter der Feuerbüchse gelagerten Laufachse, über welcher sich der Führerstand befindet, mittels eines Drehgestells nach dem Patent Helmholtz in Verbindung. Die Locomotive hat eine verlängerte Rauchkammer mit Funkensieb, einen conischen Rauchfang Bauart Prüßmann, complette Kesselarmaturen, zwei Injectoren und ist mit dem Anlaßventil für die Dampfheizung, der Wurfhebelbremse, der Dampfpfeife und dem Latowsky'schem Läutewerk ausgerüstet. Die Entfernungen der vier Achsen voneinander betragen 1,2 m, 0,9 m bzw. 1,9 m, der Durchmesser der Trieb- und Kuppelräder 0,8 m, der Laufräder 0,5 m, das Gewicht der Locomotive im betriebsfähigen Zustande 22 Tonnen, welche sich auf die ersten drei Achsen mit je 6 to und auf die vierte*

Im Reichenschwall zwischen Sarning und Steyr Lokal ist die 298.102 mit dem Zug PS 53 in Richtung Sierning unterwegs. Ihr Ausscheiden steht noch näher bevor als das Ende der Flügelstrecke. Zuletzt fuhr sie auf für die Steyrtalbahn untypischen Scheibenrädern, die von einer vom Pinzgau hierher versetzten „U“ stammten. Gegenüber ihren Schwesterloks besaß sie einen recht dezenten Bahnräumer. Foto (30.7.1966): Heinz Albrecht

Die 1914 nachgelieferte 298.106 (ehemals Lok 6 „Klaus") mit dem werktäglichen Güterzug beim Verschub im Bahnhof Unterhaus. Nicht nur durch die andere Form der Wasserkästen, ihren rückwärtigen Kohlenkasten und die kürzere Rauchkammer wich sie von den fünf älteren Schwestern ab – sie besaß keine Rahmenwasserkästen und sie zeichnete sich aufgrund der besseren Gewichtsverteilung durch einen ruhigeren Lauf aus. Allen sechs Lokomotiven gemeinsam war dagegen im Vergleich mit der Reihe U das Fehlen von Achsstellkeilen. Foto (5.8.1957): Alfred Luft

Achse mit 4 to vertheilen. Die commissionelle Probefahrt hat auf der 6,8 km langen Teilstrecke Steyrdorf – Neuzeug tour und retour mit einer durchschnittlichen Geschwindigkeit von 20 km und einer Maximalgeschwindigkeit von 35 km per Stunde stattgefunden. Bei vollkommen befriedigendem Prüfergebnisse wurde die Bewilligung ertheilt, die eingangs erwähnte Tender-Locomotive auf den Linien der Steyrthalbahn für den öffentlichen Zugförderungsdienst zu verwenden."

Über eine **Signalglocke** verfügten die ersten Lokomotiven der Steyrtalbahn diesem Protokoll und ebenso der Konstruktionszeichnung vom 22. März 1888 (siehe Seite 128) zufolge schon ab Werk. Gemeint ist damit ein dampfbetriebenes, für Schmalspurbahnen konzipiertes Läutewerk Bauart 24 / Grundform B des Dampfläutewerks Robert Latowski in Breslau. Bei etwa 33 cm Höhe, 25 cm Durchmesser und 19 kg Gewicht lag die erreichbare Schallweite der Glocke bei ca. 3 km mit bzw. 1 km gegen den Wind. Gerade im Bereich Sarning und Letten oder an den vielen Wegkreuzungen im Reichenschwall und in Untergrünburg war die Glocke unerläßlich. Bei Gefahr konnte der Lokführer mit einem Absperrventil die Dampfentnahme aus dem Kessel zum Läutewerk regeln. Der Dampf strömte durch eine kleine Leitung ins Innere, wodurch ein federgelagerter Stößel den außen liegenden Hammer der Glocke anhob. Nach dem Entweichen des Dampfdrucks unter Dampfrückführung fiel der Hammer zurück und stieß gleichzeitig den Glockenkörper von außen am Schlagring an. Unterschiedliche Glockenschlagintervalle ließen sich mit Verstellen des Dampfventils bewerkstelligen.

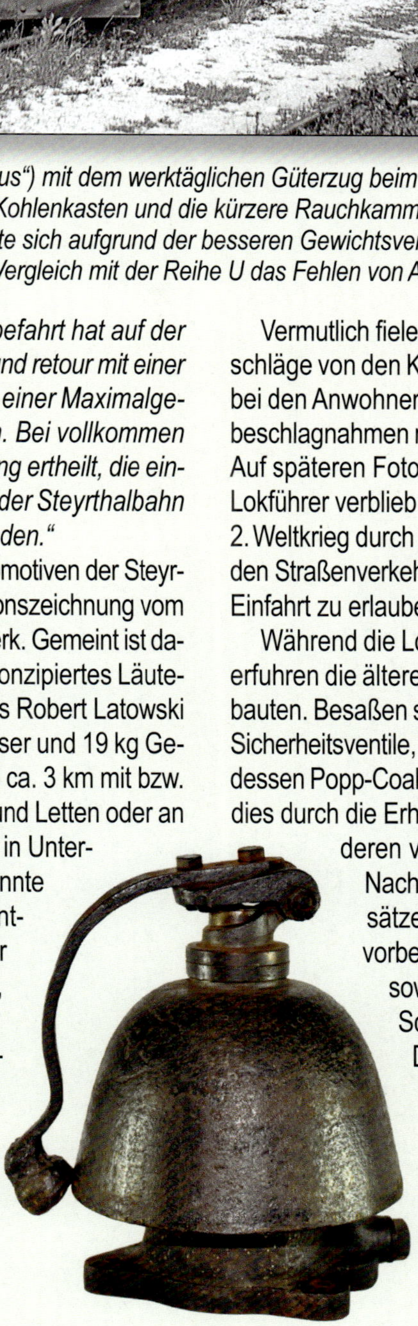

Vermutlich fielen die weniger beim Weidevieh (es war die Glockenschläge von den Kirchen her ja seit jeher gewöhnt), sondern vielmehr bei den Anwohnern nicht sehr beliebten Läutewerke den Buntmetallbeschlagnahmen nach der Mobilmachung im August 1914 zum Opfer. Auf späteren Fotos sind sie jedenfalls nicht mehr zu erkennen. Dem Lokführer verblieb nun einzig die auf dem Dach befindliche, nach dem 2. Weltkrieg durch eine neuere Bauform ersetzte Dampfpfeife, u.a. um den Straßenverkehr zu warnen, dem Gegenzug bei einer Kreuzung die Einfahrt zu erlauben oder bei der netten Nachbarin aufzufallen.

Während die Lok 6 (ÖBB 298.106) weitgehend unverändert blieb, erfuhren die älteren Lokomotiven im Laufe ihres Lebens diverse Umbauten. Besaßen sie ab Werk auf dem Dampfdom jeweils Federwaag-Sicherheitsventile, so erhielten sie spätestens Mitte der 30er Jahre stattdessen Popp-Coale-Ventile. Ihr Erscheinungsbild veränderte sich überdies durch die Erhöhung der Wasserkästen in den 30er Jahren sowie deren vorderseitige Verlängerung nach dem 2. Weltkrieg. Nachträgliche Zutaten waren auch die Kohlenkastenaufsätze, teils aus Holz, teils aus Blech. Nach 1950 war es vorbei mit den alten Messing-Petroleumleuchten der Lok sowie den Öllampen in den Personenwagen: Vor dem Schornstein saß oberhalb der Rauchkammer nun ein Dampfturbogenerator, dessen Abdampfrohr man am Schlot nach oben führte. Zwei moderne, leistungsstärkere Lampen erleichterten den Lokführern die Fahrt bei schlechter Sicht. Zur Nachrüstung mit dem Dreilichtspitzensignal kam es bei den Ur-Steyrtalbahn-Maschinen allerdings nicht mehr.

ÖBB 298.102 – ehem. DRB 99 7831 – StB Nr. 2 „Sierning“

	Hersteller	Krauss Linz 1994/1888
am	24.7.1889	Inbetriebnahme in Garsten
ab	1938	mit DRB-Nr. 99 7831
ab	1945	formell mit ÖStB-Nr. 99.7831, angeschrieben Nr. 99 7831
ab	1.7.1953	mit ÖBB-Nr. 298.102
ab	Herbst 1966	abgestellt in der Zfst Garsten
am	10.5.1967	überführt nach Obergrafendorf
am	15.3.1973	formell ausgemustert
	November 1973	an Verein Kärntner Museumsbahnen (Treibach-Althofen)
	um 1991	an Steyrtalbahn, im Gegenzug zur Montage der 699.101
seit	22.9.2000	Eigentum der ÖGEG
am	8.10.2004	Inbetriebnahme in Steyr

Oben: Dampfdom und Fabrikschild der 298.102. Foto: Hans Faust

Oben: Mittlerweile mit Scheibenrädern ausgerüstet (wie auch heute als Museumslok) ist die 298.102, als sie hier in Garsten verschiebt. Foto (1.7.1966): Herbert Fritz (Slg. Gunter Mackinger)

Unten: Speichenräder besaß die 298.102 – hier noch beschriftet als „B.B. Österreich 99 7831“ – bis mindestens Herbst 1962, zudem im Gegensatz zu ihren drei Schwestermaschinen einen hölzernen Kohlenkastenaufsatz. Foto (1951): Helmut Sporn

Im letzten Jahr der Flügelstrecke ist die 298.102 bei der Wahlmühle mit dem Zug PS 53 nach Sierning unterwegs (10.9.1966). An diesem Tag entstanden die letzten Betriebsaufnahmen von ihr.

Unten: Mit dem gut besetzten Zug GK 19 nach Klaus fährt sie gegen 17 Uhr auf Neuzeug zu (5.7.1963). Fotos: Alfred Luft

298.102

Die „2er" am 6.9.2009 in Steyr (links) und am 15.7.2007 bei Aschach (oben), diesmal mit Lampen und Beschilderung wie zur ÖBB-Zeit. Auf dem Bild aus Sommerhubermühle vom 7.9.2013 (unten) ist sie wieder als Lok 2 „Sierning" unterwegs, auch wenn sie einst, als sie so beschildert war, noch keine Wasserkästen dieser Größe besaß. Der Kaufpreis war ein Naturalausgleich. Gemeinsam mit der 699.101 wurde sie 1991 von Treibach-Althofen nach Steyr überführt, wo die ÖGEG einen Großteil der Restaurierungsarbeiten der KDL 11 leistete. Als dies erledigt und die 699.101 zur Gurktalbahn zurückgekehrt war, konnte der Kaufvertrag unterzeichnet werden und die Aufarbeitung der 298.102 beginnen, nämlich in Rumänien in der Hauptwerkstätte SC Remarul 16 Februarie in Cluj-Napoca (Klausenburg). Viele Teile, vor allem die Bleche, wurden neu angefertigt. Auf einem Tieflader traf sie am 7.10.2004 in Steyr ein. Heute ist sie die älteste betriebsfähige Schmalspurdampflok Österreichs. Fotos: Alexander Loidl (oben), Ludger Kenning

ÖBB 298.103 – ehem. DRB 99 7832 – StB 3 „Grünburg“

	Hersteller	Krauss Linz 1995/1889
am	24.7.1889	Polizeiliche Abnahme in Garsten als Lok 3 „Grünburg“
am	20.8.1889	Bespannung des ersten regulären Zuges Garsten – Grünburg
am	19.11.1890	Bespannung des Eröffnungszuges Grünburg – Agonitz
am	2.12.1891	Bespannung des ersten regulären Zuges Pergern – Bad Hall
am	26.10.1909	Bespannung zus. mit Lok 4 des Eröffnungszuges Agonitz – Klaus
ab	1931	mit BBÖ-Nr. 3
ab	1938	mit DRB-Nr. 99 7832
ab	1941	mit neuem Kessel des Reichsbahn-Ausbesserungswerks (RAW) Sankt Pölten 251/1941
ab	Mai 1945	mit ÖStB-Nr. 99.7832
ab	1.7.1953	mit ÖBB-Nr. 298.103
am	Mai 1962	abgestellt
am	13.5.1963	Überführung nach St. Pölten Alpenbahnhof bzw. zum Lokfriedhof Obergrafendorf
per	2.8.1963	ausgemustert, danach verschrottet

Zwischenhalt gegen 8.50 Uhr in Aschach mit dem Zug GK 21 nach Klaus. Mit ihrer neuen ÖBB-Nummer blieb die 298.103 nur neun Jahre im Dienst. Foto (8.8.1956): Alfred Luft

Unten: Die Aufschrift „Österreich“ sollte die wiedererlangte Unabhängigkeit nach dem Ende der Nazi-Diktatur verdeutlichen, und auch die Angabe „U.S. Zone“ durfte kurz nach Kriegsende nicht fehlen. Foto (1950): Franz Kraus (Archiv Josef Pospichal)

Die 298.103 abfahrbereit mit dem Nachmittagszug in Klaus. Erst sechs Wochen zuvor hat sie ihre neue Nummer erhalten. Typisch für die ersten Steyrtalbahn-Lokomotiven war der konische Prüßmann-Schlot mit dem Kranz, der die Funken und Teilchen umlenken sollte, damit sie abkühlen. So wollte man den Wartungsaufwand reduzieren, ohne den Saugzug zu beeinträchtigen. Letztlich blieb er nur Optik. Foto (9.8.1953): Alfred Luft

Unten: Der Zug GK 23 eines Morgens in Molln. Bevor es weiter nach Klaus geht, ist noch viel zu erledigen. Um 1950 hatten die alten Lokomotiven jeweils einen Dampf-Turbogenerator erhalten. Das Abdampfrohr führte man bis Oberkante Schornstein. Foto (4.9.1954): Harald Navé

ÖBB 298.104 – ehem. DRB 99 7833 – StB 4 „Molln“

	Hersteller	Krauss Linz 2256/1890
am	18.6.1890	Technisch-polizeiliche Prüfung in Garsten
ab	1938	mit DRB-Nr. 99 7833
ab	1945	mit ÖStB-Nr. 99.7833
ab	23.9.1949	Zell am See (Pinzgauer Lokalbahn)
ab	20.5.1953	mit ÖBB-Nr. 298.104
ab	25.5.1954	Garsten
ab	21.4.1961	Treibach-Althofen (Gurktalbahn)
ab	13.4.1962	Garsten
ab	22.5.1963	St. Pölten (zur Ausbesserung)
ab	3.3.1964	Garsten
am	4.10.1972	ausgemustert
im	Okt. 1972	Übereignung an Österreichisches Eisenbahnmuseum, aufgestellt von Stadt Steyr als Denkmal in Steyr (Taborschule)
im	Sept. 1984	mittels Dauerleihvertrag an die ÖGLB
im	Nov. 1985	überführt nach St. Pölten Alpenbahnhof
am	17.5.1989	Wiederinbetriebnahme St. Pölten Alpenbahnhof (Probefahrt nach Wieselburg)
ab	10.6.1989	Hirschwang (für Höllentalbahn)
ab	20.5.1990	Kienberg-Gaming (für Bergstrecke)
ab	13.8.1993	Kapfenberg (für Thörlerbahn)
ab	12.9.1993	Kienberg-Gaming
am	7.5.2005	letzter Betriebstag auf der Ybbstalbahn
seit	Juni 2023	hinterstellt im Depot Haringsee des Technischen Museums Wien (TMW)

Im Hinblick auf den Bau der Strecke Grünburg – Agonitz, gut fünf Monate vor deren Eröffnung, wurde am 18. Juni 1890 die Lok 4 in Dienst gestellt und folglich auf den Namen „Molln“ getauft. Sie war identisch mit den ersten drei StB-Maschinen, auch sie wurde noch vor den ersten C1'-Loks der Salzkammergut-Lokalbahn und der Lokalbahn Mori-Arco-Riva ausgeliefert, welche erst im folgenden Halbjahr fertiggestellt waren.

Nach dem 2. Weltkrieg, als die Zfst Garsten mittlerweile einige Loks der Reihe U besaß, wurde die Lok 4 zur „Springerlok“. So half sie 1949-54 auf der Pinzgauer Lokalbahn (hier erfuhr sie die Umzeichnung zur 298.104) und 1961-62 auf der Gurktalbahn aus. Dann wurde es still um sie, bis sie ab Mai 1963 in St. Pölten eine Ausbesserung erhielt und im März 1964 ins Steyrtal zurückkehrte. Die Fristen erlaubten den Einsatz von weiteren acht Jahren. Vornehmlich beförderte sie leichtere Züge, wie z.B. nach Sierning, mitunter leistete sie Vorspann und bei Lokmangel führte sie sogar den Bezirksgüterzug bis Klaus. Als das Ausscheiden der schon für das Österreichische Eisenbahnmuseum (ÖEM) bestimmten Lok absehbar war, bemühte sich die Stadt Steyr um eine leihweise Übernahme, um sie im Pausenhof der im Juni 1968 eröffneten Taborschule aufzustellen. Am 26. August 1971 beschloß der Stadtsenat unter Bürgermeister Josef Fellinger die Bereitstellung von 53.000 S für *„Baumeister- und Transportarbeiten“* und nach Abschluß eines Leihvertrages mit dem ÖEM wurde die Lok im Oktober 1972 – nach einer Laufleistung von über 1,5 Mio. km – von der Zfst Garsten zur Taborschule überführt und auf der Straßenseite als Denkmal aufgestellt.

Im Jahr 1981 bekundete die ÖGLB ihr Interesse, die Lok zu übernehmen und für ihre Museumsbahn Payerbach – Hirschwang zu reaktivieren. Die 298.104 wurde zum Streitfall, ja zum Politikum, denn nun meldete sich ebenfalls die ÖGEG zu Wort. Sie wollte die originale Steyrtalbahnlok auf ihre Heimatstrecke zurückholen: *„Die 298.104 gehört ins Steyrtal!“*, hieß es. Auf der Gemeinderatssitzung vom 4. Juni 1985 wurde deutlich, daß ebenso die Stadt Steyr sehr daran interessiert war, die Lok in die Obhut der ÖGEG zu geben, jedoch mußte sie einschränken: *„Die Lok ist nicht im Besitz der*

Ohne Punkt in der Loknummer wartet die „298 104“ in Garsten auf Abfahrt mit dem Zug GK 17 (ab 13.22 Uhr) nach Klaus. Nach gut dreistündigem Aufenthalt wird sie von dort mit dem Zug GK 24 zurückkehren und gegen 20.26 Uhr wieder in Garsten sein.
Foto (30.9.1967): Peter Tschulik

Beschriftet als 99 7833 und mit abgedunkeltem Scheinwerfer steht die Lok 4 „Molln" in Sarning in klassischer Fotopositur. Noch immer besitzt sie die Seilzugbremse, ihre Wasserkästen wurden erhöht, aber noch nicht verlängert. Foto (um 1942): Carl Bellingrodt (Slg. Ludger Kenning)

Unten: Mit einem aufgrund einer Kollision verbeulten Wasserkasten und mit reichlich Anbrennholz darauf steht die 298.104 im Bahnhof Garsten. Lokführer Heinz Moschner stellt mit ihr einen nachmittäglichen Personenzug nach Molln bereit. Foto (Juli 1971): Hans Faust

Oben: Auf der Bergstrecke der Ybbstalbahn kam die „Mo'ln“ aufgrund ihres relativ geringen Leistungsvermögens nur vor leichten Zügen zum Einsatz, doch auf der Steyrtalbahn beförderte sie einstmals selbst schwere Güterzüge über die Gebirgsstrecke hinauf bis nach Klaus, hier oberhalb vom Steyrdurchbruch (August 1970).

„Liesi“ wurde die 298.104 beim Personal auch genannt, und sie eignete sich vortrefflich als Hintergrund für ein Portrait einer schönen Frau (Grünburg 1969). Fotos: Ralf Schmidt (Slg. Ludger Kenning)

An jenem Silvestertag hatte die Lok 298.104 die traurige Aufgabe zu erfüllen, die letzten planmäßigen Züge auf der Flügelstrecke Pergern – Sierning zu bespannen. Vor zahllosen Schaulustigen steht sie gegen 14 Uhr ein letztes Mal in Sierning zur Rückfahrt bereit. Foto (31.12.1966): Herbert Fritz (Sammlung Gunter Mackinger)

Auch nach deren Stillegung befuhr die 298.104 noch öfters die Flügelstrecke, nämlich mit dem Abbauzug, hier bei der Haltestelle Sierninghofen. Außerdem wurde die Lok – die „Liesi" – als letzte intakte originale Steyrtalbahn-Lok in ihren letzten Dienstjahren gern für Sonderzüge herangezogen. Im Jahr 1971 erhielt sie sogar die Ausrüstungen für die Amateurlokfahrten, so daß ein erfahrener Lokführer als „Fahrlehrer" ggf. ins Geschehen eingreifen konnte. Der Fremdenverkehrsverband Steyr propagierte solche Fahrten für 560,- S pro Stunde, tatsächlich gab es in jenem Jahr fünf solche Fahrten, dann wurden sie sang- und klanglos eingestellt. Foto (16.5.1968): Harald Herrmann

Nach der Rückkehr von der Gurktalbahn am 14.4.1962 stand die 298.104 einige Zeit zwischen den Schrottlokomotiven an der Ostseite der Zugförderungsstelle, ihr Ende schien zu nahen. Foto (12.6.1962): Basil Roberts (Sammlung André Sinn)

Unten: In Garsten wird die 298.104 umsorgt. Noch besitzt sie auf dem Führerhausdach ihre alte Dampfpfeife, bei ihrer Ausbesserung 1963/64 wird sie eine andere erhalten, doch nach der Restaurierung in den Jahren 1986-89 trug sie wieder die alte Bauform. Foto (25.8.1960): Peter Tschulik

Stadtgemeinde Steyr, wir können nur intervenieren. Leider ist ein Fehler passiert, daß sich der Verein erst sehr spät an die Stadt gewandt hat, denn zuvor war bereits die Zusage an das Museum für Lokalbahnen gegeben worden. Wir werden uns jedenfalls bemühen, die Lok in Steyr zu erhalten (...).“ Direktor Rolf Niederhuemer vom ÖEM entgegnete, daß die ÖGEG ja bereits vier ehemalige Steyrtalbahnloks besitze und der ÖGLB schon ein Leihvertrag zugesagt worden sei. Die ÖGLB hatte derweil Dipl.-Ing. Helmut Hainitz auf ihrer Seite, seines Zeichens Generaldirektor-Stellvertreter der ÖBB und gleichzeitig Technischer Leiter der ÖGLB, und sie machte schließlich das Rennen.

Nach langen Verhandlungen kam im September 1984 ein Dauerleihvertrag zustande und sogleich begannen Vereinsaktive mit der Demontage von Kessel- und Antriebsteilen. Im November 1985 wurde die Lok zur Hauptwerkstätte St. Pölten überführt. Es verging ein weiteres Jahr, um gemeinsam mit den ÖBB die Aufarbeitung der desolaten Lok zu planen und zu organisieren sowie die Finanzierung zu klären. Nach dem Zerlegen in ihre Einzelteile befand der Kesselinspektor, daß die Feuerbox keine nennenswerten Schäden aufwies und lediglich zwei Schüsse des Langkessels zu erneuern waren. In St. Pölten wurden nun der Rahmen und das Fahrwerk aufgearbeitet sowie die Wasserkästen und das Führerhaus neu gebaut (die Lok sollte ihr ursprüngliches Aussehen zurückerhalten), während in der Hauptwerkstätte Knittelfeld der Kessel instandgesetzt wurde, was sich bis Herbst 1988 hinzog. Sodann wurden die Teile wieder vereint (probeweise nunmehr mit einem Stahlrost) und am 17. Mai 1989 absolvierte die erneut als „Molln“ beschilderte Lok 4 ihre Lastprobefahrt von St. Pölten nach Wieselburg und zurück. Zwei Tage später bespannte sie erstmals wieder einen Sonderzug, nämlich mit 30 t Last nach Gresten.

Ihre ersten großen Auftritte hatte sie am 16.-18. Juni 1989 in Hirschwang beim Jubiläum „10 Jahre Höllental-Express“ sowie im August 1989 in Obergrafendorf beim spektakulären Fest „100 Jahre Schmalspur in Österreich“. Im Mai 1990 wurde sie schließlich zur Ybbstalbahn überführt, wo sie am 14. Juni 1990 an der Eröffnung der Museumsbahn Lunz am See – Kienberg-Gaming teilnahm. In den ersten zwei Jahren kam sie während der Saison regelmäßig zum Einsatz, jedoch zeigte sich, daß ihre im Vergleich zur „U“ geringere Zugkraft keinen Einsatz vor schweren Zügen auf der steigungsreichen Strecke zuließ. Die „Molln“ diente fortan nur als Reserve oder für leichte Züge. Im Oktober 2004 – zum Jubiläum „30 Jahre ÖGEG, 20 Jahre Steyrtal-Museumsbahn“ – war sie zusammen mit dem Dienstwagen D 33 wieder auf der Steyrtalbahn zu erleben. Im Mai 2005 mußte sie nach dem neuen Kesselgesetz zur Hauptausbesserung abgestellt werden und im Juni 2023 wurde sie schließlich durch das TMW (ehem. ÖEM) ins Museumsdepot Haringsee überführt.

Links: Auf einem Lkw-Anhänger wurde die ungefähr 16,5 t schwere Lok im Oktober 1972 von der Zfst Garsten zur Taborschule gebracht. Foto: Sammlung Walter Rathmayr

Oben: Über 13 Jahre lang verbrachte die Lok – ungeschützt vor Vandalen und der Witterung – auf einem Gleisstück an der Straßenseite der Schule (hier am 10.4.1977).

Unten: Umstritten war die Übertragung der Lok an die ÖGLB, jedoch binnen dreieinhalb Jahren wurde sie zu neuem Leben erweckt. Einige Jahre war sie danach u.a. auf der Bergstrecke der Ybbstalbahn zu erleben, hier im Juli 1992 oberhalb Bodingbach. Fotos: Ludger Kenning

ÖBB 298.105 – ehemals DRB 99 7834 – StB Nr. 5 „Letten“

	Hersteller	Krauss Linz 2501/1891
am	29.10.1891	Inbetriebnahme in Garsten
ab	1938	mit DRB-Nr. 99 7834
ab	1945	formell mit ÖStB-Nr. 99.7834, angeschrieben Nr. 99 7834
ab	1.7.1953	mit ÖBB-Nr. 298.105
ab	27.1.1955	aushilfsweise in Zell am See
ab	11.3.1955	zurück in Garsten
ab	Herbst 1964	abgestellt in der Zfst Garsten
am	1.12.1965	überführt nach Obergrafendorf
am	3.12.1965	formell ausgemustert

Mit dem nachmittäglichen gemischten Zug PS 53 nach Sierning verschiebt die 298.105 an der Hst Unterhimmel (die Bezeichnung „Unterhimmel-Christkindl“ wurde vier Jahre später eingeführt). Vom Ladegleis holt sie einen offenen Wagen ab. Der Gleisanschluß zum Drahtzug wird schon längst nicht mehr bedient.

Die Fabrikschilder entgingen den Buntmetallbeschlagnahmungen zweier Kriege, jedoch auf dem Führerhaus befindet sich jetzt eine Dampfpfeife neuerer Bauart. Hier verschiebt 298.105 eines Abends in Garsten, nachdem sie mit dem GmP PS 53 aus Sierning heimgekehrt ist. Ein Großteil des Frachtaufkommens der Steyrtalbahn wurde damals über den Garstner Bahnhof abgewickelt, erst nach der Stillegung der Flügelstrecke verlegte man den Übergang schrittweise nach Klaus.
Fotos (8.8.1956): Alfred Luft

Mit dem Zug PS 53 nach Sierning hat die 298.105 die Anhöhe von Sarning erreicht. Unter den Kastanien verbirgt sich Steiners Gasthaus „Zur Steyrtalbahn" mit einem gemütlichen Gastgarten. Der Herr des Hauses ist zugleich Fahrdienstleiter und hat dem Zug gerade erst den Abfahrauftrag erteilt.

Unten: Eine Stunde später, gegen 15 Uhr, verschiebt die Lok in Sierning. Mit den Niederbordwagen wurden oft landwirtschaftliche Geräte transportiert. Nicht einfach war es, unter einer nur 2 m breiten Lok den Sonderbehälter der Saugluftbremse unterzubringen. Fotos (1.6.1962): Gerhard Luft

Mit dem Personenzug GK 31 ist die 298.105 gegen 16.02 Uhr in Molln eingetroffen. Fünf Jahre zuvor hatte dieser vor allem für Werktätige wichtige Zuglauf noch um 17.45 Uhr in Grünburg geendet, mittlerweile wurde er zeitlich zurückverlegt und bis Molln verlängert. Im Zug laufen u.a. ein originaler ehemaliger Heeresfeldbahnwagen der langen Bauart sowie ein modernisierter der kurzen Bauart mit. Foto (31.8.1959): Harald Navé

Unten: Gut gepflegt wartet die 298.105 vor dem Zug GK 15 nach Klaus im Bahnhof Aschach die Kreuzung mit der 298.106 vor dem GK 16 aus Klaus ab. Auf dem Rauchkammerscheitel hat sie nachträglich die Konsole für das Spitzensignal erhalten, bestückt mit einer Lampe wurde sie nicht mehr. Im Gegensatz zur „6er" haben die 298.102-105 ihren Prüßmann-Schlot mit Kranz behalten. Foto (23.4.1962): Gerd Wolff (Eisenbahnstiftung)

Die 298.105 in ihren letzten vollen Betriebsjahren an der Bekohlung der Zugförderungsstelle Garsten (oben; am 12.6.1962) und bei der Einfahrt mit einem Personenzug in den Bahnhof Klaus (unten; am 24.9.1963). Ihr Schicksal ist mit Fragezeichen verbunden: Das letzte bekannte Betriebsbild von ihr entstand am 14.7.1964, als Datum der letzten Br.-Unt. ist der 25.3.1963 zu lesen, am 1.12.1964 wurde sie nach Obergrafendorf überführt und nur zwei Tage später ausgemustert. Das ist ungewöhnlich, denn meistens verbrachten die Lokomotiven viele Jahre auf dem Lokfriedhof, ehe sie formell ausgemustert wurden. Auf Fotos der Schrottlokomotiven in Obergrafendorf aus den späteren Jahren ist die 298.105 nirgends zu sehen. Was ist mit ihr geschehen?   Fotos: Basil Roberts (oben; Sammlung André Sinn), Theodor Horn (unten; Bildarchiv der Eisenbahnstiftung)

ÖBB 298.106 – ehemals DRB 99 7835 – StB Nr. 6 „Klaus“

	Hersteller	Krauss Linz 6925/1914
am	12.6.1914	Inbetriebnahme in Garsten
ab	1938	mit DRB-Nr. 99 7835
ab	1945	formell mit ÖStB-Nr. 99.7835
ab	1.7.1953	mit ÖBB-Nr. 298.106
ab	Herbst 1963	abgestellt in der Zfst Garsten
am	8.7.1965	überführt n. Obergrafendorf
am	22.11.1972	formell ausgemustert
im	Januar 1973	veräußert an Stefan V. Keller (Rheinau bei Zürich), danach überführt dorthin
am	17.2.1985	mittels Abtretungsvertrag veräußert an die ÖGEG
	22.-23.10.1985	überführt von Rheinau nach Steyr Lokalbahn
	Sommer 1986	Aufarbeitungsbeginn in Steyr
am	8.10.2004	Inbetriebnahme in Steyr
	seit Januar 2021	reparaturfällig abgestellt

Noch beschriftet als „B.B. Österreich 99 7835“ (ohne Punkt) steht die spätere 298.106 an der Bekohlung in der Zugförderungsstelle Garsten. Eine Lichtmaschine direkt vor dem Führerhaus, neue Lampen sowie die Saugluftbremsausrüstung hat sie erst in jüngster Zeit erhalten.
Foto (1952): Helmut Sporn (Archiv VEF)

Unten: Die ehemalige Lok 6 „Klaus“ um 1942 in Sarning. Noch verläuft das Seil der Friktionsbremse über sie hinweg und noch besitzt sie vorn und hinten jeweils eine einzige, dafür umso größere Lampe.
Foto: Carl Bellingrodt (Slg. Ludger Kenning)

Die 298.106 vor der Abfahrt im Bahnhof Klaus, gut vier Jahre vor ihrem Ausscheiden. Anstelle des charakteristischen konischen Prüßmann-Schlotes mit dem Kranz besitzt sie jetzt einen schlichten Rundschlot. Ein weiteres „Markenzeichen“ sind nunmehr die großen vorderseitigen Bahnräumer. Die langen niedrigen Wasserkästen ohne Kohlenkastenaufsatz und der „Rucksack“ verleihen ihr ein durchaus elegantes Aussehen. Fotos (Juni 1959): Reinhard Todt (Slg. Roland Feraric)

Mit dem Güterzug nach Klaus steht die 298.106 vor dem alten genossenschaftlichen Magazin von Grünburg. Am Zugschluß läuft ein weiteres originales Steyrtalbahn-Fahrzeug, der in jenem Jahr zum Dienstwagen BPw/s 4794 umfunktionierte ehem. BCi Nr. 4. Foto (5.8.1957): Alfred Luft

Unten: Die wohl schönste Farbaufnahme der 298.106 entstand in Untergrünburg mit Blick auf Steinbach. Im GK 23 nach Klaus laufen u.a. die beiden modernisierten kurzen Heeresfeldbahnpersonenwagen mit. Foto (5.8.1957): Harald Navé

Was unterscheidet nun die „6er" von der Urahnin 298.102 ?

Beide Lokomotiven stammen aus der Frühzeit der Steyrthalbahn AG, wobei die Lok 6 „Klaus" (ÖBB 298.106) um einiges jünger ist. Um einen bloßen Nachbau handelt es sich bei ihr aber keineswegs. Zunächst einmal fallen die unterschiedlich langen Wasserkästen ins Auge. Bei der „6er" reichen sie bis zum vorderen Ende des Kessels bzw. der Rauchkammer, während sie bei der Lok 2 „Sierning" (ÖBB 298.102) schon bei den Zylindern enden. Original ist diese Größe nicht, schon in der Frühzeit der Bahn wurden die Wasserkästen erhöht und später noch verlängert, nämlich bis über die Zylinder hinweg. Die Lok 2 verfügt über zwei Rahmentanks, wovon einer für den Bremszylinder weichen mußte und der andere bis 2021 in Betrieb blieb. Zudem tauschte man den saugenden durch einen nichtsaugenden Injektor. Die Lok 6 besaß derweil nie einen Rahmentank, ihre Wasserkästen hatten stets die heutige Größe. Der weitere offensichtliche Unterschied ist der Kohlenkasten. Die „6er" besitzt einen „Rucksack", sie trägt also den Kohlenvorrat hinter dem Führerhaus, was sich durchaus als vorteilhaft bzgl. der Laufruhe erwies, denn die Gewichtsverteilung ist dadurch symmetrischer. Die „102" hat einen seitlichen Kohlenkasten im linken Wasserkasten, er wurde mit diesem auch mehrmals verändert.

Die „6er" weist einen Kessel mit einer gegenüber der „102" kürzeren Rauchkammer auf. Man erhoffte sich dadurch einen besseren Saugzug, der aber letztlich nicht mehr erforderlich war. Sowohl bei der „U" als auch bei der „6er" wählte man mithin eine kurze Rauchkammer. Ein weiteres Merkmal ist der vordere Puffer: Bei der „102" befindet sich die Pufferfeder unter der Rauchkammer versteckt im Rahmen, bei der „6er" angeschraubt vor dem Rahmen. Daneben besitzt die „102" seit der Museumsbahnzeit einen anderen Armaturenkopf. Unterschiedlich positioniert ist ebenfalls die Zylinder-Schmierpresse: Die „102" trägt sie auf der rechten Seite vor dem Wasserkasten an der Rauchkammer, angetrieben von der Schieberschubstange. Eine Herausforderung ist es, die optimale Einstellung zu finden, wird nämlich die Füllung zurückgenommen, so verringert sich gleichzeitig die Fördermenge der Schmierpresse. Bei der „6er" sitzt die Schmierpresse auf der linken Seite nach der dritten Achse, angetrieben wird sie von der Schwingenstange.

Der Dampfregler der „6er" ist recht schwergängig, was sich vor allem im Anfahrverhalten und in der Neigung zum Schleudern bemerkbar macht. Jener der „102" ist leichtgängiger, daher kann man ihre Dampfmenge zu den Zylindern besser steuern. Beide Loks zeichnen sich durch relativ ruhigen Lauf aus, wobei die „6er" immer etwas ruhiger lief, was wiederum durch die geringere Laufleistung erklärbar ist. Die „6er" wurde in beinahe 18 Jahren in der ÖGEG-Werkstätte in Steyr mühsam aufgearbeitet, während die „102" bis Sommer 2004 in Rumänien in der Hauptwerkstätte SC Remarul 16 Februarie Cluj-Napoca eine Hauptausbesserung erhielt. Der noch genietete Kessel der „102" macht besser Dampf, dagegen besitzt die „6er" einen geschweißten Neubaukessel aus Meiningen – nicht so gelungen, ist die Lok ja seit Januar 2021 wegen abgerissener Stehbolzen abgestellt. Die „102" erbringt seit nun 21 Jahren fast durchgängig den Planverkehr auf der Museumsbahn – und das zur Freude aller!

Patrick Minařik (Lokführer der Steyrtal-Museumsbahn)

Rechts: Als Heizer auf der schmucken Lok 6 „Klaus" vor dem Planzug ist Andreas Kapeller an diesem Tag eingeteilt. Im Bahnhof Steyr Lokalbahn erwartet er den Abfahrauftrag. Foto (6.9.2009): Ludger Kenning

Protokoll

aufgenommen am 12. Juni 1914 am Bahnhofe der Steyrtalbahn in Garsten in Gegenwart der gefertigten Kommissionsmitglieder.

Gegenstand

ist die am 12. Juni 1914 im Sinne des § 21 der Eisenbahn-Betriebsordnung vom 16. November 1851 vorgenommene technisch-polizeiliche Prüfung der für die Linien der Steyrtalbahn bestimmten schmalspurigen Tender Lokomotive.

Lokomotive	Inventarnummer	6. (Klaus)
	Serie	–
	Kategorie	–
Erbaut in der Lokomotivfabrik		Kraus und Comp. A. G. Linz
Fabriksnummer		6925
Kesselprobe wurde vorgenommen laut Zertifikat		ad G. J. Z. 300/16 ex 14 am 19
Die Typenpläne, nach welchen die Lokomotive gebaut ist, sind genehmigt ~~wurde eingeführt~~ mit		Erlaß des k. k. Eisenbahnministeriums vom 23. Dezember 1913 Z. 44759
Lokomotivgattung		Schmalspurige C1 Tender-Lokomotive
Anzahl	der Achsen im ganzen	4
	der Laufachsen	1
	davon in einem Drehgestelle (vorn oder hinten)	2 Achse hinten
Laufachsen (vorn oder hinten)		1 hinten
Triebachse ist die		2. Achse
Gekuppelt sind miteinander		3. Achsen u. zw. die 1, 2. und 3 Achse
Lage der Rahmen		vorne innen, hinten aussen

Aus dem Exil in der Schweiz zurück ins heimatliche Steyrtal

Erst vor wenigen Monaten wurde die gerade mal 51 Jahre alte 298.106 auf den Lokfriedhof Obergrafendorf eingewiesen, mehr als sieben Jahre wird sie nun ihres Schicksals harren...
Foto (30.10.1965): Ernst Kabelka

Nach dem Ausscheiden bei den ÖBB rostete die 298.106 ab Juli 1965 lange Zeit auf dem Lokfriedhof Obergrafendorf vor sich hin. Der Lehrer und Historiker Stefan V. Keller (*1943, †2016) aus dem Dorf Rheinau im Zürcher Weinland entdeckte sie 1972 und war sofort „Feuer und Flamme“. Bei den ÖBB stellte er den Kaufantrag und beim Schulamt und Gemeinderat von Rheinau bat er um Genehmigung, die Lok in seinem Garten als Schaustück aufstellen zu dürfen. Alle Eingaben verliefen positiv, so ließ er die am 22. November 1972 formell ausgemusterte und noch vollständige Lok im Januar 1973 auf einem ÖBB-Güterwagen bis zum Bahnhof Marthalen im Kanton Zürich und weiter per Tieflader zu seinem Grundstück, dem Heidenhof in Rheinau, transportieren. Er stellte sie auf einem Gleisstück auf und richtete sie mit Hilfe einiger Schüler optisch wieder her. Die ÖGEG hatte sich schon länger um den Erwerb der Lok bemüht, ehe am 17. Februar 1985 ein Abtretungsvertrag unterzeichnet werden konnte. Nun galt es, die Lok nach Steyr zurückzuholen.

Zu den Vereinsmitgliedern zählte seinerzeit der Eisenbahnfreund Johann Buchegger aus Weyer an der Enns. Er fuhr gelegentlich als Zugbegleiter auf der Museumsbahn, wohnte aber in Zürich (wo er bei einer Versicherung arbeitete) und pendelte zu den Dienstwochenenden per Auto oder Nachtzug zwischen der Schweiz sowie dem Steyrtal bzw. seinem Zweitwohnsitz in Weyer. Als Medizinstudent an der Uni Zürich lernte ich ihn 1985 kennen, öfters saßen wir mit seiner Frau in seiner Wohnung zum Abendessen und Fachsimpeln beisammen. Er schilderte mir, daß er zusammen mit ÖGEG-Aktiven die 298.106 ins Steyrtal überführen lassen wolle. Akribisch bereitete er die spektakuläre Aktion vor, die er aus eigener Tasche finanzierte. Aus Österreich besorgte er genaue Angaben zur Lok, um beim Kran- wie auch beim Transportunternehmen die geeigneten Gerätschaften zu eruieren. Eine Begutachtung der Lok zeigte, daß alle Hauptbestandteile noch brauchbar seien, selbst die Treibstangen waren vollzählig (sie hatten all die Jahre im Führerstand gelegen), lediglich beim Kessel nebst Feuerbüchse stand viel Arbeit an. Eine große Hürde stellten die mit der Zeit veränderten Baulichkeiten und Vegetationen am Standort dar. Mit einem Pneu-Kran der Firma Toggenburger (Winterthur) wurde die Lok schließlich am 22. Oktober 1985 auf einen Tieflader der Spedition Welti & Furrer (Zürich) verladen. Nach einer Übernachtung in Wörgl traf sie am nächsten Tag im Steyrer Lokalbahnhof ein.

Johann Buchegger erlebte ihre Wiederinbetriebnahme nicht mehr, er kam auf mysteriöse Weise ums Leben. Wunschgemäß übertrug seine Frau die umfangreiche Literatursammlung dem Österreichischen Eisenbahnmuseum und brachte sie auf eigene Kosten (einschließlich Verzollung) nach Wien, wo die Bücher sogleich verhökert wurden.

Die im Sommer 1986 angelaufene, von Günther Oberbreyer geleitete Aufarbeitung, für deren Finanzierung eine Bausteinaktion startete, wurde in erster Linie von zwei Aktiven getragen. Ausgerüstet mit einem im Dampflokwerk Meiningen gebauten Kessel und weitgehend rückversetzt in den Urzustand als Lok 6 „Klaus“ absolvierte sie im September 2004 erste Probefahrten. Ein paar Tage später kehrte die gleichfalls revitalisierte 298.102 aus Rumänien zurück, so daß zusammen mit der Gastlok 4 „Molln“ aus Kienberg-Gaming am 9. Oktober 2004 immerhin drei Ur-Steyrthalbahn-Maschinen wieder auf ihrer Heimatstrecke zu erleben waren. Unter Dampf durfte die „6er“ am 21. September 2014 sogar ihren 100. Geburtstag begehen.

Dr. Markus Strässle

Stolz wie ein Großwildjäger präsentiert Stefan Keller seine neue Errungenschaft, die er mühevoll und kostenträchtig erworben und vom Lokfriedhof Obergrafendorf ins Zürcher Weinland geholt hat.
Foto (1973): Slg. Stefan V. Keller

Gut 18 Jahre hatte es gedauert, die Lok in der Werkstätte in Steyr Lokalbahn durch zwei Vereinsaktive betriebsfähig aufzuarbeiten, in Betrieb – stets als Lok 6 „Klaus" beschildert – blieb sie nur etwas mehr als 17 Jahre. Der geschweißte Neubaukessel aus dem Dampflokwerk Meiningen bewährte sich nicht, mit abgerissenen Stehbolzen ist die Lok jetzt hinterstellt. Fotos: Thomas Anton (oben; 26.10.2017), Alexander Loidl (17.10.2007)

Die Lokomotiven der Reihe U

Mit den ersten Lokomotiven der Steyrthalbahn AG hatte die Lokfabrik Krauss & Comp. in Linz neue Wege beschritten. Ähnliche Maschinen lieferte sie u.a. an die Salzkammergut-Lokalbahn, doch bei der folgenden Reihe Z für Zell am See und Kapfenberg kehrte sie zur laufachslosen Bauart zurück. Für die lange und verkehrsreiche Murtalbahn kam diese allerdings nicht in Betracht – es war die Geburtsstunde der legendären Reihe U der Bauart C1'n2t, der populärsten, einstmals am weitesten verbreiteten österreichischen Schmalspurdampfloktype. Das „U" steht für Unzmarkt, wo 1894 die erste Maschine ihrer Familie in Dienst gestellt wurde. Gebaut wurden insgesamt 50 Exemplare, und zwar vor allem für die k.k. Österreichischen Staatsbahnen, dazu an diverse Lokalbahnen der Österreich-Ungarischen Monarchie.

Sie waren eine Weiterentwicklung der ersten C1'n2t der Steyrthalbahn AG, nunmehr mit einer deutlichen Leistungssteigerung u.a. durch eine Vergrößerung der wasserberührten Heizrohrheizfläche von 40,15 auf 46,3 m^2 sowie des Rostes von 0,8 auf 1,0 m^2, während die Zylinder mit 290 mm Durchmesser und 400 mm Kolbenhub unverändert blieben. Wesentlich größer war der Kohlenvorrat von nunmehr 1,65 m^3, die Wasserkästen wiesen dagegen ein annähernd gleiches Volumen auf. Die hintere Kuppel- und die Schleppachse ruhten wiederum gemeinsam in einem Krauss-Helmholtz-Gestell, damals auch „combiniertes Drehgestell" genannt. Auch wenn sie gegenüber den StB-Maschinen stärker waren und mehr Kohle faßten, so waren die Lokomotiven der Reihe U doch um einen halben Meter kürzer, weil man eine kürzere Rauchkammer und einen kompakteren Kessel wählte. Der kleinere Gesamtachsstand ergab sich aus dem um 10 cm kleineren Radstand zum Nachlaufgestell. Der Rahmen war vorne und im Bereich der Kuppelachsen als Innen-, dahinter als Außenrahmen ausgeführt worden, so daß eine breitere, besser zu unterhaltende Feuerbüchse gewählt werden konnte, die seitlich nicht durch die Spurweite beschränkt war. Die Rostfläche war also einfacher beschickbar. Die Zylinder sowie die Steuerung der Bauart Walschaert-Heusinger-von-Waldegg lagen wiederum außerhalb der Räder. Zur Dampfverteilung dienten die bewährten Flachschieber. Entsprechend den ersten Wagen der Steyrtalbahn mit nur 1,80 bis 1,90 m Breite waren auch die ersten Lokomotiven mit 2,00 m sehr schmal gehalten. Als dann die Reihe U erschien, waren Wagenbreiten von mittlerweile 2,30 bis 2,40 m üblich. Also wurde auch die U entsprechend konzipiert, nämlich mit nunmehr 2,40 m Breite. Im Vergleich zu den alten StB-Maschinen verfügte die U schließlich über Achsstellkeile.

Die guten Erfahrungen mit den Maschinen der Reihe U der Murtalbahn animierten gleichfalls die kkStB, (ab 1897) solche Lokomotiven zu beschaffen, und zwar zunächst drei für die Lokalbahn Neuhaus – Neubistritz. Die nächsten gingen an die Niederösterreichischen Landesbahnen für die Pielachtalbahn und dann für die Waldviertelbahnen. Von den 43 kkStB-Loks der Reihe U gelangten nach dem 1. Weltkrieg lediglich 14 zu den BBÖ bzw. Steiermärkischen Landesbahnen, während von den acht NÖLB-Loks immerhin sechs (die späteren U.51-56) im österreichischen Kernland verblieben. Obwohl technisch längst überholt, wurde sogar eine U nachgebaut, nämlich die U 44 der Murtalbahn. Auf der Steyrtalbahn erschien die Reihe U erst während des 2. Weltkriegs. Mit der Zeit waren immerhin neun Maschinen über kurz oder lang in der Zugförderungsstelle Garsten stationiert. Sie prägten nachhaltig das Bild der Steyrtalbahn bis zu deren Einstellung im Februar 1982 sowie auch darüber hinaus auf der Museumsbahn Steyr – Grünburg.

Zwei Loks der Reihe U (298.25 und 53) warten vor dem Garstner Heizhaus auf ihren nächsten Einsatz, eine dritte („29852") steht kalt daneben. Hier wird wieder deutlich, daß keine U exakt einer anderen entsprach, jede hatte ihre individuellen Merkmale, wie z.B. die Ausführung der Bahnräumer, der Pufferbrust, der Lampen, der Rauchkammertür, des Kohlenkastenaufsatzes, der Griffstangen, der Nummernschilder oder des Schornsteins, der Anbringung der Lichtmaschine und schließlich auch der Pflegezustand, je nach ihrem Stammpersonal. Foto (31.5.1966): Heinz Albrecht

Technische Daten im Vergleich

	„Steyrtal“	Reihe U
Bauart	C1'n2t	C1'n2t
Steuerung	Heusinger	Heusinger
Leistung lt. Beschreibung	~ 120 PS	~ 195–222 PS
Leistung lt. Errechnung	~ 120 PS	~ 120 PS
Zugkraft	25,20 kN	25,2–26,0 kN
Höchstgeschwindigkeit	35–40 km/h	35 km/h
Kesseldruck	12 bar	12 bar
Kesseldurchmesser innen	932 mm	980 mm
Zylinderdurchmesser	290 mm	290 mm
Kolbenhub	400 mm	400 mm
Kuppelraddurchmesser	800 mm	800 mm
Laufraddurchmesser	550 mm	550 mm
Äußerer Achsstand	4.000 mm	4.000 mm
Länge über Puffer	7.680 mm	~ 7.200 mm
Maximale Breite	2.000 mm	2.400 mm
Maximale Höhe	3.350 mm	~ 3.550 mm
Heizrohre	97 Stück	103 Stück
Heizrohrlänge	3.000 mm	3.250 mm
Heizrohrheizfläche	40,15 m^2	46,28 m^2
Gesamtheizfläche	43,90 m^2	50,70 m^2
Rostfläche	0,8 m^2	1,0 m^2
Wasservorrat	~ 2,9 m^3	~ 3,0–3,2 m^3
Kohlevorrat	~ 1,0 m^3	~ 1,2–1,7 m^3
Leergewicht	~ 16,5 t	~ 18,8 t
Dienstgewicht	~ 22,7 t	~ 24,2–25,2 t

Blick auf das kessellose Fahrwerk der 298.52 bei der Hauptuntersuchung in der ÖGEG-Werkstätte in Steyr Lokal. Foto (6.6.2025): Patrick Minařík

Unten: Lokparade vor dem heimischen Heizhaus, v.l.n.r. die 298.25, die 298.56, die 699.103 und 298.51. Nach dem Hangrutsch vom März 1980 ist der Güterverkehr weitgehend zum Erliegen gekommen, die 699.103 dient nun als Reserve für Personenzugdienste. Foto (1980): Heinz Moschner

Foto: Richard Stürmer

Foto: Peter Schmie

1 Wasserstandsanzeiger mit Schutzglas (sichtbarer Wasserstand)
2 Manometer für Kesseldruck
3 Prüfhähne für Wasserstand
4 Doppelluftsauger
5 Dampfregler
6 Dampfpfeife
7 Manometer für Vakuumbremse
8 Manometer für Dampfheizung
9 Ventil für Injektor
10 Hilfsgebläse
11 Ventil für Doppelluftsauger
12 Lichtmaschine
13 Schmierpreßvorwärmer
14 Ventil zum Dampfabgeben (z.B. Kessel kalt machen oder zum Betrieb eines stationären großen Injektors zum Auswaschen des Lokkessels)
15 Handbremse
16 Ventil für Heißwasser
17 Aschkasteneinspritzung
18 Rauchkammereinspritzung
19 Umstellhahn auf Spritzschlauch
20 Zylinderhähne
21 Geschwindigkeitsmesser
22 Sandzug
23 Absperrhahn der Dampfpfeife
24 Ventil für Dampfheizung
25 Dampfheizumstellhahn (vor-/rückwärts)
26 Wasserstandsdurchblashahn
27 Feuertür
28 Feuertürgriff

Besaßen die ersten „U" noch Federwaag-Sicherheitsventile, so erhielten die späteren Lieferungen schon ab Werk solche der Bauart Popp-Coale. Auch die älteren Loks wurden mit der Zeit entsprechend umgerüstet. Durch die hochgezogene Domverkleidung saßen sie zusammen mit der kleinen zylindrischen Schmiervase für den Schieber des Dampfreglers praktisch in einer Nische. Die meisten Lokpersonale widmeten den Messingteilen eine besonders intensive Pflege.

Unten links: Sorgsam gepflegt wurde ebenso der Wasserstandsanzeiger. Aus Sicherheitsgründen besaß er zwei Kugelventile, die sich bei Glasbruch (dampf- oder auch wasserseitig) automatisch schließen, um vor Verletzungen zu schützen. Um ein zerrissenes Wasserstandsglasröhrl auszutauschen (was selten nötig war), mußte der Schutzkorb abmontiert werden.

Unten rechts: Alle 14 Tage wurde der Dampfkessel mit einem starken stationären Injektor gesäubert, das ausströmende Wasser ist vom Kesselschlamm entsprechend gefärbt. Zur perfekten Reinigung wurden zuvor sämtliche kegelförmigen Bolzen und Pilze entfernt. Fotos: Heinz Moschner

1 Treibstange
2 Kuppelstangen
3 Gegenkurbel
4 Schwingenstange
5 Schieberschubstange
6 Voreilhebel
7 Lenkerstange
8 Kreuzkopf
9 Schwinge
10 Aufwerfhebel
11 Pendel bzw. das Pendellager
12 Kolbenstange
13 Antrieb Geschwindigkeitsmesser
14 Antrieb für die Schmierpresse
15 Schieberstangenführung
16 Schieberstange
17 Gehäuse für Flachschieber (die Naßdampflokomotiven haben üblicherweise Flachschieber)
18 Dampfzylinder

ÖBB 298.05 – ehem. DRB 99 7811 – kkStB / BBÖ U.5

Hersteller		Krauss Linz 3804 / 1898
am	11.1.1898	geliefert an kkStB für Ybbstalbahn
am	22.2.1898	Inbetriebnahme in Waidhofen/Ybbs
ab	26.4.1898	stationiert in Waidhofen an der Ybbs
ab	12.2.1916	Einsatz für k.u.k. HV in Triest
ab	15.11.1918	Hw Knittelfeld, anschließend wieder in Waidhofen an der Ybbs
ab	7.1.1925	zeitweise verliehen an Salzkammergut-Lokalbahn (bis März 1925)
ab	16.12.1930	V.-Kühnsdorf (evtl. schon ab 3/1925)
ab	8.5.1931	Waidhofen an der Ybbs
ab	etwa 1939	Zell a. See (evtl. erst ab 31.12.1946)
ab	22.5.1953	mit ÖBB-Nr. 298.05
ab	10.5.1963	Garsten (Steyrtalbahn)
ab	21.2.1965	Zell am See (Pinzgauer Lokalbahn)
ab	1.5.1965	Garsten (Steyrtalbahn)
am	21.2.1968	von Ausbesserung zurückgestellt
ab	24.10.1968	abgestellt in Obergrafendorf
am	30.3.1973	offiziell ausgemustert, anschließend Denkmal in der Hw Knittelfeld
ab	30.1.2013	Stainzer Lokalbahn (privat)
am	23.2.2018	an ÖGEG, hinterstellt in Aschach

Die 298.05 hatte ihre Wurzeln bei der Ybbstalbahn, für die sie als U.5 der kkStB gebaut worden war und auf der sie – abgesehen von einem Kriegseinsatz in Triest (1916-18) und einer Aushilfe auf der Vellachtalbahn (1930/31) – annähernd 40 Jahre lang aktiv war, bis es sie 1939 in den Pinzgau verschlug. Auch bei der Zfst Zell am See brachte sie es auf eine beachtliche Einsatzzeit, nämlich auf ungefähr 24 Jahre, dann wurde sie von den neuen Dieselloks der Reihe 2095 verdrängt und zur Steyrtalbahn abgegeben. Hier spielte sie keine große Rolle mehr, erbrachte vorwiegend untergeordnete Dienste und wurde nach nicht einmal fünf Jahren von der Ausbesserung zurückgestellt. Nach fünfjährigem Dasein auf dem Lokfriedhof Obergrafendorf stand sie ab Frühjahr 1973 fast 40 Jahre lang als Denkmal in der Hauptwerkstätte Knittelfeld, seit 2018 wartet sie auf der Steyrtal-Museumsbahn auf die Reaktivierung.

Anhand ihrer recht kleinen Loknummer war die 298.05 schon von weitem erkennbar. Hier hält sie mit dem Zug GK 17 in Waldneukirchen. Foto (10.9.1966): Harald Navé

In ihrer kurzen Zeit auf der Steyrtalbahn bekam die 298.05 meist nur untergeordnete Aufgaben, wie hier den Verschub der „Stoanazüge" in Molln. Schon damals verfügte sie über zwei Dampf-Turbogeneratoren, nämlich einen links und einen rechts vom Sanddom. Foto (15.9.1966): Gerhard Luft

Unten: „Im" Unterhaus – damals noch ein besetzter und dreigleisiger Geschäftsführerbahnhof – hat die 298.05 mit dem nur schwach besetzten Zug GK 17 nach Klaus (solche Zugnummern galten bis 1972/73) gegen 14.35 Uhr einen Halt eingelegt. Foto (10.9.1966): Alfred Luft

Während ihrer kurzen Garstner Zeit veränderte sich das Äußere der 298.05 nicht mehr. Hier steht sie mit dem Zug GK 18 (ab 14.32 Uhr, u.a. mit dem Postwagen F/s 8461) im Bahnhof Klaus zur Rückfahrt bereit. Foto (12.8.1966): Jirvis Verhoef (Sammlung Ludger Kenning)

Rechts oben: Die 298.05 hat mit dem Zug GK 17 oberhalb Haunoldmühle die Groißenbach-Passage hinter sich gelassen. Foto (10.9.1966): Alfred Luft

Rechts unten: Über 40 Jahre verbrachte die Lok als Denkmal im Bereich der ÖBB-Hauptwerkstätte Knittelfeld. Foto (9.10.1980): Josef Fugger

Unten: Die 298.05 von der Heizerseite her betrachtet im Bahnhof Klaus (mit Hans Hehenberger diesmal als Heizer). Hier ist gut zu sehen, daß sie aus ihrer Pinzgauer Zeit weiterhin über Scheibenräder verfügt – und das ist bis heute der Fall. Foto (24.5.1968): Peter Tschulik

298.05

ÖBB 298.14 – ehemals DRB 99 7843 – ČSD U 37.004 – kkStB U.14

Annähernd 24 Jahre war das Heizhaus Garsten die Heimat der 298.14. Im Jahr 1898 war sie in österreichisch/mährisch Schlesien als Lok U.14 auf der von den k.k. Österreichischen Staatsbahnen (kkStB) erbauten Lokalbahn Röwersdorf – Hotzenplotz (später Třemešná ve Slezsku – Osoblaha) in Dienst gestellt worden. Nach einem Einsatz bei der k.u.k. Heeresverwaltung Triest in den Jahren 1917/18 gelangte sie nach Kriegsende zur Tschechoslowakischen Staatsbahn ČSD, und zwar vorerst weiter als U.14, ab 1925 dann als U 37.004. Um 1934 wurde sie nach Jindřichův Hradec (ehemals Neuhaus) und im Dezember 1943 – mittlerweile als 99 7843 der DRB – nach Gmünd Lbf (heute České Velenice) umgesetzt, um hauptuntersucht zu werden. Im Juli 1944 wurde sie von der DRB dem Bw Garsten zugeteilt. Bis Ende 1968 versah sie ihren Dienst im Steyrtal, danach verbrachte sie einige Zeit auf einem Abstellgleis der Zfst Garsten, bis sie im Frühjahr 1970 nach St. Pölten überführt wurde. Auf Vermittlung des Club 760 fand sie eine neue Verwendung und am 3. Juni 1970 begann ihre Ausreise in die Schweiz. Neue Eigentümerin war die Europäische Vereinigung zur Erhaltung von Dampflokomotiven (Eurovapor), neues Domizil die Waldenburger Bahn Liestal – Waldenburg bei Basel, wo sie – allgemein nun als „Hotzenplotz" bezeichnet – am 1. November 1970 den Eröffnungszug des Nostalgiebetriebs bespannte. Über zehn Jahre hinweg war sie hier – teilweise grün lackiert – in den Sommermonaten zu erleben. Nach der Wiederinbetriebnahme der originalen Waldenburger Lok 5 „Gedeon Thommen" im Juni 1980 wurde es ruhig um den für die Schweiz recht unpassenden österreichischen Zug.

Am 5. Mai 1984 gelangte die komplette Garnitur mietweise zur Öchsle Schmalspurbahn GmbH. Trotz aller Anfangseuphorie scheute man dort angesichts des auf zehn Jahre befristeten Mietvertrages die Investitionen in eine fremde Lok. Einerseits hielt sich die Eurovapor zurück, andererseits stand bald eine polnische Lok zur Verfügung, und so sank das Interesse an der „U" als Betriebslok. Auch in den 90er Jahren dauerte es lange, bis die Eurovapor die Fahrzeuge an den Verein verkaufte (sie hatte sie öffentlich zum Verkauf gegen Höchstgebot ausgelobt). Gab es für die aufwendig restaurierten Wagen noch Interessenten, so hielt sich das Interesse an der Lok in Grenzen. Am 31. Juli 2003 wurden die Teile ins Jagsttal überführt und in Bieringen und Dörzbach untergebracht. Seit 2018 liegen sie bei der Bregenzerwald-Museumsbahn in Bezau.

		Krauss Linz 3816/1898
ab	1898	Lokalbahn Röwersdorf – Hotzenplotz (als kkStB U.14)
ab	12.2.1917	k.u.k. Heeresverwaltung für Triest (bis 14.8.1918)
ab	1918	ČSD (U.14, später U 37.004) für Třemešná v. Slezsku – Osoblaha (Röwersd. – Hotzenpl.)
ab	etwa 1934	Jindřichův Hradec (Neuhaus)
ab	Mai 1940	Bw Gmünd Lokalbahn
ab	Juli 1943	Neuhaus (Jindřichův Hradec)
ab	Dez. 1943	Gmünd Lokalbahn (zur HU)
ab	14.7.1944	Bw Garsten (Steyrtalbahn)
ab	16.12.1968	abgestellt in der Zfst Garsten
ab	Frühj. 1970	Hauptwerkstätte St. Pölten
ab	5.6.1970	Eurovapor für Waldenburgerbahn Liestal – Waldenburg/CH
ab	1.11.1970	in Betr. als Lok „Hotzenplotz"
ab	5.5.1984	Öchsle Schmalspurb. GmbH
ab	29.11.1993	Öchsle Schmalspurbahn e.V.
am	15.3.2001	verkauft an Privat
am	31.7.2003	in Einzelteilen an Jagsttalbahn
um	2018	in Einzelteilen an Bregenzerwald-Museumsbahn (Bezau)

Unten: Die 298.14 mit dem Nachmittagszug GK 23 nach der Ankunft in Klaus. Noch besitzt sie ihren Rauchkammerzentralverschluß, auf Bildern von 1962 ist er auch noch zu sehen, auf späteren Aufnahmen dann nicht mehr. Foto (9.8.1953): Alfred Luft

Vorbei am Lilienhof rollt die 298.14 mit dem Postzug GK 59 auf die Haltestelle Sarning zu. Gegenüber dem linken Bild besitzt sie unterhalb der Rauchkammertür eine kleine Rutsche, um die Verschmutzung beim Löscheziehen zu vermindern. Seinerzeit besaß die Lok keine Nummernschilder, vorderseitig war die „298" links sowie die „14" rechts auf der Rauchkammer angeschrieben. Vier Jahre zuvor hatte die am 1.7.1953 an diese Lok vergebene Nummer „298.14" oberhalb davon gestanden. Ein einfaches Blechnummernschild erhielt sie vorderseitig erst um 1960.

Unten: Die 298.14 wiederum an der Haltestelle bei der „Brotfabrik" in Sarning. Auch diese Aufschriften sind interessant. Eine Lok der Reihe U faßte in der Regel 1,7 t Kohle, hier sind nur 1,2 t angeschrieben. Waren auf dem Foto von 1953 noch 2,6 t Wasser zu lesen, so sind es hier 3,0 t, so wie es für die U der kkStB üblich war, und das Dienstgewicht beträgt hiernach 24,0 t, während es bei den kkStB-Loks der Reihe U üblicherweise bei 25,2 t lag. Und schließlich ist „Zgfltg. Garsten" zu lesen, auch wenn es hier nie eine Zugförderungsleitung gab. Fotos (5.8.1957): Alfred Luft

Die 298.14 in Klaus. Wieder haben sich einige Details verändert: Wir erkennen eine neue Dampfpfeife, anstatt eines Dampfturbogenerators hinter dem Dom quer auf dem Kessel besitzt die Lok jetzt zwei längs angeordnete Generatoren, und als Dienstgewicht ist jetzt 24,3 t angeschrieben. Hinter ihr läuft der 1968 ausgemusterte Postwagen F/s 8461, der 1892 als CF 202 an die Steyrtalbahn geliefert worden war. Foto (24.5.1968): Peter Tschulik

Unten: Arg gezeichnet vom harten Arbeitsalltag trifft die 298.14 mit dem Zug GK 21 gegen 10 Uhr im Bahnhof Klaus ein. Ihre Tage auf der Steyrtalbahn sind mittlerweile gezählt – zum Jahresende wird man sie in Garsten aufs Abstellgleis schieben. Foto (31.3.1968): Heinz Albrecht

Im schweren Holz- oder auch Ernteverkehr waren doppelt bespannte Güterzüge nicht selten. Hier ist aber die Lastprobe der von einer Fristausbesserung heimgekehrten 298.14 der Grund, daß der Güterzug von zwei Maschinen (u.a. 298.27) gezogen wird. Foto (2.8.1966): Ernst Kabelka

Unten: Auf der Waldenburgerbahn Liestal – Waldenburg, im Jura-Kalkgebirge bei Basel gelegen, versah die 298.14 fast zehn Jahre lang zusammen mit den drei ebenso von den ÖBB stammenden Haubendachwagen den Dampfzugbetrieb. Hier verläßt sie den Bahnhof Hölstein. Foto (1976): Harald Navé

ÖBB 298.24 – ehem. DRB 99 7813 – kkStB U.24

	Hersteller	Krauss Linz 4678/1902
am	26.7.1902	Abnahme auf der Ybbstalbahn
ab	19.8.1902	Bregenz-Vorkloster
ab	16.12.1931	St. Pölten (zur Ausbesserung)
ab	22.4.1932	Bregenz-Vorkloster
ab	11.12.1935	Zell am See (Reparatur)
ab	29.1.1936	Bregenz-Vorkloster
ab	6.10.1950	Zell am See (für Pinzgauer Lb.)
ab	28.6.1956	Garsten (Steyrtalbahn)
ab	16.6.1958	Treibach-Althofen (Gurktalb.)
ab	1.8.1958	Garsten (Steyrtalbahn)
am	23.8.1965	überführt nach Obergrafendorf, abgestellt auf dem „Lokfriedhof“
am	9.7.1971	offiziell ausgemustert
am	10.7.1971	verkauft an Stadt Bregenz, danach Denkmal bzw. Spielgerät auf dem Kinderspielplatz „Seepark“ beim Festspielhaus
am	11.6.2005	verkauft an Bregenzerwald-Museumsbahn und überführt von Bregenz nach Bezau

Die gepflegteste „U“ der Zfs Garsten war die 298.24 nie, es gab auch keinen Anlaß, sie für eine Sonderfahrt herauszuputzen, denn diese fanden seinerzeit nur äußerst selten statt. Hier kreuzt sie „im“ Unterhaus einen Bauzug. Foto (12.6.1962): Basil Roberts (Slg. André Sinn)

Unten: Auf der Bregenzerwaldbahn hatte die 298.24 einst zusammen mit der 298.25 den Eröffnungszug bespannt, danach war der Bregenzer Wald gut 48 Jahre ihre Heimat. Hier steht sie beim Bw Bregenz-Vorkloster in Positur. Foto (1939): Bildarchiv der Eisenbahnstiftung

In der Garstner Abstellgruppe stellt die 298.24 die Garnitur für den Zug GK 27 nach Molln (ab 19.00 Uhr) zusammen. Nicht nur sie allein, sondern ebenfalls die Flachdachwagen – allerdings ungefähr 14 Jahre früher – waren von der DRB aus dem Pinzgau zur Steyrtalbahn umgesetzt worden.

Unten: Vor dem Heizhaus in Garsten wartet die 298.24 in der Abendsonne auf den nächsten Einsatz. Ungewohnt für eine „U" sind die Scheibenräder, mit denen sie im Pinzgau ausgestattet worden war (dort hatten auch die 298.05 und 298.51 solche Räder besessen). Fotos (8.8.1956): Alfred Luft

298.24

Mit ihrer typischen flachen Rauchkammertür steht die 298.24 im Bahnhof Klaus. Die neue Dampfpfeife und die modernen Lampen hatte sie schon im Pinzgau erhalten. Das Nummernschild ist derweil anderweitig beschriftet.
Foto (25.8.1960): Peter Tschulik

Links: Außer der Neubeschilderung (mit nachträglich ergänztem Punkt) hat sich bei der 298.24 optisch nicht viel verändert, als sie mit dem Zug GK 23 nach Klaus einen Halt in Pergern einlegt.
Foto (21.8.1961): Peter Schmied

Unten: Die „Neue im Steyrtal"! Erst sechs Wochen zuvor war die 298.24 vom Pinzgau hierher umstationiert worden, als sie zusammen mit einer Alt-Steyrtälerin gemeinsam den morgendlichen Doppelzug GK 14 von Aschach nach Garsten bringt, hier aufgenommen bei Neuzeug.
Foto (9.8.1956): Alfred Luft

ÖBB 298.25 – ehem. DRB 99 7814 – kkStB U.25

Auch die 298.25 war – seinerzeit als U.25 der kkStB – für die Bregenzerwaldbahn erbaut und ebenso wie ihre Schwester U.24 im Sommer 1902 auf der Ybbstalbahn bahnamtlich abgenommen worden. Hergestellt wurde sie aber nicht bei Krauss in Linz, sondern von der St.E.G., der k.k. landesbefugten Maschinenfabrik der priv. österreichisch-ungarischen Staatseisenbahn-Gesellschaft in Wien-Favoriten. Zudem hatte sie gegenüber der U.24 vor und während des 1. Weltkriegs einige Einsätze bei der Lokalbahn Triest – Parenzo bzw. auf Militärbahnen in Bosnien und Serbien. Mit der U.24 wechselte sie 1935/36 zur Pinzgauer Lokalbahn, die nun für 24 Jahre ihre Stammstrecke war. Nach einer Aushilfe auf der Gurktalbahn kam sie im September 1963 nach Garsten. Gut gepflegt blieb sie bis zur Einstellung der Steyrtalbahn aktiv, wobei sie zweimal – im Juni 1977 und Oktober 1978 – für Sonderzugeinsätze nach Bregenz bzw. Waidhofen/Ybbs ausgeliehen wurde. Ab Mai 1983 bespannte sie vier Jahre lang in den Sommermonaten die Dampfbummelzüge auf der Pinzgauer Lokalbahn, im ÖBB-Jubiläumsjahr 1987 diente sie als Blickfang am Eingang zur Eisenbahnausstellung am Wiener Nordbahnhof, anschließend wurde sie der Gemeinde Eichgraben bei Neulengbach übereignet und dort als Denkmal aufgestellt.

Nun bekundete der Verein Bregenzerwald-Museumsbahn sein Interesse, die Lok zu erwerben und zu reaktivieren. Im November 1991 kam es schließlich zu einer Übereinkunft mit der Gemeinde Eichgraben, die 298.25 gegen die optisch hergerichtete 598.01, die viele Jahre in Treibach-Althofen dahingerostet hatte, zu tauschen. Am 10. Februar 1992 ging die Aktion über die Bühne und die 298.25 wurde zur Instandsetzung nach Jenbach gebracht. Am 7. Juli 1992 begannen dort die Arbeiten, wobei das größte Problem darin bestand, zahlreiche gestohlene Teile zu ersetzen. Bereits am 19. Juli 1993 konnte die Lok auf der Zillertalbahn erstmals wieder angeheizt werden, drei Tage später beförderte sie als Belastungsprobefahrt einen 20-Wagen-Zug von 160 t als Vorspann nach Mayrhofen und zurück und am 30. Juli 1993 wurde die 298.25 schließlich in ihre neue/alte Heimat, den Bregenzer Wald, überführt.

	Hersteller	StEG 2998/1902
am	21.6.1902	Abnahme auf der Ybbstalbahn
ab	19.8.1902	Bregenz-Vorkloster
ab	Okt. 1913	Lokalbahn Triest – Parenzo
ab	1914	wieder in Bregenz
ab	13.10.1914	Militäreinsatz in Bosnien und Serbien (Krivajatalbahn)
ab	28.3.1915	wieder in Bregenz
ab	17.1.1916	Militäreinsatz bei k.u.k. Heeresfeldbahnen bzw. Bosnisch-Herzegowinische Landesbahn
ab	1917	wieder in Bregenz
am	1.1.1932	formeller Übergang an BBÖ
ab	3.3.1936	Zell am See (Pinzgauer Lb.)
ab	20.5.1953	mit ÖBB-Nr. 298.25
ab	19.5.1954	Jenbach (leihw. Zillertalbahn)
ab	10.3.1955	Zell am See (Pinzgauer Lb.)
ab	12.1.1960	Zfst Garsten (Steyrtalbahn)
ab	28.3.1960	Zell am See (Pinzgauer Lb.)
ab	23.3.1962	Treibach-Althofen (Gurktalb.)
ab	1.9.1963	Zfst Garsten (Steyrtalbahn)
per	4.7.1975	letzte Hauptuntersuchung ÖBB
im	Juni 1977	kurzzeitig verliehen nach Bregenz für Jubiläumssonderzüge
ab	23.10.1978	Sonderzugeinsätze an 2 Tagen auf der Ybbstalbahn
ab	28.2.1982	abgestellt in der Zfst Garsten
am	25.11.1982	offiziell ausgemustert
ab	19.5.1983	Zell am See (bis Juni 1986)
2. –	11.10.1987	Blickfang am Eingang der Eisenbahnausstellung Wien Nord
ab	Okt. 1987	Denkm. Eichgraben-Altlengbach
im	Nov. 1991	an Bregenzerwald-Museumsb.
am	10.2.1992	Überführung Eichgr. – Jenbach
am	20.7.1993	Wiederinbetriebn. in Jenbach
am	30.7.1993	Überführung Jenbach – Bezau
seit	29.4.2008	ausgerüstet mit Neubaukessel aus dem Werk České Velenice

In Aschach wartet die 298.25 mit dem Zug GK 15 nach Klaus eine Zugkreuzung ab. Ihren Rauchkammerzentralverschluß, den sie im Pinzgau zusammen mit gleich vier Vorreibern noch besessen hatte, hat sie mittlerweile verloren. In Zell am See hat man den ersten Dampfgenerator hinter dem Sanddom quer auf dem Kesselscheitel montiert. Foto (22.9.1966): Peter Schmied

Die 298.25 eines Nachmittags am Bekohlungspodest des alten Kohlenbansens. Die kleine Rutsche unterhalb der Rauchkammertür zur Verminderung der Verschmutzung beim Löscheziehen hatte sie erst in der Zfst Garsten erhalten. Foto (1966): Walter Illig (Sammlung Burkhard Wollny)

Unten: Mit dem Zug GK 31 nach Molln wartet die 298.25 gegen 14.38 Uhr im Steyrer Lokalbahnhof auf die Weiterfahrt. Ihr exzellenter Zustand wundert nicht, erst eine Woche zuvor war sie nach einer Hauptuntersuchung aus der Hw Knittelfeld heimgekehrt. Foto (19.7.1970): Ernst Kabelka

Lokführer Heinz Moschner fährt mit der 298.25 und dem Morgenzug in Sarning am Lilienhof vorbei. Auch drei Jahre nach der letzten HU präsentiert sie sich im ausgezeichneten Pflegezustand, und so wird man sie vier Jahre später nach Bregenz verleihen, wo sie im Juni 1977 die von unzähligen Schaulustigen begleiteten Festzüge zum „75-Jährigen" der Bregenzerwaldbahn als Vorspannlok befördern wird. Foto (22.5.1973): Erich Hoch

Unten: Am 23. und 24.10.1978 hatte die 298.25 auf der Ybbstalbahn einige Sonderzüge zum 80-jährigen Bahnjubiläum bespannt, auf den 24.10.1978 war allerdings ebenso die Ausbesserung in Knittelfeld datiert. Diesmal hat sich elektrisch einiges verändert: Seitlich vom Sanddom befindet sich jetzt ein zweiter Dampfturbogenerator, sein Abdampfrohr führt am Dampfdom hinauf und die Lok hat neue Scheinwerfer erhalten. Zum Dreilichtspitzensignal hat es aber noch immer nicht gereicht. Hier wartet die Lok in Waldneukirchen auf Abfahrt. Foto (3.9.1980): Peter Schmied

Oben: Ganz nah am Steyrufer hat die 298.25 gegen 14.15 Uhr mit dem Zug 3669 nach Molln die Haltestelle Unterhaus verlassen. Foto (Mai 1973): Wilhelm Tausche (Sammlung Thomas Wunschel)

Als vom 2. bis 11.10.1987 auf dem Güterbahnhof Wien Nord sozusagen als Pendant zu den Strasshofer Lokparaden die von annähernd 30.000 Gästen besuchte ÖBB-Jubiläumsausstellung „Die Große Schau der Schiene" mit etwa 100 Triebfahrzeugen und 200 Wagen aus dem In- und Ausland stattfand, diente die 298.25 vor dem Ausstellungseingang als Blickfang, bevor sie in Eichgraben-Altlengbach als Denkmal aufgestellt wurde. Foto (Wien, 3.10.1987): Hans-Karl Kunhäuser

ÖBB 298.27 – ehem. DRB 99 7815 – kkStB bzw. BBÖ U.27

	Hersteller	StEG 3062/1903
ab	6.4.1903	Abnahme auf der Ybbstalbahn
ab	Sept. 1903	Bregenz-Vorkloster
ab	31.12.1946	St. Pölten Alpenbahnhof
ab	11.3.1951	Gmünd NÖ
ab	28.4.1953	mit ÖBB-Nr. 298.27
ab	9.12.1959	Waidhofen/Ybbs (bis 24.1.1960)
ab	1.4.1960	Gmünd NÖ
ab	18.2.1965	Garsten (Steyrtalbahn)
ab	Sept. 1969	kalt abgestellt in Garsten
am	25.10.1973	formell ausgemustert
ca.	Juli 1975	Abschluß der Verschrottung

Die Stationierungen der 298.27, welche um die 72 Jahre alt wurde, sind recht überschaubar: Ungefähr 43 Jahre in Bregenz, fünf Jahre in St. Pölten und 14 Jahre in Gmünd, ehe sie im Februar 1965 schließlich ins Steyrtal kam. Überschaubar ist aber auch ihre Dienstzeit bei der Zfst Garsten, nämlich nur viereinhalb Jahre – und sechs Jahre währte ihre Verschrottung im Bereich der Garstner Heizhausanlagen. Hier hat sie den Zug GK 15 nach Klaus befördert und wird jetzt versorgt, ehe es um 14.32 Uhr mit dem Zug GK 18 zurück nach Garsten geht. Foto (2.3.1968): Peter Tschulik

Als die 298.27 im Februar 1965 nach Garsten kam, besaß sie auf der flachen Rauchkammertür noch den Zentralverschluß. Bei der Umzeichnung 1953 in Gmünd war in der Loknummer der Punkt vergessen worden, nun hat man ihn in Form eines winzigen Dreiecks ergänzt. Neben einer moderneren Dampfpfeife hat sie auch einen zweiten Dampf-Turbogenerator erhalten, jetzt sitzt einer vor und einer hinter dem Sanddom, jeweils quer auf dem Kesselscheitel. Ein halbes Jahr nach ihrem Zugang in Garsten befördert sie hier den GK 31 nach Molln, aufgenommen in Grünburg (2.8.1965).

Unten: Der Grünburger Bahnhofsvorstand Alois Fischinger (mit Befehlsstab) gibt das Signal „Plätze einnehmen", doch ein Eisenbahnfreund hat noch eine Frage an den Lokführer. Der Zug GK 18 aus Klaus hat gegen 14.30 Uhr einen zweiminütigen Halt eingelegt (2.3.1968). Fotos: Peter Tschulik

Mit dem Zug GK 31, der hier endet, hat die 298.27 gegen 16.02 Uhr den Bahnhof Molln erreicht. Baulich hat sich an ihr noch nichts verändert, jedoch die Optik ist bedenklich – die Stammpersonale pflegten die ihnen zugewiesene Lok unterschiedlich sorgfältig. Foto (3.8.1966): Ernst Kabelka

Unten: Als sie zwei Jahre später in Grünburg verschob, hatte sie den Rauchkammerzentralverschluß verloren. Ihre letzte Bremsuntersuchung war auf den 3.9.1968 datiert, ein Jahr später wurde die Lok beim Garstner Heizhaus abgestellt. Foto (Juli 1968): Dieter Junker (Eisenbahnstiftung)

Abgesang der 298.27 in Raten! Am 5.1.1971 (links) war noch alles dran, obwohl sie schon mehr als 15 Monate auf dem Abstellgleis stand (Foto: Peter Schmied). Am 19.4.1975 (oben rechts) war sie schon arg gerupft (Foto: Werner Fritthum, TAÖ), im Herbst 1975 (darunter) lagen etliche Teile zur Entsorgung bereit (Foto: Ernst Köberlein, Slg. Markus Strässle) und im Sommer 1976 wurden die Überreste entsorgt (Foto: Heinz Moschner).

ÖBB 298.51 – DRB 99 7817 – BBÖ U.51 – NÖLB 5 bzw. U.1

	Hersteller	Krauss Linz 3709/1898
ab	7.6.1898	St. Pölten Lokalbahn (NÖLB 5 bzw. U.1)
im	Okt. 1914	an k.u.k. HV für Zabrežje – Valjevo
ab	1915	Gmünd Lokalbahn
ab	1916	zeitweise auf russischer Militäreisenbahn Wyznica – Uscieryki, anschließend zurück an Niederösterr. Landesbahnen
ab	24.10.1919	mit Kessel Kr. L. 3870/1898 (ehem. U.4)
ab	Jan. 1922	leihweise in Völkermarkt-Kühnsdorf
ab	evtl. 1923	leihweise Steiermärkische Landesb. (?)
ab	1925	Bregenz-Vorkloster
ab	1928	Zell am See (Pinzgauer Lokalbahn)
ab	Aug. 1942	Bahnbetriebswerk Garsten (Steyrtalb.)
ab	etwa 1943	Bahnbetriebswerk Zell am See
ab	20.5.1953	mit ÖBB-Nr. 298.51
im	Jahr 1956	für kurze Zeit in Gmünd NÖ
ab	28.4.1961	Zfst Garsten (bis August 1984)
per	22.12.1977	letzte Hauptuntersuchung bei den ÖBB
ab	28.6.1978	Zell am See (Sonderzüge bis Juli 1978)
ab	28.2.1982	hinterstellt im Heizhaus Garsten
am	6.12.1982	formell ausgemustert
am	8.8.1984	überführt von ÖBB-Kollegen der Ybbstalbahn nach Waidhofen an der Ybbs
ab	25.9.1984	Wiederinbetriebnahme in Waidhofen/Y.
am	6.10.1984	„Kostümzug" Waidhofen – Lunz am See
am	8.10.1984	an ÖGLB für Payerbach – Hirschwang
am	10.5.1990	überführt zur Ybbstalbahn-Bergstrecke

Weit gereist ist die 298.51, zuletzt das „beste Pferd im Stall" der Steyrtalbahn. Ihre ersten Jahre verbrachte sie auf der Pielachtalbahn und im Waldviertel, mit kurzen Militäreinsätzen in Serbien und Rußland sowie Aushilfen auf der Vellachtalbahn und im Bregenzer Wald. Längerfristig war sie ab 1928 im Pinzgau heimisch, wobei sie 1942/43 kurz im Steyrtal aushalf. Im April 1961 wurde sie fest der Steyrtalbahn zugeteilt. Als gute Dampfmacherin und mit ihrem zweiten Wasserstandsglas war sie beim Personal beliebt, auch für Sonderzüge wurde sie gern herangezogen. Noch am letzten Tag der Steyrtalbahn stand sie unter Dampf, dann harrte sie im Garstner Heizhaus ihres Schicksals.

Die Österreichische Gesellschaft für Lokalbahnen (ÖGLB) bemühte sich lange um einen Ankauf, allerdings waren die in Garsten hinterstellten Loks für das Museumsbahnprojekt „Steyrtalbahn" reserviert. Die Lok mußte also aus diesem Pool herausgelöst werden. Die ÖGLB hatte ja – als Helfer in der Not – in ihren Reihen den stellvertretenden ÖBB-Generaldirektor Helmut Hainitz. Die ÖBB machten nun Eigenbedarf geltend. Mitarbeiter der Zfst Waidhofen verluden die Lok am 7./8. August 1984 in Garsten mit Hilfe eines Feuerwehrkrans auf einen Tieflader und brachten sie nach Waidhofen, wo sie von Freiwilligen in 700 unbezahlten Stunden herausgeputzt wurde, ohne den weiteren Verwendungszweck zu kennen. Es verlautete lediglich, daß die Lok nicht im Ybbstal bleiben solle. Nach Abschluß der äußeren Untersuchung am 11. September 1984 und der Stationierungsanschrift „Zg. Waidhofen a.d. Ybbs" war die Lok endgültig aus dem Garstner Bestand herausgeeist und somit frei für den Verkauf. Am 25. September absolvierte sie eine Laufprobe bis Opponitz und am nächsten Tag eine Belastungsprobe nach Ybbsitz, und nachdem sie am 6. Oktober einen „Kostümzug" aus acht Wagen nach Lunz am See u.z. befördert hatte, wurde das Geheimnis endlich gelüftet: Die 298.51 war an die ÖGLB verkauft worden! Nur zwei Tage später wurde sie nach Hirschwang überführt.

Gezeichnet vom harten Einsatz im Steyrtal wird die gut 3½ Jahre zuvor von Zell am See nach Garsten gelangte 298.51 versorgt. Im Pinzgau hatte sie Scheibenräder besessen, bis sie Mitte der 50er Jahre dort Speichenräder erhielt. Foto (25.9.1964): Theodor Horn (Bildarchiv der Eisenbahnstiftung)

Die 298.51 verschiebt beim Frachtenmagazin in Molln. Zwischen Dampf- und Sanddom besaß sie schon damals zwei längs angeordnete Dampf-Turbogeneratoren. Sie machte ausgezeichnet Dampf und das Feuerloch ließ sich recht unkompliziert beschicken: „Man mußte die Schaufel nur vor das Loch halten, dann ging sie schon ab", beschrieb es mal ein altgedienter Lokführer leicht übertrieben. Foto (23.7.1966): Gerhard Luft

Unten: Bei Obergrünburg ist die 298.51 mit dem Zug GK 17 unterwegs, im Hintergrund die Steinbacher Kirche. Foto (5.7.1972): Werner Fritthum (TAÖ)

Nach den vielen Feierlichkeiten ist für die 298.51 der Alltag zurückgekehrt. Auf Pufferbrust, Bahnräumer und Fahrwerk schimmert das früher so leuchtende Rot nur noch schwach durch. Hier verschiebt sie bei der Holzmehlfabrik an der Haltestelle Waldneukirchen. Foto (5.6.1979): Ernst Kabelka

Unten: Aschach an einem kühlen Wintermorgen – mit dem Personenzug 3667 nach Grünburg ist die 298.51 unterwegs. Foto (21.2.1982): Alfred Luft

Außerplanmäßiger Betriebshalt beim Mairberg in Unterleonstein. Der gleich nebenan wohnhafte Zugschaffner Johann Schnabl hat mal eben etwas zu erledigen, Heizer Karl Grassauer hockt genüßlich auf dem Gleis und der Lokführer nutzt die Gelegenheit für ein Erinnerungsbild. Die 298.51 hatte im Sommer 1975 ein neues Farbkleid erhalten und sich noch im selben Jahr bei einer Kollision eine Beule am rechten Wasserkasten zugezogen. Zweieinhalb Jahre stand sie so lädiert im Einsatz. Foto (Mai 1976): Heinz Moschner

Unten: Mit Lokführer Ernst Schöffl nähert sich die 298.51 vor dem Nachmittagszug 3671 der Haltestelle Neuzeug. Der damalige Slogan „Unsere Loks gewöhnen sich das Rauchen ab" der Deutschen Bundesbahn war bei der Steyrtalbahn nicht so geläufig. Foto (26.7.1980): Ludger Kenning

Jubel, Trubel, Heiterkeit mit der 298.51

Standen Feierlichkeiten an, dann fiel die Wahl einer Zuglok für die Sonderzüge häufig auf die 298.51. Bereits zum Jubiläum „50 Jahre Pinzgauer Lokalbahn" am 4.7.1948 war sie herausgeputzt worden. Entsprechend geschmückt – u.a. mit Österreichflagge, ÖBB-Flügelrad und Girlanden – wurde sie auch stets zum „allgemeinen Ruhe- und Festtag", wie hier beim Halt im Steyrer Lokalbahnhof. Foto (1.5.1967): Peter Tschulik

Unten: Um das Erscheinungsbild der in den 70er Jahren stetig zunehmenden Ausflugszüge attraktiver zu gestalten, wurde die 298.51 im Sommer 1975 farblich „aufgehübscht" und mit dem Namen „Garsten" versehen. Mit einem geschmückten und bewirtschafteten Sonderzug für eine deutsche Reisegruppe hat sie den Bahnhof Klaus erreicht, es besteht Anschluß an einen Sonderzug nach Linz mit der 52.3555. Foto (14.9.1975): Alfred Luft

„85 Jahre Steyrtalbahn" galt es am 12.10.1975 zu feiern. Einen 14-Wagen-Zug mit ungefähr 600 Fahrgästen beförderten die 298.51 und 25 von Garsten nach Klaus u.z., hier unterwegs in der Pernzell. Mit Frack und Zylinder schaut Lokführer Heinz Moschner aus der 298.51. Auch beim „90-Jährigen" am 23.9.1979 kam die 298.51 (diesmal mit der 298.53) zum Einsatz, allerdings im strömenden Regen. Foto: Margarete Mayr (Slg. Johann Leutgeb)

Unten: Im Juni/Juli 1978, als die Pinzgauer Lokalbahn 80 Jahre alt wurde, war die 298.51 vor Sonderzügen wieder zwischen Zell am See und Krimml zu erleben. Den Wasserkasten hatte man im Frühjahr zuvor ausgebeult und die Lok wieder schwarz lackiert. Foto (Krimml, 1.7.1978): Alfred Luft

Als die 298.51 im Oktober 1984 zur ÖGLB nach Hirschwang kam und ihre ersten Sonderzüge auf der ehemaligen LBPH bespannte, hatte sie noch das Aussehen wie in ihrer Garstner Zeit, als sie jedoch im April 1986 nach einer HU wieder in Betrieb ging, besaß sie annähernd das Erscheinungsbild als U.1 der NÖLB mit Kobelschornstein und lichtgrüner Farbgebung. In dieser Aufmachung, die allgemein keinen guten Anklang fand, wurde sie am 20.5.1990 über Waidhofen/Ybbs nach Lunz am See überführt, wo sie am 14. Juni bei der Eröffnung der Bergstrecke als Museumsbahn zur Verfügung stand. Hier ist sie mit dem Ötscherland-Expreß Kienberg-Gaming – Lunz am See nahe der Haltestelle Holzapfel unterwegs (24.7.1990).

Unten: Bis Saisonbeginn 1991 war nicht nur der Kessel (nämlich bei der Grazer Firma Waagner-Biró) neu berohrt worden. Als die Lok im Juni 1991 wieder in Betrieb ging, war sie nun komplett schwarz lackiert, aufgenommen am 7.7.1991 in Pfaffenschlag. Fotos (20.7.1991): Regine Kenning (†)

Links: Auf der Steyrtalbahn stand sie bis zum letzten Tag im Dienst. Üppig geschmückt hatte sie die traurige „Ehre", die letzten Personenzüge zu bespannen, danach verbrachte sie längere Zeit – selbst über den Gleisrückbau hinaus – im Garstner Heizhaus. Foto (28.2.1982): Alexander Loidl

ÖBB 298.52 – DRB 99 7818 – BBÖ U.52 – NÖLB 6 bzw. U.2

	Hersteller	Krauss Linz 3710 / 1898
ab	7.6.1898	St. Pölten Lokalbahn (NÖLB 6 bzw. U.2) für Pielachtalbahn
ab	3.6.1912	außer Betrieb, abg. 22.6.1916 bis 19.1.1918 in Mariazell
ab	18.8.1918	Waidhofen an der Ybbs
ab	1924	Zell am See (für Pinzgauer Lb.)
ab	3.3.1926	Lokalbahn Mixnitz – St. Erhard
ab	24.4.1926	Zell am See (bis 11.7.1938)
ab	25.10.1938	Waidhofen/Ybbs (bis 1941)
ab	Aug. 1942	Bw Garsten (Steyrtalbahn)
ab	1.7.1953	mit ÖBB-Nr. 298.52
per	29.10.1976	letzte Hauptuntersuchung
ab	28.2.1982	hinterstellt in der Zfst Garsten
am	6.12.1982	formell ausgemustert
am	5.12.1984	verkauft an ÖGEG
am	27.12.1984	überführt von Zfst Garsten per Tieflader nach Steyr Lbf., mit eigener Kraft nach Grünburg
am	1989	abgestellt mit Fristablauf
am	8.10.2004	Wiederinbetriebnahme
am	29.10.2011	abgestellt mit Kesselschaden
seit	Juni 2025	mit Kessel der Lonkwitz Edelstahltechnik GmbH in Wetzlar-Nauborn, Baujahr 2016

Mit der vom Ybbstal hierher umgesetzten 99 7818 (zusätzlich noch als „U.52“ beschildert) war in Garsten ab 1942 erstmals eine Lok der Reihe U beheimatet. Sogleich wurde sie mit der Friktionsbremse ausgerüstet, auch ein Bremsschlauch ist schon zu sehen. Im Pinzgau hatte sie vorne nur die große mittlere Lampe besessen, mittlerweile waren zwei Scheinwerfer vor den Wasserkästen hinzugekommen. Foto: Slg. Friedrich Zellinger

Unten: Die 99 7818 – nun ohne Schild „U.52“, aber auch ohne Punkt in der Loknummer – im Sommer 1950 in Garsten, wo es etwas an den Sicherheitsventilen zu tun gibt. Die Seilzugrollen sind ebenso entfallen wie die große mittlere Lampe, neu ist die Dampfpfeife. Foto: Helmut Sporn

Die 298.52 war nicht die älteste „U“ auf der Steyrtalbahn, dafür die bodenständigste. Seit 1942 hat sie das Tal allenfalls für Revisionen verlassen, umstationiert wurde sie derweil lediglich 1984 von Garsten nach Grünburg. Ihren ursprünglichen Kobelschornstein hatte sie gleich nach Kriegsende verloren. Hier hat sie vor dem Frachtenmagazin der Haltestelle Frauenstein mit dem Zug GK 57 einen Halt eingelegt. Foto (9.8.1956): Alfred Luft

Unten: Drei Jahre später verschiebt die 298.52 in Molln. Neu ist sowohl das Schutzblech unterhalb der Rauchkammertür als auch der moderne Dampf-Turbogenerator. Die vordere Loknummer ist jetzt oberhalb des Rauchkammerzentralverschlusses angeschrieben. Foto (31.8.1959): Harald Navé

Als noch Personenzüge nach Klaus fuhren: Mit dem Zug GK 15 strebt die 298.52 oberhalb vom Steyrdurchbruch aufwärts. Ihren Rauchkammerzentralverschluß hat die Lok mittlerweile eingebüßt, aber das gewölbte Schutzblech unter der Rauchkammertür existiert noch. Foto (5.7.1963): Alfred Luft

Unten: Beim Herndlreith unterhalb von Klaus hat der Güterzug sein Ziel fast erreicht. Das gewölbte ist einem geraden Schutzblech gewichen, vor allem aber hat die Lok einen zweiten Dampf-Turbogenerator erhalten. Beide Generatoren sind jetzt längs angeordnet. Foto (8.10.1971): Peter Schmied

In Grünburg fällt für den Postzug GK 15 Garsten – Klaus der Zwischenhalt etwas länger aus, mit einem Sicherheitsventil scheint etwas nicht in Ordnung zu sein. Ohne Punkt in der Loknummer ist die „29852“ unterwegs. Foto (13.4.1968): Werner Fritthum (Archiv TAÖ)

Unten: Beim Franckh-Verlag in Stuttgart erschien 1974 eine sehr informative und gut bebilderte Broschüre namens „Dampflokomotiven auf der Steyrtalbahn“. Unzählige Eisenbahnfreunde (auch ich) wurden dadurch auf die wunderschöne Bahn aufmerksam und zu einem Besuch animiert. Als Titelbild diente diese Aufnahme der 298.52 beim Groißenbach oberhalb der Haunoldmühle. Foto (Mai 1973): Wilhelm Tausche (Slg. Thomas Wunschel)

Die 298.52 aus der Sicht des Lokführers

Unterwegs beim Steyrbauern im Unteren Pieslwang, rechts kommt die Hörmühle in Sicht. Hier kann der Lokführer seine Maschine rollen lassen und die Aussicht genießen. Foto (6.7.1976): Ludger Kenning

Die Dampflok als epochale Schöpfung des 19. Jahrhunderts erhebt keinen Anspruch auf Automatisation im heute gebräuchlichen Sinne. Im Fahrbetrieb ist die Arbeit auf ihr geprägt durch eine Symbiose von Maschine und Mensch, deren Zusammenwirken ihr mittels der Kraft des Dampfes lebendigen Ausdruck verleiht. Die faszinierende Atmosphäre des Dampfbetriebs vermittelt die auf der Steyrtal-Museumsbahn überwiegend eingesetzte Reihe 298. Als auf österreichischen Schmalspurbahnen einst dominierende Loktype möchte ich sie kurz und bündig aus der Perspektive des Lokführers beschreiben, wie es sich am anschaulichsten durch die Schilderung aus dem Betriebseinsatz gestaltet.

Die Robustheit der überaus gelungen konstruierten zweizylindrigen Naßdampf-Tenderlok mit der Achsfolge C1' zeigt sich in der Zuverlässigkeit mit den hier zumeist an der Grenzlast geführten Zügen. Der Kessel mit einem höchsten Betriebsdruck von 12 bar und der feuerberührten Heizfläche von 50,7 m² gilt als guter Dampferzeuger. Wohlproportioniert bemessen sind die Zylinder mit 400 mm Hub bzw. 290 mm Durchmesser. Bei einem Treibraddurchmesser von 80 cm beträgt die erlaubte Höchstgeschwindigkeit 35 km/h.

Jener an einem Herbsttag mit 430 Personen besetzte Sonderzug, gezogen von der 1898 gebauten 298.52, liegt mit einer Anhängelast von über 100 Tonnen knapp an der Regelbelastung von 110 t – viel für die selbst 24 t (ausgerüstet) schwere 298er. Sobald die Wasserkästen, die 3 m³ fassen, vollgefüllt sind, führt die Zugmannschaft mit ihr und dem mit Vakuumbremse ausgestatteten Schmalspurzug die Bremsprobe durch, während der Heizer auf dem genau 1 m² großen Rost das passende Grundfeuer anlegt. Die Anzeige auf dem Vakuummeter bestätigt die Meldung des Zugführers, daß alle Bremsen des 14-Wagen-Zuges einwandfrei in Ordnung sind, kurz darauf erhalten wir von Rudolf Kuffner, dem Bahnhofsvorstand des Steyrer Lokalbahnhofs, den Abfahrtsbefehl.

Nach dem Öffnen des Schieber-Reglers setzt unsere Maschine trotz des nicht allzu hohen Reibungsgewichts von ungefähr 21 t ohne Schleudern den schweren Zug in Bewegung. Das Zischen der Zylinderentwässerungshähne dämpft die ersten schwachen Auspuffschläge und das folgende Gefälle wird, sobald der Regler wieder geschlossen ist, mit dem Anfahrschwung befahren. Auf die nun folgenden Steigungen von 5 bis 15‰ bereitet sich mein Heizer mit „Auflegen" etlicher Schaufeln oberschlesischer Steinkohle vor, die er dem 1.200 kg fassenden Kohlen-

In ihrer ersten Zeit als Museumslok schaute die 298.52 mit der Rauchkammer nach Norden, den Fotografen öffneten sich neue Perspektiven. Foto (August 1986): Burkhard Wollny

bunker entnimmt, dessen Anbringung seitlich in einer Linie mit dem linken Wasserkasten ziemlich ungünstig erscheint.

Nach dem Schließen der Feuertür kommt beim Öffnen des Reglers und 50 % Zylinderfüllung jetzt Leben in die Maschine. Bei 3/4 geöffnetem Regler sowie reduzierter Füllung auf 40 % knallen die Auspuffschläge – einem Staccato ähnlich – in die Landschaft und gebannt verfolgen die Fahrgäste das Schauspiel der unter hoher Leistung arbeitenden Dampflok. Meine häufigen prüfenden Blicke auf das Kesselmanometer, das Feuer und auf den Wasserstand könnte man humorvoll als „Dauerflirt" bezeichnen. Die Arbeit des Heizers bestimmt deren Verhältnis zueinander und dieses diktiert gewissermaßen die Möglichkeiten des Lokführers bezüglich Leistung der Lokomotive bzw. der Geschwindigkeit des Zuges. All dies verdeutlicht die anfänglich erwähnte, hier in der Praxis angewandte Zusammenarbeit Mensch/Maschine.

Wie schon bei ihrem Dienstantritt in Garsten anno 1942 trug die Museumslok 298.52 ab Herbst 2004 für zwei Jahre wieder einen Kobelschornstein. Foto (Grünburg, 26.8.2006): Hans-Karl Kunhäuser

Die 298er verbraucht bei diesem Zug bergan Richtung Grünburg an die 600 kg Kohle und 1.800 Liter Wasser. Als Planzug geführt läge der Verbrauch, bedingt durch das Anfahren nach Stationsaufenthalten, höher. Im flachen Streckenabschnitt beschleunigt die Maschine auf 35 km/h und zeigt, daß sie (wohl in der Ebene) nicht an der Leistungsgrenze angelangt ist. Erwähnenswert ihre sorgfältig konstruierten Kuppelzapfen der ersten und dritten Kuppelachse, welche als Kugelzapfen ausgebildet sind, sowie der recht geringe Ölverbrauch dieser Lager.

Bemerkenswert auch das Handicap hochgewachsener Personale auf unserer Schmalspurlok. In der Praxis macht sich dies bemerkbar beim Heizen in dem engen Führerstand, beim Ausräumen des tiefliegenden Aschkastens, das hier seitlich geschieht, oder das Schmieren des Oberlagers des Krauss-Helmholtz-Gestells – beide unter dem Führerhaus. Im schwierigsten Streckenteil, eine im Kontrabogen liegende Steigung von 20‰, zeigt die 298er bei größter Füllung und entsprechend weit offenem Regler, was in ihr steckt. Das nasse Laub auf den Schienen hat ein Schleudern zur Folge. Dies, die Steigung und der Bogenwiderstand bringen den Zug auf Schrittgeschwindigkeit. Die Räder greifen wieder und mit Beharrlichkeit und markantem Auspuff zieht die Maschine den Zug langsam in die anschließende Endstelle Grünburg.

Unsere steten Wartungsarbeiten sowie die fachkundige Bedienung dankt unsere 298.52, nach anstrengender Saison bei 3.500 km schwerem Zugdienst, mit Zuverlässigkeit – ohne Untauglichkeitsfall, nicht einmal nennenswerte Verspätung. (Franz Mifkovic, 1987)

Die Reihe U ist für viele Eisenbahnfreunde der Inbegriff der guten alten Steyrtalbahn-Herrlichkeit, und mit einem derartigen gemischten Zug fühlt man sich ganz und gar in jene längst vergangene Epoche zurückversetzt. Hier verschiebt die 298.52 bei der Sommerhubermühle. Foto (6.9.2009): Ludger Kenning

ÖBB 298.53 – DRB 99 7819 – BBÖ U.53 – NÖLB 7 bzw. U.3

	Hersteller	Krauss Linz 3711/1898
ab	1.7.1898	St. Pölten (anfänglich NÖLB 7, ab 1908 als NÖLB U.3)
ab	Okt. 1914	k.u.k. Heeresverwaltung für Lb Zabrežje – Valjevo, bis 1915
ab	1918	Gmünd Lokalbahn
ab	1920	St. Pölten Lokalbahn
ab	Febr. 1923	Gmünd Lokalbahn
ab	Dez. 1938	Bw Waidhofen/Ybbs (fraglich)
ab	9.9.1944	Bw Garsten (Steyrtalbahn)
ab	1.7.1953	mit ÖBB-Nr. 298.53
per	12.2.1976	letzte Hauptuntersuchung ÖBB
ab	28.2.1982	hinterstellt in der Zfst Garsten
am	6.12.1982	formell ausgemustert
am	5.12.1984	verkauft an ÖGEG
am	7.5.1985	überführt durch ÖGEG-Aktive von der Zfst Garsten per Tieflader nach Steyr Lokalbahn
seit	1.10.2022	mit Kessel der Lonkwitz Edelstahltechnik GmbH (Wetzlar-Nauborn), Baujahr 2016

Die kleine kugelförmige, helltönende Dampfpfeife wich bei der Reihe U (außer 298.05 und 14) mit der Zeit einer moderneren Bauform. Foto: Heinz Moschner

Lokführer Ernst Schöffl (er war von der Zfl. Linz gekommen) – wie immer mit sportlicher Sonnenbrille – mit „seiner" 298.53 sowie dem Güterzug am Spätnachmittag in Waldneukirchen. Foto (5.7.1976): Ludger Kenning

Noch mit dem Kobelschornstein aus ihrer Zeit in Niederösterreich, den abgedunkelten Lampen aus der Kriegszeit und ihrer Reichsbahnnummer 99 7819 steht die spätere 298.53 im Bahnhof Sierning. Noch hängt der Bremsschlauch auf der linken Seite. Foto (Juli 1945): Franz Mayr (Slg. F. Zellinger)

Unten: Die 298.53 mit dem Morgenzug GK 17 beim Lilienhof in Sarning. Ihre Lichtmaschine trägt sie auf dem Kesselscheitel hinter dem Sanddom, während sie ihre alten, nunmehr elektrifizierten Lampen behalten hat. Den Bremsschlauch hat man mittlerweile auf die andere, die Heizerseite verlegt. Über dem Handrad ist die Loknummer auf der Rauchkammertür nur schwach erkennbar. Foto (19.7.1957): Harald Navé

Licht-und-Schatten-Spiel im Bahnhof Pergern (mit Heizer Johann Manzeneder). Das Handrad auf der Rauchkammertür hat die Lok 298.53 längst verloren. Nunmehr besitzt sie einen zweiten Turbogenerator sowie neue, etwas leistungsfähigere Lkw-Scheinwerfer. Foto (26.7.1980): Peter Schmied

Unten: Zwischenhalt beim Schloß Rosenegg im letzten Frühling der Steyrtalbahn. Endlich hat die Lok eine dritte Lampe erhalten. Wie die 298.51 war auch sie beim Personal wegen ihrer ausgezeichneten Dampffreudigkeit sehr beliebt. Foto (Juni 1981): Burkhard Wollny (Eisenbahnstiftung)

In der Wichtl-Leite geht es nahe der Ortsgrenze zwischen Garsten und Steyr steil bergauf zum Sarninger Berg, für die 298.53 vor dem hier nur aus dem Stückgut- und dem Dienstwagen bestehenden Verschubgüterzug 76859 nach Klaus überhaupt kein Problem. Foto (Sept. 1979): Harald Navé

Unten: Bei der Hörmühle in Waldneukirchen und der Haunoldmühle bei Obergrünburg fielen wieder sehr viele und schwere Wagenladungen an. Mit vereinten Kräften schleppen die 298.53 und 298.52 den Güterzug oberhalb vom Steyrdurchbruch bergwärts. Foto (21.2.1980): Hans-Karl Kunhäuser

Nach einer Ausbesserung in Knittelfeld kehrt die 298.53 nach Garsten zurück und begegnet in Hieflau der 52.7612, die später an die Brenner & Brenner Dampflok-Betriebsgesellschaft verkauft wurde. Der aus dem Fahrwerk eines Steifrahmentenders entstandene Schmalspurtransportwagen 981 200 der Zfst St. Pölten Alpenbahnhof blieb ein Einzelstück und wurde schließlich in Gmünd verschrottet.   Foto (8.8.1969): Peter Schmied

Unten: Die 298.53 abfahrbereit in Klaus. Noch besitzt sie rückwärtig die großen Sonnenschutzblenden über den Fenstern. Betrug der Kohlenvorrat bei der Reihe U üblicherweise 1,4 bis 1,65 t, so ist hier nur noch 1 t angeschrieben.   Foto (25.5.1960): Reinhard Todt (Sammlung Roland Feraric)

Der Museumslok aufs Dach geschaut – eine bei Modellbauern recht beliebte Perspektive (hier bei Grünburg). Foto (August 1986): Burkhard Wollny (Eisenbahnstiftung)

Unten: Die 298.53 am letzten Tag des letzten Jahrtausends bei Waldneukirchen. Im Jahr 2004 mußte der Kessel stillgelegt werden, erst nach der Zusage von Landesmitteln konnte der Bau eines neuen Kessels beginnen, so daß die Lok am 1.10.2022 wieder in Betrieb genommen werden konnte. Foto (31.12.1999): Ludger Kenning

298.56 – DRB 99 7822 – BBÖ U.56 – NÖLB U.6 – NWVB 2

Hersteller	Floridsdorf 1354/1900
am 12.6.1900	Inbetriebnahme in Gmünd Lokalbahn nach „Polizeifahrt" Gmünd – Litschau/Heidenreichstein (als Lok 2 der Niederösterreichischen Waldviertelbahnen (NWVB 2)
ab 1906 (08?)	Umbenennung in U.6 der Niederösterreichischen Landesbahnen
ab Dez. 1915	St. Pölten Lokalbahn
ab Juni 1917	Gmünd Lokalbahn
ab 10.1.1923	Zell am See (bis 11.10.1923)
ab 17.12.1925	Bregenz-Vorkloster
ab 22.7.1929	Gmünd Lokalbahn
ab 16.5.1938	Bw Zell am See (als 99 7822)
ab 20.5.1953	mit ÖBB-Nr. 298.56
ab 28.11.1960	Zfst Garsten (Steyrtalbahn)
per 2.4.1974	letzte Hauptuntersuchung ÖBB
ab 21.10.1981	zur HU in der Hw Knittelfeld
am 6.12.1982	formell ausgemustert
im Jahr 1984	verkauft an Club 760, Freunde der Murtalbahn (Mauterndorf)
ab 29.7.1989	Einsatz auf Taurachbahn mit dem Originalkessel aus dem Jahr 1900
2000/01	Gasteinsätze im Waldviertel sowie auf der Mariazellerbahn
im April 2011	leihw. an Marktgemeinde Stainz
seit März 2015	wieder Mauterndorf (Taurachbahn)
am 9.7.2017	getauft auf „Mariapfarr" (nach umfassender HU bei der Zillertalbahn)

„Land unter" wieder einmal in der Unterhimmler Au. Der Lokführer wurde da zum „Kapitän zur See", sein Heizer zum „Leichtmatrosen". Der öffentliche Personen- und Güterverkehr war zum Erliegen gekommen, aber im oberen Streckenteil fielen noch Wagenladungen Richtung Klaus an. Den Stückgut- und den Dienstwagen hat man in Garsten zurückgelassen, der Zugbegleiter fährt auf der Lok mit. Foto (2.8.1977): Slg. Walter Rathmayr

Unten: Den Dienstwagen und einen Hochbordwagen hat sie an der Haltestelle abgestellt, nur mit dem Stückgutwagen bedient die 298.56 die Haunoldmühle. Etliche Details, wie die Form der Pufferbrust, die Bahnräumer, die Rauchkammerverriegelung, die Haltestange über der Rauchkammertür oder die Platzierung des zweiten Dampfturbogenerators auf dem Wasserkasten, waren typisch für die 298.56. Foto (13.4.1968): Peter Schmied

Drei Jahre zuvor war die 298.56 vom Pinzgau ins Steyrtal gelangt, als sie mit dem GK 31 nach Molln gegen 15.45 Uhr bei der Forstau südwärts strebt. Heinz Moschner kam sechs Wochen später zur Zfst Garsten, doch schon vorher fuhr hier ein „Weißkappenlokführer". Foto (5.7.1963): Alfred Luft

Unten: Gezeichnet vom harten Alltagsdienst sind kaum noch rote Bauteile auszumachen, als die 298.56 im Bahnhof Grünburg wiederum mit dem Zug GK 31 eines Nachmittags auf die Weiterfahrt nach Molln wartet. Foto (August 1967): Dieter Junker (Bildarchiv der Eisenbahnstiftung)

Klaus
ÖBB
298.56

Die 298.56 – mit Heizer Johann Manzeneder – beim Umsetzen in Grünburg. Nur sie und die 298.25 besaßen gleich vier Vorreiber zum Verriegeln der Rauchkammertür. Wie die „53" war sie leicht an der vorderseitigen Griffstange zu den Wasserkästen erkennbar. Foto (28.5.1977): Alfred Moser

Links: Zu Füßen der mächtigen Kremsmauer wartet die 298.56 im Bahnhof Klaus mit dem Zug GK 18 auf die Rückfahrt. Foto 24.3.1968): Alfred Luft

Unten: Zu Beginn des Jahres 1980 erhielt die 298.56 noch das Dreilichtspitzensignal. Bestens gepflegt u.a. von Lokführer Hans Hehenberger und Heizer Johann Manzeneder beschleunigt sie bei der Haltestelle Letten den Personenzug 3669 nach Grünburg. Foto (4.9.1980): Peter Schmied

Allen 298ern waren je zwei Planpersonale zugeteilt, und zwar z.B. bei der 298.56 der Lokführer Hans Hehenberger (links) und sein Heizer Johann Manzeneder (unten), zudem Lokführer Erich Gschnaidtner mit dem Heizer Franz Leonhardsberger. Als die einzige Garstner „U“ besaß die 298.56 rückwärtig einen kleinen, mit Blechen abgedeckten Kohlenkasten, der allerdings mit der Zeit nicht mehr genutzt wurde. Wie bei allen „U“ befanden sich ihre Kohlen links vor dem Führerhaus. Auch ihren Kohlenkasten hatte man nachträglich aufgestockt, um das Fassungsvermögen zu erhöhen. Von März bis Juni 1979 wurde der nunmehr überflüssige „Rucksack“ bei einer Bedarfsausbesserung beseitigt, dafür verlängerte man das Führerhaus entsprechend. Anfang 1980 erhielt die Lok noch das dritte Spitzenlicht.

Foto links (1975): Margarete Mayr (Slg. Johann Leutgeb)

Unten (Rosenegg, Mai 1981): Burkhard Wollny (Eisenbahnstiftung)

Vorwiegend im Waldviertel, aber auch im Pinzgau und Bregenzer Wald war die 298.56 gefahren, ehe sie 1960 nach Garsten kam. Als die Steyrtalbahn im Februar 1982 stillgelegt wurde, weilte die Lok gerade zur HU in Knittelfeld. Einige Monate später wurden die Arbeiten eingestellt, weil für sie kein Bedarf mehr bestand. So konnte der Club 760 sie in „teilausgebessertem Zustand" ankaufen und die Ausbesserung zu Ende führen lassen, um die 298.56 fortan auf der Taurachbahn einzusetzen. Im Juli 1989, ein Jahr nach Eröffnung des Museumsbahnbetriebs zwischen Mauterndorf und St. Andrä-Andlwirt, nahm sie im Lungau den Dienst auf. Hier verläßt sie die Endstation beim Andlwirt. Foto (20.7.1991): Regine Kenning (†)

Unten: Von April 2011 bis März 2015 weilte sie leihweise auf der Stainzer Lokalbahn, um vor dem „Flascherlzug" die in der Hauptuntersuchung befindliche rumänische Reșița-Lok der Marktgemeinde Stainz zu vertreten (hier aufgenommen bei Herbersdorf). Foto (29.8.2012): Ludger Kenning

Weitere Loks auf der Steyrtalbahn

Die kurzen Gastspiele der Reihe Uh im Steyrtal (ÖBB 498)

Als Ersatz für während des Krieges verlorene Lokomotiven ließen die BBÖ angelehnt an die altbewährte Reihe U bei Krauss in Linz die um ungefähr 30 % stärkere Heißdampflok der Reihe Uh mit bis zu 324 PS Leistung und einer Höchstgeschwindigkeit von etwa 41 km/h entwickeln. Der weitaus dickere Kessel wurde um 41 cm höher gelegt, wodurch sich das Laufverhalten allerdings keineswegs verbesserte. Die Lokomotiven neigten daher zum Schwanken. Das Fahrwerk entsprach ansonsten etwa jenem der Reihe Uv und erlaubte ein problemloses Befahren selbst von engen Gleisbögen. Den recht teuren, gekröpften Hilfsrahmen, hinter dem die Feuerbüchse schwer zugänglich war, ließ man weg und zog dagegen den 15 mm starken Hauptrahmen mit 580 mm lichter Weite glatt durch. Dadurch blieben alle Tragfedern oberhalb der Achsen einzeln angeordnet und mit Ausgleichshebeln miteinander verbunden. Außerdem konnte die Feuerbüchse mit dem 970 x 1.098 mm großen Rost in gesamter Breite oberhalb vom Rahmen angeordnet werden. Die wichtigste Änderung betraf das Triebwerk mit den von 340 auf 350 mm Durchmesser vergrößerten Dampfzylindern und der Ventilsteuerung des Systems Caprotti mit innerem Kegelräderantrieb nach einem Patent von Krauss. Gespeist wurde der Kessel mittels zweier nichtsaugender Friedmann-Injektoren. Neben einer Handspindelbremse verfügten die Lokomotiven über eine selbsttätige Saugluftbremse, welche mit einem Bremsdruck von 14.736 kg und einer 19,9-fachen Übersetzung gleichmäßig auf alle Kuppelräder wirkte. Neuartig war auch die elektrische Beleuchtung mit „Sunbeam-Turbodynamo" von 300 W Leistung bei 24 V Spannung. Die höhere Leistung hatte ihren Preis, der Kohleverbrauch war dementsprechend.

In dieser Bauform wurden von 1928 bis 1930 sechs Maschinen an die BBÖ geliefert und in Waidhofen/Ybbs (Uh.01), Bregenz (Uh.02-03) und Zell a. S. (Uh.04-06) in Dienst gestellt. Eine weitere derartige Lok ging an die Zillertalbahn (als ZB 5 „Gerlos"). Die Caprotti-Steuerung erwies sich als kompliziert und forderte vom Werkstättenpersonal viel Feingefühl bei der Einstellung, nur dann funktionierte sie einwandfrei. Besonders reparaturanfällig war die Reihe Uh aber auch wegen des hohen Achsdrucks und der dadurch bedingten höheren Belastung der Achslager. Bei

ÖBB 498.04 (DRB 99 824 bzw. BBÖ Uh.04)

Hersteller		Krauss Linz 1512/1929
ab	5.7.1929	Zell am See
ab	8.3.1936	Bregenz-Vorkloster
per	13.11.1941	Umbau von Caprotti-Steuerung auf Lentz-Ventilsteuerung im RAW Linz
ab	10.11.1949	Waidhofen an der Ybbs
ab	8.12.1951	St. Pölten Alpenbahnhof
ab	8.6.1953	mit neuer ÖBB-Nr. 498.04
ab	7.2.1956	Gmünd NÖ
ab	5.7.1956	St. Pölten Alpenbahnhof
ab	3.12.1958	Waidhofen an der Ybbs
ab	18.8.1960	Zell am See
ab	1.5.1962	Garsten (Steyrtalbahn)
am	5.3.1966	nach Ablauf der Kesselfrist abgestellt und von der Hauptausbesserung zurückgestellt
ab	8.6.1966	hinterstellt in Obergrafendorf
am	15.3.1973	formell ausgemustert
ab	26.10.1974	Denkmal in St. Veit an der Glan
am	23.10.1989	an ÖGEG für Steyrtalbahn
seit	21.7.2012	wieder betriebsfähig
am	7.9.2013	offizielle Wiederinbetriebnahme

Wohlversorgt in der Zfst Garsten bringt 498.07 den Postzug GK 21 hoch bis Molln, wo sie sodann die Kalksteinverkehr bis Klaus übernehmen wird. Bis zu drei Zugpaare Molln – Klaus stehen in jenem Pendelverkehr auf dem Programm. Hier hält sie um 8.30 Uhr in Letten (unten), rechts fährt sie um 8.05 Uhr beim Lilienhof auf die Haltestelle Sarning zu. Fotos (15.9.1966): Alfred Luft

ÖBB 498.07 (DRB 99 827 bzw. BBÖ Uh.101)

Hersteller		Floridsdorf 3037/1931
ab	25.9.1931	Zell am See
ab	17.7.1943	Waidhofen an der Ybbs
ab	22.7.1947	Gmünd NÖ
ab	2.9.1947	Waidhofen an der Ybbs
ab	21.5.1953	mit neuer ÖBB-Nr. 498.07
ab	7.5.1962	St. Pölten (Verschub Alpenbf.)
ab	17.8.1962	Waidhofen/Y. (zuletzt als letzte, jedoch kaum noch angeheizte Dampflok auf der Ybbstalbahn
ab	4.7.1966	Garsten (Steyrtalbahn)
ab	3.8.1967	hinterstellt in Obergrafendorf
ab	15.3.1973	ausgemustert, danach als Denkmal in Obergrafendorf
am	26.11.2008	an Salzburger Lokalbahn (Ds 07), hinterstellt im Heizhaus Krimml

ÖBB 498.08 (DRB 99 828 bzw. BBÖ Uh.102)

Hersteller		Floridsdorf 3038/1931
ab	1931	St. Pölten Alpenbahnhof
ab	etwa 1942	Zell am See
ab	20.5.1953	mit neuer ÖBB-Nr. 498.08
nach	Sept. 1962	nach Gmünd NÖ
ab	12.6.1963	Garsten (Steyrtalbahn)
ab	1.10.1964	abgestellt in Obergrafendorf
am	15.3.1973	ausgemustert, danach verkauft an Verein Kärntner Eisenbahnfreunde (Treibach-Althofen)
seit	29.10.1996	Bregenzerwald-Museumsbahn
seit	2.6.2001	wieder betriebsfähig (als Uh.102)

den nachbestellten Maschinen Uh.101 und 102 für Zell am See und St. Pölten kehrte man sodann „vergleichshalber“ – wie es hieß – zur bewährten Lentz-Ventilsteuerung zurück. Das Linzer Krauss-Werk war jedoch 1931 geschlossen worden, und so ging der Auftrag an die Lokomotivfabrik Floridsdorf. Es waren die letzten in Österreich gebauten Schmalspurdampflokomotiven. Nach den schlechten Erfahrungen mit der „Caprotti“ sollten die Uh.01-06 eine konventionelle Lentz-Ventilsteuerung erhalten, umgebaut wurden allerdings nur noch die Uh.04 und ZB 5.

Über den am 13. November 1941 vollzogenen Umbau der 99 824 (Uh.4, später 498.04) von Caprotti auf Lentz im Reichsbahnausbesserungswerk Linz gibt es einen Vermerk im Betriebsbuch. Ob man neue Zylinder goß oder zwei auf Vorrat gehaltene nahm, geht daraus nicht hervor, jedenfalls war es ein enormer Aufwand, vor allem für den Umbau der äußeren Steuerung: *„Neue Zapfen für Treibachse und Gegenkurbel, Schwinge samt Lagerung, Schwingenstange, Schieberschubstange, Hängeeisen, Schwinghebel für Nockenwellenantrieb (von Baureihe 93), Voreilhebel, Lenkerstange, hierfür Umrüstung des Kreuzkopfes, neuer Steuerbock im Führerhaus, dazu Steuerstange, Steuerwelle samt Lagerungen, Aufwerfhebel, Druckausgleichseinrichtung, Neukonstruktion des Betätigungsgestänges, nunmehr mit Handzug.“* Äußerlich lassen sich die Lentz- von den Caprotti-Maschinen anhand der sichtbaren äußeren Steuerung, den größeren Schieberkästen sowie den kastenförmigen Einströmrohren oberhalb der Schieberkästen unterscheiden. Aus Platzgründen wurden die Scheinwerfer etwas höher an zwei Konsolen rechts und links der Rauchkammer montiert.

Während des 2. Weltkriegs fuhr die 99 824 (Uh.4) im Bregenzer Wald auf einen Felssturz und kippte um. Das Betriebsbuch nennt für den 4.6.1943 eine Bedarfsausbesserung im RAW Aalen: *„Alle Achslager herausgenommen und untersucht, Achs- u. Stangenlager instandgesetzt, Rahmen untersucht und vermessen, vordere Mittelpuffer- u. Zugvorrichtung erneuert, Bremswelle und Bremse instandgesetzt, Bremskolbenstange erneuert, Sonderbehälter für die Saugluftbremse instandgesetzt, Lokbeleuchtung, Dampfheizung, Vakuumleitung, Zylinderbahnen, Führerhaus, rechter Wasserkasten, Kohlekasten, Aschkasten und Rost instandgesetzt.“*

Die letzten Betriebsbucheintragungen nennen den 11. März 1965 als letzte äußere Kesseluntersuchung, den 5. März 1966 als Fristablauf sowie ein auf den 1. Februar 1966 datiertes Schreiben der „Zgf-Leitung“ Linz an die „Zgf-Stelle“ Garsten betreffs Anfrage für eine Hauptuntersuchung. Die Antwort lautete: *„Lok 49804 ist von der Ausbesserung zurückgestellt.“*

Den letzten „Stoanazug" des Tages hat die 498.07 in Molln zusammengestellt, rund 192 t – etwas über der Regelbelastung – hat sie jetzt nach Klaus zu schleppen. Mit ihrem Ausscheiden werden die Einsätze einer Uh bei den ÖBB schon bald zu Ende gehen. Foto (15.9 1966): Gerhard Luft

Unten: Sechs Wochen nach ihrer Umstationierung von Zell am See nach Garsten wartet die 498.04 noch auf ihre Inbetriebnahme. Bis März 1966 blieb sie auf der Steyrtalbahn im Einsatz, nicht nur im Steinverkehr, sondern auch vor Personenzügen. Foto (12.6.1962): Basil Roberts (Slg. André Sinn)

Nach 20 Jahren im Pinzgau und einem Jahr im Waldviertel kam die 498.08 im Juni 1963 nach Garsten. Nur ein Jahr blieb sie hier im Dienst. Aus ihrem Rahmen sowie einigen Elementen der 498.03 entstand später die heutige Bezauer Museumslok. Foto (1957): Reinhard Todt (Slg. Roland Feraric)

Unten: An die 18 Jahre bzw. 12.000 Std. waren nötig, damit die 498.04 im Steyrtal wieder in Fahrt kam. Foto (Grünburg, 7.9.2013): Ludger Kenning

699.103 – die frühere Kriegsdampflok der Type KDL 11

	Hersteller	Franco Belge 2821/1944
ab	19.2.1945	hinterstellt in Reuthe bei Bezau an der Bregenzerwaldbahn
ab	März 1946	Instandsetzung in der Zfst Bregenz, Umbau in Zfl Bludenz zur Tenderlok
am	8.8.1946	Probefahrt und Inbetriebnahme auf der Bregenzerwaldbahn
ab	18.7.1951	Hauptausbesserung in Hw Knittelfeld
am	31.8.1951	Inbetriebnahme auf Vellachtalbahn
ab	1.6.1953	mit neuer ÖBB-Nr. 699.103
ab	30.3.1956	bis 28.5.1956: HU in Hw Knittelfeld
per	7.4.1958	Einbau eines Giesl-Ejektors
ab	23.11.1964	bis 24.5.1965: HU in Hw St. Pölten
ab	31.8.1970	bis 27.11.1970: HU in Hw Knittelfeld
am	8.7.1971	letzter Einsatz im Vellachtal, danach abgestellt in Kühnsdorf
am	1.12.1971	nach Gmünd NÖ
am	22.12.1971	nach Garsten (Steyrtalbahn)
ab	4.11.1976	bis 8.5.1977: HU in Hw Knittelfeld
am	6.12.1982	formell ausgemustert
am	5.12.1984	verkauft an ÖGEG für Steyrtalbahn
am	7.5.1985	Überstellung Zf Garsten – Steyr Lb.

Das Nachfeuern verlangt vom Heizer viel Geschmeidigkeit, das Führerhaus der KDL 11 ist nämlich nur so breit wie jenes der Reihe 298.1. Foto (1979): Burkhard Wollny (Bildarchiv der Eisenbahnstiftung)

In den 70er Jahren erbrachte die 699.103 den Mammutanteil des Güterverkehrs auf der Steyrtalbahn. Ihr Ursprung geht auf die Zeit des 2. Weltkriegs und die Feldzüge der deutschen Wehrmacht zurück, jedoch militärische Dienste mußte sie nicht mehr erbringen.

Für die Heeresfeldbahnen (HF) war im „Dritten Reich" das Heereswaffenamt Berlin mit seiner Waffenprüfanstalt 5 zuständig. Daß die Beschaffung von HF-Fahrzeugen – sie galten als militärisches Gerät – so spät anlief, lag daran, daß das Militär die HF als Relikt aus dem 1. Weltkrieg ansah. Um vor Beginn der Serienfertigung im Rahmen einer Versuchsreihe die geeigneten Loktypen zu ermitteln, beauftragte das Amt im Jahr 1938 einige deutsche Lokfabriken mit der Konstruktion von Dampflokomotiven der Achsfolgen C, D und E. Von den D-gekuppelten Halbtenderlokomotiven mit 600 mm Spurweite gab es je ein Baumuster von O&K, der BMAG, Krauss-Maffei und Krupp:

- Die Firma Orenstein & Koppel lieferte im Juni 1938 ans Oberkommando des Heeres (OKH) eine vierachsige Halbtenderlok mit 160 PS und einer Luttermöller-Endachse, um enge Gleisbögen anstandslos befahren zu können. Das Konzept erschien allerdings für den Heeresfeldbahnbetrieb als viel zu kompliziert.
- Die Firma Krupp in Essen baute eine C- und eine D-Halbtenderlok. Der Dreikuppler „WaPrüf 5 Nr. 133" (später HF 11 044) stand 1954 auf einem Nürnberger Schrottplatz, während die D-Tenderlok nach einem Probeeinsatz im Heimatpionierpark Rehagen-Klausdorf vermutlich in Richtung Osten abtransportiert wurde.
- Die Berliner Maschinenbau AG (BMAG) pries in ihrem Katalog „Unsere Lokomotiven 1935-38" eine D-Naßdampftenderlok mit einem Dienstgewicht von 22 t an, die sich – mit Hilfstender – auch für tonnagestarke Feldbahnen eignen würde: *„Barrenrahmen, zwei seitenbewegliche Achsen vorn durch Schwenkhebel so verbunden, daß sich die Achsen im Bogen zur entgegengesetzten Seite verschieben, die Treibachse ohne Spurkränze, kleinster Gleisradius 30 m, Wasser- und Kohlevorräte vor dem Führerhaus beiderseits des Stehkessels, Tür in der Führerhausrückwand, so daß der Betrieb wie bei einer Lok mit Tender möglich ist."* In modifizierter Form erschien dann die Prototyp-KDL-11 „WaPrüf 5/153", die bis Kriegsende in Rehagen-Klausdorf auf der Pioniereisenbahn verblieb, bevor sie durch die sowjetischen Besatzer in den Osten abtransportiert wurde.
- Bei Krauss-Maffei gab das Heereswaffenamt am 20. Juni 1938 je eine C-, D- und E-Halbtenderlok in Auftrag. Der Vierkuppler wurde am 20. Januar 1940 an die Waffenprüfanstalt 5 geliefert. Laut Betriebsbuch wurde die Lok 15791 im November 1940 vom Oberkommandierenden der Wehrmacht nach Zákamenné (Hinterstein) beordert. Nach Kriegsende verblieb die WaPrüf 5/154 in der Slowakei, und zwar auf der Waldbahn Oščadnica – Zákamenné. Ohne ihren Hilfstender und noch immer mit der Gußtafel mit der HF-Nummer 154 stand sie dort in ihrer Ursprungsform im Dienst.

Der Hauptausschuß Schienenfahrzeuge entschied 1942, basierend auf dem BMAG-Entwurf eine D-Halbtender-Heißdampflok in Serie zu geben sowie als KDL 11 (Kriegsdampflok mit der Typen-Nr. 11) bzw. HF 160 D einzureihen. Die Abt. Kleinbahn der BMAG in Wildau bei Berlin überarbeitete die Pläne, allerdings waren die deutschen Lokfabriken total überlastet oder aber ausgebombt. So erhielt die in Raismes-Nord im besetzten Frankreich ansässige Société Franco-Belge de Matériel de Chemins de Fer den Auftrag zum Bau von 55 solcher Lokomotiven. Die ersten wurden schon 1944 an die Waffenprüfanstalt 5 geliefert und in Rehagen-Klausdorf erprobt, aber gleichsam wie den meisten nachfolgenden Maschinen blieb ihnen ein Fronteinsatz erspart.

Aus dem ersten Baulos kamen neun Loks zu Jahresbeginn 1945 nach Berlin, wo sie in einem Militärlager in Schöneweide deponiert wurden. Statt einer HF-Nr. war auf den Wasserkästen die Fabrik-Nr. aufgemalt. Im Rahmen einer Verlagerung von Militärgut in die „Alpenfestung Ostmark" wurden acht von ihnen Richtung Mittersill versandt, doch war in der dortigen Heeresversuchsstelle nur Platz für drei. Da auch die Steyrtalbahn voller HF-Fahrzeuge stand, wich man nach Vorarlberg aus. Am 19. Februar 1945 übergab ein Wehrmachtsoffizier formlos fünf KDL 11 (HF 2817-2819, 2821 und 2822) dem Bw Bregenz. Hinterstellt wurden sie auf dem Schleppgleis zum Steinbruch in Reuthe bei Bezau.

Auf der Vellachtalbahn trug die frühere Kh.1 in der ersten Nachkriegszeit die Hauptlast des Verkehrs. Von anderen Strecken waren keine zusätzlichen Lokomotiven zu bekommen, und so entsannen sich die ÖBB an die im Bregenzer Wald schlummernden KDL 11. Vor ihrer Inbetriebnahme mußten sie von 750 auf 760 mm umgespurt und die Kessel nach langem Stillstand hauptausgebessert werden. 1951 wurden die fürs Vellachtal vorgesehenen KDL 11 Nr. 2817, 2819 und 2821 in die Hauptwerkstätte Knittelfeld überführt, wo die HF 2817 und 2819 in Tenderloks umgebaut wurden. Als Vorbild diente die Bregenzer HF 2821, die bereits 1946 in der Zfl Bludenz zur Tenderlok umgebaut worden war. Im März 1952 mußte außerdem die Zfst Zell am See ihre HF 2857 an Kühnsdorf abtreten. Auf der nur 17 km langen Vellachtalbahn hätte ein Hilfstender mit 6 m^3 Wasser und 2,5 t Kohle nur Ballast bedeutet, andererseits erwiesen sich die Vorräte der tenderlosen Lok (0,6 m^3 Wasser und 0,461 t Kohle) als zu gering. Man entschied sich zum Umbau zur Tenderlok, nämlich ohne Änderungen an Kessel und Laufwerk. Der Umbau der HF 2817 und 2819, zum Teil auch der HF 2821 sowie im Jahr 1952 der Lok HF 2857 umfaßte folgende Arbeiten:

- Verlängerung und Verbreiterung der Wasserkästen auf 3,2 m^3 Inhalt
- Montage eines rückwärtigen Kohlenkastens mit 1,0 t Volumen
- Einbau einer elektrischen Beleuchtung
- Mittelpufferkupplung österreichischer Bauart
- Umspurung der HF 2817 und 2819 von 750 auf 760 mm

Zunächst war die Fabrik- bzw. die frühere HF-Nummer zugleich die Betriebsnummer, bis die ÖBB im Jahr 1953 nach dem neuen Bezeichnungsschema die vier tenderlosen KDL 11 als 699.1, die drei KDL 11 mit Tender als 699 einreihten. In den Jahren 1956/57 erhielt die Reihe 699.1 anstelle des Rundkamins den Giesl-Flachejektor. Sämtliche Zugdienste, bis auf den Bahnhofsverschub in Völkermarkt-Kühnsdorf, wurden ab 1952 einzig von der 499.01 und den vier 699.1 erbracht. Nach dem Ausscheiden der 499.01 im Januar 1963 ging auch ihr Planumlauf an die Reihe 699.1 über. Eine dritte KDL 11 stand in Reserve oder wurde für Hilfs- und Arbeitszüge, Schneeräumdienste oder Bedarfs- und Vorspannfahrten angeheizt. Mit der Einstellung des Personenverkehrs am 16. Januar 1965 sank der Planbedarf auf eine einzige Lok, die werktags den Güterverkehr versah, sofern noch Fracht anfiel.

Im Frühjahr 1965 erhielt die 699.103 in St. Pölten ihre letzte Hauptrevision, es war die letzte Dampflokausbesserung jener ÖBB-Hauptwerkstätte, aber schon Ende Juli 1968 mußte sie zu einer außerplanmäßigen Bedarfsausbesserung nach Knittelfeld überführt werden. 1969 stieg die Tonnage wieder an, Verstärkung kam sowohl aus dem Gurktal als auch aus Gmünd, während die schon wieder schadhaft gewordene 699.103 in Knittelfeld repariert wurde. Zurück in Kühnsdorf blieb sie ein Problemfall, wieder einmal mußte sie vorzeitig in die Hw Knittelfeld einrücken. Am 21. Mai 1971 holte sie aus Rechberg die letzten Güterwagen ab und bis 8. Juli 1971 half sie noch beim Gleisabbau, dann erlosch in der letzten Dampflok des „Vike" – jedenfalls vorläufig – das Feuer.

Eine neue Verwendung sollte sie im Waldviertel finden, aber dort war man über den Neuzugang nicht glücklich. Drei Wochen später reichte man sie weiter zur Steyrtalbahn, wo sie sich im schweren Güterverkehr bis hinauf nach Klaus auszuzeichnen vermochte und auch heute im Museumsverkehr eine vielbeachtete Maschine ist.

Oben: Der kleine Pfeil auf der Spindelmutter zeigt, daß die Steuerung auf 60 % der Zylinderfüllung ausgelegt und das Steuerrad eingerastet ist. Links vom Steuerrad ist ein Auswaschpilz zu sehen. Neben dem Seitenfenster sitzt der Doppelluftsauger, neben ihm das Bremsventil. Foto (1979): Burkhard Wollny (Bildarchiv der Eisenbahnstiftung)

Der Winter 1978/79 ist vielen Mitteleuropäern in Erinnerung geblieben. Um den Jahreswechsel und Mitte Februar gingen gewaltige Schneemassen hernieder. Als die 699.103 in Molln verschiebt, zeigt sich der Winter von seiner schönsten Seite. Foto (25.2.1979): Burkhard Wollny

Portrait der 699.103 in Aschach: Bauliche Veränderungen erfuhr die Lok während ihrer Garstner Zeit kaum noch, aber ein Sorgenkind – wie schon bei der Vellachtalbahn – blieb sie auch weiterhin. So mancher Werkstättenaufenthalt war erforderlich. Dennoch erbrachte sie von 1972 bis 1980 beachtliche Leistungen im Güterverkehr, danach half sie noch sporadisch im Personenverkehr aus. Foto (12.8.1975): Jirvis Verhoef (Slg. Ludger Kenning)

Rechts oben: Beim Groißenbach, wo 1980 der Felssturz niederging, strebt die 699.103 aufwärts. Foto (20.7.1975): Ralf Schmidt (Slg. Ludger Kenning)

Rechts unten: Die wuchtigen Wasserkästen verliehen der KDL 11 – hier in Molln – geradezu ein Gesicht mit „Plusterbacken“. Foto: Heinz Moschner

Unten: Der Giesl-Flachejektor, den die 699.103 im April 1958 erhalten hatte, veränderte zwar ihr Äußeres sehr, brachte aber nicht jene Kohleersparnis, wie sie der Konstrukteur Adolph Giesl-Gieslingen prophezeit hatte. Problematisch war ebenfalls der rückwärtige Kohlenkasten mit der Rahmenverlängerung, wodurch die vierte Achse überlastet wurde, sehr zum Nachteil der Lager bei höherer Geschwindigkeit. Die Pufferbohle wurde spätestens während der Zeit auf der Steyrtalbahn noch vergrößert. Foto (Februar 1979): Burkhard Wollny (Bildarchiv der Eisenbahnstiftung)

699 103

699.103

In Garsten, Steyr Lb und Klaus abgestellte ehem. Heeresfeldbahn-Lokomotiven nach 1945

Halbtender-Dampflokomotiven der Type HF 110 C

	Hersteller	Fabr.-Nr.	Bauj.	
HF 11753	Henschel	25953	1941	abg. in Steyr Lb, ausgemustert von ÖBB am 20.5.1949, am 20.1.1956 an Österr. Kontrollbank (Da 6), verkauft 1957
HF 11754	Henschel	25978	1941	abg. in Garsten, ausgemustert von den ÖBB am 20.5.1949, verkauft am 26.4.1950 über Österreichische Kontrollbank an Ing. Josef Lackner (Graz), verschrottet 1950
HF 11760	Henschel	25323	1942	erst Garsten, noch 1945 nach Zell am See (Tischlerhäusl), ab 1.5.1946 im ÖStB-Stand, ausgemustert von den ÖBB am 20.5.1949, verkauft am 7.8.1953 an Eisenhandel Karl Waltner & Co. (Graz), verschrottet in Zell am See
HF 11779	Henschel	25343	1942	abg. in Garsten, ausgemustert von ÖBB am 20.5.1949, am 20.1.1956 an Österr. Kontrollbank (Da 7), verkauft 1957
HF 11787	Henschel	25349	1942	abg. in Garsten, ausgem. von ÖBB am 20.5.1949, am 26.4.1950 über ÖKB an Josef Lackner (Graz), verschrottet 1950
HF 11788	Henschel	25350	1942	abg. in Garsten, ausgem. von ÖBB am 20.5.1949, am 26.4.1950 über ÖKB an J. Lackner (Graz), verschrottet 1950
HF 11802	ČKD / BMMF	2186	1944	Kessel-Nr. 16464, geliefert am 17.6.1944, abgestellt in Garsten, ausgemustert von den ÖBB am 20.5.1949, verkauft am 7.8.1953 an Eisenhandel Karl Waltner & Co. (Graz)
HF 11803	ČKD / BMMF	2188	1944	Kessel-Nr. 16466, geliefert am 11.7.1944, abgestellt in Garsten, ausgemustert von den ÖBB am 20.5.1949, verkauft am 7.8.1953 an Eisenhandel Karl Waltner & Co. (Graz)
HF 11804	ČKD / BMMF	2189	1944	Kessel-Nr. 16467, geliefert am 22.7.1944, abgestellt in Garsten, ausgemustert von den ÖBB am 20.5.1949, verkauft am 20.1.1956 an Österreichische Kontrollbank (Da 8), weiterverkauft 1957
HF 11805	ČKD / BMMF	2190	1944	Kessel-Nr. 16468, geliefert am 16.8.1944, abg. in Garsten, verkauft am 17.3.1949 an Steiermärkische Landesbahnen für Kapfenberg (H-F 11 805), abgestellt 1954, verschrottet per 28.7.1966, Halbtender dann Schneepflug und Unkrautvertilgungswagen der Thörlerbahn, verkauft 1999 an Club U.44 (Birkfeld), leihweise 2013 an Stainzer Lokalbahn
HF 11806	Jung	10115	1944	abg. in Garsten, ausgemustert von ÖBB am 20.5.1949, verk. am 7.8.1953 an Eisenhandel Karl Waltner & Co. (Graz)
HF 11809	Jung	10119	1944	erst Garsten, noch 1945 nach Zell am See (Tischlerhäusl), ab 19.11.1945 im ÖStB-Stand, später ÖBB 798.01, verkauft am 15.11.1956 an Schrotthandel Stefan Mock (Wien)
HF 11810	Jung	10120	1944	abgestellt in Garsten, verkauft am 17.3.1949 an Steiermärkische Landesbahnen für Stainzer Lokalbahn (H-F 11 810), verkauft am 7.9.1970 an Museumsbahn Chemin de fer d'Abreschviller (Frankreich) (Nr. 4)
HF 11811	Jung	10121	1944	abg. in Garsten, verkauft am 17.3.1949 an Steiermärkische Landesbahnen für Weiz (11.811), verschrottet Mai 1965
HF 11815	Jung	10116	1944	bei Kriegsende abg. in Garsten, von August 1945 bis 9.11.1956 bei der Zfst Garsten, ab 1.6.1953 mit Nr. 798.02, am 20.1.1956 an Österr. Kontrollbank, ausgemustert 10.11.1956, am 15.11.1956 an Schrotthandel Stefan Mock (Wien)
HF 11816	Jung	10125	1944	geliefert am 17.10.1944 an OKH Berlin, bei Kriegsende abgestellt in Garsten, ab Mai 1945 stationiert bei der Zfst Garsten, ab 21.8.1948 probeweise bei den Steiermärkischen Landesbahnen auf der Feistritztalbahn, ab 9.8.1949 in Völkermarkt-Kühnsdorf (mit Nr. 11 816), ab 1.6.1953 mit Nr. 798.03, ausgemustert am 15.11.1956, danach verkauft ohne Tender an Firma Stefan Mock (Wien), verschrottet nach 1965 beim Eisenhandel Karl Waltner & Co. (Graz), Tender weiterhin bei der Lokstelle Kühnsdorf, nämlich als Wasserwagen 9699.02 (später 92 302), ausgemustert am 15.9.1971

Nachgerüstet mit Lichtmaschine, Saugluftbremse sowie der bei der Steyrtalbahn üblichen Kupplung, zudem beschriftet als 798.02 der B.B.D. Linz, Zgfst. Garsten, ist die ehemalige HF 11815 schon länger ohne Tender hinter dem Heizhaus abgestellt. Einsatzbilder sind von ihr nicht bekannt. Bereits 1956 wurde sie an einen Schrotthandel veräußert. Eine weitere, ebenfalls in Garsten (und zwar von Mai 1945 bis August 1948) stationierte Lok der Type HF 110 C war die HF 11816. Sie fuhr ab 1948 leihweise für ein Jahr auf der Feistritztalbahn, anschließend auf der Vellachtalbahn, wo sie 1953 die ÖBB-Nr. 798.03 erhielt. Auch sie wurde im Jahr 1956 ausgemustert. Foto (6.8.1954): Alfred Luft

Noch mit dem gedrungenen Kobelschornstein und der HF-Nr. 11753, aber bereits mit der Nr. Da 5 der Österreichischen Kontrollbank steht diese Henschel-Halbtenderlok im Steyrer Lokalbahnhof. In der kreisförmigen Schale um den hinteren Dom wurde der Schlauch aufgewickelt, mit dem auf freier Strecke aus Bächen oder Teichen mittels Elevator Wasser gefaßt werden konnte. Die Popp-Sicherheitsventile befinden sich auf dem Kesselscheitel auf einer Konsole direkt vor dem Führerhaus. Im folgenden Jahr wurde die Lok zusammen mit zwei weiteren HF 110 C weiterverkauft, damit verliert sich ihre Spur.
Foto (8.8.1956): Alfred Luft

Die drei an die StLB verkauften HF 110 C wurden verschieden bezeichnet und verändert. Während die Kapfenberger und die Stainzer Lok die Nr. H-F 11 805 bzw. H-F 11 810 erhielten, war auf der Weizer lediglich „11.811“ angeschrieben. Die Kapfenberger erhielt einen zylindrischen Schornsteinaufsatz, die Stainzer keinen und die Weizer auf dem typischen Kranz anfangs einen Kobel, später gleichfalls ein zylindrisches Stück. Bis 1958 wurde sie als Reserve vorgehalten.
Foto (Weiz, 27.8.1954): Elfried Schmidt

16 Lokomotiven der Heeresfeldbahntype HF 110 C waren Anfang 1945 in Garsten und Steyr Lb hinterstellt worden, nur eine hat überlebt. Die HF 11810 kam im März 1949 zusammen mit zwei Schwestermaschinen zu den Steiermärkischen Landesbahnen. Während die anderen beiden in Weiz und Kapfenberg stationiert wurden, beförderte sie auf der Stainzer Lokalbahn fortan Rollbockzüge. Nach dem Eintreffen zweier Dieselloks der Type HF 130 C fristete sie lediglich ein Reservedasein, bis ihre Kesselfrist im Jahr 1967 ablief. Im Sommer 1970 wurde sie schließlich nach Frankreich verkauft, wo sie seither in den Vogesen auf der Museumswaldbahn Abreschviller – Grand Soldat im Einsatz steht. Hier wird sie für die Rückfahrt nach Abreschviller vorbereitet.
Foto (7.8.1978): Ludger Kenning

Die (v.l.n.r.) HF 7755, 7760 und 7752 auf dem früheren Wagenhallengleis in Steyr Lb. Die Firma Henschel & Sohn in Kassel hatte Mitte der 30er Jahre solche B-Kuppler der Werkstype „Riesa" mit ca. 70 PS Leistung vor allem für Baufeldbahnen mit 600 mm Spurweite konstruiert und von 1936 bis 1944 in großer Stückzahl gefertigt. In der NS-Zeit galt die Type als kriegswichtig, so daß sie 1942 in einem Kriegstypenkatalog als KDL 13 aufschien und nun ebenso mit 750 mm Spurweite produziert wurde, auch von der Lokfabrik in Krenau (Oberschlesien). Foto (9.8.1953): Alfred Luft

Diverse Bn2t-Lokomotiven (entsprechend KDL 13), hinterstellt in Garsten und Steyr Lb

	Hersteller	Fabr.-Nr.	Bauj.	
HF 7367	O & K	7367	1916	geliefert im März 1916 an ODEG Königsberg (Nr. 7, mit 600 mm Spurweite), abgestellt in Garsten, ausgemustert von den ÖBB am 20.5.1949, übereignet am 20.1.1956 an die Österreichische Kontrollbank (Da 9), weiterer Verbleib unbekannt
HF 7751	O & K	6129	1913	geliefert im Juli 1913 an Mitteldeutsche Basaltwerke (Hünfeld), abgestellt in Steyr Lokalbahn, nicht im ÖBB-Stand, übereignet am 20.1.1956 an Österreichische Kontrollbank (Da 1), weiterverkauft um 1957
HF 7752	Henschel	26215	1940	Typ Riesa, abgestellt in Steyr Lb, nicht im ÖBB-Stand, am 20.1.1956 an Österr. Kontrollbank (Da 2), weiterverkauft 1957
HF 7753				noch 1945 vorhanden
HF 7755	Henschel	26211	1940	Typ Riesa, abgestellt in Steyr Lb, nicht im ÖBB-Stand, am 20.1.1956 an Österr. Kontrollbank (Da 3), weiterverkauft 1957
HF 7756				noch 1945 vorhanden
HF 7758	Henschel	26207	1940	Typ Riesa, abgestellt in Garsten, nicht im ÖBB-Stand, am 20.1.1956 an Österr. Kontrollbank (Da 4), weiterverkauft 1957
HF 7760	Henschel	26212	1940	Typ Riesa, abgestellt in Steyr Lb, nicht im ÖBB-Stand, am 20.1.1956 an Österr. Kontrollbank (Da 5), weiterverkauft 1957

Die HF 7755 (links) und 7760 warten im Steyrer Lokalbahnhof noch immer auf eine Weiterverwendung. Mit 4,60 m Länge, 1,40 m Achsstand, 1,80 m Breite, 63 cm Raddurchmesser, 24,5 cm Zylinderdurchmesser und 11,0 t Dienstgewicht eignete sich die Type „Riesa" ideal für den Dienst auf Baustellen, bescheiden waren jedoch die Vorräte von nur 0,8 m³ Wasser und 0,44 t Kohle. Man erkennt wiederum die Halterung um den zweiten Dom für den Schlauch zum Wasserfassen auf freier Strecke. Foto (3.9.1954): Harald Navé

Diesellokomotiven der Type HF 130 C

abgestellt ab Frühjahr 1945 in Garsten

Hersteller	Fabr.-Nr.	Baujahr	
Gmeinder	4197	1944	geliefert am 30.8.1944 an OKH Berlin (HF M 13954), dann ÖBB als HF bzw. Köf 13954, spätestens im April 1950 nach Zell am See, um 1954 nach Bregenz als 2092.01 („der Bock"), Generalumbau 1962, ab Herbst 1980 in St. Pölten Alpenbahnhof, zuletzt Ersatzteilspender, um 1998 aufgestellt beim Hotel Alpengasthof in Puchenstuben, im Juli 2006 per ebay an Ludger Guttwein für Museum Prora (Rügen), im Mai 2017 an BWB-Museumsbahn Bezau
Gmeinder	4199	1944	geliefert am 28.8.1944 an OKH Berlin (HF M 13955), verkauft 1.2.1947 über Österr. Kontrollbank an die ÖBB, Inbetriebnahme am 13.5.1950 in Zell am See als HF bzw. Köf 13955, ab 1.4.1954 als 2092.02, ab 3.12.1963 in St. Pölten Alpenbahnhof, ab 9.11.1965 wieder Zell am See, Generalumbau 1968 in St. Pölten, am 1.7.2008 an Salzburger Lokalbahn (Vs 51)
Windhoff	749	1943	geliefert ans Oberkommando des Heeres OKH in Berlin (HF M 13978), um 1949/50 noch vorhanden, weiterer Verbleib unbekannt
Windhoff	750	1943	geliefert ans OKH Berlin (HF M 13979), frühestens August 1954 an Eisenhandel Karl Waltner & Co. (Graz), verkauft 1958 an Steiermärkische Landesbahnen für Stainzer Lokalbahn (VL 2), abgestellt 1972, letzte Reste erst 1984 entsorgt
Windhoff	753	1943	neu ans OKH Berlin (HF M 13982), ab Februar 1945 in Garsten, frühestens August 1954 an Eisenhandel Waltner (Graz), verkauft 1960 an Steiermärkische Landesbahnen für Stainzer Lokalbahn (VL 3), verkauft im Mai 2001 an Privat (Dörzbach) als V 33.02 für Jagsttalbahn, verkauft am 12.10.2007 an Privat für Frankfurter Feldbahnmuseum, Inbetriebnahme im März 2008 als D 20
Windhoff	755	1943	neu ans OKH Berlin (HF M 13984), am 26.10.1950 an Waldbahn Reichraming, im November 1956 an Zillertalbahn (D 6), 1971 an Steiermärkische Landesbahnen (VL 2II, zuletzt Stainz), im Juli 1986 motorlos an Öchsle GmbH, 1990-93 verschrottet
Windhoff	756	1943	neu an OKH Berlin (HF M 13985), dann ÖBB für Völkermarkt-Kühnsdorf als Köf 13985, ab 1.4.1954 mit Nr. 2092.101, ab 4.9.1962 nach Getriebeumbau nun 2092.03, ab 28.3.1965 in St. Pölten Alpenbahnhof, Inbetriebnahme 17.5.1965, ab August 1982 Zell am See, ab 23.8.1983 wieder St. Pölten, ausgemustert 1.4.1999, verkauft am 30.5.2001 an Eisenbahnclub Mh.6 (Obergrafendorf)
Windhoff	759	1943	neu an OKH (HF M 13988), ab 1.2.1947 Heizhaus Tischlerhäusl, Inbetriebn. dort am 6.1.1950 als Köf 13988, ab 13.9.1951 Bregenz, ab 1.4.1954 mit Nr. 2092.102, ab 30.5.1960 nach Getriebeumbau nun 2092.04, ab 4.7.1960 Zell a. S., ab 27.8.1960 Bregenz, ab 30.11.1960 Zell a. S., ab 1.2.1962 HW St. Pölten (Generalumbau), ab 4.12.1963 Zell a.S., ab 14.11.1965 Gmünd, ab 1.4.1985 neue Nr. 2092 004-7, ab 1.8.1996 St. Pölten Abf, ausgemustert 1.4.1999, dann ÖBB Erlebnisbahn, am 12.12.2010 an NÖVOG, hinterstellt beim Club Mh.6 (Heizhaus Obergrafendorf), verkauft 2013 an Club 760, weiter abgestellt in Obergrafendorf, verkauft am 10.12.2015 an Michael Schleifenbaum für WSV Heidenreichstein, optische Aufarbeitung bis Oktober 2017, Fahrwerk bis Juni 2019

überführt am 11.12.1945 von der ehem. Heeresversuchsstelle Mittersill nach Garsten, überstellt auf eigener Achse zum Bahnhof Klaus

Windhoff	763	1943	geliefert ans Oberkommando des Heeres OKH in Berlin, verkauft 1952 über Österreichische Kontrollbank an Draht- und Walzwerke Joh. Pengg im Thörltal (Lok 2, später „Margarethenhütte"), im Oktober 1997 an ÖGLB für Payerbach – Hirschwang (V 2)
Gmeinder	2827	1940	geliefert am 10.9.1940 ans Oberkommando des Heeres OKH in Berlin (HF M 13993), noch 1950 vorhanden, danach verschrottet
Gmeinder	3137	1940	geliefert am 10.9.1940 ans OKH Berlin (HF „Tw 2"), verkauft 26.4.1950 über Österr. Kontrollbank an Josef Lackner (Graz), im Sommer 1956 an Draht- und Walzwerke Joh. Pengg im Thörltal (Lok 1, später „Thörl"), im Okt. 1997 an ÖGLB Kienberg-Gaming (V 1)
Gmeinder	3990	1942	verkauft 1950 über Österreichische Kontrollbank an Zellstoff- und Papierfabrik Rechberg, Probefahrt am 19.9.1950, Inbetriebnahme am 13.11.1950, abgestellt im Mai 1971, dann an Steiermärkische Landesbahnen für Weiz, nach Instandsetzung am 27.7.1972 in Betrieb als VL 4, zunächst Bahnhof Ratten, ab Juli 1980 Birkfeld, dann Oberfeistritz und schließlich Weiz, abgestellt 2001, verkauft am 22.1.2002 an Dr. Markus Strässle (Wittenbach/CH), überführt am 21.-24.5.2002 nach Murau, hinterstellt in Frojach-Katschtal
O & K	21082	1939	geliefert am 7.3.1938 an Waffenprüfanstalt P5 (Nr. 5/46 bzw. HF M 13994), noch 1950 vorhanden, danach verschrottet
O & K	21083	1939	geliefert am 7.3.1938 an Waffenprüfanstalt P5 (Nr. 5/47), noch 1950 vorhanden, danach verschrottet

Links: Ab 1958 versah die VL 2 (Windhoff 750/1943, ehem. HF M 13979) wechselweise mit einer Schwesterlok den Rollbockverkehr auf der Stainzer Lokalbahn. Hier überführt sie die zuvor in Kapfenberg stationierte Lok S 11 (ehem. SKGLB) nach Stainz, ihrer neuen Heimat. Nach dem Ausscheiden im Jahr 1971 diente sie noch als Ersatzteilspender, erst Mitte der 80er Jahre wurden ihre letzten Reste entsorgt. Foto (27.4.1967): Gerhard Luft

Rechts: Die HF 13954 gelangte Ende der 40er Jahre vom Steyrtal in den Pinzgau und ging bei der Zfst Zell am See als Köf 13954 (ab 1953 mit Nr. 2092.01) in Betrieb. Ab 1954 war Bregenz ihre langjährige Heimat, „der Bock" wurde sie genannt. Nach einiger Zeit bei der Zfst St. Pölten Alpenbahnhof ab Herbst 1980 diente sie zuletzt nur als Ersatzteilspender, dann wurde sie 1998 als Blickfang bei einem Hotel in Puchenstuben an der Mariazellerbahn aufgestellt und im Juli 2006 nach Rügen verkauft. Auf dem Tauschweg kehrte sie 2017 nach Bezau zurück. Foto (18.7.1953): Harald Navé

Reihe 2094 – das Diesellok-Projekt

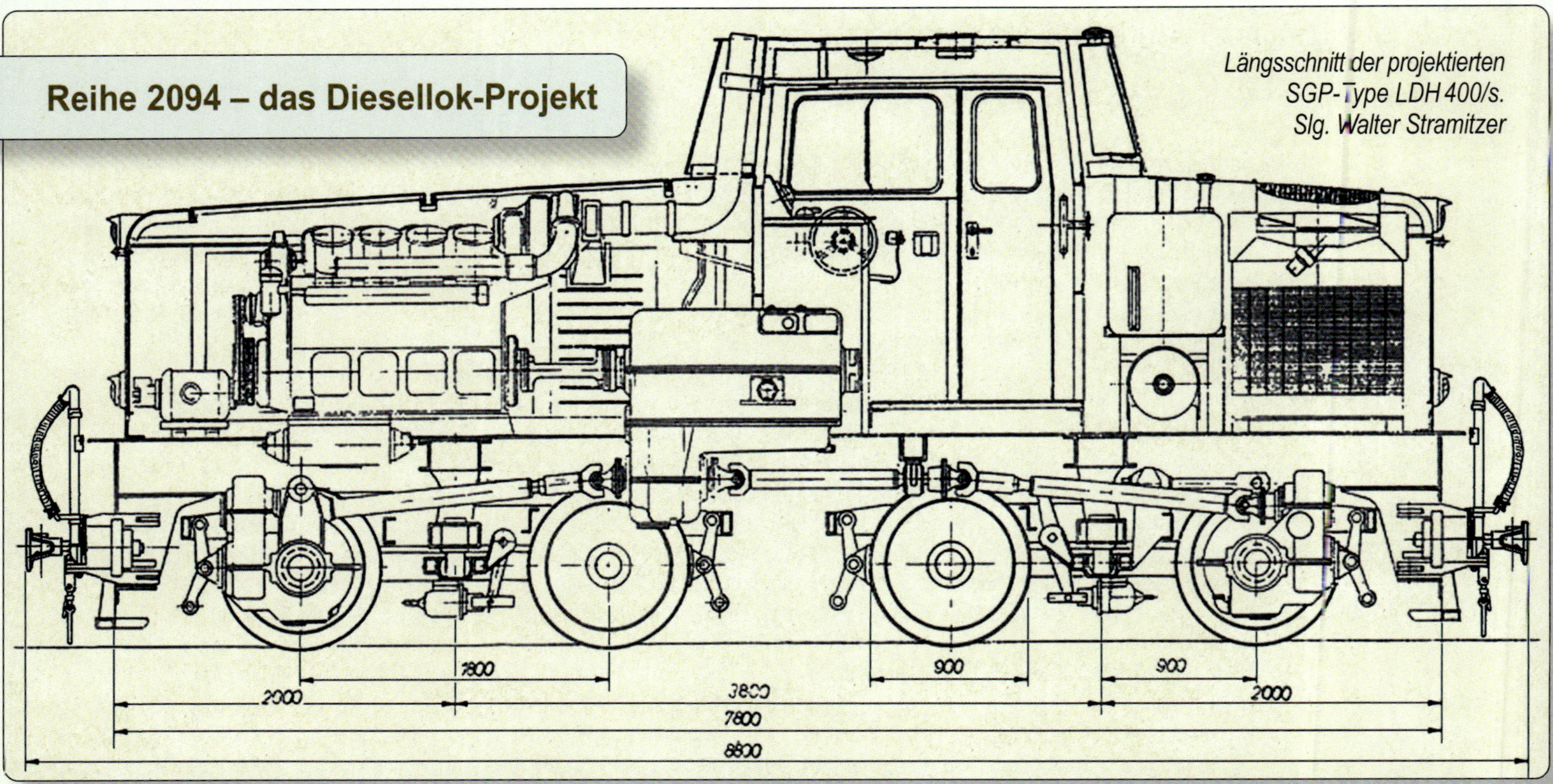

Längsschnitt der projektierten SGP-Type LDH 400/s. Slg. Walter Stramitzer

Gegen Mitte der 50er Jahre planten die Österreichischen Bundesbahnen eine rigorose Ablöse sowohl der schmalspurigen Dampflokomotiven als auch der eher schwachbrüstigen dieselelektrischen Lokomotiven aus den 30er Jahren. In der damals üblichen Zusammenarbeit mit der Hauslieferantin, der Simmering-Graz-Pauker AG (SGP), wurden einige dieselhydraulische 760-mm-Typen zur Diskussion gestellt:

- eine zweiachsige Verschublok (ähnlich D 11-12 der Zillertalbahn)
- eine mittlere Mittelführerstandslok (Typ LDH 340/s, als Reihe 2094)
- eine mittlere Mittelführerstandslok vom Typ LDH 400/s
- und eine große Endführerstandslok (Typ LDH 600/s, als Reihe 2095)

Die beiden mittelgroßen Typen mit einem Simmeringer 4-Takt-Motor vom Typ S8Vn mit 340 bzw. 400 PS und einem Dienstgewicht von 28 t hätten eine Höchstgeschwindigkeit von 60 km/h erzielen sollen. Wie bereits das Getriebe, ein zweistufiges Voith-Turbogetriebe mit Zahnradübersetzung, Steuereinrichtungen, Wendegetriebe und Differential, hätten ebenso die Drehgestelle mit Kuppelstange jenen der Reihe 2095 entsprochen. Letztlich wurde das Projekt der „Reihe 2094" nicht weiterverfolgt. Daß es damit aber nicht ganz vom Tisch war, zeigt die Tatsache, daß diese Reihenbezeichnung stets unbesetzt blieb.

Oben: Ansicht der SGP-Werkstype LDH 340/s. Slg. Walter Stramitzer

Die Projektierung von Diesselloks für die Steyrtalbahn ging mit der angelaufenen Planung zur Aufnahme eines Rollfahrzeugverkehrs zwischen Garsten und Klaus einher. Bis zu Beginn der 60er Jahre erwogen die ÖBB ganz konkret einen solchen Betrieb, da war das 2094-Projekt allerdings längst vom Tisch. So zeigt uns nun eine Fotocollage, wie eine so farbenfrohe Lok damals in Untergrünburg ausgesehen hätte.

Eine fabrikneue SGP-Diesellok im Mollner Becken? – so hätte es gewesen sein können! Walter Stramitzer hat die Werkstypen LDH 400/s (oben) und LDH 340/s (links, beschildert als 2094.01) in Gartenbahngröße gebaut. Die 400-PS-Lok als 2194.01 zu bezeichnen (in Anlehnung an die 2043 und 2143), entsprang dabei gleichsam seiner Phantasie wie die Kreuzrisse, denn die überlieferten Entwurfszeichnungen zeigen lediglich Seitenrisse. Fotos (4.7.2015): Walter Stramitzer

Beruf zugleich als Berufung?

„Ich, Heinrich Franz M., geboren am 29.8.1941, bekenne mich zur ... Religion. Meine Eltern heißen G. und K. M., mein Vater arbeitete als Verschieber im Bahnhof Kleinreifling und fiel 1944 an der Ostfront. Ich besuchte die Volksschule, die Hauptschule usw., mein Wunsch ist es, in den Dienst der Österreichischen Bundesbahnen eintreten zu können." – Ja, so ähnlich beginnt die Berufslaufbahn vieler Eisenbahner.

Die Zeit der alten preußischen Abteilwagen ist im Ennstal längst vorbei, als die 78.606 auf den Bahnhof Hieflau zufährt. Spantenwagen und N28er prägen mittlerweile das Bild. Foto (24.9.1969): Herbert Fritz (Sammlung Gunter Mackinger)

Fast tagtäglich, sieben Jahre lang, teils nach Waidhofen a.d. Ybbs, teils nach Amstetten, waren wir Schulkinder immer mit dem Zug unterwegs. So entwickelte sich automatisch ein gewisses Interesse für den Eisenbahnbetrieb. Damals wurden sämtliche Personenzüge von einer 38er- oder 78er-Dampflok gezogen. Für uns Kinder war es eine sehr romantische Zeit. Die Waggons waren je nach Komfort in drei Klassen eingeteilt. Jene der 3. Klasse besaßen noch die guten harten Holzbänke. Unter den ältesten Fahrzeugen befand sich ein früherer preußischer Abteilwagen, außen mit einem durchgehenden Trittbrett. Jedes Abteil war über eine eigene Tür erreichbar. Wollte man z.B. vom ersten ins dritte Abteil zum Schulfreund bezüglich Hausaufgaben während der Fahrt ohne Bodenberührung wechseln, ging das wie folgt vor sich: Waggontür nach außen öffnen – Griffstange festhalten – das Trittbrett hinuntersteigen – Tür schließen – am zweiten Abteil vorbeihangeln – mit einer Hand die Tür zum dritten Abteil öffnen – die Stufe hinaufsteigen und die Tür von innen schließen. Natürlich war die zirkusreife Akrobatik während der Fahrt von einem Abteil zum anderen strengstens verboten. Für uns Kinder gab es nur eine Ausnahme: Wenn wir das waghalsige Manöver am letzten Wagen riskierten, mußte der Schaffner im ersten Wagen mit der Fahrscheinkontrolle vollends beschäftigt sein.

Am meisten faszinierten mich der stattliche Mann mit roter Kappe, dem die Züge durch einfache Zeichen gehorchten, sowie die Männer in den Lokomotiven. Unentwegt mit dieser Materie konfrontiert, lag es nahe, den Beruf des Eisenbahners einzuschlagen. Und mit der positiven Beantwortung meines Ansuchens begann ein neuer Lebensabschnitt. Nach eingehender ärztlicher Untersuchung sowie einer „Psychotechnischen" Prüfung im Franz-Josef-Bahnhof in Wien war mein Weg geebnet. Einige Wochen später hatte ich mich beim Bahnhofsvorstand in Kleinreifling zu melden. Er war ein stattlicher, kleiner, selbstbewußter Mann in Uniform, trug aber nicht die gewohnte Kappe. Seine fortgeschrittene Tonsur am Haupt war nicht zu übersehen. Er verwendete stets dasselbe, reichlich aufgetragene Parfüm. Fragte jemand nach dem Boß, war es ganz einfach, ihn zu orten. Das ist doch für einen ihm untergeordneten Bediensteten nicht zum Nachteil, oder? Eingehend wies er mich in die Gefahren des Eisenbahnbetriebs ein. Mit erhobenem Zeigefinger ermahnte er: *„Pünktlichkeit ist Sicherheit!"* Kurz und bündig teilte er mit: *„Morgen in der Früh melden Sie sich ausgeruht und nüchtern im Transit. Dienstbeginn 3.50 Uhr."* Ich glaubte, mich im Metier schon etwas auszukennen, aber das Wort „Transit" war Neuland. Ich werde es noch erfahren.

Die Arbeit war äußerst vielfältig. Kisten, Schachteln und Koffer mußten geschleppt und in andere Züge umgeladen werden. Eilzüge wurden unter Voranstellen des Buchstabens E mit einer dreistelligen, Personenzüge mit einer vierstelligen Nummer, aber keinem Buchstaben bezeichnet. Hier endende Züge wurden gereinigt, samt Toiletten. Für letztere Tätigkeit mußte ich mir notgedrungen ein Sofortprogramm zurechtlegen. Erstens: Mache die Arbeit nur mit einem Tropfen Eau de Cologne auf der Nase; zweitens: Niemals nach einer Mahlzeit, sondern stets davor. Ist ja logisch, oder? Man muß sich nur zu helfen wissen.

Das ganze Bahnhofsumfeld mußte von Papier, Zigarettenabfällen und sonstigem Unrat gesäubert werden. Der Perron besaß eine auf Säulen ruhende Überdachung. Je nach Jahreszeit war der Blumenschmuck zu gießen. Um die an der Dachkonstruktion hängenden Blumenkästen der Reihe nach erreichen zu können, stand ich breitbeinig mit der Gießkanne auf einem hölzernen zweiachsigen Brückenwagen, den mein Arbeitskollege entlangzog. Im Herbst wurde für ausreichenden Kleinholzvorrat gesorgt. Am Vorplatz zur Lampisterie lagerten alte Holzschwellen. Mein weitaus älterer, recht korpulenter Kollege – ein väterlicher Typ – lehrte mich, die große Zugsäge zu führen. Wir zerschnitten die langen schweren Buchenholzbohlen, anschließend kam die Axt zum Einsatz.

Im Winter waren die Zugänge von Schnee zu befreien oder bei Eis zu streuen. In der kalten Jahreszeit marschierte ich jeden Morgen mit einer etwas ovalen, dem Rücken ergonomisch angepaßten, mit breitem Tragriemen versehenen, etwa 50 cm breiten, 40 cm tiefen und 60 cm hohen Blechbutte in Richtung Kaserne. Das Gebäude lag einige hundert Meter vom Dienstraum entfernt. Der eiserne Rucksack, er wog an die 40 Kilo, enthielt Zeitungen, Pappe, Kienspan, Holzschwellenstücke sowie etwas Stein- und Braunkohle. Die dortigen Schlafräume besaßen Öfen für feste Brennstoffe. Sie mußten in der Heizperiode von Asche und Schlacke gereinigt und für den Abend anzündfertig vorbereitet werden. Am Rückweg löschte ich bei einigen Weichenkörpern noch die Petroleumlampen. Verschmutzte Glaszylinder nahm ich mit zur Reinigung.

Im Dienstraum angekommen wurde bereits der nächste Zug ausgerufen, was für mich neue Arbeit bedeutete. Reisenden beim Umsteigen behilflich sein, Gepäck aus- oder umladen, während bei abgehenden Zügen das Schlußsignal anzuzünden und über den rechten Puffer des letzten Fahrzeugs zu hängen war. Inzwischen hatten die Verschieber ihre Karbidlampen zur Wartung abgegeben, ich mußte die Wasserbehälter nachfüllen sowie die ausgegasten Karbidsteine ersetzen. Sofern nötig, wurde die Brennerdüse mittels eines eigens dafür bestimmten Bohrers gereinigt. Eine solche Lampe funktionierte nach einem chemischen Vorgang. Das Wasser tropfte in einen dicht verschlossenen, abschraubbaren Behälter auf den Karbidstein. Das freiwerdende Gas strömte dann durch eine Düse in den Brennraum und wurde dort von Hand gezündet. Die Wasserzufuhr – und so die Intensität der Gasentwicklung – ließ sich mit einer Schraube verstellen. Manche Laternen waren wahre Kunstwerke aus Messing. Obwohl es bereits längst elektrische Handlampen gab, wurden die Karbidlampen weiter bevorzugt. Die Arbeiten im „Transit" waren ziemlich umfangreich, man war hier „Mädchen für alles".

In meinen ersten Tagen im Gepäckdienst schrieb ich ein Ansuchen um Zulassung zur Fahrdienstleiterlaufbahn. Schon bald hatte ich mich einer Befähigungsprüfung zu unterziehen. Nach positivem Abschluß wartete ich getrost auf die Einberufung zum Verkehrskurs. Mir wurde mitgeteilt, daß ich mich noch ein wenig gedulden müsse, denn zuerst kämen die Maturanten an die Reihe, außerdem hätte ich ja ohnehin einen Beruf erlernt und den Wehrdienst noch nicht abgeleistet. Nach den Schnuppermonaten im „Transit" wurde ich im Verschubdienst geschult. Diese Tätigkeit unterschied sich wesentlich von meiner bisherigen. Im Verkehrsdienst wehte ein wahrhaft rauer Wind. Sogar bei Blitz und Donner, im strömenden Regen, bei Hagel und Sturm stand man draußen im Gleisfeld und mußte seine Arbeitszuweisung präzise und minutiös erfüllen.

Meine erste Berührung mit dem Verkehrsdienst war das Kuppeln stillstehender Fahrzeuge. Schwere Schraubenkupplungen mußte ich einhängen und festschrauben oder das richtige Auflegen von Hemmschuhen zum Abfangen heranrollender Wagen oder das gefühlvolle Heranfahren unter Betätigung der Handbremse üben. Es dauerte eine Weile, bis mir alle Gleisbezeichnungen, Weichennummern sowie die Standorte aller betriebsnotwendigen Kennzeichen und Signale geläufig waren. Die Bahnhofs- und die Schuppendienstordnung waren eine wichtige Grundlage. Später, je nach Dienstschicht, mußten u.a. die Loks zeitgerecht von den Zügen abgekuppelt und ins Heizhaus gelotst werden oder umgekehrt.

Inzwischen war ein gutes Jahr vergangen. Neun Monate Bundesheer waren abgeleistet und die Verschieberprüfung bestanden. Auf die Einberufung zum Fahrdienstleiterkurs wartete ich noch immer, ich arbeitete derweil im Verschub. Auf einer Dienstschicht traf ich einen Burschen namens Sepp aus meinem Heimatort, im Dreiländereck Ober- / Niederösterreich / Steiermark gelegen. Er war an jenem Tag als Lokführer auf der 52er zum Verschubdienst eingeteilt. Immer wieder kamen wir ins Gespräch über allerlei Dinge. Den wahren Grund meiner so regen Konversation traute ich mich nie so richtig auszurücken: Ich wäre ja liebend gern einmal auf eine Lok gestiegen. Was mag das wohl für ein Gefühl sein, hoch oben auf dem Führerstand zu stehen? Während der kurzen Zugpausen spazierte ich bei Ein- und Ausfahrten nur so rein zufällig stets zu ihm nach vorn. Fast möchte ich sagen, er konnte mir meinen Wunsch von den Augen ablesen! Hatte ich mal den Mut gefaßt, ihn zu bitten, einmal aufs Dampfroß zu klettern, so wartete schon die nächste Arbeit auf mich. Bei der nächsten günstigen Gelegenheit traute ich mich dann doch: *„Du, Sepp – ah – ah ...!"* Und er antwortete: *„Du mußt lauter sprechen, ich höre Dich so schlecht, es ist besser, Du kommst zu mir herauf!"* Na, mehr hatte ich ja nicht gewollt! So schnell bin ich wohl nie wieder auf eine Lok geklettert. Oben kam ich aus dem Staunen nicht heraus. Es war verwirrend – all die vielen Handräder, Hebel, Manometer, Hähne und Leitungen. Wie kann man sich hier nur zurechtfinden? Die erste Begegnung war für mich so beeindruckend, daß ich sogar in meiner Freizeit weitere Einladungen, auf der Dampflok mitfahren zu können, annahm.

Weil die Einberufung zum Fahrdienstleiterkurs noch immer auf sich warten ließ, schrieb ich ein zweites Ansuchen, diesmal um Zulassung zur Lokführerlaufbahn. Nun hatte ich gleich zwei „heiße Eisen" im Feuer! Nach kurzer Zeit mußte ich mich im November 1961 einer Eignungsprüfung für den Lokfahrdienst unterziehen, und wieder hieß es: Bitte warten! Ich beschäftigte mich oftmals mit der Frage, in welche Zugförderungsstelle – sofern meinem Ansuchen stattgegeben wird – ich wohl komme? Vielleicht nach Selzthal, Linz oder sogar nach Wien?

Der Winter kam erneut ins Tal und die Arbeit im Verschub wurde immer anstrengender und gefährlicher. Die Schraubenkupplungen wurden schwergängiger, die Luftschläuche waren steif gefroren, die Trittbretter verschneit und die Verschieberhandgriffe vereist. Beim Heranfahren an die Waggons löste sich manche Dachlawine und drückte mir die Kappe tief ins Gesicht. Schnee fiel mir in den Nacken. Im Verschub hatten wir jungen Burschen bald begriffen, ob wir es heute mit einem Lokführer mit Feingefühl und Übersicht zu tun hatten. Wenn ja, dann machte uns die Arbeit, wenn auch mit Gefahren verbunden, sehr viel Freude.

Die 35.252 der Zfst St. Valentin mit dem Personenzug 5423 in Kleinreifling. Als bedeutender Knotenpunkt der k.k. priv. Kronprinz Rudolf-Bahn hatte der Bahnhof ein stattliches, architektonisch prächtiges Aufnahmsgebäude erhalten. Nach der Elektrifizierung der Ennstallinie wurde es Anfang der 70er Jahre durch einen nüchternen Zweckbau ersetzt. Foto (15.8.1956): Alfred Luft

Damals war die vierte Jahreszeit schneereich und es gab lange Frostperioden. Von Ende Oktober bis Ende Februar dauerte die weiße Pracht. Auf manchem Nebengleis konnte man mit dem Schneeräumen nicht nachkommen. Im Bahnhof Weißenbach-St. Gallen gab es Tage, an denen wir beim Kuppeln überlegten, ob es nicht besser sei, über die Puffer zu steigen als sich unten hindurchzuzwängen. Aber trotz allem, auf jeden Winter folgt ein Frühling. Auch in meinem Herzen regte sich Aufbruchstimmung und Wärme, da ich die Nachricht bekam, daß ich am 1. März 1962 zur Zugförderungsstelle Garsten versetzt werde und so meine dreijährige Ausbildung zum Dampflokführer beginnen konnte. Ein Wunsch ging in Erfüllung – ein neuer Meilenstein war gesetzt!

Nicht wie gedacht auf der Normalspur, nein, auf der Schmalspurbahn – der Steyrtalbahn – sollte meine Laufbahn als Lokführer beginnen. Bekommt hier nicht der Ausspruch *„Der Mensch denkt und Gott lenkt"* seine Bestätigung? Die Ausbildung begann für drei Monate in der Wagen- und 15 Monate in der Lokreparatur. Die Lokreihen 298 und 498 standen hier im Einsatz. Am 1. September 1963 hatte ich meinen ersten Einschulungstag als Heizer auf der Lok 298.53. Es war das Personenzugpaar GK 25 / GK 18 von Garsten nach Klaus und zurück.

Die 298.106 mit dem Zug GK 18 in Klaus, gut sechs Wochen vor meinem Dienstantritt als Heizer bei der Zfst Garsten. Foto (9.7.1963): Peter Tschulik

Vom 1. September bis 6. Dezember 1964 arbeitete ich in der Hauptwerkstätte Knittelfeld. Es war hochinteressant, die verschiedenen Loktypen in all ihre Bestandteile zerlegt zu sehen. Hier konnte man das Fachwissen weiter vervollständigen. Man sah die riesigen Kessel der 52er, ihre Feuerbüchse mit den vielen Stehbolzen, Boden- und Bügelankern, die Rauchrohre und Überhitzerelemente. Die Kolben und Rundschieber lagerten ausgebaut neben den dazugehörenden Zylinderblöcken. Die Kesselschmiede nieteten mit ihren Preßluftgeräten fieberhaft an den zu Kesseleinschüssen eingerollten Stahlblechen. Der Lärmpegel war beinahe unerträglich hoch. Bei der Stangen- und Bremspartie war es deutlich ruhiger, dafür allerdings, von den zu hebenden Teilen, eine keineswegs leichtere Arbeit. Zum Beispiel beim Einfädeln der langen schweren Treibstange, genauer gesagt des hinteren Treibstangenkopfes, über die nacheilend aufgekeilte Gegenkurbel von Lokomotiven der Reihen 50 oder 86 hätte es leicht mal in die Hose gehen können.

Eines Tages bekam ich Gelegenheit, auf einer 97er-Zahnradlok beim Einbau der Steuerung von der Arbeitsgrube aus mitzuhelfen. Dies bedurfte großer Geschicklichkeit, fundiertem Fachwissen und einer Menge Erfahrung. Zum Führen einer solchen Lok war außerdem eine Zusatzprüfung erforderlich. Die drei Monate in der Hauptwerkstätte waren eine überaus lehr- und aufschlußreiche Zeit der Ausbildung.

Zurück in Garsten folgte – zum Kennenlernen der Prüfungs-Lokreihe 77 – eine zweimonatige Heizerzeit in der Zfst St. Valentin. Sechs Tage vor Weihnachten war der Termin der Staatlichen Prüfung (theoretischer Teil), am 12. Jänner folgte die Prüfungsfahrt. Der Zug Nr. 5452 war mit der Lok 77.23 bespannt und ich führte unter dem strengen Auge des Herrn Hofrats (das ist der zuständige Prüfungskommissär) den Zug von Dorf a. d. Enns nach Herzograd. Auf dem Prüfungsdekret, dem Befähigungszeugnis, steht u.a.: *„(...) gemäß der Verordnung des Bundesministeriums für Handel und Wiederaufbau vom 17. April 1948, B. G. Bl. 83, der Prüfung unterzogen und wird auf Grund ihres Ergebnisses hiermit zur selbständigen Führung von Dampflokomotiven als befähigt erklärt. Dieses Befähigungszeugnis berechtigt den Inhaber auch zur selbständigen Wartung von ortsfesten und lokomobilen Dampfmaschinen."*

Im Direktionsgebäude der ÖBB in Linz fand am 8. April 1965 die theoretische, am 24. Juni dann die mündliche Dienstprüfung statt. Erst jetzt wurde der frischgebackene Lokführer auf die Menschheit losgelassen. Die Ausbildung hab ich also auf unserer allseits geliebten Steyrtalbahn absolviert, wo ich bis zum 19. September 1965 als Heizer diente. Von den in letzter Zeit ausgebildeten, etwa gleichaltrigen Lokführern war ich rangjüngster. Ich wäre in den folgenden Jahren gewiß nicht an den Regler gekommen und hätte noch geraume Zeit mit der „Gitarre", der Heizerschaufel, fahren müssen.

Vorsorglich hatte ich mich um den in der Lokstelle Hieflau ausgeschriebenen Lokführerposten beworben. Ein gutes Jahr war die Stelle bereits frei, und so wurde meinem Ansuchen, das als einziges eingereicht worden war, auch stattgegeben. Am 20. September 1965 trat ich dort den Dienst an. Meine Umstellung vom Heizer einer Schmalspurbahn zum Lokführer einer Normalspurbahn war eine Herausforderung. Die erste selbständige Fahrt absolvierte ich schon am 27. September 1965, und zwar nach vier sehr harten Tagen der Einschulung sowie dem Erwerb der Strecken- und Ortskenntnis. Es gab Fahrten nach Eisenerz, Selzthal und mit dem Erzzug 1360 bis Linz Mühlbachbahnhof. Dort übernahm ich den Kokszug 1885 retour nach Hieflau Personenbahnhof, wo wir abgelöst wurden. Sowohl diesem Kokszug als auch den Erzzügen mußte bis Gesäuse-Eingang vorgespannt oder nachgeschoben werden. Hinein ins Gesäuse ging es durch den Waagtunnel, während die Züge nach Kleinreifling und weiter bis Linz die berühmte Hieflauer Schleife berührten.

Die Züge nach Selzthal wurden häufig dreispännig geführt, mehrere Kombinationen boten sich dabei an: Beispielsweise vorn zwei 52er und am Zugschluß eine 86er, oder eine 52er als Zuglok sowie als Vorspann- und Nachschiebelok jeweils eine Lok der Reihe 86. Anstelle einer 52er war es ab und zu auch mal eine 50er. Die Fahrten durch das Gesäuse waren jedenfalls das „Nonplusultra" meiner mit mehreren Stationen versehenen, insgesamt neunzehnjährigen Dampflokzeit!

Die nachfolgenden Zeilen über die Erlebnisse und Eindrücke eines Eisenbahners widme ich meinen Kollegen und meinen Eisenbahnfreunden in aller Welt. Steigen Sie ein, lehnen Sie sich zurück und warten Sie auf das Signal zur Abfahrt in die einstmals so faszinierende Epoche der dampfbetriebenen Eisenbahn. Das Verkehrsmittel Bahn war, ist und bleibt auch weiterhin das Fließband unserer Wirtschaft.

Acht Monate vor ihrem Ausscheiden wird die erst 27-jährige 86.751 in Hieflau Vbf versorgt. Die Wiener Maschinenfabrik C. Teudloff & Th. Dittrich hatte vor dem 1. Weltkrieg einen Kohlenaufzug entwickelt und patentieren lassen. In der Donaumonarchie und einigen Nachbarländern waren die markanten Gittertürme weit verbreitet. Die händisch beladenen Kohlenhunte wurden in den Aufzug geschoben, hochgefahren und über eine Rutsche in den Tender entleert. Hieflau besaß sogar die Doppelbauart mit 12,35 m Höhe. Foto (22.11.1969): Herbert Fritz (Slg. Gunter Mackinger)

Kohle – Feuer – Eisenerz und Stahl

Wir schreiben den 4. Dezember 1965, früh um 5.59 Uhr. Nachdem ich die Kaserne in der Mitte des Gleisdreiecks verlassen und mich zum Dienst Richtung Heizhaus bewegt habe, wird mein morgendlicher Elan erst einmal gestoppt. Über Nacht hat der Spätherbst die Erde mit einem weißen, zottigen Fell überzogen, und noch immer schneit es unentwegt. Ich ziehe das Schild der Schirmmütze tiefer herunter und gebe mir einen innerlichen Ruck zu einem neuerlichen Anlauf.

Wie ein Schneepflug, entlang an Gleis 8, vorbei an der Gleiswaage, ziehen die Füße die erste Spur ins jungfräuliche Grauweiß. Die Schneekristalle schmelzen in meinem Gesicht und in den Lichtkegeln der Platzbeleuchtung erkenne ich die Größe der herniedertanzenden Flocken und ihre Ergiebigkeit. Der Inhalt meiner Diensttasche, bepackt mit den Verkehrsvorschriften V2 und V3, der Bremsvorschrift, dem Allgemeinen und dem Besonderen Anhang für die dienstlich geistige Nahrung sowie der Jause und einer Flasche Tee, fühlt sich immer schwerer an und der Tragriemen wechselt öfters von der rechten auf die linke Schulter. Der immer näherkommende, beißende, schwefelige Geruch angebrannter Kohle kündigt die Nähe des Heizhauses, der Heimat der Dampflokomotiven an. Die Arbeitsgeräusche, also die Taktfolge der tätigen Luft- und Speisepumpen, das Zischen der nachspeisenden Injektoren, der metallene, harte Schlag beim Schließen des Kesselrückschlagventils, das Rauschen des Abgleitens der Kohle vom stählernen Schaufelblatt während des Nachfeuerns werden immer deutlicher und erfreuen das Herz eines Eisenbahnenthusiasten. Die Konturen des Gebäudekomplexes des Verschiebebahnhofs und des angrenzenden Lokschuppens, eingehüllt in Dampfschwaden und Rauch, treten immer mehr in Erscheinung.

Beim Eintreten in den Lokschuppen erwartet mich behagliche Wärme, dazu die immer wiederkehrende Faszination des Dampfbetriebs. Das schwere eisenbeschlagene Tor fällt hinter mir in das Schloß. Mit einem *„Schönen guten Morgen“* begrüße ich den Oberheizer! *„So ein Sauwetter“*, ist seine Erwiderung und schwingt sich, an den Griffstangen haltend, auf die für den Verschub angeheizte 92[22]er, wohl eine der letzten Verbundlokomotiven. *„Ah, ah, übrigens“*, ruft er mir zu, *„ihr habt heute die 86.476, und der Prentner Hans ist schon dabei, das eingefrorene Unterlager aufzutauen!“* Mit dem Blick ins Übergabe- und Reparaturbuch beginnt mein facettenreicher Alltag als Lokführer. Auf dem Gang zu meiner Lok, vorbei an einer 52er und 93er, wälzen sich, wie ein Orakel, Abdampfschwaden über den Weg. *„Servus Hans“*, rufe ich meinem Heizer zu, der unten in der Arbeitsgrube steht und mit dem Aufheizen eines Unterlagers beschäftigt ist. *„Kann ich Dir vielleicht behilflich sein?“ „Ja“*, sagt er, *„nimm mir die Schaufel ab und gib mir nochmals frische Glut darauf, denn der Eisstock im Unterlager beginnt bereits zu schmelzen!“* Ich steige zum Führerstand hoch, lege die Tasche ab, streife rasch die Lederhandschuhe über, öffne die Feuertür und belade die Schaufel mit glühender Kohle. Dann steige ich die Führerstandsleiter hinab und reiche meinem Heizer die Glut zwischen den Speichen der großen, Respekt einflößenden Antriebsräder hindurch. Zurück im Führerstand werfe ich einen kontrollierenden Blick aufs Kesselmanometer, auf den Wasserstandsanzeiger, in die Feuerbüchse, auf die beiden Sicherheitsbleischrauben, die Stehbolzen, die Rauch- und Siederohre und den Rost. Der Wasser- und Kohlenvorrat ist aufgefüllt. Aus meiner klobigen Diensttasche entnehme ich die Teeflasche und lege sie zum Aufwärmen zwischen die Ventilhandgriffe des Armaturenkopfes. Das Essgeschirr stelle ich in den am Kessel angebrachten Speisenwärmer. Der Buchfahrplan wird mit den Angaben des Zuges 1860 aufgeschlagen und in den Fahrplanhalter gesteckt. Hans ist noch mit dem Schmieren der Stangenlager, der äußeren Steuerungsteile, des Kreuzkopfes und der Lünetten beschäftigt, während ich beim Rundgang mein Augenmerk dem Laufwerk, den Zylinderblöcken, den Puffern und der gesamten Bremsanlage widme. Da mein Heizer mit dem Auftauen des Unterlagers wertvolle Minuten der Vorbereitungszeit verloren hat, schwinge ich mich mit zwei Ölkannen beladen auf das Laufblech des Langkessels und fülle die Schmierpressen der Luft- und Speisepumpe mit dem jeweils dafür gedachten Öl. Bei der Gelegenheit, schon am Laufblech draußen, kontrolliere ich den Vorrat im Sandkasten. Hier auf der Bergstrecke ist es sehr bedeutsam, zum Beispiel bei einsetzendem Regen, im Herbst, wenn die vom Wind herumgewirbelten, taunassen Blätter an den Schienen kleben, oder wie jetzt im tiefen Winter bei Eis und Schnee, eine gut funktionierende Sandstreueinrichtung zur Hand zu haben. Genauigkeit und Gewissenhaftigkeit sind eben der beste Garant für die Sicherheit eines bestfunktionierenden Eisenbahnbetriebs.

Es ist nun alles überprüft, ein kurzer, dumpf schallender Pfiff aus der Dampfpfeife gibt dem Schuppenwärter den Befehl, unser Gefährt auf die Drehscheibe zu lotsen. Die Zusatzbremse wird gelöst, das Steuerrad entriegelt, auf 60 % Füllung ausgelegt und das kleine Ventil des Reglers der Bauart „Wagner" wird erstmals vorsichtig geöffnet. Im Schrittempo, Achse um Achse in Richtung Bekohlungsanlage kriechend, kommt der fast ausschließlich aus Stahl und Eisen bestehende, 84 t schwere Koloß durch meine erste Bremsung mittig auf der Drehscheibe zum Stehen. Die Wirkungsweise der Druckluftbremse wird hier erstmals erprobt. Mit dem Schornstein in Richtung Eisenerz stehend, werden wir ausgedreht und verlassen rückwärts das Heizhausareal Richtung Stellwerk 3. Während Hans das Hilfsgebläse voll öffnet, stoße ich mit der rechten Hand den Regler ganz auf, um das restliche Kondenswasser über den Schornstein auszuscheiden. Mit zischenden Zylinderhähnen und den monotonen Schlägen der Schienenstöße lassen wir das Signal *„Verschub erlaubt"* hinter uns. Der Heizer ruft beim langsamen Vorbeifahren dem Stellwerkswärter zu: *„Zweite durch und dann Gleis 3 auf Zug 1860!"* Wir fahren über sämtliche Weichen zurück Richtung Waag-Tunnel. Als sicheres Zeichen, daß die Weichen für uns richtig gestellt sind, ertönt ein kurzer Ton aus seinem Signalhorn. Im Vorwärtsfahren bei 20-25 km/h nehme ich den Dampf weg, doch angesichts der hohen Schneelage verlieren wir bald an Geschwindigkeit. Schnell kurble ich die Steuerung von 60 % auf 0 zurück, öffne vorsichtig das kleine Ventil, warte, bis der Druck am Schieberkastenmanometer auf etwa 8 atü ansteigt, lege langsam auf 30 % Füllung aus, erst dann drücke ich den Regler weiter auf. Diese typische Handhabung ist deshalb erforderlich, weil die 86er einen Druckausgleichkolbenschieber mit geteilten Schieberkörpern der Bauart „Karl Schulz" besitzt. Jede Lokreihe hat so ihre technischen Eigenheiten und verlangt auch ihre ganz spezielle Bedienung.

Vor dem an der vorderen Pufferbrust angeschraubten Bahnräumer baut sich eine Schneefontäne auf und wir fegen über das vor uns liegende weiße, unberührte, stark ansteigende und nach rechts biegende Gleisfeld hinauf zum Stellwerk 4. Mit Achtungspfiffen warnt die Lokpfeife die Gleisarbeiter. Sie sind ständig damit beschäftigt, sämtliche Weichen mit Akribie vom Schnee zu säubern, um ihre Funktion zu gewährleisten. Beim Entlangfahren des zu befördernden Erzzuges erkenne ich an dessen Zugspitze eine 52er, ein eiserner Dinosaurier unter den Dampfloks. Der Durst des Schlepptenders beläuft sich auf ungefähr 30 m^3 Wasser und im Kohlenkasten lagern 10 t. Die Lok bringt bei einer Länge von 23 m stolze 146 t auf die Waage und besitzt einen runden Schlot der Bauart Prüßmann. Meine Freude kennt keine Grenzen mehr!

Die Weiche ist gestellt und infolge des starken Gefälles rollt unser Stahlkoloß ohne Dampfkraft zurück auf Gleis 3. Eine Wagenlänge vor unserem Zugverband wird angehalten und das Führerbremsventil zum Ausblasen der Hauptluftleitung für kurze Zeit in die Schnellbremsstellung gebracht. Der Heizer der Zuglok erwartet uns bereits zwischen den beiden Puffern, hängt die schwere Schraubenkupplung in den Zughaken unserer Lok, zurrt sie fest, kuppelt die ausgeblasenen Bremsschläuche und öffnet beide Lufthähne. Emsig beginnt die Luftpumpe zu hämmern,

Um 1908 war das Hieflauer Heizhaus vom Personen- in den Verschiebebahnhof verlegt worden. Im Verschubdienst sowie vor Arbeits- und Übergabezügen verdiente sich eine alte Tenderlok ihr Gnadenbrot, hier die 92.2250, eine frühere 170er der kkStB aus dem Jahr 1913. Daneben erlebte man in Hieflau u.a. ehemalige Wiener-Stadtbahn-Maschinen der Reihe 30 oder auch die Reihe 93. Foto (16.8.1962): Herbert Fritz (Slg. G. Mackinger)

Ein doppelt bespannter Leerwagenzug nach Eisenerz verläßt den Verschiebebahnhof Hieflau, gleichzeitig in die Gegenrichtung fährt ein Güterzug aus. Es sieht so aus, als müsse die gut 1.000 PS starke Vorspannlok der Reihe 86 die Arbeit fast alleine machen, während die Zuglok der Reihe 52 mit 1.650 PS nur mitläuft. Rechts der Erzbach, weiter hinten die Zugförderungsstelle. Foto (Juni 1968): Ralf Schmidt (Sammlung Ludger Kenning)

um den Druckverlust im Hauptluftbehälter wettzumachen. Eine gute Viertelstunde trennt uns jetzt von der Abfahrt. Breitbeinig steht Hans zwischen Kohlentender und Kessel und füttert den dunkelrot glühenden Rachen der gähnenden Feuerbüchse mit fester Nahrung. Seht – seht – seht – seht – neun, zehn, elf, zwölf Schaufeln Kohle zähle ich, die notwendig sind, um den Heißhunger der Lok zu stillen. Eisenbahnfreunde kennen das wunderbare Geräusch von Stein auf Stahl, das Hineinstechen der Heizerschaufel in den gefüllten Kohlentender, das Abgleiten der schwarz glänzenden, schroffen Steinkohle – hinein in die Feuerstelle. Sichelförmig von der Feuerbüchsrohrwand ausgehend bis zur Feuerbüchstürwand legt er gekonnt das Grundfeuer an. Die Kohle türmt sich bis zum oberen Rand des Feuerlochschoners. Langgezogen werden die Flammen durch das Hilfsgebläse in die großen Rauchrohre gesaugt. Kurz darauf öffnet auch der Feuermann der rückwärtigen Lok das Hilfsgebläse und wir vernehmen dasselbe Geräusch des Fütterns der Feuerbüchse.

Nach Dichtheits- und Bremsprobe reicht der Zugschaffner den Bremszettel herauf, meldet die Bremse für in Ordnung und gibt das Zuggewicht von 728 t bekannt. Bei einer Regelbelastung von 730 t, davon zieht alleine die 52er gut 400 t, liegen wir knapp unter dem Limit. Harte Knochenarbeit liegt vor uns, genauer gesagt in den Händen meines Heizers. Der Zugbegleiter hat den Platz im Gepäckwagen wieder eingenommen. Das Nachfeuern ist beendet, jedoch steht die Tür trotzdem einen Spalt offen. Ein gedämpftes warmes Rot bereichert das Ambiente im Führerhaus. Die Flammen nagen kontinuierlich an der frisch aufgeworfenen Kohle. Ab und zu setzt die Luftpumpe für ein paar zeitlich langgezogene Kolbenhübe ein. Die Ansauggeräusche, also das Einatmen sowie das anschließende Komprimieren der Luft, haben stete Intervalle. Der Kesseldruck nähert sich der Höchstmarke von 13 atü. Als Untermalung dringen die gleichen Arbeitsgeräusche der anderen Lok zu uns nach vorn.

Das Schneetreiben hat mittlerweile aufgehört, die Sichel des Mondes hängt schräg am kalten Winterhimmel. Im Hintergrund zeigt uns der die Szene beherrschende Tamischbachturm seine breite kalte Schulter. Er bewacht den Eingang des Tals, wo sich die grüne Enns mit dem Wasser des Erzbaches vermischt. Es ist frostig draußen, nur im Führerhaus breitet sich Behaglichkeit aus. Je näher die Abfahrtszeit heranrückt, desto öfter fällt unser Blick auf den Wasserstandsanzeiger und das Kesselmanometer. Plötzlich wird die Stille durch einen harten Knall von der 52er her unterbrochen. Tak tak tak tak tak tak tak und die Sicherheitsventile der Bauart Ackermann beginnen zu schießen. Der höchstzulässige Kesseldruck der 52er von 16 atü ist erreicht. Das Knattern erinnert mich an kurze Feuerstöße aus einem schweren Maschinengewehr. Hinein in die Dampfsalven kommt der schrille Abfahrtspfiff des Zugschaffners. Das zweiflügelige, mit beiden Armen schräg aufwärts zeigende Ausfahrsignal gibt die Strecke frei. Nachdem Hans noch schnell etwas Kohle über das Rostfeld gestreut und die Luftklappen des Aschkastens aufgezogen hat, ist dies das klare Zeichen eines geübten Heizers, daß der Abfahrt von seiner Seite her nichts mehr im Wege steht. Mit meinem Achtungspfiff, von der zweiten Lok aus erwidert, beginnt die Fahrt.

Zylinderhähne zu – Steuerung voll auslegen – Zusatzbremse lösen – Regler teilweise öffnen – Abwarten des Einsetzens der rückwärtigen Lok und des Streckens der Kupplungen sämtlicher Wagen – und mit dem langsamen Öffnen des Reglers bis zum Anschlag entfesselt sich jetzt die ganze geballte Kraft des Kessels. Die ersten Auspuffstöße aus Dampf und Rauch, gepaart mit jenen der Zuglok, donnern knallhart an die 20 m hoch in den klaren kalten Dezembermorgen. Durch die kleinen mitgerissenen glühenden Asche- und Kohlenstücke baut sich über dem Schornsteinrand eine Feuersäule auf. Beim Anfahren mischt sich das Zischen der Zylinderhähne in die Ouvertüre ein und gleicht dem Einsatz der Streicher eines großen Orchesters. Bei der Ausfahrt in einer Steigung von 22 ‰ wird der Lok alles abverlangt und mit einem starken Schlingern gibt sie das deutlich zum Ausdruck. Die Füllung wurde auf 40 % zurückgenommen. 40 % Füllung bedeutet, daß der Kolben 40 % seines Hubes mit Frischdampf beaufschlagt wird. Auf dem Rest seines Weges wirkt sodann die Expansion, die eigentliche Wirtschaftlichkeit des Dampfes.

Mit mehreren dumpfen, für die 86er berühmten, etwa Schiffssirenen ähnelnden Achtungspfiffen geht es am Pfeifpflock und einer Tafel mit der Aufschrift „Direktionsgrenze" hinweg. Sie besagt, daß wir den Bereich der Dion Linz verlassen haben und jetzt im Dionsbereich Villach agieren. Die erste große Steigung lassen wir hinter uns. Bereits ein wenig an Geschwindigkeit zugenommen, schwenkt die Zugspitze in einen langgezogenen Linksbogen in die Halte- und Ladestelle Radmer ein. Mächtig baut sich der 2.217 m hohe Lugauer, auch „Steirisches Matterhorn" genannt, rechterhand auf. Hier verstärkt sich der Erzbach mit den Wassern des Radmerbaches. In der weit abseits im Seitental gelegenen Radmer wird gleichfalls Erz abgebaut, mit einer Schmalspurbahn zur Erzbachstrecke transportiert, auf die große Bahn verladen und täglich nach Hieflau befördert. Die Umladeanlage lassen wir rechts liegen, wir durchfahren bei „Frei" zeigendem Blockvorsignal stark beschleunigend den etwas flacheren Streckenteil. Das Steuerrad ist bei guten 30 % eingerastet. Nachfeuern und Nachspeisen wechseln ständig einander ab. Nach den kurzen optischen Ausflügen in die wunderbare Schöpfung Gottes schwenkt das Auge zwangsweise zurück auf den erneut ansteigenden Abschnitt, mit Blick ins präzise arbeitende Triebwerk. Immer wieder fasziniert das geometrische Spektakel der linearen, schwenkenden, rotierenden, sich ständig überschneidenden, technisch bedingten schemenhaften Bewegungen. Durch Undichtigkeiten der Schieber- und Kolbenstangenstopfbüchsen, den Abdampf der Schmierpreßvorwärmung, ist das Schauspiel stets in leichten Dampfschleier gehüllt. Der aufgewirbelte Schnee trägt mit dazu bei. Für die musikalische Begleitung sorgen das rhythmische Klopfen der Schienenstöße, die synchronen, dann wieder überschneidenden harten Auspuffschläge der Lokomotiven und ihre Echos, die von den ganz nah heranrückenden Bergwänden widerhallen.

Die Stellung des Hauptsignals und der dem Straßenverkehr „Halt" gebietenden Handschranken erlauben die Einfahrt in den nächsten Blockabschnitt. Straße und Fluß wechseln ein letztes Mal herüber. Brav pusten unsere Dampfrösser, Kilometer um Kilometer abspulend, wie von Zauberhand geführt durch die weiße, dünn besiedelte Einöde. Ab und zu beginnen die Treibräder leicht zu schlüpfen, aber durch das Betätigen des Sandstreuers wird ihre ungestüme Kraft sofort gezähmt. Vor uns überspannt eine alte imposante Steinbogenbrücke den engen Einschnitt. Plötzlich erhöht sich die Resonanz des Auspuffschlags, Dampf und Rauch schlägt sich nieder, streicht liebkosend am Langkessel und Führerhaus entlang. Auch die andere Lok komponiert diese Akustik. Rückblickend auf den kondensierenden Auspuffdampf gleicht die Linie einem verkehrten Herzkardiogramm. Mein Kumpel Hans hält das *„gute halbe Glas Wasser"*, ersichtlich am Wasserstandsanzeiger. Auch die Nadel des Kesselmanometers ist an der Höchstmarke wie angenagelt. Die Speisepumpe der Bauart Knorr hat er optimal eingestellt. Ab und zu, wenn die Popp-Sicherheitsventile zu Säuseln beginnen, speist er kurz mit dem Injektor nach. Zufrieden treffen sich unsere Blicke und fast gleichzeitig greifen wir zur am Kessel vorgewärmten Teeflasche und prosten uns zu.

Die Schneehöhe steigt kontinuierlich. Nur Dampf und Schnee – und Schnee und Dampf – eine Sinfonie in Weiß. In der Natur, ja in der ganzen Schöpfung wird die Hoheit Gottes offenbar. Über den Zugverband hinwegblickend leuchten im Hintergrund die Spitzen vom Lugauer und Tamischbachturm. Das Tal weitet sich, die Steigung weist 10 ‰ auf und wir sehen vereinzelt wie willkürlich in die Landschaft gestellte Häuser. Nach der Haltestelle Jassingau rücken die Berghänge wieder bedrohlich nah heran, durch die kurvigen Flußbetteinschnitte wird der Erzbach kurzzeitig gezähmt, in den hier die Dürre Fölz mündet. Gezwungenermaßen (oder doch gewollt) wird die Freundschaft zwischen Bahn, Fluß und Straße immer deutlicher. Der Erzbach schmiegt sich schutzsuchend eng an die Trasse heran. Ein letztes Mal überquert die Bahn auf einer stählernen Brücke die Talenge, nämlich sowohl die Straße als auch den Erzbach. Die plötzliche Eile des Flusses zum extremen Linksschwenk läßt sich nur so erklären, um ja nicht den Zufluß des Ofenbaches zu verpassen. Brav schnauben die Dampfrösser, den vielen Schnee zur Seite fegend und die halbe Strecke hinter sich lassend, stets bergwärts, vorbei an der sagenumwobenen „Schwarzen Lacke". Wir überbrücken die Straße, nehmen das freizeigende Blockvorsignal gern zur Kenntnis, denn von nun an beginnt die Trasse erneut stark anzusteigen.

Auch die Kalte Fölz bekennt sich jetzt zum Erzbach. Für ein kurzes Stück prescht die Bahn zwischen Fluß und Straße hindurch, bevor sich auch die Hieflauer Straße nach links verliert. Voller Erwartung erspähen wir in km 9,8 das „Frei" zeigende Blocksignal – also volle Fahrt voraus. Gleich dahinter steht das Blockwärterhäuschen. Von weitem erkennen wir den Schrankenwärter in typischer Arbeitshaltung. Die linke Hand abgestützt am Schrankenbock, mit der Rechten die Kurbel haltend und bei jeder Umdrehung stets mit dem Oberkörper nachwippend, läßt er den Schlagbaum herunter. Seine in den Schnee gelehnte, total versunkene, brennende Signallaterne zaubert einen kreisförmigen wärmenden Feuerschein ins glitzernde Weiß. Im Vorbeifahren wechsle ich zur Heizerseite, öffne bei gutem Stand, mich am Aufstiegshandgriff haltend, die Führerhaustür und erwidere dem Schrankenwärter, mit der rechten Hand salutierend, seinen morgendlichen Gruß.

Plötzlich beginnt die Lok zu schleudern und im Hinübereilen ziehe ich den Regler etwas bei. Die Treibräder greifen wieder. Durch die abrupte Änderung der Zugkraft entstehen im Zugverband Zerrungen und Stöße, so daß auch die Räder des hinter uns arbeitender Dampfers ins Durchdrehen einstimmen. Die aktivierte Sandstreueinrichtung läßt den durch die Druckluft aufgewirbelten Quarzsand exakt an den Berührungspunkt Rad / Schiene die Abfallrohre hinabrieseln. Die Reibungskraft erhöht sich und die Räder greifen wieder. Langsam wird der Ventilregler ganz aufgestoßen. Das Schleudern verbraucht nicht nur etwas Dampf, man verliert auch Geschwindigkeit. Mein Kollege muß etwas früher nachfeuern als sonst und öffnet die Kipptür. Das Führerhaus ist wie bei jedem Feuerungsvorgang hell erleuchtet. Der Blick hinein in den gelblich-hellroten, gut 1.200° heißen Rachen ist frei. Um die Augen vor dem heißen, gleißenden Schein zu schützen, hält Hans seine linke Handfläche an die Stirn. Mit der Rechten führt er die Schaufel derart ins Feuerloch ein, daß der rückwärtige Teil des Schaufelbleches am Feuerlochschoner zu liegen kommt. Geschickt, die Schaufel mal nach rechts, mal links drehend, werden die Flammen abgelenkt. Durch diesen Kniff erkennt man die hellen Flecken an der Kohlenbeschickung, jene Stellen also, an denen frische Kohle aufgeworfen werden darf. Mit neun, zehn Schaufeln ist vorerst das Nachfeuern abgeschlossen. Ans Tageslicht wieder gewöhnt, gönne ich mir, erst die Strecke beobachtend, erneut einen Blick in die Triebwerke. Die anfangs sich in schönem Rot präsentierenden Radsterne, Treib- und Kuppelstangen sind jetzt dicht mit Schnee beklebt. Harmonisch, in einheitlichem Takt kämpfen sich die Lokomotiven mit stets voller Leistung durch die Winterlandschaft. Der kondensierende, chamoisfarbene Auspuffdampf liegt wie eine Spur Schlagobers aus der Spraydose über dem Zugverband und zeichnet den sich rückwärts verlierenden Trassenverlauf mit all seinen Kurven und Windungen spiegelbildlich nach.

Die Talsohle weitet sich zusehends. Steil rückt die vor uns aufragende Seemauer ins Bild und auf der Lokführerseite, als Pendant dazu, das Gebirgsmassiv mit Hochkogel und Kaiserschild. Jetzt eröffnet sich für uns der ersehnte Blick auf die steirische Stufenpyramide, den Erzberg, und die zu seinen Füßen liegende Stadt Eisenerz. Diesmal präsentieren sich seine Abbaustufen nicht im gewohnten Rotbraun, sondern im selben Weiß wie die beiden ihn flankierenden Berggipfel, der Polster und der Reichenstein. Im Gegenlicht der aufgehenden Sonne zoomen wir das Ziel herbei. Die Haltestelle Münichtal passierend sehen wir die Halde eines großen Schuttkegels von taubem Abbaugestein.

Nur für ein ganz kurzes Stück gönnt der Streckenverlauf unseren brav schuftenden Dampfrössern ein etwas flacheres Terrain zur Mini-Verschnaufpause. Wer weiß, ob sie es überhaupt so kurz vor dem Ziel annehmen möchten, jetzt, wo sie in voller Hitze sind? Das Einfahrvorsignal von Eisenerz kündigt die Einfahrt *„Frei mit 40 km/h"* an. Mein Feuermann greift ein letztes Mal zur Schaufel, begutachtet nochmal kurz das Rostfeld. Der Schein der glühenden Kohlen rötet sein Gesicht, während er gezielt die letzten Schaufeln in das heiße Maul des Feuerdrachens streut. Das Nachlegen ist beendet, die Feuertür geschlossen, mit der Steuerung gehe ich auf 40 %. Durch die mit hohem Druck entweichenden Dämpfe beginnt der Schornstein zu dröhnen, wir erklimmen das letzte vor uns liegende Steilstück mit einer Steigung von maximal 21 ‰. Die hinter uns gleichfalls mit Höchstdruck arbeitende große Schwester zeigt ihre wahre Kraft und verstärkt den wunderbaren Klang – das ist Dampfatmosphäre par excellence! Dieses Gefühl läßt sich nicht beschreiben, man muß es erleben.

Auf den letzten Metern unserer Fahrt haben wir beinahe den Eindruck, direkt auf den Erzberg zuzufahren. Die Kippe liegt nunmehr vor uns, jene horizontale Trennlinie, wo die Gleise fast zu enden scheinen, dort, wo das Steilstück in das flache Gleisfeld übergeht. Der waagerecht nach rechts zeigende Arm des Gruppen-Ausfahrsignals wird sichtbar und sein Mast beginnt immer mehr zu wachsen. Beim Blick zurück hängen noch zwei, drei Waggons im Knick der Steigung – dann schließe ich den Regler, lasse den Zug ausrollen und bringe ihn mit einer Betriebsbremsung letztlich zum Stehen. Zur Bewältigung der ungefähr 14,5 km langen Bergstrecke benötigten wir etwa 25 Minuten – doch jetzt befinden wir uns auf einer Seehöhe von unglaublichen 694 m.

Unvergessen sind die Fahrten mit der Dampflok durchs Gesäuse mit der einmaligen Akustik, wenn der Widerhall von den steilen Felswänden her den satten Klang noch verstärkte. Mit der Aufnahme des elektrischen Betriebs Selzthal – Hieflau – Eisenerz am 23.5.1970 endete diese Ära. Hier sehen wir die 52.6766 bei der Kummerbrücke. Foto (August 1969): Ralf Schmidt (Slg. Ludger Kenning)

In unserem Führerhaus ist mittlerweile Ruhe eingekehrt, lediglich die Luftpumpe bestätigt noch von Zeit zu Zeit ihre Funktion. Auf der rechten Seite befindet sich die Erzverladestelle, in die gerade der kleine elektrische Güterzug mit Spateisenstein über den „Huntslauf" von Krumpenthal kommend ratternd einfährt. Auf einem dem Erzberg vorgelagerten Hang erhebt sich der Schichtturm, von dem aus die Arbeitsschichten der Bergarbeiter eingeläutet wurden. Weiter vorn, am linken Ende des Bahnhofsareals befindet sich das Heizhaus. Eine Zahnradlok der Reihe 97 steht qualmend vor dem Werkstättengebäude. Der Rüssel des Wasserkrans hängt in einem der Wasserkästen. Die Rauchkammertür ist geöffnet und heiße Flugasche wird soeben mit einem dafür bestimmten Werkzeug herausgescharrt und landet rauchend im Schnee.

Der Betrieb hier ist stets rege, aber heute an diesem Wochentag sind auffallend viele Menschen unterwegs. Manche tragen sogar Musikinstrumente mit und sind festlich gekleidet. Auch meinem Kollegen ist die Situation unerklärlich und wir bestaunen die Betriebsamkeit. Doch plötzlich schießt es Hans durch den Kopf: *„Jetzt, wo ich einige Musikanten in ihrer schwarzen Uniform und die mit Federn geschmückten Kappen sehe, ist mir alles klar – heute feiern die Bergknappen, also ganz Eisenerz, das Barbara-Fest. Die Bergarbeiter danken ihrer Schutzpatronin."*

Für uns ist wieder einmal eine erlebnisreiche Fahrt zu Ende – und die immer höher steigende Sonne taucht die weiße winterliche Pracht in gleißendes Licht und rückt die Stadt Eisenerz und ihren Brotgeber, den Erzberg, voll und ganz in den Bann seines Betrachters.

Begegnung in Garsten mit der 298.27. Obwohl der elektrische Betrieb zwischen St. Valentin und Kleinreifling bereits drei Wochen zuvor aufgenommen worden war, hat die 77.72 nochmals einen Personenzug im Ennstal zu bespannen. 1950 gab die Zfst St. Valentin alle ihre 77er nach Graz und Wien Süd ab, jedoch 1962 erhielt sie wieder drei Stück, in der Folgezeit noch einige weitere, um die 35er und 135er abzulösen. Im Dezember 1964 absolvierte ich auf der 77.23 meine staatliche Lokführerprüfung. Noch bis 1969 war die Reihe 77 in St. Valentin stationiert. Foto (19.10.1968): Heinz Albrecht

Der verlorene Sohn

In Hieflau, an der steirischen Eisenstraße gelegen, geht mein erster Winter zu Ende. Hier im Gesäuse ist die Gegend wunderbar, die Berge, die Wasser der Flüsse und der Seen. Es folgte ein Frühling, ein Herbst. Und noch immer sehe ich bei der Rückfahrt vom Nachschiebedienst im Bahnhof Gesäuse-Eingang das abendliche Alpenglühen von Planspitze, Hochtor und Reichenstein inmitten einer herbstlich üppig bunten Landschaft. Hier wird die Herrlichkeit des Schöpfers offenbar!

Es ist ein Geschenk, die Gegend mit der Dampflok bereisen zu dürfen. Fuhr ich mit dem Erzzug 1360 nach Linz über Steyr, so blickte ich mit einem lachenden und einem weinenden Auge zur Steyrtalbahn hinüber. Außerdem wohne ich in Garsten, gut 80 km liegt Hieflau entfernt und der Arbeitsweg ist zeitraubend. Ohne Umstieg in Kleinreifling benötigt man für eine Route eineinhalb Stunden. Samstagabends ging es nach Hause und schon Sonntag mit dem letzten Zug wieder zum Dienstort. Die ganze Woche über habe ich in der Hieflauer Kaserne genächtigt. Die weite Entfernung zwischen Dienststelle und Heimatort war der Grund, mich näher an Garsten heranzutasten. Am 1. Dezember 1966 wurde meiner Versetzung nach St. Valentin stattgegeben. Nach Erwerb der Ortskenntnis vom Güter- und Personenbahnhof sowie sämtlicher Anschlußgleise erlangte ich nunmehr die Streckenkenntnis bis Grein-Bad Kreuzen.

In St. Valentin waren die Reihen 52, 93, 77 (so auch meine Prüfungslok 77.23) sowie auf der Verschubreserve wechselweise vier preußische G 10 (Nr. 657.1002, 1464, 2401 und 2599) beheimatet. Ihre Bauart lautete Eh2, es waren also Fünfkuppler mit zwei Heißdampfzylindern, und sie besaßen einen luftgesteuerten Druckausgleich mit Zylindersaugventilen. Beim Betätigen der Zusatzbremse wurde der dreiachsige Tender mitgebremst. Die meiste Zeit fuhr ich auf der 1. Reserve im Verschub. Sonn- und feiertags kamen wir Jungen auch auf Personenzügen zum Einsatz. Ab und zu führten wir daneben das Güterzugpaar 5481/5482 nach/von Kleinreifling. Erwähnenswert ist der GmP 5473. Der gemischte Zug war nicht nur öfters ausgelastet, sondern hielt an jeder Haltestelle und in jedem Bahnhof, er mußte also immer wieder mit voller Last angefahren werden. Von Kleinreifling bis Selzthal fuhr er als Güterzug.

1968 herrschte in der Lokstelle Hieflau erneut Lokführermangel. Da ich mit den Gegebenheiten schon vertraut und vom Prüfungsdatum her der jüngste war, lag es nahe, daß das Los auf mich fiel. Diesmal war meine Zeit aber auf Mai bis Oktober 1968 befristet, also genoß ich vom ersten Tag an in vollen Zügen die berauschende Dampflokatmosphäre inmitten der prächtigen Bergwelt. Vor Winterbeginn, wieder in St. Valentin im Dienst, ging es mit dem Dampfbetrieb auf Normalspur rapide bergab, da im Sommer jenes Jahres die Ennstalstrecke St. Valentin – Kleinreifling elektrifiziert worden war. Die Bilanz meiner monatlichen Stundenabrechnung glitt immer tiefer in die roten Zahlen.

Zum Einsatz kamen wir fast durchwegs im Mühlviertel zwischen Linz und Summerau. An eine Fahrt kann ich mich besonders gut erinnern. Der Dienstbeginn lautet: *„Null Uhr fünf"*. Gegen 18 Uhr reise ich von Garsten an und marschiere vom Linzer Hauptbahnhof den weiten Weg hinunter zum Heizhaus. Es ist die Nacht vom Heiligen Abend auf den Christtag. Bis Mitternacht ruhe ich mich so gut es geht im Fünfbettzimmer aus. Alle dreiviertel, vielleicht alle Stunde läutet der Wecker eines anderen Heizers oder Lokführers. Ich bin froh, wieder in die Klamotten zu schlüpfen. Pünktlich auf die Minute melden wir uns beim Maschinenmeister. Die uns zugeteilte 50.685 – sie steht auf einem der im Rundschuppen sternförmig angeordneten Gleise – bereiten wir für den nächtlichen Ausritt vor. Nach getaner Arbeit geht es hinaus über Stellwerk 5a, Stellwerk 21 bis zum Ostbahnhof auf den Güterzug 3860. Wir warten auf die Abfahrtserlaubnis.

Wieder nahe der großflächigen Heizhausanlage mit dem Gleisdreieck bei km 1,385 geht es entlang der Summerauer Strecke auf die Haltestelle Franckstraße zu. Auf der langen stählernen Brücke übersetzen wir die Donau und über Steyregg geht's weiter nach St. Georgen an der Gusen. Bis hierher bummeln wir mehr dahin, so eher als Eingewöhnungsphase, doch von nun an sind wir gefordert – verschiedene Steigungen wechseln ständig einander ab. Mit dem gleichnamigen Fluß, der Großen Gusen, schließen wir eine kurze Freundschaft. Beim Blick hoch nach Katsdorf scheinen die Lichterpunkte der Häuser von Gaisbach-Wartberg zum Greifen nah. Doch das Dunkel der Nacht trügt und die Steigung von annähernd 15 ‰ läßt bitten. In den engen Bögen reiben die Spurkränze mit metallischem Geschrei an den inneren Schienenköpfen. Die Lichter werden allmählich größer. Die auf dem Bremszettel erscheinende Anhängelast von 680 t (es bedeutet die Regelbelastung) läßt an deren Richtigkeit zweifeln und spornt den Feuermann zur Höchstleistung an. In einer weitläufigen Schleife erklimmt unsere angestrengt pustende 50er die erlösende Steigungsstufe und durchführt das Gleisfeld von Gaisbach-Wartberg. Der Bahnhof weist die Rarität eines Achssprungs auf. Von hier aus führte einstmals eine Verbindungsstrecke bis nach Mauthausen.

Hinter Pregarten kreuzt die Feldaist unseren Weg. Vor uns sind die Schienen durch den Bogen einer aus Steinblöcken geformten Brücke eingerahmt. Ein Kipppunkt der Trassenführung wird sichtbar und die von den Signallaternen beleuchteten Gleise scheinen sich im Grau der Nacht zu verlieren. Die berühmt-berüchtigte „Selker Hutsche" (Schaukel) liegt einladend vor uns. Vorsicht ist trotzdem angebracht, denn das zunächst anschließende leichte Gefälle und ein Stückchen Ebene muß zum nächsten Schwungholen genutzt werden, um die Geschwindigkeit in die folgende Steigung mitzunehmen. Schonungslos müht sich das eherne Zugpferd der Feldaist entlang dem Bahnhof Kefermarkt entgegen. Mein geschickt manipulierender Heizer hält stets die Höchstspannung bei optimalem Wasserstand. Das Schloß Weinberg ist nur schemenhaft sichtbar, doch gerade deshalb übt der Anblick seinen besonderen Reiz aus. Natur pur, Wiesen und Äcker wechseln ab. Einzelne Lichtpunkte lassen vereinzelt verstreute Häuser erahnen. In Lest-Neumarkt erinnern noch einige Relikte an die Pferdeeisenbahn Linz – Budweis. Gerade nachts und mit etwas Phantasie erkennt man vielleicht verschwommen die stolzen Pferde vor der Postkutsche vorbeitraben. Vielleicht treffen wir uns in Freistadt nahe der einstigen Station Kerschbaum? Auch unser Dampfroß ist durstig geworden und will vielleicht dort zur Tränke! Oh pardon, ich wollte sagen: Zum Wasserkran, damit ihr Tender wieder mit Wasser gefüllt wird.

Im Bahnhof Freistadt bringe ich unseren Zug zum Wasserfassen zum Stillstand. Anschließend steige ich die Stufen hinab, hänge den Rüssel in den Tenderstutzen. Bei meinem Rundgang befühle ich sämtliche Lager und öffne mit einem Eisendorn die Schmierverschraubungen der nachzuschmierenden Stangenlager. Auf der kalten eisernen Tenderleiter schenke ich mein Augenmerk dem Tenderwasserspiegel. Die nachgeschmierten Ölstellen werden von meinem Kumpel gewissenhaft verschraubt. Als er in den Führerstand zurückkommt, habe ich neuerlich ein Grundfeuer angelegt und die restlichen großen Kohlenstücke mit der Kratze von der Tenderrückwand vorgeräumt. Die frisch aufgeworfene Kohle ist gerade so richtig angebrannt, als der Abfahrtspfiff des Zugschaffners zu uns nach vorn herüberdringt. Das letzte Stück nehmen wir jetzt bestens gerüstet in Angriff. Noch einmal beschleunigen wir aus dem Stillstand heraus. Der Dampf der Auspuffschläge steigt senkrecht auf und reißt unzählige glühende Kohlenstückchen mit sich. Am dichtesten wird die Feuergarbe während des Nachfeuerns. Freudig spurt unsere 50er dem lediglich noch wenige Kilometer entfernten Ziel entgegen.

In Summerau ist der Bahnhof mit unserem Zug nunmehr gesteckt voll mit Waggons, sämtliche Hauptgleise sind mit ein- oder ausfahrenden Zügen belegt. Nach längerem Verschubdienst löst sich schließlich der Knoten. Ein neuer Morgen ist geboren und wie so oft müssen wir auch diesmal einen Tschechenzug ungekuppelt bis an die Grenze heran nachschieben. Dies läuft nach einem bestimmten Schema ab:

1) Der ČSD-Lokführer gibt das Signal „Bremse los", also einen langen Pfiff und zwei kurze Pfiffe.
2) Die Schiebelok erwidert es sodann mit einem langen Ton und zwei kurzen Tönen aus ihrer Dampfpfeife.
3) Erst hiernach gibt die Lok an der Zugspitze mit dem Achtungssignal (einem langen Ton) dem Lokführer der Schiebelok den Auftrag, den Regler ganz langsam zu öffnen.

Nach der ortsfesten Signaltafel „Nachschiebedienst einstellen" ist der Regler allmählich zu schließen. Mein Heizer ermutigt meine Neugier und meint unbekümmert, ich solle nicht sogleich abbremsen, sondern die Lok ausrollen lassen, so könnten wir besser ins Böhmische blicken. Der Reiz ist ungemein groß, sich unerlaubt so nah wie irgend möglich an die Grenze heranzutasten. Ein flaues Gefühl macht sich in der Magengegend breit. Der Blick ins verbotene Land wird immer offener. Als die ersten Wachtürme erkennbar werden, spüre ich die stechenden Fernglasblicke der Grenzposten. Die Nervenanspannung steigt ins schier Unerträgliche. Jetzt bremse ich die Lok abrupt ab und kehre schleunigst, einen langen weißen Dampfstreifen in den klaren Äther des Christtages ziehend, zurück in den schützenden Bahnhof Summerau.

Die Lokpflege kann jetzt beginnen. Mein Heizer hängt den Rüssel des Wasserkrans in den Einfüllstutzen des Schlepptenders und beginnt damit, das Triebwerk nachzuschmieren. Um ihn für seine ausgezeichnete Heizerarbeit zu belohnen, reinige ich für ihn nach Abschluß meiner Untersuchungsarbeiten noch das Feuer. Durch den Einsatz des langen schweren Feuerhakens komme ich ganz arg ins Schwitzen. Nachdem sich die Schlackenplatten von den Roststäben gelöst haben, kommt die Feuerzinke zum Einsatz und ich kratze die Schlacke auf den Kipprost zusammen. Einige Schaufeln Kohle werden über das restliche, kreisförmig verbliebene Feuer gestreut, dann die Marcotti-Tür wieder geschlossen. Als die frisch aufgeworfene Kohle ausreichend angebrannt ist, kurbele ich den Kipprost hinunter, um die Schlacke zu beseitigen. Sodann wird die verbleibende Kohle in der Feuerbüchse möglichst gleichmäßig verteilt und ich streue frischen Brennstoff darauf. Nach der Lokbehandlung bespannen wir den Personenzug bis Freistadt, und sobald dort der Verschubdienst erledigt ist, kehren wir zurück nach Summerau. Erneut werden Züge zerlegt und zusammengestellt – so auch unserer. Bevor wir den Linzer Zug anspannen, wenden wir im Gleisdreieck, um die Rückreise mit dem Schornstein voraus antreten zu können. Nach annähernd 24 Stunden Abwesenheit trudele ich völlig ermüdet gegen halb sieben Uhr abends wieder zu Hause in Garsten ein.

Auch dieses Jahr ging zur Neige und man blickte mit Bangen in die Zukunft, denn die Dienstschichten wurden immer seltener. Man erhielt die Order, morgens und abends beim Maschinenmeister anzurufen. Montag, Dienstag ... bis Sonntag – und immer hieß es: *„Bitte morgen wieder anrufen"*. Es war keineswegs angenehm, oftmals eine gestrichene Woche zu Hause zu bleiben und zwischendurch mehrmals zum Bahnhof laufen zu müssen, um eine Dienstschicht zu ergattern. Bis Ende Mai kam ich auf immerhin 196 Minusstunden. Dies war also Grund genug, mich zum 1. Juni 1969 zur Zugförderungsstelle Garsten rückversetzen zu lassen. Was Schöneres hätte mir nicht passieren können! Nach vier Jahren Abwesenheit kehrte ich heim zur geliebten **Steyrtalbahn** – dorthin, wo meine technische Ausbildung begonnen hatte.

Als ich im März 1962 meine Lokführerlaufbahn begonnen hatte, sagten die dortigen Kollegen zu mir: *„Was willst denn Du hier? Die Steyrtalbahn wird sowieso demnächst eingestellt. Du wirst hier Deine Ausbildung sicher nicht beenden können!"* Ein altes Sprichwort aber sagt: *„Tot gesagte leben länger"*. Und so war es auch! Sowohl meine Kollegen, Bewohner, Geschäftsleute und Unternehmer des Steyrtals, die zahlreichen Urlaubsgäste aus dem In- und Ausland, Eisenbahnfreunde aus fernen Ländern und auch meine Wenigkeit lebten, bangten und kämpften für den Erhalt unserer geliebten Steyrtalbahn. Und siehe da, ich konnte in Garsten nicht nur meine Ausbildung zu Ende bringen, sondern nach vier Jahren Wanderschaft wieder einsteigen und letztlich noch sage und schreibe 13 Jahre auf der landschaftlich abwechslungsreichen dampfbetriebenen Schmalspurbahn meinen Dienst versehen. Hätte nicht „Kommissar Zufall" die Hand im Spiel gehabt, so würde sie vielleicht noch heute zur großen Schwester nach Klaus dampfen...

Die Nacht ist über Garsten hereingebrochen, die Lokpersonale haben schon den Heimweg angetreten, jetzt kümmert sich der Schuppenheizer um die Lokomotiven. Rund um die Uhr war in der Zugförderungsstelle ein solcher „Anbrenner" tätig. Foto (Sept. 1979): Harald Navé

Heimatliche Gefühle

Man kann es kaum beschreiben, wie wunderbar es war, wieder auf den glänzenden Schienen der reinweg dampfbetriebenen Schmalspurbahn von Garsten bis Klaus zu fahren. Aber keine Sorge, lieber Leser, ich werde die folgenden Zeilen nicht mit technischen Daten spicken.

In all den Jahren bildete sich eine Symbiose zwischen Maschine und Mensch, zwischen der Steyrtalbahn und den Bewohnern des lieblichen Tals, welches sie so beschaulich durcheilt. So wie man eine Lok pflegt, wartet und führt, so verläßlich ist sie ebenso im Betrieb. Wenn auch nur Materie, so hat jede Maschine doch ihr Eigenleben.

Die Kollegen waren stets bemüht, die Züge und ihre Reisenden pünktlich und sicher an ihr Ziel zu bringen. Ohne zu übertreiben, bin ich überzeugt, daß jeder Kollege in jenem Kreislauf mit Leib und Seele eben Eisenbahner war. Angefangen vom Magazineur bis zum Dreher, Schaffner, Maler, Vorstand, Gleisarbeiter, Verschieber, Kanzlist, Anbrenner, Reinigungsfrau, Fahrdienstleiter oder Streckengeher – jeder gab sein Bestes. An dieser Stelle möchte ich mich bei den hier nicht angeführten Kollegen entschuldigen und ihnen sagen, daß sie ebenso wichtig waren, denn ohne ihren unermüdlichen Einsatz hätte der Betrieb nie funktionieren können. Öfters stand das Schicksal der Bahn auf des Messers Schneide, aber gerade dann kam die enge Verbundenheit so richtig zum Tragen. Sie alle zusammen zogen nicht nur an einem Strang, sondern auch in die gleiche Richtung. Es war unser Beruf, unser Arbeitsplatz sowie unsere Liebe zur Steyrtalbahn. Nur so ist all der Enthusiasmus erklärbar.

Trat auf der Strecke so manches Gebrechen auf, wurde oft unter härtesten Bedingungen und mit primitiven Mitteln versucht, die Fahrzeuge wieder flott zu machen, damit wir zumindest den nächsten Bahnhof oder das Heizhaus erreichen konnten. Manchmal nach Dienstende wurde je nach Schaden fieberhaft geschweißt, gebohrt, geschmiedet, die Stangenlager wurden zerlegt und wieder zusammengebaut. Von einer Lokmannschaft weiß ich, daß sie nach Feierabend, von einem Schlosser unterstützt, eine ganze Nacht durcharbeitete, um die Lok zu ertüchtigen. So war einmal bei einem Stangenlager das Weißmetall ausgeflossen. Man muß sich den Arbeitsumfang einmal vor Augen führen! Das Lager wird zunächst zum Ausbau in die richtige Stellung gebracht, das übrige Metall entfernt und die Messingschalen werden für den folgenden Vorgang sauber gereinigt. Dann wird nach mittiger Einlage eines bestimmten Kerns das Lager mit Weißmetall M80, das im Schmiedefeuer flüssig erhitzt wird, ausgegossen. Wenn die Lagerschale sich einigermaßen abgekühlt hat, wird es auf der Drehbank richtig zentriert aufgespannt und ausgedreht. Das Auftuschieren, das Anbringen der Ölbohrung und das Einmeißeln der Schmiernute sind die nächsten Schritte. Nach dem Zurechtfeilen oder -hobeln der Beilagen beginnen der Wiedereinbau und die Fixierung mittels Lagerstellkeil und Schraube. Frühmorgens war die Maschine schließlich wieder einsatzbereit. Viel Schweiß war der Lohn für die immensen Mühen – jedoch im Übergabebuch standen neben der Kilometereintragung lediglich zwei Wörter: *„Lok dienstfähig!"*

Mit der Zeit kennt man die vielen Fahrgäste, teils sogar mit Namen, man weiß, welche Züge sie benutzen, wo sie ein- und aussteigen. Und man kennt nicht nur die Benutzer der Bahn, sondern auch die Anrainer. Jeder kannte jeden! Man trifft selten so freundliche Menschen wie hier. Die Strecke führt teils durch dicht besiedeltes Gebiet, dann wieder durch unberührte Natur.

In **Garsten** gegen 10.58 Uhr ausfahrend, das altösterreichische Einfahrsignal hinter uns lassend, beginnt für unseren Zug GK 15 die erste große Steigung und nach einem engen Rechtsbogen, auf einem alten Viadukt über die Kreuzleitenstraße hinweg, zeigt sich das etwas tiefer stehende Haus von Edi, dem Zugbegleiter. Durch das Stubenfenster sieht man meist seine betagte Mutter am Tisch sitzen. Wenn sie liest, blickt sie jedes Mal auf und nickt grüßend. Agnes Wagner, so heißt sie, schreibt gern Gedichte, so auch zur 80-Jahr-Feier für die hinter ihrem Haus die

Oben: Heizer Johann Manzeneder (rechts) und ich im ersten Jahr nach meiner Rückkehr zur heimatlichen Zfst Garsten. Die weiße Mütze wurde mein Markenzeichen und blieb zahlreichen Eisenbahnfreunden in Erinnerung. Foto (1970): Sammlung Walter Rathmayr

Rechts: Manchem Kollegen war das Befüllen des Unkrautvertilgungszuges nicht ganz geheuer. Foto (Juni 1977): Heinz Moschner

Links: Der Lokheizer Leopold Wirrer kümmert sich um den Fischteich, den er nach dem Abriß des Magazins angelegt, bevölkert und bepflanzt hatte. Foto (20.7.1980): Steffen Lüdecke

Unten: Auf dem Weg in den Feierabend schauen Hans Hehenberger und sein Planheizer Johann Manzeneder noch bei Fritz Lach beim Reinigen der Rauchkammer vorbei. Foto (1975): Margarete Mayr (Slg. J. Leutgeb)

Wichtl-Leite bezwingende Schmalspurbahn. Alte Häuser mit stilvollen Fassaden säumen die Kreuzleitenstraße und eine weitere Familie erwartet unsere Vorbeifahrt. Der Herr des Hauses hält bei seiner Gartenarbeit inne und blickt zu uns herauf. Seine Tochter Sybille ist wohl schon mit dem Frühzug zur Schule unterwegs. Auf der Heizerseite, etwas weiter oben am Sarninger Berg, wohnt mit seiner lieben Frau ein stattlicher Greis mit schneeweißem Bart. Mindestens einmal am Tag lehnt er aufgestützt am Fenster. Er blickt stets herab auf die bergwärts gleitende, schwarze, Rauch und Dampf auspustende Raupe, die sich der ersten Eisenbahnkreuzung nähert. Eines Tages, es war vor Weihnachten, reichten sie uns ein Kärtchen herauf, worauf zu lesen war:

> Dem gesamten Fahrpersonal und all Jenen, die an der Erhaltung und an dem Betrieb unserer lieben Steyrtalbahn Anteil haben, wünschen wir eine frohe, gesegnete und gnadenreichen Weihnacht, sowie ein halbwegs unbeschwertes, gesundes und unfallfreies 1 9 7 4 um Ihnen nach Möglichkeit jeden Tag zuwinken zu können.
>
> Das Ehepaar Chvatlina
>
> Heinrich Thomas und Rosin Chvatlina
>
> mit Standort Bahnkilometer 0,865 km der Strecke Garsten - Klaus

Schräg gegenüber wohnt in schöner Lage, über die Dächer von Garsten blickend, Johanna. Eine Zeile Grünfutter liegt auf der Wiese, Sense und Heurechen liegen verwaist daneben. Aber bitte, es soll nicht falsch verstanden werden: Die Frau war wohl schon zeitlicher auf als wir! Sie hat ihren vielen Hasen bereits saftiges Futter besorgt und arbeitet teils unten am Bahnhof oder im Heizhaus. Mit mehreren Achtungspfiffen nähern wir uns der ersten Kreuzung der dicht befahrenen Leopold-Werndl-Straße und fahren ganz nah am gepflegten „Gasthaus zur Steyrtalbahn" vorbei. Die alten, so herrlich Schatten spendenden Kastanien verleihen dem Schani-Garten ein besonderes Flair. Stets um das Wohl der Gäste bemüht, jongliert die fesche Wirtin Barbara Huemer ihre Gläser grazil zwischen den Tischen hindurch. Bei aller Geschäftigkeit schenkt sie dem stets rauchenden, schwärzenden und pfeifenden Zug ein zartes Lächeln. Ihr Ehemann Franz, ein gewissenhafter Fahrdienstleiter unten am Garstner Bahnhof, hat unserem Zug eben erst vor ein paar Minuten den Abfahrauftrag erteilt.

Die große Steigung ist geschafft und wir fahren pfeifend in die erste Haltestelle ein, **Sarning** heißt sie, einstmals Halbgarsten. Punktgenau bringe ich die in voller Hitze befindliche Lok unter einer Kastanie gegenüber der Brotfabrik zum Stillstand. Aber nicht nur wegen des Triebfahrzeugs, sondern auch ich will, wenn auch nur für einen kurzen Moment, die angenehme Kühle des Blätterdaches genießen. An manchen Sommertagen geht die Temperatur in der Lok auf die 50 Grad zu! Der schrille Abfahrtspfiff von unserem Zugchef „Sir Pepi", wie wir ihn liebevoll nennen, gönnt uns keine längere Pause. Kurz darauf kreuzen wir abermals pfeifend die Hauptstraße. An der Peripherie der Stadt Steyr fahren wir durch dicht besiedeltes Gebiet, den Reichenschwall.

Rechts: Pfingstausflug mit der Steyrtalbahn. Wir haben die Haltestelle Sarning (ehemals Halbgarsten) verlassen, sind in den Reichenschwall eingebogen und fahren geradewegs durch das Tal des sagenumwobenen Teufelsbaches in die Neulust, wo vor dem gleichnamigen Haus des Landtagsabgeordneten Dr. Josef Hochhauser, seines Zeichens Verwaltungsratsmitglied der Steyrthalbahn AG, dereinst im August 1888 der erste Spatenstich zum Bahnbau vollzogen wurde. Im Hintergrund erhebt sich die Christkindl-Leite. Foto (1980): Ralf Schmidt (Slg. Ludger Kenning)

Unten: Sogleich nach der Ausfahrt von Garsten müssen wir kräftig beschleunigen, um die große Steigung hinauf zur Wichtl-Leite zu meistern. Foto (1976): Heinz Moschner

Schon beim Anfahren weht uns ein kulinarischer Duft entgegen. Im Garten des Hauses 42 warten die Bewohner nicht nur auf das „Schnauferl", sondern gruppieren sich um den festlich geschmückten Tisch in Erwartung ihrer köstlichen Fleischspeise. Auf dem Grill brutzeln unverkennbar die herzhaften Schweinskoteletts. Aus der Haut fahren möchte ich bei den einladenden Düften so kurz vor Mittag, so nah dran, und dennoch unerreichbar. Die lustige Runde erhebt zu guter Letzt die mit schaumig kühlem Bier gefüllten Gläser und prostet uns zu. Mir bleibt nichts anderes übrig, als rasch die vorgewärmte Flasche mit Tee vom Armaturenkopf des Kessels zu nehmen und

„Steyr Lokal“, wie der Lokalbahnhof auch kurz genannt wurde, an einem trüben Wintertag. Die 298.56 mit dem werktäglichen P 3671 kommt herein. Um 15.06 Uhr geht es weiter nach Molln. Bis 1972 hieß dieser Zuglauf noch GK 31 und er fuhr um 14.38 Uhr ab. Zeit zur Einkehr bei „Lini“, der netten Bahnhofswirtin, bleibt uns diesmal leider nicht. Die Personale der Güterzüge haben es da angenehmer. Foto (19.2.1977): Hans Faust

den Trunkspruch zu erwidern. Schnaps ist Schnaps, Dienst ist Dienst! Pfeifend überqueren wir die Eisenbahnkreuzung. Zu beiden Seiten ziert üppiger Blumenschmuck die Häuser entlang der Strecke. Herr Anwaltssenior absolviert einen Spaziergang in seinem gepflegten Park. Seinen Sohn vermisse ich seit Tagen, aber es kommt öfters vor, daß er uns unterwegs zum Gericht nach Grünburg begegnet. Er wird sich wohl noch mit der Hupe seines roten Sportwagens bemerkbar machen.

Der Regler ist geschlossen, das Plateau des Ortsteils Sarning zurücklassend rattert der Zug in der Neulust zwischen einem Gutshaus, dem Quenghof, und der Johann-Nepomuk-Kapelle hindurch. Die Einfahrt in die erste Gefällestufe beginnt, gesäumt von bunten Schrebergärten. Die Hobbygärtner pflegen mit bewundernswertem Fleiß die Blumen- und Gemüsebeete. Durch die vielen Pfeifsignale aufmerksam geworden, gönnen sie sich während der Vorbeifahrt eine Verschnaufpause. Viele Spaziergänger halten am Wiesenweg neben den Gärten inne, um unter den an den Fenstern lehnenden Fahrgästen entweder einen Bekannten oder gar einen Freund zu erspähen. Die Kinder laufen, freudig mit den Armen gestikulierend, auf die Wiese bei der Stelzhamerstraße hinaus, um den Wettlauf mit dem Dampfexpreß aufzunehmen.

In Bezug auf Kinder kam mir ein ganz persönliches Erlebnis in den Sinn: Als ich einmal in Garsten von der Lok steigen wollte, blickte ich direkt in zwei neugierige Kinderaugen. Der Bub lehnte sich schutzsuchend an seinen Begleiter. Offensichtlich war es der Großvater, der ihn so liebevoll an der Hand führte. Der Opa fragte, ob wohl die Möglichkeit bestünde, daß der Bub einmal auf die Lok kommen dürfe. *„Wissen Sie“*, meinte der Herr, *„wir wohnen da oben in der Siedlung und jedes Mal, wenn wir Euch pfeifen hören oder beim Spaziergang sehen, wünscht er sich, einmal da oben stehen zu dürfen.“* Kai, so hieß der Junge aus Deutschland, besuchte öfters in Steyr seine Großeltern. Als ich in die fragenden und leuchtenden Augen sah, konnte ich den Wunsch nicht abschlagen. Wer von ihnen freute sich wohl mehr, der Bub oder der Großvater? Kai wurde von den Eltern stets in Köln oder Düsseldorf zum Flughafen gebracht und reiste allein weiter per V.I.P. nach Linz. In Hörsching wurde er dann von seinem Opa empfangen. Als der Bub daheim einmal von der Kindertante gefragt wurde, ob er schon mal geflogen sei, sagte Kai ohne lang zu überlegen: *„Ich war mit dem Flugzeug schon in Afrika!“ – „Ist das aber toll!“* sagte die Tante verblüfft, doch Kai erwiderte ein wenig traurig und abgehackt: *„... aber, ... aber beim Heinz ... auf der Steyrtalbahn ... da, da hat es mir doch sehr viel besser gefallen!“*

Bei einer kleinen Holzbohlenbrücke unterfließt der Teufelsbach das Gleis, ehe er sich weiter vorn mutig über einen ausgehöhlten, senkrecht abfallenden Konglomeratfelsen sodann in den Wehrgraben ergießt. Der vor Nässe triefende Fels verwandelt sich in der kalten Jahreszeit in skurrile Eisgebilde. Das herabstürzende Wasser erstarrt zu einem in Falten gelegten Eisvorhang, der mit seinem unteren Ende am spiegelglatten Eissee aufliegt. Jedes Jahr zur Weihnachtszeit – in Gedenken an die Geburt Jesu – baut ein Steyrer Künstler in der Grotte direkt unter dem Wasserfall eine Krippe in Lebensgröße auf und taucht das Szenario in warmes Licht. Durch die Lichtbrechung verwandeln die Spektralfarben die grandiose Kulisse, zum Lob und zur Ehre unseres Erlösers, in gläserne Pracht. Der Stadtteil, wie der Name schon sagt, wird vom teils aufgestauten Steyrfluß und seinen Nebenarmen in der Ausdehnung und Gestaltung geprägt. Die Idylle lädt zum Bummel an stillen Weihern, über Brücken, Stege, in engen verträumten Gassen ein und erlaubt Einblicke in die Gründerzeit der alten Eisenstadt. Oftmals erinnern grüne Schilder an der Häuserfront an ihre einstige Bedeutung.

In einer langgestreckten Linksschleife, Achtungssignale abgebend, vorbei an der Trapeztafel, fahren wir quietschend in den Bahnhof Steyr Lokal ein. Diese ominöse Trapeztafel war jahrelang ein Zankapfel. Von einer in der Nähe wohnenden Familie flatterte manchmal ein

Beschwerdebrief in die Chefetagen der ÖBB. Fühlte sie sich in ihrer Ruhe gestört, vergrämt und in ihrem Herzen unglücklich? Oder war es ihr etwa entgangen, daß die wirtschaftlich und fremdenverkehrsmäßig wichtige Bahn das Erstrecht hatte?

Nahe der Einfahrtsweiche logiert Toni, ein pensionierter Zugschaffner, mit seinen lieben Angehörigen. Diese Menschen hingegen sind zur Bahn äußerst positiv eingestellt, sie gehören zur großen Familie der Steyrtalbahn. Toni frönt der Schnitzerei, dem Vergolden seiner kunstvoll geschnitzten Figuren, oder er steht an der Spitze so mancher Steyrer Sightseeing-Tour. Zu seinem Programm zählt ein Pflichtbesuch der Schmalspurbahn. Sein Sohn Günter ist ebenfalls begeisterter Eisenbahnfan. Er ist zwar kein Eisenbahner geworden, sondern unterrichtet seit Jahren am Gymnasium, doch zu Hause baut er eine maßstabgetreue, bis ins kleinste Detail durchplante, ja von Künstlerhand gestaltete und bemalte Modellbahn (Anm.: In der Anfangsphase der Museumsbahn pilgerte Herr Professor mit 50 Schülern hinaus auf die Strecke. Zwischen Steyr Lokal und Sommerhubermühle befreiten die freiwilligen Helfer die Bahntrasse von Unkraut. Auch dies war ein Beweis der Liebe zur Steyrtalbahn).

Steyr hat immer Saison. Sei es ein Urlaub in der alten Eisenstadt, zum Wandern in der reizvollen Landschaft, zu Fotoausflügen ins romantische Steyr- und Ennstal, zu einer abenteuerlichen Schlauchbootfahrt auf der Steyr oder parallel dazu eine

Rechts: Über die elegant geschwungenen Gleisanlagen des Bahnhofs „Steyr Lokal" fährt der P 3675 nach Molln aus. Foto (21.7.1969): Ralf Schmidt (Slg. Ludger Kenning)

Unten: Wir haben die „Alte Steyr" überquert und grüßen noch einmal nach Christkindl hinüber, jetzt steht uns in der Unterhimmler Au ein steiler Anstieg bis zur Station Steyr Lokalbahn bevor. Foto (17.4.1981): Hans-Karl Kunhäuser

Fahrt mit der dampfbetriebenen Steyrtalbahn. Privat bestellte Sonderzüge fuhren bis zuletzt nach Klaus. Einige Wochen lang wurden gar Hobbylokführerfahrten durchgeführt, welche sich großer Beliebtheit erfreuten. Die Lok 298.104, die mit dem markanten Kranzschornstein, baute man eigens dazu um, damit der Meister stets ins Geschehen eingreifen konnte. Vielen Gästen wurde somit ein Jugendtraum erfüllt, sie avancierten mit ihren fachlichen Vorkenntnissen zum perfekten Lokführer. Um nur einige zu nennen, z.B. Richard, den „Schulmeister vom Traunsee", der die Kunst der Fotografie sowie das Lokfahren exzellent beherrschte. Oder einen Herrn aus Basel. Letzterer war außerdem Autor vieler Eisenbahnbücher. Zum Schluß aber will ich einen Nachruf anführen – er gilt dem unvergeßlichen, im Jahr 1985 verstorbenen Jean-Michel Hartmann. Er, seine Frau Monique und sein Sohn Pascal reisten häufig und gern nach Molln. Bei mir zu Hause saßen wir einmal auf der Terrasse beisammen. Während meine Tochter Sabine und Pascal sich im Planschbecken vergnügten, gab er mir seine neuen Fotostandpunkte und seine nächsten Pläne preis – und die Steyrtalbahn war stets Thema Nummer eins!

Im Bahnhof gab es eine traditionsreiche Gaststätte. Alle acht Tage stand der Güterzug GK 81 auf meinem Dienstplan. Schon in der Früh, beim GK 12, klopfte unser Zugbegleiter Hans – aus Großraming stammend – bei der netten Wirtin „Lini" (Juliane Preinfalk) ans große mehrscheibige Gaststubenfenster und bestellte für seine Zugmannschaft einen warmen Imbiß. Es gab stets das obligate Beuschel mit Semmelknödel.

Kulinarisch gestärkt – und literarisch durch den Lehrer vom Traunsee unterwiesen – fahren wir nun die zweite Gefällestufe hinab, zwängen uns durch den gefürchteten 10er-Bogen und passieren die eiserne Brücke der „Alten Steyr", des Werndl-Kanals, einem Teil des Himmlitzer Baches. Eine weite Wiese breitet sich aus und an ihrer rechten Seite erhalten wir Geleitschutz des Flusses. Das prächtige frühere Bürgerspital mit den zahlreichen, recht verspielten Schornsteinen, den kunstvollen Türmchen, Erkern und Gauben kommt durch die Sonnenstrahlen voll zur Geltung.

Links oben am Hang erhebt sich über der Haltestelle **Unterhimmel** die Kirche von Christkindl. Immer, wenn ich in der Weihnachtszeit zur zweitürmigen Kirche hinaufschaue, denke ich ans alljährliche Sonderpostamt im benachbarten Gasthaus. Millionen Briefsendungen treffen in jener Jahreszeit ein, um den begehrten Christkindl-Sonderstempel zu erhalten. Am Nebengleis der Station Unterhimmel stehen mit Koks und Eisendraht beladene Wagen. Das Rohmaterial benötigt man in den wenigen verbliebenen eisenverarbeitenden Werken, Zeugen der frühen Industrialisierung. Hier werden z.B. Drahtstifte und Drähte vieler Dimensionen erzeugt oder – genau gesagt – gezogen. Ernst, der wohl älteste Zugbegleiter, wohnt im früheren Wächterhaus, nämlich – wie könnte es anders sein? – in der geschichtsträchtigen Drahtziehergasse Nr. 2.

Wir durchfahren das Augebiet, ein Erholungs- und Freizeitparadies der Steyrer. Über Wiesen und Äcker, durch Baumzeilen, Feldwege und kleine Haine aufgelockert, dampft die Lok in gewohnter Einheit mit der Natur dahin. Nicht selten fühlt sich so manch farbenprächtiger Fasan in der Ruhe gestört, flattert kreischend auf und streicht knapp vor der herannahenden Lok über das Gleis. Pfeifend und über mehrere Wegkreuzungen hinweg nähern wir uns der Haltestelle **Schloß Rosenegg**.

Der Name ist abgeleitet von dem weiter oben etwas abseits gelegenen gleichnamigen Schloß. Ein langgestreckter Teich reicht nah an das Gleis heran. Direkt gegenüber davon, am Ende eines Felsens, an dessen Flanke sich ein schmaler Pfad hinaufwindet, öffnet sich erneut der Wald und unsere Blicke schweifen über eine weite Lichtung.

Die nächste Trapeztafel gilt der Einfahrt in den Bahnhof **Pergern** mit all seinen Gleisen und den vielen Weichenkörpern, dem Lokschuppen und den Nebengebäuden, einst ein bedeutender Abzweigbahnhof.

In der himmlischen Himmlitzer Au läßt die 298.53 die Haltestelle Schloß Rosenegg hinter sich. Nur selten wurde dieser Bereich einst bildlich festgehalten, so findet sich in den Beständen der Fotografen aus der „Hohen Wiener Schule" keine einzige Aufnahme dieses Abschnitts. Dank der Wanderlust einiger deutscher Eisenbahnfotografen können wir nun die Au mit der alten Steyrtalbahn genießen. Foto (17.4.1981): Hans-Karl Kunhäuser

Erinnerungen an den Flügel nach Sierning

Die 1891 eingeweihte Flügelstrecke Pergern – Bad Hall war das dritte Baulos der ältesten 760-mm-Strecke Österreichs. Der Abschnitt Sierning – Bad Hall wurde aber nur 42 Jahre alt, hier fuhr schon im Sommer 1933 der letzte Zug. Seinerzeit waren die Winter lang und streng, die Züge in der weiten, gegen Schneeverwehungen recht anfälligen Ebene oft tagelang eingeschneit. Das 4,8 km kurze Reststück Pergern – Sierning ging 1938 an die Deutsche Reichsbahn und nach dem Krieg an die Österreichischen Bundesbahnen über. Noch im Jahr 1965 wurde der Großteil des Oberbaus erneuert, jedoch im 75. Jahr des Bestehens des Flügels gab es kein vielbejubeltes Jubiläum, stattdessen kam zum Jahresende das vielbetrauerte Aus.

Abschied vom Sierninger Flügel am Silvestertag 1966. Vor der Einfahrt in die Wahlmühlkurve gab es für den letzten Zug vorerst kein Durchkommen. Unzählige Schaulustige wollten sich von ihrer Bahn verabschieden. Bei der Brauerei Sierninghofen gab es dann Freibier. Foto: Sammlung Friedrich Zellinger

Dies ist keineswegs ein Silvesterscherz, denn am 31. Dezember 1966 startete um 14.22 Uhr die letzte Fahrt von Sierning nach Pergern. Zahllose Menschen waren gekommen, um Abschied zu nehmen. Der Bahnhof von Pergern, mit einem Fahrdienstleiter besetzt und zum Teil noch lange mit den für die alte Steyrtalbahn typischen Pedalweichen ausgestattet, war ein ziemlich betriebsamer Umschlagplatz der Strecke Garsten – Klaus. Mehrere Nebengebäude, etwa das Magazin oder das Heizhaus, reihten sich auf einer Waldlichtung. Die Reisenden verkürzten sich die lange Wartezeit in der Gaststätte im Aufnahmsgebäude oder vergnügten sich nebenan auf der Kegelbahn. Ebenso zu meiner Zeit als Heizer pulsierte hier reges Leben. Dreimal täglich fuhren wir die Flügelbahn nach Sierning hoch. Der Frühzug hieß beispielsweise PS 51/ PS 50, jener nachmittägliche PS 53 / 52. Im Spätherbst, wenn die Rübenernte lief, schleppten wir endlos lange Leerwagenzüge nach Sierning. Auf einer Steigung ging es in einer Rechtsschleife vom Bahnhof hinaus und über eine lange imposante Stahlbogenbrücke über die Steyr hinweg. Die Lok hatte bereits den entfernteren Brückenkopf überfahren, während das Schlußsignal des letzten Wagens vom Bahnhof aus noch zu sehen war. Eine Rampe führte hinauf zur Steyrtalbundesstraße. Der unverkennbare Auspuffschlag der 298.104, unsere altehrwürdige „Liesi", deren Schornstein von der markanten „Krauss'schen Krempe" geziert wurde, klingt noch heute in meinen Ohren. Im Duett liefen Straße und Bahn nun dahin.

Sierninghofen, Wahlmühle – die so recht bekannt klingenden Namen sind mir in bester Erinnerung geblieben, ehe die Fahrt in **Sierning** endete. Riesige Zuckerrübenberge türmten sich gegenüber vom alten Stationsgebäude. Die landwirtschaftlichen Produkte wurden damals – nicht sonderlich rationell – auf hochbordige Güterwagen der Schmalspurbahn gekippt und anschließend nach Garsten abtransportiert, wo dann wiederum das zeit- und kostenträchtige Umladen angesagt war.

Ebenso dem jungen Lokpersonal, klassisch korrekt uniformiert, war an jenem trüben Silvestertag keineswegs nach Feiern zumute. Foto (31.12.1966): Herbert Fritz (Slg. Gunter Mackinger)

Oben links: Dreimal täglich war der Flügel nach Sierning zu bedienen. Mit dem Nachmittagszug PG 53 erklimmt die 298.104 die Steigung hinauf zur großen Gitterbrücke über die Steyr nahe Pergern.

Oben rechts: In Sierning prägte die Landwirtschaft mit den pompösen, annähernd 40 m hohen Speichern das Geschehen. Doch bevor wir ihr Wagen zustellen oder welche von ihr abholen, gibt es dienstlich einiges zu besprechen.
Fotos (17.9.1966): Theodor Horn (Bildarchiv Eisenbahnstiftung)

Nach der Steyrbrücke geht es weiter kräftig bergauf, über die Steyrtal-Bundesstraße hinweg und auf die Haltestelle Sierninghofen zu. Gerade im Spätherbst, wenn zahllose Leerwagen anfielen, war die Steigung eine echte Herausforderung, weniger für die 298.105 vor dem gemischten Zug PG 53 an jenem Spätfrühlingstag.
Foto (1.6.1962): Gerhard Luft

Hinter Pergern haben wir uns zwischen mächtigen bizarren Felswänden und dem nahen Ufer der Steyr hindurchgeschlängelt, jetzt öffnet sich die Landschaft wieder und es geht auf Neuzeug zu. Das alte Bahnwächterhaus gehört zwar noch den ÖBB, ist jedoch anderweitig vermietet. Die neuen Bewohner haben an diesem herrlichen Frühlingstag, als die 298.51 mit dem Zug 3669 vorbeikommt, ihre Wäsche herausgehängt (4.6.1980).

Unten: Die Haltestelle Neuzeug an einem trüben Frühjahrsmorgen. Die Pfingstferien haben begonnen und die Jungs vertreiben sich die Zeit mit Fußball – mit Hans Krankl und dem narrischen „Wunder von Córdoba" aus dem Vorjahr als Vorbild – Anreise natürlich mit der Schmalspurbahn. Besetzt ist die Halte- und Ladestelle schon lang nimmer, und daß sie mal dreigleisig war, läßt sich nicht mehr erahnen (Mai 1979). Fotos: Burkhard Wollny

Jedoch zurück nach **Pergern**. In dem Knotenpunkt wurde uns die Erlaubnis zur Weiterfahrt erteilt, der Heizer hat nun das Feuern beendet. Mit „Schnurbartdampf" aus den Zylinderventilen setzt sich unser Zug in Bewegung. Während die Sonne noch mit ihrem hellen warmen Schein den Schlußwagen bestrahlt, taucht schon die Zugspitze ins Dunkel des Pergerner Waldes ein. Von dichtem Blattwerk umschlossen bildet sich vor uns eine helle Tunnelröhre, von der wir auf das nächste, sich linkerhand ausbreitende Grünland hinausstoßen. Wir gleiten am Waldrand an Bäumen und Sträuchern vorbei. Die weichen Spitzen der Gebüsche streicheln liebevoll die Wangen sämtlicher Wagen. Das Blau des zahlreich blühenden Eisenhutes ist unübersehbar. Für eine kurze Weile sucht die Steyr wieder die Nähe zur Bahn. Entlang einer exponierten Stelle, einem langgezogenen Felsen aus zusammengebackenem Gestein, schnauft sie auf ihren nächsten Halt in **Neuzeug** zu.

Höchst selten wurde die Steyrtalbahn zusammen mit der Werndl-Kapelle oberhalb vom Gasthof Jäger bei der Lettmühle bildlich verewigt. Hier rollt die 298.25 auf die Haltestelle Letten zu. Foto (2.3.1968): Jirvis Verhoef (Sammlung Ludger Kenning)

Verwaist stehen am Bahnsteig die leeren silberfarbenen großen Milchkannen und warten auf die Rückholung zum Hof. Jeden Morgen bringt die Bäuerin oder ihre Tochter mit strohblondem Haar mit einem einachsigen Karren die frische Milch pünktlich zur Station. Sollte der Zug sich mal etwas verspätet haben, so wird geduldig auf dem kleinen verwitterten Bankerl an der Seite einer hölzernen Hütte das Eintreffen der Milch geduldig abgewartet. Wenn aber die Lieferung vom nahen Gut erst im Anrollen ist, so wird dies – mit einem kurzen Blick zurück – vom Heizer stets gewissenhaft gemeldet. Der „Edi" oder unser „Sir Pepi", wie wir einen der Zugschaffner freundschaftlich nennen, hilft dann beim Hineinhieven der Kannen in den Gepäckwagen kräftig mit.

Während wir nun das nächste Waldgebiet durchfahren, schwenkt die Steyr erneut von der Bahntrasse weg, so als hätte sie für den Bau der einstigen Waffenfabrik genügend Platz schaffen wollen. Kurz nach der Einfahrt in den Wald sehe ich öfters in gut 30 m Entfernung einen Rehbock. Er liegt vollkommen ruhig auf seinem ausgescharrten Laubbett und läßt sich vom entlangschnaubenden Zug in keiner Weise stören.

Nächster Aufenthalt ist **Letten**. Viele Pendler fahren täglich mit dem ehemaligen GK41 / 60 zur und von der Arbeit. Immer wieder fährt die Lok unter lautem Auspuffgeräusch an und die Schienenstöße folgen wegen der zunehmenden Geschwindigkeit in immer kürzeren Intervallen. Vom Auwald ausfahrend öffne ich, obwohl kein Grund ersichtlich, mal kurz die Zylinderhähne. Sie werden es kaum glauben, daß es auch unter Vierbeinern, sprich den Hunden, sportliche Eisenbahnfanatiker gibt. Mit dem kurzen Betätigen der Entwässerungsventile kündige ich meinem Freund Axel, einem Schäferhundmischling, meinen Besuch an. Vielleicht wäre der Ausdruck „Wettkampf" passender. Im Geiste sehe ich schon, wie er sich am Startblock aufwärmt. Komme ich dann in Sichtweite seines Zuhauses, der großen Gärtnerei, öffne ich erneut die Zylinderhähne – der Startschuß zum 77. Wettlauf des Jahres. Freudig sprintet er vom Haus in Richtung des heraneilenden Zuges und erreicht gerade noch das Trittbrett des letzten Wagens, worin er sich mit seinen kräftigen Fangzähnen für kurze Zeit verbeißt. Aber keine Bange, er gibt sich nicht so schnell geschlagen. Von rückwärts arbeitet er sich langsam nach vorne. Auf gleicher Höhe mit der Lok sehe ich ihn, wie seine starken Pfoten weitholend greifen, sein muskulöser Körper durchwalkt wird und seine Lefzen wellend fliegen. Seine Zähne blitzen hervor, als würde er mich beim Überholen auslachen. Das Komische an dem Spiel ist, selbst wenn ich die Zylinderhähne nicht betätige, läuft er mit mir, besser gesagt mit dem Zug, noch um die Wette. Vielleicht waren es die Signale aus der Lokpfeife, die schon von der letzten Haltestelle in seine feinen Ohren drangen.

Kollege Eduard „Edi" Wagner war ein Steyrtalbahn-Original, zugleich der Sohn jener betagten, in der Wichtl-Leite lebenden Dame, die einst das Gedicht zum 80-jährigen Bahnjubiläum verfaßte (siehe Seite 83). Foto (1978): Ralf Schmidt (Sammlung Ludger Kenning)

Bald hinter Letten kommen im „Graben" die ersten Häuser von Aschach in Sicht. Der Nachbarshund Axel hockt schon in den Startlöchern, da gibt die Lokpfeife den Startschuß zum „Wettlauf des Jahres". Für Axel ist es ein Leichtes, uns zu überholen – und uns zu verhöhnen, wie mir scheint.

Unten: Diesmal – beim Halt in Aschach – steht Heizer Karl Sonnberger im Vordergrund. Er war ein steirisches Urgestein und früher von Selzthal aus als Heizer gefahren, bis dort unter der neuen Fahrleitung keine Dampflok mehr zugelassen war. Fotos (Mai 1979): Burkhard Wollny (Eisenbahnstiftung)

Ausflug mit meiner damals vierjährigen Tochter Sabine auf der Steyrtalbahn. In Aschach schauen wir bei der lieben „Anna-Tante" vorbei, sie erwartet eine Nachricht von Karl Möslinger, dem letzten radelnden Postler des Steyrtals. Bei jeglicher Witterung war er mit dem Dienstrad unterwegs. Sabine war höchst neugierig, was die große lederne Diensttasche denn sonst noch für geheimnisvolle Dinge enthalten mag. Foto (1981): Heinz Moschner

Mit diesen Achtungspfiffen fahren wir in den bis 1966 mit einem Geschäftsführer besetzten Bahnhof **Aschach an der Steyr** ein. Hier wohnt unsere „Anna-Tante". Bei schönem Wetter arbeitet sie stets im Garten, pflanzt Gemüse und Gewürze oder pflegt ihre Blumen. Über ihrer normalen Kleidung trägt sie stets eine Arbeitsschürze und ein um die Stirn gebundenes Tuch. Nur an Wochenmarkttagen fährt sie ohne Schürze, dann mit einem Weidenkorb am Arm, zu ihrer Kundschaft und danach zum Einkauf in die Stadt. Sie ist stets guter Laune und sehr gastfreundlich. Im Winter; wenn wir mit nassem Schuhwerk und durchgefroren mit dem Güterzug kommen, lädt sie uns zu einem heißen, aromatischen Tee mit Keksen und Kuchen ein. Wir setzen uns nah an den knisternden und wärmenden Ofen: Der Lois, der Hans, der Karl und der Bert, auf dessen Schoß sich die Hauskatze legt, um sich kraulen zu lassen, und ich. Lehrer Richard, längst Teil unserer Runde, hält unsere Teerunde fotografisch fest.

Treffe ich mit dem Karl, meinem langjährigen Heizer, mit dem GK 16 um 12.30 Uhr in Aschach ein, wartet stets am Bahnhof seine hübsche, sommersprossige Tochter Gerti mit dem Mittagessen. Sofort nach der Übergabe wird der Deckel der Menageschüssel kurz gelüftet. Sobald der Duft langatmig durch die prüfende Nase gezogen ist, stellt Karl den wieder verschlossenen Topf zum Warmhalten auf den Kessel. Kam abends dann das jüngere Töchterchen, die rotblonde Lotte, ähnlich der kessen Pippi-Langstrumpf, tauschte sie das Geschirr gegen eine Jause aus.

Bei einem Ausflug mit meiner Tochter Sabine zur Steyrtalbahn ergab sich einmal die Gelegenheit zu einem Rendezvous von Post und Bahn. Während der Kreuzung des Zuges GK 14 mit dem Güterzug GK 81 radelte der sportliche Aschacher Postbote zum Bahnhof. Ob Sommer oder Winter kam er immer mit dem Dienstfahrrad, noch bestückt mit der rot/weiß/roten Tafel mit der schwarzen Aufschrift „Post" im Rahmendreieck. Am Gepäckträger waren die unhandlichen Pakete angebunden. Eine große, pralle, lederne Diensttasche hing mit einem langen Tragegurt quer über seine Schulter. Diesmal bekam die Anna-Tante eine schriftliche Nachricht. Meine damals vierjährige Sabine verfolgte aufmerksam die Übergabe. Ausnahmsweise klappte er seine Diensttasche ein zweites Mal ganz weit auf, um ihr einen Blick in das geheimnisvolle Innere zu gewähren – ein für sie wohl bis heute unvergessenes Erlebnis.

Eines Abends vor Weihnachten kam ich wie üblich mit dem Zug im Bahnhof Aschach an. Am Bahnsteig erwarteten mich zwei Menschen. Der eine hielt eine Laterne in der Hand, während mir die Frau namens Rosi ein Päckchen mit Backwaren heraufreichte, und obendrein überbrachten sie mir herzliche Segenswünsche. Das ältere Ehepaar wohnte draußen in der Siedlung zwischen Aschach und Sommerhubermühle. Im Sommer bei Schönwetter saßen sie stets im Garten vor ihrem Haus und warteten auf den Zug. Manchmal saß der Mann mit der Ziehharmonika musizierend auf der Gartenbank und Kinder lauschten ihm andächtig.

Wir haben den Bahnhof verlassen und einen Linksbogen gezogen, da erblicken wir ein kleines Anwesen. Der Besitzer arbeitete früher bei unserer Bahn. Der alte, noch sehr rüstige Mann packt bei der Ernte noch kräftig zu und fährt das Heu mit dem einachsigen Karren in die Scheune. Beim Herannahen eines Zuges nimmt er sich immer Zeit, hält inne und legt bedächtig seine Hand zum Gruß an die Stirn. An Markttagen fährt er, stattlich gekleidet mit Hut und Krawatte, den buschigen Schnurrbart immer gepflegt, mit seinem Rucksack in die Stadt.

Hinter Aschach begegnen wir einem pensionierten Steyrtalbahner mit gepflegtem Schnauzbart. Er widmet sich jetzt voll und ganz der Landwirtschaft, nähert sich aber ein Zug, so hält er stets inne und seine Ziege im Zaum. Josef Singer, der „Singer-Vater", war ein Urgestein der Steyrtalbahn, früher Streckengeher zwischen Garsten und Grünburg. Nach kurzem Gruß geht die Fahrt weiter mit Fernziel Garsten.

Unten: Die Land- und Viehwirtschaft, die Großindustrie und die Steyrtalbahn – alles einträchtig vereint bei der Sommerhubermühle und harmonisch im Bild festgehalten nach einer weniger ruhigen Verfolgungsjagd des schwäbischen Eisenbahnfans. Fotos (1981): Burkhard Wollny (Eisenbahnstiftung)

Inspektionsfahrt mit der 298.51 vor dem Hilfszug auf der instandgesetzten Ahbachbrücke, wegen der es beinahe schon einige Jahre früher um die Steyrtalbahn geschehen wäre. Eines Nachts im Juli 1974 war das rechte (nördliche) Auflager unterspült worden und die Brücke war abgesackt. Der Frühzug aus Molln (Waldneukirchen ab 4.59 Uhr) konnte noch gerade rechtzeitig von einem Anwohner gewarnt werden. Foto (1976): Heinz Moschner

Unten: Der Lokführer als Fotomodell – abgebildet zusammen mit einem Profi-Model auf dem Cover einer Ausgabe aus dem Jahr 1972 des in einer Auflage von 431.000 verbreiteten „Magazins der Kammer für Arbeiter und Angestellte für Oberösterreich". Sammlung Heinz Moschner

Während wir weiterrollen, winkt uns am Wiesenweg auf seiner Wanderung zur Aschacher Siedlung der Gleisarbeiter Toni zu. Weite Wiesen und Felder breiten sich aus. Die schmale Bahntrasse trennt zwei reife Getreidefelder. Von der Längsseite über die Felder hinweg betrachtet, scheint es so, als würde das schwarze Band des dahineilenden Zuges die große goldene Fläche durchtrennen und nachher wieder schließen. Hinter den Feldern führt eine Schotterstraße zum nächsten Ort. Ein deutscher Eisenbahnfan namens Burkhard Wollny, stets mit breitkrempigem schwarzem Hut elegant gekleidet, fuhr oft die Straße im Grand-Prix-Stil entlang. Nicht aber der Geschwindigkeit wegen trieb er seinen kardinalroten 323er voran, sondern um rechtzeitig den nächsten Fotopunkt, die Haltestelle Sommerhubermühle, zu erreichen.

Bald nach der Ausfahrt aus der Station steht in Verlängerung des Feldwegs zur Sommerhuberbrücke die kunstvoll gestaltete Sommerhubkapelle. Ihr Giebel ruht auf zwei konischen Säulen. Die drei Öffnungen mit flachen Bögen bilden eine Arkade. Von ihr gelangt man durch eine Rundbogentür ins Innere. Die Seitenfront wird geziert von einem neugotischen Fenster. Der geschlossene Fensterladen verwehrt der sommerlichen Hitze das Eindringen. Zum Verweilen bleibt uns leider keine Zeit.

Am Beginn des nächsten Rechtsbogens verschwindet die Lok in einem Einschnitt, während die Plattform des letzten Wagens noch sichtbar ist. Gleich danach folgt eine kleine Brücke, die der Steyrtalbahn beinahe einmal zum Verhängnis geworden wäre. Der unter ihr hindurchfließende Ahbach (früher Abach) führt sonst nicht viel Wasser. Eines Nachts im Juli 1974 schwoll er nach ergiebigem Regen dermaßen an, daß er die Fundamente unterspülte. Sie sackten ab, so daß sich beide Schienen ungefähr 20-30 cm durchbogen. Auf der vor uns liegenden Anhöhe steht das „Auhäusl". Der dort wohnende Mann hörte, daß die Brücke sich absenkte. Im Dunkel lief er instinktiv in die Richtung des unheilvollen Lärms, und dann sah er die demolierte Brücke. Ein Blick auf die Uhr – oh je, in wenigen Minuten kommt der Frühzug!

Die 298.104 – die „Liesi“ – mit einem Sonderzug der Deutschen Gesellschaft für Eisenbahngeschichte (DGEG) beim Halt in Waldneukirchen. Im Vorjahr hatte sie die Ausrüstungen für Amateurlokfahrten erhalten, tatsächlich gab es 1971 fünf derartige Fahrten. Foto (8.6.1972): Werner Fritthum

Mit guter Ortskenntnis lief er ihm entgegen. Der Lokmannschaft des GK30 – Helmut und Leo – fiel der mit den Händen fuchtelnde Mann sofort auf. Unmißverständlich wies er auf die Gefahr hin. Eine Notbremsung brachte den Zug noch gerade rechtzeitig zum Halten. Wieder einmal stand das Schicksal der Steyrtalbahn höchst bedrohlich auf dem Spiel. Über zwei Wochen lang wurde beraten, ob sie überhaupt weitergeführt werden solle, aber schließlich wurde die Sanierung dann doch noch veranlaßt. Die Züge fuhren lediglich zwischen Garsten und Aschach, während die Brücke in Eigeninitiative instandgesetzt wurde.

Nach dem Auhäusl durchfahren wir ein ausgedehntes Waldstück. Die Steyr lehnt sich wieder ganz nah an die Bahn. Nach Beginn eines etwas ansteigenden Streckenstücks macht sich rechterhand die schöne Wiese des Steyrbauern breit. Wenn der Landwirt des modern geführten Gehöftes zu Fuß oder mit dem Traktor auf seiner mustergültig bearbeiteten Liegenschaft unterwegs ist, sendet er uns schon von weitem einen Willkommengruß. Sein Getreidefeld wogt im Wind. Am Feldrand dicht neben der Bahn steht stramm eine Reihe von Heuschobern. Im Vorbeifahren nehmen wir ihre Parade förmlich ab. Etwa in der Mitte der Wiese kreuzt ein Feldweg schräg zum Bauernhaus führend die Schienen.

Hier auf dem Gut verbrachte jedes Jahr eine Familie aus Tribuswinkel ihre Ferien. Eine Fahrt mit dem Güterzug nach Klaus und retour war wie das Amen im Gebet. Mit Jause und Trunk – und mit gültigen Fahrkarten – bestiegen sie an der nächsten Haltestelle den Dienstwagen. Auch für uns war es eine willkommene Abwechslung im Alltag. Abends auf der Rückfahrt blieb die Lok an der besagten Feldwegkreuzung plötzlich stehen. Spontan nutzte die Familie den ungeplanten Betriebshalt zum Ausstieg, um gut ihr Feriendomizil zu erreichen. Mit einem freudigen Aufwiedersehen verabschiedeten sie sich. Kurz darauf fuhr die Lok mit dem vorschriftsmäßigen Achtungspfiff weiter. Bis zum Ende der Wiese hinunter winkten uns die Urlauber nach. Auch eine holländische Familie van der Veen verbrachte hier oft ihre *„vakantie op de boerderij“.*

Wie geplant geht es weiter. Wir nähern uns pfeifend einem Weg und überqueren sodann auf der wohl schönsten Brücke der Bahn die Steyr, die von der rechten auf die linke Seite wechselt. Im Linksbogen nach der Stahlbogenbrücke steht das hölzerne Wartehäuschen von **Waldneukirchen**. Der Zug leert sich zur Hälfte, u.a. viele Schüler. Der Ort liegt weit abseits der Bahn und vor den Schülern liegt ein langer Fußweg. Auf den Ladegleisen stehen mit Rund- und Schnittholz beladene Waggons. Auch Holzmehl wird hier erzeugt. Im Herrenhaus der alteingesessenen Familie Reder tagte schon manche Krisensitzung über die Zukunft der für sie – für die Wirtschaft und den Tourismus – so wichtigen Bahn. Übrigens, der Seniorchef der Firmendynastie war seinerzeit Aktionär der Steyrthalbahn AG. Zu den Treffen wurden Unternehmer, Vertreter der Wirtschaft und des Fremdenverkehrs sowie Politiker geladen. So auch Herbert Pfeil, ein ehemaliger Kollege (und Autor der Broschüre „Die Steyrtalbahn“ aus dem Jahr 1977), er befürwortete stets den Schienenverkehr und immer, wenn Not am Mann war, war er „pfeilschnell“ zur Stelle. Mehrere Schritte, wie eine breitangelegte Unterschriftenaktion oder eine Vorsprache beim Land OÖ, wurden nicht nur erwogen, sondern auch umgesetzt. Wenn ich mit dem Abendzug entlang der saftiggrünen Waldneukirchner Wiese in Richtung Molln fuhr, sah ich manchmal die Juniorchefin. Mit Gewehr und Fernglas ging die begeisterte Jägerin auf die Pirsch.

Oben: Geschäftiges Treiben im Grünburger Bahnhof gegen 14.14 Uhr beim P 3669, dem ersten Personenzug des Tages weiter nach Molln.

Rechts: Im Heizhaus von Grünburg ist der „Anbrenner" Franz Hofer mit der Ölkanne und drei Holzbündeln zum Anheizen des Kessels beschäftigt.
Fotos (Mai 1979): Burkhard Wollny (Bildarchiv Eisenbahnstiftung)

Zum ersten Mal sucht jetzt die Steyr, auf der linken Flanke entgegenfließend, den ganz nahen Kontakt zum Gleis. Ihr köstliches Naß hat Trinkwasserqualität, auch die Fische haben ihre helle Freude daran. An schwülen Tagen lauern sie mit ihren torpedoförmigen braunen Körpern dicht unter dem Wasserspiegel auf entgegendriftende Nahrung. Oft können sie vor lauter Jagdlust das Heranfliegen der Insekten sowie ihr Aufsetzen auf das Wasser gar nicht abwarten oder sie katapultieren sich in die Luft und den vielen Mücken und Fliegen entgegen. Als passionierter Angler kann man sich dem Anblick nur schwer entziehen.

Nichtsdestotrotz, wir nähern uns einem markanten Kilometerstein – auf mich persönlich bezogen, einem bedeutsamen Meilenstein. Es war der 9. Juli 1977, ein heißer, schwüler Tag. Gegen Abend nahm die Gewitterintensität immer mehr zu und über Molln baute sich mächtig eine blauschwarze, regenträchtige Gewitterwand auf. Wie immer bei solchen Turbulenzen holten wir vorsorglich Axt und Säge aus dem Magazin und packten sie in den Gepäckwagen. Meistens kamen wir gar nicht mehr zur Vorsorge, denn Oberheizer Pepi hielt schon bei der Ankunft im Heizhaus bzw. beim Kohlenbansen alle Utensilien bereit. In Garsten hatte es schon arg zu regnen begonnen. Auf der Fahrt verdunkelte es sich immer mehr und der Himmel öffnete seine Schleusen. Durch die niederprasselnden Schauer strichen Wassernebel den heißen Kessel entlang und stahlen mir noch mehr die Sicht. Daher blickte ich mehr durch das halboffene Stirnfenster. Bei besonders neuralgischen Stellen lehnte ich mich weit hinaus, um die Strecke besser beobachten zu können (vgl. Seite 93).

Mit dem Zentrierstab auf Eisenplatte mittelt Lokführer Erich Gschnaidtner den Blaskopf in der Rauchkammer aus (links), während sein Kollege Heinz Moschner mal wieder im Buchfahrplan nach seiner Zugnummer sucht (rechts). Fotos (Mai 1979): Burkhard Wollny (Bildarchiv der Eisenbahnstiftung)

Kurz vor der Grünburger Trapeztafel fand ich das für diesen Abschnitt gewöhnliche Bild nicht vor. Es schärfte weiter mein ohnehin schon angespanntes Augenmerk. Vorsorglich schloß ich den Dampfregler, bremste den Zug leicht an und machte reflexartig eine Schnellbremsung. Nur wenige Meter vor einer mächtigen Mure aus Geröll und Schlamm kamen wir zum Stehen. Gott sei gedankt für diese Eingebung und Bewahrung vor großem Unheil! Es war für mich wohl das schönste, um einige Wochen vorgezogene Geburtstagsgeschenk in meiner Dienstzeit. Die meisten Reisenden, teils mit den Schuhen in der Hand, kletterten über das Hindernis hinweg. Frauen und Kinder wurden auf Händen darüber hinweg gehoben und schlugen sich bis zum nur 200 m entfernten Bahnhof Grünburg durch. Die Eisenbahner und Fahrgäste des dort wartenden Gegenzuges kamen uns auf halbem Weg entgegen, sie überwanden das Hindernis und gingen weiter zu meinem notgebremsten Zug.

Mit den Weichenschlüsseln ausgerüstet fuhr die uns ablösende Mannschaft den Zug, vorerst einmal schiebend, bis Aschach. Dort wurde die Lok wieder an die Zugspitze gereiht und Richtung Garsten gefahren. Als mein Kollege und ich die Lok des Gegenzuges übernahmen, wurde sie abgekuppelt, die Zuggarnitur umfahren und Richtung Molln wieder vorgespannt. Mit einiger Verspätung ging's los. Völlig durchnäßt sind wir schließlich, einige Minuten Verspätung gutmachend, sicher in Molln eingelangt. Beim Haslinger Hermann, dem Stationsvorstand, holte ich mir sofort den Schlüssel unseres Übernachtungsraums, um sobald wie möglich die nassen Klamotten abzustreifen. Als er meine am Körper klebenden Kleider und mein Frösteln bemerkte, stellte er uns ohne zu zögern sein Badezimmer zur Verfügung. Seine Frau Maria holte spontan trockene Wäsche aus dem Kleiderschrank ihres Gatten. Durch dieses Entgegenkommen wurde mir wohl eine Erkältung erspart. Nach dem Verschub und dem Abstellen der Lok im Heizhaus fanden wir mitten im Hochsommer den Übernachtungsraum unverhofft geheizt vor. Maria, die gute Seele der Station, hatte auch hier für uns gesorgt.

Springen wir zurück zum **Bahnhof Grünburg**, dessen Trapeztafel wir passieren. Die Einfahrweiche leitet uns hinein in die Station, deren Gleisanlage noch den „Achssprung" aufweist. Zum Bahnhofsteam zählt eine etwas ältere, stets rege Person. Auguste heißt die fröhliche und hilfsbereite Frau. Gibt es viel Gepäck, so hilft sie beim Ein- und Ausladen, sie hält die Stationsräumlichkeiten sauber, pflegt und gießt die Blumen. Im Herbst häuft sie das viele Laub der Linden zusammen und entsorgt es mit einem Weidenkorb. Selbst für das Reinigen und Schmieren der Weichen ist sie da. Auch der Herr Vorstand hat seine helle Freude daran.

Große Jubelfeier zum „85-Jährigen" der Steyrtalbahn am 12.10.1975 – und Lokführer Moschner diesmal nicht in Arbeitskluft und mit weißer Kappe, sondern elegant mit Frack, Zylinder, Uhrenkette und (hier gerade nicht zur Hand) weißen Handschuhen. Links beim Fotoshooting in Grünburg, rechts unter Volldampf in der Pernzell. Und als Ehrengäste: Ing. Karl Zwirchmayr, seinerzeit Zentralinspektor von Stern & Hafferl, nebst Gattin und seinen beiden ältesten Kindern in stilvoller traditioneller Tracht (siehe Band 1, Seite 245 oben). Die Tochter des 1958 verstorbenen Grünburger Fotografenmeisters Franz Mayr hatte alle Hände voll zu tun, das bunte Treiben zu dokumentieren. Fotos: Margarete Mayr (Slg. Johann Leutgeb)

Unten: In der engen Passage zu Füßen Untergrünburgs grüßen wir durch das Fenster des Friseursalons dem Meister Johann Fleger entgegen. Die Passanten bleiben andächtig stehen, um der angestrengt arbeitenden Lok zu lauschen. Foto (14.8.1979): Hans-Karl Kunhäuser

Die 298.05 mit dem Zug GK 17 nach Klaus beim Untergrünburger Wehr und dem erst sieben Jahre alten Fußgängersteg. Foto (22.9.1966): Peter Schmied
Unten links: Die Schmalspurbahn als Teil des dörflichen Lebens, hoch oben das bereits 1920 eröffnete Lichtspielhaus. Foto (Juli 1976): Hans Faust
Unten rechts: Lokführer Erich Gschnaidtner lächelt in die Kamera, und wir blicken über die Steyr hinweg auf das bis 1918 zur Steiermark gehörige, überaus malerische Steinbach mit der prächtigen Pfarrkirche St. Bartholomäus. Foto (1979): Burkhard Wollny (Bildarchiv der Eisenbahnstiftung)

Ein Bursch namens Peter lebte in Grünburg. In der Freizeit fuhr er oft mit uns nach Steyr oder er wartete mit seiner Kamera an den besten Fotopunkten. Seit geraumer Zeit ist er ein eifriger und verläßlicher freiwilliger Aktiver des Teams im Grünburger Lokschuppen. Obschon parallel zu den Zügen auch Busse verkehrten, hielten uns so manche Fahrgäste ihre Treue. Sie fuhren zum Einkaufen, zur Arbeit, in die Lehre oder zur Schule. So ebenso ein nettes Geschwisterpaar aus dem schönen Steinbach a. d. Steyr, nämlich die redselige Ingrid und die burschikose Edith. Letztere traf ich in einer Seilbahngondel wieder, als ich vor einiger Zeit mit meiner Frau einen Skiausflug machte, und wie könnte es anders sein? – geplaudert wurde über ihre liebe Schwester ... und die Steyrtalbahn.

Bei der Hörmühle in Waldneukirchen und der Haunoldmühle ist wieder viel Fracht angefallen, so muß der Güterzug 76859 doppelt (mit 298.53 und 52) bespannt und ab Molln sogar in zwei Teilen nach Klaus befördert werden. Foto (21.2.1980): Hans-Karl Kunhäuser

Am Wasserkran an der Längsseite des Lokschuppens versorgen wir unsere Lok, wir füllen Wasser nach, checken und ölen sie durch, dann setzen wir zurück an den Bahnsteig, die vorschriftsmäßige Startposition. Es geht los, immer weiter aufwärts in Richtung Molln. Liegt der Grünburger Bahnhof noch auf dem Gemeindegebiet von Waldneukirchen, so erreichen wir bald hinter der großen Straßenbrücke das Gemeindegebiet von Untergrünburg. Sowohl die Steyr als auch die Häuserzeile an der Uferstraße rücken immer näher heran. Eine elfstufige Steintreppe mit Blechdach führt ins erste Stockwerk eines Hauses. Kinder spielen auf den Stufen. Ein kleiner Balkon mit filigranem Geländer prägt die Fassade des schmucken, italienisch anmutenden Gebäudes. Von dort oben blickt man direkt auf die Keramik-Isolatoren des Telegrafenmastes exakt an der Grenze Straße/Schiene. Einige Meter dahinter steht der Hektometerstein mit der Aufschrift km 19,6. Am Holzgeländer der zum Gleis abfallenden Gasse hängen an sonnigen Tagen die Tücher des benachbarten Friseurladens. Vom Wagenfenster aus öffnet sich ein direkter Blick auf die Arbeit des Figaros, wie er eine Dauerwelle oder eine exakte Rasur zaubert. Wenn es seine Zeit erlaubt, steht Meister Johann Fleger im weißen Kittel vor seinem Geschäft, um den Zug musternd vorbeiziehen zu lassen. Beiläufig schüttelt er restliche Bartstoppeln des letzten Kunden ab. Tritt man aus seinem Geschäft heraus, so geht es direkt zu den Aufgangsstufen eines 1961 eingeweihten Fußgängerstegs über die Steyr. Bis zum Augusthochwasser von 1959 hatte hier ein schmaler hölzerner Steg bestanden, vor dem Bau der großen Steyrbrücke in den Jahren 1947-49 die einzige Straßenverbindung zwischen Grünburg und Steinbach.

Der Weg führt hinüber ins malerische Steinbach, bis 1918 zur Steiermark gehörig. Wo sonst zwängen sich Fluß, Straße, Bahn und Häuser wohl so dicht aneinander? Ein wahrlich idyllisches Plätzchen, das zum Verweilen einlädt. Ein langgestreckter, grünlich schimmernder Wasserbogen schießt über die Wehrkante und verwandelt das nasse Element des tieferliegenden Flußbettes in eine weiße, aufstäubende Gischt. Für die Fische werden die mit Sauerstoff angereicherten Fluten zum Rummelplatz. Geschwindigkeitsbedingt gleiten wir langsam an der Wehranlage entlang und eine angenehme feuchte Kühle durchdringt das Führerhaus. Die Auspuffschläge pochen an die Hauswände und erinnern deren Bewohner an den täglichen Uhrenvergleich. Mancher Anrainer machte sich Gedanken, falls sich einmal eine Verspätung einschlich. Bei der nächsten Fahrt ergab sich darüber so manches Plauscherl. Die Beschaulichkeit hinter uns lassend, dem Ufer entlangschlängelnd, schnaufen wir vorwärts. Große Bäume lockern das Ufergebüsch auf. Eines Morgens, zeitlich sehr früh beim GK 11, versperrte ein querliegender Baum unser Gleis. Da schon am Vortag das Wetter umgeschlagen hatte, waren wir bestens für jene Situation ausgerüstet. Sofort nach dem Stillstand kamen mit vereinten Kräften die Holzwerkzeuge zum Einsatz. Während wir begannen, mit der Zugsäge den Stamm in handliche Stücke zu zerschneiden, kam auch schon der „lange" Edi zu Hilfe. Im Heraneilen entledigte sich der Zugschaffner der umgehängten Schaffnertasche und entfernte in Windeseile mit der Hacke die noch störenden Äste. Wenn auch in der letzten Zeit so viel von Privilegien gesprochen wird, einen Akkordzuschlag dafür gibt es bei der Bahn noch heute nicht!

Von weitem sichtbar steht auf einem Hochplateau die zu einem Bußgang einladende Kirche von Obergrünburg, doch die Bahnstation zu ihren Füßen heißt **Unterhaus**, benannt nach einer alten Taverne. In Anspielung auf das englische Parlament sagen die Eisenbahner auch *„im Unterhaus"*. Nach jedem Anfahren wird der Heizer erneut gefordert. Das Terrain steigt wieder an und am Rand des großen Areals der Papierfabrik erreicht das erneut in Hitze gekommene Dampfroß die kleine Halte- und Ladestelle **Haunoldmühle**. Mehrere mit Altpapier beladene Wagen warten auf dem Ladegleis auf die Entladung, andere stehen bereit, um mit Kartonagen beladen zu werden. Ein älteres Ehepaar pflegt unentgeltlich und mit viel Liebe das massive, architektonisch für die Steyrtalbahn untypische Wartehäuschen mit „Kaffeemühlendach". Der Schornstein auf der Dachspitze ist notwendig, damit der Kohlenofen im Winter im Warteraum für eine behagliche Atmosphäre sorgt. Sie bepflanzen die Fensterkisterl und legen zierliche Blumenrabatte an. Die sich links und rechts ausbreitenden Wiesenstücke werden regelmäßig gemäht – und das alles, obwohl die Frau sichtlich nicht mehr gut auf den Beinen ist.

An einem verschneiten Tag in der Weihnachtszeit fuhr ich mit dem Zug fast lautlos in die Station ein. Nur das Rauschen des Bremsluftsaugers war vernehmbar. Ein gelblich warmer Schein erhellte die Einsamkeit und Stille der Nacht. Zarter Rauch entstieg dem Schornstein und die Holztür stand einladend offen. Den alten abgenutzten, rundum

Besetzt war die Haltestelle Haunoldmühle noch nie, gepflegt wird das reizende Ensemble mit der üppigen Grünanlage und den angrenzenden Wiesen dennoch von einem älteren Ehepaar.

Unten: Beim Steyrleithenhof scheint die Zeit stehengeblieben zu sein. Der Güterzug wendet sich von der Steyr weg und in die Pernzell hinein. *Fotos (1976): Margarete Mayr (Slg. Johann Leutgeb)*

mit Fußstützen versehenen Tisch zierte ein einfaches, weißes Linnen. Mittig darauf stand ein im Holzkreuz verkeiltes, mit Lametta geschmücktes Fichtenbäumchen. Der Schein der Wachskerzen war es, der Licht ins Dunkel brachte.

Mehr als die Hälfte der so sehr mit der Landschaft harmonierenden Strecke liegt hinter uns. Obwohl die Steyr jetzt nurmehr in zurückhaltender Distanz bleibt und die Au- und Flußlandschaft verläßt, wagt der Reisende kaum an eine Steigerung der landschaftlichen Reize zu denken. Aber erst jetzt wird einem die geniale Kunst der Streckenführung der einstigen Eisenbahnpioniere bewußt. Ein langes Flachstück kommt uns zum Beschleunigen zugute. Mit der Begleitmusik, den monotonen Takten der Schienenstöße, zwängt sich unsere qualmende Raupe zwischen einem dem Gleis nahestehenden Haus und dem rechts steil aufragenden Hang hindurch. Das Auspuffgeräusch wird wieder lauter hörbar. Die Steyrtal-Bundesstraße schneidet unseren Weg. Ein altes bäuerliches Anwesen zieht die Blicke auf sich. Am alten Steyrleithenhof scheint die Zeit glücklicherweise offensichtlich spurlos vorbeizueilen. Die Ursprünglichkeit ist bis heute erhalten geblieben. Die Altbäuerin und ihre fleißige Tochter pflegen wie eh und je den für sie lebenswichtigen Hof. Topographisch bedingt geht die Ernte meist händisch vonstatten, sie beginnt mit Sense, Rechen, Gabel und endet mit dem Heutuch. Nur gut, daß sich in der Nachbarschaft ein „Rechenmacher" befindet. Er fertigt die Erntegerätschaften,

Oben: Nein, dies ist keine Modellbahn! Beim Groißenbach fährt der Güterzug direkt an den Haustüren einiger Anwesen vorbei. Foto (Mai 1979): Burkhard Wollny (Eisenbahnstiftung)

Rechts: Die Kreuzung der Steyrtal-Bundesstraße in der Pernzell am 5.7.1963 mit der 298.102. Noch ist das Andreaskreuz quer angeordnet und wird um ein Pfeifauge ergänzt. Foto: Alfred Luft

sogar die Rechenzähne, noch aus Holz. Vor dem Anwesen, in einem blickgeschützt liegenden Einschnitt, streikt so manches Mal unsere sonst so klaglos arbeitende Dampflok. Komischerweise stets im Sommer unterwegs mit dem Unkrautvertilgungszug, manchmal auch im Winter bei der Schneeräumfahrt.

Die Gelegenheit nutzen wir gern zur Einkehr bei der freundlichen Fanni. Alle, der Hans, der Dietmar, der Koni, der Max, der Peter, der Leo, der Bahnmeister Hans, Bahnrichter Max sowie die beiden Kollegen aus St. Pölten sitzen rund um den Tisch in der gemütlichen Stube. Eine tief hängende Lampe spendet an dämmrigen Tagen ein wenig Licht. Kleine Fenster mit Eisengittern zieren den heimeligen Raum. Von meinem Platz aus blicke ich ständig zur in der Senke rastenden Lok. Wieder einmal wird mir bewußt, wie wichtig eine gewisse Streckenkenntnis doch ist! Das gesellige Beisammensein darf leider nur von kurzer Dauer sein. Verkostet werden natürlich Produkte aus eigener Erzeugung. Während der Krug einmal seine Runde zieht, wird selbstgebackenes Brot gereicht. Trotz all der guten Voraussetzungen bläst, oder besser gesagt pfeift unser lieber Pepi uns zur Abfahrt. Über einem Wiedersehen stand und steht ein jedes Mal ein großes Fragezeichen.

Sobald jeder seinen Platz im Zug wieder eingenommen und die anstehende Arbeit erledigt hat, geht's mit neuem Elan über die vor uns liegende Brücke. Es folgt eine langgezogene Steigung. Die Hauptstraße, die sich vorerst bis unter die Bahntrasse absenkt und für kurze Zeit auf Distanz geht, läuft bald wieder parallel zu uns. Oben am Scheitelpunkt des Fürnkranzes, der Steilrampe, wechselt sie wieder zu mir herüber. Mit mehreren Achtungspfiffen passieren wir die Kreuzung, die von Autofahrern aus der Gegenrichtung ziemlich schwer einsehbar ist. Es ist nicht nur eine Warnung an den Straßenverkehr, sondern auch für die Küchenmannschaft des Hauses Obergrünburg 177. In jenem längs zur Bahn stehenden Häusl wohnt nämlich der Schaffner, der heute dienstlich mit uns von der Partie ist. Er erwartet schon sehnsüchtig sein Mittagessen, überreicht wird es – meist von seiner lieben Mutter – beim Güterzug an einer Wegkreuzung in der Nähe seines Heims, und zwar entweder fliegend oder aber mit dem Bedarfsaufenthalt laut Buchfahrplan. Manchmal verlängert sich die Anheizzeit des Tischherdes, wenn der Lois am Vortag feuchtes Anzündholz in der Küche deponiert hat oder sich

Mit einer Hand am Dampfregler beobachtet der Lokführer beim Fürnkranz aufmerksam den Verkehr auf der sich nähernden Steyrtal-Bundesstraße, die er gleich kreuzen wird. Foto (27.4.1973): Werner Fritthum (TAÖ)

Unten: Tiefer Winter in Leonstein. Vor dem GK 81 schiebt die 298.25 zwei Wagen vor sich her, um sie in Molln direkt auf das Magazingleis zu stellen, ohne umsetzen zu müssen. Foto (Januar 1977): Hans Faust

über Nacht eine Hochdruckabflachung eingeschlichen hat. In solchen Ausnahmefällen wird die Menage im Bahnhof Leonstein nachgeliefert. An den schulfreien Tagen oblag dieser Service seinen beiden hübschen Töchtern. Ihre schwarzen Haare hatten sie zu dicken Zöpfen geflochten. Jetzt hoffe ich innig, daß mir mein Kollege diese „Entgleisungen“ nicht übelnimmt, war und ist er doch recht humorvoll. Er redete immer eine klare Sprache, nicht umsonst sagt man so schön: *„Wie eben der Schnabl gewachsen ist“*. Mit seiner fröhlichen, gar herzlichen Art hat er uns den oft grauen Dienstalltag immer wieder aufgelockert.

Zurück zum Fürnkranz, einer Schlüsselstelle jenes Streckenteils. Die Steigung ausgelastet zu überwinden, liegt großteils in der Geschicklichkeit und dem Können der Heizer. Sie sind wahre Meister ihres Faches. Die Steilstufe ist überwunden und mit Höchstdruck und idealem Wasserstand im Kessel ziehen wir unsere Bögen ins sich merklich weitende Tal. Ein schlichtes Holzkreuz, mit zwei Brettern als dürftiges Satteldach, ziert den Rand des Schotterbettes und lädt den Wanderer zur inneren Einkehr ein. Die duftenden Sommerwiesen präsentieren sich im schönsten farbigen Sommerkleid. Die verwaisten leeren Heumandln warten geduldig auf die Einbringung der Ernte. Auf meinem Holzklappsitz zurückgelehnt genieße ich die Beschaulichkeit. Nur bei schwer einsehbaren schienengleichen Übergängen greife ich zum Griff der Dampfpfeife.

Zum Bahnhof **Leonstein** leicht ansteigend, am stets mit Leben erfüllten Kinderheim vorbeiratternd, bremsen wir an den Bahnsteig heran. Die nächste große Steigung fordert uns. Nach dem Schließen der Feuertür steigt unter lautem Getöse schwarzer Rauch in den klaren Himmel. Eine Kinderschwester vom Heim ist mit ihren Schützlingen unterwegs hinauf zur Mollner Höhe. Die vorerst noch geschlossene Gruppe zieht sich auseinander. Vereinzelt laufen sie voraus, um am Bankerl hoch oben bei der großen Linde einen Sitzplatz zu ergattern. Hohe Fichten stehen für uns links Spalier. Der Scheitelpunkt ist geschafft, das breite Mollner Becken gibt den Blick ins Gebirge frei. Schon von weitem erblicken wir die zwei

schräg aufwärts zeigenden Arme des einzigen Einfahrsignals unserer Tour. Der Regler ist geschlossen. Der Weichensteller Franz bewacht den Übergang in zackiger Haltung und mit stets frisch gewaschener roter Signalfahne. Seine stolze Jägerbrust steht quer zum Straßenverkehr, so verschafft er sich mit ausgebreiteten Armen den nötigen Respekt. An ihm vorbei rollen wir in den großen Bahnhof **Molln** ein.

Hermann Haslinger – seines Zeichens Vorstand, Fahrdienstleiter und Weidmann in Personalunion – heißt uns willkommen. Eins, zwei, drei..., schon wieder ein Jäger, jetzt muß nur noch der Bernhard mit einer zweiten Lok eintreffen, dann kommt es zur Treibjagd. Molln ist einer der einträglichsten Bahnhöfe der Strecke, sowohl vom Stückgut als auch von der Fracht her. Es wird fleißig verschoben. Auf der letzten noch verbliebenen Gleiswaage der Steyrtalbahn werden die Wagen mitsamt ihrer Fracht exakt verwogen. Die Anschlußgleise der Bundesforste, der Kirchdorfer Lagerhausgenossenschaft sowie der Holzwerke werden bedient. Österreichs größte Sportschuhfabrik und die weltweit bekannte Maultrommelfabrikation zählen zu unseren besten Kunden. Oft kann die anfallende Fracht mit einer einzigen Auffahrt Molln – Klaus gar nicht mehr abtransportiert werden. Entweder muß ein zweites Mal gefahren werden oder es ist eine Vorspannlok vonnöten. Zum Befördern der in Hochöfen verwendeten Kalksteine pendelte in den 60er Jahren ständig zwischen Molln und Klaus vor den „Steinzügen" – wie sagten „Stoanazüge" – eine eigene Lok. Einige Zeit waren es die bulligen Maschinen der Reihe Uh. Während des Verschubs kamen die Fotoapparate kaum zur Ruhe.

Nach getaner Arbeit hält die Lok unterwegs zum Schuppen wie von selbst gegenüber vom Dienstwagen. Der Lois holt sich sein warmgestelltes Essen. Während des Labens unseres Eisenrosses – der Jäger Franz würde im Fachjargon „Äsen" sagen – stärkte sich auch die Lokmannschaft. Der nette Weichensteller Franz plaudert mit uns über allerlei Dinge, so auch über sein geliebtes Jagdrevier droben in der Blumau. Er, ebenso wie Hermann, ist nicht nur ein passionierter Jäger, sondern

Der obligatorische Gruß an Fanni, der Nachbarin in der Steyrleithen, die gern mal das Zugpersonal zur Jause einlädt. Foto (1974): Heinz Moschner

Unten: Dienstgespräch im Bahnhof Molln – v.l.n.r. der Fahrdienstleiter, dann Ferdinand Rammersdorfer, Hans Hartmann sowie Bert Leeb. Foto (Juni 1976): Karsten Risch (Bildarchiv Eisenbahnstiftung)

Lokführer Erich Gschnaidtner legt selbst Hand an, um seine Lok 298.56 für den Verschubgüterzug 76858 Klaus – Garsten zu bekohlen, wobei der rückwärtige Kohlenkasten nicht mehr befüllt wird. Planmäßig hat der Zug in Molln einen Aufenthalt von 15.38 bis 17.01 Uhr.

Unten: Lokführer Moschner ist soeben mit dem Zug 3671 (an 16.23 Uhr) aus Garsten gekommen, jetzt eilt er zum Bahnhofsvorstand Hermann Haslinger, um sich vorsorglich den Schlüssel des Übernachtungszimmers oben im Heizhaus zu holen. Der Bahnhofsbedienstete Rudolf Strasser versorgt derweil die Lok 298.56, während die grüne 298.51 heute für den Güterzugdienst eingeteilt ist. Fotos (Juli 1976): Hans Faust

Diesmal nicht wie üblich mit einem Güterzug, sondern auf einer *„Maifahrt“* der SPÖ überquert die 699.103 den Plangrabenviadukt, der von den Fotografen gegenüber dem Steyrdurchbruchviadukt eher stiefmütterlich beachtet wurde. Foto (30.4.1978): Hans-Karl Kunhäuser

mehr ein aufrichtiger Heger. Am meisten lauschten wir Jungs den Schilderungen aus seiner Kriegszeit. Hier im Heizhaus ist des Nachts die Lok des Abendzuges GK 37 untergebracht. Nach dem Wenden des Zuges und dem Nachfüllen von Kohle und Wasser wird der Kessel beinahe vollgespeist. Unter Fachleuten heißt es: *„Kaltmachen des Kessels“*. Danach weist er nur noch einen Druck von 2 bis 3 atü auf. Jeder Feuermann bedient sich seiner eigenen, mit der Zeit bewährten Technik. Keiner läßt sich in die Karten blicken. Der eine sammelt schon tagsüber die größten Kohlenstücke zusammen, ein anderer wiederum hebt sich nur den stets am Grund des Kohlentenders angehäuften Kohlenstaub zum Anheizen auf, ein dritter deckt über Nacht den Schornstein mit einem Blech ab und läßt nur ein kleines Loch frei. Jeder baut und verläßt sich auf sein eigenes Rezept, aber jeder ist ein Spezialist in seinem Metier.

Mannschaft und Zugpferd gestärkt, nehmen wir den letzten Abschnitt ins Hochgebirge in Angriff. Jedes Streckenstück hat seine Schönheit, seine eigenen Reize. Über die Ausfahrweiche geht die Reise geradewegs durch ein kleines Waldstück. Rechts tauchen die ersten Häuser auf und wir passieren einen schwarz/weiß gestreiften Pflock, das Kennzeichen *„Schaltstelle für zuggesteuerte Schranken- oder Blinklichtanlagen.“* Während alle übrigen Eisenbahnkreuzungen (EK) für die Lokmannschaft per rot/weiß gestreiften Pfeifpflöcken gekennzeichnet sind, wird die EK vor der Haltestelle Agonitz mit einer Halbschrankenanlage mit Blinklicht und Läutewerk gesichert. Beim Annähern an die Kreuzung warten wir ganz gespannt auf das ordnungsgemäße Schließen des Schrankens. Gleich daneben befindet sich dem Jager Franz sein Sacherl.

Das relative neue hölzerne Wartehäuschen des Haltestelle **Agonitz** steht in der nächsten Steigung. Zur rechten Seite rücken die Berghänge bedrohlich heran und verstärken die Akustik der Auspuffschläge. Tief unterhalb von Bahn und Straße schlängelt sich die Steyr zwischen schroffen

Unten: Erst wenige Jahre alt und kaum frequentiert – der neue Unterstand der Haltestelle Agonitz. Sein großer Abstand zum Streckengleis deutet darauf hin, daß das dazwischen liegende Ladegleis noch nicht lange verschwunden ist. Foto (1969): Ralf Schmidt (Slg. Ludger Kenning)

Der in Molln stationierte Motorbahnwagen X 614.915 einsam unterwegs zwischen der Agonitz und dem Steyrdurchbruch. Zum Einsatz kam er nicht nur bei der Streckenkontrolle, der Pflege des Bahnkörpers und des seitlichen Bewuchses oder bei etwaigen Betriebsstörungen, sondern er fuhr bei trockener Witterung in der Regel hinter den Dampfzügen her, um bei Böschungsbränden rasch zur Stelle sein zu können.
Rechts: Im S-Bogen oberhalb vom Steyrdurchbruch steht die Sonne schon tief, als die 298.56 – nunmehr allein – mit der zweiten Hälfte des an diesem aufkommensstarken Tag in Molln geteilten Güterzuges 76859 aufwärts in Richtung Klaus strebt. Fotos (22.2.1980): Hans-Karl Kunhäuser

Felsen hindurch. Eine Felswand zwingt uns zu einem scharfen Rechtsknick und so zu einer erheblichen Verminderung der Geschwindigkeit. Schade, gerade jetzt vor dem steilsten Abschnitt brauchen wir dringend eine lange Anlaufphase. Eine weitere Erschwernis bilden die folgenden Kontrabögen, bis über die Höhe des Temlauergutes hinweg. Nach dem Finstergrabenviadukt, der den Hangeinschnitt im nächsten Linksbogen überbrückt, steht die hölzerne Unterkunftshütte der Gleisbauarbeiter. Ein hohes Rohr mit abgesetztem Blechkegel ziert ihr Kleinod. Dort verbringen sie nicht nur ihre Jausenzeit, wenn die Hitze am Gleiskörper zu flimmern beginnt oder sie bei klirrender Kälte die Nähe eines wärmenden Ofens suchen, sondern auch bei starken Regengüssen finden sie dort Unterschlupf. Auf Höhe der Hütte kollert im Winter so manches Stück „Schwarzes Gold“ von der Lok hinunter. Die Oberbauarbeiter sind nämlich jene, stets im Hintergrund stehenden, recht bescheidenen Männer, die ich hier bewußt hervorheben möchte. Nur durch ihre gewissenhafte Arbeit – und das bei jeglicher Witterung – werden die Sicherheit und der pünktliche und zuverlässige Ablauf des Bahnbetriebs gewährleistet.

Es war einmal an einem Herbsttag, nämlich eben in diesem steilen Abschnitt gleich nach dem Plangrabenviadukt. Wieder beim Beschleunigen mit voll geöffnetem Regler bemerkte ich mehrere Schafe zwischen den Schienen vor mir herlaufend. Links und rechts steigen die Hänge empor oder es geht steil bergab. Auch die geöffneten Zylinderhähne hätten nichts an der Situation geändert. Trotzdem warnte ich wie gewohnt mit der Lokpfeife und zog den Regler stark bei. In der Steigung verloren wir sofort an Geschwindigkeit und plötzlich rief mir der Karl zu: *„Paß auf, knapp hinter den Tieren, also direkt vor der Lok, läuft ja die Bäuerin!“* Ich hatte sie vorher im toten Winkel nicht erspähen können. Von nun an waren nicht nur die Tiere, sondern obendrein auch noch die Frau in Gefahr.

Vor allem mit Bedacht auf die hinterdrein laufende Hirtin verminderte ich das Tempo deutlich, um sie nicht zu gefährden, andererseits wollte ich vermeiden, daß der Zug trotzdem nicht ganz zum Stillstand kommt. Die Frau bewegte sich eher stolpernd als laufend auf dem Schotter. Zig Meter weiter vorn lag der rettende Überweg. Die Sicherheitsventile begannen infolge des zu wenig genutzten Dampfes zischend abzublasen. Und mit dem Öffnen der Zylinderhähne animierte ich die Herde, bitte endlich mein Gleis zu verlassen. Sie schlug dann den Feldweg zum Temlauerhof ein. Merklich geschwächt und mit schwingenden Armen rettete sich die Hirtin auf den Feldweg, mit einem dankenden Lächeln auf den Lippen. Die linke Hand an der Herzgegend und mit der Rechten nachwirkend, wankte sie weiter und wir setzten unsere Fahrt erleichtert fort.

Die Steigung verlassen wir heute einmal im Kriechtempo, dann durchqueren wir die Wiesen beim Dietlgut. Der rauchende Kohlenmeiler nahe der Station deutet auf den nächsten Halt hin. Eine kleine Kapelle steht in der Wiese an einem Schotterweg. Mit ihrer Vorderseite schaut sie durch eine Obstbaumreihe auf ihren vermutlichen, im Gutshof wohnenden Erbauer. Am 12. Oktober 1975, zur 85-Jahr-Feier der Steyrtalbahn, gab es auch an der Haltestelle Steyrdurchbruch „großen Bahnhof“. Eine Musikkapelle stand parat, als der proppenvolle Festzug mit 298.51 und 25 bei prächtigem Herbstwetter eintraf. Schaffner und Zugbegleiter trugen traditionelle Uniform, die Lokführer derweil Frack und Zylinder. Kulinarisch war im Speisewagen vorgesorgt worden. Die Krapfenbäuerin von nebenan bot ihre ortsübliche Mehlspeise feil, während der wanderfreudige Fahrgast oder Naturliebhaber vom Viadukt aus den imposanten Blick tief hinab in den Steyrdurchbruch genießen konnte. Hier wird die Steyr an ihrer engsten Stelle von zwei Felswänden arg in die Zange genommen. Die Jubiläumsfahrt ist vielen Teilnehmern in bester Erinnerung geblieben.

Unten im Tal lassen wir den Blick weiter gleiten und bestaunen das mit der Natur so wunderbar harmonierende Kraftwerk. Die Bäume am Ufer spiegeln sich in allen Grünnuancen in der kristallklaren Steyr. Die Maschine kämpft sich indessen die nächste Steigung hoch und hie und da erspäht man das Blau einer Enzianblüte. Unzählige Züge fuhr ich dieses wohl schönste Stück bergwärts, doch bei einer bestimmten Stelle erlebte des Herzens Freude ihren Höhepunkt. Im zweiten Rechtsbogen nach der Steigung war es soweit: Von lichtdurchfluteten Blättern eingerahmt, präsentierte sich das auf der Anhöhe thronende Kirchlein von Frauenstein. Dahinter erhebt sich mächtig und schützend das Gebirgsmassiv des Großen und Kleinen Priels. Eine wahre Augenweide, ein beseelender Anblick!

Unser gutes altes Dampfroß darf sich ein wenig entspannen und rollt – nun leiser hustend – auf die letzte Haltestelle zu. Der Heizer kann rückblickend die Kirche betrachten und dieses oder jenes Dankgebet sprechen, Nöte, Ängste oder Wünsche dem lieben Gott kundtun. Auf dem freien Platz beim Haltestellenhüttl Frauenstein liegt kreuz und quer ein Haufen meterlanger Holzscheite. Auf dem verwaisten Schneidbock hängt eine alte Holzbogensäge. Inmitten von bereits zerkleinerten Stücken steht der Hackstock. Griffbereit steckt die Axt in der Kreisfläche. Die Leute, die hier für Vorrat sorgen, kommen aus ihrem Haus. Der Ferdinand Grünauer, ein Zugschaffner unserer Bahn, und seine Frau kehren gerade zu ihrem Freiluftarbeitsplatz zurück.

Wir nehmen die letzten Kilometer in Angriff. Im langen Rechtsschwenk, dicht an die Straße geschmiegt, fällt rückwärts noch einmal der Blick auf den gotischen Turm von Frauenstein, der sich im aufsteigenden Auspuffdampf immer mehr verliert. Nochmals kreuzen Schiene und Straße, bevor die Lok über die lange Rampe dem Ziel entgegeneilt. Vor der letzten Bogenkombination erhält der Zylinder gut 10 % mehr Füllung. Analog gebe ich infolge des fallenden Kesseldrucks dem kleinen Luftsauger etwas mehr Dampf. Die Trapeztafel kündet die Einfahrt in den Bahnhof Klaus an, während sich die Pyhrnbahn von Linz her zur Begrüßung ihrer kleinen Schwester ganz dicht nähert. An den Umladegleisen, der Bekohlung und dem Wasserkran mit seinem runden Betonsammelbecken geht es vorbei. Bei geschlossenem Regler rollen wir vor bis zu einer den überdachten Perron nach Norden abschließenden Glasfront, die durch schmale Holzsprossen in viele kleine Felder gegliedert ist.

Ihr literarischer Lokführer, dem Sie auf der Schmalspurbahn von gut 40 km Länge Ihr Vertrauen geschenkt haben, zieht jetzt seine weiße Kappe, um seinen Kollegen, den Reisenden, den Anrainern der Bahn, den Bewohnern des Steyrtals sowie den vielen Eisenbahnfreunden seine Reverenz zu erweisen!

Moschner Heinz

Rechts oben: Bevor der Winter hereinbricht und es für den Schneeräumdienst ernst wird, wird der Klima-Pflug noch auf „Herz und Nieren" getestet, hier oberhalb vom Steyrdurchbruch.
Foto (November 1976): Heinz Moschner

Rechts: Ohne Rauch, also ohne daß der Heizer noch einmal nachgefeuert hat, eilt der Güterzug in der Brandstatt beim Gütlbauern auf der früheren Kremstalbahntrasse seinem Ziel entgegen. Sogleich wird er diese Trasse verlassen und nach einem S-Bogen und einem letzten Anstieg den Endbahnhof Klaus erreichen.
Foto (Juli 1972): Ralf Schmidt (Slg. Ludger Kenning)

Oben: Lokführer Erich Gschnaidtner und Heizer Alois Mitterschiffthaler holen die Flugasche aus der Rauchkammer und reinigen den Aschkasten der 298.104. Fotos (April 1971): Sammlung Walter Rathmayr

Durch einen kleinen Spalt im Gewitterhimmel wird die Zugspitze des gut ausgelasteten GK 81 eindrucksvoll ausgeleuchtet. Foto. Slg. Heinz Moschner

Nach der Ankunft mit einem doppelt bespannten Sonderzug haben sich die Lokpersonale an diesem heißen Tag eine Abkühlung verdient. Der 2. Kollege v.l. wollte unter dem Wasserkran eine Ballonflasche mit Most kühlen, aber der Wasserdruck riß ihm die Flasche aus der Hand, der Süßmost floß dahin und für Spaß war gesorgt. Foto (24.6.1979): Hans-Karl Kunhäuser

Der Herr Lehrer vom Traunsee

Richard Stürmer, einst Lehrer in Gmunden und zudem leidenschaftlicher Steyrtalbahnfan, besuchte eines Tages mit seiner Klasse auf einem Schulausflug unsere Bahn. Von der Burg Alt Pernstein her trafen sie rechtzeitig zum Verschub im Bahnhof Klaus ein. Während die kleine Lok mal von hier nach dort und mal von dort nach da über das Gleisfeld fegte, verfolgten die Burschen und Mädchen staunend, wie die Bewegungsabläufe mit der Signalfahne und -pfeife eingeleitet und vollzogen wurden. Manchmal wurden die Wagen gezogen, dann wieder geschoben oder sie rollten nach dem Abstoßen je nach Bestimmung über die Weichen auf das jeweilige Gleis. Sei es an der schmucken Glaswand am Perron vorbei ins Stumpfgleis zum Gütermagazin, auf Gleis 3 oder 5, vielleicht auch punktgenau zum Umladekran, etwa ganz hinunter ins Stumpfgleis zur Umladestelle für Holzmehl und Getreide – oder manchmal, wenn der Bahnhof mit Wagen vollgestopft war, hinunter auf das freie Streckengleis.

Wenn gleichzeitig nebenan auf der Pyhrnbahn verschoben wurde, war Vorsicht geboten, um nicht die Pfeifsignale der Hauptbahn irrtümlich auf unsere Verschubbewegungen zu beziehen. Manchmal fuhren die kecke 298er und die große urige 52er nebeneinander her und lieferten einander Duelle. Die Kinder lauschten gespannt der Szenerie und – wie von magischer Kraft geführt – folgten ihre Köpfe im Gleichklang den Richtungsänderungen der Lok. Sobald der umfangreiche Verschub beendet war, durften auf dem Dampfroß einige Neugierige bis zu unserem Ausrüsteplatz mitfahren. Er befand sich nahe der Einfahrweiche. Zuerst absolvierte der Herr Lehrer mit seinen Schützlingen einen Rundgang um die Dampflok und erläuterte ihnen Aufbau und Funktion. Währenddessen verrichteten wir an der Lok die Abschluß- oder Vorbereitungsarbeiten. Der Heizer reinigte das Feuer, schmierte Stangen- und Achslager nach Bedarf und entleerte den Aschkasten. Unter großem Staunen blickten sie bei geöffneter Rauchkammertür ins Innere des vorderen Kesselschusses. Das zischende Rauschen des Hilfsbläsers war unüberhörbar. Mit speziellem Werkzeug wurden die vom Saugzug der Auspuffschläge mitgerissenen Ruß- und Kohlenteilchen, die vom Funkensieb abprallten und sich während der Fahrt in der Rauchkammer ansammelten, herausgescharrt. Beim Fallen auf das schon eingeschwärzte Schotterbett zwischen den Gleisen bildete sich eine grauschwarze Wolke. Dann rückten wir mit der Lok zur Kohlenbühne vor, um Wasser und Kohle nachzufüllen. Der Deckel des Einfüllstutzens wurde geöffnet, der Rüssel hineingehängt und mit dem gußeisernen Handrad der Wasserschieber geöffnet. Während mein Kumpel mit dem an der Wasserstelle angebrachten Spritzschlauch die Lösche von der Pufferbrust wegschwemmte, schaufelte ich die glänzend schwarzen Steinkohlenbrocken in den Tenderkasten. Wenn die Wasserkästen gefüllt waren, brachte Karl den Arm des Wasserkrans wieder in Grundstellung, nämlich genau über dem runden gemauerten Bottich, der im Sommer meist schon am Vortag mit Wasser gefüllt wurde. Die Arbeit auf der Lok war schwer – und von Juni bis September extrem heiß. Ja, das wissen Karl und ich allzu gut.

Unser Herr Lehrer ging auf all die Fragen und Bitten der Schüler voll ein. Sogar ein Blick durch's Feuerloch in die heiße Feuerbüchse stand auf dem Programm. Die häufigste Frage jedoch lautete: *„Wo ist die Pfeife?"* Zum Abschluß fragte dann der Schulmeister, ob denn jemand Interesse hätte, die Dampfpfeife zu betätigen? Die Antwort darauf lasse ich mal im „Dampfraum" stehen. Möge die Begegnung mit dem Relikt einer einst zukunftweisenden Technik der Pinsdorfer Schulklasse noch recht lange in Erinnerung geblieben sein ... und dem Herrn Lehrer.

Gut 4 Std. hat die Fahrt mit dem Güterzug von Garsten hoch bis Klaus gedauert, und das bei annähernd 50° C im Führerhaus, die anstrengenden Verschub- und Ausrüstearbeiten sind erledigt, jetzt gönnen wir uns ein kühles Bad. Foto (17.8.1978): Richard Stürmer

Personen- und Dienstwagen auf der Steyrtalbahn

Personenwagen aus der Frühzeit der Steyrthalbahn AG

Personenwagen 2./3. Klasse (Hersteller jeweils k.k. priv. Wagenfabrik Johann Weitzer, Graz)

StB urspr.	Bau-jahr	BBÖ ab 1931	DRB ab 1938	nach 1945	ÖBB ab 1953	Bemerkungen
BCi 1	1889	C 570	Ci 500 Li	Ci 513	Ci 4760	umgebaut um 1894 in Ci 1, ab 1942 auf der Ybbstalbahn als Ci 513 Li mit 20 Sitzplätzen und 4,2 t Eigengewicht, ab 1956 als Bi 4760, ausgemustert 1959
BCi 2	1889	C 571	Ci 501 Li	Ci 501	Ci 4761	umgebaut 1894 in Ci 2 sowie im Januar 1954 in Werkstättenwagen 97300, ausgemustert 1986
BCi 3	1889	BC 270	BCi 300 Li	70011		ab etwa 1941/42 auf der Ybbstalbahn, umgebaut in Gerätewagen 70011 Li, ab frühestens August 1953 als Hilfszugwagen 97002, ausgemustert am 15.6.1971
BCi 4	1889	BC 271	Ci 515 Li	BCi 515	Ci 4764	umgebaut 1932 in C 585, ab 1956 als Bi/s 4764, Umbau 1957 in BDi 4794, ausgemustert 1959, dann an Internationale Rheinregulierungsges. für Personaltransport und Streckenbereisungen (C 9, grün)
BCi 5	1889	BC 272	BCi 301 Li			ausgemustert oder umstationiert etwa 1941/42
BCi 6	1889	BC 273	BCi 302 Li	BCi 308		ab 1942 auf der Ybbstalbahn als BCi 308 Li, umgebaut im Februar 1951 in Werkzeugwagen 97500, umgebaut 1953 in Unkrautvertilgungswagen 98800, ausgemustert 1958
BCi 7	1890	BC 274	BCi 303 Li	BCi 303		verkauft 1953 an Waldbahn Reichraming, dort als Ersatzteilspender zerlegt
BCi 8	1890	BC 275	BCi 304 Li	BCi 304	Ci 4765	ab 1956 als Bi 4765, umgebaut 1957 in Unkrautvertilgungswagen 98810, verkauft am 8.8.2001 an ÖGEG Steyrtal-Museumsbahn als X 98810, verschrottet per 12.10.2023
BCi 9	1891	BC 276	BCi 305 Li	70010	97005	umgebaut 1942 in Gerätewagen 70010 Li, nach 1945 als ÖBB 70010, ab August 1953 als Gerätewagen 97005, ausgemustert per 31.12.1984, verkauft an ÖGLB, zerlegt und bis 1989 in der ÖBB-Werkstätte Wörth weitgehend originalgetreu als BCi 9 rekonstruiert, ab 1998 in Kienberg-Gaming, vermietet von 2003 bis 2005 an Steyrtal-Museumsbahn
BCi 101	1891	BC 277	BCi 306 Li	BCi 306	Ci 4769	ab 1956 als Bi/s 4769, umgebaut 1957 in Unkrautvertilgungswagen 98813, verkauft am 8.8.2001 an ÖGEG Steyrtalbahn als X 98813, verschrottet per 12.10.2023
BCi 102	1891	S 4	S/s 1 Li	S/s 1	Ci 4770	umgebaut 1894 in Salonwagen 4, ab 1956 als Bi 4770, ausgemustert 1959, verkauft an Internationale Rheinregulierungsgesellschaft für Personaltransporte und Streckenbereisungen (C 10, rot)

Personenwagen /3. Klasse (Hersteller jeweils k.k. priv. Wagenfabrik Johann Weitzer, Graz)

StB urspr.	Bau-jahr	BBÖ ab 1931	DRB ab 1938	nach 1945	ÖBB ab 1953	Bemerkungen
Ci 10	1889	C 572	Ci 502 Li			verkauft 1953 an Waldbahn Reichraming, in eigener Werkstätte neu aufgebaut als Personenwagen Nr. 1 mit 4,3 t Eigengew., verkauft 1972 an Zillertalbahn (B 40) für Hobbyzüge, seit 2014 abgestellt
Ci 11	1889	C 573	Ci 503 Li	70012	97007	ab 1942 im Pinzgau, umgebaut in Gerätewagen 70012 Li, ab August 1953 mit Nr. 97007, ab ungefähr 1957 zurück in Garsten, um 1959 ausgemustert
Ci 12	1889	C 574	Ci 504 Li	Ci 523		ab 1942 im Pinzgau als Ci 574 Li, zurück 1944 nach Garsten als Ci 523 Li, umgebaut 1957 zum Unkrautvertilgungswagen 98814, verkauft am 8.8.2001 an ÖGEG Steyrtalbahn (X 98814)
Ci 13	1889	C 575	Ci 505 Li	Ci 505	Ci 4762	umgeb. Jan. 1954 in Werkstättenwagen 97301 der Brückenmeisterei Wien West, ausgemustert 1986
Ci 14	1889	C 576	Ci 506 Li	Ci 506	Ci 4763	ab August 1954 mit Neuaufbau als Wohnwagen 97700 für die Ybbstalbahn (Bahnmeisterei Lunz am See), ausgemustert 1994 und verkauft an ÖGLB Kienberg-Gaming, ab 1998 als Souvenir-Shop
Ci 15	1889	C 577	Ci 507 Li	Ci 524		ab 1941/42 im Pinzgau als Ci 577 Li, ab 1944 wieder Garsten (Ci 524 Li), umgeb. 1957 in Unkrautvertilgungswagen 98815, verk. am 8.8.2001 an ÖGEG (als X 98815), verschrottet per 12.10.2023
Ci 16	1890	C 578	Ci 508 Li			verkauft 1953 an Waldbahn Reichraming, in eigener Werkstätte neu aufgebaut als Personenwagen Nr. 2 mit 4,3 t Eigengew., verkauft 1972 an Zillertalbahn (B 41) für Hobbyzüge, seit 2014 abgestellt
Ci 17	1890	C 579	Ci 509 Li	Ci 509	Ci 4766	ab 1956 mit Nr. Bi 4766, ausgemustert um 1959
Ci 18	1890	C 580	Ci 510 Li	Ci 510		umgebaut im August 1951 in Gerätewagen 97004 der Zfst Garsten, ausgemustert 1964
Ci 19	1890	C 581	Ci 511 Li	Ci 511	Ci 4767	ab 1956 mit Nr. Bi 4767, Umbau 1957 in Unkrautvertilgungswagen 98811, ab 1986 mit Nr. 98811-8, verkauft 15.3.1995 an ÖGEG Steyrtalbahn (als Wasserwagen/s 8811), verschrottet per 12.10.2023
Ci 20	1891	C 582	Ci 512 Li			ausgemustert oder umstationiert 1941
Ci 21	1891	C 583	Ci 513 Li			ausgemustert oder umstationiert 1941
Ci 22	1891	C 584	Ci 514 Li	Ci 514	Ci 4768	ab 1956 mit Nr. Bi 4768, Umbau 1957 in Unkrautvertilgungswagen 98812, ab 1986 mit Nr. 98812-6, verkauft am 8.8.2001 an ÖGEG Steyrtal-Museumsbahn (als X 98812)

Personenwagen 3. Klasse mit Postabteil (Hersteller jeweils k.k. priv. Wagenfabrik Johann Weitzer, Graz)

StB urspr.	Bau-jahr	BBÖ ab 1931	DRB ab 1938	nach 1945	ÖBB ab 1953	Bemerkungen
CF 201	1892	F 970	Post 2000 Li	Post/s 2000	F 8460	vor 1931 umgebaut in Postwagen F 201, ausgemustert Mai 1968, verkauft 1969 an Zillertalbahn, Inbetriebnahme 1974 als Gerätewagen 801, am 23.8.2018 an ÖGEG Steyrtalbahn (F 8460)
CF 202	1892	F 971	Post 2001 Li	Post 2001	F 8461	vor 1931 umgebaut in Postwagen F 202, ausgemustert Mai 1968, evtl. 1969 an Zillertalbahn (fraglich)
CF 203	1892	CF 795	CPost 1000 Li	CPost 1000	Pwh 6496	umgebaut im September 1960 in der Hw St. Pölten in Werkstättenwagen 97303 für St. Pölten Alpenbahnhof, Wagenkasten am 11.8.1987 an ÖGEG Steyrtalbahn, verschrottet per 12.9.2020

Der Bi/s 4766 mit neuem ÖBB-Signet und neuer Nummer in Garsten. Als einer der wenigen Alt-Steyrtaler hat er seine Handspindelbremse behalten. Bremssohlen haben die Räder nur einseitig. Außerdem verfügt er jetzt über die Ausrüstungen für die Saugluftbremse. Foto (8.8.1956): Alfred Luft

Neuland beschritt die k.k. priv. Wagenfabrik Johann Weitzer in Graz beim Bau der Wagen für die Steyrthalbahn AG, zugleich die ersten Personenwagen mit 760 mm Spurweite Österreichs überhaupt. Hatten die Mitte des 19. Jahrhunderts für die Pferdebahn Gmunden – Linz – Budweis erbauten Wagen mit 1.106 mm Spurweite eher einer Postkutsche geähnelt, so konstruierte Weitzer – nach sächsischem Vorbild – solide, dem rauen Betrieb bogen- und steigungsreicher Schmalspurbahnen angemessene Wagen. Markant war das Pagodendach mit elegant geschwungenem Querschnitt. Um den Achsstand möglichst groß wählen zu können, entschied sich Weitzer für das schon zuvor bei Normalspurwagen praktizierte Lenkgestell, seinerzeit auch „Truckgestell" genannt. Über die *„sächsischen Lenkachsen"*, so Weitzer, schrieben Ledig und Ulbricht in ihrem Standardwerk *„Die schmalspurigen Staatseisenbahnen im Königreiche Sachsen"* aus dem Jahr 1895:

„Entsprechend den starken Bögen sind die Wagen zum Abmindern des Zugwiderstandes und zum Ermöglichen größerer Radstände mit freien Lenkachsen in der Bauweise der sächsischen Maschinen-Hauptverwaltung ausgerüstet. Die Achsen lagern einzeln in einem leichten Drehgestell. Die Achsbüchsen gleiten in den Gabeln des Drehgestells und sind mit den Bunden der mit Gehängen am Langträger befestigten (Anm.: achtlagigen) *Federn durch in sie greifende Zapfen verbunden. Sie bleiben bei radialer Einstellung der Achse zu ihr in richtiger Stellung, verdrehen sich aber gegen die Federn und verschieben sie in Längsrichtung. Beim Verschieben gelangen die Federgehänge in eine ungleiche Schräglage, die das hierauf ruhende Gewicht auszugleichen sucht. Folglich wird die Rückstellung der Feder und so auch der Achse in ihre Mittellage bewirkt, sobald der Wagen in das gerade Gleis kommt."* In Sachsen wandte man bei gebremsten Wagen zumeist die gekuppelten und bei ungebremsten die freien Lenkachsen an, auch Johann Weitzer handhabte es bei den Steyrtalbahn-Personenwagen so.

Anfänglich besaßen die Wagen jeweils eine Handspindelbremse, die von der Plattform aus bedient wurde und einseitig auf die Achsen wirkte, um die Wagen auch unabhängig von der Schmid'schen Schrauben- bzw. Seilzugbremse arretieren zu können. Beim Übergang an die BBÖ im Jahr 1931 hatten aber nur noch sechs BC- und vier C-Wagen eine solche Handbremse. Als Radsatz wählte man geschmiedete Speichenräder mit 55 cm Durchmesser und aufgelegten Radreifen sowie Achsen aus Flußstahl (bei Revisionen montierte man später zum Teil auch stählerne Scheibenräder). Ein Radsatz mit Speichen- ergab gegenüber einem mit Scheibenrädern immerhin eine Gewichtsersparnis von jeweils 30 kg. Der anfangs genietete, später teils verschweißte Rahmen bestand komplett aus Eisen, wobei der umlaufende Hauptrahmen sowie die Quertraversen im Abstand von 1,25 m jeweils aus U-Eisen 160/65/8 mm gefertigt waren. Für das Wagenkastengerippe verwendete man generell Eiche, für innere Verschalungen zumeist Fichte und als Fußbodendielen Kiefer. Außen waren die Wagen mit Blech verkleidet.

Geht aus den Konstruktionszeichnungen aus dem Jahr 1889 noch eine äußere Wagenkastenbreite von 1,80 m hervor, so wurden die Personen- und Dienstwagen schließlich mit einer maximalen Breite von 1,90 m ausgeliefert (im Vergleich dazu besaßen die ersten, 1891 gelieferten Wagen der SKGLB schon eine Breite von 2,10 m, drei Jahre später dann sogar 2,40 m). Sowohl in der 2. als auch in der 3. Klasse befanden sich Längsbänke mit Mittelgang, wobei der gehobene Komfort der 2. Klasse lediglich aus einem 15 cm hohen Polsterstreifen im oberen Rückenbereich sowie einer Gardine je Fenster bestand. Um den Fahrgästen einen optimalen Ausblick zu gewähren, erhielten die Personenwagen je Längsseite fünf Doppelfenster. Zwar beeinträchtigte dies die Gesamtstabilität des Wagens erheblich, doch zu einem Umbau wie bei den späteren Achtfensterwagen kam es nicht. Ebenso die stirnseitigen Drehtüren waren schon zur Bahneröffnung nicht mehr zeitgemäß.

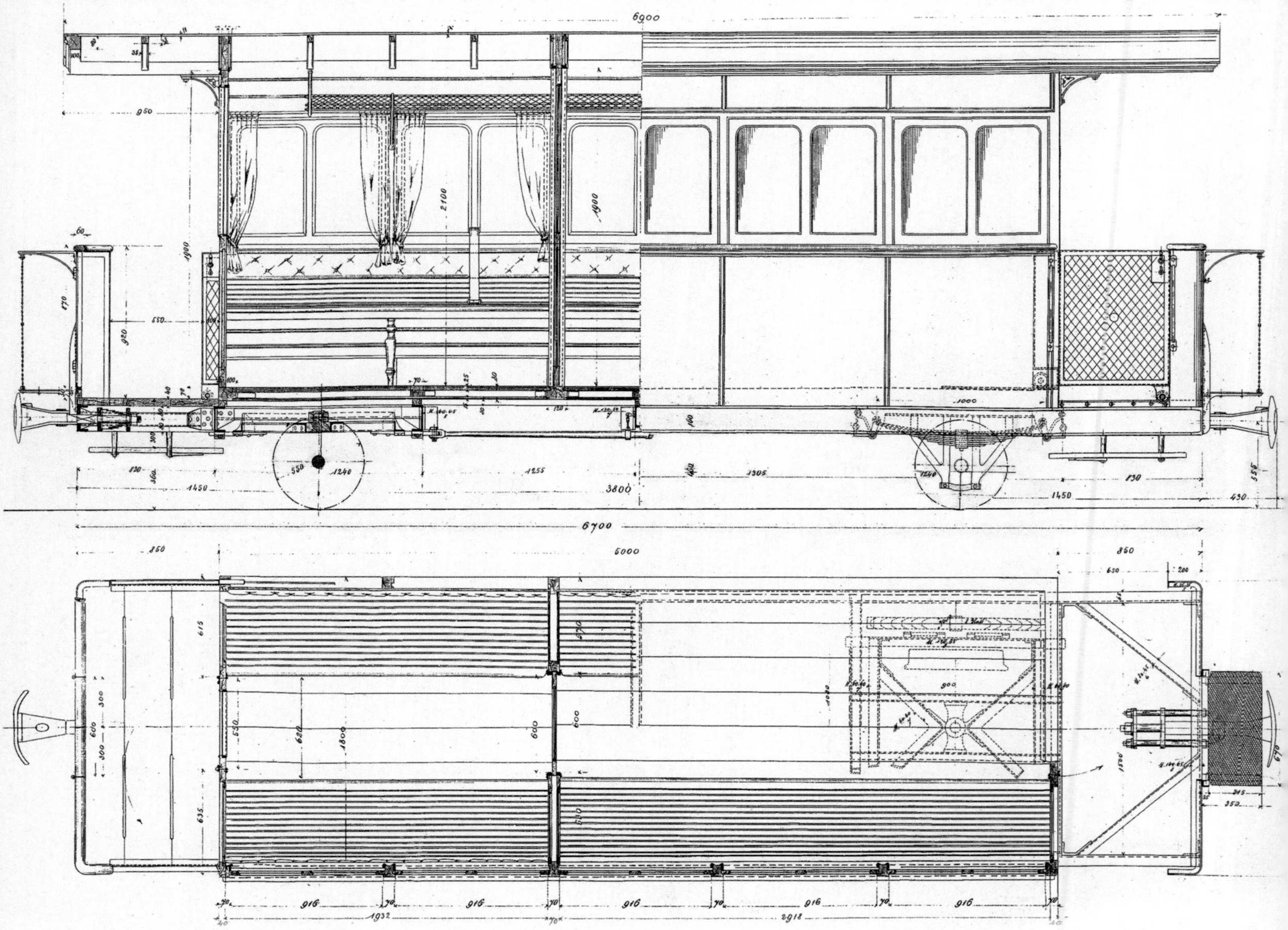

Insgesamt beschaffte die Steyrthalbahn AG in den Jahren 1889-91 neun BC-Wagen mit 8+12 Sitzplätzen, dreizehn C-Wagen mit 20 Sitzplätzen sowie zwei BC-Wagen, die zunächst als reine 2.-Klasse-Wagen bestellt worden waren, dann jedoch den Wagen 1-9 entsprachen (einer von ihnen wurde 1894 zum Salonwagen ausgestaltet). Das Leergewicht lag einheitlich bei 4,2 t, der Achsstand bei 3,80 m, die Gesamtlänge bei 7,38 m sowie die Gesamthöhe bei 2,84 m.

Konstruktionszeichnung der Wagenfabrik Weitzer vom April 1889: Noch ist die Wagenbreite mit 1,80 m vorgesehen, realisiert wurden schließlich 1,90 m. Im Grundriß ist gut das Gestell einer freien Lenkachse zu sehen. Interessant auch der spärliche Mehrkomfort der zweiten gegenüber der dritten Wagenklasse. Quelle: Österreichisches Staatsarchiv

Unten: Noch als Ci/s 4764 und beschriftet mit „B.B. Österreich" steht der frühere BCi 4 der Steyrthalbahn AG in Steyr Lokal. Auch er hat die Spindel behalten. Über dem Perron hängt neuerdings das Kabel für die elektrische Beleuchtung herab, vorbei ist die Zeit der Deckenlaternen, aus denen manchmal Öl auf die Fahrgäste tropfte. Die unterflurige Stange zeigt, daß die Lenkachsen mittlerweile gekuppelt sind. Foto (6.8.1954): Alfred Luft

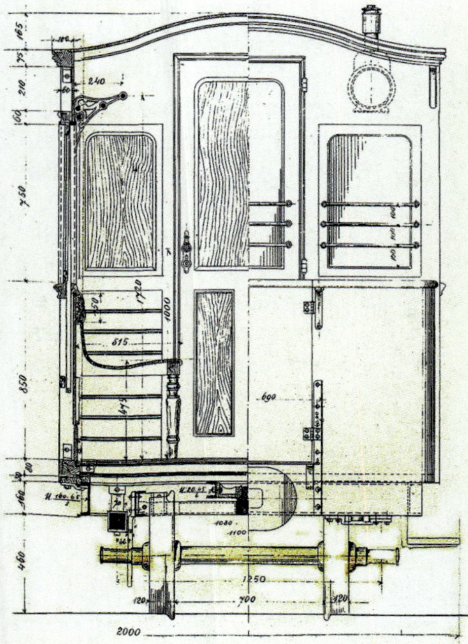

Rechts oben: Ihrer Zeit voraus waren die lichtdurchfluteten StB-Wagen mit ihren Außenblechen. Bei den „10 Fenstern je Längsseite“ handelte es sich tatsächlich um fünf Fenster jeweils mit Sprosse. Je zwei zusätzliche Fenster befanden sich zur Plattform hin rechts und links der Tür. An der Bühne sehen wir den Anschluß der Dampfheizung und das Handrad zum Nachspannen des unterflurig verlaufenden Hanf-Bremsseils.
Foto: Sammlung Friedrich Zellinger

Rechts: Der Bi 4770 war als 2.-Klässler bestellt und als BC geliefert worden. Drei Jahre später wurde er zum Salonwagen umgebaut. Heute steht er auf der Touristikbahn „Rheinschauen“ in Vorarlberg im Einsatz.
Foto (Juni 1958): Reinhard Todt (Sammlung Roland Feraric)

Unten: Nach Vorarlberg verschlug es auch den urspr. BCi 4, der 1957 noch zum Dienstwagen für den Güterzugdienst umgebaut wurde. Das Fenster am Arbeitsplatz des Zugbegleiters hatte man verschlossen.
Foto (Aschach, 5.8.1957): Alfred Luft

Gleich nachdem die DRB die meisten Pinzgauer Flachdachwagen nach Garsten umstationiert hatte, wurden die früheren BCi 1 und 3 um 1941/42 an die Ybbstalbahn weitergegeben. Den BCi 300 Li (ehem. BCi 3) fungierte man sogleich zum Gerätewagen 70011 Li um, hier steht er am 21.7.1953 in Waidhofen a.d. Ybbs. Noch bis Juni 1971 fungierte er auf der Ybbstalbahn als Hilfszugwagen 97002, danach wurde er verschrottet. Rechts schaut der Ci 513 (urspr. BCi 1) hervor, der spätere Ci/s bzw. Bi/s 4760, der bis etwa 1959 als Reserve vorgehalten wurde – einst der erste 760-mm-Personenwagen Österreichs!

Gleichfalls 1942 wurde der BCi 305 L (ehem. BCi 9) zum Gerätewagen umgebaut, nämlich zum 70010 Li, hier abgestellt in Garsten (5.8.1957). Auch bei ihm integrierte man eine der beiden Plattformen in den neuen, komplett blechverkleideten Wagenkasten. Bei der Einstellung der Steyrtalbahn 1982 war er noch vorhanden, er wurde an die ÖGLB verkauft und sodann zerlegt. Nach seinem Muster entstand in den Werken Wörth bis 1989 eine originalgetreue Rekonstruktion des BCi 9 für die Höllentalbahn Payerbach – Hirschwang der ÖGLB.

Nach dem gleichen Muster entstand während des 2. Weltkriegs für den Pinzgau der Gerätewagen 70012 Li. Wie der Wagen 70011 besaß auch er gleich zwei Bremsschläuche. Weiterhin mit der Aufschrift „Heimatbahnhof Zell am See“ kehrte er um 1957 nach Garsten zurück, hier aufgenommen am 5.8.1957. Manchen Quellen zufolge soll er 1986 noch die Nr. 97007-4 erhalten haben und erst 1987 ausgeschieden sein, einer Notiz in einem „Standesbuch“ zufolge wurde er allerdings bereits 1959 ausgemustert. Fotos: Alfred Luft

Der urspr. Wagen Ci 18 wurde nicht mehr ins ÖBB-Schema eingereiht, sondern im Sommer 1951 zum Gerätewagen umgebaut, wobei er jedoch keine großen Veränderungen erfuhr. Anstelle der Kabelverbindungen unter dem Dach erhielten die alten StB-Wagen in den 50er Jahren Steckdosen an den Perronbühnen. Gelegentlich diente der Wagen 97004 auch als Dienstwagen im Güterverkehr. Foto (Klaus, 18.8.1961): Peter Schmied

Unten: Der BCi 9 (rechts), der ab 1942 als Gerätewagen gedient hatte, wurde für die Höllentalbahn der ÖGLB originalgetreu rekonstruiert. Auf dem Jubiläum „100 Jahre Schmalspur in Österreich" im Jahr 1989 hatte er seinen ersten großen Auftritt, hier bei Obergrafendorf Richtung Wieselburg. Neben der ebenso in jenem Jahr wieder in Betrieb genommenen Lok 4 „Molln" besaß die ÖGLB damit drei Wagen im Äußeren wie zu Zeiten der Steyrthalbahn AG, nämlich den Personenwagen BCi 9, den Dienstwagen D 33 (ÖBB D/s 6463, vgl. Seite 285) und den gedeckten Güterwagen Gc 250 (ÖBB Gw 10067). Von 2003 bis 2005 war der BCi 9 auch wieder auf der Steyrtalbahn zu erleben. Foto (15.8.1989): Thomas Anton

Gleich nach dem Zugang etlicher Flachdachwagen aus dem Pinzgau wurde der ursprüngliche BCi 6 (bzw. BCi 302 Li der DRB) zusammen mit den BCi 1 und 3 sowie einem weiteren BC von Garsten nach Waidhofen/Ybbs umbeheimatet. Im Gegensatz zu den anderen drei besaß er noch sein 2.-Klasse-Abteil, trotzdem wurde er im Februar 1951 zunächst zum Werkzeugwagen und zwei Jahre später in der Hw St. Pölten zum Unkrautvertilgungswagen mit 5,12 t Leergewicht umgebaut, indem man den Aufbau abbrach und auf das Fahrgestell einen Tank setzte. In dieser Form wurde er in Waidhofen nur noch fünf Jahre vorgehalten (und anschließend verschrottet), dann präsentierten die ÖBB in St. Pölten den neuen Unkrautvertilgungszug.
Foto (Waidhofen, 21.7.1953): Alfred Luft

1957/58 bauten die ÖBB in der Hw St. Pölten für ihre Schmalspurbahnen einen Unkrautvertilgungszug auf. Während der Spritzenwagen 98801 auf dem Fahrwerk eines Drehgestellgüterwagens beruhte, der einst für den Heeresfeldbahndienst gebaut worden war, verwendete man für die sechs Behälterwagen die Untergestelle früherer Steyrtal-Personenwagen und kürzte ihre Rahmen von 3,8 m auf nurmehr 1,50 bis 1,57 m Achsstand ein. Die jeweils 4,5 m³ fassenden Behälter waren mit einer Schlauchleitung untereinander und mit dem Spritzenwagen verbunden. Zugeteilt war der Zug der Streckenleitung St. Pölten mit Heimatbahnhof Obergrafendorf, zum Einsatz kam er auf allen 760-mm-Strecken der ÖBB.
Foto (Obergrafendorf, 1.9.1962): Peter Schmied

Mit dem Unkrautvertilgungszug kehrten folglich auch sechs einstige Steyrtalbahnwagen – bzw. ihre geschrumpften Fahrgestelle – mitunter in ihre alte Heimat zurück, hier aufgenommen in Molln hinter der 298.104. In den Jahren 1995 (1) bzw. 2001 (5) wurden sie letztlich an die Steyrtal-Museumsbahn verkauft, zwei von ihnen existieren noch heute.
Foto (29.5.1971): Alfred Moser

Für ihre Dienstbahn (Bauleitung Bregenz) entlang der Grenze zwischen Vorarlberg und der Schweiz erwarb die Internationale Rheinregulierungsgesellschaft (IRR) im Jahr 1959 von den ÖBB den einstigen Salonwagen 4 (zuletzt Bi 4770) und den 1957 zum BDi umgebauten (bei der IRR zum reinen Personenwagen rückgebauten) früheren Bi 4765 der Steyrtalbahn. Dienten die Wagen anfangs vor allem dem Personaltransport, so kamen sie bald auch gelegentlich bei Streckenbereisungen sowie im 1992 aufkommenden Touristikverkehr „Rheinschauen" zum Einsatz. Leider haben die „Kaiserwagen", die ältesten betriebsfähigen Schmalspurpersonenwagen Österreichs, durch die gestalterisch nicht sehr behutsame Neubedachung in den Jahren 2017/18 viel von ihrem nostalgischen Charme verloren.
Foto (1985): Slg. Ludger Kenning

Von der Schallau, der alten Reichraminger Lände an der Enns, durch das Pleißabachtal nach Brunnbach mit Stichstrecken in das Weißenbachtal und zum Bäckerlager führte einstmals die legendäre Waldbahn Reichraming. Nach dem 2. Weltkrieg wurde sie bis ins Hintergebirge verlängert, so daß sie nunmehr über 40,7 km Gleislänge, zahlreiche Tunnel und Brücken sowie Steigungen von bis zu 32 ‰ verfügte. Hierfür beschaffte die Forstverwaltung Reichraming der Österreichischen Bundesforste im Jahr 1953 drei alte Steyrtalbahnwagen. Während der BC 7 nur als Ersatzteilspender fungierte, erhielten die Ci 10 und 16 in der Waldbahnwerkstätte jeweils einen Neuaufbau und zudem überbreite Pufferteller, um ein Überpuffern auf der unebenen Gleislage zu vermeiden. Im beschränkt-öffentlichen Personenverkehr wurden von 1953 bis 1963 immerhin rund 200.000 Fahrgäste gezählt. Schrittweise endete in den Jahren 1970/71 der Waldbahnbetrieb. Hier sehen wir einen solchen „Spantenwagen" in der Großen Klause.
Foto (11.9.1957): Alfred Luft

Nach dem Motto „Das Abenteuer wartet – als Hobbylokführer bei der Zillertalbahn" nahm die Zillertalbahn am 6.8.1972 zwischen Fügen und Mayrhofen einen Hobbyzugverkehr auf, wofür sie von der Waldbahn Reichraming die beiden Personenwagen übernommen hatte. Jeweils von Juni bis September konnte man somit eine Ausbildung zum Hobbylokführer absolvieren, bis das Angebot im Jahr 2014 aus Kostengründen eingestellt und die Garnitur konserviert hinterstellt wurde. Sogar in Baugröße HOe wurde der reizende Zug aufgelegt.
Foto (Mayrhofen, 23.7.1998): Ludger Kenning

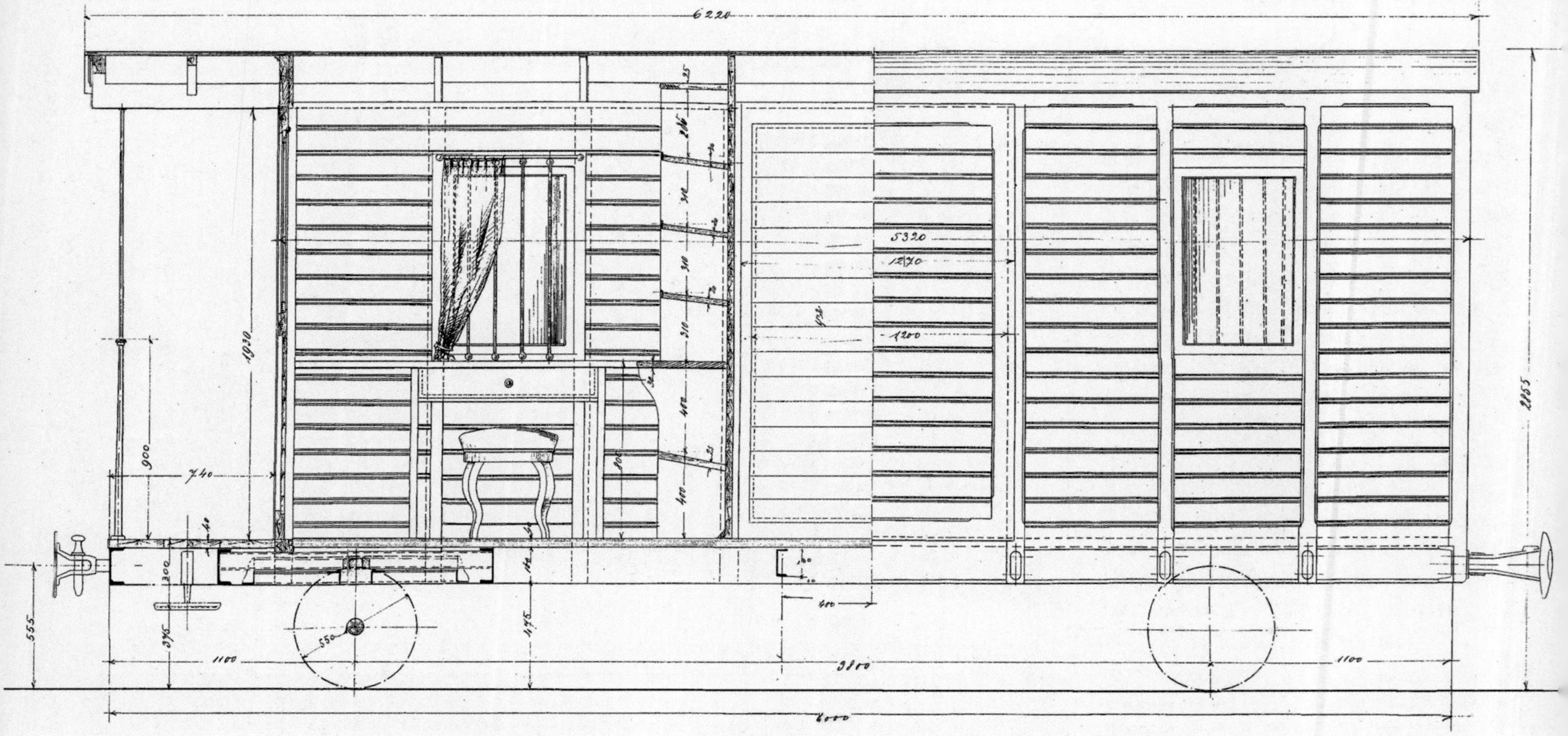

Oben: Ursprünglich waren die Wagen 201-203 als „Post- und Gepäckswagen“ mit 3,7 t Leer- und 6,0 t Ladegewicht sowie flach gewölbtem Dach geplant, geliefert wurden sie mit einem Post- und einem Sitzabteil sowie Pagodendach als „CF“. Noch vor dem Übergang an die BBÖ wurde bei zweien das Postabteil auf den gesamten Innenraum erweitert und sie fielen komplett unter die Hoheit des Postärars. Quelle: Österreichisches Staatsarchiv

So präsentierten sich die drei Wagen bis Ende der 50er Jahre, zwei als Post-, einer als Gepäckwagen. Foto (Steyr Lokalbahn, 6.8.1954): Alfred Luft

Unten: Gegen 11 Uhr ist die 298.106 mit dem GK 18 in Klaus eingetroffen. Noch als BBÖ F 970 (später F 8460) läuft der Postwagen wie üblich hinter der Lok. Foto (Juli 1954): Wilfried Biedenkopf (Sammlung Andreas Christopher)

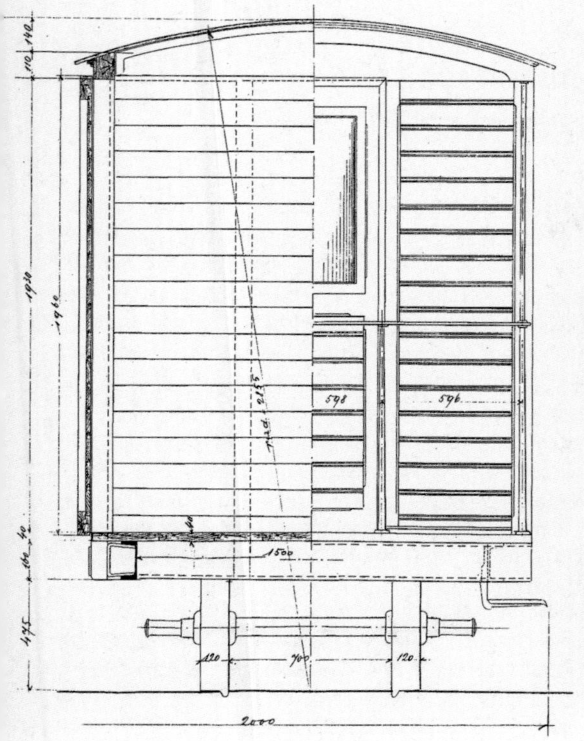

Eigentümerin der im Steyrtal laufenden Postwagen F 8460 und 8461 war die Österreichische Post- und Telegraphenverwaltung, und die ließ ihre Wagen nicht in St. Pölten mit einem Neuaufbau im „Spantenlook" ausrüsten, sondern bei der SGP in Graz bzw. Simmering oder in der Waggonwerkstätte Deutsch Wagram. Die besagten Steyrtal-Postwagen erhielten ihren Neuaufbau um 1955/56 in Graz, und zwar mit einem anders gewölbten Dach als bei den „Spanten" aus St. Pölten. Optisch kamen sie ihnen zwar sehr nahe, aber konstruktiv bestanden sie aus einem innen und außen verkleideten eisernen Gerippe. Je Längsseite besaßen sie zwei große Fenster, auf einer Seite dazu das Oberlicht des Aborts. Eine Bühne gab es nur auf einer der beiden Stirnseiten, und zwar ohne Fenster oder Tür zum Innenraum. Der Briefeinwurf war eher Schein als Sein, in der Praxis wurde er höchst selten genutzt. Während der F 8460 ein glatt durchgezogenes Dach hatte, war das Dach des F 8461 durch Querstreben verstärkt. Oben sehen wir den F 8461 in Letten (5.7.1963), unten den F 8460 in Klaus (25.5.1960). Fotos: Alfred Luft (oben), Reinhard Todt (Slg. Roland Feraric)

Zweiachsige Personenwagen mit Flach-, Hauben- oder Tonnendach

ÖBB '53	Herst.	Bauj.	BBÖ '28	DRB ab '38	später	
Ci 3602	Graz	1896	C 350	Ci 507 Li		urspr. Ybbstalbahn Ci 3 (DRB C 500 Li), nachträglich mit Haubendach, um 1942 nach Garsten, ausgemustert 1969
Ci 3604	Graz	1896	C 352	Ci 516 Li		urspr. Ybbstal Ci 5 (DRB C 502 Li), 1942 nach Garsten, ab 1957 Waidhofen, ausgemustert 1966, Wagenkasten dann an Privat, verkauft im April 1986 an ÖGEG, Wiederaufbau als Bi 3604 auf verlängertem Rahmen des Ow 60275
Ci 3607	Graz	1898	BC 212	BCi 308 Li		urspr. Ybbstal BCi 7 (DRB BC 302 Li), später Umbau von Flach- auf Haubendach, 1942 nach Garsten, ausgemustert 1966, Wagenkasten an Privat (als Gartenhütte in Steyr Lb, dann Aschach), später geborgen durch ÖGEG-Aktive
Ci 3610	Graz	1898	BC 215	BCi 309 Li		urspr. Ybbstal BCi 10 (DRB BCi 305 Li), ab 30er Jahre Haubendach, 1942 nach Garsten, ausgem. 1967, verschr. 1972
Ci 3611	Graz	1898	BC 255^{II}	BCi 307 Li	Bi 3861	Flachdach, urspr. Pinzgau BCi 1, ab 1940 Ybbstal als BCi 306 Li, um 1942 nach Garsten als BC 307, modernisiert in „Spanten" (Hw St. Pölten 477/1955) als Bi 3861, ausgemustert am 30.4.1985, verkauft am 28.8.1985 an ÖGEG
Ci 3612	Graz	1898	BCi 256^{II}	BCi 300^{II} Li	Bi 3612	Flachdach, urspr. Pinzgau BCi 2, Umbau 1930 von 8 auf 4 Fenster, 1942 nach Garsten, mit 32 Sitzplätzen und 5,2 t Eg., ausgemustert 10.6.1983, verkauft 1984 an ÖGLB (Ci 256), seit 1990 in Kienberg-Gaming, saniert 1996-2005
Ci 3613	Graz	1898	BC 257^{II}	BCi 301^{II} Li	D 6485	Flachdach, urspr. Pinzgau BCi 3 (später DRB BCi 257 Li), umgebaut etwa 1930 von 8 auf 4 Fenster, um 1940 nach Garsten, mit 12+15 Sitzplätzen und 5,4 t Eigengewicht, umgebaut 1967 in Dienstwagen D 6485, ausgemustert am 10.6.1984, danach ÖGLB Hirschwang, ohne Aufarbeitung nach Kienberg-G., am 19.7.2025 an ÖGEG Steyrtalbahn
Ci 3614	Graz	1898	BCi 258	BCi 302 Li	5902	Flachdach, urspr. Pinzgau BCi 4 (später DRB BCi 258 Li), Umbau um 1930 von 8 auf 4 Fenster, ab 1942 Garsten, Umbau bis Juli 1971 durch Bahnhofswirt von Steyr Lb in Buffetwagen Bi/s 3614, ab 1981 als Buffetw. 5902 mit 14 Sitzpl., ab 1982 oder 11.5.1986 Zell a.S., am 1.7.2008 an Salzburger Lb. (WR 421 „Pinzga Schenke", später „ÖBB Bi 5902-7"), ausgemustert am 10.8.2017, verkauft am 2.11.2017 an Privat, hinterstellt in einer Halle beim Automuseum Kaprun
Ci 3616	Graz	1898	BCi 321	BCi 501 Vi		am 9.10.1898 geliefert als Flachdachwagen an die Gurktalbahn (BCi 2), umgebaut 1925 in Ci 2, umgebaut 1952 von 8 auf 4 Fenster mit Haubendach und Blechverkleidung, ab 11.6.1965 in Garsten, ausgemustert 1968
Ci 3618	Graz	1898	C 323	Ci 503 Vi		am 9.10.1898 geliefert als Flachdachwagen an Gurktalbahn (Ci 4), umgebaut in den 40er Jahren von 8 auf 4 Fenster mit Haubendach und Blechverkleidung, ab 26.7.1965 in Garsten, ausgemustert 1969, danach an Kindergarten Treibach, geborgen 1972 durch Verein Kärntner Eisenbahnfreunde (VKEF) für Gurktalbahn
Ci 4622	Graz	1898	C 355	Ci 522 Li	Bi 3863	urspr. Flachdachwagen der Ybbstalbahn Ci 12 (DRB Ci 505 Li), 1942 nach Garsten, modernisiert in „Spanten" (Hw St. Pölten 604/1955, oder 1960?) in Bi 3863 mit 32 Sitzpl. und 5,2 t Eg., ab 11.11.1966 Gurktalbahn, ab 25.2.1969 in Gmünd, umgebaut 1998 in Buffetwagen 95907-7 "Kuenringertaverne", am 12.12.2010 an NÖVOG (BR 907)
Ci 3625	Graz	1898	C 358	Ci 508 Li	Bi 3625	urspr. Ybbstalbahn Ci 15, ab 1937 mit 4 Fenstern, etwa 1960-62 vorübergehend im Steyrtal, dann zurück nach Waidhofen an der Ybbs, ausgemustert 1968, Wagenkasten verkauft 1972 an Privat (Bitterbach)
Ci 3626	Graz	1898	Ci 201	Ci 385 Wn	Bi 3626	Haubendach, urspr. Pielachtalbahn NÖLB Ci 7, ab 1905 als NÖLB Ci 201, ab ca. 1930 Gmünd, ab 1956 als Bi 3626, danach wieder St. Pölten, ab etwa 1962/63 in Garsten, mit 32 Sitzplätzen und 5,0 t Eigengewicht, ausgemustert um 1967, Wagenkasten danach Hühnerstall beim Bahnhof Pergern (vgl. Band 1, Seite 94), verschrottet im Herbst 1981
Ci 3627	Graz	1898	Ci 406	Ci 406 Vi	Bi 3627	Haubendach, urspr. Pielachtalbahn NÖLB Ci 13, ab 1905 als NÖLB Ci 301, um 1916 an k.u.k. Heeresverwaltung in Polen, ab 1923 als BBÖ Ci 301, ab 1928 in Völkermarkt-Kühnsdorf Ci 406, ab 1956 als Bi 3627, am 21.5.1965 nach Garsten, mit 32 Sitzplätzen und 5,4 t Eigengewicht, Leitungswagen ohne eigene Bremse, ausgemustert im 2. Halbjahr 1969, Wagenkasten danach an Privat (Großraming), verkauft 1972 an Club 760 / Freunde der Murtalbahn, mit Rahmen des Gepäckwagens Di 6422 aufgebaut als Bi 34 „Kräuterwagerl", um 2000 an Stainzer Lokalbahn
Ci 3628	Graz	1898	C 508	Ci 408 Wn	Bi 3628	Haubendach, urspr. Pielachtal NÖLB Bi 1, ab 1905 als NÖLB Bi 26, umgebaut 1908 in ABi 26 sowie 1911 in Salonwagen 4, ab 1925 als S 1, ab 1931 als BBÖ C 408, ab 1956 als Bi 3628, umgesetzt 1962 von St. Pölten nach Garsten, mit 28 Sitzpl., 5,6 t Eigengew. und Abort, Leitungswagen ohne eigene Bremse, ausgemustert 1969, Wagenkasten an Privat, am 30.8.1988 an ÖGEG, wieder aufgebaut bis 1995 als Bi 3628 auf verlängertem Rahmen des Ow 70200
Ci 4629	Graz	1897	C 470	Ci 500 Li	Bi 3629	Haubendach, urspr. Pinzgau Ci 10, ab 1940 als DRB Ci 500 Li, ab 26.1.1941 mit gleicher Nummer in Zweitbesetzung in Garsten, ab 1953 mit äußerer Verblechung, mit 28 Sitzplätzen, 5,6 t Eigengewicht und Abort, ausgemustert 1967, Wagenkasten danach als Lkw-Aufbau einer Steyrer Baufirma
Ci 3630	Graz	1898	C 471	Ci 512^{II} Li	Bi 3630	Flachdach, urspr. Pinzgau Ci 11 (DRB Ci 501 Li), umgebaut in den 30er Jahren von 8 auf 4 Fenster, ab 26.1.1941 in Garsten, ab 1956 als Bi 3630, mit 32 Sitzplätzen und 5,6 t Eigengewicht, ausgemustert 1966, Wagenkasten ab 1967 Gartenhütte in Garsten-Buchholz, am 26.10.1972 geborgen durch VKEF für die Gurktalbahn, verkauft 2002 an ÖGEG Steyrtalbahn, Neuaufbau auf dem Fahrgestell des Ci 3781, Inbetriebnahme am 7.9.2024
Ci 4631	Graz	1898	C 472	Ci 513^{II} Li	Bi 3850	urspr. Flachdachwagen Pinzgau Ci 12, ab 1940 als DRB Ci 502, ab 26.1.1941 in Garsten als DRB Ci 513^{II}, ab 1953 als Ci 4631, Umbau in „Spanten" (Hw St. Pölten 456/1954) in Bi 3850 mit 28 Sitzplätzen, 6,4 t Eigengew. und Abort, ausgemustert am 30.4.1985, verkauft am 28.5.1985 an ÖGEG für Steyrtal-Museumsbahn
Ci 3632	Graz	1898	C 473	Ci 503^{II} Li	Bi 3632	Flachdachwagen, urspr. Pinzgau Ci 13, Umbau in den 30er Jahren von 8 auf 4 Fenster, ab 1940 als Ci 503 der DRB, ab 26.1.1941 in Garsten als DRB Ci 503 Li, mit 32 Sitzplätzen und 5,6 t Eigengewicht, ausgemustert 1967, Wagenkasten an Privat, übereignet am 4.4.1996 an ÖGEG Steyrtal-Museumsbahn, verschrottet per 1.4.1999
Ci 3633	Graz	1898	C 474	Ci 504^{II} Li	Bi 3633	Flachdachwagen, urspr. Pinzgau Ci 14, Umbau in den 30er Jahren von 8 auf 4 Fenster, ab 1940 als Ci 504 Li der DRB, ab 1942 mit gleicher Nummer in Garsten, mit 32 Sitzplätzen und 5,6 t Eigengewicht, ausgemustert um 1969
Ci 3634	Graz	1898	C 475	Ci 505^{II} Li	Bi 3634	Flachdachwagen, urspr. Pinzgau Ci 15, Umbau in den 30er Jahren von 8 auf 4 Fenster, ab 1940 als Ci 505 Li der DRB, ab 27.1.1941 in Waidhofen/Ybbs, spätestens 1960 nach Garsten, zeitweise 1964-65 in St. Pölten, ausgemustert 1968, Wagenkasten an Kindergarten Bad St. Leonhard, verschrottet etwa 1986
Ci 3635	Graz	1898	C 476	C 517 Li	Bi 3635	Flachdachwagen, urspr. Pinzgau Ci 16, Umbau in den 30er Jahren von 8 auf 4 Fenster, ab 1940 als Ci 505 Li der DRB, ab 26.1.1941 in Garsten als Ci 517 Li, ausgemustert um 1968
Ci 4636	Graz	1898	C 477	Ci 507 Li	Bi 3859	urspr. Flachdachwagen Pinzgau Ci 17, ab 1940 als DRB Ci 507 Li, ab 1941 in WaidhofenYbbs als Ci 500^{II} Li, Umbau in „Spanten" (Hw St. Pölten 475/1955), spätestens 1960 nach Garsten, ausgemustert 1986, verkauft 9.9.1986 an ÖGEG
Ci 3637	Graz	1900	C 371	Ci 371 Wn	Bi 3869	urspr. NWVB Gmünd Ci 22 der NÖLB, ab 1905 als NÖLB Ci 251, ab 1956 als Bi 3637, modernisiert in „Spanten" (Hw St. Pölten 805/1957), etwa 1960-63 umgesetzt von Gmünd nach Garsten, ab 1982 im Pinzgau, ausgemustert 1986, verkauft am 9.9.1986 an ÖGEG für Steyrtal-Museumsbahn

Ci 3638	Graz	1900	C 374	Ci 374 Wn	Bi 3638	urspr. Flachdachwagen der NWVB Gmünd als Ci 71 der NÖLB, ab 1905 als NÖLB Ci 320, ab 1921 als BBÖ Ci 320, ab 1928 als BBÖ C 374, Umbau 1935 mit 4 statt 8 Fenstern, Haubendach und Blechverkleidung, ab 1953 als Bi 3638, umgesetzt 1962 von St. Pölten nach Garsten, ab spätestens im August 1981 im Pinzgau, verkauft 1987 an ÖGLB für Hirschwang (Ci 374), seit 1990 in Kienberg-Gaming
Ci 3639	Graz	1902	BCi 226	Ci 377 Wn	Bi 3639	urspr. Flachdachwagen der NWVB Gmünd als BCi 7 der NÖLB, ab 1905 als NÖLB BCi 111, umgebaut 1936 mit 4 statt 8 Fenstern, Haubendach und Blechverkleidung (neue Nr. Ci 377), ab 1953 als Bi 3639 mit 4 Fenstern auf der Ybbstalbahn, um 1960/61 nach Garsten, ausgemustert 1967
Ci 3641	Graz	1902	C 301	Ci 521 Vi	B 3641	urspr. Flachdachwagen BCi 2 der Lokalbahn Kühnsdorf – Eisenkappel, ab 1.1.1924 als BBÖ C 301, Umbau etwa Ende der 20er Jahre von 8 auf 4 Fenster, mit Haubendach und Blechverkleidung, umgesetzt am 21.5.1965 von Völkermarkt-Kühnsdorf nach Garsten, mit 32 Sitzplätzen und 6,0 t Eigengewicht, ab 11.5.1982 im Pinzgau, am 1.7.2008 an Salzburger Lokalbahn für Pinzgau als B 401 bzw. 3641-3 nostalgisch moosgrün, ab 2.5.2013 tannengrün, im Tausch gegen Bi 3865 am 29.10.2020 an ÖGEG für Steyrtalbahn (Bi 3641)
Ci 3648	Graz	1902	C 372	Ci 372 Wn	Bi 3885	urspr. Niederösterreichische Waldviertelbahnen Ci 23, ab 1905 als NÖLB Ci 252, ab 1956 als Bi 3648, Umbau „Spanten“ (Hw St. Pölten 1105/1958-59, alter Wagenkasten anschließend an Privatmann in Obergrafendorf) mit Halbfenstern, 32 Sitzplätzen und 6,5 t Eigengewicht, danach St. Pölten Alpenbahnhof für Obergrafendorf – Gresten, ab 1962 in Garsten, ausgemustert am 30.4.1985, verkauft am 28.8.1985 an ÖGEG Steyrtalbahn
Ci 3649	Graz	1902	C 373	Ci 373 Wn	Bi 3886	urspr. NWVB Gmünd Ci 24, ab 1905 als NÖLB Ci 253, ab 1956 Bi 3649, Umbau in „Spanten“ (Hw St. Pölten 1106/1958-59) mit Halbfenstern, 32 Sitzplätzen und 6,5 t Eigengewicht, dann St. Pölten Alpenbahnhof für Obergrafendorf – Gresten, ab 1962 in Garsten, ausgemustert 1984, verkauft am 10.5.1984 an ÖGLB Hirschwang, am 9.9.1986 an ÖGEG
Ci 3650	Graz	1902	BC 227	Ci 378 Vi	Bi 3650	urspr. Flachdachwagen NWVB Gmünd BCi 8, ab 1905 als BCi 112, umgebaut 1936 in C 378 mit 4 statt 8 Fenstern und Haubendach, vor 1939 nach Völkermarkt-Kühnsdorf, ab Mai 1965 in Garsten mit 32 Sitzplätzen und 5,6 t Eigengewicht, ausgemustert 1969, Wagenkasten an Privat (Gartenhütte in Leonstein), geborgen etwa 2010-14 durch ÖGEG
Ci 3662	Graz	1898	C 387	Ci 506 Vi	Bi 3876	urspr. Pielachtalbahn Ci 11, ab 1905 als NÖLB Ci 205, ab 1921 als Ci 205, um 1938 zum Gurktal, ab 1953 als Ci 3662, ab 1956 als Bi 3662, Umbau in „Spanten“ (Hw St. Pölten 990/1958) in Bi 3876 mit 32 Sitzplätzen und 5,6 t Eigengewicht, ab 27.7.1966 in Garsten, verkauft am 9.9.1986 an ÖGEG Steyrtalbahn
Ci 3675	Graz	1906	BCi 238	Ci 411 Wn	Bi 3675	urspr. Flachdachwagen BCi 104 der NÖLB für St. Pölten, Umbau 1935 in Ci 411 mit Haubendach und Blechverkleidung, ab 19.12.1952 auf der Gurktalbahn nach Umbau von 8 auf 4 Fenster, ab 10.1.1967 in Garsten mit 32 Sitzplätzen und 5,6 t Eigengewicht, ab 1982 in Gmünd, umgebaut zum Speisewagen, übereignet 1997 an ÖBB Nostalgie, am 12.12.2010 an NÖVOG (Bi 906), ab etwa 2017 nurmehr als Ersatzteilspender
Ci 3677	Graz	1906	BCi 240	Ci 413 Wn	Bi 3677	urspr. Flachdachwagen BCi 106 der Niederösterreichischen Landesbahnen für St. Pölten, umgebaut 1935 in C 413 mit Haubendach, Blechverkleidung und vier statt acht Fenstern, ab 1958 auf der Gurktalbahn, ab 23.12.1966 in Garsten mit 12+15 Sitzplätzen und 5,6 t Eigengewicht, ausgemustert 1968, Wagenkasten dann als Garten- und Baustellenbude in Dürnbach (Enns), am 22.7.1978 geborgen durch Arbeitskreis „Freunde der Steyrtalbahn“, nach optischer Aufarbeitung aufgestellt im Frühjahr 1979 als Informationsstand am Bahnhof Garsten, später an Verein der Modell-Dampfmaschinenfreunde (Linz-Ebelsberg), dann an ÖGEG für Steyrtal-Museumsbahn, mittlerweile abgewrackt
Ci 3680	Simm.	1907	C 484	Ci 484 Wn	Bi 3680	Fabr.-Nr. 44854, urspr. Flachdachwagen Ci 231 der NÖLB, vor 1935 Umbau von 8 auf 4 Fenster und mit Haubendach und Blechverkleidung, ab 1939 Gurktalbahn als Ci 509 Vi, ab 14.2.1966 in Garsten, mit 32 Sitzpl. und 5,6 t Eg., ausgemustert 1969, Wagenkasten an Modell-Dampfmaschinenfreunde Linz-Ebelsberg, 1989 an ÖGEG (verladen auf Ow 60301)
Ci 3684	Simm.	1907	C 491	Ci 491 Wn	Bi 3856	Fabr.-Nr. 44861, urspr. NÖLB Ci 238, ab 1928 als BBÖ Ci 491, ab 1938 als DRB Ci 491 Wn, danach Garsten, ab 1939 in Völkermarkt-Kühnsdorf als Ci 510 Vi, Umbau in „Spanten“ (Hw St. Pölten 459/1954) mit 28 Sitzplätzen und 6,3 t Eigengewicht, Webastoheizung, ab 21.5.1965 in Garsten, verkauft am 9.9.1986 an ÖGEG Steyrtalbahn
Ci 3703	Graz	1909	C 478	Ci 508 Li	Bi 3703	Flachdach und bis zuletzt mit äußerer Holzverbretterung, urspr. Pinzgau Ci 18, umgebaut vor 1935 mit Zwischenwand sowie von 8 auf 4 Fenster, ab 1940 auf der Ybbstalbahn als Ci 518 Li, ab 26.1.1941 in Garsten mit gleicher Nummer, mit 32 Sitzplätzen und 5,6 t Eigengewicht, ab 1956 als Bi 3703, ausgemustert um 1966/67, Wagenkasten danach an Privat (Schuppen in Molln, Siedlerstr. 12), zu Beginn der 70er Jahre verschrottet
Ci 3704	Graz	1909	C 479	Ci 509 Li	Bi 3858	urspr. Flachdachwagen Pinzgau Ci 19, ab etwa 1935 mit Abort (danach drei Doppel- und ein Abortfenster), ab 1940 Ybbstalbahn als Ci 519 Li, ab 26.1.1941 in Garsten mit gleicher Nummer, Umbau 1955 in „Spanten“ mit vier Fenstern, Tonnendach und Blechverkleidung, neue Nr. Bi 3858, ab 10.3.1966 auf der Gurktalbahn, ab 25.2.1969 in Gmünd, später Nr. 95908, ab 1998 ÖBB Nostalgie, am 12.12.2010 an NÖVOG (Bi 908)
Ci 3721	Simm.	1924	BC 260	Ci 509 Wn	D 6505	Haubendach, Fabr.-Nr. 60456, urspr. NÖLB (BCi 108), ab 30er Jahre als C 509, spätestens 1960 im Steyrtal, ab 1968 Dienstwagen Dih 6505 in „Spanten“ für Mariazellerbahn (Neuaufb. Hw St. Pölten 1483/1968), um 1984/85 nach Gmünd, ab Mai 1998 ÖBB Nostalgie, am 12.12.2010 an NÖVOG für Nostalgiezüge Waldviertel
Ci 3722	Simm.	1924	BC 259^{II}	BCi 307 Li	Bi 3722	Flachdachwagen, urspr. Pinzgau BCi 5, ab 1936 Ybbstalbahn, ab 1944 Bregenz, dann Garsten (mit 8 Fenstern, schon mit Blechverkleidung), mit 12+15 Sitzplätzen und 5,2 t Eigengewicht, ab 1953 Ybbstalbahn, ab 1960 wieder Bregenz, umgebaut im September 1971 zum Mannschaftswagen 97201 für Bregenzer Wald-Bahn, ausgemustert am 6.6.1984, danach verkauft an Club 760 für Taurachbahn (Bi 39)
Ci 3723	Simm.	1924	C 480	Ci 510 Li	D 6506	Fabr.-Nr. 31938, Haubendach, urspr. Pinzgau Ci 20, ab 26.1.1941 in Garsten als Ci 520 Li, modernisiert als „Spanten“ (Hw St. Pölten 1484/1968) zum Dienstwagen D 6506 für St. Pölten Alpenbahnhof, ausgemustert 1998
Ci 3724	Simm.	1924	C 481	Ci 511 Li	Bi 3724	Fabr.-Nr. 31939, Haubendach, urspr. Pinzgau Ci 21, ab 1940 als DRB Ci 511, ab 26.1.1941 Garsten als Ci 521 Li, um 1962 nach St. Pölten, ausgemustert 1969, am 3.6.1970 an Eurovapor für Waldenburger Bahn, am 1.5.1984 leihweise an Öchsle Museumsbahn Warthausen – Ochsenhausen, am 29.5.1985 Inbetriebnahme als „KBi 3724 On“ bzw. Bi 6, verkauft 29.11.1993 an Öchsle e.V. als „KBi 3724 Stuttgart“
Ci 3725	Simm.	1924	C 482	Ci 512 Li	D 6501	Haubendach, Fabr.-Nr. 31940, urspr. Pinzgau Ci 22, ab 1952 in Garsten, umgebaut in „Spanten“-Dienstwagen Di 6501 für Ybbstalbahn (Hw St. Pölten 1479/1968), ausgemustert am 31.3.1994 nach Unfall, Wagenkasten an Privat
Ci 4784	Graz	1898	Ci 326	Ci 526 Li	Bi 3851	urspr. Lokalbahn Röwersdorf – Hotzenplotz Ci 8, ab 1918 als ČSD Ci 326, vor 1938 nach Garsten, Umbau in „Spanten“ (Hw St. Pölten 457/1954) mit 28 Sitzplätzen, 6,2 t Eigengewicht, frühestens 1963 umstationiert nach Waidhofen/Ybbs, verkauft 1996 an Club 598 / Freunde der Ybbstalbahn
Ci 4786	Graz	1898	BCi 357	Ci 528 Li	Bi 3852	urspr. Lokalbahn Röwersdorf – Hotzenplotz BCi 4, ab 1918 als ČSD BCi 357, vor 1938 nach Garsten, Umbau 1954 in „Spanten“ als Bi 3852, frühestens im Herbst 1961 umstationiert nach St. Pölten Alpenbahnhof, ab 1981 im Pinzgau, verkauft am 10.7.1986 an die Zillertalbahn (Bi 24^{II} „Gemeinde Straß“)

Weit verbreitet waren auf den österreichischen Schmalspurbahnen einst die ab Ende des 19. Jahrhunderts in der Wagenfabrik Johann Weitzer in Graz gebauten Zweiachser mit 8,10 m Länge, offenen Plattformen und flachgewölbtem Dach. Die acht Fenster mit oberer Lüftungsklappe je Längsseite sollten den Reisenden gute Ausblicke in die Landschaft erlauben. Aus Stabilitätsgründen wurden bei vielen Wagen in den 20er/30er Jahren die acht durch vier Fenster ersetzt, zum Teil erhielten sie zudem außen eine Blechverkleidung. Auch die Pinzgauer Lokalbahn hatte zahlreiche solcher Achtfensterwagen beschafft und großteils ab 1930 auch modernisiert, nachdem die BBÖ jedoch Ende der 30er Jahre in Zell am See etliche stromlinienförmige Vierachser („Blunzen") in Dienst gestellt hatten, stationierte die DRB in den Jahren 1940/42 fast alle Pinzgauer Flachdachwagen nach Garsten um. Zu ihnen zählte auch der Bi/s 3612, hier aufgenommen in Garsten (21.2.1982). Im Jahr 1984 wurde er an die ÖGLB nach Hirschwang verkauft und seit 1990 – wieder als „Ci 256" bezeichnet – ist er in Kienberg-Gaming beheimatet. Von 1996 bis 2005 erfuhr er eine Generalsanierung.

Unten: Erst kurz zuvor war der Wagen 3613 vom Ci zum Bi umbezeichnet worden, zugleich hatte man die Aufschrift „B.B. Österreich" mit einem schlichten „ÖBB" überschrieben, als er am 8.8.1956 beim Heizhaus in Garsten stand. Aus seiner Zeit als Pinzgauer BC besaß er noch immer die Zwischenwand, so daß die Sitzplatzzahl mit 12+15 angegeben ist. Elf Jahre später wurde er zum Dienstwagen D/s 6485 umfunktioniert. Auch er gelangte zur ÖGLB nach Hirschwang, aufgearbeitet wurde er nicht mehr. Desolat kehrte er im Juli 2025 zur Steyrtalbahn zurück. Fotos: Alfred Luft

Auf Initiative des Bahnhofswirtes von Steyr Lokalbahn wurde der Bi 3614 zum Buffetwagen umgestaltet und als solcher im Juli 1971 in Betrieb genommen. Im zunehmenden, vom Fremdenverkehrsverband Steyr organisierten Sonderverkehr wurden in ihm „Getränke und kleine Imbisse zu Normalpreisen" angeboten. 1982 oder 1986 gelangte er nach Zell a. See, wo er 2008 an die Salzburger Lokalbahn überging und noch einige Zeit als WRs 421 „Pinzga Schenke" zum Einsatz kam, bis dann sein Wagenkasten derart marode war, daß ein Neubau notwendig gewesen wäre. Nach der Demontage aller noch brauchbaren Teile wurde der Torso am 2.11.2017 an einen Privatmann verkauft und in einer Halle beim Automuseum in Kaprun untergebracht. Optisch dem alten Wagen angeglichen ist der heutige, aus dem Spantenwagen 3862 entstandene Buffetwagen Buffet/s 5962 der Steyrtal-Museumsbahn. Foto (Molln 1975): Ralf Schmidt (Sammlung Ludger Kenning)

Noch als Ci/s 512 der B.B. Österreich beschriftet, obwohl er schon seit 1950 pro forma als Ci 3630 eingereiht ist, steht der spätere Bi 3630 im Bahnhof Klaus. Eine Trennwand besaßen die Flachdachwagen schon in ihrer Zeit als Achtfensterwagen, auch wenn sie einzig die 3. Klasse boten. Einheitlich war der Achsstand von 3,70 m. Foto (9.8.1953): Alfred Luft

Nach seinem Ausscheiden im Jahr 1956 wurde der Bi 3630 verkauft und im Garstner Ortsteil Buchholz als Gartenlaube aufgestellt. Als der Ausbau der Siedlung voranschritt, wurde er fünf Jahre später an den Verein Kärntner Eisenbahnfreunde abgegeben. Eng ging es bei der Bergung in der damals noch schmalen Buchholzstraße zu, hier an der Ecke Reithofferstraße. Lange stand er in Treibach-Althofen, bis er 1995 an die ÖGEG verkauft wurde. Sorgfältig restauriert und mit dem Fahrgestell des Ci 3781 ausgestattet ging er am 7.9.2024 wieder in Betrieb. Foto (26.10.1972): Peter Schmied

Auch der Bi 3632 lief früher im Pinzgau und auch er war in den 30er Jahren modernisiert worden. Im Steyrtal blieb er nur 25 Jahre, eingesetzt wurde er nur als Verstärker, wie hier am Schluß eines für den Wallfahrerverkehr verlängerten Personenzuges. Schon 1967 wurde er ausgemustert, auch sein Wagenkasten diente danach als Gartenhütte. Foto (Haltestelle Frauenstein, 25.5.1960): Reinhard Todt (Slg. Roland Feraric)

Links: Gut fünf Jahre diente der Wagenkasten des Bi/s 3703 als Schuppen auf einem Grundstück in Molln an der Siedlerstraße, etwa auf halber Strecke zwischen Molln und der Agonitz gelegen, dann wurde er entsorgt. Foto (12.8.1968): Jirvis Verhoef (Sammlung Ludger Kenning)

Rechts: Der Ci 3704 hatte im Pinzgau um 1935 beim Einbau einer Toilette und einer Traglastenfläche eine neue Fensteraufteilung bekommen, wobei man ein Fensterpaar durch ein einzelnes Fenster ersetzte. 1955 wurde er modernisiert, danach lief er ab 1966 etwa drei Jahre im Gurktal, seit 1969 ist er im Waldviertel heimisch und läuft dort noch heute im Nostalgieverkehr. Foto (Sierning, Juni 1945): Franz Mayr (Slg. Ludger Kenning)

Der Bi 3703 behielt bis zuletzt die Holzverbretterung, hier noch bezeichnet als Ci/s 518 der B.B. Österreich. Einige Pinzgauer Flachdachwagen besaßen bei der DRB nacheinander zwei Nummern: So trug der ursprüngliche Ci 18 der PLB ab 1940 zunächst die DRB-Nr. Ci 503, nach der Umsetzung zur Steyrtalbahn im Januar 1941 dann Ci/s 518 Li. Vier statt acht Fenster hatte er spätestens 1935 erhalten. Die ersten fünf Pinzgauer (BCi 1-5) waren schon 1940 nach Garsten (4) und Waidhofen (1) umbeheimatet worden, die übrigen (außer C 512, er kam 1952 nach Garsten) folgten am 26.1.1941. Im Frühjahr 1941 bekundete die SKGLB ihr Interesse an den Wagen, da ihre älteren Fahrzeuge den Verkehrsanforderungen nicht mehr gewachsen waren, aber da kam sie schon zu spät. Foto (Klaus, 9.8.1953): Alfred Luft

Eine fröhliche, sehr illustre Reisegesellschaft in Garsten um 1953. Noch immer hat der Ci 3704 sein individuelles Aussehen als „Sechsfensterwagen“ mit der Querstange in den Fenstern. Auch im 1. Band auf Seite 63 oben war er zu sehen. Foto: Sammlung Friedrich Zellinger

Noch mit acht Fenstern, aber schon mit Blechverkleidung kam der frühere Pinzgauer BCi 5 auf dem Umweg Waidhofen/Ybbs um 1952/53 nach Garsten. Mit Haubendach und vierfenstrig lief er später im Bregenzer Wald, ab 1971 diente er als Mannschaftswagen, heute steht er beim Club 760 auf der Taurachbahn als Barwagen Bi 39 „Bürgergarde Mauterndorf“ im Einsatz. Foto (Klaus, 9.8.1953): Alfred Luft

Rechts: „Dienstgespräch“ im provisorischen Buffetwagen, rechts Zugschaffner Johann Schnabl, neben ihm Heizer Johann Manzeneder (mit der Flasche in der Hand). Foto (1976): Heinz Moschner

Unten: Als Dienstwagen D 6485 lief der frühere Ci 3613 lange im Güterverkehr. Bei der ÖGLB in Hirschwang wurde er nicht aufgearbeitet, danach stand er in Kienberg-Gaming, heute in Aschach a. d. Steyr. Foto (Molln, 6.6.1969): Ralf Schmidt (Slg. Ludger Kenning)

Oben: Um 1924/25 gingen die BBÖ dazu über, zweiachsige Schmalspurpersonenwagen schon ab Werk vierfenstrig und mit Haubendach zu beschaffen und außerdem die alten Flachdachwagen dementsprechend anzupassen. Erst 1952 umgebaut wurde der Ci 3616, ein ehemaliger Gurktalbahn-Wagen, der im Juni 1965 nach Garsten kam und bereits 1968 ausschied. Hier sehen wir ihn hinter der 298.102 im Zug PS 53 auf der Rampe unterhalb der Gründbergsiedlung zwischen Pergern und Sierninghofen. Foto (10.9.1966): Harald Navé

Oben: Bis zuletzt verfügte der Wagen Bi 3626 als letzter Garstner Haubendachwagen über Speichenräder und Holzverbretterungen. Von 1967 bis 1981 diente er beim Bahnhof Pergern als Hühnerstall (siehe auch Band 1 auf Seite 94). Foto (Klaus, 23.7.1966): Gerhard Luft

Wann der Bi 3627 sein Haubendach und die vier Fenster erhielt, ist unklar. Von St. Pölten war er 1928 zur Vellachtalbahn und 1965 weiter nach Garsten gekommen. Ab 1969 diente sein Wagenkasten in Großraming als Schuppen, beim Club 760 kam er wieder in Fahrt. Heute läuft er als „Kräuterwagerl“ im Stainzer „Flascherlzug“. Foto (Molln, 18.6.1969): Gerd Wolff (Eisenbahnstiftung)

Dem Bih/s 3628, hier am 1.9.1968 in Garsten, sieht man kaum an, daß es sich um einen früheren Salonwagen der Pielachtalbahn handelt. Er hat eine Toilette, aber als Leitungswagen keine eigene Bremsanlage. Von der Ybbstalbahn kam er in den 60er Jahren zur Steyrtalbahn. Nach seinem Ausscheiden im Jahr 1969 diente er als Gartenlaube in Kleinraming, wo ÖGEG-Aktive ihn 1988 bergen konnten. Der aufwendige Neuaufbau auf einem Güterwagenuntergestell währte bis 2002.

Der Bi 3629 war wiederum ein ehemaliger Pinzgauer 3.-Klasse-Wagen, der im Januar 1941 nach Garsten kam, aufgenommen in Waldneukirchen (22.9.1966). Um 1953 wurde er außen verblecht. Erhielt er das Haubendach erst bei dieser Gelegenheit? Wie der Bi 3628 hatte er eine Toilette, allerdings außerdem eine eigene Bremsanlage sowie Speichenräder. Fotos: Peter Schmied

Zur Eröffnung des Abschnitts Gmünd – Steinbach-Groß Pertholz des Südflügels der NÖ Waldviertelbahnen war der spätere Bi 3650 achtfenstrig mit Flachdach als reiner Drittklässler ausgeliefert worden. 1936 wurde er zum Haubendachwagen umgebaut und nur drei Jahre später durch die DRB nach Kühnsdorf umstationiert. Im Steyrtal lief er von 1965 bis 1969, dann wurde sein Wagenkasten zum damals üblichen Preis von öS 300,- an einen Privatmann in Leonstein veräußert. Auch er wurde später durch die ÖGEG geborgen. Foto (12.8.1968): Jirvis Verhoef (Sammlung Ludger Kenning)

Der Bi 3675 – hier hinter der 298.52 bei Aschach – war früher mit Flachdach und acht Fenstern in St. Pölten Lokalbahnhof bzw. (ab 1923) Alpenbahnhof beheimatet. Nach dem Umbau zum Haubendachwagen wechselte er 1952 zur Gurktalbahn, danach lief er ab 1967 auf der Steyrtalbahn sowie schließlich ab 1982 noch viele Jahre als Nostalgiewagen im Waldviertel, zeitweise sogar als Speisewagen. Foto (24.3.1970): Ernst Kabelka

Unten: Gleichfalls von der Gurktalbahn kam dieser ursprüngliche NÖLB-Wagen im Jahr 1966 nach Garsten. Hier sehen wir ihn am 23.3.1969 im Bahnhof Klaus kurz vor seinem Ausscheiden. In Grünburg diente er anschließend als Gartenhütte, dann wurde er an den Verein der Modell-Dampfmaschinenfreunde (Linz) verkauft. Heute gehörte auch er zum Wagenpark der ÖGEG in Grünburg. Foto: Peter Schmied

Von der „Maschinen- und Waggonbau-Fabriks-Aktien-Gesellschaft in Simmering vorm. H. D. Schmid" und zum Teil auch von der mit ihr kooperierenden Grazer Waggonfabrik vorm. Joh. Weitzer stammte eine 1924 an die NÖLB gelieferte Serie neuartiger Haubendachwagen, wovon fünf Stück zeitweise im Steyrtal liefen. Spätestens 1960 gelangte der Bi 3721 nach Garsten, aber schon 1968 wurde er in Spantenoptik zum Dienstwagen Dih/s 6505 für die Mariazellerbahn umgebaut. Seit Mitte der 80er Jahre steht er nunmehr im Waldviertel im Einsatz. Foto (Molln, 8.9.1966): Peter Schmied

Unten: Zu dieser Generation zählte auch der Bi 3724, er wurde allerdings in den Pinzgau geliefert und kam im Januar 1941 nach Garsten, wo er etwa 20 Jahre zuhause war, ehe er nach St. Pölten umstationiert wurde. Ab 1970 lief er in der Schweiz in den Nostalgiezügen der Waldenburger Bahn, seit 1985 kann man mit ihm in Oberschwaben die Öchsle-Museumsbahn Warthausen – Ochsenhausen bereisen. Foto (8.8.1956): Alfred Luft

Haubendach-Impressionen: Ab Garsten hatte der von der 298.52 geführte Zug GK 15 noch aus dem Dienstwagen D 6400, dem Vierachser 3243 und den „Spanten“ 3885 und 3861 bestanden, in Grünburg (ab 12.48 Uhr) waren vor allem für den Schülerverkehr die Haubendachwagen 3627 und 3618 (am Zugschluß) angehängt worden. Hier sehen wir ihn beim Halt „im“ Unterhaus. Der Bi 3618 lief ursprünglich als achtfenstriger Flachdachwagen auf der Gurktalbahn, danach – nunmehr als Haubendachler – von 1965 bis 1969 im Steyrtal. *Foto (18.6.1969): Gerd Wolff (Eisenbahnstiftung)*

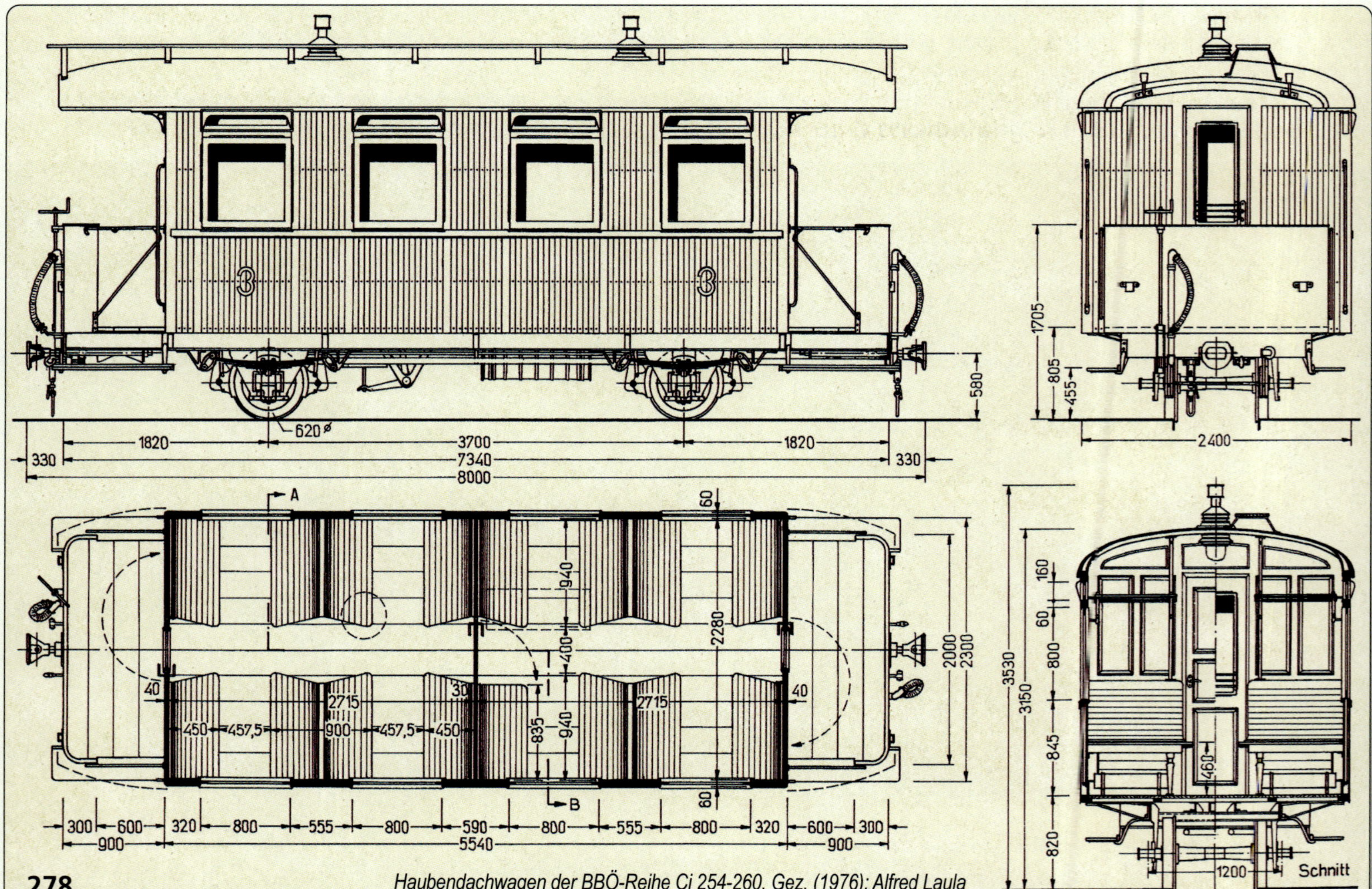

Haubendachwagen der BBÖ-Reihe Ci 254-260. Gez. (1976): Alfred Laula

1948 begannen die ÖBB mit dem Bau von „Spantenwagen", wobei sie auf alten, in der Länge angepaßten Fahrgestellen einen Aufbau aus „Spanten" konstruierten. Ein solcher „Spant" war ein standardisiertes Segment, eine Winkeleisenkonstruktion vom Profil des Wagenkastens und von der Länge einer Sitzgruppe. Fünf, sechs oder sieben Spanten fügte man aneinander und verkleidete sie außen mit Stahlblech und innen mit Hartfaserplatten. Neben offenen Plattformen, Abort und Linoleumboden besaßen die ersten Wagen noch Holzlattenbänke, Gaslampen, Dampfheizung sowie Fallfenster mit Holzrahmen. Mitte der 50er Jahre ging man zu Polsterbänken, elektrischer Beleuchtung und Halbfenstern mit Alurahmen über. 1953 begann in der Hw St. Pölten auch die Modernisierung von Schmalspurpersonenwagen. In dieser Größe ließ sich das Baukastenprinzip mit Spanten nicht wirtschaftlich realisieren und man wählte für den gesamten Aufbau ein konventionelles eisernes Gerippe. Die inneren und äußeren Verkleidungen wie auch die Dachform entsprachen wiederum den normalspurigen Typen, und so bürgerte sich auch für die Schmalspurversion der Begriff „Spantenwagen" ein. 1954 erhielt Garsten erstmals solche 6,2 bis 6,4 t schweren Wagen, nämlich die Bi 3850 (urspr. Pinzgau) und 3856 (urspr. NÖLB) sowie die Bi 3851 und 3852 (jeweils urspr. Röwersdorf – Hotzenplotz). Ausgewiesen waren sie noch als 3. Klasse, beschriftet mit „B.B. Österreich". Die ersteren beiden gehören seit 1984/85 zum Wagenpark der Steyrtalbahn. Foto (Garsten, 6.8.1954): Alfred Luft

Unten: Wiederum der Wagen 3850, nunmehr beschriftet als „Bi", aber noch ohne ÖBB-Kürzel, aufgenommen im Bahnhof Klaus. Im Gegensatz zu den drei anderen „Spantenwagen" aus dem Jahr 1954 verfügt er über eine Toilette. Foto (25.5.1960): Reinhard Todt (Sammlung Roland Feraric)

Links: Aufnahmen der beiden vor 1938 nach Garsten gelangten und 1954 modernisierten ehemaligen Röwersdorf-Hotzenplotzer Wagen im Einsatz auf der Steyrtalbahn sind höchst selten, denn bereits 1961/64 wurden sie nach Waidhofen/Ybbs bzw. St. Pölten umgesetzt. Hier steht einer von ihnen in Garsten hinter der 298.104. Seit 1996 gehört er zum Bestand des Clubs 598 (Freunde der Ybbstalbahn). Foto (25.8.1960): Peter Tschulik

Rechts: Kindgerecht waren die Einstiege keineswegs. Während man für die Übergänge sogleich Scherengitter vorsah, hielt man seitlich die Fall- oder Schutzbügel für ausreichend, obwohl ein Kind leicht hätte hindurchfallen können (z.B. gab es bei der Südbahn schon im 19. Jahrhundert vielstrebige Fallgitter, die einen guten Unfallschutz boten). Ein früherer „Fahrschüler" erinnerte sich, daß „das Einsteigen für mich als Knirps immer eine Herausforderung war, da die untere Stufe vom Schüttbahnsteig doch sehr weit entfernt lag". Foto (1979): Burkhard Wollny (Bildarchiv Eisenbahnstiftung)

Unten: Der 1966 von Treibach-Althofen nach Garsten umbeheimatete „Spantenwagen" Bi 3876 (ehem. Bi 3662) war einer der letzten, im Jahr 1958 neu aufgebauten Zweiachser noch mit 2,45 m Wagenkastenbreite und 1,00 m breiten Fallfenstern. Foto (Garsten, 8.1.1971): Peter Schmied

Die Bi 3885 und 3886 bilden seit jeher ein Pärchen: Gemeinsam wurden sie 1902 in Gmünd (als Ci/s 23 und 24) in Dienst gestellt, gemeinsam wurden sie 1959 in St. Pölten modernisiert (sie zählten zu den ersten „Schmalspurspanten" mit 2,50 m Aufbaubreite, Kunststoffpolstern und 1,10 m breiten Halbfenstern), gemeinsam wurden sie um 1963 von St. Pölten nach Garsten umgesetzt und selbst bei der Steyrtal-Museumsbahn sind sie (wieder) vereint. Hier sehen wir sie im Zug GK 31 nach Molln kurz vor der 1941 aufgelassenen Haltestelle Leonstein. Foto (2.11.1969): Harald Navé

Unten: Der Bi/s 3876 hinter der 298.25 unterwegs nach Garsten. Er war einer jener sechs Wagen, die 1965-67 von der Gurktal- zur Steyrtalbahn kamen. Bei seiner Modernisierung 1958 hatte er Lenkachsen erhalten, aber keine Webastoheizung. In vielen „Spanten" wurden später die Holzlattenbänke gegen Kunststoffpolstersitze getauscht, aber nicht mehr im Bi 3876. Foto (Juni 1979): Burkhard Wollny (Bildarchiv der Eisenbahnstiftung)

Nicht wiedererkennen ist der frühere Pinzgauer Flachdach-Sechsfensterwagen Ci 19 (ÖBB Ci 3704), der uns schon auf Seite 272 begegnet ist. Nicht nur seine Toilette hat er bei der Modernisierung 1955 behalten dürfen (deshalb nur 28 statt 32 Sitzplätze), sondern ebenso die Trennwand. Im Waldviertel, wo ansonsten Spantenwagen mit Halbfenstern bevorzugt werden, läuft er noch heute regelmäßig in den Ausflugszügen mit. Hier sehen wir ihn in der Pernzell am Beginn der Fürnkranzsteigung. Foto (5.7.1963): Alfred Luft

Der Bi 3863, einstmals ein achtfenstriger Flachdachwagen der Ybbstalbahn, hat in der Hauptwerkstätte St. Pölten eine Revision erhalten und ist nun nach Garsten zurückgekehrt. Noch im selben Jahr wird man ihn zur Gurktalbahn umsetzen, wohin der Bi 3858 schon im März 1966 abgegeben worden war. Beide „Spantenwagen" laufen seit Februar 1969 auf den Waldviertler Schmalspurbahnen. Foto (1.7.1966): Herbert Fritz (Slg. G. Mackinger)

Die 298.56 kreuzt mit dem Zug GK 32 von Molln nach Garsten beim Fürnkranz die Steyrtal-Bundesstraße. Die Bi 3885 und 3886 der um 1959 eingeführten modifizierten Spantenbauform mit Halbfenstern und breiterem Aufbau sind erst in jenem Jahr von St. Pölten ins Steyrtal gekommen. Gut erkennbar ist auch der Höhenunterschied zum nachfolgenden, bereits 1955 umgebauten Bi 3858 mit Fallfenstern. Foto (5.7.1963): Harald Navé

Unten: Gleich sieben Spanten-Zweiachser liefen am letzten Betriebstag im völlig überfüllten Mittagszug mit. Lautstark pfeifend verläßt er hier die Haltestelle Unterhimmel-Christkindl in Richtung Grünburg – es war ein Spektakel! Foto (28.2.1982): Margarete Mayr (Sammlung Johann Leutgeb)

Die Gepäck- bzw. Dienstwagen

Dienstwagen ehemals Steyrthalbahn AG (jeweils k.k. priv. Wagenfabrik Johann Weitzer, Graz, jeweils 6,78 m LüP und 3,8 t Leergewicht)

ÖBB ab '53	St.B.	Baujahr	BBÖ ab 1931	DRB ab '40	
D 6460	D 30	1889	D 820	Pw 1500 Li	vor Juli 1980 umgesetzt nach Zell am See, verkauft am 30.4.1985 an ÖGEG für Steyrtalbahn
D 6461	D 31	1889	D 821	Pw 1501 Li	ausgemustert vor 1980, Wagenkasten dann Gartenhütte in Garsten, verkauft 1987 an ÖGEG für StB
D 6462	D 32	1889	D 822	Pw 1502 Li	umgebaut per 11.11.1966 in Gerätewagen 97010, verkauft per 31.12.1984 an ÖGEG für Steyrtalbahn
D 6463	D 33	1891	D 823	Pw 1503 Li	ab 1982 in Waidhofen/Y., ab 1987 leihw. bei Bregenzerwald-Museumsbahn, in Bezau von Vereinsmitgliedern aufgearbeitet, dann von den ÖBB verkauft im Januar 1992 an ÖGLB Kienberg-Gaming (Di 33), äußerlich ab Sommer 2002 restauriert, zeitweise ab Oktober 2004 zu Gast auf der Steyrtalbahn

Dienstwagen von anderen Bahnen (Hersteller jeweils k.k. priv. Wagenfabrik Johann Weitzer, Graz)

ÖBB ab '53	Bauj.	BBÖ	DRB ab 1940	
Pw 6400	1897	D 810	Pw 1500 Li	urspr. Post-/Dienstwagen der Pinzgauer Lb. (DF 101), Umb. per 1.8.1908 in Dienstwagen D 101, ab 1959 in Garsten, ab 1982 Waidhofen/Y., ausgemustert 1985, verkauft 1987 an ÖGLB (DF 101), Restaurierung ab 1989, nicht beendet
Pw 6401	1897	D 811	Pw 1501 Li	urspr. Post-/Dienstwagen der Pinzgauer Lokalbahn (DF 102), mit Flachdach, Umbau per 1.8.1908 in Dienstwagen D 102, ab 1953 in Garsten, ausgemustert 1969
Pw 6405	1898	DF 926	PwPost 926	urspr. Pielachtalb. (DF 102; ab 1905 NÖLB DF 501), mit 3,70 m Achsst. und 5,0 t Eg. um 1900 kurzzeitig in Gmünd, dann zurück nach St. Pölten, ab spätestens 1933 wieder in Gmünd, um 1960 in Garsten, ausgemustert um 1964-66
D 6485	1897	C 257	BC 301 Li	urspr. Pinzgau BCi 3, ab 1940 Garsten, später Ci 3613, Umb. 1967 in Dienstwagen D 6485, weiteres siehe Ci 3613
D 6495	1922	Gw 1197	Gw 5011 Li	Hersteller Waggonfabrik Simmering, urspr. gedeckter Güterwagen der Pinzgauer Lokalbahn (G 274), ab 1943 Garsten als Gw 5038 Li, umgebaut 1952 in Dienstwagen, ausgemustert 1986
Pw 6496	1892	CF 795	CPost 1000 Li	urspr. Steyrthalbahn AG (CF 203), Umb. im Sept. 1960 in der Hw St. Pölten in Werkstättenwagen 97303 für St. Pölten, Wagenkasten am 11.8.1987 an ÖGEG Steyrtalb., ab 8.8.2001 als Wohnwagen X 97303, verschrottet per 12.9.2020
Pw 6497	1897	Pw 800	PwPost 800	urspr. Lokalbahnen um Neuhaus (Böhmen) (DF 101), später ČSD DF/u 644 für Jindřichův Hradec, 1945 nach Ausbesserung verblieben in Gmünd NÖ, ab 1962 in Zell am See, ab 1968 in Garsten, ausgemustert um 1968/69

Im Gegensatz zu den Personen- und Postwagen besaßen die ursprünglichen Gepäck- bzw. Dienstwagen der Steyrthalbahn AG von Beginn an kein Pagodendach, sondern ein flach gewölbtes Dach. Ihr Achsstand maß ebenfalls 3,80 m, weil sie aber nur an einer Seite eine Plattform hatten, lag die Gesamtlänge bei 6,78 m. Die gekuppelten „sächsischen Lenkachsen" entsprachen wiederum jenen der Personenwagen. Bei 3,8 t Eigen- lag das Ladegewicht bei etwa 5,0 t, der Laderaum bei 18 m³. Nach seinem frühzeitigen Ausscheiden diente der Wagenkasten lange Zeit in Garsten als Gartenhütte, 1987 wurde der Torso durch ÖGEG-Aktive geborgen, aufgearbeitet wurde er nicht mehr. Foto (15.9.1966): Alfred Luft

Der Pw 1503 (ehem. StB D 33, später ÖBB D 6463) in Sierning. Noch ist deutlich sein Reichsbahnadler (nun ohne Hakenkreuz) zu erkennen und noch hat er das Handrad zum Spannen des Bremsseils, doch mittlerweile bereits die Ausrüstungen der Saugluftbremse. Fast 91 Jahre lang stand er auf der Steyrtalbahn im Einsatz, später für kurze Zeit auch auf der Steyrtal-Museumsbahn. Foto (Juni 1945): Franz Mayr (Slg. Friedrich Zellinger)

Oben: Einblicke in das Dienstabteil eines Gepäck- und Dienstwagens der Steyrtalbahn der ersten Generation.

Nach der Stillegung der Steyrtalbahn lief der D 6463 noch einige Zeit im Ybbstal, bis er in die Obhut der Museumsbahn im Bregenzer Wald überging. Die Vereinsmitglieder arbeiteten ihn auf, dann bekamen sie im Januar 1992 von den ÖBB mitgeteilt, der Wagen sei „an einen Museumsbahnverein in Niederösterreich verkauft worden und ehestens zum Güterbahnhof Wolfurt zu liefern". Bei dem besagten Verein in NÖ handelte es sich um die ÖGLB, die den Wagen auf die Bergstrecke nach Kienberg-Gaming holte, die zumindest äußerliche Restaurierung begann allerdings erst zehn Jahre später (hier in Kienberg-Gaming, 27.9.2020). Fotos (4): Thomas Haberl

Die Wagen D 6400 und D 6401 waren ursprünglich als Post-/Gepäckwagen an die Pinzgauer Lokalbahn geliefert und schon bald in Gepäckwagen mit Dienstabteil umgebaut worden. Als im Pinzgau genug Halbgepäck-„Blunzen“ zur Verfügung standen, wurden sie 1959 bzw. 1953 zur Steyrtalbahn umstationiert. Der D 6401 (oben) wurde bereits 1969 ausgemustert, derweil war der D 6400 (Mitte) am letzten Betriebstag der Steyrtalbahn noch vorhanden. Er lief noch bis 1985 auf der Ybbstalbahn und wurde 1987 an die ÖGLB nach Hirschwang verkauft, wo 1989 die Restaurierung begann, aber nicht beendet wurde. Foto oben (Garsten, 12.8.68): Jirvis Verhoef (Slg. L. Kenning) Foto links (Molln, 8.1.1971): Peter Schmied

Der D 6460, hier hinter der 298.05 in Waldneukirchen, besaß hingegen auch in den Schiebetüren jeweils ein Fenster. Mittlerweile sind ein Eigengewicht von 4,5 t, ein Ladegewicht von 5,5 t sowie eine Ladefläche von 9,1 m² angeschrieben. Foto (22.9.1966): Peter Schmied

Oben: Aus einem 1943 nach Garsten umgesetzten gedeckten Güterwagen der Pinzgauer Lokalbahn war 1952 der Dienstwagen D 6495 entstanden. Er erlebte noch die Einstellung der Steyrtalbahn. Hier läuft er hinter der 298.56 und der 699.103 in einem Mai-Sonderzug der SPÖ mit (30.4.1976).

Unten rechts: Der D 6463, der ursprüngliche D 33 der Steyrthalbahn AG, eingesetzt in einem Personenzug nach Molln beim Halt in Leonstein (1972)

Unten rechts: Der Dienstwagen 6401, ein früherer Pinzgauer, eingereiht in den letzten regulären Personenzug nach Klaus, hier vor der Abfahrt in Molln. Aus dem Fenster schaut der bekannte Eisenbahnfotograf August Zopf aus Mondsee (25.5.1968). Fotos: Margarete Mayr (Slg. Johann Leutgeb)

Vierachsige Personenwagen aus Heeresfeldbahnbeständen

ÖBB '53	Herst.	Bauj.	HF-Nr.	ÖStB	nach Umb.	
C4/s 4001 (evtl. 4000?)	Bautzen	1940	P 701	B4/s 304	B4ip 3280	bei Kriegsende im Bereich der ehem. Heeresversuchsstelle Mittersill, im Juni 1945 an Zfst. Zell am See (pro forma als B4/s 304), am 6.6.1946 zum Umbau in die Hw Linz, anschließend Garsten (bis 26.7.1966), neuer Aufbau in Spantenoptik mit Ganzfenstern (Hw St. Pölten 1956-57), später mit Halbfenstern, ab 5.8.1966 Gurktalbahn, ab 2.9.1967 Gmünd, ausgemustert am 1.5.1998, danach aufgestellt beim Hotel Alpenhof in Puchenstuben, um 2012 über ebay an Ludger Guttwein für Museum Prora (Rügen), danach als Ersatzteilspender verschrottet
C4/s 4002 (evtl. 4001?)	Bautzen	1940	P 703	C4/s 305	B4ip 3281	bei Kriegsende abgestellt in Mittersill, im Juni 1945 an Zfst Zell am See (pro forma als C4i/s 305), am 6.6.1946 zum Umbau in die Hw Linz, danach in Garsten (bis 26.7.1966), neuer Aufbau in Spantenoptik (Hw St. Pölten 803/1957), ab 5.8.1966 auf der Gurktalbahn, ab 2.9.1967 in Gmünd/NÖ, am 12.12.2010 an NÖVOG für die Waldviertelbahnen, am 8.7.2015 an CFI bzw. Georg Hocevar (Brad, Rumänien), später an Österreichisches Filmarchiv
C4i/s 4010	Bautzen	1943	P 714	C4/s 714	B4ip 3180	sieben Fensterachsen je Seite, bei Kriegsende auf der Bregenzer Wald-Bahn vorhanden (Schleppbahn Steinbruch Reuthe bei Bezau), im Juni 1945 an Zfst Bregenz-Vorkloster (Nr. C4/s 714 angeschrieben), überführt 1946 zum Umbau in die Hw Linz, ab 19.9.1952 in Zell am See, dann Garsten, neuer Aufbau in Spantenoptik (Hw St. Pölten 1345/1963), danach Bregenz, ab 9.5.1983 in der Hw St. Pölten, dann Waidhofen/Ybbs, ab 22.5.1995 St. Pölten Alpenbahnhof, ab September 1995 in Zell am See, ab Herbst 1996 wieder St. Pölten, ausgemustert per 1.1.1997, danach verkauft an Club 760 (Freunde der Murtalbahn), am 8.8.1997 überführt nach Mauterndorf (Ba 47), im Januar 2015 verkauft an Marktgemeinde Stainz (Nr. B 47 „Schilcherland" bzw. „Pullmann-Wagon" Nr. 1)
C4i/s 4011	Bautzen	1943	P 715	C4/s 715	B4ip 3181	sieben Fensterachsen, bei Kriegsende in Mittersill, Juni 1945 an Zfst Zell a. S. (pro forma B4i/s 817, angeschrieben Nr. C4/s 715), am 6.6.1946 zum Umb. in die Hw Linz, dann Garsten, ab 28.5.1952 Bregenz (bis 1983), neuer Aufbau in Spantenoptik (Hw St. Pölten 1345/1963), ab 1983 Waidhofen/Y., ab 22.5.1995 St. Pölten Alpenbahnhof, ab Sommer 1995 Zell am See, ausgemustert per 1.1.1997, danach verkauft an Club 760 und direkt überführt zur Zillertalbahn („Kristallwagen" B4/s 47)
C4i/s 4012	Bautzen	1943	P 717	C4i/s 818	B4ip 3182	mit acht Fensterachsen, bei Kriegsende in Mittersill, im Juni 1945 an Zfst Zell am See (pro forma als C4i/s 818), am 6.6.1946 zum Umbau in die Hw Linz, dann Garsten, neuer Aufbau in Spantenoptik (Hw St. Pölten 1343/1963), dann Bregenz, ab 1983 Waidhofen/Y., ab 1992 leihweise in Kapfenberg, ab 22.5.1995 in St. Pölten Alpenbahnhof, ab September 1995 in Waidhofen/Ybbs, ab Sommer 1996 in Zell am See, ausgemustert per 1.1.1997, anschließend verkauft an Gurktal-Museumsbahn
B4i/s 4013	Bautzen	1943	P 724	C4i/s 819	B4ip 3183	mit acht Fensterachsen, bei Kriegsende abgestellt in Mittersill, im Juni 1945 an Zfst Zell am See (pro forma als C4i/s 819), am 6.6.1946 zum Umbau zur Hw Linz, dann Garsten, neuer Aufbau in Spantenoptik (Hw St. Pölten 1342/1963), danach in Bregenz, ab 1983 in Waidhofen/Ybbs, ab 22.5.1995 in St. Pölten, ab September 1995 wieder Ybbstalbahn, ausgemustert per 1.1.1997, danach verkauft an Club 760 (Freunde der Murtalbahn), am 8.8.1997 überführt nach Mauterndorf (Ba 48), im Januar 2015 verkauft an Marktgemeinde Stainz (Nr. B 48 „Rosenkogel" bzw. „Pullmann-Wagon" Nr. 2)

Gleich beide kurzen Heeresfeldbahnwagen, die noch in den ÖBB-Park gelangten, nämlich die P 701 und P 703 (noch mit den HF-Nummern!), führt die 298.14 im Zug GK 23 Garsten – Klaus mit, vor dem sie gegen 15.16 Uhr im Bahnhof Leonstein auf die Weiterfahrt wartet. Foto (9.8.1953): Alfred Luft

Bereits als „C4/s", aber noch mit der HF-Nr. 703 beschriftet, obwohl er 1945 von den ÖStB pro forma als B4/s 305 eingereiht worden war, steht der spätere C4/s 4002 mit 27 Sitzplätzen und 11,5 t Eigengewicht in Klaus (9.8.1953). Noch hat er am Perron eine Sicherungskette und keine Schutztür, und noch besitzt er keinen Wagenübergang. Das mittige schmale Fenster ist feststehend, während gegenüber vom Abort kein Fenster angeordnet wurde.

Rechts unten: Der geteilte Innenraum eines langen HF-Wagens am 6.8.1954 in Garsten. Die Notsitze sind in den Gang heruntergeklappt. Fotos: Alfred Luft

Sechs in der Schmalspurbahnszene Österreichs außergewöhnliche Personenwagen liefen früher im Steyrtal. Schon mit ihren überaus stabilen Preßrahmendrehgestellen (mit 1,30 m Achsstand, 50 cm Raddurchmesser und Gleitlagern), wie sie sonst überwiegend in Sachsen vorkamen, fielen sie aus der Reihe. Ursprünglich handelte es sich bei den 1940 und 1943 bei Linke-Hofmann-Busch in Bautzen konstruierten Fahrzeugen um 750-mm-spurige Heeresfeldbahnwagen der deutschen Wehrmacht.

Im Jahr 1940 baute LHB für das Heereswaffenamt des OKH einige Wagen mit 5,9 m Drehzapfenabstand, 11,2 m Länge über Puffer und 3,2 m Höhe. Hierauf folgten 1943 mehrere Wagen mit stattlichen 9,0 m Drehzapfenabstand und 14,6 m Länge, jedoch nur 2,9 m Höhe. Die „Langen" mit 42 festen Sitzplätzen entsprachen weitgehend den sächsischen „Einheitswagen" aus den Jahren 1929-32 mit freitragendem Aufbau aus Formstahl, ohne Sprengwerk. Zudem verfügten sie über abgerundete Dach-Stirnseiten, geschlossene Türblätter anstatt Scherengittern an den Plattformen, feldbahnartige Wolter-Balance-Kupplungen, mehrere Klappsitze, Zwischenwände mit Drehtüren, eine Handspindelbremse, eine Knorr-Druckluftbremse sowie einen neuartigen Mechanismus für die Fenster. Unter den „Langen" von 1943 gab es Wagen der 2. Klasse mit sechs Fenstern pro Längsseite und solche der 3. Klasse mit sieben Fenstern, jeweils zuzüglich Abortfenster in Wagenmitte. Einheitlich bei den langen Wagen waren die Niederdruckumlauf-Dampfheizung und die beiden Kohlenöfen. Für dienstliche Zwecke befand sich an einer der Stirnwände ein raumhoher verschließbarer Schrank.

Vorgesehen waren die südlich von Berlin im Eisenbahnpionierpark Rehagen-Klausdorf stationierten Wagen eigentlich für ein geplantes Schmalspurnetz mit rund 2.000 km Streckenlänge in den von der Wehrmacht eroberten Teilen der Sowjetunion, aber nach Stalingrad 1943 erübrigte sich das Vorhaben. Zum Einsatz kamen sie während des Krieges (soweit bekannt) lediglich in Nordost-Finnland auf der Strecke Hyrynsalmi – Kuusamo, nämlich vor allem im Fronturlauberverkehr. Als sich die deutschen Truppen im Herbst 1944 aus Finnland zurückzogen, nahmen sie die Wagen mit und brachten sie zurück nach Rehagen-Klausdorf. Anfang 1945 lagerte die Wehrmacht umfangreiches HF-Material nach Österreich aus, und zwar nicht nur Lokomotiven, sondern u.a. auch sechs Personenwagen. So gelangten fünf Stück auf die Anschlußbahn der Heeresversuchsstelle Mittersill an der Pinzgauer Lokalbahn, ein sechster (langer) wurde im Bregenzer Wald auf der Schleppbahn eines Steinbruchs in Reuthe bei Bezau deponiert.

Gleich nach Kriegsende wurden die Wagen pro forma den Zugförderungsstellen Zell am See bzw. Bregenz der ÖStB zugeteilt, dort aber nicht eingesetzt. Buchmäßig erhielten sie eine Nummer, die aber nur bei zwei Wagen angeschrieben wurde. Nachdem das Rechtliche geklärt worden war und die ÖBB die Fahrzeuge über die Österreichische Kontrollbank erworben hatten, begann im Juni 1946 in der Hauptwerkstätte Linz der Umbau. Durch Umpressen der Radscheiben erweiterte

Der Sechsfensterwagen B4i 4010 noch mit altem Aufbau in Garsten, ein Jahr vor seiner Modernisierung in St. Pölten und der Umsetzung nach Bregenz (zusammen mit den drei anderen „Langen"). Im Gegensatz zu den kurzen wurden die langen Heeresfeldbahnwagen schon bei der Adaptierung in Linz um 1946/47 mit einem Wagenübergang mit Scherengittern ausgestattet. Und im Gegensatz zu den Siebenfensterwagen B4ip 4012 und 4013 verfügten die Sechsfensterwagen B4ip 4010 und 4011 über Dachlüfter. Links das Dienstabteil mit dem schmalen Fenster gegenüber vom Dienstgutschrank. Holzborde zwischen den Fenstern dienten im Sitzraum als Gepäckablage. Foto (23.4.1962): Gerd Wolff (Bildarchiv der Eisenbahnstiftung)

man die Spurweite von 750 auf 760 mm, die Bremsausrüstungen wurden von Druck- auf Saugluft geändert und die langen Wagen erhielten Übergangsbühnen mit Scherengittern, wobei allerdings aufgrund des niedrigen Wagendaches lediglich eine Durchgangshöhe von 1,80 m verblieb – also kaum geeignet für groß gewachsene Personen.

Zum Einsatz kamen die früheren HF-Wagen in dieser Form vorerst überwiegend auf der Steyrtalbahn, später auch im Bregenzer Wald und im Pinzgau. Als sehr nachteilig erwies sich die Breite von nur 2,33 m, aber auch das Laufverhalten und der Fahrkomfort ließen zu wünschen übrig. So erhielten die kurzen HF-Wagen bereits 1956/57 in St. Pölten einen nunmehr 2,45 m breiten Neuaufbau mit geschlossenen Plattformen und anfangs mit Ganzfenstern. Auch wenn ihr Aufbau nicht nach dem Baukastenprinzip („Spanten") der normalspurigen Spantenwagen konstruiert war, so bürgerte sich wegen der optischen Ähnlichkeit bald auch für sie der Begriff „Spantenwagen" ein. Durch eine Verlängerung des Rahmens (man schnitt ihn auf und schweißte ein Zwischenstück ein) und der Montage anderer Puffer stieg die Gesamtlänge von 11,20 auf 11,95 m. In dieser modernen Form – ab 1963 mit Halbfenstern – liefen die Wagen noch bis 1966 auf der Steyrtalbahn, anschließend auf der Gurktalbahn und im Waldviertel. Drei Stück sind erhalten geblieben.

Die „Langen" wurden erst 1963 modernisiert, wobei sie einen 2,50 m breiten Wagenkasten mit Halbfenstern erhielten. Bei ihnen hingegen verkürzte man die Gesamtlänge, nämlich von 14,60 auf 13,10 m. Negativ war aber weiterhin der recht große Überhang zwischen Drehzapfen und Puffer, so daß die Wagen bei höherer Geschwindigkeit zum Schlingern neigten. Die Original-Drehgestelle bewährten sich derweil bis zuletzt. Zum Einsatz kamen die umgebauten „Langen" vor allem im Bregenzer Wald und Ybbstal, nur kurzzeitig im Pinzgau und von St. Pölten aus. Dort hatte man für die beim Personal wie auch beim Publikum nicht so beliebten einstigen HF-Wagen keine passende Verwendung. Zum Jahresende 1996, nach der Beschaffung der ersten Triebwagen für die ÖBB-Schmalspurbahnen, wurden sie allesamt weiterverkauft.

Gerade erst aus St. Pölten zurück, präsentiert sich der runderneuerte und verlängerte B4ip 3281 – nun mit geschlossenen Plattformen und (noch) Ganzfenstern – im Bahnhof Klaus. In diesem Outfit lief er noch neun Jahre im Steyrtal, dann wurde er nach Kärnten versetzt. Foto (4.8.1957): Alfred Luft

Vier Wagenbauarten unterschiedlicher Herkunft und mit unterschiedlichen Querschnitten beieinander im Bahnhof Klaus: Links der 2,45 m breite und 3,18 m hohe „Spantenwagen" Bi 3852 (urspr. Röwersdorf – Hotzenplotz), dann der 2,33 m breite und 2,90 m hohe Sachse Bi 4012 (urspr. Heeresfeldbahnen), am Zugschluß der 2,40 m breite und 3,165 m hohe sog. „Spantenwagen" B4ipho 3243 (ehem. Mariazellerbahn), weiter hinten der schmalbrüstige, nur 1,90 m breite und 2,84 m hohe Gerätewagen 97004 (ursprünglich Steyrthalbahn AG).
Foto (18.8.1961): Peter Schmied

Oben: Mit zwei Heeresfeldbahnern im Zugverband des GK 31 fährt die 298.105 auf Molln zu. Erst der lange B4i 4012 mit altem Aufbau, dahinter der kurze B4ip 3281 mit „Spantenaufbau", den er zwei/drei Jahre zuvor erhalten hat.
Foto (31.8.1959): Harald Navé

Die kurzen Heeresfeldbahner wieder vereint: Die B4ip 3280 und 3281 (noch mit Ganzfenstern, um die Landschaft optimal genießen zu können) im Zug GK 18 hinter der 298.102 nahe Frauenstein.
Foto (5.7.1963): Alfred Luft

Vierachsige „Spantenwagen“ von der Mariazellerbahn

Letzte Nr.	Herst.	Bauj.	NÖLB	BBÖ	DRB	ÖBB ab '53	
B4ipho 3153	Simm.	1912	Ca 422	Cah 632	C4 632 Wn	C4ipho 3012	Fabr.-Nr. 49358, Neuaufbau „Spanten“ mit Halbfenstern (Hw St. Pölten 1411/1963) als B4ipho 3153, weiter St. Pölten, um 1971-73 zeitweise in Garsten, am 12.12.2010 an NÖVOG für St. Pölten, verkauft 2015 an Bregenzerwald-Museumsbahn
B4ipho 3206^{II}	Simm.	1908	Ca 403	Cah 703	C4 703 Wn	C4ip 3206	Fabr.-Nr. 46577, Neuaufbau „Spanten“ mit Ganzfenstern (Hw St. Pölten 607/1955) als B4ipho 3254, weiter St. Pölten, ab 1963/64 als B4ip 3206^{II} mit Halbfenstern, ab 1974 Webastoheizung, dann Garsten, ab 1982 in St. Pölten mit Jaffa-Farben, am 12.12.2010 an NÖVOG, am 8.7.2015 an CFI / Hocevar (Brad / Crişcior, Rumänien)
B4ipho 3220	Graz	1908	Ba 77	Bah 120	Bah 120 Wn	C4iho 3200	zuerst 6 Fenster, Neuaufbau „Spanten“ mit Ganzfenstern (Hw St. Pölten 450/1954) als C4ipho 3247, weiter St. Pölten, später mit Halbfenstern, ab 1963/64 als B4ipho 3220^{II}, ab 1974 Webastoheizung, dann Garsten, ab 1982 Waidhofen/Y., ab 1984 in St. Pölten, am 12.12.2010 an NÖVOG, am 8.7.2015 an CFI / G. Hocevar (Brad), weiter an CFF (Moldoviţa, Rumänien), wieder mit offenen Plattformen
B4ipho 3240	Simm.	1912	Ca 446	Cah 656	C4 656 Wn	C4ipho 3036	Fabr.-Nr. 49382, Neuaufbau „Spanten“ mit Ganzfenstern (Hw St. Pölten 446/1954) als B4ipho 3240, weiterhin St. Pölten, ab 1970 Waidhofen/Y., ab 1973 Garsten, ab 1982 wieder in Waidhofen/Ybbs, ab 1987/88 als Buffetwagen WR4ip 5700(-5), am 12.12.2010 an NÖVOG, seit 2012 in Gmünd
B4ipho 3243	Simm.	1912	Ba 77^{II}	Bah 125	Bah 125 Wn	C4ipho 3002	Fabr.-Nr. 49499, Neuaufbau „Spanten“ mit Ganzfenstern (Hw St. Pölten 449/1954) als B4ipho 3243, ab spätestens 1961 in Garsten, danach Halbfenster, ab 1982 in Waidhofen/Y. bzw. St. Pölten, dann Zell a. S. am 1.7.2008 an Salzburger Lokalbahn, am 12.12.2010 an NÖVOG Gmünd, im Tausch gegen 3054 im Jahr 2013 an Privat für Waldviertler Schmalspurbahnverein (Heidenreichstein), mit Jaffa-Farbgebung

Um 1971-73 half im Steyrtal ein rotbrauner „Spantenwagen“ der Mariazellerbahn aus. Im Gegensatz zu den anderen in Garsten stationierten Fahrzeugen seiner Art war der B4ipho/s 3153 mit 13,5 t Leergewicht, 52 Sitzplätzen und Abort hier der einzige der großen Bauart mit 12,95 m LüP. Hier steht die 298.53 mit den Wagen 6495, 3243 und 3153 in Molln zur Rückfahrt bereit. Foto (16.7.1973): Jirvis Verhoef (Slg. Ludger Kenning)

Wie schon den BBÖ in den 20er Jahren, als daraufhin ein groß angelegtes Neubauprogramm der N28-Bauart begann, so verblieb ebenso den ÖBB nach dem 2. Weltkrieg ein veralteter, erneuerungsbedürftiger Wagenpark. Diesmal entschied man sich aber für einen Neuaufbau auf alten Fahrgestellen in „Spantenbauweise“. Angelehnt an die N28er entstanden 1948 in Knittelfeld die ersten Spantenwagen, überwiegend oblag deren Bau jedoch den Hauptwerkstätten St. Pölten und Simmering, nämlich in zwei- und vierachsiger, normal- und schmalspuriger Ausführung. Standardisiert war der „Spant“, eine Winkeleisenkonstruktion vom Profil des Wagenkastens und von der Länge einer Sitzgruppe. In unterschiedlicher Zahl – es gab fünf-, sechs- und siebenfenstrige Wagen – wurden die Spanten zusammengefügt und auf das in der Länge angepaßte Untergestell gesetzt. Sodann verkleidete man das Gerippe außen mit Blech, innen mit Hartfaserplatten. Neben offenen Plattformen, WC und Linoleumboden besaßen die ersten Wagen noch Holzlattenbänke, Gaslampen, Saugluftbremse, Dampfheizung und Fallfenster mit Holzrahmen. Mitte der 50er Jahre ging man zu Polsterbänken, elektrischer Beleuchtung, Druckluftbremse, Nhz/Elhz-Heizung und Halbfenstern mit Alurahmen über. Von 1949 bis 1962 entstanden auf diese Weise insgesamt 1.026 regelspurige zweiachsige Spantenwagen, ungefähr zur Hälfte in St. Pölten, zum Teil auch als Halbgepäckwagen.

1954 begann die Modernisierung sowohl der zwei- als auch der vierachsigen Schmalspurpersonenwagen, vorrangig der Vierachser der Mariazellerbahn. Das Baukastenprinzip mit Spanten war hier allerdings nicht sinnvoll, man wählte ein konventionelles eisernes Grundgerüst und verkleidete es innen wie außen analog zu den regelspurigen Spantenwagen. Sprengwerke waren damit hinfällig. Eher im Zufallsverfahren wurde der nächste in die Hw St. Pölten zur Hauptausbesserung einrückende Wagen mit einem solchen vorgefertigten Aufbau ausgerüstet. Kunststoffpolster und komplett zu öffnende Fall- bzw. Ganzfenster von 1,00 bzw. 1,11 m Breite waren obligatorisch. 1954-57 wurden auf diese Weise insgesamt 27 Vierachser modernisiert, davon sechs mit Gepäckabteil. Eingereiht wurden diese sogenannten „Spantenwagen“ mit 2,40 m Breite und 11,95 m Gesamtlänge in die Nummernserie 3200ff.

Die zweite Umbauphase begann 1959/60 und betraf die übrigen vierachsigen Personen- und Gepäckwagen. Man ging dazu über, den Aufbau um 10 cm zu verbreitern, Halb- anstelle von Ganzfenstern einzubauen und die Wagen um 1,00 m zu verlängern, indem man den Rahmen mittig aufschnitt und ein Paßstück einschweißte. Je nach Gattung und Drehgestellbauart wurden die 2,48 m breiten und 12,95 m langen Wagen in die Serien 2100, 3100 und 4100ff eingereiht. Ab 1965 erhielten gleichfalls die älteren Spantenvierachser derartige Halbfenster von nunmehr 1,10 m Breite.

Oben: Das klassische Fahrgefühl im „Spantenvierachser“ auf der Steyrtalbahn der 70er Jahre.
Foto (1979): Burkhard Wollny (Eisenbahnstiftung)

Links: Lang haben die Damen in der Kälte gewartet, jetzt geht es hinein in die „gute Stube“ mit der wohligen „aromatischen“ Webasto-Wärme.
Foto (Grünburg, 3.1.1979): Karsten Risch

Der B4ipho 3243 – hier im Bahnhof Klaus – war einer der ersten Mariazeller Vierachser, die 1954 in der Hw St. Pölten nach dem am 12.11.1953 von der Maschinendirektion genehmigten Konstruktionsplan einen Neuaufbau erhielten. Zugleich war er der erste nach Garsten umbeheimatete „Spantenwagen“ seiner Art. Ausgestattet war sein 2,40 m breiter Wagenkasten mit Abort und 52 Sitzplätzen sowie mit Ganzfenstern, und zwar auf der einen Wagenseite jeweils 1,00 m breit mit 36 cm Abstand, auf der anderen Seite 1,11 m breit mit 25 cm Abstand. Noch hängt er an der Dampfheizungsleitung und noch besitzt er ein Sprengwerk, obwohl die neue Konstruktion ein solches nicht mehr erfordert. Foto (18.8.1961): Peter Schmied

Unten: Der Wagen 3243 gut 14 Jahre später in den Steyrleithen bei der Pernzell. Nach 1965 hatte auch er die beim Publikum, das den freien Blick in die Landschaft zu schätzen weiß, recht unbeliebten Halbfenster erhalten. Auf der Steyrtalbahn blieb er bis zu ihrer Einstellung im Februar 1982 im Einsatz, dann lief er zeitweise im Ybbstal, auf der „Krumpen“ und im Pinzgau, wo er 2008 an die Salzburger Lokalbahn überging. Im poppigen Jaffa-Look fährt er heute gelegentlich im Waldviertel zwischen Heidenreichstein und Alt Nagelberg. Foto (1975): Ralf Schmidt (Slg. Ludger Kenning)

Oben: Die typische Personenzuggarnitur der Steyrtalbahn in den letzten acht Jahren (hinter der 298.56 in Neuzeug). Anstelle der bei der Mariazellerbahn üblichen elektrischen Widerstandsheizung erhielten die vier „Spantenvierachser“ vor der Umstationierung von St. Pölten nach Garsten jeweils eine Webasto-Standheizung. Deren äußere Klappe und das Dachauslaßgitter sehen wir am Wagen 3243 (rechts) beim dritten Fenster von rechts, am B4i 3240 beim mittleren.
Foto (28.5.1977): Alfred Moser

Rechts: Die B4i 3206 und 3243 des Zugpaares 3669/3668 während der mehr als einstündigen Pause in Grünburg.
Foto (26.7.1980): Ludger Kenning

Unten: Der Wagen 3206, hier in Garsten, behielt seine originalen Drehgestelle der Bauart 1908 mit Schraubenfedern. Eine derartige Bauart gab es bei den Personenwagen mit Dienst- oder Gepäckabteil sowie bei den Personenwagen 3100-3114 und 3200-3206. Der Grazer B4i 3220 (rechts) verfügt dagegen über Diamond-Drehgestelle.
Foto (1977): Karsten Risch (Eisenbahnstiftung)

Die stromlinienförmigen „Blunzenwagen“ von der Pinzgauer Lokalbahn – eine Episode

Letzte Nr.	Herst.	Bauj.	Fabr.-Nr.	BBÖ	DRB	ÖBB ab '53	
B4ip 3050	Simm.	1937	65840	Ca 745	C4i 803 Li	C4ip 3050	urspr. Cavt 1 der BBÖ bzw. PLB mit Bissel-Lenkachsen, seit spätestens 1954 mit Drehgestellen (Umbau in Schiffswerft Linz), ab 1974 in Garsten, im selben Jahr weiter nach Waidhofen/Y., zurück 1996 nach Zell am See, am 1.7.2008 an Salzburger Lokalbahn (Bs 301), moosgrün
B4ip 3067	Simm.	1940	66775		C4i 814 Li	C4ip 3067	ab Werk mit Drehgestellen, ab 1967 in Garsten, ab 1968 in Waidhofen/Y., zuletzt mit „Sparlack“, am 12.12.2010 an NÖVOG, abgestellt ab 2012 in Obergrafendorf, verkauft am 9.10.2013 an Salzburger Lokalbahn, Inbetriebnahme im November 2018 in Zell am See als Bs 307, Nostalgielack tannengrün
B4ip 3069	Simm.	1940	66777		C4i 816 Li	C4ip 3069	ab Werk mit Drehgestellen, ab 1967 in Garsten, ab 1968 in Waidhofen/Ybbs, zuletzt mit „Sparlack“, am 12.12.2010 an NÖVOG, dann abgestellt in Waidhofen, im Mai 2013 an ÖGLB bzw. NÖLB für Kienberg-Gaming
BDw4ip 4263	Simm.	1937	65843	CDa 754	CPw4 1104 Li	CPw4i 3083	ab Werk mit Bissel-Lenkachsen, spätestens seit 1954 mit Drehgestellen (Umbau in Schiffswerft Linz), ab 1963/64 als BDw4ip 4263, evtl. dann in Bregenz(?), ab 1967 in Garsten, ab 1968 in Waidhofen/Y., zuletzt mit „Sparlack“, am 12.12.2010 an NÖVOG, abgestellt ab 2012 in Obergrafendorf, am 13.9.2013 an Salzburger Lokalbahn, Inbetriebnahme im August 2018 als BDs 354, tannengrün

Um den Komfort für ihre Fahrgäste verbessern und die Reisegeschwindigkeit anheben zu können, beschaffte die Pinzgauer Lokalbahn im Jahr 1932 erstmals vierachsige Personenwagen. 1937 folgten von der Simmeringer Waggonfabrik sechs vollkommen neuartige Wagen, stromlinienförmig, teilweise mit Dienstabteil und allesamt mit Deichselgestellen ähnlich der damals neuen Gepäcktriebwagen der Reihe 2041. Die mittleren Achsen lagerten dabei fest, die äußeren liefen in je einer Deichsel. Das Laufverhalten der „Deichselwagen“ ließ aber ebenso zu wünschen übrig wie die Fahrsicherheit. Wenn die Rückstellfeder vereiste, ging sie nicht in die Grundstellung zurück, der Wagen entgleiste zwangsläufig. Auch das Befahren von Weichen und engen Bögen war problematisch. Die Nachlieferungen des Jahres 1940 – bereits unter DRB-Regie – besaßen daher bereits Drehgestelle, und zwar von den Linke-Hofmann-Werken in Breslau. Bis 1954 wurden ebenso die ersten sechs Wagen mit Drehgestellen ausgerüstet, nunmehr bei der Schiffswerft Linz. Danach prägten die eleganten Fahrzeuge – „Krimmlerwagen“ oder „Blunzenwagen“ wurden sie auch genannt – über viele Jahre hinweg den Personenverkehr zwischen Zell am See und Krimml. In den 60er Jahren wechselten die ersten „Blunzerln“ zu anderen Strecken, vor allem in den Bregenzer Wald und ins Ybbstal. Auf der Steyrtalbahn gaben vier von ihnen nur kurze Gastspiele, und zwar drei Stück um 1967/68, ein weiterer 1974. Anschließend gelangten sie alle zur Ybbstalbahn. Auf der Pinzgauer Lokalbahn kommen heute sieben prächtig restaurierte „Blunzerln“ im Nostalgieverkehr zum Einsatz.

Das kurze Gastspiel des Halbgepäckwagens BDw4ip 4263 im Steyrtal war vorbei, als er am Neujahrstag zusammen mit der ausgeschiedenen „29827“ im Bereich der Zfst Garsten stand. Er wechselte nun zur Ybbstalbahn und stand dort noch viele Jahre – zuletzt mit rot/weißem „Sparlack“ – im Einsatz. Auf Hochglanz gebracht und tannengrün lackiert läuft er heute als Nostalgiewagen auf der Pinzgauer Lokalbahn. Foto (1.1.1968): Ernst Kabelka

Die wenigen Aufnahmen der „Blunzen“ auf der Steyrtalbahn zeigen sie stets als Pärchen B4i / BD4i. Ein separater Dienstwagen war folglich nicht mehr nötig, dagegen der Postwagen zu jener Zeit sehr wohl. In den 60er Jahren kam es durchaus noch vor, daß an die Personenzüge nach Klaus bei Bedarf auch Güterwagen gekuppelt wurden. Ein solcher Zug nähert sich hier beim Herndlreith seinem Ziel. Foto: Roger J. Townsend (Slg. Ralf Kirion)

Unten: Mit den Stromlinienwagen wandelte sich das Bild im seinerzeit noch bis Klaus reichenden Personenverkehr der Steyrtalbahn. Die Frage, warum ihre Einsatzzeit hier so kurz bemessen war, läßt sich heute leider nicht mehr beantworten. Foto: John D. Whitcomb (Sammlung Patrick Aulbach)

Zweiachsige gedeckte Wagen aus dem Bestand der Steyrthalbahn AG

Hersteller jeweils k.k. priv. Wagenfabrik Johann Weitzer, Graz

StB urspr.	Baujahr	BBÖ ab 1931	DRB ab 1938	nach 1945	ÖBB ab 1954	Bemerkungen
gebremst, einseitig mit Plattform, mit 6.780 mm Gesamtlänge, 3,6 t Leer- und 6,0 t Ladegewicht						
G 40	1889	Gw 1155	Gw 5000 Li			Kriegsverlust 1939-45
G 41	1889	Gw 1156	Gw 5001 Li			Kriegsverlust 1939-45
G 42	1889	Gw 1157	Gw 5002 Li	Gw 5002	Gw 10050	ab 1968 in Bregenz, ab 7.8.1983 Pinzgau, ausgem. am 29.7.1987, dann BWB Bezau (Gerätewagen Gw 200)
G 43	1889	Gw 1158	Gw 5003 Li			Kriegsverlust 1939-45
ungebremst, ohne Plattform, mit 6.780 mm Gesamtlänge, 3,6 t Leer- und 6,0 t Ladegewicht						
G 44	1889	Gw 1159	Gw 5004 Li	Gw 5004	Gw 10080	ausgemustert 1968, Wagenk. an Privat, am 28.9.2001 an ÖGEG, vermietet 2018 an Café Rafaela (Grünburg)
G 45	1889	Gw 1160	Gw 5005 Li			Kriegsverlust 1939-45
G 46	18...	Gw 1161	Gw 5006 Li			Kriegsverlust 1939-45
G 47	1890	Gw 1162	Gw 5007 Li	Gw 5007	Gw 10081	ausgemustert am 15.6.1971
G 48	1890	Gw 1163	Gw 5008 Li			Kriegsverlust 1939-45
G 49	1890	Gw 1164	Gw 5009 Li	Gw 5009	Gw 10082	ausgemustert 1968, Wagenkasten aufgestellt 1972 in Großraming
G 50	1890	Gw 1165	Gw 5010 Li	Gw 5010	Gw 10083	ausgemustert am 14.9.1983, übereignet am 8.5.1984 an ÖGEG Steyrtalbahn
G 51	1890	Gw 1166	Gw 5011 Li	Gw 5011	Gw 10084	umgebaut im August 1951 in Feuerlöschwagen 98900, ab 15.6.1971 „Bahnhofwagen" 0050, verschrottet 1975
G 52	18...	Gw 1167	Gw 5012 Li			Kriegsverlust 1939-45
G 53	1891	Gw 1168	Gw 5013 Li	Gw 5013	Gw 10085	ausgemustert am 5.5.1983, übereignet am 8.5.1984 an ÖGEG Steyrtalbahn
gebremst, einseitig mit Plattform, mit 6.780 mm Gesamtlänge, 4,2 t Leer- und 6,0 t Ladegewicht						
G 54	1909	Gw 1169	Gw 5014 Li	Gw 5014	Gw 10060	ausgemustert am 14.9.1983, übereignet am 8.5.1984 an ÖGEG Steyrtalbahn
G 55	1909	Gw 1170	Gw 5015 Li	Gw 5015	Gw 10061	ausgemustert am 14.9.1983, am 8.5.1984 an ÖGEG Steyrtalbahn, verkauft am 30.10.1988 an Florianerbahn
G 56	1909	Gw 1171	Gw 5016 Li			Kriegsverlust 1939-45
G 57	1909	Gw 1172	Gw 5017 Li	Gw 5017	Gw 10062	ausgemustert am 14.9.1983, übereignet am 8.5.1984 an ÖGEG Steyrtalbahn
G 58	1912	Gw 1173	Gw 5018 Li	Gw 5018	Gw 10063	ausgemustert am 14.9.1983, übereignet am 8.5.1984 an ÖGEG Steyrtalbahn
G 59	1912	Gw 1174	Gw 5019 Li			
G 140	1912	Gw 1175	Gw 5020 Li	Gw 5020	Gw 10064	ausgemustert am 14.9.1983, übereignet am 8.5.1984 an ÖGEG Steyrtalbahn
G 141	1912	Gw 1176	Gw 5021 Li			Kriegsverlust 1939-45
G 142	1913	Gw 1177	Gw 5022 Li	Gw 5022	Gw 10065	ausgemustert am 5.5.1983, dann Verein der Modell-Dampfmaschinenfreunde (Linz), am 15.4.2005 an ÖGEG
G 143	1913	Gw 1178	Gw 5023 Li	Gw 5023	Gw 10066	ausgemustert am 15.12.1982
gebremst, einseitig mit Plattform, mit 6.780 mm Gesamtlänge, 3,6 t Leer- und 6,0 t Ladegewicht, zwei Dachlüfter, mit Tür zur Plattform sowie mit Längsbänken und Öllampen zum Einsatz als Behelfspersonenwagen						
Gc 250	1914	Gw 1179	Gw 5024 Li	Gw 5024	Gw 10067	ausgemustert am 15.12.1982, verkauft 1984 an ÖGLB Hirschwang (Gc 250), restauriert bis Mai 1989
Gc 251	1914	Gw 1180	Gw 5025 Li	Gw 5025	Gw 10068	ausgemustert am 15.12.1982, verkauft 1984 an ÖGLB (Gc 251), später Kienberg-Gaming
Gc 252	1914	Gw 1181	Gw 5026 Li	Gw 5026	Gw 10069	ab 1968 leihweise in Bregenz, ausgemustert am 31.8.1984, danach verkauft an VKEF Gurktalbahn
Gc 253	1914	Gw 1182	Gw 5027 Li	Gw 5027	Gw 10070	ausgemustert am 15.6.1971
Gc 254	1915	Gw 1183	Gw 5028 Li	Gw 5028	Gw 10071	ausgemustert am 14.9.1983, übereignet am 8.5.1984 an ÖGEG Steyrtalbahn
Gc 255	1915	Gw 1184	Gw 5029 Li	Gw 5029	Gw 10072	ausgemustert 14.9.1983, übereignet 8.5.1984 an ÖGEG, später Denkmal Gemeinde Klaus
Gc 256	1915	Gw 1185	Gw 5030 Li	Gw 5030	Gw 10073	ausgemustert am 14.9.1983, übereignet am 8.5.1984 an ÖGEG Steyrtalbahn
Gc 257	1915	Gw 1186	Gw 5031 Li	Gw 5031	Gw 10074	ausgemustert am 15.12.1982 oder 20.12.1983, danach verkauft an VKEF Gurktalbahn

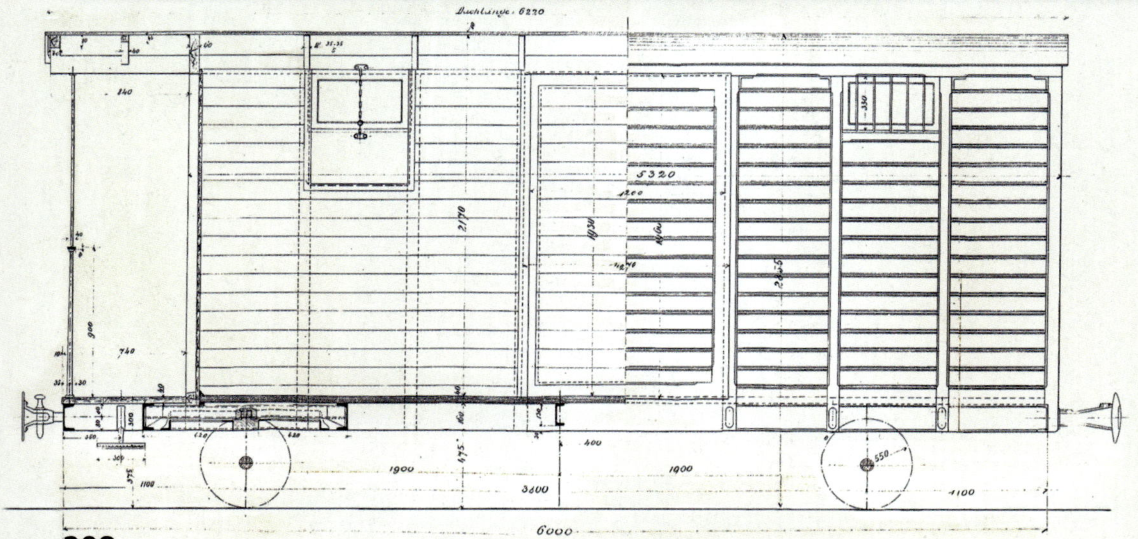

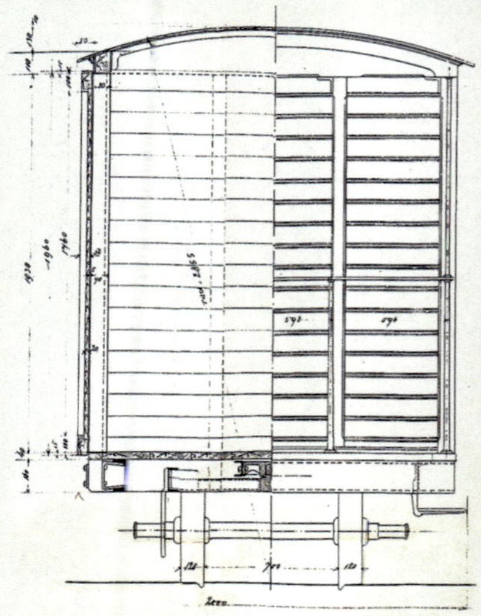

Dem Gw/s 10071 sah man zuletzt nicht mehr an, daß er anfänglich als Behelfspersonenwagen mit herausnehmbaren Sitzbänken konzipiert war. Foto (Grünburg, 24.5.1973): Hans-Dieter Jahr (Sammlung Wolfgang Röder / Eisenbahnstiftung)

Rechts Mitte: Ältester noch heute existierender gedeckter Güterwagen aus dem Bestand der Steyrthalbahn AG ist der Gw/s 200 der Bregenzerwald-Museumsbahn. Die heutige Nummer ist nicht authentisch, ursprünglich lief er als G 42, nach 1954 als Gw 10050 auf der Steyrtalbahn. Foto (6.8.2016): Markus Strässle

Linke Seite unten: Konstruktionsplan der Firma Joh. Weitzer vom April 1889 eines gedeckten Güterwagens für die Steyrthalbahn AG mit sächsischen Lenkachsen, Schmid'scher Schraubenbremse, 3,80 m Radstand, 8,82 m² Ladefläche, 18,0 m³ Laderaum, 6,0 t Tragkraft sowie 3,2 t Eigengewicht. Quelle: Österreichisches Staatsarchiv

Unten links: Größenvergleich zwischen dem Gw/s 10065 (links; Graz 1913, urspr. Steyrthalbahn AG) und dem Gw/s 10252 (Simmering 1920, ehem. Ybbstal) in Untergrünburg. Foto (27.4.1973): Werner Fritthum

Unten rechts: Der Gw/s 10081 aus dem Jahr 1890 besaß weder Bremse noch Plattform, dafür jedoch eine Ladefläche von immerhin 10,06 m². Foto (Bahnhof Klaus, Juni 1958): Reinhard Todt (Slg. Roland Feraric)

Der frühere G 51 wurde schon 1951 in Gw 10084 umgezeichnet und noch im selben Jahr zum Feuerlöschwagen 98900 umfunktioniert. Angeschrieben war zuletzt „Feuerlöschwagen" und gleichzeitig „Bahnhofwagen 0050", als solcher diente er ab 15.6.1971. Wo er früher für die Noteinsätze bereitgehalten wurde, wartete er nun auf die Verschrottung. Fotos: Alfred Luft (5.8.1957; links), Werner Fritthum (19.4.1975)

Der Gw/s 10068 (ehem. Gc 251, Graz 1914) eingereiht in einen Güterzug in Waldneukirchen. Auf den Achslagerdeckeln ist das Kürzel „StB" noch erkennbar, jedoch die beiden Dachlüfter hat er längst verloren. Foto (18.6.1969): Gerd Wolff

Der Gw/s 10066 (ehem. G 143) mit 3,77 t Leer- und 6,0 t Ladegewicht, Bremsanlage sowie Plattform mit Handspindelbremse entstammte der dritten Lieferung seiner Gattung aus den Jahren 1909-13. Die Leitungen und Kupplungsschläuche für die Saugluftbremse bekamen viele G-Wagen erst in den 60er Jahren nachgerüstet. Angebunden an die Friktionsbremse waren die meisten Güterwagen nicht. Foto (8.8.1956): Alfred Luft

Rechts: Eingereiht als Stückgutwagen in den Güterzug Klaus – Garsten wird der Gw/s 10250 am Mollner Frachtenmagazin beladen. Der 1928 aus einem offenen der Gattung Jk umgebaute Wagen war einer von acht gedeckten Güterwagen, die während des 2. Weltkriegs von der Ybbstal- zur Steyrtalbahn umbeheimatet wurden. Bei einer Gesamtlänge von 7.600 mm brachte er es auf ein Leergewicht von immerhin 5,18 t, ein Ladegewicht von 7,5 t und eine Ladefläche von 12,46 m². Er befindet sich noch heute auf den Gleisen der Steyrtalbahn. Foto (26.7.1979): Alfred Moser

Zweiachsige gedeckte Wagen von anderen Schmalspurbahnen

ÖBB ab '54	Herst.	Bauj.	BBÖ ab '31	DRB ab '38	Bemerkungen
Gw 10035	Graz	1896	Gw 1192	Gw 5006 Li	urspr. Pinzgauer Lokalbahn G 209, ab 1943 in Garsten als Gw 5006^{II} Li, ausgemustert 1969
Gwd 10040	Graz	1898	Gw 1150	Gw 1150 Wn	urspr. NÖLB G 115, ab 1899 als G 254, ab 1905 als G 753, ab 1916 zeitweise Steinbeisbahn, ab 1921 als BBÖ G 753, nach 1940 umgesetzt von St. Pölten nach Garsten, ausgemustert am 14.9.1983, verkauft am 8.5.1984 an ÖGEG
Gwd 10207	Simm.	1922	Gw 1194	Gw 5008 Li	(lt. anderer Quelle Grazer Wf) urspr. Pinzgau G 271, ab 1943 in Garsten als Gw 5032 Li, ab 1968 Bregenz, ab 16.8.1983 St. Pölten, ausgemustert 31.12.1984, schon vorher an ÖGLB Hirschwang (G 271), seit Mai 1990 in Kienberg
Gwd 10208	Simm.	1922	Gw 1195	Gw 5009 Li	urspr. Pinzgau G 272, ab 1943 in Garsten als Gw 5033 Li, ab 1968 Bregenz, ab 11.8.1983 in Zell am See für Nostalgieverkehr, ab 1986 mit Nr. 10208-2, ausgemustert am 29.7.1987, anschließend verkauft an Bregenzerwald-Museumsbahn (Nr. 201), umgebaut zum Di 02, weitergegeben 2010 an Kulturverein Bahnhof Andelsbuch
Gwd 10209	Simm.	1922	Gw 1196	Gw 5010 Li	urspr. Pinzgau G 273, ab 1943 in Garsten als Gw 5037 Li, ausgemustert am 15.12.1982
(D 6495)	Simm.	1922	Gw 1197	Gw 5011 Li	urspr. Pinzgau G 274, ab 1943 in Garsten als Gw 5038 Li, umgebaut 1952 zum Gepäckwagen Pwh 6495, ab 1963 mit Nr. Dho 6495, ausgemustert am 22.4.1986, versehentlich in der Hw St. Pölten zerschnitten
Gwd 10210	Simm.	1924	Gw 1198	Gw 5012 Li	urspr. Pinzgau G 275, ab 1943 in Garsten als Gw 5041 Li, ausgemustert 15.12.1982, verkauft 1984 an ÖGLB (G 275)
Gwd 10211	Simm.	1924	Gw 1200	Gw 5014 Li	urspr. Pinzgau G 277, ab 1943 Garsten als Gw 5039 Li, ab 1968 Bregenz, ab 11.8.1983 Zell a. See, ausgemustert zwischen 1988 und 2001, dann an Nostalgiebahnen in Kärnten (NBiK), heute Imbißstand am Lendkanal in Klagenfurt
Gw 10217	Simm.	1924	Gw 1206	Gw 5015 Li	Fabrik-Nr. 60432, urspr. St. Pölten als BBÖ G 713, ab etwa 1934-38 Zell am See, ab 1942/43 in Garsten als Gw 5040 Li, ausgemustert am 14.9.1983, verkauft 1988 an ÖGEG Steyrtalbahn, umgebaut zum Barwagen WR 5917
Gw 10225	Graz	1896	Gw 1213	Gw 5000 Li	urspr. Ybbstal G 104, ab 1943 in Garsten als Gw 5034 Li, ab spätestens 1960 in Bregenz, ab 27.6.1983 in Gmünd, ausgemustert am 29.5.1987, danach verkauft an Verein Kärntner Eisenbahnfreunde (VKEF) für Gurktalbahn
Gw 10238	Graz	1900	Gw 1223	Gw 5010 Li	urspr. Ybbstal G 158, ab 1943/44 in Garsten als Gw 5046 Li, vor 1963 zurück nach Waidhofen, ausgem. am 30.3.1984
Gw 10239	Graz	1903	Gw 1227	Gw 5014 Li	urspr. Ybbstal G 190, ab 1943 in Garsten als Gw 5035 Li, ausgemustert 14.9.1983, übereignet am 8.5.1984 an ÖGEG
Gw 10240	Graz	1903	Gw 1228	Gw 5015 Li	urspr. Ybbstal G 191, ab 1943 in Garsten als Gw 5036 Li, ausgemustert 14.9.1983, übereignet am 8.5.1984 an ÖGEG
Gw 10250	Simm.	1920	Gw 1229	Gw 5016 Li	urspr. Ybbstalbahn als offener Wagen Jk 192, Umb. 1928 in geschlossenen G 192, ab 1943 in Garsten als Gw 5042 Li, ausgemustert am 14.9.1983, übereignet am 8.5.1984 an ÖGEG für Steyrtal-Museumsbahn
Gw 10251	Simm.	1920	Gw 1230	Gw 5017 Li	urspr. Ybbstalbahn als offener Wagen Jk 193, Umb. 1928 in geschlossenen G 193, ab 1943 in Garsten als Gw 5043 Li, ausgemustert am 31.12.1984, schon vorher an ÖGLB für Hirschwang (G 193)
Gw 10252	Simm.	1920	Gw 1231	Gw 5018 Li	urspr. Ybbstalbahn als offener Wagen Jk 194, Umb. 1928 in geschlossenen G 194, ab 1943 in Garsten als Gw 5044 Li, ausgemustert am 31.12.1984, schon vorher an ÖGLB für Hirschwang (G 194), später nach Kienberg-Gaming
Gw 10253	Simm.	1920	Gw 1232	Gw 5019 Li	urspr. Ybbstalbahn als offener Wagen Jk 195, umgebaut 1928 in gedeckten G 195, ab 1943 in Garsten als Gw 5045 Li, zurück 1983 nach Waidhofen an der Ybbs, ausgemustert am 13.12.1988, danach verschrottet

Zum Anfangsbestand der Pielachtalbahn hatte der 1898 gebaute Gw/s 10040 einst gehört, während des 1. Weltkriegs war er sogar zum Kriegsdienst nach Bosnien abberufen worden, ehe er um 1940 als einziger jener ehemaligen NÖLB-Serie von St. Pölten abgegeben wurde, nämlich zur Steyrtalbahn. Bis zu deren Einstellung stand er hier im Einsatz. Schließlich war er einer jener 44 Güterwagen, die im Frühjahr 1984 durch ÖGEG-Aktive noch rechtzeitig vor dem Gleisrückbau von Klaus nach Waldneukirchen überführt wurden. Auf dieser Aufnahme aus Garsten besitzt er einen Speichen- und einen Scheibenradsatz, ganz offensichtlich mit unterschiedlichen Durchmessern.
Foto (8.8.1956): Alfred Luft

1942/43 stationierte die DRB die vollzählige Pinzgauer G-Wagen-Serie der Baujahre 1922/24 von Zell am See nach Garsten um (einer wurde bereits 1944 nach Osten abgegeben). Sie verfügten jeweils über zwei Endbühnen, gut 5,0 t Eigen- und 8,0 t Ladegewicht, 12,4 m² Ladefläche und 6,86 m Gesamtlänge.
Foto (31.8.1968): Peter Schmied

Für die stetig zunehmenden Steyrtalfahrten des Fremdenverkehrsverbands Steyr wurde Mitte der 70er Jahre der Gw/s 10210 zum Begleitwagen umgebaut, mit einem Dienstabteil mit Fenster versehen und grün lackiert, galt es doch, in den langen, rege frequentierten Sonderzügen umfangreiche Utensilien und Proviantvorräte mitzuführen, um die Gäste z.B. beim Steyrdurchbruch ausgiebig bewirten zu können.
Foto (24.7.1980): Markus Strässle

Der 1924 gebaute Gw/s 10217 verbrachte seine ersten Jahre auf der Mariazellerbahn und der Krumpen, über den Pinzgau gelangte er um 1942/43 ins Steyrtal. Die ÖGEG baute auf seinem Untergestell den Barwagen WR/s 5917 auf. Foto (Klaus, 6.6.1969): Ralf Schmidt (Slg. Ludger Kenning)

Unten: In Grünburg wartet der Güterzug nach Garsten in der Abendsonne die Kreuzung mit dem P 3673 ab. Als Stückgutsammler dient der Gw/s 10253, der 1920 im Ybbstal als offener Wagen in Dienst gestellt und 1928 zum gedeckten Wagen umgebaut worden war. Ab 1943 lief er auf der Steyrtalbahn. Nach deren Stillegung kehrte er ins Ybbstal zurück, wo er seine letzten fünf Dienstjahre verbrachte. Foto (5.7.1976): Ludger Kenning

Zweiachsige offene Wagen aus dem Bestand der Steyrthalbahn AG

Hersteller jeweils
k.k. priv. Wagenfabrik
Johann Weitzer, Graz

Niederbordwagen der Gattung Jn: ohne Bremse und ohne Plattform, mit Drehschemel und Sprengwerk, 6.920 mm Gesamtlänge, 550 mm Raddurchmesser, 3,0 t Leer- und 6,0 t Ladegewicht

St.B.	Bauj.	BBÖ ab '31	DRB ab '38	nach ab '45	ÖBB ab '54	
Jn 60	1889	Nw 2560	Hw 11002 Li	Hw 11002	Hw 20052	umgebaut 1938 in Schemelwagen Sw 8402 ohne Bordwände, ausgemustert 1968
Jn 61	1889	Nw 2561	Hw 11003 Li			umgebaut 1938 in Schemelwagen Sw 8403 ohne Bordwände, Kriegsverlust 1939-45
Jn 62	1889	Nw 2562	Hw 11000 Li	Hw 11000	Hw 20051	umgebaut 1938 in Schemelwagen Sw 8400 ohne Bordwände, ausgemustert 1968
Jn 63	1889	Nw 2563	Rw 10300 Li			spätestens 1938 umgebaut in Kesselwagen, Kriegsverlust 1939-45
Jn 64	1889	Nw 2564	Rw 10301 Li			spätestens 1938 umgebaut in Kesselwagen, Kriegsverlust 1939-45
Jn 65	1889	Nw 2565	Rw 10302 Li	Rw 10302	Hw 20050	spätestens 1938 umgebaut in Kesselwagen, ausgemustert 1968
Jn 66	1889	Nw 2566	Rw 10303 Li			spätestens 1938 umgebaut in Kesselwagen, Kriegsverlust 1939-45
Jn 67	1889	Nw 2567	Hw 11001 Li			umgebaut 1938 in Schemelwagen Sw 8401 ohne Bordwände, Kriegsverlust 1939-45

Hochbordwagen Gattung Jk: ohne Bremse, ohne Plattform, 6.920 mm Gesamtlänge, 550 mm Raddurchm., 3,2 t Leer- und 6,0 t Ladegewicht

St.B.	Bauj.	BBÖ ab '31	DRB ab '38	nach ab '45	ÖBB ab '54	
Jk 68	1889	Owr 3280	Ow 10500 Li			Kriegsverlust 1939-45
Jk 69	1889	Owr 3281	Ow 10501 Li			nach 1945 ausgemustert bei den ÖBB
Jk 70	1889	Owr 3282	Ow 10502 Li			nach 1945 ausgemustert bei den ÖBB
Jk 71	1889	Owr 3283	Ow 10503 Li			nach 1945 ausgemustert bei den ÖBB
Jk 72	1889	Owr 3284	Ow 10504 Li			Kriegsverlust 1939-45
Jk 73	1889	Owr 3285	Ow 10505 Li			Kriegsverlust 1939-45
Jk 74	1889	Owr 3286	Ow 10506 Li			Kriegsverlust 1939-45
Jk 75	1889	Owr 3287	Ow 10507 Li	Ow 10507	Ow 60010	spätestens 1960 nach St. Pölten, ausgemustert 1962
Jk 76	1889	Owr 3288	Ow 10508 Li			nach 1945 ausgemustert bei den ÖBB
Jk 77	1889	Owr 3289	Ow 10509 Li			Kriegsverlust 1939-45
Jk 78	1889	Owr 3290	Ow 10510 Li			Kriegsverlust 1939-45
Jk 79	1889	Owr 3291	Ow 10511 Li	Ow 10511	Ow 60011	ab 18.9.1967 als Bahnhofswagen 0040
Jk 80	1890	Owr 3292	Ow 10512 Li	Ow 10512	Ow 60012	mit Drehschemel, ausgemustert 1968
Jk 81	1890	Owr 3293	Ow 10513 Li			mit Drehschemel, Kriegsverlust 1939-45
Jk 82	1890	Owr 3294	Ow 10514 Li			mit Drehschemel, Kriegsverlust 1939-45
Jk 83	1890	Owr 3295	Ow 10515 Li			mit Drehschemel, Kriegsverlust 1939-45
Jk 84	1890	Owr 3296	Ow 10516 Li			mit Drehschemel, Kriegsverlust 1939-45
Jk 85	1890	Owr 3297	Ow 10517 Li	Ow 10517	Ow 60013	mit Drehschemel, ab 18.9.1967 als Bahnhofswagen 0041
Jk 86	1890	Owr 3298	Ow 10518 Li			mit Drehschemel, Kriegsverlust 1939-45
Jk 87	1890	Owr 3299	Ow 10519 Li			mit Drehschemel, nach 1945 ausgemustert bei den ÖBB
Jk 88	1890	Owr 3300	Ow 10520 Li			Kriegsverlust 1939-45
Jk 89	1890	Owr 3301	Ow 10521 Li	Ow 10521	Ow 60014	ab 18.9.1967 als Bahnhofswagen 0042, veräußert 1984 an ÖGLB für Hirschwang (Jk 89)
Jk 90	1890	Owr 3302	Ow 10522 Li	Ow 10522	Ow 60015	ab 18.9.1967 als Bahnhofswagen 0043
Jk 91	1890	Owr 3303	Ow 10523 Li	Ow 10523	Ow 60016	ab 18.9.1967 als Bahnhofswagen 0044
Jk 92	1890	Owr 3304	Ow 10524 Li			Kriegsverlust 1939-45
Jk 93	1890	Owr 3305	Ow 10525 Li	Ow 10525	Ow 60017	ausgemustert 1970
Jk 94	1890	Owr 3306	Ow 10526 Li	Ow 10526	Ow 60018	ausgemustert 1967
Jk 95	1890	Owr 3307	Ow 10527 Li			Kriegsverlust 1939-45
Jk 96	1890	Owr 3308	Ow 10528 Li	Ow 10528	Ow 60019	ausgemustert 1967
Jk 97	1890	Owr 3309	Ow 10529 Li	Ow 10529	Ow 60020	verkauft 1968 an Zillertalbahn (Xw 605), ausgemustert 1970
Jk 98	1891	Owr 3310	Ow 10530 Li			nach 1945 ausgemustert bei den ÖBB
Jk 99	1891	Owr 3311	Ow 10531 Li	Ow 10531	Ow 60021	ab 18.9.1967 als Bahnhofswagen 0045, Untergestell später an ÖGEG für Steyrtal-Museumsbahn
Jk 160	1891	Owr 3312	Ow 10532 Li	Ow 10532	Ow 60022	ab 18.9.1967 als Bahnhofswagen 0046
Jk 161	1891	Owr 3313	Ow 10533 Li			Kriegsverlust 1939-45
Jk 162	1891	Owr 3314	Ow 10534 Li	Ow 10534	Ow 60023	ausgemustert 1970
Jk 163	1891	Owr 3315	Ow 10535 Li	Ow 10535	Ow 60024	verkauft 1968 an Zillertalbahn (Xw 606), ausgemustert 1970
Jk 164	1891	Owr 3316	Ow 10536 Li	Ow 10536	Ow 60025	ausgemustert 15.12.1982, veräußert 1984 an ÖGLB Hirschwang (Jk 164) sowie am 29.9.2009 an ÖGEG
Jk 165	1891	Owr 3317	Ow 10537 Li	Ow 10537	Ow 60026	ausgemustert 1968
Jk 166	1891	Owr 3318	Ow 10538 Li	Ow 10538	Ow 60027	ausgemustert 1967 (oder 15.12.1982?), veräußert am 8.5.1984 an ÖGEG Hirschwang, umgebaut in X 902
Jk 167	1891	Owr 3319	Ow 10539 Li	Ow 10539	Ow 60028	ausgemustert 1967
Jk 168	1891	Owr 3320	Ow 10540 Li	Ow 10540	Ow 60029	ausgemustert 1970
Jk 169	1891	Owr 3321	Ow 10541 Li	Ow 10541	Ow 60030	ausgemustert 1968 (oder aber 15.6.1971?)

Hochbordwagen Gattung Jk: ohne Bremse, ohne Plattform, 6.780 mm Gesamtlänge, 600 mm Raddurchm., 3,2 t Leer- und 6,0 t Ladegewicht

St.B.	Bauj.	BBÖ ab '31	DRB ab '38	nach ab '45	ÖBB ab '54	
Jk 170	1897	Owr 3322	Ow 10542 Li	Ow 10542	Ow 60031	ausgemustert 1968
Jk 171	1897	Owr 3323	Ow 10543 Li	Ow 10543	Ow 60032	verkauft 1968 an Zillertalbahn (Xw 607), ausgemustert 1970
Jk 172	1897	Owr 3324	Ow 10544 Li	Ow 10544	Ow 60033	ausgemustert 1970
Jk 173	1897	Owr 3325	Ow 10545 Li	Ow 10545	Ow 60034	ausgemustert 1969
Jk 174	1897	Owr 3326	Ow 10546 Li	Ow 10546	Ow 60035	ab 18.9.1967 als Bahnhofswagen 0047
Jk 175	1897	Owr 3327	Ow 10547 Li			nach 1945 ausgemustert bei den ÖBB

St.B.	Bauj.	BBÖ ab '31	DRB ab '38	nach 1945	ÖBB ab '54	
Jk 184	1912	Owr 3335	Ow 10555 Li	Ow 10555	Ow 60036	ab 18.9.1967 als Bahnhofswagen 0048
Jk 185	1912	Owr 3336	Ow 10556 Li	Ow 10556	Ow 60037	ausgemustert am 15.12.1982, veräußert am 8.5.1984 an ÖGEG Steyrtal, später verschrottet nach Unfall
Jk 186	1912	Owr 3337	Ow 10557 Li	Ow 10557	Ow 60038	ausgemustert am 15.12.1982
Jk 187	1912	Owr 3338	Ow 10558 Li			Kriegsverlust 1939-45
Jk 188	1912	Owr 3339	Ow 10559 Li	Ow 10559	Ow 60039	ausgemustert am 15.12.1982
Jk 189	1912	Owr 3340	Ow 10560 Li	Ow 10560	Ow 60040	ausgemustert am 15.12.1982, veräußert 1984 an ÖGLB Hirschwang (Jk 189) und am 5.5.2007 an ÖGEG
Jk 190	1912	Owr 3341	Ow 10561 Li	Ow 10561	Ow 60041	ausgemustert am 15.12.1982
Jk 191	1912	Owr 3342	Ow 10562 Li	Ow 10562	Ow 60042	ausgemustert am 14.9.1983, veräußert 1984 an ÖGLB für Hirschwang (Jk 191)
Jk 192	1912	Owr 3343	Ow 10563 Li	Ow 10563	Ow 60043	ausgemustert am 15.12.1982, veräußert am 8.5.1984 an ÖGEG, umgebaut 1996 in 96210 mit Hubsteiger
Jk 193	1912	Owr 3344	Ow 10564 Li	Ow 10564		vor 1954 ausgemustert
Jk 260	1914	Owr 3351	Ow 10571 Li	Ow 10571	Ow 60047	ausgemustert 1967
Jk 261	1914	Owr 3352	Ow 10572 Li	Ow 10572	Ow 60048	ausgemustert am 15.12.1982, veräußert am 8.5.1984 an ÖGEG für Steyrtal-Museumsbahn
Jk 262	1914	Owr 3353	Ow 10573 Li	Ow 10573	Ow 60049	ausgemustert am 15.12.1982, veräußert am 8.5.1984 an ÖGEG Steyrtalbahn, umgebaut in Flachwagen
Jk 263	1915	Owr 3354	Ow 10574 Li	Ow 10574	Ow 60050	ausgemustert am 15.12.1982, veräußert am 8.5.1984 an ÖGEG, Untergestell noch vorhanden
Jk 264	1915	Owr 3355	Ow 10575 Li	Ow 10575	Ow 60051	ab 18.9.1967 als Bahnhofswagen 0049
Jk 265	1915	Owr 3356	Ow 10576 Li	Ow 10576	Ow 60052	ausgemustert am 15.12.1982
Jk 266	1915	Owr 3357	Ow 10577 Li	Ow 10577	Ow 60053	ausgemustert am 15.12.1982
Jk 267	1915	Owr 3358	Ow 10578 Li	Ow 10578	Ow 60054	ausgemustert am 15.12.1982, Untergestell am 8.5.1984 an ÖGEG Steyrtalbahn

Hochbordwagen Gattung Jk: mit Bremse und einer Plattform, 6.780 mm Gesamtlänge, 600 mm Raddurchm., 3,6 t Leer- und 6,0 t Ladegewicht

St.B.	Bauj.	BBÖ ab '31	DRB ab '38	nach 1945	ÖBB ab '54	
Jk 176	1907	Owr 3328	Ow 10548 Li	Ow 10548	Ow 60000	mit Drehschemel, ausgemustert am 15.12.1982, veräußert am 8.5.1984 an ÖGEG, umgebaut in 97013
Jk 177	1907	Owr 3329	Ow 10549 Li	Ow 10549	Ow 60001	mit Drehschemel, ausgemustert am 15.12.1982
Jk 178	1907	Owr 3330	Ow 10550 Li	Ow 10550	Ow 60002	mit Drehschemel, ausgemustert am 15.12.1982, veräußert 1984 an ÖGLB für Hirschwang (Jk 178)
Jk 179	1907	Owr 3331	Ow 10551 Li	Ow 10551	Ow 60003	mit Drehschemel, ausgemustert am 15.12.1982, am 8.5.1984 an ÖGEG, umgebaut 1986 in Sw 30061
Jk 180	1907	Owr 3332	Ow 10552 Li			mit Drehschemel, Kriegsverlust 1939-45
Jk 181	1907	Owr 2568	Rw 10304 Li	Rw 10304	Nw 40050	Drehschemel, vor 1938 umgebaut in Kesselwagen, vor 1954 umgeb. in Niederbordwagen, ausgemustert 14.9.1983, veräußert 1984 an ÖGLB (Jk 181), am 19.7.1993 an Stainzer Lokalbahn sowie 1997 an ÖGEG
Jk 182	1912	Owr 3333	Ow 10553 Li	Ow 10553	Ow 60004	ausgemustert am 15.12.1982, Untergestell am 8.5.1984 an ÖGEG für Steyrtal-Museumsbahn
Jk 183	1912	Owr 3334	Ow 10554 Li	Ow 10554	Ow 60005	ausgemustert am 15.12.1982, veräußert am 8.5.1984 an ÖGEG für Steyrtal-Museumsbahn
Jk 194	1913	Owr 3345	Ow 10565 Li			Kriegsverlust 1939-45
Jk 195	1913	Owr 3346	Ow 10566 Li	Ow 10566	Ow 60006	ausgemustert am 14.9.1983
Jk 196	1914	Owr 3347	Ow 10567 Li	Ow 10567	Ow 60044	ausgemustert am 15.12.1982, danach veräußert an VKEF für Gurktalbahn sowie am 30.4.2003 an ÖGEG
Jk 197	1914	Owr 3348	Ow 10568 Li	Ow 10568	Ow 60045	ausgemustert am 15.12.1982
Jk 198	1914	Owr 3349	Ow 10569 Li	Ow 10569	Ow 60046	ausgemustert am 15.12.1982, veräußert am 8.5.1984 an ÖGEG, umgebaut 1986 in Nw 40027
Jk 199	1914	Owr 3350	Ow 10570 Li			Kriegsverlust 1939-45
Jk 268	1915	Owr 3359	Ow 10579 Li	Ow 10579	Ow 60055	ausgemustert am 15.12.1982, veräußert am 8.5.1984 an ÖGEG für Steyrtal-Museumsbahn
Jk 269	1915	Owr 3360	Ow 10580 Li			Kriegsverlust 1939-45
Jk 270	1915	Owr 3361	Ow 10581 Li	Ow 10581	Ow 60056	ausgemustert am 15.12.1982, veräußert am 8.5.1984 an ÖGEG, umgebaut 1996 in Schotterwagen 91750
Jk 271	1915	Owr 3362	Ow 10582 Li	Ow 10582	Ow 60057	ausgemustert am 15.12.1982

Kohlenwagen der Gattung K für die Anschlußbahn Reithoffer in Sarning: mit Bremse und einer Plattform, 6.780 mm Gesamtlänge, 600 mm Raddurchmesser, 4,4 t Leer- und 5,6 t Ladegewicht

St.B.	Bauj.	BBÖ ab '31	DRB ab '38	nach 1945	ÖBB ab '54	
K 291	1911	Kw 7060	70000 Li	70000	Nw 40051	vor 1954 umgebaut in Niederbordwagen, ausgemustert 1969
K 292	1911	Kw 7061	70001 Li	70001	Nw 40052	vor 1954 umgebaut in Niederbordwagen, ausgemustert am 14.9.1983, danach an VKEF für Gurktalbahn
K 293	1911	Kw 7062	70002 Li	70002	Nw 40053	vor 1954 umgebaut in Niederbordwagen, ausgemustert am 14.9.1983

Entgleisung in der Pernzell im Frühjahr 1978: Auch der Ow 60003 aus dem Jahr 1907 ist darin verwickelt. Seiner Bordwände entledigt befindet er sich heute im ÖGEG-Bestand der Steyrtalbahn. Foto: Margarete Mayr (Sammlung Johann Leutgeb)

Auf den neuen Ladegleisen des Bahnhofs Molln wurde der vom Berneggerschen Stoanaverkehr gezeichnete Ow/s 60003 von der 498.07 abgestoßen, der Verschieber bzw. Güterzugschaffner steht auf der Bremserbühne bereit, um den Wagen passend zum Stehen zu bringen. Die tiefe Nummer täuscht, tatsächlich wurde der ursprüngliche „Jk“ erst 1907 gebaut. Bei der Umzeichnung im Jahr 1954 gingen die ÖBB nicht nach dem Alter der Wagen vor, so erhielten 1889 gebaute O-Wagen mitunter eine höhere Nummer als die nach der Jahrhundertwende in Dienst gestellten.
Foto (8.9.1966): Peter Schmied

Der 1889 von der Grazer Wagenfabrik von Johann Weitzer gebaute Ow/s 60 011, hier an der Steinverladung in Molln, stammte aus der Erstausstattung der Steyrthalbahn AG, die bis 1915 insgesamt 84 Wagen der Gattung Jk mit 6,78 bzw. 6,92 m Länge über Puffer sowie 6,0 t Ladegewicht beschaffte. 1938 waren von ihnen auf der Steyrtalbahn noch 56 Stück vorhanden.
Foto (25.5.1960): Reinhard Todt (Sammlung Roland Feraric)

Unten: Auf den 2.2.1889 datiert ist diese Konstruktionszeichnung der Firma Weitzer eines offenen Wagens mit 10,74 m² Ladefläche und einem Laderaum von 3,22 m³ bei Niederbord- bzw. 9,67 m³ bei Hochbordwänden, außerdem wiederum mit gekuppelten Lenkachsen sächsischer Art. Das Gewicht der „Lowry“ ist mit 2,7 t angegeben, als Hochborder mit 2,9 t, also abweichend von den Angaben in späteren Statistiken.
Quelle: Österreichisches Staatsarchiv

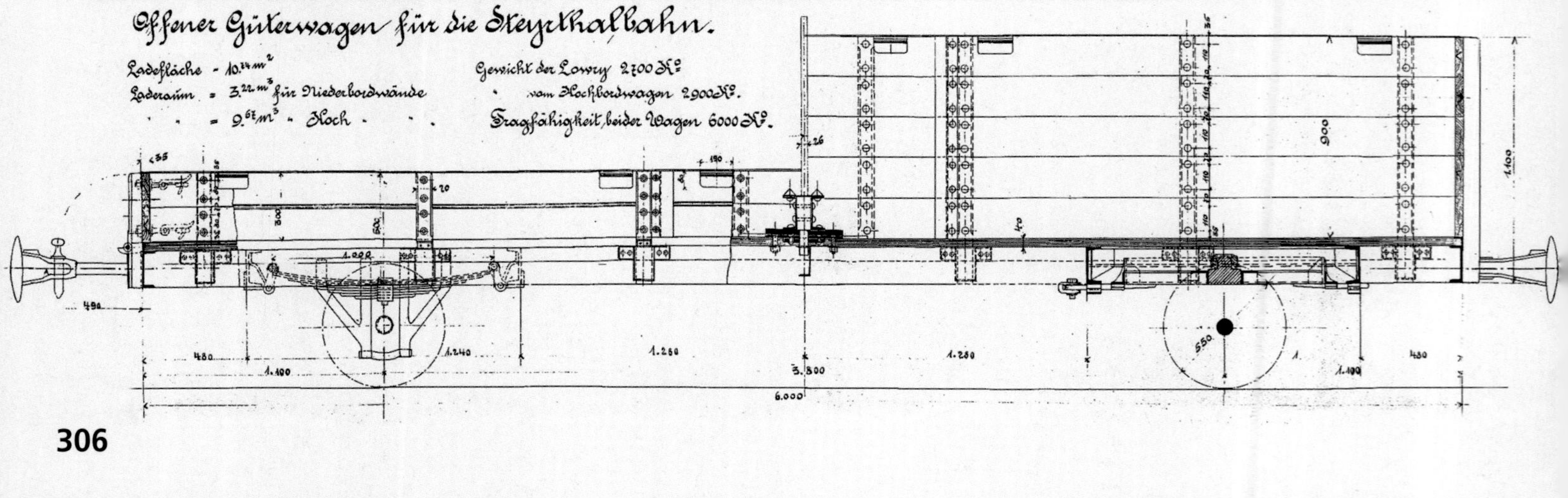

Der Ow/s 60030 (urspr. Jk 169) war das letzte Exemplar von insgesamt 42 Hochbordwagen aus den Jahren 1889-91 ohne Bremse, ohne Bremserbühne, jedoch der größeren Ausführung mit 6,92 m Gesamtlänge, abnehmbaren Bordwänden und einsteckbaren Rungen. Angeschrieben sind 10,7 m² Ladefläche, 3,34 t Leergewicht und 6,3 t Tragfähigkeit. Auf dieser Aufnahme aus Garsten steht seine Ausmusterung unmittelbar bevor. Foto (1.9.1968): Peter Schmied

Draufsicht eines Fahrwerks ohne Aufbau mit einer Lenkachse und der diagonalen Kupplung zwischen den Achsgestellen. Foto (Sierninghofen, 16.5.1968): Harald Herrmann

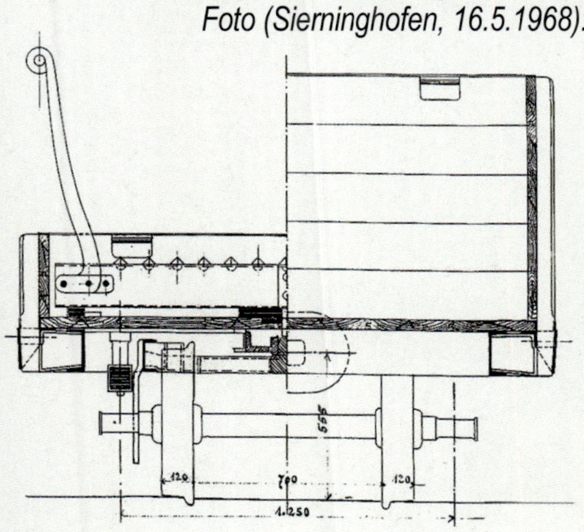

Hier die Ausführung mit Drehschemel, der bei vielen Wagen jedoch mit der Zeit ausgebaut wurde, weil er die Verwendbarkeit des Wagens doch sehr einschränkte.

Unten: Dieser Ausschnitt aus einer Konstruktionszeichnung der Grazer Waggon- und Maschinenfabriks-AG vorm. Joh. Weitzer vom 16.4.1907 eines Jk-Wagens mit abnehmbaren Bordwänden, freien Lenkachsen, achtklötziger Spindelbremse und Schmid'scher Schraubenbremse – jeweils mit detaillierten Bremswertangaben – widerlegt die verbreitete These, daß bei der Steyrtalbahn ausschließlich die Personen-, Post-, Gepäck- bzw. Dienstwagen an die Friktionsbremse („Schnürlbremse“) angebunden gewesen seien. Quelle: Österreichisches Staatsarchiv

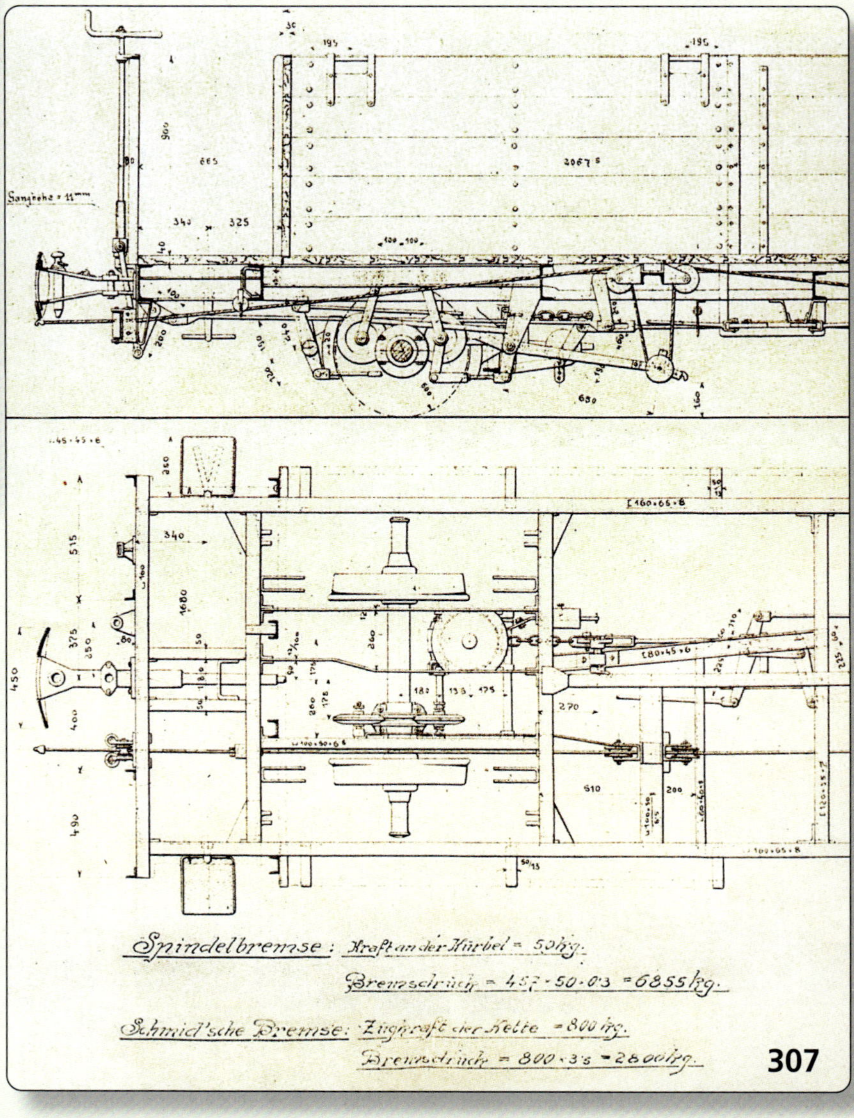

Dieser im Jahr 1907 als Jk 181 in Dienst gestellte offene Wagen erfuhr mit der Zeit so manchen Umbau und Besitzerwechsel. Ausgeliefert wurde er als Kippstock- bzw. Drehschemelwagen mit halbhohen Bordwänden, ab den 30er Jahren fungierte er als Kesselwagen, dann ersetzte man die Seilzug- durch die Saugluftbremse und später reduzierte man seinen Aufbau auf einen Niederbordwagen. Er erlebte noch die Einstellung der Steyrtalbahn, gelangte dann nach Hirschwang und Stainz, ehe er im Jahr 1997 ins Steyrtal heimkehrte. Foto (1975): Margarete Mayr (Slg. Johann Leutgeb)

Unten: Der 1914 kurz vor Kriegsbeginn an die Steyrthalbahn AG gelieferte Jk 198 (später ÖBB Ow 60046) war einer jener 44 Wagen, die im Mai 1984 kurz vor dem Streckenabriß durch die ÖGEG mit einem Traktor von Klaus nach Waldneukirchen geholt wurden. Foto (29.5.1971): Alfred Moser

Alle drei ursprünglich für den Anschlußverkehr zur Firma Reithoffer in Sarning beschafften Kohlenwagen wurden noch vor 1954 zu Niederbordwagen umfunktioniert. Einer schied 1969, die anderen beiden erst 1983 aus. Auch der gebremste Nw/s 40053 mit 3,08 t Leergewicht, 6,3 t Tragfähigkeit und 9,44 m² Ladefläche erlebte die Stillegung der Steyrtalbahn noch mit. Foto (Molln, 16.5.1968): Harald Herrmann

Unten: In der Agonitz strebt der Verschubgüterzug aufwärts nach Klaus. Die vertikalen und horizontalen Durchbiegungen der Wagen zeugen von der enormen Belastung, der sie im tonnagestarken Holzverkehr der Steyrtalbahn ausgesetzt waren. Foto (Januar 1977): Hans Faust

Zwei- und dreiachsige offene Wagen von anderen Schmalspurbahnen

Zweiachsige Drehschemel- bzw. Kippstockwagen sowie Plateauwagen, jeweils ab 1943 auf der Steyrtalbahn

ÖBB ab '54	Herst.	Bauj.	BBÖ ab '31	DRB ab '38	Bemerkungen
Hw 20000	Graz	1897	Swnr 8420	Hw 11000 Li	urspr. Pinzgau Jhn 219, ab 1943 in Garsten als Hw 11006^{II} Li, spätestens 1960 nach Bregenz, umgebaut 1963 oder 1969 in Sw 30060, ausgemustert 1970
Hw 20010	Graz	1898	Swnr 8432	Hw 11012 Li	urspr. Lokalbahn Bärn-Andersdorf – Hof (Ondrášov – Dvorce na Moravě) Jhn 213, ab 1907 im Pinzgau Jhn 235, ab 1943 in Garsten als Hw 11012 Li, ausgemustert am 15.12.1982, veräußert 1984 an ÖGEG Steyrtalbahn, umgebaut 2004
Hw 20203	Graz	1898	Sw 8193	Hw 11003 Li	urspr. Ybbstal Jhn 134, ab 1943 in Garsten als Hw 11004^{II} Li, ausgemustert 15.12.1982, veräußert am 8.5.1984 an ÖGEG
Hw 20236	Graz	1898	Sw 8200	Hw 11010 Li	urspr. Ybbstalbahn Jhn 144, ab 1943 in Garsten als Nw 11005^{II} Li, ausgemustert am 31.12.1971
Sw 30050	Graz	1897	Swnr 8421	Hw 11001 Li	urspr. Pinzgauer Lokalbahn Jhn 222, ab 1943 in Garsten als Hw 11007^{II} Li, ausgemustert 1970
Sw 30051	Graz	1897	Swnr 8422	Hw 11002 Li	urspr. Pinzgauer Lokalbahn Jhn 223, ab 1943 in Garsten als Hw 11008^{II} Li, ausgemustert 1970
Sw 30052	Graz	1897	Swnr 8423	Hw 11003 Li	urspr. Pinzgau Jhn 224, ab 1943 in Garsten als Hw 11009^{II} Li, ausgemustert am 14.9.1983, veräußert 1984 an ÖGLB
Sw 30053	Graz	1897	Swnr 8428	Hw 11008 Li	urspr. Pinzgauer Lokalbahn Jhn 230, ab 1943 in Garsten als Hw 11010^{II} Li, ausgemustert 1970
Sw 30054	Graz	1897	Swnr 8429	Hw 11009 Li	urspr. Pinzgau Jhn 231, ab 1943 in Garsten als Hw 11011^{II} Li, ausgemustert am 15.12.1982, veräußert 1984 an ÖGLB

Zweiachsige offene Wagen

ÖBB ab '54	Herst.	Bauj.	BBÖ ab '31	DRB ab '38	Bemerkungen
Ow 60077	Graz	1901	Owr 3147	Ow 10501 Li	urspr. Pielachtal NÖLB Jk 355^{II}, ausgemustert 15.12.1982, veräußert am 8.5.1984 an ÖGEG, umgebaut in Nw 40028
Ow 60095	Graz	1897	Kw 7070	Ow 10548 Li	urspr. Pinzgauer Lokalbahn K 213, ab 1967 in Garsten, ausgemustert am 15.12.1982
Ow 60200	Graz	1898	Owr 3230	Ow 10500 Li	urspr. Ybbstal Jk 145, ab 1942 in Garsten als Ow 10593 Li, ausgemustert 15.12.1982, veräußert 8.5.1984 an ÖGEG
Ow 60201	Graz	1898	Owr 3231	Ow 10501 Li	urspr. Ybbstalbahn Jk 146, ab 1942 in Garsten als Ow 10594 Li, ausgemustert am 15.12.1982, veräußert am 8.5.1984 an ÖGEG für Steyrtal-Museumsbahn, Untergestell verwendet für Aufbau des Bi 3672
Ow 60202	Graz	1898	Owr 3232	Ow 10502 Li	urspr. Ybbstalbahn Jk 148, ab 1942 in Garsten als Ow 10595 Li, ausgemustert 1969
Ow 60210	Graz	1898	Owr 3233	Ow 10503 Li	urspr. Ybbstalbahn Jk 150, ab 1942 in Garsten als Ow 10596 Li, ausgemustert am 15.12.1982
Ow 60211	Graz	1898	Owr 3234	Ow 10504 Li	urspr. Ybbstal Jk 151, ab 1942 Garsten Ow 10597 Li, abg. 15.12.1982, am 8.5.1984 an ÖGEG, Umb. 1990 in Sommerwagen
Ow 60270	Simm.	1922	Owr 3202	Ow 10505 Li	urspr. Pinzgauer Lokalbahn Jk 251, ab 1943 in Garsten als Ow 10583 Li, ausgemustert 1963 oder 1969
Ow 60271	Simm.	1922	Owr 3203	Ow 10506 Li	urspr. Pinzgauer Lokalbahn Jk 252, ab 1943 in Garsten als Ow 10584 Li, ausgemustert am 15.12.1982, veräußert am 8.5.1984 an ÖGEG für Steyrtal-Museumsbahn, umgebaut 2004 in Hw 20010
Ow 60272	Simm.	1922	Owr 3204	Ow 10507 Li	urspr. Pinzgauer Lokalbahn Jk 253, ab 1943 in Garsten als Ow 10585 Li, ausgemustert 1970
Ow 60273	Simm.	1922	Owr 3205	Ow 10508 Li	urspr. Pinzgau Jk 254, ab 1943 in Garsten als Ow 10586 Li, umgebaut 1975/76 zum „Faßlwagen" BRw/s 5999, verkauft 1983 an die Zillertalbahn (B 29), ausgemustert am 31.12.1999
Ow 60274	Simm.	1922	Owr 3206	Ow 10509 Li	urspr. Pinzgau Jk 255, ab 1943 in Garsten als Ow 10587 Li, ausgem. am 15.12.1982, Untergestell am 8.5.1984 an ÖGEG
Ow 60275	Simm.	1922	Owr 3207	Ow 10510 Li	urspr. Pinzgauer Lokalbahn Jk 256, ab 1943 in Garsten als Ow 10588 Li, ausgemustert am 15.12.1982, veräußert am 8.5.1984 an ÖGEG für Steyrtal-Museumsbahn, umgebaut 1989 in Bi 3604 (Rahmen verlängert)
Ow 60276	Simm.	1922	Owr 3208	Ow 10511 Li	urspr. Pinzgauer Lokalbahn Jk 257, ab 1967 in Garsten, ausgemustert am 15.12.1982
Ow 60278	Simm.	1922	Owr 3210	Ow 10513 Li	urspr. Pinzgau Jk 259, ab 1943 in Garsten als Ow 10589 Li, ausgem. 15.12.1982, veräußert 1982 an VKEF Gurktalbahn
Ow 60279	Simm.	1922	Owr 3211	Ow 10514 Li	urspr. Pinzgauer Lokalbahn Jk 260, ab 1943 in Garsten als Ow 10590 Li, ausgemustert am 31.12.1971
Ow 60282	Simm.	1924	Owr 3224	Ow 10525 Li	Fabr.-Nr. 31904, urspr. Pinzgau Jk 302, ab 1967 in Garsten, ausgemustert 15.12.1982, veräußert am 8.5.1984 an ÖGEG
Ow 60283	Simm.	1924	Owr 3228		urspr. St. Pölten / BBÖ Jk 904, um 1943 nach Garsten, ausgemustert am 15.12.1982, danach an ÖGEG Steyrtalbahn
Olw 60300	Simm.	1922	Owr 3212	Ow 10515 Li	urspr. Pinzgau Jk 261, ab 1943 Garsten als Ow 10591 Li, ausgem. am 15.12.1982, Untergestell am 8.5.1984 an ÖGEG
Olw 60301	Simm.	1922	Owr 3213	Ow 10516 Li	urspr. Pinzgauer Lokalbahn Jk 262, ab 1943 in Garsten als Ow 10592 Li, ausgemustert am 15.12.1982, verkauft an die Florianerbahn sowie (nur Untergestell) am 14.5.2005 übereignet an die ÖGEG für Steyrtal-Museumsbahn
O 61052	Simm.	1920	Or 4336	Ow 10530 Li	Fabr.-Nr. 58090, urspr. St. Pölten / NÖLB Jk 932, vor 1933 zum Pinzgau, ab 1943 in Garsten als Ow 10598 Li, umgebaut 1956 bei SGP Graz in Hilfsbremswagen für Waldviertelnetz, ab 17.4.1958 mit Nr. 98012, verschrottet 1984 in Gmünd
O 61055	Simm.	1920	Or 4340	Ow 10531 Li	Fabr.-Nr. 58094, urspr. St. Pölten / NÖLB Jk 936, vor 1933 zum Waldviertel, nach 1933 zum Pinzgau, ab 1943 in Garsten als Ow 10599 Li, ausgemustert am 15.12.1982
O 61059	Simm.	1920	Or 4344	Ow 10532 Li	Fabr.-Nr. 58098, urspr. St. Pölten / NÖLB Parteiwagen Jk 0940, vor 1933 zum Pinzgau, ab 1943 in Garsten als Ow 10600 Li, ausgemustert am 15.12.1982, verkauft an die Gemeinde Klaus sowie (nur Untergestell) am 18.10.1994 an die ÖGEG
O 61061	Simm.	1920	Or 4346	Ow 10534 Li	Fabr.-Nr. 58066, urspr. St. Pölten / NÖLB Jk 950^{II}, vor 1933 zum Pinzgau, etwa ab 1943 in Garsten als Ow 10601 Li, ausgemustert am 15.12.1982, Untergestell am 8.5.1984 an ÖGEG für Steyrtal-Museumsbahn
O 61062	Simm.	1920	Or 4348	Ow 10535 Li	Fabr.-Nr. 58068, urspr. St. Pölten / NÖLB Jk 952, vor 1933 zum Pinzgau, etwa ab 1943 in Garsten als Ow 10602 Li, ausgemustert am 14.9.1983, veräußert 1984 an ÖGLB für Hirschwang sowie 2015 an JHMD (Kamenice nad Lipou)
O 61065	Simm.	1920	Or 4351	Ow 10537 Li	Fabr.-Nr. 58071, urspr. St. P. / NÖLB Jk 955, vor 1933 zum Pinzgau, ab 1943 Garsten als Ow 10603 Li, ausgem. 15.12.1982
O 61067	Simm.	1920	Or 4353	Ow 10539 Li	Fabr.-Nr. 58073, urspr. St. Pölten / NÖLB Jk 957, vor 1933 zum Waldviertel, nach 1933 zum Pinzgau, ab 1943 in Garsten als Ow 10604 Li, ausgemustert am 14.9.1983, Untergestell veräußert am 8.5.1984 an ÖGEG, inzwischen verschrottet
Ow 70200	Graz	1896	Kw 7073	Ow 10558 Li	urspr. Ybbstalbahn K 111, ab 1942/43 in Garsten als Ow 10605 Li, ausgemustert am 15.12.1982, veräußert am 8.5.1984 an ÖGEG für Steyrtal-Museumsbahn, Rahmen verlängert und 1995 verwendet für den Aufbau des Bi 3628
Ow 70201	Graz	1896	Kw 7074	Ow 10559 Li	urspr. Ybbstalbahn K 112, ab 1942/43 in Garsten als Ow 10606 Li, ausgemustert am 15.12.1982
Ow 70202	Graz	1896	Kw 7075	Ow 10560 Li	urspr. Ybbstalbahn K 113, ab 1942/43 in Garsten als Ow 10607 Li, ausgemustert 15.12.1982, veräußert 1984 an ÖGLB

Dreiachser aus Heeresfeldbahnbeständen, jeweils ab 1918 im Pinzgau und ab 1967 in Garsten

ÖBB ab '54	Herst.	Bauj.	BBÖ ab '31	DRB ab '38	Bemerkungen
Ol 71603	Graz	1917	Ol 5783	Ow 10543 Li	urspr. HF 761-163, dann Pinzgau Jke 761-163, ausgemustert am 14.9.1983, veräußert am 8.5.1984 an ÖGEG Steyrtal
Ol 71604	Graz	1917	Ol 5784	Ow 10544 Li	urspr. HF 761-163, dann Pinzgau Jke 761-164, ausgemustert am 14.9.1983, veräußert 1984 an VKEF für Gurktalbahn
Ol 71605	Graz	1917	Ol 5785	Ow 10545 Li	urspr. HF 761-163, dann Pinzgau Jke 761-168, ausgem. 14.9.1983, am 8.5.1984 an ÖGEG, verschrottet am 22.8.2001
Ol 71606	Graz	1917	Ol 5786	Ow 10546 Li	urspr. HF 761-163, dann Pinzgau Jke 761-169, ausgemustert 14.9.1983, danach ÖGLB Hirschwang, später Kienberg-G.
Ol 71607	Graz	1917	Ol 5787	Ow 10547 Li	urspr. HF 761-163, dann Pinzgau Jke 761-170, ausgemustert 1969

Dem Schienentransport dienen hier die Wagen Sw/s 30050 (ex Pinzgau) und Hw/s 20236 (ex Ybbstal), jeweils mit Sprengwerk. Beide waren 1943 ins Steyrtal gekommen, beide schieden 1970/71 aus. Durch die einsteckbaren Bordwände und Rungen ist ersterer vielfältig verwendbar, als Schemel-, Plateau- wie auch als Niederbordwagen. Letzterer – auch Drehschemel- oder Kippstockwagen genannt – ist dagegen nicht solo einsetzbar. Foto (Klaus, 28.6.1968): Peter Schmied

Ebenso die Drehschemel- bzw. Kippstockwagen Hw/s 20203 und 20010 (jeweils Graz 1898) mit 6,66 m Gesamtlänge, 3,70 m Achsstand, 3,53 t Leergewicht und 8,4 t Tragfähigkeit waren 1943 ins Steyrtal gekommen, beide gingen letztlich an die Museumsbahn über. Letzterer lief früher in Mähren und kam 1907 in den Pinzgau. Foto (Steyr Lokal, 21.7.2019): Markus Strässle

Unten: Einsatzbilder der Drehschemel- bzw. Kippstockwagen auf der Steyrtalbahn sind selten. Da sie nur paarweise einsetzbar waren, dürfte es sich um eine Überführungsfahrt handeln. Foto (Grünburg 10.6.1972): Werner Fritthum (TAÖ)

Oben: Der Ow/s 10603 (ÖBB 61065) war einer jener sieben Wagen mit 7,53 m (mit Bremserbühne) bzw. 7,03 m (o. Brb.) Gesamtlänge, 620 mm Raddurchmesser, 13,35 m² Ladefläche sowie 3,45 t Leer- und 10,0 t Ladegewicht, die 1920 in Simmering für St. Pölten gebaut worden waren, um 1933 teils über Gmünd, teils direkt in den Pinzgau umbeheimatet wurden und schließlich 1943 nach Garsten kamen. Foto (6.8.1954): Alfred Luft

Der Ow/s 60283, dessen Lebenslauf mit Fragezeichen verbunden ist, hat in der Pernzell der Belastung nicht standgehalten und mußte geleichtert werden. Mit einem Bautzener Wagen ist der Mollner MBW zu Hilfe gekommen. Foto (1978): Margarete Mayr

Unten: Beim Abbau der Flügelstrecke kamen u.a. die Ow 60275 (links) und Ow 71606 für den Abtransport des Materials zum Einsatz. Der Zweiachser war ein Ur-Pinzgauer, der Dreiachser war einst für die k.u.k. Heeresfeldbahn gebaut worden und lief ebenfalls lange Zeit im Pinzgau. Foto (Sierninghofen, 16.5.1968): Harald Herrmann

Den Altersunterschied von 24 Jahren sieht man den Wagen 60300 und 60200 nicht an. Der linke (mit 4,34 t Leer- und 8,0 t Ladegewicht) war 1922 in Simmering für die Pinzgauer Lokalbahn, der rechte (mit 3,86 t Leer- und 6,0 t Ladegewicht) im Jahr 1898 in Graz für die Ybbstalbahn gebaut worden. Auch sie kamen während des 2. Weltkriegs zur Steyrtalbahn und fanden nach 1982 bei der ÖGEG eine Weiterverwendung. Foto (Klaus, 19.6.1969): Gerd Wolff (Bildarchiv der Eisenbahnstiftung)

Unten: Per 1.1.1977 waren auf der Steyrtalbahn immerhin 63 zweiachsige Hochbord-, Schemel-, Rungen- und Niederbordwagen vorhanden. Es war ein bunt zusammengewürfelter Wagenpark vielfältiger Herkunft und unterschiedlicher Längen, Bordwandhöhen, Tragfähigkeiten, Ausstattungen, Einsetzbarkeiten und schließlich auch Erhaltungszustände. Foto (Unterleonstein, 27.7.1969): Ralf Schmidt (Sammlung Ludger Kenning)

Die Ybbstalbahn beschaffte 1896 acht Kohlewagen mit Blechborden, 6,65 m LüP, 600 mm Raddurchmesser, 8,0 t Ladegewicht und seitlichen, nach unten zu öffnenden Entladeklappen. Die vier gebremsten mit Bremserbühne und 3,93 t Eigengewicht kamen 1942/43 zur Steyrtalbahn, einer wurde 1953 zum Schlackenwagen 91000 umfunktioniert, die anderen wurden noch bis 1982 hauptsächlich für die Sand- und Kiestransporte bereitgehalten.

Aus Heeresfeldbahnbeständen übernahm die Pinzgauer Lokalbahn kurz vor Ende des 1. Weltkriegs acht dreiachsige Hochbordwagen mit 9,02 m Gesamtlänge, 620 mm Raddurchmesser, 17,0 m² Ladefläche, 6,0 t Leer- und 10,0 t Ladegewicht. Wo die ersten drei nach Kriegsbeginn 1939 verblieben, ist unklar, die anderen fünf wechselten jedenfalls 1967 nach Garsten. Einer schied 1969 aus, die verbliebenen vier erlebten noch das Ende der Steyrtalbahn und sind allesamt erhalten geblieben. Fotos (Molln, 10.6.1972): Werner Fritthum

Unten: Gleich neun hoch mit Holz beladene offene Wagen führt der Güterzug mit, als er sich in der Agonitz hinter dem Gasthof Schoißengeier daran macht, den Anstieg zum Steyrdurchbruch zu erklimmen. Foto (1969): Ralf Schmidt (Slg. Ludger Kenning)

Auf Initiative des Bahnhofswirtes von Steyr Lokalbahn (er hatte auch schon den Buffetwagen 3614 eingerichtet), wurde in den Jahren 1975/76 auf der Basis des Ow 60273 (Simmering 1922) der „Faßlwagen" 5999 aufgebaut. In der Hütte mit Satteldach und Veranda befindet sich die Bar, während im Holzfaß ein großer Tisch mit umlaufender gepolsterter Sitzbank einem geselligen Beisammensein dient. Nach Einstellung der Steyrtalbahn fand er bei der Zillertalbahn eine neue Verwendung. Die meiste Zeit verbringt der Wagen B/s 29 heutzutage in der Halle, zum Einsatz kommt er allenfalls noch einmal im Jahr beim „Gauder-Zug" Anfang Mai. Foto (1976): Ralf Schmidt (Sammlung Ludger Kenning)

Unten: Der „Faßlwagen" am Zugschluß einer „Steyrtalfahrt" des Fremdenverkehrsverbands Steyr beim Halt „im" Unterhaus. Foto (Juli 1976): Hans Faust

Die großen Bautzener Vierachser

jeweils gebaut 1941 bis 1943 bei der Waggon- und Maschinenfabrik AG vorm. Busch in Bautzen (Sachsen)

Die gedeckten Wagen der Gattung GGm

ÖBB ab '54	DRB	Bemerkungen
GGm 16811	GGw 6001 Li	urspr. Pinzgauer Lokalbahn, ab 1950 Vellachtalbahn, ab 1971 Steyrtalbahn und ab 1982 Ybbstalbahn, Ladefläche 1993 umgebaut, am 12.12.2010 an NÖVOG, verkauft 2012 an „Wassertalbahn" CFF Viseu de Sus (Ca 121)
GGm 16812	GGw 6002 Li	urspr. Pinzgauer Lokalbahn, ab 1950 Vellachtalbahn, ab 1971 Steyrtalbahn und ab 1982 Ybbstalbahn, umgebaut zum Hilfszugwagen, am 12.12.2010 an NÖVOG, verkauft 2013 an CFI Criscior (Rumänien) sowie 2017 an Mirakulumpark/Tankodrom Milovice bei Praha/Prag (Tschechien)
GGm 16813	GGw 6003 Li	urspr. Pinzgauer Lokalbahn, ab 1951 Steyrtalbahn, ab 1982 Ybbstalbahn, später als Fahrradwagen, am 12.12.2010 an NÖVOG (zunächst 16813, dann 91800), umgebaut in Schotterwagen mit Schottertrichter des Wagens 91200 für die Mariazellerbahn
GGm 16814	GGw 6004 Li	urspr. Pinzgau, ab 1951 Steyrtal, ab 1982 Ybbstal, umgebaut 1989 in Gerätewagen 97016, am 12.12.2010 an NÖVOG für Citybahn Waidhofen
GGm 16820	GGw 6010 Li	urspr. Pinzgau, ab 1953 Steyrtalbahn, ab 1982 St. Pölten, ab 1989 Ybbstalbahn, am 12.12.2010 an NÖVOG sowie 2012 an Club 598 (Ybbsitz)
GGm 16824	GGw 6014 Li	urspr. Pinzgau, ab 1952 Vellachtal und ab 1971 Steyrtalbahn, ab 1982 in St. Pölten, umgebaut 1989 in Dienstgutwagen 90105 (u.a. Milchkurswagen), ab 1992 Ybbstalbahn als Fahrradwagen 16824, am 12.12.2010 an NÖVOG für Mariazellerbahn als Fahrradwagen GGmh 16824-0 „Ötscherbär"
GGm 16825	GGw 6015 Li	urspr. Steyrtalbahn, spätestens ab 1982 in St. Pölten, ab 1988 Ybbstalbahn, umgebaut 1990 in Fahrradwagen GGmh 16825-7 blau, am 12.12.2010 an NÖVOG und weiter 2012 an Club 598 (Ybbsitz)
GGm 16826	GGw 6016 Li	urspr. Steyrtalbahn, spätestens ab 1982 in St. Pölten, am 12.12.2010 an NÖVOG sowie 2012 an die Waldbahn Orava bzw. Kysucko-oravská lesná železnica (KOLŽ Tanečnik, Slowakei), ab spätestens 2010 in Vychylovka (Slowakei)
GGm 16827	GGw 6017 Li	urspr. Steyrtalbahn, ab 1968 leihweise Bregenz, ab 14.8.1983 im Pinzgau, am 1.7.2008 an Salzburger bzw. Pinzgauer Lokalbahn (Gs 603, ab 2013 als Xs 912), umgebaut per 11.4.2014 in Niederbordwagen bzw. Rüstwagen Os 912 der Bahnmeisterei
GGm 16828	GGw 6018 Li	urspr. Steyrtal, spätestens ab 1982 in St. Pölten, ab 1989 als Dienstgutwagen 90106-1, verkauft 8.8.2001 an ÖGEG Steyrtalbahn (GGm 16828)
GGm 16829	GGw 6019 Li	urspr. Steyrtal, spätestens 1982 in St. Pölten, ausgem. 28.10.1994, am 12.12.2010 an NÖVOG und 2012 an CFI / G. Hocevar (Brad, Rumänien)
GGm 16830	GGw 6020 Li	urspr. Steyrtal, ab 1968 Bregenz, ab 14.8.1983 Pinzgau als blauer Fahrradwagen, am 1.7.2008 an Salzburger Lb. (Gs 604), abgestellt vorhanden
GGm 16831	GGw 6021 Li	urspr. Steyrtal, ab 1982 Ybbstal, umgebaut 1985 in SSm 36855, am 12.12.2010 an NÖVOG sowie 2012 an Waldbahn Čierny Balog (Slowakei)
GGm 16832	GGw 6022 Li	urspr. Steyrtalbahn, spätestens ab 1982 in St. Pölten, am 25.10.1982 abgestürzt beim Weißwasserviadukt, ausgemustert am 15.12.1982
GGm 16833	GGw 6023 Li	urspr. Steyrtalbahn, spätestens ab 1982 in St. Pölten, ab 1989 als Dienstgutwagen 90107-9, verkauft am 8.8.2001 an ÖGEG Steyrtalbahn
GGm 16834	GGw 6024 Li	urspr. Steyrtalbahn, spätestens ab 1982 in St. Pölten, ab 1988 Ybbstalbahn, am 12.12.2010 an NÖVOG, versteigert 2012

Die offenen Wagen der Gattungen OOm und SSm

ÖBB ab '54	als Plateau	DRB ab 1938	
SSm 36806	SSm 36806	OOw 12029 Li	urspr. Pinzgauer Lokalbahn, ab 1961 zeitw. Steyrtalbahn, 1967 vom Pinzgau nach St. Pölten, ab 25.8.1976 Steyrtalbahn, ab 1982 Ybbstalbahn, am 12.12.2010 an NÖVOG, verkauft 2012 bzw. verschrottet 2013
SSm 36807	SSm 36807	OOw 12050 Li	urspr. Steyrtalbahn, spätestens 1982 nach St. Pölten, ab 1986 Nr. 36807-1, ab 1.3.1989 Fahrleitungsrevisionswagen Nr. 93501-0
SSm 36808	SSm 36808	OOw 12057 Li	urspr. Steyrtalbahn, umgebaut 1954 in SSm 36808, spätestens 1982 nach St. Pölten, ab 1983 Ybbstalbahn, ab 1986 Nr. 36808-9, am 12.12.2010 an NÖVOG sowie 2012 an Schwarzgranbahn Čierny Balog (Slowakei)
OOm 76820	SSm 36835	OOw 12000 Li	urspr. Pinzgauer Lokalbahn, ab 1961 Steyrtalbahn, umgebaut 1976 in SSm, spätestens ab 1982 in St. Pölten, ab 1986 Nr. 36835-2, zeitweise 1994 Ybbstalbahn, umgebaut 1995 in Schienentransportwagen 93101-9, am 12.12.2010 an NÖVOG
OOm 76827	SSm 36836	OOw 12007 Li	urspr. Pinzgauer Lokalbahn, ab 1961 Steyrtalbahn, umgebaut 1976 in SSm 36836, spätestens ab 1982 in St. Pölten, ab 1986 Nr. 36836-0, ab 1988 Ybbstalbahn, am 12.12.2010 an NÖVOG, verkauft 2012 bzw. verschrottet 2013
OOm 76829	SSm 36837	OOw 12009 Li	urspr. Pinzgauer Lokalbahn, ab 1964 Steyrtalbahn, umgebaut 1976 in SSm 36837, spätestens ab 1982 in St. Pölten, ab 1986 Nr. 36837-8, umgebaut 1995 in Schienentransport-Rampenwagen 93108, am 12.12.2010 an NÖVOG
OOm 76830	SSm 36840II	OOw 12010 Li	urspr. Pinzgauer Lokalbahn, ab 1961 Steyrtal, ab 1983 Ybbstal, umgebaut 1989 in SSm, am 12.12.2010 an NÖVOG, verkauft 2012
OOm 76832	SSm 36840	OOw 12012 Li	urspr. Pinzgauer Lokalbahn, ab 1964 Steyrtalbahn, spätestens ab 1982 in St. Pölten, umgebaut 1985 in SSm, ab 1988 Ybbstal, ab 1989 Nr. SSm 36870-9, am 12.12.2010 an NÖVOG, verkauft 2012
OOm 76833	SSm 36841II	OOw 12013 Li	urspr. Pinzgauer Lokalbahn, ab 1964 Steyrtalbahn, ab 1983 Ybbstalbahn, umgebaut 1985 in SSm, am 12.12.2010 an NÖVOG, verkauft 2012 über CFI Criscior an Club 598 (Lunz am See)
OOm 76834	SSm 36861	OOw 12014 Li	urspr. Pinzgauer Lokalbahn, ab 1961 Steyrtalbahn, ab 1983 Ybbstalbahn, ab 1986 Nr. 76834-6, umgebaut 1988 in SSm, ab 1995 als Arbeitswagen 93107, am 12.12.2010 an NÖVOG, verschrottet 2013
OOm 76835	SSm 36843II	OOw 12019 Li	urspr. Pinzgauer Lokalbahn, ab 1961 Steyrtalbahn, ab 1981 Ybbstalbahn, umgebaut 1988 in SSm, ab 1988 mit Nr. SSm 36862, am 12.12.2010 an NÖVOG, verkauft 2012
OOm 76837	SSm 36844	OOw 12021 Li	urspr. Pinzgau, ab 1961 Steyrtal, ab 1983 Ybbstal, umgebaut 1985 oder 1989 in SSm, am 12.12.2010 an NÖVOG, verkauft 2012
OOm 76838	SSm 36841	OOw 12022 Li	urspr. Pinzgauer Lokalbahn, ab 1961 Steyrtalbahn, spätestens ab 1982 in St. Pölten, umgebaut 1985 in SSm, ab 1988 auf Ybbstalbahn mit Nr. SSm 36863-4, am 12.12.2010 an NÖVOG, verkauft 2012
OOm 76840	SSm 36845	OOw 12026 Li	urspr. Pinzgau, ab 1961 Steyrtalbahn, ab 1983 Ybbstalbahn, umgebaut 1985 in SSm, am 12.12.2010 an NÖVOG, verkauft 2012
OOm 76841	SSm 36811	OOw 12027 Li	urspr. Pinzgau, umgebaut 1953/54 in SSm, ab 1961 zeitw. Steyrtalbahn, 1967 vom Pinzgau nach St. Pölten, evtl. ab 1976 Steyrtal (zumindest geplant), spätestens 1982 wieder St. Pölten, ab 1986 mit Nr. 36811-3, ab 1988 Ybbstalbahn, ausgemustert 1995
OOm 76842	SSm 36612?	OOw 12028 Li	urspr. Pinzgau, umgebaut 1953/54 in SSm (36612 oder 36812?), ab 1967 zeitw. Steyrtal, ab 1967 in St. Pölten, evtl. ab 1976 Steyrtal (zumindest geplant), spätestens 1982 wieder St. Pölten, ab 1986 mit Nr. 36812-1, ab 1988 Ybbstalbahn, ausgemustert 1995
OOm 76844	SSm 36842	OOw 12031 Li	urspr. Ybbstalbahn, ab etwa 1953-61 Steyrtalbahn, spätestens ab 1982 St. Pölten, umgebaut 11/1985 in SSm, ab 1988 Ybbstalbahn, ab 1995 St. Pölten als Schienentransport-Mittelwagen 93107, am 12.12.2010 an NÖVOG, verkauft 2012
OOm 76845	SSm 36846	OOw 12032 Li	urspr. Ybbstalbahn, ab etwa 1961-63 Steyrtalbahn, ab 1983/84 Ybbstalbahn, umgebaut 1985 in SSm, am 12.12.2010 an NÖVOG (Ybbstalbahn) sowie 2012 an Schwarzgranbahn Čierny Balog (Slowakei)
OOm 76846	SSm 36847	OOw 12033 Li	urspr. Ybbstal, ab etwa 1961-63 Steyrtal, ab 1983/84 Ybbstal, umgebaut 1985 in SSm, am 12.12.2010 an NÖVOG, verkauft 2012
OOm 76847	SSm 36848	OOw 12034 Li	urspr. Ybbstal, ab etwa 1961-63 Steyrtal, ab 1983/84 Ybbstal, umgebaut 1985 in SSm, am 12.12.2010 an NÖVOG, verkauft 2012

OOm 76858	SSm 36813	OOw 12045 Li	urspr. Steyrtal, umgebaut 1969 in SSm, spätestens 1982 nach St. Pölten, ab 1995 Schienentransport-Mittelwagen 93104-3, um 1994/95 zeitweise Ybbstalbahn, am 12.12.2010 an NÖVOG, verkauft 2013 über CFI an Lokalbahn Mixnitz-St. Erhard (OO 557)
OOm 76859	SSm 36818	OOw 12046 Li	urspr. Steyrtalbahn, ab 8.6.1951 Pinzgauer Lokalbahn, ab 1967 in St. Pölten, umgebaut 1970 in SSm, ab 1988 Ybbstalbahn, zurück 1995 nach St. Pölten und umgebaut per 19.7.1995 in Schienenaufziehwagen 93109-2, am 12.12.2010 an die NÖVOG
OOm 76860	SSm 36849	OOw 12047 Li	urspr. Steyrtalbahn, ab 1983 Ybbstalbahn, umgebaut 1985 in SSm, ausgemustert 1994
OOm 76861	SSm 36850	OOw 12048 Li	urspr. Steyrtalbahn, ab 1983 Ybbstalbahn, umgebaut 1985 in SSm, am 12.12.2010 an NÖVOG, verkauft 2012
OOm 76862	SSm 36819	OOw 12049 Li	urspr. Steyrtal, umgebaut 1971 in SSm, spätestens ab 1982 in St. Pölten, ab 1988 Ybbstal, ab 1995 in St. Pölten und umgebaut in Schienentransport-Rampenwagen 93105-0, am 12.12.2010 an NÖVOG, verkauft 2013 über CFI an Mixnitz-St. Erhard (OO 554)
OOm 76863	SSm 36851	OOw 12051 Li	urspr. Steyrtalbahn, ab 1983 Ybbstalbahn, umgebaut 1985 in SSm, am 12.12.2010 an NÖVOG, verkauft 2012
OOm 76864	SSm 36809	OOw 12052 Li	urspr. Steyrtalbahn, umgebaut 1954 oder 1969 in SSm, spätestens 1982 nach St. Pölten, ab 1986 Nr. 36809-7, ab 1988 Ybbstalbahn, am 12.12.2010 an die NÖVOG, verkauft 2012, verschrottet 2013
OOm 76865	SSm 36843	OOw 12053 Li	urspr. Steyrtalbahn, ab 1983 Ybbstal, umgeb. 1985 in SSm, ab 1988 mit Nr. 36862-6, am 12.12.2010 an NÖVOG, verkauft 2012
OOm 76866	SSm 36852	OOw 12054 Li	urspr. Steyrtal, ab 8.6.1951 Pinzgau, ab 1961 wieder Steyrtal, ab 1983 Ybbstal, umgebaut 1985 in SSm, am 12.12.2010 an NÖVOG sowie 2012 an Waldbahn Orava / Kysucko-oravská lesná železnica (KOLŽ Tanečnik, Slowakei), ab 2010 Vychylovka (Slowakei)
OOm 76867	SSm 36810	OOw 12055 Li	urspr. Pinzgau, ab 1961 Steyrtal, umgeb. 1954 oder 1969 in SSm, ab 1983 Ybbstal, am 12.12.2010 an NÖVOG, verkauft 2012
OOm 76868	SSm 36853	OOw 12056 Li	urspr. Steyrtalbahn, ab 1983 auf der Ybbstalbahn, umgebaut 1985 in SSm, ausgemustert um 1994
OOm 76869	SSm 36844	OOw 12058 Li	urspr. Steyrtal, ab 1983 Ybbstalbahn, umgebaut 1985 in SSm, ab 1989 mit Nr. 36869-1, am 12.12.2010 an NÖVOG, verkauft 2012
OOm 76870	SSm 36854	OOw 12059 Li	urspr. Steyrtal, ab 1983 Ybbstal, umgebaut 1985 in SSm, am 12.12.2010 an NÖVOG sowie 2012 an die Waldbahn Orava bzw. Kysucko-oravská lesná železnica (KOLŽ Tanečnik, Slowakei), ab spätestens 2010 in Vychylovka (Slowakei)

Für die „Ostmark" beschaffte die DRB von 1941 bis 1943 bei der Linke-Hofmann-Busch-Werke AG in Bautzen insgesamt 125 Drehgestellwagen (nämlich 45 GGm und 80 OOm) mit auffallend wuchtigem Tragwerk, Rahmendrehgestellen, Bremserhaus, ungefähr 11 m LüP und 20 t Ladegewicht, jedoch nur 1,98 m Breite, wie in Sachsen üblich. Nach Garsten kamen mit der Zeit bis zu 33 offene und 16 gedeckte. Hier sind die 1961 vom Pinzgau ins Steyrtal umstationierten Wagen OOm 76820 und SSm 36810 in den Güterzug nach Klaus eingereiht. Foto (Agonitz, 16.10.1970): Harald Navé

Die GGm 16834 in Grünburg (31.8.1968) und 16831 in Leonstein (23.5.1968). Beide liefen gut 40 Jahre auf der Steyrtalbahn, später im Ybbstal. Die in Sachsen für die „Ostmark" gebauten Wagen mit 15 t Ladegewicht hätten nach deutschen Gepflogenheiten eigentlich der Gattung GG bzw. OO angehören müssen, in österreichischer Manier ordnete man sie hingegen als GGw bzw. OOw ein. Als die ÖBB im zweiten Halbjahr 1954 ihre „Bautzner" umzeichneten, hoben sie das Ladegewicht auf 20 t an und ersetzten das „w" durch ein „m". Zusätzlich gab es nun die Gattung SSm für die Plattform- bzw. Plateauwagen mit Stahlrungen. Unerläßlich waren die GGm u.a. für den Papierversand der Haunoldmühle.   Fotos: Peter Schmied

Für den Transport leichter Schüttgüter, wie z.B. von Holzspänen für die Hörmühle in Waldneukirchen, erhielten einige OOm später ein Dach, einige büßten dafür ihr Bremserhaus ein. Der von Beginn an im Steyrtal eingesetzte OOm 76869, hier im Bahnhof Klaus, wurde noch 1985 für die Ybbstalbahn in den Rungenwagen SSm 36844 umgebaut und 2012 von der NÖVOG weiteräußert. Foto (25.5.1960): Reinhard Todt (Slg. Roland Feraric)

Unten: Den gleichen Lebenslauf hatte der ebenfalls „gedeckelte" OOm 76863, hier im Unterhaus. Das Spitzdach bestand aus einzelnen Klappen, um die Holzspäne partieweise aussaugen zu können und nicht übermäßig lange der feuchten Witterung auszusetzen. Foto (1.6.1971): Günther Nimpsch

Der OOm 76868, hier am Frachtenmagazin in Garsten, lief gleichfalls über annähernd 40 Jahre hinweg auf der Steyrtalbahn. Er war einer jener OOm mit hölzernem Bremserhaus, bei einigen Wagen wurde es später durch eines aus Blech ersetzt. Manche Eisenbahner schätzten das gute Bremsverhalten der gut 10,32 t schweren Wagen, das Ladegewicht war allerdings mittlerweile auf 16 t beschränkt worden. Foto (1.9.1968): Peter Schmied

Unten: Beim OOw 76866, ebenso mit Bremserhaus, ist derweil ein Eigengewicht von nur 9,67 t angeschrieben. Hier wird er bei der Hörmühle in Waldneukirchen beladen. Später gelangte er zu einer Waldbahn in der Slowakei. Dank ihrer vielfältigen Verwendbarkeit wurden die Bautzner für die verschiedensten Transporte herangezogen. Kurze Stammhölzer oder Schnittholz verlud man mitunter auch quer. Foto (30.8.1979): Ernst Kabelka

Anfang der 60er Jahre wurden aus dem Pinzgau gleich 14 OOm-Wagen ins Steyrtal umgesetzt. Die Pinzgauer Lokalbahn hatte 1943 aus Bautzen immerhin 15 gedeckte und 30 offene Vierachser zugewiesen bekommen, sechs offene baute man für den Erzverkehr Rettenbach – Tischlerhäusl in Containertragwagen um. Ab 1961 nahm im Pinzgau der Rollwageneinsatz stetig zu, schließlich konnte 1967 der Umladebetrieb gänzlich eingestellt werden, so daß die OOm nach und nach fürs Steyrtal frei wurden. Zum größten Teil wechselten sie in den 80er Jahren zur Ybbstalbahn. Sofern sie nicht schon im Pinzgau oder Steyrtal zu SSm umgebaut worden waren, wurde dies in Waidhofen/Ybbs nachgeholt, einige adaptierte man für den Schienen- und Schwellentransport, andere erhielten eine breitere Ladefläche. Etliche fielen 2012/13 einer großen, recht überstürzten Verschrottungsaktion der NÖVOG zum Opfer. Dazu gehörte auch der OOm 76840, der hier im Bahnhof Molln bereitsteht. Foto (1.9.1968): Peter Schmied

Unten: Schwer beladen mit Blochhölzern wird der SSm 36809 im Bahnhof Molln verschoben. Foto (6.6.1969): Ralf Schmidt (Slg. Ludger Kenning)

Draisinen – Motorbahnwagen – Anhänger der Bahnmeisterei

*Eine belgische Familie brachte in den 70er Jahren dieses Eigenbau-Gleisfahrrad mit und ließ es in Garsten zurück. Ohne Zulassung auf den ÖBB-Gleisen war es mal in Steyr Lb, mal in Garsten untergebracht. Ober-Rev. Anton Kliemann (*1936), er leitete ab 1979 die Zfst Garsten, unternimmt hier mit seiner großen Tochter sowie der kleinen Sabine, der Tochter von Heinz Moschner, eine kurze „Radltour“. Foto (1981): Heinz Moschner*

Kleine „Stationsbahnwagen“ gab es auf der Steyrtalbahn von Beginn an. Die Grazer Waggonfabrik hatte mehrere mit Holzrahmen, Innenradlagern, 1,27 m Radstand, 800 kg Eigen- und 3,0 t Ladegewicht und teils mit Spindelbremse nach Garsten geliefert. Zum Umsetzen waren sechs Mann nötig. Ab etwa 1959 wurden viele von ihnen in den ÖBB-Werken Wörth umgebaut, sie erhielten eiserne Hauptrahmen und Rollenaußenlager, aber die Radscheiben und die Kurbelbremse blieben unverändert. Die Typenbezeichnung lautete nun BWG/s 59, die Nummerngruppe X 601.92. Foto (Grünburg, 30.8.1979): Ernst Kabelka

Die Kleindraisinen D5P/s (ab 1957 als ÖBB-Reihe X 711.9, sofern nicht modernisiert X 710.9) entstanden in den 50er Jahren in den ÖBB-Werken Wörth bei St. Pölten aus Draisinen DVP/s, die Anfang der 30er Jahre bei der Austro-Daimler-Puchwerke AG in Wiener Neustadt in großer Stückzahl für die BBÖ-Normalspur, in schmaler Bauart und mit anderen Radsätzen ebenso für Schmalspur gebaut worden waren. Beim Umbau wurden sie neu motorisiert, nämlich mit einem Puch TF oder einem SG-Motor. Auf der Steyrtalbahn gab es zwei Stück, nämlich in Garsten (hier zu sehen) und Molln. Beide sind bei der Museumsbahn noch vorhanden. Die Mollner Draisine X 711.908 besaß neben Anhängerkupplungen auch ein seitliches Werkzeugkisterl. Die Bahnmeisterei Molln war bis 31.7.1969 eigenständig, dann wurde sie der Bm Windischgarsten unterstellt. Die Grenze zwischen dieser und der Bm Steyr lag bei der Haltestelle Haunoldmühle.

Mit zwei Bahnwagen (noch mit Holzrahmen sowie Innenradlagern) steht der Motorbahnwagen X 610.912 in Karminrot/Beige in Grünburg. Um 1970 wurde er noch gelb lackiert. Die Type BM 20/s (ÖBB-Reihe X 610.9) entstand in den frühen 50er Jahren in den Werken Wörth auf Basis der BBÖ-Reihe BM 12/s bzw. der Type SL 12B, wobei der Achsstand von 1,05 auf 1,50 m erweitert wurde. Als Motor diente nunmehr der FB 20A der Steyr-Werke. Der Wagen erhielt einen geschlossenen Aufbau, und zwar mit Stirnseiten und „Gerippe" aus Stahl, ausgefacht mit Holz- und Hartfaserplatten, wie die regelspurige ÖBB-„Reisedraisine" D9 (Reihe X 715). Zuletzt gelb lackiert (vgl. Band 1, Seite 247), wurde der X 610.912 im Herbst 1972 an die Gurktal-Museumsbahn und etwa 2008 schließlich an Herbert Schirmböck verkauft, der ihn für das Museum in Mürzzuschlag als Ersatzteilspender zerlegte. Fotos (Juni 1968): Ralf Schmidt (Slg. L. Kenning)

Anfang der 70er Jahre erschien im Steyrtal der zinkgelbe Motorbahnwagen X 614.915 der Type BM 35/s, hier im Bahnhof Molln. Auf Basis der Normalspurtype BM 20L (X 610) von Austro-Daimler-Puch aus den 30er Jahren hatten diese Wagen in den Werken Wörth ab etwa 1953/54 einen Stahlwagenkasten und anstelle der Benzinmotoren einen wassergekühlten, auf 30 PS gedrosselten Jenbacher Zweizylinder-Zweitakt-Dieselmotor JW 35 erhalten. Bis auf Radsätze und Bremsgestänge entsprach das Fahrgestell mit 1,80 m Achsstand jenem der Normalspurversion. Der X 614.915 wurde am 18.9.1984 an die Steiermärkischen Landesbahnen verkauft und erhielt in Kapfenberg (nun als X 46^{II}) einen Mercedes-Motor. Nach einem weiteren Umbau 1996 kam er später zum Club U 44 nach Birkfeld (siehe mein Buch „Güterverkehr auf schmaler Spurweite in Österreich", Band 2, Seite 187). Foto (3.1.1978): Richard Stürmer

Der Klima-Schneepflug 98504

Rechts: So verbrachte der Schneepflug die warme Jahreszeit in der Zfst Garsten, zwischendurch rückte er zu Revisionen in die Hw Knittelfeld ein, bis dann der Winter nahte und er mehrere Probefahrten zu absolvieren hatte. Foto (Garsten, 24.7.1980): Markus Strässle

Unten und links: Bei Jahresbeginn 1976 zeigte sich der Winter von seiner schönsten Seite, der Schneepflug war in seinem Element. Unten beim Steyrdurchbruch, links nach der Ankunft im Bahnhof Klaus (mit der Lok 298.52). Fotos: Heinz Moschner

Die Erfindung war so simpel wie das Ei des Kolumbus. Oberbaurat Ing. Rudolf Klima aus Saalfelden, seinerzeit Maschinentechniker sowie Vorstand der Zfl Salzburg, befaßte sich schon länger mit Schneeräum-Technologien. Die Räumbleche, mit denen man zuvor die Lokomotiven ausrüstete, eigneten sich allenfalls für 40 cm dicke Schneedecken. Ing. Klima kam nun auf die einfache Idee, einen Schlepptender mit vertikal und keilförmig angeordneten, mittig geteilten, seitwärts und in der Höhe verstellbaren sowie per Druckluft von ca. 8 bar beweglichen Pflugscharen auszurüsten. Das im Winter 1926/27 erstmals erprobte Regelspurfahrzeug – Ing. Klima hatte sich die Technik patentieren lassen – bewältigte nunmehr selbst 1,50 m tiefen Schnee auf bis zu 3,86 m Breite. Es konnte den Schnee auch nach nur einer Seite schieben und hatte außerdem einen keilförmigen Spur-Innenräumer. Eine Dienstanweisung dazu: *„Ein dreieckiges Gerüst trägt vorne zwei Pflugwände mit unten schaufelförmiger Verlängerung. Wände und Wandschaufeln sind in der Höhe variabel. Bewegliche Vorderwände ermöglichen wahlweise ein Räumen nach rechts oder links. Durch Ausklappen eines weiteren Pfluges ist die Räumung von Bahnsteigen möglich."* Ausgestattet ist das Fahrzeug ferner mit Makrofon, Webasto-Heizung 24 V, druckluftbetätigten Bedienelementen der Bahnräumer, Notbremsventil für die Vakuumbremse, Beleuchtung sowie mit tragbarer Signalanlage für die an der Rückwand befindliche Signalübertragung an den Lokführer, womit der Bediener die Fahrbefehle mit dem Wahlschalter vorgibt. Der Schneepflug kann sich nicht eigenständig fortbewegen, sondern wird geschoben von einer Lokomotive, welche die zum Bedienen erforderliche Druckluft liefert. In der Kabine sitzt neben dem Bediener auch ein streckenkundiger Fahrleiter, der dem Lokführer die Geschwindigkeit sowie die Weisungen für Vor- und Rückfahrt mitteilt. Außerdem fährt ein Helfer mit.

Während des 2. Weltkriegs verblieben etliche von O&K, Busch, Brüninghaus bzw. Dolberg gebaute, teils offene, teils gedeckte Drehgestell-Güterwagen aus Heeresfeldbahnbeständen in Österreich. Über die Österreichische Kontrollbank gelangten sie später u.a. zu den ÖBB, StLB und zur SKGLB. In den Jahren 1955-59 ließen die ÖBB in der Hauptwerkstätte Knittelfeld sieben Stück zu Klima-Schneeräumern mit Rollenachslagern, 3,91 m Drehzapfenabstand, 10,4 t Eigengewicht und für 40 km/h Höchstgeschwindigkeit umbauen. Problematisch war das Eigengewicht von lediglich 10,4 t bzw. das Dienstgewicht von 13,1 t, so daß die Pflüge bei besonders hoher Schneelage mitunter entgleisten. Die sieben Schneepflüge verteilten sich auf Zell am See (98500), Völkermarkt-Kühnsdorf (98501), St. Pölten (98502), Waidhofen/Ybbs (98503), Garsten (98504), Gmünd (98505) und Treibach-Althofen (98506).

Im Jahr 1958 erhielt ebenso die Zfst Garsten einen solchen Klima-Schneepflug. Bis zur Einstellung der Steyrtalbahn wurde er bereitgehalten und noch heute wird er auf der Museumsbahn gepflegt.

Ausgangspunkt Pergern

km 0,000
Höhe 305 m

Die Geschichte des mit dem Bau der Flügelstrecke angelegten Bahnhofs Pergern habe ich im 1. Band ab Seite 90 bereits beschrieben. Blicken wir nochmals von Osten her auf die Bahnanlagen mit dem Aufnahmsgebäude (links) und den Heizhausanlagen. Die linken beiden Gleise gehören zur Stammstrecke Garsten – Klaus, die beiden weiter rechts zum Flügel nach Sierning und Bad Hall, zwischen ihnen erstreckt sich ein beiden Strecken dienendes Verschub- und Umsetzgleis, ganz rechts geht es zur Lokremise. Die Aufzugsleuchte sowie die Weichenstellböcke der Stammstrecke sind Relikte aus der DRB-Ära, die markanten Pedalweichen der Sierninger Seite aus der Frühzeit der Steyrthalbahn AG.
Foto rechts (23.4.1962): Gerd Wolff (Bildarchiv der Eisenbahnstiftung)
Foto unten (um 1900): Sammlung Friedrich Zellinger

Nach einem 90°-Rechtsbogen ging es über die Steyr. Wie die 80 m lange Waldneukirchener Brücke hatte das Bauwerk einen Parabelträger, jedoch mit 50 m Spannweite und ohne Portale. Die Querstreben begannen erst mit dem zweiten Fachwerk. Nach der Stillegung der Zweigstrecke existierte das Tragwerk noch bis Ende 1968, dann wurde es herausgehoben. Foto oben (23.4.1962): Gerd Wolff (Eisenbahnstiftung), unten: Slg. Friedrich Zellinger

Nachdem sie die Steyr überquert hat, zieht die 298.102 mit dem Zug PS 53 auf einem hohen, stetig ansteigenden Damm über die Niederterrasse beim Augütl hinweg nach Norden. Direkt geht es auf eine Felswand aus zahlreichen Schollen diluvialer Nagelfluh zu. Foto (30.7.1966): Heinz Albrecht

Unten: Nach einem weiteren 90°-Bogen, jetzt nach links, schmiegt sich die Bahntrasse an den Fuß der Steyrtal-Bundesstraße an. Sie steigt weiter an, um das Straßenniveau zu erreichen. Mit dem kurzen Zug PS 55 muß sich die 298.105 nicht sonderlich anstrengen. Foto (5.7.1963): Alfred Luft

Oben: Mit dem Zug PS 53 nach Sierning hat die 298.104 die Bundesstraße überquert und schmiegt sich an deren Westseite. Die ersten Häuser der Gründbergsiedlung wachsen empor.
Foto (22.9.1966): Peter Schmied

Rechts: Derweil schickt sich die 298.105 erst noch an, mit dem Zug PS 53 die Bundesstraße laut pfeifend zu überqueren.
Foto (1.6.1962): Gerhard Luft

Unten: In der Ortslage Gründberg Süd folgt die 298.105 mit dem Zug PS 55 dem heutigen Gärtnerweg, wie die aufgelassene Bundesstraße nunmehr heißt. Mit dem Ausbau der Voralpenstraße hat sich das Umfeld völlig verändert.
Foto (5.7.1963): Alfred Luft

Halte- und Ladestelle Sierninghofen

km 2,050 – Höhe 325 m
Bahnhof bis in die 50er Jahre

Die 298.103 mit dem nachmittäglichen PS 53 vor der Weiterfahrt nach Sierning. Dreimal am Tag fuhr damals ein Zug in diese Richtung ab, nämlich um 5.27 Uhr, 14.43 und 19.07 Uhr. Rechts schaut der Getreideschuppen Peterseil hervor, während vom Gleisanschluß im Gras kaum etwas zu erkennen ist. Vorn das Formsignal „Weiterfahrt verboten". Foto (29.8.1958): Harald Navé

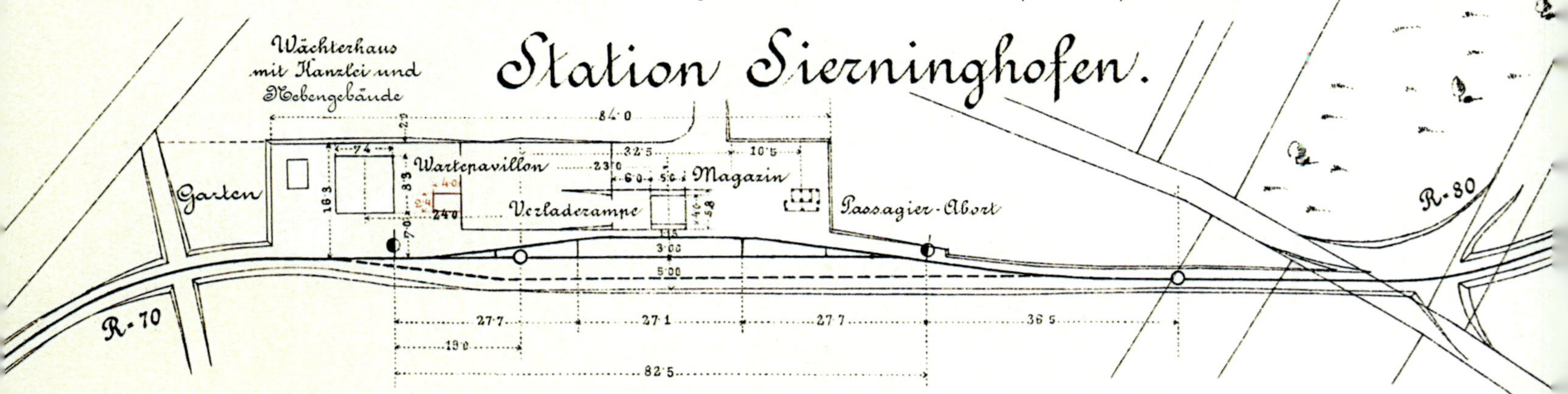

„Sierninghofen, das ansehnliche Dorf mit stattlichen Anwesen, gewährt mit den vielen Vorgärtchen einen lieblichen Anblick und erzeugt beim Durchreisenden einen angenehmen Eindruck. Zu einigen Häusern gehören ausgedehnte Gründe und sind die größten Besitzungen der Landerlhof, Mitterhub, Schaubmann, Berger, die Krennmühle und die Brauerei Wallmühle. Im Mitterhubers Gasthause ist die von der hiesigen Liedertafel gegründete Suppenanstalt für arme Schulkinder untergebracht. In Sierninghofen befinden sich die ältesten Geschäftsfirmen in Eisenwaren. Das ausgedehnteste Geschäft ist die Messer- und Stahlwarenfabrik Ignatz Bandl (von Josef Radmoser), älter jedoch ist der 1786 errichtete Eisenwarenhandel „Straßers Witwe". Die Besitzer fuhren vor Erfindung der Eisenbahnen und Dampfschiffe mit eigenen Gefährten in weite Entfernungen auf große Messen und Jahrmärkte in Leipzig, Pest etc., um ihre Waren aufzusetzen." – so beschreibt Anton Rolleder im Jahr 1894 den seinerzeit 834 Einwohner zählenden Ort als Teil der Doppelgemeinde Sierninghofen-Neuzeug, die wiederum bereits damals der politischen Gemeinde Sierning angehörte.

Nur 82 m Länge hatte die auf einer Anhöhe gelegene Station, jedoch verfügte sie von Beginn an über ein beiderseits angebundenes Ladegleis mit 27 m Nutzlänge, ein Wächterhaus mit Kanzlei, einen offenen Wartepavillon (später ersetzt durch ein Fachwerkgebäude), einen Brunnen, ein anfangs 5 m langes Frachtenmagazin mit vorgelagerter Laderampe und einen Passagierabort. Besetzt war sie mit einem Geschäftsführer, aus den 30er Jahren ist Franz Klingseisen bekannt. Bald nach der Bahneröffnung errichtete der Getreidehändler Josef Peterseil einen Lagerschuppen mit eigenem, bis 1963 bestehendem Gleisanschluß. In den 50er Jahren kam ein weiteres Ladegleis hinzu, gleichzeitig wurde die Station zur unbesetzten Halte- und Ladestelle herabgestuft.

Letzter Betriebstag in Sierninghofen: Der kleine Wartepavillon war mit der Zeit durch einen eingeschossigen Fachwerkbau mit Dienst- und Warteraum ersetzt worden. Auch das Bahnwächterhaus (anfangs mit 3,75 x 2,90 m großer Kanzlei) hat eine Erweiterung erfahren.

Unten: Der letzte Zug nach Sierning hat vor dem anfänglich 5,00 m langen und später erweiterten bahneigenen Frachtenmagazin gehalten. Nach Osten schloß eine 6,00 m lange Umladerampe an. Ganz rechts schaut die Schamwand des „Passagier-Aborts“ hervor. Foto (31.12.1966): Herbert Fritz (Slg. Gunter Mackinger)

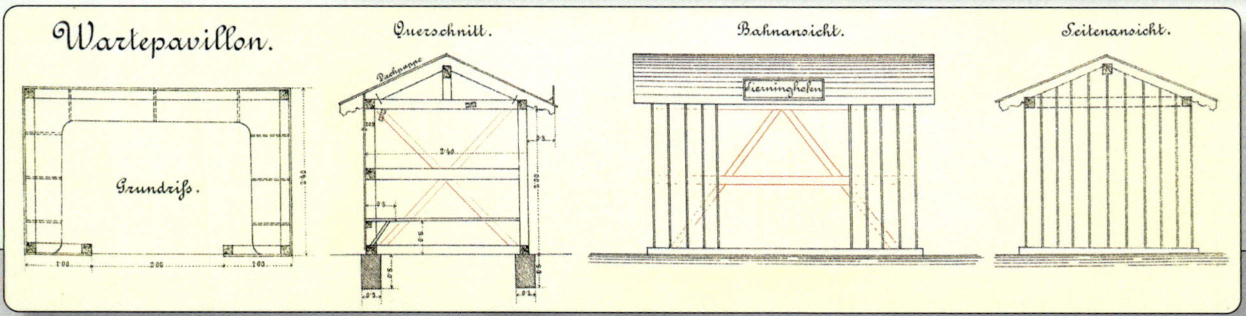

Entwurfsplan des ursprünglichen Wartepavillons der Station Sierninghofen. Quelle: Österreichisches Staatsarchiv

Die 298.52 mit dem Zug PS 50 gegen 6.05 Uhr in Sierninghofen. Damals führten die Züge der Flügelstrecke noch immerhin vier Personenwagen mit. Im Vordergrund ist eine Pedalweiche zu sehen, im Hindergrund dagegen zwei Weichenböcke jeweils mit Stellgewicht, das über eine Gabel die Stellstange bewegt. Auch das Formsignal „Weiterfahrt verboten" des verkürzten Anschlußgleises Peterseil ist zu erkennen. Das beiderseits angebundene Ladegleis für die Landwirtschaft rechterhand war erst wenige Jahre zuvor angelegt worden. Foto (9.8.1956): *Alfred Luft*

Bauzeichnung aus dem Österreichischen Staatsarchiv

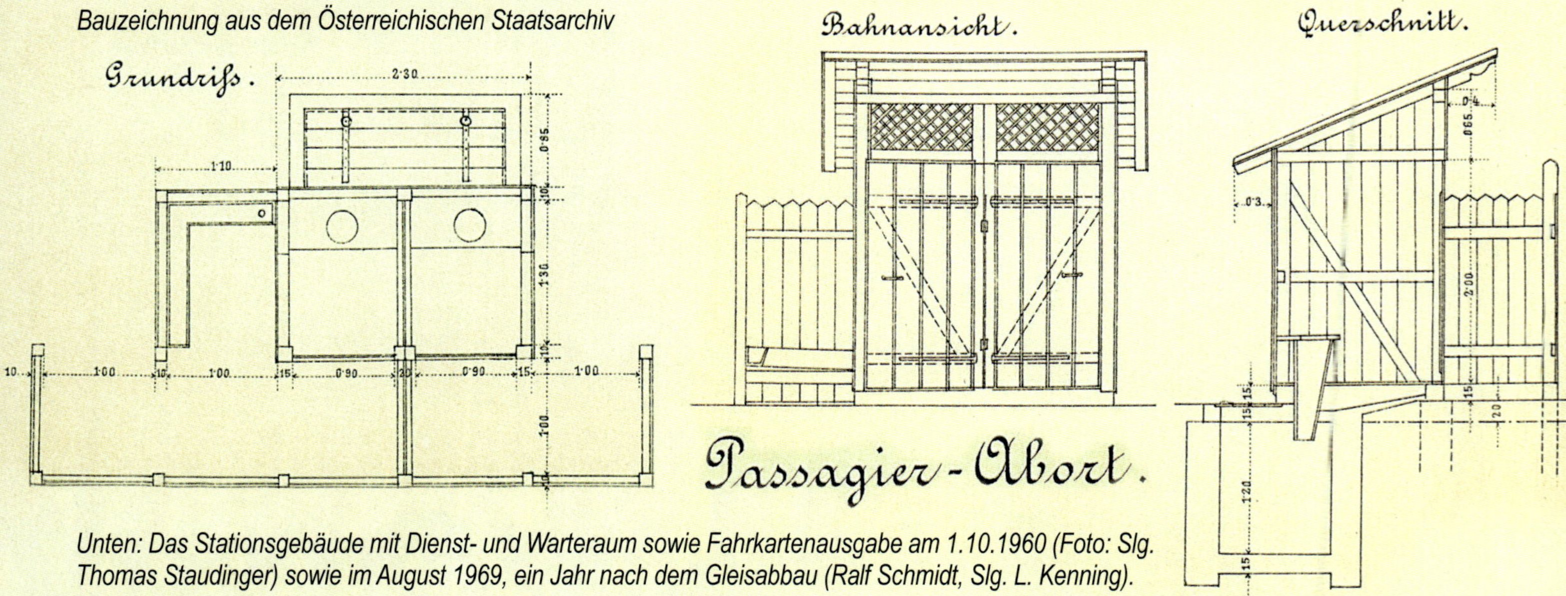

Unten: Das Stationsgebäude mit Dienst- und Warteraum sowie Fahrkartenausgabe am 1.10.1960 (Foto: Slg. Thomas Staudinger) sowie im August 1969, ein Jahr nach dem Gleisabbau (Ralf Schmidt, Slg. L. Kenning).

Die 298.105 mit dem Zug PS 53 in Höhe des Lagerschuppens Peterseil. Der Getreidehändler Josef Peterseil, der zum Bahnbau eine „Subskription" von 200 fl geleistet hatte, beantragte während der Bauzeit der Flügelstrecke, auf Bahngrund direkt am Bahnhof Sierninghofen ein Getreidelager errichten und ebenfalls auf seine Kosten einen Gleisanschluß anlegen zu dürfen. Das Terrain für das Gleis wurde beim Bahnbau schon vorgesehen, wann das Gleis dann erbaut wurde, ist unklar. 1901 starb Peterseil, seine Frau Aloisia führte den Betrieb weiter, zudem eröffnete sie 1902 einen Victualienhandel, jedoch bereits 1905 mußte sie aufgeben. Zugleich wurde das Anschlußgleis auf 44 m Länge gekürzt. Foto (1.6.1962): Gerhard Luft

Unten: Gleisabbau in Sierninghofen. Die einstige Pedalweiche im Vordergrund hat mittlerweile ebenfalls eine Mechanik mit Stellgewicht erhalten, während das Anschlußgleis zum Getreidelager Peterseil schon 1963 abgebaut worden ist. Foto (16.5.1968): Harald Herrmann

In den Parschallingerleiten geht es entlang der Steyrer Straße aufwärts. Vom Bahnhof Sierninghofen bis zur Haltestelle Wahlmühle hat die 298.102 auf nur 1 km Länge einen Höhenunterschied von 16 m überwunden, vor dem Zug PS 53 keineswegs ein Problem. Foto (2.8.1966): Ernst Kabelka

Unten: Im weiteren Verlauf nach Sierning umfuhr die Schmalspurbahn die Wahlmühle, anno 1456 erstmals als Adelssitz und Landgut Walhmull (später Wallmühle) erwähnt. Nach mehreren Besitzerwechseln richtete Jobst Christoph Schmidtauer gegen Ende des 17. Jahrhunderts darin ein Brauhaus ein. Ab 1852 gehörte die Brauerei „Zur Wahlmühle" dem Wegscheider Josef, der 364 Wirtshäuser belieferte, und 1902 übernahm Franz Jäger von Waldau das Anwesen. Einer der späteren Pächter war ab den 20er Jahren Heinrich Eiberg, danach Franz Eiberg. Schon zur Bahneröffnung ging 1891 ein anfangs 183 m, ab 1905 nurmehr 164 m langes Anschlußgleis in Betrieb. Bei der Haltestelle Wahlmühle (km 3,059) zweigte es auf freier Strecke ab und führte im scharfen Bogen vor den Brauereihof. Das Streckengleis ist grün, das Anschlußgleis rot markiert. Foto: Topothek Sierning

Oben: Beim Ortseingang von Sierning hat die 298.102 mit dem Zug PS 53 die Steyrer Straße überquert und geht jetzt die Steigung zum Endbahnhof an.
Foto (30.7.1966): Heinz Albrecht

Rechts: Erinnerungsbild auf der Pachschallernstraße. Nur der Schnauzer interessiert sich für den Zug nach Sierning kurz vor der Haltestelle Wahlmühle.
Foto (Herbst 1965): Topothek Sierning

Unten: Für ein Stück kann es der Lokführer der 298.105 gemächlich angehen lassen, im Hintergrund geht der Blick auf die Wahlmühle und ihre Brauerei.
Foto (5.7.1963): Alfred Luft

Oberhalb der Haltestelle Wahlmühle rollt die 298.105 mit dem kurzen Zug PS 55 gegen 18.35 Uhr aufwärts in Richtung Sierning, wo der Zug enden wird. Zurück nach Garsten geht es erst am nächsten Morgen um 5.50 Uhr als Zug PS 50 (Garsten an 6.41 Uhr).   Foto (5.7.1963): Harald Navé

Im Ortsbereich von Sierning ging es auf einem heute nicht mehr vorhandenen Damm auf den Endbahnhof zu, der nach einem starken Anstieg erreicht sein wird. Gegenüber Pergern wird der Zug dann auf 4,8 km Länge eine Höhendifferenz von 51 m überwunden haben. Der Weg durch den Steinbogen führt zu einer Schottergrube, die für den Bahnbau aufgeschlossen worden war und noch heute existiert. Auf der unteren Aufnahme hat die 298.105 mit dem nachmittäglichen Zug PS 52 die Rückfahrt angetreten (Alfred Luft, 5.7.1963), rechts oben fährt die 298.102 mit dem Zug PS 52 an der Grube vorbei (Alfred Luft, 10.9.1966), rechts unten hat die 298.102 weitaus mehr Last nach Sierning zu befördern (Ernst Kabelka, 2.8.1966).

Bahnhof Sierning

km 4,809
Höhe 366 m

Der Bahnhof Sierning auf einer am 10.9.1900 versandten Ansichtskarte. Der 8,00 m lange „Güterschuppen mit einer Thoraxe“ wurde später nicht mehr erweitert. Am Zugschluß läuft ein Personenwagen mit Postabteil (CF 201-203), erkennbar an den vier einfachen Fenstern. Foto: Slg. Alfred Moser

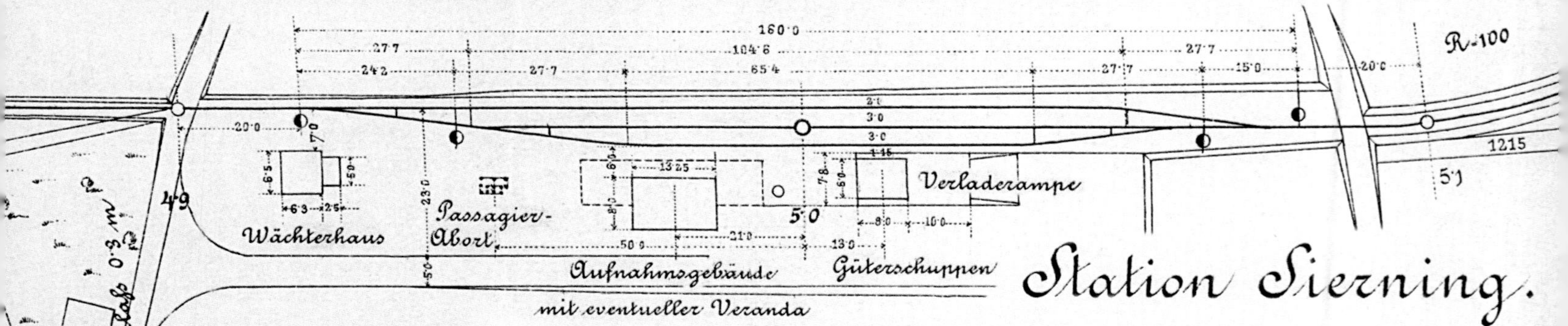

„Sierning, großes Dorf mit einem Schlosse, nicht weit von der Steyer entfernt“ – so schrieb Anton Rolleder 1894 über die heute größte Gemeinde im Bezirk Steyr Land. Besiedelt war das einstige Sirnicha (slaw. Crnica = Wiesen- oder Schwarzbach) bereits zur Römerzeit. Einerseits profitierte das Dorf von der Lage an einem Salzhandelsweg von Gmunden ostwärts, andererseits entwickelte es sich zu einem bedeutenden Zentrum der Eisenindustrie. Erzeugt wurden vor allem Blankwaffen, Messer, Ahlen und allerlei andere Eisenwaren. Der große Bauernaufstand, der „Sierninger Handel“, nahm 1588 hier seinen Ausgang und dehnte sich auf die gesamte Eisenwurzen aus. Im selben Jahr wurde der Pfarrhof zum Schloß ausgebaut. Die Herrschaft war bis 1784 im Besitz des Passauer Domkapitels. Seit 1851 ist Sierning eine politisch eigenständige Gemeinde. Rolleder schreibt weiter: *„Sierning hat ein katholisches Pfarramt, eine fünfclassige Volksschule, seit 1842 ein k.k. Postamt, seit 1883 ein k.k. Telegraphenamt, ein 1794 gegründetes Armenhaus, seit 1822 besteht das uniformierte Schützencorps, seit 1871 die freiwillige Feuerwehr, seit 1874 das Privatkrankenhaus des Bäckers Anton Landerl, der auch 1884 das Landerl'sche Kinderasyl stiftete.“*

Zur Zeit der Bahneröffnung zählte Sierning bereits etwa 7.300 Einwohner, heute rund 9.400. Während die Eisenindustrie zur Neige ging, entwickelte sich die Landwirtschaft stetig zum wirtschaftlichen Hauptstandbein. Bereits am 6. März 1892 wurde im Sierninger Ortsteil Neuzeug der Vorschußkassenverein nach dem System Raiffeisen für die Pfarre und Ortsgemeinde Sierning gegründet. Somit war der Bahnhof Sierning von Beginn an der zentrale Mittelpunkt sowie ab 1933 außerdem der Endpunkt der Flügelstrecke.

Rechts oben: Die Lok 6 mit einem gemischten Zug aus Garsten in den 20er Jahren. Wie jenes in Steyr Lokalbahn sollte auch dieses Aufnahmsgebäude beiderseits je einen eingeschossigen Anbau sowie bahnseitig eine große Veranda erhalten, aber dazu kam es nicht mehr.

Rechts: Luftbild von Sierning in den 60er Jahren. In der unteren linken Bildecke ist der gegen Ende der 50er Jahre errichtete und bis 2011 bestehende Hochsilo des Landhandels erkennbar. Fotos: Sammlung Friedrich Zellinger

Der Brunnen zwischen Aufnahmsgebäude und Güterschuppen war fürs Dorfleben sehr wichtig. Foto (um 1940): Sammlung Angelika Artner

Gruß aus Sierning
SIERNING
SIERNING

Beim Verschub mit dem Zug PS 51 (an 5.38 Uhr) zieht die 298.52 bis in Höhe des Lagerhauses vor. Vier Wagenladungen Brikett hat sie für die Einkaufsgenossenschaft mitgebracht. Foto (9.8.1956): Alfred Luft

Alljährlich im Spätsommer und Herbst waren große Mengen Stroh zu versenden, die in den höheren Lagen Österreichs für die Viehzucht benötigt wurden. Foto (Sept. 1960): Margarete Mayr (Sammlung Johann Leutgeb)

Im Sommer 1949 errichtete die Landwirtschaftliche Lagerhausgenossenschaft Steyr r.G.m.b.H. am Bahnhof Sierning kurz vor dem Streckenende ein 31,00 x 10,50 m großes Lagerhaus. Das Bundesverkehrsministerium genehmigte am 17.1.1949 den Bau eines in km 4,8775 in Verlängerung des Gleises 1 abzweigenden, um 8 ‰ ansteigenden, teils auf Bahn-, teils auf Privatgrund verlaufenden Schleppgleises von 82 m Länge. Es besaß wie die übrigen Bahnhofsgleise die leichte Oberbauform XXX und endete vor einem Erdkegel. Die Kreuzung des Gemeindeweges in km 4,922 war bei der Bedienung von einem Verschieber zu sichern. Drei Jahre später erweiterte die Genossenschaft das Lagerhaus um 20 m und das Schleppgleis um 32 m. Die Sicherung aus Weichenschloß und Gleissperrschuh blieb unverändert. Den Streifen zwischen Schlepp- und Streckengleis ebnete man ein, um ihn als Verschieberbahnsteig zu nutzen. Beim Bau der Hochsilos um 1960 änderte sich am Schleppgleis nichts mehr.

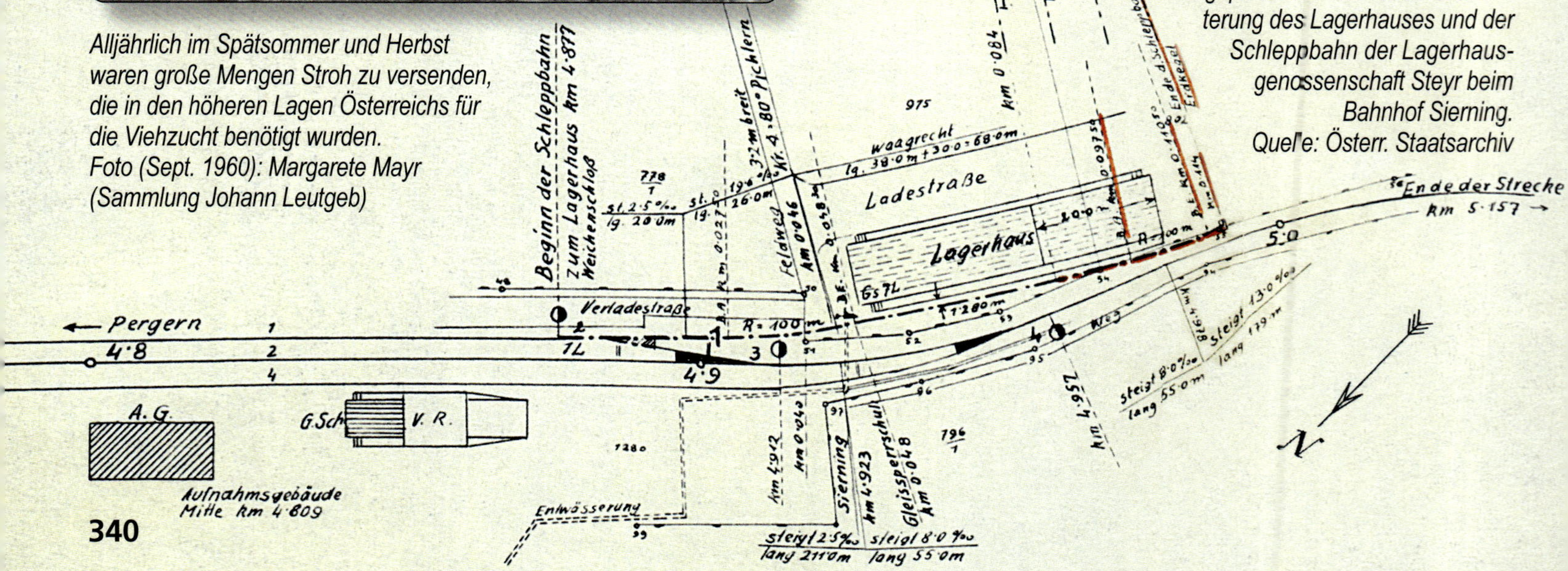

Lageplan vom Mai 1952 zur Erweiterung des Lagerhauses und der Schleppbahn der Lagerhausgenossenschaft Steyr beim Bahnhof Sierning. Quelle: Österr. Staatsarchiv

Die 298.105 verschiebt mit dem Zug PS 53 auf dem direkt vor ihr endenden Hauptgleis. Noch macht das Umfeld des Landwirtschaftlichen Lagerhauses einen ländlich-idyllischen Eindruck, jedoch mit dem Bau der Hochsilos vier Jahre später wird sich das ändern. Foto (8.8.1956): Alfred Luft

Unten: Am letzten regulären Betriebstag der Flügelstrecke, dem letzten Tag des Jahres, war der Güterverkehr bereits abgewickelt, nur der Gw/s 10217, der Stückgutsammelwagen Garsten – Sierning – Garsten, war noch mitzunehmen. Foto (31.12.1966): Herbert Fritz (Slg. Gunter Mackinger)

Früh am Morgen fallen keine Güterwagen an, so besteht der von der 298.52 geführte Zug PS 50 (ab 5.54 Uhr) nur aus vier Personen- und dem Dienstwagen. Neben drei früheren Pinzgauer Flachdachwagen läuft einer der neuartigen „Spantenwagen" mit Tonnendach im Zug mit. Bis zuletzt besaß der Bahnhof Sierning den leichten XXX-Oberbau aus der Zeit der Steyrthalbahn AG sowie den „Achssprung". Foto (9.8.1956): Alfred Luft

Unten: Die 298.102 nach Ankunft mit dem Zug PS 53 (an 13.51 Uhr). Die Trauerweide, die dem Bereich um den Brunnen (weiter links) Schatten spenden sollte, ist hier noch jung. Am 5.8.1985 fiel sie einem heftigen Sturm zum Opfer. Das Bahnhofsvorfeld war für Schüler der nahen Volksschule ein beliebter Radlparkplatz, denn die Stellplätze bei der Schule waren für Schüler mit weitem Schulweg reserviert. Foto (30.7.1966): Heinz Albrecht

Oben: Die 298.105 hat die Garnitur des Zuges PS 55 vorgezogen, damit die Verschubarbeiten beginnen können. Die großzügige Ladestraße war für die Landwirte wichtig, Unmengen Kartoffeln, Zuckerrüben, Zichorien und Stroh wurden hier umgeschlagen. Foto (5.7.1963): Alfred Luft

Links: Das 13,25 x 8,00 m große, nach einem Entwurf vom April 1891 erbaute Aufnahmsgebäude veränderte sich zeitlebens nur kaum. Im Parterre gab es ein „Vestibule" (Foyer), ein „Bureau", jeweils ein Wartezimmer II. bzw. III. Klasse sowie eine Toilette, während im Obergeschoß eine Küche, zwei Zimmer, zwei als „Kabinet" bezeichnete Räume und eine weitere Toilette vorhanden waren. Unterkellert war nur der linke Bereich unterhalb des Büros. Besetzt war der Bahnhof in den 20er und 30er Jahren mit einem Aufseher, 1938 als „Geschäftsführer" tituliert. Die längste Zeit residierte hier Michael Mayrhofer. Ab Mitte der 50er Jahre hatte Sierning wiederum einen Bahnhofsvorstand. Foto (um 1950): Sammlung Friedrich Zellinger

Das frühere Bahnhofsgelände im Sommer 1969, ein Jahr nach dem Gleisabbau. Das Gebäude wurde noch einige Zeit von der Eisenbahnerfamilie Wimmer bewohnt und dann abgerissen. Erst richteten die Polizei und das Rote Kreuz hier einen Standort ein, dann entstand nebenan der örtliche Bauhof. Wo einst die Gleise lagen, befindet sich jetzt der Busbahnhof. Von den Bahngebäuden existiert nur noch das einstige Wächterhaus. Foto: Ralf Schmidt (Slg. Ludger Kenning)

Von Sierning nach Bad Hall

Unten: Die Lok 6 unterwegs nach Bad Hall in Waldneukirchen-Adlwang. Schon in der Vorplanung war das Planum für ein weiteres Gleis (mit Achssprung) vorgesehen, realisiert wurde es nicht. Ob der ursprünglich geplante freistehende Wartepavillon tatsächlich erbaut wurde, ist fraglich. Ansichtskarten von 1900 zeigen bereits einen ans Wächterhaus angebauten Warteraum mit Veranda. Große Bedeutung für die Station hatte die etwa 100 m weiter südlich vom Adlwanger Gemeindearzt Dr. Hermann Westreicher errichtete und am 16.7.1893 – gut zwei Jahre nach der Bahneröffnung – vom Schlierbacher Abt P. Gerald eingeweihte Kneipp'sche Badecuranstalt. Von weit her reisten die Kurgäste an, selbstverständlich mit der Bahn, und sie logierten im weiter oben von Jos. Grager (Wien) erbauten Kurhotel: „Die Anstalt ist in reizender, gesunder Lage unmittelbar an der Station der Steyrthalbahn „Waldneukirchen-Adlwang" erbaut und mit ausgezeichnetem Quellwasser versehen. Wandelbahn, Parkanlage. Wirklich ländliche Idylle, hübsche, gesunde Wohnungen für Einzelne und für Familien in den umliegenden schönen Bauernhöfen und in Privathäusern des nahen Dorfes. Schöne Waldungen und Spaziergänge, prächtige Gegend." Am 6.11.1894 gab sich sogar Pfarrer Sebastian Kneipp die Ehre, der Heilanstalt einen Besuch abzustatten. Letztlich währte der Kurbetrieb nicht lange, im Jahr 1933, gleichzeitig mit der Strecke Sierning – Bad Hall, kam für ihn das Aus. Auf dem Bahnhofsterrain ließ sich nach dem 2. Weltkrieg eine Schmiede nieder, später entstand daraus eine Kfz-Werkstatt für Chevrolet, nach 1981 das Toyota-Autohaus von Johann und Christian Reitner. Im früheren Bahnwächterhaus wohnte von 1947 bis zum Abriß im Jahr 2003 die Familie Freudenthaler. Seither lebt Manfred Freudenthaler, der ehemalige Bürgermeister von Waldneukirchen, mit seiner Frau im einstigen, von einem Park umgebenen Badehaus der Kuranstalt südlich vom Wimbergbach. Foto (um 1930): Slg. Friedrich Zellinger

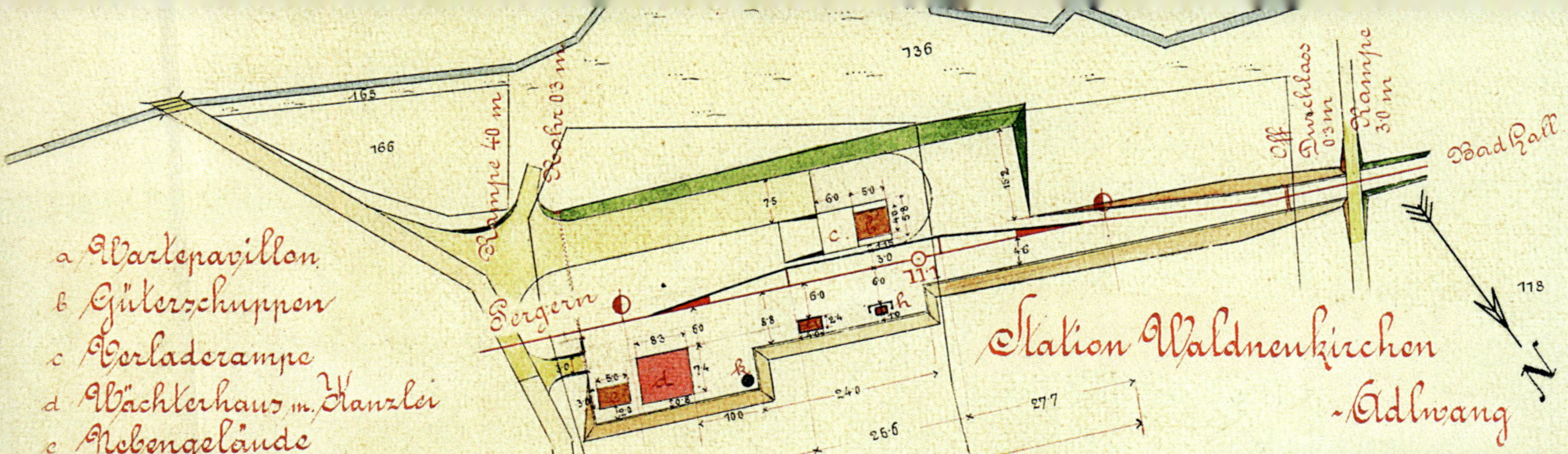

Gleisplan als Grundlage der polizeilichen Prüfung vom 30. November 1891. Quelle: Österreichisches Staatsarchiv

Bei km 5,157 südwestlich vom Bahnhof Sierning endete ab Anfang der 40er Jahre die Flügelstrecke. Der weitere Verlauf läßt sich heute kaum noch nachvollziehen, hat man keine alte topografische Karte zur Hand. Mit einem Links- und einem Rechtsbogen ging es aus Sierning hinaus, um die Hausleiten herum und sodann der heutigen Kammerhuberstraße folgend. Auf annähernd 2,2 km Länge gewann die Bahnlinie dabei um immerhin 29 m an Höhe.

Die unbesetzte **Haltestelle Oberwallern** (km 6,976 – Höhe 395 m) – sie wurde stets bedarfsweise bedient – lag etwas nördlich der gleichnamigen Ansiedlung. Im nun folgenden Streckenverlauf kam es am Eröffnungstag, dem 1. Dezember 1891, zu einer Entgleisung eines der beiden Sonderzüge: *„Während der Festzug aus Steyr den letzten Theil der Höhe vor Steinersdorf mit voller Kraft hinaufdampfte, sprangen bei Km. 8,7 nächst dem Huber'schen Böcksteigergute wahrscheinlich infolge des Oscillierens der Maschine bei der ziemlich bedeutenden Geschwindigkeit und der Länge des Zuges in einer Curve auf einem kleinen Damme der Gepäcks- und zwei Personenwagen aus. Der Zug wurde sofort zum Stehen gebracht, es ereignete sich auch nicht der mindeste Unfall. Mit Hebebäumen und den Locomotivwinden wurden die Waggons in das Geleise gehoben und der erste Theil des Festzuges verließ nach einstündigem Aufenthalte die Stelle, die gleichfalls für den zweiten Theil des Festzuges (aus Agonitz) verhängnisvoll werden sollte, indem auch bei demselben, wohl infolge des durch den ersten Zug etwas schadhaft gewordenen Geleises, ein Wagen entgleiste."*

Die **Haltestelle Steinersdorf** (km 9,566 – Höhe 428 m), ebenfalls unbesetzt und nur bedarfsweise bedient, lag auf Waldneukirchener Gemeindegebiet. Noch in den 30er Jahren waren hier lediglich ein Pferdehändler und fünf Landwirte ansässig. Hier im Bereich Steinersdorf erreichte die Bahntrasse auf der Traun/Enns-Wasserscheide ihren Scheitelpunkt. Ein herrlicher Ausblick über das Steyrtal vom Toten Gebirge bis hin zur alten Eisenstadt Steyr bietet sich von hier oben.

Auf einem ca. 7-8 m hohen, heute restlos verschwundenen Damm führte die Bahn zwischen Steinersdorf und der Station Waldneukirchen-Adlwang am Untermayrhofergut von Franz und Rosina Schedlberger vorbei. Am 26. Oktober 1924 geriet das Strohdach durch Funkenflug eines aus Bad Hall kommenden Zuges in Brand. Bis auf die Grundmauern brannte das Anwesen ab: *„Bei dem Schadenfeuer sind sechs Schweine verbrannt, die gesamte Fechsung und die Fahrnisse zerstört, doch die anderen Tiere wurden durch die Feuerwehr Waldneukirchen gerettet."* – *„Vermutlich brachte der Herbstwind die Funken aufs Dach und entzündete nachts das Haus. Denn bis zur Haltestelle Steinersdorf war eine leichte Steigung, da wurde ordentlich nachgelegt. Innerhalb kurzer Zeit wurde der Dachstuhl durch den örtlichen Schabverein und die Versicherung wieder aufgesetzt und mit Ziegeln eingedeckt."*

Der **Bahnhof Waldneukirchen-Adlwang** (km 11,800 – Höhe 401 m) war die wichtigste Station zwischen Sierning und Bad Hall. Zugute kam er dem Wallfahrtsort Adlwang, der zur Zeit des Bahnbaus gut 950 Einwohner zählte, vor allem aber der Kneipp-Kuranstalt südlich vom Bahnhof. Zur Bahneröffnung waren ein beidseitig angebundenes Ladegleis mit 26,6 m Nutzlänge, ein Wächterhaus mit Kanzlei und Nebengebäude, ein Brunnen, ein Passagierabort und ein 5 m langer Güterschuppen mit Laderampe vorhanden. Nach den Plänen von 1891 war ein freistehender Wartepavillon vorgesehen, auf Ansichtskarten aus der Zeit der Jahrhundertwende ist hingegen ein direkt ans Wächterhaus angebauter großer Warteraum mit einladender Veranda zu erkennen. Betreut wurde die Station zuletzt vom Bahnagenten Johann Janak. Ob sie zu der Zeit aber weiterhin als Bahnhof eingestuft war, ist fraglich.

Die (Bedarfs-)**Haltestelle St. Blasien** (km 12,642 – Höhe 377 m), noch auf Waldneukirchener Terrain gelegen, kam vor allem den (sehr wenigen) Besuchern der anno 1348 vom „Edlen Rittergeschlecht der Rohrer" hoch über dem Fernbach errichteten gleichnamigen Kirchenanlage zugute. Noch am 1. Mai 1939 – fast sechs Jahre nach Einstellung der Strecke – wurde sie von der DRB in „St. Blasien (b. Bad Hall)" umbenannt. Gleich anschließend folgte nunmehr die 30 m lange Eisenfachwerkbrücke über den Fernbach.

Der Bau der **Haltestelle Kammerhub** (km 13,828 – Höhe 390 m) dürfte auf den Steyrer Waffenfabrikanten Josef Werndl zurückgehen, der 1877 das einst aus einem Bauerngehöft entstandene Schloß Kammerhub für seine mit dem Grafen Lamberg verheiratete Tochter Anna kaufte. Die gleichnamige Siedlung entstand erst wesentlich später.

Traufenansicht und Schnitt des in Sierninghofen und Waldneukirchen-Adlwang erbauten Güterschuppens von 5 m Länge und 4 m Breite. Quelle: Österreichisches Staatsarchiv

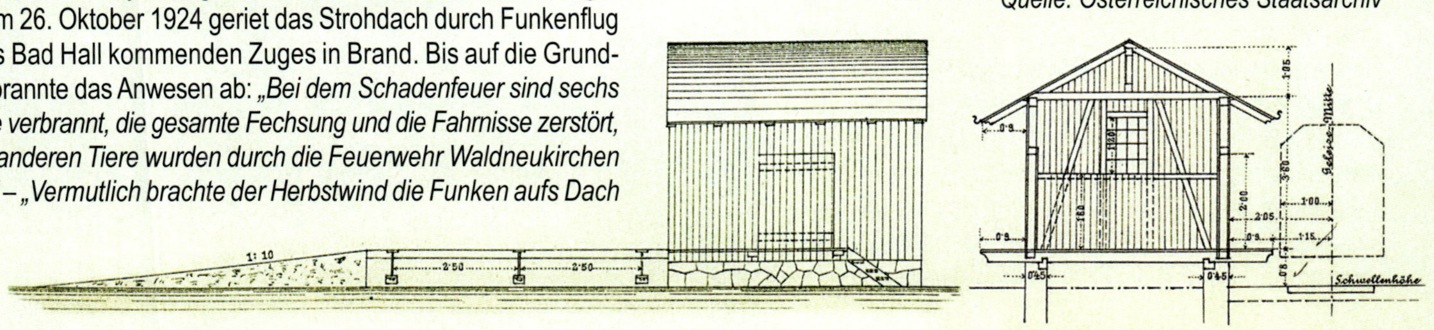

Bahnhof Bad Hall

km 15,401
Höhe 365 m

Die Salzquelle im Sulzbachtal war bereits zur Keltenzeit bekannt. Später bildete sich ein bedeutender Handelsort namens Herzogenhall, der um 1287 das Marktrecht erhielt. Den Heilwert des überaus jodhaltigen Wassers machte man sich nach der napoleonischen Zeit zunutze. So entstand 1826 eine erste Badeanstalt. Das Land Oberösterreich erwarb 1855 die Heilquelle und weitete den Kurbetrieb aus. 1876 wurde der Ort zum „Bad" erhoben, er avancierte bald zum „Weltkurort". Den Ruf nach dem Bau einer Flügelbahn von Unterrohr nach Bad Hall griff die Kremsthalbahn-Gesellschaft auf. Die mit Landesmitteln geförderte Strecke von 4,3 km Länge ging am 15. Mai 1887 in Betrieb. Das Aufnahmsgebäude entstand erst 1905 durch die k.k. Staatsbahnen und schon 1914 wurde es im Jugendstil erweitert, nunmehr mit Krüppelwalmdächern mit Mansardenfenstern, holzverschalten Giebeln sowie einem Bahnsteigdach auf Eisenstützen mit Säulenkapitellen.

Betrieben wurde der Flügel nach Bad Hall in Verlängerung der Welser Lokalbahnstrecke Wels – Sattledt – Rohr, ab 1938 sogar mit Triebwagen. Täglich verkehrten 16, ab 1960 fünf, später vier und schließlich drei Zugpaare zwischen Wels und Bad Hall, bis die ÖBB-Direktion Linz die Strecke Sattledt – Rohr am 28. März 1965 einstellte. Fortan konnte man von Linz (teils mit Kurswagen aus Wien) ohne Umstieg nach Bad Hall gelangen. Mitte der 80er Jahre verkehrten allerdings nur noch zwei der täglichen 25 Verbindungen mit dem Zug, die übrigen mit dem Bus. Im Frühjahr 1989 ließen die ÖBB den Personenverkehr still und leise ausklingen, der Güterverkehr hielt sich bis 1992. Zum Jahresende 2007 begann der Abbau der Gleisanlagen.

Der Staatsbahnhof von Bad Hall kurz vor dem 1. Weltkrieg. Der im August 1912 genehmigte Güterschuppen ist bereits fertig, doch die Erweiterung des Aufnahmsgebäudes im Jugendstil hat noch nicht begonnen. Im Vordergrund der Personenverkehrsteil und der Stückgutschuppen der Steyrthalbahn AG. Foto: Sammlung Friedrich Zellinger

Unten: Die Bahn-Restauration von A. Daninger mit Fremdenzimmern und großer Terrasse auf einer Ansichtskarte von etwa 1913. Foto: Sammlung Ralf Kirion

Oben: Der Schmalspurbahnhof in den 20er Jahren. Beim „Stationsgebäude“ handelte es sich um ein Verwaltungs- und Wohngebäude ohne Einrichtungen für den Personenverkehr. Foto: Slg. Friedrich Zellinger

Links: Am 25.5.1899 wurde diese Ansichtskarte versandt. Umgeschlagen wurden die Güter unter freiem Himmel. Foto: Slg. Ralf Kirion

Unten: Gleisplan vom Februar 1891. Das Hauptgleis hatte anfangs eine Nutzlänge von 162,70 m, das Nebengleis von 177,0 m, das Magazinsgleis von 65,0 m. Das Lokschuppengleis und die Personenverkehrsgleise werden nicht genannt. Um 1913 wurden die Gleisanlagen auf insgesamt ungefähr 694 m Nutzlänge erweitert.
Quelle: Österreichisches Staatsarchiv

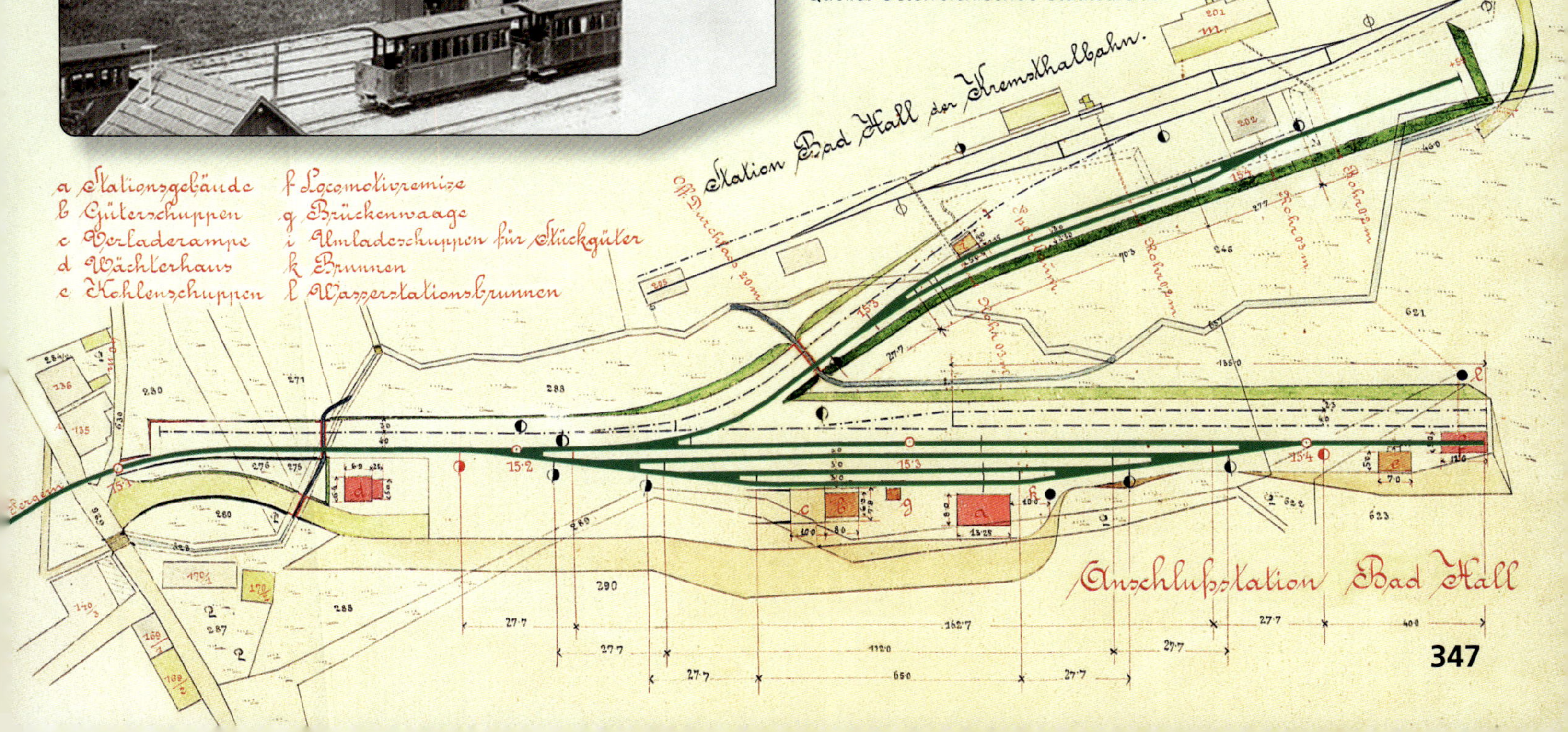

Bad Hall kurz vor dem 1. Weltkrieg, hoch oben die 1888 eingeweihte Stadtpfarrkirche. Zum 28.10.1902 hat das Eisenbahnministerium die Anlagen der Kremsthalbahn-Gesellschaft gepachtet und den Betrieb per 1.11.1902 der Staatsbahnverwaltung übertragen. Neu sind der Lok- und der Güterschuppen, die Erweiterung des Aufnahmsgebäudes steht noch bevor, vis à vis davon ist ein Beamtenwohnhaus entstanden, vor dem diesseits die beiden Schmalspurgleise erkennbar sind. Zwischen Schmal- und Normalspur erstreckt sich eine parkähnliche Grünanlage, derweil versteckt sich der Stückgut-Umladeschuppen, der einzige Hochbau der Steyrthalbahn AG in diesem Bahnhofsteil, hinter einem Busch.

Unten: Nochmals blicken wir über den Umlade- und Abstellbahnhof der Steyrthalbahn hinweg auf den Staatsbahnhof, links dessen Kohlenschuppen. Parallel zueinander führen das schmalspurige Zufahrtsgleis zum Endpunkt für den Personenverkehr sowie das normalspurige Übergabegleis über den Haller Bach hinweg. Bei der Gleiserweiterung um 1913 wurde die schmalspurige Zufahrt mit einer doppelten Gleisverbindung („Hosenträger") aus dem Umladebahnhof ausgefädelt. Nach dem Abbau der Schmalspurgleise führte man das Normalspurgleis in umgekehrte Richtung über den Haller Bach zum neuen, bis 1992 bedienten Speicher der Lagerhausgenossenschaft Neuhofen an der Krems. Fotos: Sammlung Alfred Moser

Auszug aus dem Entwurf der Steyrthalbahn AG vom April 1891 zum Bau einer „Locomotivremise mit 1 Stand für die Station Bad Hall". Quelle: Österreichisches Staatsarchiv

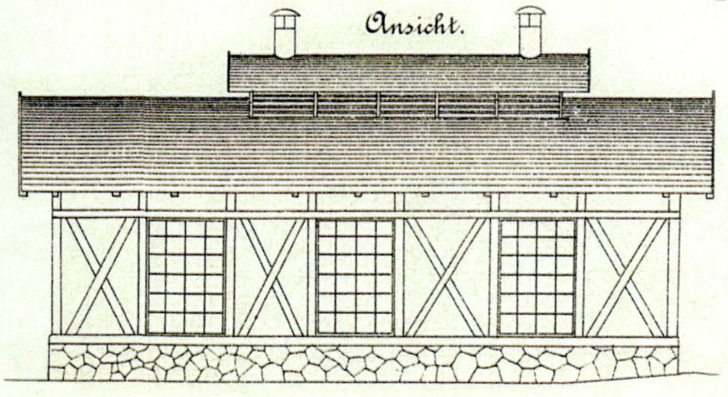

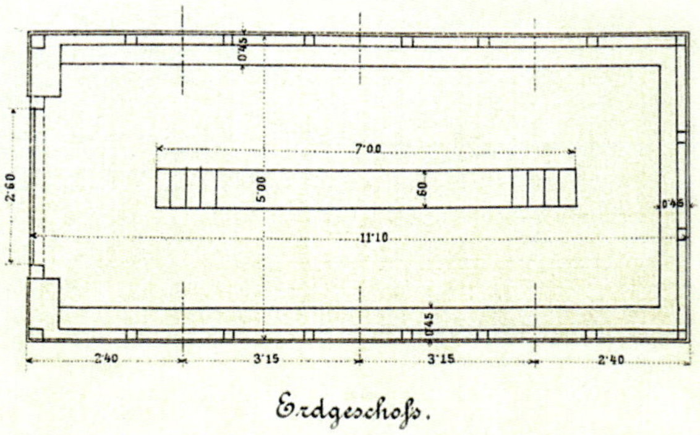

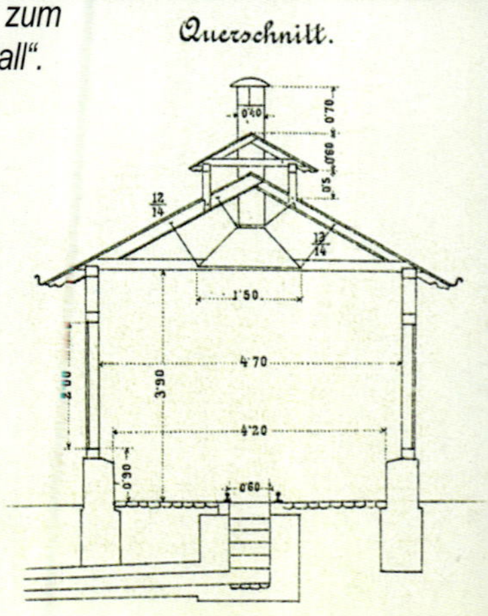

Mit der Einstellung der Verbindung Sattledt – Rohr wechselte der Zugförderungsdienst auf der Flügelstrecke Rohr – Bad Hall von der Zf Wels (sie hatte hier zuletzt die Reihe 93 eingesetzt) auf die Zfl Linz, die das stark ausgedünnte Zugangebot vorwiegend mit der Reihe 2045 erfüllte, während im Güterverkehr nun die Reihe 52 nach Bad Hall kam. Dafür konnte man fortan im Durchlauf Linz – Bad Hall, teilweise sogar mit Kurswagen aus Wien, in den „Weltkurort“ gelangen. Die 2045.08 setzt hier vor dem prächtigen Aufnahmsgebäude um. Bis zum Schluß war der Bahnhof noch mit Fahrdienstleiter, Stellwerker und Verschieber besetzt.

Kaum noch genutzt wurde viele Jahre die normalspurige „Locomotiv-Remise“, wofür die k.k. Staatsbahndirektion Linz am 6.11.1912 im Namen des Eisenbahnministeriums den „Benützungskonsens“ erteilt hatte. 2007 mußte es dem Bau des Einkaufszentrums weichen. Fotos (20.9.1969): Herbert Fritz

Das einstige „Stationsgebäude“ der Steyrthalbahn AG wurde noch viele Jahre als Wohnhaus genutzt. Nach Einstellung des Güterverkehrs im Jahr 1992 lag das Bahngelände lange brach, bis es 2007 an eine Investorengruppe veräußert wurde. Um den Jahreswechsel verschwanden sämtliche Gleisanlagen und Nebengebäude. Lediglich das denkmalgeschützte Aufnahmsgebäude der Normalspurbahn existiert noch, es ist jetzt umgeben von den Parkplätzen des Einkaufszentrums. Foto (1975): Ralf Schmidt (Slg. Ludger Kenning)

Anfänge und Impressionen der Museumsbahn

Am 12. Januar 1974 gründeten in Linz einige junge Eisenbahnfreunde einen Verein namens „Österreichische Gesellschaft für Eisenbahngeschichte“ (ÖGEG). Galt ihr Augenmerk zunächst den letzten Dampfloks der Zfl Linz, so wandten sie sich bald ebenso der akut gefährdeten Steyrtalbahn zu. Sie engagierten sich für deren Überleben und am 12. Oktober 1975 veranstalteten sie zum 85-jährigen Bahnjubiläum ihre erste Sonderfahrt, der bis 1981 noch etliche weitere folgen sollten. Der 1976/77 im Raum Steyr/Garsten gebildete, anfangs 35-köpfige ÖGEG-Arbeitskreis „Freunde der Steyrtalbahn“ sagte mit der Aktion „Rettet die Steyrtalbahn“ den Einstellungsplänen der ÖBB den Kampf an. Zudem trat er dem von der örtlichen Wirtschaft initiierten Aktionskomitee „Pro Steyrtalbahn“ bei. Gemeinsam mit diesem erreichte es die ÖGEG, daß das Verkehrsministerium im Stillegungsbescheid verfügte, einen allfälligen Museumsbahnbetrieb bei der Weiterverwendung der Grundstücke, Anlagen und Fahrzeuge zu berücksichtigen.

In meiner Chronik *„Die Österreichische Gesellschaft für Eisenbahngeschichte“* aus dem Jahr 1988 schrieb der damalige ÖGEG-Präsident Dr. Kurt Nekolny: *„Die Motive zu einer der bisher größten und gelungensten Aktionen der ÖGEG lagen auf der Hand: Das, was 1957 mit der SKGLB Salzburg – Bad Ischl geschah, die trotz ihres Wertes für den Tourismus kurzsichtig abgetragen wurde, darf sich bei der Steyrtalbahn nicht wiederholen. Die älteste dampfbetriebene Schmalspurbahn Österreichs, der Prototyp einer derartigen Bahn in Österreich, muß gerettet werden. Am letzten Betriebstag, den 28. Februar 1982, äußerte ich in einem ORF-Interview: „... und sie wird wieder fahren!“ Kaum jemand wollte mir Glauben schenken. Es begann ein langer Weg.“*

Mit den Erfahrungen der Florianerbahn und dem Know-How ihres Arbeitskreises Dampflokerhaltung im Rücken strebte die ÖGEG eine Umwandlung der Steyrtal- in eine Museumsbahn an. Über 250.000 S sammelte sie für den Erhalt der Bahn. Der rührige, diplomatisch sehr versierte ÖGEG-Präsident Dr. Kurt Nekolny sprach Politiker aller Parteien, Landtags- und Nationalratsabgeordnete, Gemeinderäte, Landeshauptmann Dr. Josef Ratzenböck, Wissenschaftsminister Firnberg, Verkehrsminister Lausecker, Handelsminister Staribacher und sogar Bundespräsident Dr. Rudolf Kirchschläger persönlich an – und sie halfen! Im Mai 1983 legte die Landesregierung im Bescheid über die „Entsorgung“ der Bahnanlagen fest: *„Ob und inwieweit die ÖBB für die Zwecke einer Museumsbahn gewisse Teile der Steyrtalbahn der ÖGEG überlassen, ist im Rahmen eines privatrechtlichen Übereinkommens zu klären. Nach dessen evtl. Abschluß, für den eine Frist bis 2. April 1984 gewährt wird, hat die ÖGEG innerhalb von 6 Monaten die behördlichen Bewilligungen zur Führung der Museumsbahn zu erwirken.“* Die ÖBB erklärten sich also bereit, die Strecke Steyr Lb – Grünburg für einen Museumsbahnbetrieb kostenfrei zu überlassen, sofern die ÖGEG die Grundstücke in ihr Eigentum übernimmt und sich verpflichtet, die Gleisanlagen bei einer etwaigen Einstellung zu beseitigen und dafür einen Sicherstellungsfonds einrichtet. Bei den Auflassungsverhandlungen befürworteten alle Anrainergemeinden den Museumsbahnbetrieb. Das Bundesdenkmalamt sprach allen Bauwerken entlang der Strecke eine Denkmalwürdigkeit zu.

Nicht allein auf diplomatischer Ebene, gleichfalls vor Ort stand der ÖGEG und dem Verein „Pro Steyrtalbahn“ (unter seinem Präsidenten Prof. Dr. Schwarz) viel Arbeit bevor. Um bis zum 2. September 1984 die Betriebsbewilligung erwirken zu können, mußten die Brücken statisch überprüft, Bodengutachten eingeholt, die überwucherte Strecke freigeschnitten, zahlreiche Schwellen ausgewechselt, in Grünburg ein Gleis ergänzt, Eisenbahnkreuzungen freigelegt, mit Hilfe der Feuerwehren von Neuzeug, Sierning und Schwaming sowie mehreren örtlichen Höhlenforschern die Neuzeugleiten vom Steinschlag befreit und gesichert und schließlich die Fahrzeuge fahrbereit ertüchtigt werden.

Aber auch von anderer Seite lag den Aktiven die Faust im Nacken: Die VÖEST hatte den Auftrag über den Gleisabbau erhalten und begann am 21. Mai 1984 mit dem Abtragen der Strecke Garsten – Steyr Lb, wobei es der ÖGEG noch gelang, der VÖEST ein 20 m langes Stück beim Lokalbahnhof abzuringen. Wenige Tage später wollte die VÖEST im südlichen Teil fortfahren. In letzter Minute konnte die ÖGEG die 48 Güterwagen, die in Klaus standen, zum Schrottpreis erwerben. Für die Überführung lieh sie die Benzindraisine aus St. Florian aus, aber die gab schon am ersten Tag den Geist auf. Mit einem alten Steyr-Traktor der Hörmühle wurden die Wagen schließlich in fünf Chargen mit Schrittgeschwindigkeit nach Waldneukirchen überführt. Aufwendig hatte man die Strecke zuvor von Gestein und Baumstämmen geräumt.

Beim Abbau Haunoldmühle – Klaus wurde kostbares Gleismaterial erworben. Von Grünburg bis Haunoldmühle sollte die neue Bundesstraße auf der Bahntrasse verlaufen, während das Gelände der Zfst Garsten in Händen der ÖBB verblieb, da die Eisenbahnergewerkschaft hier einen Sportplatz plante. Bezüglich der 17 km langen Strecke Steyr Lb – Grünburg kamen die Verhandlungen mit den ÖBB im August 1984 zum positiven Abschluß. Landeshauptmann Ratzenböck hatte erreicht, daß die ÖBB auf die besagte Kaution verzichten. Am 27. August 1984 erhielt die ÖGEG die veranstaltungsbehördliche Genehmigung für den Museumsbahnbetrieb. Neben der Bahntrasse übernahm sie folgende Objekte:

Die letzten Zugfahrten über den Plangrabenviadukt: In fünf Zügen wurden 48 Güterwagen mittels Traktor von Klaus nach Waldneukirchen überführt. Foto (16.5.1984): Wolfgang Nekolny

Wintersonderzug mit der 298.53 bei der Einfahrt in Pergern. Foto (29.11.1985): Hans Hufnagel

Mitte: In Steyr Lb amtierte viele Jahre Rudolf Kuffner (†2014) als Bahnhofsvorstand. Hier gibt er dem Festzug freie Fahrt. Foto (15.6.1985): Margarete Mayr (Sammlung Johann Leutgeb)

Ganz unten. Am Tag nach der Eröffnung strahlte die Sonne. Peter Dutzler, Fritz Göbl sowie Helmut Nekolny versorgen beim Grünburger Heizhaus die 298.53. Foto (16.6.1985): Ludger Kenning

- Steyr Lokalbahnhof: Erdgeschoß des Aufnahmsgebäudes samt Restauration, Dienstraum und WC, außerdem das Magazin.
- Aschach a. d. Steyr: Rottenunterkunft sowie die nordwestlich davon gelegenen Bahngrundstücke.
- Grünburg: Aufnahmsgebäude, Lokschuppen, Kohlenmagazin sowie das Frachtenmagazin.

Ende 1984 entschied das Bundesministerium für Bauten und Technik, daß die Ufertrassen im Bereich von Untergrünburg und der Gemeinde Waldneukirchen, auf deren Terrain der Bahnhof Grünburg liegt, für den Bau der Umfahrungsstraße nicht mehr benötigt werden. Das Bahnhofsgelände war also gerettet. Die Fremdenverkehrsverbände im Raum Waldneukirchen, Grünburg und Steinbach begannen mit der Restaurierung des Grünburger Bahnhofs, während am Steyrer Lokalbahnhof die Stadt Steyr und einige Gymnasiasten aus Steyr mithalfen. Zunächst war geplant, auf Terrain der Hörmühle an der Haltestelle Waldneukirchen einen zweigleisigen, außen holzverschalten Lokschuppen in Fertigteilbauweise zu errichten und einige Abstellgleise anzulegen. Auch wollte man hier die von der VÖEST in Garsten ausgebaute Drehscheibe wiederverwenden, doch letztlich entstand im Frühjahr 1985 in Waldneukirchen lediglich eine Remise für die Lokomotiven 298.53 und 699.103.

Am 5. Dezember 1984 wurde der Verkauf der 298.52, 298.53 und 699.103 an die ÖGEG definitiv vollzogen, obwohl aus dem Ausland bereits lukrativere Angebote vorlagen. Weil das Streckengleis von Garsten hinauf nach Steyr Lokalbahn bereits nicht mehr existierte, wurde am 27. Dezember vorerst die 298.52 per Autokran und Tieflader nach Steyr Lb überführt. Nach Instandsetzung der Steuerung fuhr die Lok noch in derselben Nacht mit eigener Kraft bis Grünburg. Um die Jahreswende fanden die ersten Probefahrten über die Gesamtstrecke und eine erste Silvesterfahrt statt. Nach und nach kehrten mehrere an andere Strecken abgegebene Personenwagen ins Steyrtal zurück. Am 7. Mai 1985 – der Gleisabriß im Bereich der Zfst Garsten nahte – wurden ebenso die 298.53 und 699.103 nach Steyr Lokalbahn überführt. Insgesamt fielen nach Erteilung der Betriebsbewilligung annähernd 10.000 Arbeitsstunden an, bevor das Eröffnungsfest endlich steigen konnte. Eine erste Fahrt gab es bereits zehn Tage zuvor, nämlich für eine Reisegruppe der Firma BBC.

15. Juni 1985: Die Eröffnung der Steyrtal-Museumsbahn

Die Pointe von Landeshauptmann Ratzenböck (am Rednerpult) muß gut gewesen sein, Dr. Kurt Nekolny (rechts mit Kappe) amüsiert sich prächtig.

Links: Noch mit Rauchkammer nach Norden setzt 298.52 in Grünburg um.

Unten: „I derf wieda fohrn" war auf der Vorderseite der 298.53 zu lesen. Der Festakt sollte eigentlich an die Originaleröffnung von anno 1889 erinnern, nur war das Wetter seinerzeit hochsommerlich warm und sonnig.

Fotos: Margarete Mayr (Sammlung Johann Leutgeb)

Landeshauptmann Dr. Ratzenböck (ganz links) erwies sich als guter Zuhörer. Besonders geehrt wurde Anneliese Ratzenböck (rechts), hatte sie doch ihrem Ehemann bei seinen Bestrebungen um die Rettung der Bahn mit Engelsgeduld den Rücken gestärkt.   Fotos: Margarete Mayr (Slg. Joh. Leutgeb)

Mitte rechts: Selbst der harte Kern der Stuttgarter Steryrtalbahnfans war zugegen (links Peter Federmann, daneben Burkhard Wollny wie üblich mit Hut).
Unten rechts: „Sie ist wieder da–da–da–da ... Hurra“ – die Grünburger Kinder ließen ihrer Freude freien Lauf.   Fotos: Margarete Mayr (Slg. J. Leutgeb)
Unten links: An diesem Tag war jede helfende Hand gefragt, selbst beim Bekohlen der Lokomotiven am Grünburger Heizhaus.   Foto: Ludger Kenning

Als die 298.52 am Tag nach Weihnachten 1984 von Garsten nach Steyr Lb überführt wurde, setzte man sie ausnahmsweise mit Rauchkammer nach Norden auf die Schienen. So boten sich den Fotografen ganz neue Perspektiven, hier in Grünburg und Letten, bis im Frühjahr 1987 die in der Zfst Garsten entbehrliche Drehscheibe eine neue Verwendung in Steyr Lokalbahn fand. Fotos (August 1986): Burkhard Wollny (Eisenbahnstiftung)

Die offizielle feierliche Inbetriebnahme war eigentlich für den 23. Juni 1985 geplant, weil manche Politiker diesen Termin aber nicht einrichten konnten, zog man ihn auf den 15. Juni vor. Obwohl der Himmel *„in Hülle und Fülle Freudentränen weinte"*, war die Stimmung prächtig. Unzählige Schaulustige wollten die *„triumphale Wiedergeburt ihres für immer verloren geglaubten Schnauferls"* miterleben. Anwesend waren u.a. Landeshauptmann Dr. Josef Ratzenböck, sein Stellvertreter Dr. Karl Grünner († 22.10.2003), die Landesparteiräte Albert Leibenfrost († 22.3. 2005) und Hermann Reichl († 19.8.2022), FPÖ-Landesparteiobmann Horst Schender sowie Bürgermeister Heinrich Schwarz († 9.2.2018). Durch Abwesenheit glänzten die eingeladenen ÖBB-Spitzen, vor allem Präsident Alfons Hoch von der BB-Dion Linz, der noch im Herbst 1982 offenbart hatte: *„Wenn die Linie für uns zu teuer und zu gefährlich war, kann sich dies auch kein Verein leisten."* – *„Die Gleise haben ohnehin keine Überlebens-Chancen"* oder *„Die alten Dampflokomotiven sind einfach zu schwach für einen lukrativen Bahnbetrieb."*

Der von einer Blaskapelle umrahmte, an die „Originaleröffnung" von 1889 angelehnte Festakt begann um 10 Uhr im Steyrer Lokalbahnhof. Landeshauptmann Dr. Ratzenböck meinte: *„Heute ist etwas gelungen, was wohl nur in Österreich möglich ist: Wir stellten eine Bahn ein – und lassen sie trotzdem fahren. Die Steyrtalbahn als ein Stück Eisenbahngeschichte ist es wert genug, als Museumsbahn erhalten zu bleiben. Unterstützt von den Freunden der legendären Steyrtalbahn hat die ÖGEG ein kleines Wunder vollbracht. Die Steyrtalbahn pfeift wieder!"* Und für ÖGEG-Präsident Dr. Kurt Nekolny war die Wiedereröffnung ein Beweis dafür, daß *„Glaube Berge versetzen kann"*.

Um 11.30 Uhr verließ der vollbesetzte, mit den Lokomotiven 298.52 und 53 bespannte Festzug – begleitet von viel Musik – den Lokalbahnhof in Richtung Grünburg. An allen Stationen wurde er begeistert empfangen, wieder spielten Musikkapellen auf und die Bürgermeister hielten Begrüssungsreden. In Grünburg, wo der Bahnhof nie zuvor so schön gewesen sein soll, wurde der Festakt musikalisch und folkloristisch umrahmt, und es folgten weitere Ansprachen der Prominenz. Nach einer Pendelfahrt Grünburg – Aschach mit der 298.52 war die Rückkehr nach Steyr wieder doppelt bespannt. Anschließend gab es eine Stichfahrt bis Pergern u.z., dann startete die lange Garnitur vor zahlreichen Zuschauern wieder Richtung Grünburg: *„Jetzt pfaucht und stampft sie wieder in die liebliche Landschaft hinein!"*

Am 23. Juni 1985 begann die erste Betriebssaison der längsten Museumsbahn Österreichs. Nicht nur zur Steyrtalbahn, ebenfalls zur Landesausstellung und zur 1.000-Jahr-Feier in Garsten fuhr ein Anschlußzug Linz – Garsten mit 52.3316, auf der Museumsbahn außerdem ein Güterzug mit der 699.103. Sonntäglich verkehrten fortan jeweils drei Zugpaare. Der Andrang war gewaltig, bis Mitte Oktober 1985 wurden an die 12.000 Fahrgäste in 182 Dampfzügen mit 3.000 km Fahrleistung befördert. Für den Verschub standen eine Gmeinder- (ex Judenburg, vgl. S. 362) und eine Henschel-Diesellok (Hen. 1442/1937, 13 PS, ehemals Baufirma Peters & Pascher, Linz) zur Verfügung. Nach dem Diebstahl seiner neuen Kupplung war der Motorbahnwagen abgestellt. 1985 halfen die ÖBB mit zwei braunen Mariazellerbahn-Spantenwagen aus. Am 8. August 2001 erwarb die ÖGEG den BD4i 4109 von den ÖBB, am 29. Mai 2012 die B4i 3161 und 3163 von der NÖVOG und später noch weitere Vierachser. Im Winter 1985/86 errichtete man in Steyr Lb. einen altösterreichischen Wasserkran der Bauart Spitzner (vgl. Seite 134).

Die folgende, am 15. Juni 1986 angelaufene Saison übertraf noch das Vorjahr, am 30. August wurde der 25.000ste Fahrgast begrüßt. Die Erhaltungsarbeiten liefen unverdrossen weiter. Bei der Abtragung der 4 km langen Strecke von der Gemeindegrenze Waldneukirchen / Grünburg bis Haunoldmühle ab August 1986 (die Gemeinde Grünburg hatte es so verlangt) retteten die Aktiven selbst bei widrigem Wetter zahlreiche Schienen, Stahlschwellen sowie Telefondrähte und -masten. Während die Restaurierung des Bahnhofs Grünburg gute Fortschritte machte (er erhielt eine neue Dachdeckung und WC-Anlagen), wurde das Magazin in Steyr Lokalbahn ab Winter 1986/87 in eine Werkstätte mit Grube, Achssenkvorrichtung samt Aufzug und u.a. mit pneumatischen Werkzeugen und CO_2-Schweißgerät ausgestattet, so daß die 298.53 hauptuntersucht und die 298.52 und 699.103 jeweils einer Kesselprüfung unterzogen werden konnten. Im Sommer 1986 lief auch die durch eine Bausteinaktion finanzierte Restaurierung der aus der Schweiz heimgeholten 298.106 (Lok 6 „Klaus") an. Die frühere Garstner Drehscheibe fand vor der Werkstatt eine neue Verwendung. Mitte 1987 begann die Verlängerung der Werkstätte, wobei per Kran eine 14,0 t schwere und 80 Jahre alte Achsdrehbank eingehoben wurde. Überaus wertvoll war der Einsatz einer vollelektronisch gesteuerten Richt- und Stopfmaschine von Plasser & Theurer, die hier vor ihrem Export getestet wurde.

Am 16. Oktober 1987 überschritt die Fahrgastzahl die 50.000-Marke. Gegenüber der Saison 1986 nahm das Aufkommen um 15 % zu. Neben den Planzügen fielen noch 53 Sonderzüge an. Im Frühjahr 1987 erwarb die ÖGEG im Kapfenberger Edelstahlwerk zwei 200-PS-Dieselloks von O&K, eine davon als Ersatzteilspender. 1988 wurde u.a. die Brücke über den Himmlitzer Bach saniert. Aus einem früheren St. Pöltner Haubendachwagenkasten und einem Güterwagenuntergestell entstand der eleganteste Personenwagen der Steyrtalbahn.

Soweit der Rückblick auf die Anfangszeit der Steyrtal-Museumsbahn. Viele der so überaus verdienstvollen Idealisten von damals weilen heute leider nicht mehr unter uns, manche haben sich auch aus persönlichen Gründen zurückgezogen. Allerdings wird bei der ÖGEG seit jeher die intensive Nachwuchsförderung groß geschrieben, und so sind durch den Generationswechsel etliche engagierte, fachlich sehr versierte junge Mitarbeiter hinzugekommen, welche die Traditionen der guten alten Steyrtalbahn auf lange Sicht am Leben halten möchten. Die Begeisterung um die Bahn ist ungebrochen.

† Dr. Kurt Nekolny †

Abschied vom Retter der Steyrtalbahn

Als im Februar 1982 der letzte Zug in den Bahnhof Garsten einfuhr, schien das Schicksal der traditionsreichen Steyrtalbahn gewiß: Nach 93 Jahren sollte der Betrieb eingestellt werden. Dem Präsidenten der Österr. Gesellschaft f. Eisenbahngeschichte (ÖGEG), Dipl.-Ing. Dr. Kurt Nekolny, und seinem unermüdlichen Engagement ist es zu verdanken, daß aus der eingestellten Bahn nunmehr eine Touristenattraktion ersten Ranges wurde. Der am 21. Oktober 1927 in Budapest geborene Bautechniker konnte 1981 für die Präsidentschaft der ÖGEG gewonnen werden, wobei das Ziel, die Steyrtalbahn museal zu reaktivieren, zu seiner Berufung wurde. Diese letzten 17 Jahre – sogar noch vom Krankenbett aus – widmete Dr. Nekolny dem Gedeihen seines Lebenswerkes, der geliebten Steyrtalbahn. Die Stadt Steyr würdigte seine intensiven Bemühungen und sein vorbildliches, persönliches Engagement mit der Verleihung der Ehrenmedaille im Sommer vergangenen Jahres. Mit der Einbindung des tradit. „Schnauferls" in die Landesausstellung „Land der Hämmer", der Renovierung der Waldneukirchner Stahlbogenbrücke und mit 25.000 Fahrgästen konnte Dr. Nekolny heuer eines der erfolgreichsten Jahre der Museumsbahn noch miterleben. Der Retter der Steyrtalbahn ist am 12. November 1998 in seinem 72. Lebensjahr verstorben.

(aus „Amtsblatt der Stadt Steyr", Ausgabe 1998/12)

Die Steyrtalbahn erlebt einen neuen Frühling! Die 298.52 fährt auf die Haltestelle Neuzeug zu. Hinter dem noch aus der Frühzeit der Steyrthalbahn AG stammenden Dienstwagen D 6460 folgen drei umgangssprachlich als „Spantenwagen" bezeichnete Zweiachser. Foto (20.4.2010): Hans Faust

Unten: Die im Mai 1985 von Garsten nach Steyr Lb überführte 699.103 legte auf der Museumsbahn schon so manchen Kilometer zurück und beförderte so manche schwere Last. An diesem Sommertag bei Aschach muß sie sich nicht sonderlich anstrengen. Nach einer HU in Cluj (Rumänien) im Jahr 2000 gab sie sogar Gastspiele im Pinzgau, Waldviertel, auf der Ybbstalbahn-Bergstrecke und auf der Mariazellerbahn, dann wurde sie 2009 wegen eines Zylinderschadens abgestellt. Nach einer aufwendigen Reparatur kehrte sie 2021 in den Dienst zurück. Foto (7.7.1990): Regine Kenning (†)

In Aschach hatte die ÖGEG die Rottenunterkunft und die nordwestlich davon gelegenen Bahngrundstücke erworben. Im Sommer 1986 (oben) war das Stationsgebäude noch sehr marode. 1990 begannen erste Instandsetzungen und Renovierungen, 1997 ging das Gebäude ins Eigentum der ÖGEG über und mit der Zeit (hier am 7.9.2013; links) erstrahlte es wieder wie neu. Es wurde sogar für den Spezialpreis „Bahninfrastruktur" zum österreichischen Tag des Denkmals 2016 in Oberösterreich nominiert.
Foto oben: Burkhard Wollny (Eisenbahnstiftung), Foto links: Ludger Kenning

Das Jahr 1989 stand ganz im Zeichen des großen Jubiläums „100 Jahre Steyrtalbahn". Vom 11. Juni bis 1. Oktober verkehrten jeden Sonntag drei Zugpaare. Höhepunkt war der 2. September, als zusätzlich zu den drei Plannoch drei Sonderzugpaare verkehrten, hier im Bahnhof Grünburg. Allein an diesem Tag wurden 1.648 Fahrgäste gezählt, ein Zeichen für die hohe Popularität, die der Museumsbahn mittlerweile zukommt.
Foto: Margarete Mayr (Slg. Johann Leutgeb)

Die 298.102 mit Lokführer René Charlemont sowie Heizer Lukas Matschiner vor einem Fotozug an der Ahbachbrücke zwischen Sommerhubermühle und Waldneukirchen (vgl. auch Seite 241).
Foto (13.9.2025): Ludger Kenning

Auf Basis der Bn2t-Kriegstype KDL 10 entwickelte Krauss-Maffei nach 1945 den Typ „Krutwig“, von dem drei 790-mm-Lokomotiven an die Hütte Donawitz geliefert wurden. Die Lok 170.4 (KrM 17834/1952) wurde am 7.7.1960 nach Umspurung auf 760 mm an das Gußstahlwerk Judenburg weitergegeben, wo sie unter dem Namen „Lisl“ bis 1981 im Einsatz blieb und danach noch als Reserve vorgehalten wurde. Schließlich gelangte sie zum Kleinbahnverein Donawitz, aber dessen Projekt „Sportplatzbahn“ platzte, so daß die ÖGEG die 170.4 zusammen mit der Lok 100.9 (WLF 17610/1947) erwerben und am 15.10.1989 nach Steyr überführen konnte. Über ein Jahr später begann die Aufarbeitung, wobei die Lok u.a. eine Lichtmaschine und eine Saugluftbremse erhielt. Ihren ersten Einsatz im Steyrtal – nun als 170.4 „Liesl“ – absolvierte sie am 13.4.1992 vor einem Sonderzug für Kinder aus dem Raum Tschernobyl. Mit 21,7 t Dienstgewicht erwies sie sich als wahres Kraftpaket, selbst ein 13-Wagen-Zug war kein Problem. Auch wenn sie optisch nicht so recht hierher paßte, war sie doch für die Museumsbahn überaus wertvoll, zumal sich die anderen Lokomotiven in Aufarbeitung oder Reparatur befanden. Mit dem aus dem ÖBB-Unkrautvertilgungszug (vgl. Seite 264) stammenden Wasserwagen (9)8811 ist sie vor einem Sonderzug bei Aschach unterwegs, im Hintergrund eines der 1990 errichteten Formsignale. Am 10.1.2021 wurde sie nach Stainz an Markus Mandl sowie Alfred und Herbert Moser verkauft. Die Lok 100.9 wurde nicht mehr aufgearbeitet, sie ging 1998 an den VFKL nach Schwechat.
Foto (6.12.1992): Alfred Luft

Als Nachbau des ungarischen Typs 70 der MÁVAG – aber um 2 t schwerer und mit 150 statt 120 PS Leistung – entstanden in den Jahren 1951-58 in der Lokschmiede des rumänischen Stahlwerks Reșița hauptsächlich für die staatlichen Waldbahnen (Căile Ferate Forestiere CFF) in den Karpaten, aber auch für öffentliche Bahnen der CFR und für Industriebetriebe, insgesamt 120 D-Kuppler mit hinterer Klien-Lindner-Hohlachse. Die unter Waldarbeitern recht beliebten Maschinen sollten beim Aufbau einer sozialistischen Holzindustrie helfen. Die 764.007^{II} (Reșița 1407/1953) lief dagegen im Uranbergbau. Nach einer Revision im Ausbesserungswerk Cluj wurde sie betriebsfähig an die ÖGEG verkauft (hier war damals lediglich die 298.53 intakt) und am 19.8.2000 absolvierte sie ihre Jungfernfahrt auf der Steyrtalbahn. Zum Jahresende 2015 lief bei der Lok 764.007 „Draculina“ die Kesselfrist ab, zuvor fand eine faszinierende Fotofahrt mit einem Holzzug statt, hier bei der Brücke über den Schreinerbach in km 14,347 vor der Sommerhubermühle. Im Mai 2918 wurde die Lok an die Marktgemeinde Stainz verkauft und nach einer HU in Polen kehrte sie (nun „Maxi“ genannt) am 25.10.2021 zur Stainzer Lokalbahn zurück.
Foto (27.12.2015): Nikolaus Nenning

Heute nicht wiederzuerkennen ist diese Perspektive unterhalb von Grünburg, wo die 699.103 talaufwärts strebt. In jenem Jahr, am 30.9.1990, wurde Rosa Degner (80) aus Steyr als 100.000ster Fahrgast geehrt. Allein an jenem Tag zählte man 1.263 Fahrgäste, in der gesamten Saison mehr als 20.000.
Foto (7.7.1990): Ludger Kenning

Rechts: Heizhaus und das Aufnahmsgebäude von Molln zur Zeit der Millenniumswende. Foto (31.12.1999): Ludger Kenning

Einen offenen Sommerwagen für die Steyrtalbahn hatte die Wagenfabrik von Johann Weitzer in Graz bereits 1890 entworfen, realisiert wurde er nach jenen Plänen jedoch erst von November 1989 bis September 1990 durch die ÖGEG in 1.600 Arbeitsstunden und mit einem Materialaufwand von 100.000 S auf dem Fahrgestell des Ow 60211. Eine Spenglerei spendete das Blechdach des Wagens C 1 (Ci 4500). Foto (21.7.2019): Markus Strässle

Unten: Die „Bahnhofreste" des Steyrer Lokalbahnhofs strahlt noch heute voll und ganz das urtümliche Flair wie zu Zeiten der alten Steyrtalbahn aus. Foto (28.10.2025): Tanja Costamajor

Links: Als die zweiachsige dieselhydraulische Lok V 105 „Erika“ im Jahr 1940 bei Gmeinder in Mosbach (Baden) unter der Fabr.-Nr. 3053 gebaut wurde, war dort soeben die Produktion der HF130C angelaufen. Die Verwandtschaft ist unverkennbar. Beim Verkauf vom Gußstahlwerk Judenburg an die ÖGEG am 2.5.1985 besaß sie einen Steyr-Motor mit 90 PS (heute 105 PS). Entsprach ihr altes Führerhaus noch jenem der Type HF130C, so erhielt sie später erheblich größere Fenster. Für die Museumsbahn erbrachte sie schon unzählige wertvolle Dienste (Grünburg 16.6.1985).

Rechts: O&K in Dortmund-Dorstfeld lieferte 1953/55 ans Gußstahlwerk Kapfenberg drei Bdh-Loks der neuen Type MV 8 mit Kettenantrieb, Blindwelle und Stangen. Der 145-PS-Motor wurde 1974-79 durch einen Jenbacher mit 200 PS ersetzt. Von den im Frühjahr 1987 an die ÖGEG verkauften Lokomotiven VEW 5 und 7 diente erstere nur als Ersatzteilspender, während die Lok 7 (O&K 25592/1955) sogleich in Betrieb ging (Grünburg, 7.9.2013).

Unten links: Das SBS-Werk in Ternitz hatte am 27.4.1962 für seine 700-mm-Werkbahn eine 8 t schwere Kleinlok vom Typ JW50G8 mit 50 PS erhalten (Jenbach 3.251.61/1962). Bis zur Schließung des Stahlwerks im Jahr 1986 versah sie dort ihren Dienst, dann wechselte sie im Oktober 1988 nach Umbau auf 760 mm zur Bregenzerwald-Museumsbahn, wo sie sich wegen ihres geringen Leistungsvermögens aber nur als Bauzug- oder Vorspannlok eignete. Als D 50 „Beni“ bzw. „Benjamin“ befindet sie sich seit März 1998 nunmehr auf der Steyrtalbahn (Aschach, 13.9.2025).

Unten rechts: Zur Steyrtal-Museumsbahn gehört auch eine Flotte von Motorbahnwagen. Der im Jahr 2001 erworbene X 616.903 – hier am 7.9.2013 in Aschach – hatte in den 50er Jahren in den ÖBB-Werken Wörth bei St. Pölten einen Neuaufbau auf einem alten Austro-Daimler-Fahrwerk BM20L sowie einen Jenbacher Dieselmotor mit 30 PS erhalten (nun Reihe X 614.9). Einige MBW erhielten um 1960 einen Steyr-Motor mit 50 PS und die Reihenbezeichnung X 616.9. Auf österreichischen Museumsbahnen existieren noch zehn solcher Motorbahnwagen. Fotos: Ludger Kenning

Die für die Steiermärkischen Landesbahnen federführend von den Österreichischen Brown-Boveri-Werken entwickelten, 1964-67 ausgelieferten dieselelektrischen Drehgestell-Lokomotiven VL 11-16 mit mechanischem Teil der ÖAM Zeltweg, einem Motor der MAN Augsburg sowie 9,80 m Länge und 32,0 t Dienstgewicht prägten jahrzehntelang den Verkehr auf der Murtal-, Thörler- und Feistritztalbahn. Der längere Vorbau enthält den Motor nebst Generator und Kühler, der hintere die Vakuumpumpe, den Zugheizkessel sowie elektrische Einrichtungen. 1978-84 erhielten die Loks je einen MTU-Motor (530 PS). Von der Feistritztalbahn kam die VL 15 im Januar 2019 zur Steyrtalbahn. Ein junges Team machte sie wieder fit und im Mai 2025 ging sie als V 400 in Dienst. Bis auf das Dach stammt der Lack noch original von der letzten HU 1986. Foto (9.8.2025): Ralf Kirion

„120 Jahre Steyrtalbahn“ wurde am 6.9.2009 groß gefeiert. Der eigentliche Festakt im Beisein von Prominenz aus Politik und Wirtschaft fand von 9 bis 10 Uhr in Steyr Lb statt, die Stadtkapelle Steyr spielte auf und selbst der ehem. Landeshauptmann Dr. Ratzenböck war zugegen. Neben den Planzügen waren an diesem Tag ein Foto- und ein Güterzug (s. S. 191) unterwegs und gegen 15 Uhr gab es in Grünburg eine Parade aller drei Dampfzüge (oben). In Steyr Lb hatten der BASV Molln und der KBMS Steyr ein Sonderpostamt eingerichtet, eine Sonderbriefmarke war erschienen und es gab wieder Bahnpostbeförderung. Im letzten Licht des Tages kehrten die 298.102 und 298.52 zurück nach Grünburg (rechts).
Fotos: Ludger Kenning

Oben: Dank des Engagements (und auf dessen Kosten) eines in Zürich wohnenden Steyrtalbahners, der leider später auf mysteriöse Weise ums Leben kam, kehrte die 298.106 im Oktober 1985 ins Steyrtal zurück. Zusammen mit der 298.102 wurde sie im Oktober 2004 in Betrieb genommen, aber ihr geschweißter Meininger Neubaukessel ließ zu wünschen übrig. Nur 17 Jahre währte ihr bisheriger Einsatz auf der Museumsbahn, bis Patrick Minařik im Januar 2021 ihre Abstellung verfügen mußte. Hier verläßt sie auf der Silvesterfahrt die Haltestelle Sommerhubermühle.
Foto (31.12.2019): Thomas Anton

Als die 298.52 im August 1942 als erste „U" zur Steyrtalbahn kam, besaß sie einen Kobelschornstein (vgl. Seite 186). Und als sie im Oktober 2004 nach einer Hauptausbesserung wieder in Dienst ging, trug sie abermals einen solchen Schlot. Gut zwei Jahre lief sie in diesem Aussehen auf der Steyrtalbahn, hier beim Schloß Rosenegg.
Foto (26.8.2006):
Hans-Karl Kunhäuser

Oben: Geradezu wie ein Schnellzug wirkt ein mit der 498.04 bespannter Zug im Vergleich zu den Garnituren mit der „U“ (Reihe 298). Im Herbst 1989 kam sie zur Steyrtalbahn, etwa 18 Jahre bzw. 12.000 Stunden dauerte die Aufarbeitung, im September 2012 war sie wieder betriebsfähig, offiziell in Betrieb genommen wurde sie am 7.9.2013 (hier in Höhe Pieslwang).

Zugbegegnung in Aschach: Die 498.04 fährt mit dem Planzug aus, während die 298.102 mit einem Fotogüterzug bereitsteht. Links schaut die neue Wagenhalle hervor (13.9.2025). Fotos: Ludger Kenning

Links: Alfred Luft (*13.1.1935), Altmeister aus der „Hohen Wiener Schule“ der Eisenbahnfotografie, hatte die Steyrtalbahn bereits 1953 kennengelernt und sie später noch viele Male wieder besucht. Er verfügt nicht nur über einen enormen Fundus selbstgeschossener, motivlich einmaliger und fotografisch hochwertiger Aufnahmen, sondern verwaltet mit Alfred Brandl auch andere Archive, wie z.B. von Harald Navé, Peter Schmied oder Werner Fritthum.

Rechts: Ein wahres „Steyrtalbahn-Original“ war der allseits geschätzte Reinhold „Reini“ Rohrleitner (23.12.1953 – 19.3.2022), ein Museumsbahner der ersten Stunde, von Haus aus Lokheizer, aber er sprang überall ein, wo Not am Mann war, ob an der Drehbank, als Verschieber, als Zugbegleiter, als Hausmeister oder (und vor allem) bei der Jugendarbeit – eben das „Mädchen für alles“. Fotos (Sommerhubermühle, 7.9.2013): Ludger Kenning

Unten links: Mannschaftsbild anläßlich der Präsentation des 1. Bandes dieser Buchreihe. Links der unter älteren Eisenbahnfans unvergessene Lokführer i.R. Heinz Moschner, unter den Kollegen auch „der Weißkappler“ genannt. Hans Faust sagte einmal, daß er aus Leidenschaft die Dampfloks der Steyrtalbahn fuhr und weniger durch Zufälle des Lebens zum Lokführer geworden sei. Neben ihm Thomas Haberl, hier Zugbegleiter, ohne dessen immense Archivarbeit meine Bücher über die Graz-Köflacher Bahn, die Waldviertelbahnen oder die Steyrtalbahn in dieser Form niemals möglich gewesen wären. Lukas Matschiner aus der jungen, sehr versierten Garde der Steyrtalbahner, an jenem Tag im Heizerdienst, ansonsten maßgeblich für die Aufarbeitung der Wagen zuständig. Rechts René Charlemont, diesmal Lokführer, der stets seine große Erfahrung in die museale Aufarbeitung und den Einsatz der Fahrzeuge einbringt. Erst im Juli 2025 gelang es ihm, den Dienstwagen D 6485 heim zur Steyrtalbahn zu holen.

Unten rechts: Nein, das sind nicht die „Dornenvögel“ von Waldneukirchen, sondern die bei der Steyrtalbahn aktive Alexandra Hillbrand, die sich beim Warten auf den Abendzug nach Grünburg mit einem jungen Geistlichen über das Leben unterhält. Fotos (13.9.2025): Ludger Kenning

Wie einst in den Fünfzigern, als die Steyrtalbahn für die Landbevölkerung und die Wirtschaft des Steyrtals noch unverzichtbar war, strebt die 298.102 durch das Aschacher Becken der Sommerhubermühle entgegen. Lokführer René Charlemont kann es gemächlich angehen lassen, größere Steigungen fordern ihn hier nicht heraus. Foto (13.9.2025): Ludger Kenning

Zeittafel

25.8.1886	Vorkonzession einer Lokalb. Steyr – Herndl – Windischgarsten
18.2.1888	Konzessionserteilung einer Schmalspurbahn Garsten – Klaus
2.7.1888	Gründung der Steyrthalbahn Aktiengesellschaft
22.8.1888	Erster Spatenstich in der Neulust in Steyr
19.8.1889	Feierliche Eröffnung Garsten – Grünburg
21.9.1890	Konzessionserteilung für Pergern – Bad Hall
18.11.1890	Feierliche Eröffnung Grünburg – Agonitz
April 1891	Baubeginn Pergern – Sierning – Bad Hall
2.12.1891	Feierliche Eröffnung Pergern – Sierning – Bad Hall
20.12.1905	Neuerliche Konzessionserteilung für Agonitz – Klaus
26.10.1909	Eröffnung und erster Betriebstag Agonitz – Klaus
22.6.1916	Aufnahme des Rollschemelverkehrs (bis November 1918)
28.2.1931	Übergang der Betriebsführung an die BBÖ
1.8.1933	Letzter Betriebstag Sierning – Bad Hall
18.3.1938	Übergang der Betriebsführung an die DRB
18.11.1939	Offizielle Stillegung Sierning – Bad Hall
31.12.1939	Einlösung bzw. Verstaatlichung der Steyrthalbahn AG
27.7.1945	Übergang an die Österreichischen Staatseisenbahnen (ÖStB)
Aug. 1947	Übergang an die Österreichischen Bundesbahnen (ÖBB)
31.12.1966	Letzter Betriebstag Pergern – Sierning
25.5.1968	Letztmals Personenzüge Molln – Klaus und Bahnpostdienst
14.3.1980	Felssturz beim Groißenbach nahe Haunoldmühle
28.3.1980	Ende Personenverkehr Grünburg – Molln und Güterverkehr
27.10.1980	Wieder Güterverkehr als Sperrfahrt Grünburg – Haunoldmühle
28.2.1982	Einstellung des restlichen Gesamtbetriebs
1.12.1982	Offizielle Stillegung der Steyrtalbahn
15.6.1985	Eröffnung der Museumsbahn Steyr Lokalbahn – Grünburg

Quellen

- F. Aschauer: „Oberösterreichs Eisenbahnen“, herausgegeben vom Amt der O.Ö. Landesregierung bzw. vom Landesverlag Wels, Linz 1964
- K. Daucher: „100 Jahre Steyrtalbahn“, Ennsthaler Verlag, Steyr 1990
- C. Hager, P. Wegenstein: „Steyrtalbahn“, Verlag Denkmayr, Linz 1998
- L. Kenning: „Die Steyrtalbahn, eine Nebenbahn und ihre Abschaffung“, in LOK-Report Heft 2/1982, Münster (Westfalen)
- L. Kenning: „Österreichs Eisenbahnen im Jubiläumsjahr 1987“
- L. Kenning: „Die Österreichische Gesellschaft für Eisenbahngeschichte ÖGEG“, Verlag Kenning, Nordhorn 1988
- L. Kenning, M. Strässle: „Güterverkehr auf schmaler Spurweite in Österreich (Band 1)“, Verlag Kenning, Nordhorn 2022
- L. Kenning, A. Moser, M. Strässle: „Güterverkehr auf schmaler Spurweite in Österreich (Band 2)“, Verlag Kenning, Nordhorn 2023
- A. Marks, G. Breitfuss: „Die Heeresfeldbahn-Personenwagen in Österreich“, aus Zeitschrift „Schmalspur“ 4/2002, Wien
- Zeitschrift „Schienenverkehr aktuell“, Verlag Pospischil, Wien ab 1975
- diverse Zeitungen aus dem Archiv „ANNO Historische Zeitungen und Zeitschriften“ der Österreichischen Nationalbibliothek
- Zeichnungen aus dem Österreichischen Staatsarchiv in Wien

Ein herzliches Dankeschön gebührt Thomas Anton, Alfred Brandl, Joachim Bügel, Hans Faust, Renate Gassenbauer, Thomas Haberl, Evert Heusinkveld, Markus Inderst, Ernst Kabelka, Ralf Kirion, Hans-Karl Kunhäuser, Alexander Loidl, Alfred Luft, Patrick Minařík, Heinz Moschner, Alfred Moser, Hans-Georg Pucalka, Karsten Risch, Joachim Schmidt, Dieter Stanfel (†), Markus Strässle und Harald Süß.

Titelbild oben:	*Mit einem typischen Zug der Flügelstrecke nähert sich die 298.102 der Haltestelle Wahlmühle.*	*Foto (10.9.1966): Harald Navé*
Titelseite u.l.:	*Hochbetrieb in der Zfst Garsten mit den 298.51, 298.56, 298.25, 298.53 und 298.52.*	*Foto (31.5.1966): Heinz Albrecht*
Titelseite u.l.:	*Tiefer Winter im Bf Klaus, der Schneepflug 98 504 in seinem Element (mit der 298.52).*	*Foto (Januar 1976): Heinz Moschner*
Seite 1:	*Mit Testfahrten hat man sich auf den Winter vorbereitet, am Steyrdurchbruch ist es jetzt ernst.*	*Foto (3.1.1978): Richard Stürmer*
Rückseite oben:	*Der Plangrabenviadukt ist teils im Bogen, teils gerade angelegt (mit der 298.56 nach Klaus).*	*Foto (Januar 1976): Hans Faust*
Rückseite oben:	*Die 298.102, die älteste betriebsfähige Schmalspurlok Österreichs, in den Aschacher Leithen.*	*Foto (13.9.2025): Ludger Kenning*